TRADEMARK LAW Elaboration and Practical Guide

商标法精解与实务指引

北京市律师协会
商标法律专业委员会 编著

法律出版社
LAW PRESS·CHINA
北京

图书在版编目(CIP)数据

商标法精解与实务指引/北京市律师协会商标法律专业委员会编著. --北京:法律出版社,2023
ISBN 978-7-5197-7705-0

Ⅰ.①商… Ⅱ.①北… Ⅲ.①商标法-法律解释-中国 Ⅳ.①D923.435

中国国家版本馆CIP数据核字(2023)第048796号

商标法精解与实务指引
SHANGBIAOFA JINGJIE YU SHIWU ZHIYIN

北京市律师协会
商标法律专业委员会 编著

责任编辑 韩梦超
装帧设计 李 瞻

出版发行 法律出版社
编辑统筹 司法实务出版分社
责任校对 王 丰
责任印制 胡晓雅
经 销 新华书店

开本 710毫米×1000毫米 1/16
印张 33 **字数** 592千
版本 2023年4月第1版
印次 2023年4月第1次印刷
印刷 三河市兴达印务有限公司

地址:北京市丰台区莲花池西里7号(100073)
网址:www.lawpress.com.cn
投稿邮箱:info@lawpress.com.cn
举报盗版邮箱:jbwq@lawpress.com.cn

销售电话:010-83938349
客服电话:010-83938350
咨询电话:010-63939796

书号:ISBN 978-7-5197-7705-0
定价:129.00元

凡购买本社图书,如有印装错误,我社负责退换。电话:010-83938349

编辑委员会

序　一

我国商标发展的历史十分悠久，最早可以追溯到战国时期陶器上的印章和印记。北宋时期，山东济南刘家针铺为了推销产品使用"白兔"商标，被普遍认为是我国现存最早的商标实物。然而，由于种种原因，近代商标制度并未诞生在中国。直到1982年，《商标法》实施，才为我国商标制度的现代化奠定了基础，也为中国律师从事商标法律业务拉开了序章。

2001年，我国对《商标法》进行了第二次修订。此次修订引入了驰名商标保护、地理标志保护、商标授权确权的司法审查等制度，使我国商标法律制度更趋完善，并与有关国际条约的要求相一致。也是在这次《商标法》修订前后，我国律师开始更多地涉入商标法律业务。

十八大以来，以习近平同志为核心的党中央统筹中华民族伟大复兴战略全局和世界百年未有之大变局，把知识产权工作摆在更加突出的位置。中共中央、国务院印发的《知识产权强国建设纲要（2021—2035年）》提出，到2035年，我国要达成知识产权综合竞争力跻身世界前列，建设支撑国际一流营商环境的知识产权保护体系，中国特色、世界水平的知识产权强国基本建成等目标。知识产权律师是我国知识产权强国新征程的重要参与者，也是知识产权保护和行业持续发展的重要力量源泉。知识产权律师应当利用在代理案件过程中积累的丰富而宝贵的实践经验和专业知识为国家知识产权的制度和体系建设建言献策，为企业研发创新、品牌建设与保护提供高质量的法律服务。

北京市律师协会坚持以习近平新时代中国特色社会主义思想为指导，团结带领会员发挥行业自律作用，增强会员依法执业能力，促进北京律师行业持续健康发展。在推动知识产权理论和实务研究、加强知识产权业务培训和人才培养、参与我国知识产权保护的制度建设和保护事业发展方面，北京市律师协会和广大知识产权律师群策群力，贡献智慧与力量。

北京市律师协会下设了包括商标、专利、著作权3个法律专业委员会在内的共70个专业委员会和研究会。第11届商标法律专业委员会是由北京市专业水平较高的律师中选拔出来的委员组成，对从事商标法律业务的律师和律师事务所进行业务指导和促进交流。商标法律专业委员会共有92名委员，是知识产权专业委员会中会员人数最多的一个委员会，也是第十一届北京律师协会专业委员会中人员最多的专业委员会之一。商标法律专业委员会人才济济，绝大多数是在商标法律业务一线实践多年的专家，部分委员还曾有司法机关、商标审查机关或海外留学经历，代表了我国商标法律服务的标杆水平。

今年恰逢我国《商标法》实施四十周年。四十年来，我国商标法律制度从无到有，历经四次修订，商标事业发展取得了历史性的成就，商标法律服务也随之逐步发展并日趋成熟。商标民事侵权诉讼是我国律师最早开展、也最为成熟的商标法律服务之一，商标的行政和刑事领域业务也在国家强化知识产权保护的大背景下逐步成熟。目前，律师的业务范围已从诉讼业务扩展到商标注册、复审等非诉领域，涵盖了与商标有关的全部流程。

商标法律专业委员会编著的《商标法精解与实务指引》以商标法的具体法条为索引，从条文理解、历史沿革、具体适用和前沿问题等多个角度，引用经典案件来精细讲解商标法律实践中最常见和重要的问题，涵盖了民事、行政和刑事业务三大领域。本书在体系架构、法条解读、案例评析等方面独具匠心，既侧重实务操作，又探讨理论基础，紧跟司法实践，论证精辟透彻。本书既可以帮助年轻律师真正理解我国商标法律制度和律师办理商标案件的操作实务，对经验丰富的商标法律从业者也具有积极的参考意义。

本书由商标法律专业委员会27位委员共同执笔，历时三年，呕心沥血，默默耕耘，最终付梓。期待能对全市乃至全国商标的法律从业者在专业能力提升和业务范围拓展方面有所裨益。

是为序。

高子程

2023年4月10日于北京

序　　二

2014 年，习近平总书记提出了“三个转变”重要指示，强调“推动中国制造向中国创造转变、中国速度向中国质量转变、中国产品向中国品牌转变”。《知识产权强国建设纲要（2021—2035 年）》也提出要“推进商标品牌建设”。“品牌”与“商标”紧密相关，创立“中国品牌”，少不了对“商标”制度全面、准确的理解与运用。

截至 2022 年年底，我国商标注册量达到了 4267.2 万件，商标保有量连续多年位居世界第一。商标是市场经济发展到一定阶段的产物，是市场主体参与市场竞争的重要武器。当前，不断提高商标保护力度和水平，激发市场主体活力，进一步优化营商环境，助推经济高质量发展，促使我国由品牌大国向品牌强国转变，也成为我国各级政府的重要课题。

2023 年对商标领域注定意义非凡：不仅是《商标法》实施 40 周年，也是律师从事商标代理业务第 10 个年头，律师已经深度参与商标领域的各项业务。作为知识产权律师，也希望能给这些年的工作做个注脚。

北京市律师协会商标专业委员会组织委员会 90 余名律师集体编写的《商标法精析与实务指引》，全面梳理了《商标法》的历次变化，结合相关司法解释及审理指南对现行《商标法》进行逐条解读。编委会在编写过程中，还大量查阅了商标法领域的典型案例，对实践中的前沿问题进行了探讨。本书具有一定的理论性与实务性，可供广大知识产权领域同人参考，也期望能与广大同人进一步交流心得体会。

韩映辉

2023 年 4 月 10 日于北京

序　三

《商标法》于1982年8月23日第五届全国人民代表大会常务委员会第二十四次会议通过，1983年3月1日实施，历经1993年、2001年、2013年、2019年四次修改。今年恰逢《商标法》实施四十年。《商标法》四十年的发展历程基本上与改革开放的政策变化同步，在与市场经济的互动中不断完善。从基本线索上看，《商标法》经历了从重管理到尊重市场选择、权利保护不断强化、商标注册审查审理程序逐步简化、法律规范表述更加科学规范、立法技术逐渐成熟的过程。从制度内容来看，《商标法》一直在经验移植和本土自觉中寻找制度完善的出路。如果说《商标法》前两次修改承担了很重要的实现国际接轨的任务，后两次修改则主要是对中国现实问题的回应，制度的完善逐步从经验移植走向对本土问题的关注，充分体现了制度建构方面的自觉和自信。总结四十年来的立法与司法经验，精细梳理条文规范的适用要件，深度解读法律实施的目标与绩效，预测未来法律完善和适用的方向，无论从何种角度看，都是一件意义卓著的重要工作。在我看来，《商标法精解与实务指引》一书恰恰是这样一个难能可贵的尝试。

《商标法精解与实务指引》出版在即，北京市律师协会联系到我，邀请我为该书作序，我欣然应允。在还没有看到书稿内容之前所做的这种看似“不负责任”的应承其实是源于自己对撰写作者们的“盲目信任”(blind faith)，在我心目中，他们既有丰富的办案经验，又有良好的学术涵养、卓群的写作能力，以及孜孜以求的质疑与批判精神，其中不乏与我一同参与最高人民检察院及北京市人民检察院疑难抗诉案件咨询会或者听证会的业界专家，毫无疑问，在我这里他/她们就是“品牌”(brand)，我表示出对品牌的信任和忠诚也就是自然而然的事情了。然而，拿到书稿目录和样章后，我却收获了更大的惊喜。书稿数十万字的容量、内容涵盖31个法律条文、覆盖除现行《商标法》第二章“商标注册的申请”和第八章“附则”之外的所有重要章节，洋洋洒洒、皇皇巨著，成绩斐然！在写作体例上，《商标法精解与实务指引》以现行《商标法》的具体条文为索引，内容覆盖文本架构、历史沿革、规范适用、延伸思考等方方面面，远远超出了我对这本书以案例析文本的最初预判和期待。该书并没有满足在“本本主义”的基础上结合典型案例仅做法解释论的分析，而是以历史沿革观察法的续造、以法理分析进行概念建构、以规范要件和延伸思考实现体系化；立足于中国的制度与实践，本书很好地完成了“中国化(话)”的法教义学的自觉。前呼后应、浑然天成，可喜可贺！

适值《商标法》实施四十周年，又值《商标法》第五次修改全面启动并广泛征求意见，该书的出版恰逢其时。鉴古而知今、彰往而察来，愿该书能在当下这样一个特殊的历史节点承前启后，见证历史，展望未来！也希望除了作为业界实操指南和“红宝书”外，它能在立法完善、司法启迪、理论输血中发挥不可多得的作用。

杜　颖

2023年4月于北京

目　　录

第一章 《商标法》第一条之精解

商家泉[*] 吴新华[**]

一、法律规定

《商标法》

第一条 为了加强商标管理,保护商标专用权,促使生产、经营者保证商品和服务质量,维护商标信誉,以保障消费者和生产、经营者的利益,促进社会主义市场经济的发展,特制定本法。

二、《商标法》立法目的相关法条的历史承继与修改

(一)1982 年以来《商标法》第一条的立法沿革

1982 年版本为"第一条 为了加强商标管理,保护商标专用权,促使生产者保证商品质量和维护商标信誉,以保障消费者的利益,促进社会主义商品经济的发展,特制定本法"。1993 年版本并无变化。2001 年修改为:"为了加强商标管理,保护商标专用权,促使生产、经营者保证商品和服务质量,维护商标信誉,以保障消费者和生产、经营者的利益,促进社会主义市场经济的发展,特制定本法。"2013 年版本、2019 年版本与 2001 年版本对比并无变化。

聚焦 2001 年本法对于立法目的的修改,主要内容有:(1)规范主体在生产者

* 商家泉律师,第 11 届北京市律师协会商标法律专业委员会副主任,高文律师事务所合伙人,毕业于中国人民大学法学院,先后被评为朝阳区和北京市优秀律师。代理的案件多次入选最高人民法院典型或指导案例,承办了稻香村、乔丹、今日油条等疑难复杂案件。

** 吴新华律师,第 10 届北京市律师协会商标法律专业委员会秘书长,第 11 届副主任,北京市两高律师事务所副主任,参与起草 2005 年商标局、商标评审委员会对外公布的《商标审查及审理标准》,曾带领团队为 2022 年北京冬奥组委、杭州亚组委提供法律服务。

的基础上加入经营者;(2)保障对象在消费者的基础上加入生产、经营者;(3)将“促进社会主义商品经济”改为“促进社会主义市场经济”。立法之初,对于商标法立法目的的争论的立法讨论聚焦于是否加强商标管理、商标质量保证功能。这些内容确定下来之后,对于商标法立法目的的讨论逐渐转向。2001 年的改动主要是对本法的规范主体和保障对象的更改,对于上述第(3)点,由于将社会主义市场经济作为发展重心是20 世纪末的我国政策方针转向,故可以认为对本项内容的修改更多的是政治方面的考量,因此应当将关注重点放在前两项上。可以看出2001 年修法,一个十分重要的特色便是开始重视商标权的“私权性”。这是我国商标法价值理念和立法指导思想的一个重要进步。这也是适应我国加入的《与贸易有关的知识产权协议》(TRIPs 协议)等国际公约的需要,因为 TRIPs 协议已明确将知识产权界定为“私权”。

(二)对规范主体的变化的分析

关于上述第(1)点,对于生产者的定义并无争议,关键需要认定何为经营者,从广义的角度理解,可以认为,加入经营者仅是一种立法的补缺,理由如下:(1)1982年的立法中,关于商标侵权行为,尽管仅笼统地总结出了“2 +1”,即假冒、仿冒和制造、销售两种行为与兜底条款,但是可以发现,已经将“销售他人注册商标标识的”一项纳入了商标侵权行为。最广义角度上的经营者,即“经营假冒商标销售者”,在最初的条文中已经是商标侵权行为的主体了。不过,这样的解释是十分牵强的。(2)1993 年的修改中,将主观上有恶意的销售假冒的商品的销售者认定为侵权主体,此处的“知假售假者”,和大众所能理解的“经营者”,理应是同义词。可见 1993 年的立法,经营者是侵权的主体。(3)2001 年对于《商标法》的修改将反向假冒的行为纳入侵权行为,尽管遭到部分学者的批评,但已板上钉钉。第五十二条第四项已十分明确,“未经商标注册人的同意……投入市场的”,这里的侵权行为主体是“将商品投入市场者”,似乎没有理由不将此主体解释为经营者。

综上分析,商标法中明确的侵权主体,从最广义的解释层面,在 1982 年已经包括了经营者,至迟也应认为在 2001 年加入了对经营者行为的规范。据此分析,我们或许可以认为这只是立法者对于之前的立法中已经纳入的规范主体作开篇的强调,而非创新,故分析规范主体的法律意义不大。当然,从另一个角度,也可以说明商标法将生产者和经营者同等看待,在法律适用层面做到二者的平等。

《商标法》通过以来侵权行为越来越多，立法者也有将侵权主体扩大化的立法趋势，这值得关注。

（三）对保障对象的变化的分析

关于上述第二点，有学者认为，是对于“消费者保护”原则的基础上也强调“制造商激励”。立法目的在商誉保护，保障消费者权益的基础之上，扩张到保护知识产权的专用权性质，即许可商标权人排他地使用商标。但是，本次修法之前的立法并非不认可商标的专用权，本法第一条就强调了专用权，后续也用第七章规范注册商标的专用权的保护。认为之前的立法不强调保护“制造商激励”的说法是错误的。

2001年的修改法律与中国“入世”有很大关系，许多的立法变化是中国融入世界环境的立法创举。本法的相关变化，其强调重点在于，对商品生产、经营者的保护获得了补强，这在《商标法》2001年修改中可见一斑：(1)对第七章进行了多条文的增补，典型如前述反向假冒纳入侵权行为，也加入了追究刑事责任、工商行政管理部门的内部监督、国家机关工作人员义务等。尽管本章的增补宣誓性大于实质价值，也足以看出本次修法对商标专用权侵权相关内容的重视。(2)商标法对注册商标的保护扩大到对未注册商标的保护。未注册的驰名商标也成了保护对象，驰名商标的认定虽然复杂且具有不确定性，至少给了部分生产者、经营者的诉讼代理人提供了一条重要的保护路径。(3)联系到《商标法》第三十二条(修改时为第三十一条)对于在先权利的加入。不得侵犯在先权利，无疑是对在先的生产者、经营者的保护。

综上分析，对于生产者、经营者的保护大致分为两类，对作为商标权人的生产者、经营者，保护范围随着侵权行为的扩张和驰名商标的特殊保护而扩大，对作为非商标权人的在先使用者也有了相关权利保护。但是从总体上看，在先权原则的适用范围十分有限，对于在先权人的保护力度。可见，保障对象的扩大是本次修法的主流，这意味着被侵权人主体的扩大，也意味着对于生产者、经营者的经济活动提出了更高要求，否则将随时处于侵权的边缘，这将不利于破除知识产权的垄断。

案例分析

除分析立法目的对于商标法的引导作用以外，整理如下引用第一条作为判决理由的案例：

王某国与米其林集团总公司侵害商标权及不正当竞争纠纷上诉案。本案一审判决中认为王某国将篡改参数和型号后的轮胎进行销售，结合《商标法》的立法宗旨，属于侵犯商标专用权的行为。二审法院根据当时《商标法》第五十二条的“给他人的注册商标专用权造成其他损害的”兜底条款，判断被告的行为构成侵权。本案的一审判决是少有的根据立法宗旨认定构成侵权行为的判决，本书认为一审法院的判决引用立法目的，在侵权行为有兜底条款进行规范的条件下，存在向一般条款逃逸的错误。故本案属于特例，不应作为典型考虑。

还有一例：谷歌公司再审诉国家工商行政管理总局商标评审委员会商标驳回复审行政纠纷。本案中最高人民法院在裁判理由中明确表示“根据《商标法》第一条的规定，保障消费者的利益和生产、经营者的利益均是商标法的立法目的，二者不可偏废”。并由此论证要保障消费者权益，必须以混淆理论作为判断标准。这表示出最高人民法院是肯定两个价值分量的均等性。同时，也可认为通过本条是最高人民法院进行裁判解释时使用的条款。尽管并未直接用于裁判，但是用第一条进行解释仍有宣誓意义。

总体而言，有学者强调，商标作为一种专用权，其传统主要功能包括识别、品质保障、广告宣传。而从《商标法》第一条立法目的的变化来看，商标法保护生产者、经营者的功能越来越受到重视。但立法目的变化是主要聚焦于对保护对象的扩张，我们可以认为，体现在立法目的中的商标法大有扩张侵权的行为，过分保障商标权人权利的立法倾向。有学者认为，近年来商标法的司法实践之中经常出现即使没有发生混淆，也倾向于保护商标权人利益的趋势，这得益于立法者在司法解释的扩张倾向下的失衡与司法裁判中商标权人的优势地位。这种失衡趋势是不健康的，需要改变。

三、经营者、产品制造者、生产者与商标权利人

（一）雪佛兰案：将标有相关标识的商标权利人推定为经营者

1995 年 8 月，荆某之子荆甲与张某之子张乙等人驾驶一辆雪佛兰 C－20 轿车在内蒙古境内发生翻车事故，荆甲与张乙当场死亡。事故发生后，荆某以车轴折断导致翻车和人身伤亡为由，要求美国通用汽车海外公司北京代表处及美国通用汽车公司赔偿。经北美保险公司告知，车轴折断是由于撞击造成的，与质量无关，另外该车是由通用汽车巴西公司生产制造并销售到中国市场的，美国通用汽车公

司和美国通用汽车海外公司均以不是生产者或销售者为由,本案被告不应是美国通用汽车海外公司及美国通用公司,因此拒绝赔偿。

北京市第二中级人民法院对美国通用汽车公司和通用汽车海外公司的诉讼地位存在两种意见,因此向北京市高级人民法院请示。北京市高级人民法院又向最高人民法院请示,最高人民法院于 2002 年 7 月 11 日作出法释〔2002〕22 号批复(以下简称《22 号批复》),认为本案中美国通用汽车公司为事故车的商标所有人,根据受害人的起诉和本案实际情况,本案以美国通用汽车公司、通用汽车海外公司、通用汽车巴西公司为被告并无不当。

(二)针对现行产品质量侵权的责任主体,相关法律及司法政策

1.《民法典》第一千二百零二条规定:“因产品存在缺陷造成他人损害的,生产者应当承担侵权责任。”

第一千二百零三条规定:“因产品存在缺陷造成他人损害的,被侵权人可以向产品的生产者请求赔偿,也可以向产品的销售者请求赔偿。”

2.《商标法》第七条规定:“商标使用人应当对其使用商标的商品质量负责”;第四十条规定:“商标注册人可以通过签订商标使用许可合同,许可他人使用其注册商标。许可人应当监督被许可人使用其注册商标的商品质量。被许可人应当保证使用该注册商标的商品质量。”

3. 最高人民法院《22 号批复》规定,“任何将自己的姓名、名称、商标或者可资识别的其他标识体现在产品上,表示其为产品制造者的企业或个人,均属于《中华人民共和国民法通则》第一百二十二条规定的‘产品制造者’和《中华人民共和国产品质量法》规定的‘生产者’”。

(三)对《22 号批复》的理解

我国立法上对生产者的定义不明确,实践中又将生产者的含义理解得过窄,在该批复实施以前,诉讼中一概排除产品的商标所有人、零部件制造商等作为被告。这种做法不利于保护消费者的合法权益。为此,最高人民法院颁布了《22 号批复》明确任何将自己的姓名、名称、商标或者可资识别的其他标识体现在产品上,表示其为产品制造者的企业或个人,均属于产品制造者和生产者。这对完善我国产品质量的法律制度,加强对消费者权益的保护,具有十分重要的意义。

本案中，虽然涉案汽车是由通用汽车巴西公司生产，但该汽车使用的是美国通用汽车公司注册的商标。美国通用汽车公司作为商标所有人有义务监督和保证该汽车的质量，属于生产者的范畴，应作为被告参加诉讼。

（四）产品质量导致的人身财产损害中的经营者对比

侵权责任法将人身权作为第一位保护，其次是财产权，最后是财产性权益如商品化权益。上述雪佛兰案是出于保护消费者人身财产的需要而将标有相关标识的商标权利人推定为经营者，虽然并非商标侵权案件，但“产品上标注的经营者推定”对商标侵权案件具有一定的借鉴意义。在广州万宝集团有限公司诉广东万宝控股有限公司侵害商标专用权及不正当竞争纠纷一案中，原告公证购买取证的“油烟机、灶具、热水器”等产品上，标注有被告“广东万宝控股有限公司”字样，以及被告的注册商标。原告指控被告不规范使用注册商标、侵犯企业名称权。被告则辩称相关案涉产品并非由其生产，而由案外人中山市桑夏电器有限公司生产、销售，被告不知情也是受害者，并于第一次开庭之后对案外人提起了侵权之诉。

本案涉案产品上有被告企业名称和注册商标，还具有证明被告有能力、有意愿参与经营的其他证据：(1)被告母公司、子公司系经营与原告相同产品；(2)被告大量注册与原告近似的商标，且核定使用商品与本案指控产品相同或类似产品；(3)被告关联公司大量登记知名公司字号、抢注知名公司商标，并以该抢注的字号许可他人使用而被起诉；(4)被告被多份裁决、判决认定为具有恶意；(5)被告关联公司中有知识产权等法律服务专业机构，具有更高的违反规避手段的能力；(6)本案多次网络购买，快递单显示发货地均为被告住所地所在街道；(7)原告具有较高知名度，攀附原告商誉可以获益。

一审判决认为，根据《产品质量法》的规定，产品或其包装上应标明产品名称、生产厂厂名和厂址等标识，认定被控侵权产品由被告生产，遂判决被告停止商标侵权并停止使用“万宝”字号，被告不服一审判决向佛山中级人民法院提起上诉，理由之一也是一审判决认定的侵权产品与其无关。二审判决最后仍维持了原判。该案虽然标注的是案外人制造，但案涉产品上也标注了被告企业名称和注册商标，综合全案证据，在没有相反证据的前提下，推定标有被告标识的涉案产品为被告经营具有合理性。

四、消费者的保护与公共利益

(一)商标法项下“消费者”的性质与作用

商标最早起源于所有权,是所有权归属的标志,随着市场经济的发展,才逐渐具有了商品来源的功能,成为消费者对某标志与其所代表的商品信息结合的一种记忆。现代商标制度产生的目的是良好的秩序,而不仅仅是对抗性的游戏规则,它构成并促进了本来在古代社会三个松散对象之间的最紧密的联系:商标所有人、商品或服务、特定市场的消费者。其中的消费者经常被冠以这样的形象:普通消费者、理智消费者、相关消费者,用以考察是否存在近似、混淆、知名度等,从而制止具有掠夺或削减权利人市场份额的情况出现。类似但又不同于专利及商业秘密中,赋予“所属领域技术人员、所属领域的人员”具有“全知”的本领,用于判断新颖性、秘密性。可悲的是,商标领域判断是否混淆的任务,交由消费者,然而消费者并不享受《商标法》的直接保护,而是通过保护权利人的权利,维护良好的竞争秩序,从而促进其改进、保持产品质量、减少搜索成本而最终保护消费者利益。消费者误认、混淆的直接保护交由消费者权益保护相关法律来实施。

原因在于,商标权的本质功能是获取相对市场优势从而实现与财产权对接,我国商标法立足于赋予财产权角度,兼顾制止不当竞争,对这种财产权的保护和消费者无直接关系,仅在权利人的财产权是否被侵权处于事实混沌、真伪不明时,引入消费者概念以测试是否具有消费者被行为人的非法使用吸引而造成权利人市场份额和利益的减损,此时的消费者仅仅是一个法律概念。商标法交由消费者忍受“试错”成本时,消费者便像一只可怜的小白鼠,被带到可能受到污染的区域进行测试,如果小白鼠身体不适,说明环境被污染。所以,消费者就是用来从真实世界出发、还原交易过程,衡量权利人是否能成功起诉或撤销那些冒犯或试图冒犯它的人。故而在美国,有观点将商标权人看作消费者的“代理复仇人”,消费者因混淆而“试错”从而受到损失,并寻求救济的权利,由商标权利人代为行使。将各种类型的消费者概念引入交易过程,从某种程度上可以说是为权利边界具有动态特征的商标保护增添了一定的民主成分。但无论消费者还是小白鼠都没有因“试错”的民主试验而获取到任何个人的直接好处。

(二)商标法是否真的关心消费者的具体利益

实际上更具损害消费者利益的行为可能是商标许可、商标转让、共存协议等,尤其是驰名商标的转让、共存协议对消费者利益具有极大的损害性,消费者想买的青岛啤酒不是青岛生产的,想买的牛栏山二锅头不是来自北京的,想买的加多宝生产的王老吉已经不再是加多宝生产的,等等。但是上述均是商标权利人行使、处理商标权的一种方式,商标法在权利人利益与消费者具体利益(买自己想要的质量恒定的商品)面前,选择了维护权利人利益,容忍了消费者实际利益受损。所以,抛开权利人利益单纯谈商标法保护消费者利益,是不实际的,《商标法》是通过保护权利人利益最终保护消费者利益,商标法保护消费者利益是一种抽象而非具体的利益,彰显对消费者保护的观念价值,而不具有实际可执行性、民事可诉性。所以,《商标法》第五十七条对于商标侵权的判断标准中,将"未经商标注册人的许可"作为一个前置条件,而后再考虑消费者混淆误认问题。在加多宝王老吉14.4亿元赔偿案中,最高人民法院二审裁定认为,根据《商标法》第五十二条第一项的规定,未经商标注册人的许可,在同一种或者类似商品上使用与其注册商标相同或者近似的商标的,构成侵犯注册商标专用权的行为。根据上述法律规定,结合广药集团在一审阶段提出的诉讼主张,一审法院应当首先审查上述被诉侵权行为是否"未经商标权人许可",进而判断加多宝公司是否应当据此承担相应的法律责任。由该案可见,"未经权利人许可"比"消费者混淆误认"更应受到关注。

也有观点认为,在考察"商标可注册性"时,可以将保护消费者利益纳入,比如在商标共存的"共存协议"的处理上,可以损害消费者的选择利益为由,即便在先权利人签署了共存协议同意在后商标的申请注册,也不应予以核准。在上诉人第一精工株式会社因15726573号"NOVASTACK"商标申请驳回复审行政纠纷一案中,一审法院认为系争商标与引证商标高度近似、商品类似,在不能排除相关公众对商品来源产生混淆误认可能性的情形下,即便有共存协议,商标的注册申请仍不予注册。二审法院则认为商标权作为一项私权,其权利人可依据意思自治原则对其商标权进行处分,两商标虽属于高度近似商标、类似商品,但尚可区分,各自指定使用的商品也不是相同商品,在引证商标权利人签署了同意函的情况下,应遵允许诉争商标注册。本案展现了一审、二审法院在商标法定位上的不同思维:一审法院侧重保护消费者不混淆的利益,二审法院则更注重商标私权属性。

所以,消费者利益可以作为商标“可注册性”的考量因素,但我们法律人更多地还应该遵循民商法的基本理论,不能泛泛的“消费者利益”万能主义,“恶意”万能主义,在纠纷中随意使用“消费者利益保护”“恶意毁灭一切”来判输赢,这将会使得《商标法》的司法适用没有可预期性,法律从业者本应专业,不能仅以普通公众的道德观去处理案件,否则将让商标案件看上去毫无技术含量。

(三)相关消费者利益不等于公共利益

公共利益不是个体利益的简单相加,也不是多数人利益在数量上的直接体现,它是社会共同的、整体的、普遍的利益。甚至相关消费者的集体利益,有时候可能与公共利益存在矛盾与冲突。故此,简单地以数量相加,得出消费者众多的集体利益等于社会公共利益,是错误的。在微信案一审中,北京知识产权法院一审判决认为“一方面是商标申请人基于申请行为产生的对特定符号的先占利益和未来对特定符号的使用可能产生的期待利益;另一方面是庞大的微信用户已经形成的稳定认知和改变这种稳定认知可能形成的较大社会成本,鉴于此,选择保护不特定多数公众的现实利益具有更大的合理性。因此,被告认定被异议商标的申请注册构成《商标法》第十条第一款第八项所禁止的情形并无不当。”可见,一审判决考虑了“庞大的微信用户已经形成的稳定认知”和“改变这种认知的较大社会成本”,从而选择保护“不特定多数公众的现实利益”。这种“不特定多数公众的现实利益”实际就是“社会公共利益”。但“稳定认知”实际是常见的“稳定对应关系、唯一对应关系”,恰恰保护的是商标的识别作用,即商标使用人的利益,而不是消费者利益。

基于社会公共利益的考量,一审判决因而认定涉案商标的申请注册违反了《商标法》第十条第一款第八项“不良影响”。但是细细想来,“稳定的认知”是一种事实而非价值判断,“改变这种稳定认知事实”可能“形成的较大社会成本”实际是腾讯公司的成本,即重新选取一个商标,改变现有“微信”软件名称,并重新宣传以获得相关公众重新形成稳定认知的成本,并不是由相关公众来承担的,手机客户端“微信”名称的改变并不会导致相关使用者的经济损失。相反,维护商标注册制度“申请在先”原则恰恰体现了公共利益:商标申请公平稳定的规则、秩序不能改变。因而,二审法院聚焦在“微信”本身的固有显著性上,认为,“微”具有“小”“少”等含义,与“信”字组合使用在上述服务项目上,易使相关公众将其理解为是比电子邮件、手机短信等常见通信方式更为短小、便捷的信息沟通方式，是对上述服务功能、用途或其他特点的直接描述，而不易被相关公众作为区分服务来源的商标加以识别和对待，因此，被异议商标在上述服务项目上缺乏显著特征，属于《商标法》第十一条第一款第二项所指情形。二审法院的处理非常聪明，在否认“微信”固有显著性的同时，为“获得显著性”留足了空间，腾讯公司就可以通过提交使用证据，从而以获得显著性通过核准注册。

五、关于《商标法》第一条性质的总结

《商标法》第一条“保护消费者利益”属于“软法”，是一种宣示性、号召性、引导性条款，法律条文中仅展示彰显某种观念价值并不包括行为模式和法律后果等要素，不直接调整社会关系。同样的条款还有《商标法》第四十三条：“许可人应当监督被许可人使用其注册商标的商品质量。”商标法项下的消费者，是拟制的理性购买人，属于一种法律概念。它的作用是从真实世界出发、还原交易过程，衡量权利人市场份额是否因混淆误认而被挤占，由此看来，商标法项下的消费者利益，不是一种具体的利益，而是一种抽象的利益，需要通过保护权利人利益来实现，权利人是消费者的“代理复仇人”，故此，商标法上消费者利益的保护是通过保护商标专用权来实现的，消费者受益是商标法保护商标权人的结果，而不应是目的。《商标法》应以对商标所有人的保护作为第一要旨，将理性消费者的混淆可能性作为商标专用权是否受到损害的一个判断标准，经过权利人许可的商标使用行为，即便有消费者选择利益受损，这种试错的成本，也应予以容忍。试错后，消费者可以“用脚投票”，作为权利人的代价。

第二章 《商标法》第四条之精解

郭东科[*] 许 艳[**]

一、法律规定

《商标法》

第四条 自然人、法人或者其他组织在生产经营活动中,对其商品或者服务需要取得商标专用权的,应当向商标局申请商标注册。不以使用为目的的恶意商标注册申请,应当予以驳回。

本法有关商品商标的规定,适用于服务商标。

(一)条文解释①

《商标法》第四条的主旨是关于取得商标专用权的方式和商品商标的规定适用于服务商标的规定。

商标专用权不是自然产生的。自然人、法人或者其他组织要对自己的商标取得商标专用权,以有效地保护自己的利益,就需要依照法定的方式获得国家承认。本条即对取得商标专用权的方式进行了规定,并对服务商标适用商品商标做出了规定。

---

* 郭东科律师,第 10 届中华全国律师协会知识产权专业委员会秘书长,第 11 届北京市律师协会商标法律专业委员会主任,北京市中里通律师事务所主任,代理的"VERO MODA""禧六福珠宝"等商标案件多次入选最高人民法院典型案例。

** 许艳律师,第 11 届北京市律师协会商标法律专业委员会委员,北京市万慧达律师事务所资深律师,曾在《中华商标》《中国知识产权》等专业杂志发表多篇文章,代理诺基亚、Brooks、Microsoft、Tommy Hilfiger 和米其林等商标案件。

① 《商标法释义》。

根据本条的规定，取得商标专用权的方式和商品商标的规定适用于服务商标，包括以下两个方面：

第一，自然人、法人或者其他组织需要取得商标专用权的应当向商标局申请商标注册。所谓自然人，是指基于自然规律而产生的人，自然人从出生时起到死亡时止，具有民事权利能力，依法享有民事权利，承担民事义务。所谓法人，是指依法成立、有必要的财产或者经费、有自己的名称和组织机构及场所、能够独立承担民事责任，具有民事权利能力和民事行为能力，依法独立享有民事权利和承担民事义务的组织，如公司。所谓其他组织，是指法人以外的组织，如合伙企业、个人独资企业。

在经济生活中，进行生产经营活动的主体，既有自然人，也有法人，还有其他组织。他们在生产经营活动中，为表明商品或者服务源于自己，便于消费者识别、确认商品的生产经营者、服务的提供者，往往会使用特定的商标。但该特定商标如果没有取得商标专用权，则容易被他人侵犯。本法第三条明确规定，商标注册人享有商标专用权，受法律保护。因此，自然人、法人或者其他组织取得商标专用权，是保护其商标的有效方式。本法第三条还规定，经商标局核准注册的商标为注册商标。也就是说，取得商标专用权的途径，是经商标局核准注册。为此，本条规定，自然人、法人或者其他组织在生产经营活动中，对其商品或者服务，需要取得商标专用权的，应当向商标局申请商标注册。

第二，本法有关商品商标的规定适用于服务商标。服务商标与商品商标，是使用于不同对象的商标。商品商标是商品的生产经营者使用于商品的商标，服务商标是服务的提供者使用于服务的商标。二者的使用对象不同，但二者的性质是相同的，都是表明来源、将自己与他人区别开来的标志，它们有着许多共同的法律关系，可以用相同的规范予以调整。因此，本条规定，本法有关商品商标的规定，适用于服务商标。即本法对商品商标所作的所有规定，均对服务商标有效，不存在只适用于商品商标而不适用于服务商标的情况。

（二）关联法条、司法指导性文件及规范性文件

1.《商标法》

第十九条　商标代理机构应当遵循诚实信用原则，遵守法律、行政法规，按照被代理人的委托办理商标注册申请或者其他商标事宜；对在代理过程中知悉的被

代理人的商业秘密,负有保密义务。委托人申请注册的商标可能存在本法规定不得注册情形的,商标代理机构应当明确告知委托人。商标代理机构知道或者应当知道委托人申请注册的商标属于本法第四条、第十五条和第三十二条规定情形的,不得接受其委托。商标代理机构除对其代理服务申请商标注册外,不得申请注册其他商标。

第三十三条 对初步审定公告的商标,自公告之日起三个月内,在先权利人、利害关系人认为违反本法第十三条第二款和第三款、第十五条、第十六条第一款、第三十条、第三十一条、第三十二条规定的,或者任何人认为违反本法第四条、第十条、第十一条、第十二条、第十九条第四款规定的,可以向商标局提出异议。公告期满无异议的,予以核准注册,发给商标注册证,并予公告。

第四十四条 已经注册的商标,违反本法第四条、第十条、第十一条、第十二条、第十九条第四款规定的,或者是以欺骗手段或者其他不正当手段取得注册的,由商标局宣告该注册商标无效;其他单位或者个人可以请求商标评审委员会宣告该注册商标无效。商标局做出宣告注册商标无效的决定,应当书面通知当事人。当事人对商标局的决定不服的,可以自收到通知之日起十五日内向商标评审委员会申请复审。商标评审委员会应当自收到申请之日起九个月内做出决定,并书面通知当事人。有特殊情况需要延长的,经国务院工商行政管理部门批准,可以延长三个月。当事人对商标评审委员会的决定不服的,可以自收到通知之日起三十日内向人民法院起诉。其他单位或者个人请求商标评审委员会宣告注册商标无效的,商标评审委员会收到申请后,应当书面通知有关当事人,并限期提出答辩。商标评审委员会应当自收到申请之日起九个月内做出维持注册商标或者宣告注册商标无效的裁定,并书面通知当事人。有特殊情况需要延长的,经国务院工商行政管理部门批准,可以延长三个月。当事人对商标评审委员会的裁定不服的,可以自收到通知之日起三十日内向人民法院起诉。人民法院应当通知商标裁定程序的对方当事人作为第三人参加诉讼。

第六十八条 商标代理机构有下列行为之一的,由工商行政管理部门责令限期改正,给予警告,处一万元以上十万元以下的罚款;对直接负责的主管人员和其他直接责任人员给予警告,处五千元以上五万元以下的罚款;构成犯罪的,依法追究刑事责任:(一)办理商标事宜过程中,伪造、变造或者使用伪造、变造的法律文件、印章、签名的;(二)以诋毁其他商标代理机构等手段招徕商标代理业务或者以其他不正当手段扰乱商标代理市场秩序的;(三)违反本法第四条、第十九条第三款和第四款规定的。商标代理机构有前款规定行为的,由工商行政管理部门记入信用档案;情节严重的,商标局、商标评审委员会并可以决定停止受理其办理商标代理业务,予以公告。商标代理机构违反诚实信用原则,侵害委托人合法利益的,应当依法承担民事责任,并由商标代理行业组织按照章程规定予以惩戒。对恶意申请商标注册的,根据情节给予警告、罚款等行政处罚;对恶意提起商标诉讼的,由人民法院依法给予处罚。

2. 北京市高级人民法院《关于商标授权确权行政案件的审理指南》

在北京市高级人民法院2019年4月公布的《关于商标授权确权行政案件的审理指南》中第二部分"相关实体问题"第7.1条"商标法第四条的适用"规定:

"商标申请人明显缺乏真实使用意图,且具有下列情形之一的,可以认定违反商标法第四条的规定:

(1)申请注册与不同主体具有一定知名度或者较强显著特征的商标相同或者近似的商标,且情节严重的;

(2)申请注册与同一主体具有一定知名度或者较强显著特征的商标相同或者近似的商标,且情节严重的;

(3)申请注册与他人除商标外的其他商业标识相同或者近似的商标,且情节严重的;

(4)申请注册与具有一定知名度的地名、景点名称、建筑物名称等相同或者近似的商标,且情节严重的;

(5)大量申请注册商标,且缺乏正当理由的。

前述商标申请人主张具有真实使用意图,但未提交证据证明的,不予支持。"

3. 国家市场监督管理总局《规范商标申请注册行为若干规定》

2019年10月11日国家市场监督管理总局令第17号公布《规范商标申请注册行为若干规定》,第八条规定:"商标注册部门在判断商标注册申请是否属于违反商标法第四条规定时,可以综合考虑以下因素:

(一)申请人或者与其存在关联关系的自然人、法人、其他组织申请注册商标数量、指定使用的类别、商标交易情况等;

(二)申请人所在行业、经营状况等;

(三)申请人被已生效的行政决定或者裁定、司法判决认定曾从事商标恶意注册行为、侵犯他人注册商标专用权行为的情况；

（四）申请注册的商标与他人有一定知名度的商标相同或者近似的情况；

（五）申请注册的商标与知名人物姓名、企业字号、企业名称简称或者其他商业标识等相同或者近似的情况；

（六）商标注册部门认为应当考虑的其他因素。”

二、历史沿革及修法意义

（一）条款的设立与变更

我国《商标法》第四条自1982年《商标法》确定以来，历经四次修正，第一次修正增加服务商标的规定，第二次修正在商标申请主体上增加“自然人”的规定，第三次修正明确服务商标与商品商标可以用相同的规范予以调整；第四次修正的变化较大，增加了禁止恶意商标注册申请的内容。具体变化见表2-1。

表2-1 《商标法》第四条内容变更

时间	内容
1982年	企业、事业单位和个体工商业者，对其生产、制造、加工、拣选或者经销的商品，需要取得商标专用权的，应当向商标局申请注册。
1993年	企业、事业单位和个体工商业者，对其生产、制造、加工、拣选或者经销的商品，需要取得商标专用权的，应当向商标局申请商品商标注册。 企业、事业单位和个体工商业者，对其提供的服务项目，需要取得商标专用权的，应当向商标局申请服务商标注册。 本法有关商品商标的规定，适用于服务商标。
2001年	自然人、法人或者其他组织对其生产、制造、加工、拣选或者经销的商品，需要取得商标专用权的，应当向商标局申请商品商标注册。 自然人、法人或者其他组织对其提供的服务项目，需要取得商标专用权的，应当向商标局申请服务商标注册。 本法有关商品商标的规定，适用于服务商标。
2013年	自然人、法人或者其他组织在生产经营活动中，对其商品或者服务需要取得商标专用权的，应当向商标局申请商标注册。 本法有关商品商标的规定，适用于服务商标。

续表

时间	内容
2019 年	自然人、法人或者其他组织在生产经营活动中,对其商品或者服务需要取得商标专用权的,应当向商标局申请商标注册。不以使用为目的的恶意商标注册申请,应当予以驳回。 本法有关商品商标的规定,适用于服务商标。

(二)修法意义

1. 完善商标注册取得制度体系

商标注册取得原则,是指商标权的取得以商标注册的事实为基础,根据申请先后确定商标权的归属。我国《商标法》第四条规定确立商标注册取得制度,在此制度下,实行先申请原则,无须事前审查商标是否使用。虽然注册取得制度有其优势,如商标权清晰、稳定;但也因其不以使用为要件而导致商标注而不用的情形,不利于商标使用功能的发挥。2019 年《商标法》第四条的修改,使其具有"绝对理由"的条款效力,对于恶意注册、商标囤积而非出于真实使用为目的行为予以制止,进一步完善商标注册取得制度。

2. 确立恶意商标注册申请的前置审查制度

2019 年《商标法》修改前,对申请注册的商标,商标局依据《商标法》第十条的禁用条款、第十一条和第十二条的禁注条款对商标标识本身的可注册性进行审查,依据《商标法》第三十条、第三十一条、第三十二条的规定是否现出他人在同一种商标或类似商品上已经注册的或者初步审定的商标相同或近似、是否损害他人现有的在先权利等进行审查,不违反上述规定的,予以初步审定公告,无须事前审查商标是否使用、是否恶意的情形。

已经注册的商标,如果是恶意抢注的,一般依他人的申请,主张违反《商标法》第四十四条"其他不正当手段取得注册的"提起无效宣告,由国家知识产权局审查。

2019 年《商标法》第四条的修改,将不以使用为目的的恶意商标注册申请的审查前置,由商标局依据职能主动审查。这一重大改变将对愈演愈烈的商标囤积现象踩上刹车,在商标审查的初审环节筛选出典型的不以使用为目的恶意抢注的商标,不予通过。一方面,避免他人不当地占用公共资源,扰乱了正常的商标审查和使用制度;另一方面,这在一定程度上减轻被抢注人的维权负担和侵权风险,无须再对这些商标在获得注册后再另行提起无效宣告,或面临被诉商标侵权的风险。

三、具体适用

(一)司法数据

在国家知识产权局作的《2020 年商标评审案件行政诉讼情况汇总分析》,对近两年一审败诉原因具体的法条适用分析中,没有列出因第四条败诉的数量。这是由于《商标法》第四条在 2019 年修改之前,属于原则性条款,不能直接适用于商标行政和民事案件中,因此,目前没有针对第四条具体适用的司法数据。

(二)典型案例

1. 第 31473360 号"JOY@ABLE"商标驳回复审案

第 31473360 号"JOY@ ABLE"商标的申请人短期内提交了大量注册申请,国家知识产权局以其明显超出正常经营活动需要,缺乏真实使用意图,扰乱正常的商标注册秩序,根据《商标法》第四条的规定,驳回上述商标注册申请。

该案中,国家知识产权局在《商标法》第四条的适用中把握"不以使用为目的"及"恶意"两个要件,综合考量以下几点:申请人的具体情况、申请人的商标申请注册量及申请注册的类别跨度和时间跨度、申请人名下商标的标识构成及申请人是否有合理的抗辩理由。

2. 第 37791140 号"真龍"商标驳回复审行政诉讼案

2019 年《商标法》修改之前,由于第四条并非 2013 年《商标法》第三十三条提异议、第四十五条提无效宣告的可以依据的法条,因此,即使申请人在异议或无效宣告申请书里主张第四条,国家知识产权局和法院一般不予以支持,认为第四条属于总则性条款,其立法精神已体现在 2013 年商标法有关条款的具体规定中,应适用商标法的具体规定进行审理。

凤山县顺兴商行在"啤酒;姜汁啤酒;以啤酒为主的鸡尾酒;大麦啤酒"商品上申请第 37791140 号"真龍"商标,国家知识产权局以其注册申请违反《商标法》第四条第一款"不以使用为目的的恶意申请"为由的规定驳回了上述商标的注册申请。凤山县顺兴商行不服,针对该商标的驳回复审提起了行政诉讼。

一审法院认为[①]，顺兴商行申请注册42件商标，其中在第32类商品上申请注册了37件商标，有多件商标系模仿他人知名的“老村长”“蓝马果啤”“香格里拉”“中华”品牌反复申请注册，且多件商标已在审查或复审程序中被予以驳回，可见其申请注册商标系不以使用为目的的恶意商标申请行为。虽然顺兴商行提交了部分使用证据，但部分订货单、出货单无对应发票佐证已实际履行，部分证据的形成时间系在提出驳回复审申请后，并不能实现其证明目的。因此，被诉决定认定顺兴商行申请注册诉争商标不具有真实使用意图，诉争商标的申请注册商标违反了2019年《商标法》第四条的规定具有事实及法律依据。

二审法院认为[②]，顺兴商行虽提交了部分使用证据证明对诉争商标进行了使用，但鉴于其名下还有其他的“真龙”商标，且大部分合作协议、销售合同并无客观、充分的履行证据，故难以认定系对诉争商标的使用，进而认定顺兴商行对诉争商标具有真实使用意图或使用行为。同时，考虑到顺兴商行还先后申请注册了40余件商标，其中包括与知名景点、县级以上行政区划名称、他人知名品牌等相同或者近似的标志，顺兴商行并未提交证据证明对前述商标具有真实使用意图，故结合上述因素，可以认定顺兴商行申请注册诉争商标并非基于生产经营活动的需要。

四、前沿问题

（一）第四条在商标行政诉讼中的适用问题

1. 第四条的适用要件：不使用＋恶意

第四条的适用应同时具备没有使用和恶意两个条件。不使用为客观表现，恶意为主观推断，需要结合上述两个条件综合考虑。

关于使用，《商标法》第四十八条规定，“本法所称商标的使用，是指将商标用于商品、商品包装或者容器以及商品交易文书上，或者将商标用于广告宣传、展览以及其他商业活动中，用于识别商品来源的行为”。

关于恶意的认定，在国家市场监督管理总局的《规范商标申请注册行为若干规定》第八条和《关于商标授权确权行政案件的审理指南》中第二部分“相关实体

① 北京知识产权法院行政判决书，（2020）京73行初14522号。

② 北京市高级人民法院行政裁定书，（2021）京行终1996号。

问题”第7.1条“商标法第四条的适用”相关规定，对予以考量的因素进行详细列举。

在第37791140号“真龍”商标驳回复审行政诉讼案中，“真龍”商标申请人提供了一定的使用证据，如联营合作协议、经销合同、招商价格表、订货单、出货单、相关发票、银行回单及产品图片等，从形式上基本符合《商标法》第四十八条使用的标准。但是，结合该商标申请人参照恶意考量因素的其他情形，发现其模仿他人知名品牌反复申请注册，从而推知其申请注册商标是不以使用为目的的恶意商标申请行为。

2. 第四条与第四十四条的不正当手段的平衡

在第四条修改前，针对恶意抢注的情形，一般纳入第四十四条“不正当手段”考量的范围予以规制。《商标审查及审理标准》列举了商标注册人三种典型的“其他不正当手段”：(1)申请注册多件商标，且与他人具有较强显著性的商标构成相同或者近似的；(2)申请注册多件商标，且与他人字号、企业名称、社会组织及其他机构名称、知名商品的特有名称、包装、装潢等构成相同或者近似的；(3)申请注册大量商标，且明显缺乏真实使用意图的。大量注册而不使用的商标囤积行为、以炒卖牟利为目的的商标注册行为，即属于最典型的以“其他不正当手段”取得注册的行为。

第四十四条在《商标法》第五章关于“注册商标的无效宣告”一章中，且该条款针对的是“已经注册的商标”。从该条文的文义解释来看，“不正当手段”应适用于已经注册的商标，而不能适用于商标尚未获准注册前的异议程序和不予注册复审程序。出于打击恶意注册的目的，在实践中，商标局、知识产权局和法院突破严格的广义解释，参照第四十四条规定，在异议程度和不予以注册复审程序中进行类推适用。《商标法》第四条的修改，可以缓解上述的矛盾，即针对恶意抢注而不使用情况，在商标尚未获准注册前的异议程序和不予注册复审程序，适用第四条即可达成目的。

3. 第四条与第四十九条的“连续三年未使用撤销”的平衡

第四条修改的立法目的在于打击恶意囤积商标行为，激励权利人对商标的使用。在对商标使用义务的回归上，第四条与第四十九条的连续三年未使用撤销制度的功能有一定的重合，但并不冲突。连续三年未使用撤销制度仅仅审查的是该商标的实际使用情况，并不对恶意进行分析，且仅针对注册满三年的商标才能启动,因此难以制止恶意抢注的行为,特别是在抢注之后,又进行一定程度使用的情况,那么“撤三”制度则无法起到作用。因此,第四条的修改弥补“撤三”制度的不足。

(二)第四条在商标民事案件中的适用问题

从《商标法》的相关规定来看,第四条适用于商标行政授权确权阶段,能否适用于商标民事案件中有待进一步明确。《商标法》没有关于恶意诉讼的规定,但在实践中,在2019年《商标法》修改之前,法院在民事案件中对个案适用恶意注册的商标不予以保护,如(2018)最高法民再396号优衣库案。在该案中,最高人民法院认为商标权利人存在批量抢注他人知名商标、网上公开兜售商标、批量诉讼的行为,主观恶意明显,其行为明显违反诚实信用原则,对其借用司法资源以商标权谋取不正当利益之行为,不予保护。该案阐释《商标法》第四条不以使用为目的恶意注册不予保护的内涵和司法价值导向。

第三章 《商标法》第五条之精解

商家泉[*] 吴新华[**]

一、法律规定

《商标法》

第五条 两个以上的自然人、法人或者其他组织可以共同向商标局申请注册同一商标,共同享有和行使该商标专用权。

本条自2001年《商标法》修正以来,条文内容没有变化。

二、商标专用权共有的法律性质及类型

商标权的共有属于准共有,即两个或者两个以上的主体共有所有权以外的财产权,商标专用权不属于所有权范畴。在法律适用上,准共有除适用特别法的规定外,还要适用按份共有和共同共有的一般规定。商标权共有人不是按其所持份使用商标,原则上可以全面地、自由地行使用其客体商标,共有人虽可以通过合同规定每人的所持份,该所持份只与注册费缴纳、商标权转让或许可费分配有关,与商标的使用无关,但共有人对商标权本身的处置(如在质押和转让上)受到法律的限制。

目前相关法律并没有具体规定商标权的共有种类,通说都认为商标权的共有

[*] 商家泉律师,第11届北京市律师协会商标法律专业委员会副主任,高文律师事务所合伙人,毕业于中国人民大学法学院,先后被评为朝阳区和北京市优秀律师。代理的案件多次入选最高人民法院典型或指导案例,承办了稻香村、乔丹、今日油条等疑难复杂案件。

[**] 吴新华律师,第10届北京市律师协会商标法律专业委员会秘书长,第11届副主任,北京市两高律师事务所副主任,参与起草2005年商标局、商标评审委员会对外公布的《商标审查及审理标准》,曾带领团队为2022年北京冬奥组委、杭州亚组委提供法律服务。

可以分为按份共有与共同共有。对于约定不明的,推定为共同共有还是按份共有,具有一定的立法司法的变化。依据为原最高人民法院《关于贯彻执行〈中华人民共和国民法通则〉若干问题的意见》第八十八条“对于共有财产,部分共有人主张按份共有,部分共有人主张共同共有,如果不能证明财产是按份共有的,应当认定为共同共有”。但是依据《民法典》第三百零八条“共有人对共有的不动产或者动产没有约定为按份共有或者共同共有,或者约定不明确的,除共有人具有家庭关系等外,视为按份共有”,第三百零九条“按份共有人对共有的不动产或者动产享有的份额,没有约定或者约定不明确的,按照出资额确定;不能确定出资额的,视为等额享有”。

三、共同共有权利的行使:商标共有权行使以不损害其他共有人利益为原则

(一)共有商标的对外许可、许可费用分配及其对外许可的限制

《商标法》对于商标权共有人权利行使的一般规则没有作出具体规定。最高人民法院在(2015)民申字第3640号案件中认为,商标权作为一种私权,在商标权共有的情况下,其权利行使的规则应遵循意思自治原则,由共有人协商一致行使;不能协商一致,又无正当理由的,任何一方共有人不得阻止其他共有人以普通许可的方式许可他人使用该商标。原因在于,由于商标的无形性,对其使用不以实际占有为前提,普通许可不会妨碍其他共有人的使用及收益等利益,其他共有人可以自己使用或者以普通许可方式许可他人使用该商标,所以普通许可即便未经协商一致,一般也应被允许。而排他许可和独占许可,未经协商一致则对其他共有人的利益影响较大,原则上应予以禁止。

对于未经共有人同意对外进行的普通许可,其他共有人有权主张合理许可费。在张某恒与沧州某农机有限公司、朱某峰侵害商标权纠纷案中,最高人民法院指出:根据《商标法》的规定,两个以上的自然人、法人或者其他组织可以共同向商标局申请注册同一商标,共同享有和行使该商标专用权。除本条内容以外,我国《商标法》在对商标权共有人权利行使的一般规则问题上并没有做出详细具体的规定。但在实践中,普遍适用的观点是,商标权共有人在没有对权利行使规则作出约定的情况下,一般可以单独以普通许可的方式许可他人使用该商标。此观点的理论依据在于:第一,商标的使用一般需要与商标或服务相结合才能在生产

经营活动中体现其区分商品或者服务来源的作用,若商标权共有人难以协商一致造成商标无法使用,则与商标法的立法目的相悖。第二,根据上述第一点,因商标权共有人难以协商一致导致的商标的使用受到限制,将对共有人的共同权益造成侵害。第三,普通许可是指在一定时间内,商标专用权人许可他人使用其商标,同时保留许可第三人实施该商标的权利,商标共有人以该许可方式进行许可,对其他共有人的利益不会产生影响。第四,根据《商标法》的明确规定,许可人应当监督被许可人使用其注册商标的商品质量,被许可人应当保证使用该注册商标的商品质量。因此,从保证商品质量以及商标商誉的角度出发,商标权共有人单独进行普通许可,对其他共有人的利益一般也不会产生重大影响。第五,要求商标权共有人全部同意才可进行普通许可,将会因此导致商标许可使用的成本增加,甚至造成一些有价值的商标因其共有人不能达成一致而无法得以使用。综上所述,在商标权共有的情况下,商标权的许可使用应遵循当事人意思自治原则,由共有人协商一致行使;不能协商一致,又无正当理由的,任何一方共有人不得阻止其他共有人以普通许可的方式许可他人使用该商标。

对于未经共有人同意对外进行的独占许可和排他许可,合同是否有效?虽然无权处分与某个共有人未经其他共有人同意擅自处分共有财产具有一定区别,即前者为纯无处分权,后者为有部分处分权,但理论及司法实践通常将后者作为无处分权的一种特殊情形对待。因此,未经许可擅自处分共有物也属于无权处分。但是,此种无权处分影响的是能否实现合同目的,而不影响许可合同本身的效力,依据《民法典》第五百六十三条第四款规定,此种违约导致的"合同目的不能实现"属于法定解除的事由。故对于未经其他共有人同意,要求确认独占或排他许可合同无效的,人民法院不予支持。但是由于许可人并没有取得其他共有人同意,则其不能履行同被许可人所签订的独占或排他许可合同,属于合同履行的不能,其应承担相应的违约责任,而非合同无效责任。此时,独占或排他被许可人无法主张合同无效,也不能主张合同继续履行,而在合同无法履行的情况下,人民法院应当向当事人释明,由当事人变更诉讼请求,即由原来的请求无效或继续履行合同变更为解除合同,由许可人承担违约责任。如果当事人在人民法院释明后,仍然不变更诉讼请求的,则人民法院应驳回当事人的诉讼请求。如最高人民法院《关于审理买卖合同纠纷案件适用法律问题的解释》第三条规定:"当事人一方以出卖人在缔约时对标的物没有所有权或者处分权为由主张合同无效的,人民法院不予支持。出卖人因未取得所有权或者处分权致使标的物所有权不能转移,买受人要求出卖人承担违约责任或者要求解除合同并主张损害赔偿的,人民法院应予支持。”

关于约定按份共有商标专用权的,是否影响商标许可权利的行使问题,商标权共有人即便约定按份共有商标权,但原则上每个按份共有人可以不分大小地全面、自由行使用该商标,共有人通过合同规定每人的所持份额,只与注册费缴纳、商标权转让或许可费分配有关,与商标的使用无关。故此,份额不影响共有人自行和通过普通许可方式行使商标权。关于独占和排他许可,因和转让一样会影响其他共有人利益,独占和排他许可应适用转让规则,转让规则可参照《民法典》。《民法典》第三百零一条规定:“处分共有的不动产或者动产以及对共有的不动产或者动产作重大修缮、变更性质或者用途的,应当经占份额三分之二以上的按份共有人或者全体共同共有人同意,但是共有人之间另有约定的除外”。

(二)共有人以自己名义起诉维权,是否必须追加其他共有人为共同诉讼人

原最高人民法院《关于适用〈中华人民共和国民事诉讼法〉若干问题的意见》第五十六条规定,“共有财产权受到他人侵害,部分共有权人起诉的,其他共有权人应当列为共同诉讼人”。但随后的修改中,最高人民法院《关于适用〈中华人民共和国民事诉讼法〉的解释》第七十二条规定:“共有财产权受到他人侵害,部分共有权人起诉的,其他共有权人为共同诉讼人。”删除了“应列为”。因共有财产权受到侵害而引起的诉讼一般均是共同诉讼,但基于排除妨碍请求权的情形允许部分共有人单独起诉,在诉讼法的学理上导致“不可分”的固有必要共同诉讼转化为“可分可合”的共同诉讼。在(2010)民提字第113号最高院泥人张案中,最高人民法院认为“考虑到申请再审人在本案中是维护而不是放弃对‘泥人张’享有的权利,且其他权利人不参加诉讼也可以查清本案事实并据之确定本案双方当事人之间的权利义务关系,因此,本案不属于必须由‘泥人张’的其他权利人共同参加诉讼的情形,申请再审人有权单独主张权利”。可见,在共有财产受到外部侵害且共有人利益一致的某些情况下,一个或部分共有人单独提起诉讼却是可能的,因为这是为维护权利而非处置权利本身的行为,在民法上属于“共有物的保存行为”,也称为普通管理行为,是以防止共有物的灭失、毁损或者其权利丧失、限制等为目

的，而维持其现状的行为。比如，在原告滑县道口义兴张烧鸡有限公司、原告滑县道口八代中和义兴张烧鸡有限公司与被告滑县道口合增义兴张烧鸡店虚假宣传不正当竞争纠纷案中，老字号"义兴张"的后人众多，法院就考虑过是否必须追加其他传承人为共同原告。鉴于上述分析，制止侵权行为，也是维护权利圆满状态的一种行为，符合共有人的共同利益，基于停止侵害请求权的情形允许部分共有人或单独起诉，制止他人与老字号历史进行关联的虚假宣传，符合老字号传人的一致利益，可以不追加其他传人为共同原告。

四、私权自治、一物一权与商标共存协议

商标共有不同于商标共存，无论是法定共存还是约定共存，均是存在两个以上权利，而共同共有仅仅存在一个权利。在上诉人第一精工株式会社因15726573号"NOVASTACK"商标申请驳回复审行政纠纷一案中，一审法院认为系争商标与引证商标高度近似、商品类似，在不能排除相关公众对商品来源产生混淆误认可能性的情形下，即便有共存协议，商标的注册申请仍不予注册。二审法院则认为商标权作为一项私权，其权利人可依据意思自治原则对其商标权进行处分，两商标虽属于高度近似商标、类似商品，但在引证商标权利人签署了同意函的情况下，应遵允许诉争商标注册。本案展现了一审、二审在商标法定位上的不同思维，一审侧重保护消费者不混淆的利益，二审则更注重商标私权属性。

我国《商标法》对于注册商标核准范围内立足于赋予财产权角度，核准范围外的近似商标、类似商品立足于反不正当竞争角度，《商标法》第五十七条第一款对于相同商标、相同商品的"双相同"核心侵权处理上，对这种财产权的保护无须考察消费者混淆误认，仅在近似商标、类似商品的外围侵权处理上，引入消费者概念，以测试是否有消费者混淆误认行为而导致权利人市场份额或利益的减损。此时的消费者仅仅是一个法律概念。《商标法》交由消费者忍受"试错"成本时，消费者利益在商标法中却是反射利益而非直接可保护民事利益，消费者权利保护交由其他部门法调整。所以，商标领域的消费者就是用来从真实世界出发、还原交易过程，衡量权利人是否能成功起诉或撤销那些冒犯或试图冒犯它的人，而商标权人就是消费者的"代理复仇人"，在商标法领域，消费者因混淆而"试错"从而受到损失并寻求救济的权利，由商标权利人代为行使。这一理念体现在《商标法》第五十七条第二款"未经权利人许可"的前提及"容易导致混淆"的后果上。经过权

利人许可的行为,不再考虑消费者“混淆”的利益保护。故此,共存协议只要真实体现了权利人处分其财产权利的意志,除非“双相同”的情况下,一般应遵循权利人民事意思自治,采纳共存协议。

商标及商品完全相同的“双相同”不能接受“共存协议”的原因,除保护消费者利益外,还涉及一个标的物能否同时赋予两个以上权利的问题,即“一物一权”原则。“一物一权”原则要求不得有互不相容的两个以上的物权同时存在于同一标的物之上。一个物之上只能设立一个所有权而不能同时设立两个以上的所有权,尤其不能同时设立两个或者两个以上在性质上相互排斥的对世权。商标共同申请,仍属于一个标的物赋予一个权利,视为一个产源,共同申请人按份或共同享有这一个权利,其权利的绝对性即对世权没有受到影响。商标许可同样没有违反“一物一权”。商标“双相同”的共存则不同,是在一个标的物上同时存在两个以上相互排斥的权利,不符合“一物一权”,其权利的绝对性即对世权不复存在。

上述“共存”限定于行政授权确权范围,和“先用权”导致的市场共存不同。因先用权产生的市场共存,影响有限,出于利益平衡考虑允许共存,但权利人可以要求先用权人“附加适当区别标识”。与确权中同时赋予两个权利虽然不同,但在“双相同”的不允许理由上,也有共通之处。所以,可以因先用权抗辩而导致“市场共存”,但在无法无效对方商标前提下,不能再以先用权为名在相同商品上申请注册相同甚至高度近似的商标,即便当事人之间达成了共存协议。

故此,基于对私权处置权的尊重,可以采纳当事人“共存协议”而允许近似商标的共存。而基于“一物一权”原则,即便当事人签署共存协议,“双相同”的商标也不能均予以注册而共存。

第四章 《商标法》第七条之精解

郭东科*

一、关于诚实信用原则现行法律法规及历史沿革

(一)关于诚实信用原则现行法律法规

1.《民法典》

第七条 民事主体从事民事活动,应当遵循诚信原则,秉持诚实,恪守承诺。

诚实信用原则作为民法最为重要的基本原则,被称为是民法的"帝王条款",是各国民法公认的基本原则。诚实信用原则具有高度概括性,使诚实信用原则对于民事主体从事民事活动、司法机关进行民事裁判活动具有重要作用,具有指导当事人正确行使权利和履行义务的功能,还具有解释、协调法律规则的适用和补充法律规则的适用和补充法律规则的作用。[①] 同时,诚实信用原则具有高度的抽象性,具有价值宣示意义,属于原则性条款。诚实信用原则在民法中起着重要作用,但是,该原则在商标法中商标授权确权行政诉讼案件和商标民事侵权案件适用问题,法律人士对于该原则认识标准不统一,加上实践中,违反诚实信用扰乱商标秩序的行为样态和结果五花八门,需要诚实信用原则获得一般的适用机制,使得诚实信用原则能够获得相对的量化标准和可操作性。

2.《商标法》

第七条 申请注册和使用商标,应当遵循诚实信用原则。

---

* 郭东科律师,第10届中华全国律师协会知识产权专业委员会秘书长,第11届北京市律师协会商标法律专业委员会主任,北京市中里通律师事务所主任,代理的"VERO MODA""禧六福珠宝"等商标案件多次入选最高人民法院典型案例。

① 梁慧星:《民法解释》,中国政法大学出版社1995年版,第303~306页。

商标使用人应当对其使用商标的商品质量负责。各级工商行政管理部门应当通过商标管理,制止欺骗消费者的行为。

第十九条第一款　商标代理机构应当遵循诚实信用原则,遵守法律、行政法规,按照被代理人的委托办理商标注册申请或者其他商标事宜;对在代理过程中知悉的被代理人的商业秘密,负有保密义务。

商标法中的诚实信用原则,是指自然人、法人或者其他组织在申请商标和使用商标,都必须善意不欺、恪守信用。同时,诚实信用原则对司法机关裁判定分止争也具有积极作用。

同时诚实信用原则要求商业代理机构在接受委托、办理商标注册申请或者其他商标事宜的过程中,必须讲信用、诚实、善意。

3.《反不正当竞争法》

第二条　经营者在生产经营活动中,应当遵循自愿、平等、公平、诚信的原则,遵守法律和商业道德。

反不正当竞争法作为商标法的"兜底法",在第二条中明确规定了诚实信用原则,要求经营者在经营过程中遵循此原则,可以在商标不正当竞争侵权领域,遏制和打击各种违反诚实信用原则的行为。

4. 北京市高级人民法院《商标授权确权行政案件审理指南》

7.2　诚实信用原则的适用

商标行政案件中,诉争商标的申请注册不应违背商标法第七条第一款的规定。

北京市高级人民法院在审理指南中再次强调了在商标申请过程中,商标申请人必须遵循诚实信用这一重要原则。

(二)诚实信用原则在《商标法》中的历史沿革

自 1987 年,原《民法通则》第四条明确规定了诚实信用原则,确定了诚实信用原则在民法领域的重要地位。

1993 年,修订的《商标法实施细则》在商标法领域第一次明文规定了诚实信用原则。但《商标法实施细则》规定的诚实信用原则仅作为"以欺骗手段或者其他不正当手段取得注册的行为"表现之一,并没有作为原则性条款出现,地位较低。

1993 年,《反不正当竞争法》作为《商标法》的“兜底法”,其在第二条中明确规定了经营者在市场交易中应当遵循诚实信用原则,虽然在后期的实践中,曾援引此条款作为商标法领域适用诚实信用原则的条款,但是仍然无法掩盖《商标法》自身诚实信用原则“缺位”之事实,且不能从根本上缓解司法实践之窘境。

在 2013 年的《商标法》编纂过程中,修改草案二次审议稿曾建议将“申请注册和使用商标,应当遵循诚实信用原则”补充作为原《商标法》第九条第二款的规定。但是考虑到诚实信用原则的重要地位,最终,在 2013 年的《商标法》还是将诚实信用原则前置到第七条,作为一个独立条款出现,正式将诚实信用原则纳入《商标法》。

新《商标法》不仅设定了抽象的诚实信用原则,而且将其精神实质贯穿于商标注册和使用的整个过程中,此种立法思路无疑是司法裁判者和司法实践者的福音。

从《民法通则》到《民法典》,从《商标法实施细则》到《商标法》,在立法中,逐渐确定了诚实信用原则在商标法领域的重要性,同时在我国经济发展速度之快,法律还并不完善的前提下,市场上“搭便车”、模仿、攀附注册等不诚信、不正当行为屡见不鲜,呈现诚实信用原则在商标法中的必要性。但是,由于诚实信用原则具有高度的抽象性和高度概括性,这又出现了行政机关、司法机关对这一原则使用标准不统一。(见图 4－1)

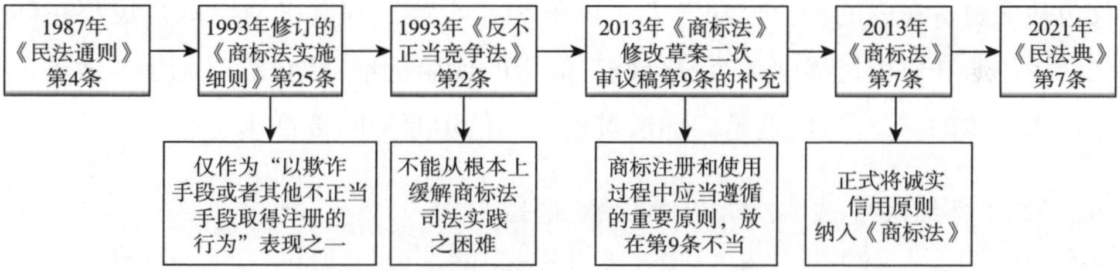

图 4－1 诚实信用原则在《商标法》中历史沿革

二、诚实信用原则在商标法中的必要性及概括抽象性

(一)商标法贯彻诚实信用原则的必要性

商标制度的早期,一般以“使用在先”为基础来确定商标权的归属,小范围不会出现不公平的后果,但“使用在先”存在一个很大弊端,因地域等原因,在后使用的商标权人无从或者很难知道在先商标权人的存在,善意“撞车”可能性较大,具

有较强的不确定性。后来越来越多的国家,由“申请在先”转为“注册在先”,解决了“使用在先”原则的不确定性,但是随之而来的就是“注册在先”和“使用在先”的一个冲突问题,个别在先使用的商标使用人,不仅不能通过使用取得商标的独占权,一旦经他人注册,甚至是恶意注册,真正使用商标的使用人可能会被陷入不能使用的境地。为解决此种情况,诚实信用原则最大限度地达到二者的平衡。这是诚实信用原则贯彻商标法的必要性之一。

据统计,连续十余年来我们商标注册数量激增,如“2020 年,我国商标注册 576.1 万件。收到国内申请人马德里商标国际注册申请 7553 件。2020 年,完成商标异议案件审查 14.9 万件,同比增长 64.7%;完成各类商标评审案件审理 35.8 万件,同比增长 7.8%。”虽然商标年度注册数量及累计有效商标数量庞大,但我国商标“使用率较低。原因主要有两个:一是恶意抢注现象屡禁不绝,二是恶意抢注倒逼守法企业注册大量防御性商标,由此造成恶性循环,申请量虚高不下。”①除此之外,投机性的圈占商标符号资源等违背诚实信用的情形可谓严重,为有效遏制商标囤积,应更好地在商标领域贯彻和实施诚实信用原则,更好地发挥司法价值引导作用均关涉商标领域的健康发展有效建设。这是,商标法贯彻诚实信用原则的必要性之二。

在商标注册和使用中,诚实信用原则的本质在于商标权利人、相关权益人以及包括消费者在内的社会公众三方主体的利益平衡。利益平衡原则是民事主体在商标注册和使用过程中是否符合诚实信用的检验标准,防止泛道德化。做到各方适用主体的利益平衡,这是商标法贯彻诚实信用原则的必要性之三。

(二)商标法中诚实信用原则的概括性

诚实信用原则是商标法的重要原则,其必要性毋庸置疑。但是诚实信用原则归根到底还是原则性条款,往往不能作为完全条款适用。

一般条款说认为,诚实信用原则作为一般性条款,其实质在于当出现立法未预见的新情况、新问题,司法者可以根据它所包含的衡平精神限制、补充、协调其他规范的适用,以矫正法律规则的不公平和不合理,因此它成为对司法者的授权条款,是法官追求具体社会公正而解释或补充法律的依据。在性质上属于法律补

---

① 国家工商行政管理总局商标局:《我国将建恶意注册嫌疑人名单数据库》。

充的原则性规定如何适用,其与类推、目的性限缩、目的性扩张等法律补充方法存在何者优先适用的问题。对于具体案型,虽无法律规定,但若能依类推适用完全条款等方法予以补充,且所得结果与适用诚实信用原则相同时,则应依类推适用方法补充漏洞,不得直接适用诚实信用原则,以避免“向一般条款逃逸”[①]。

适用诚实信用原则必须穷尽所有之后,最后一步才能适用,一般演变过程如图4-2所示:第一,鉴于法律原则的适用以“穷尽规则”为必要;第二,如果存在法律漏洞,则应当进行法律补充;第三,在进行法律补充时,应当优先采用类推、目的性扩张等方法,创设具体的法律规则并适用于拟处理的案件;第四,只有当类推、目的性扩张等方法仍不足适用时,才应当对诚实信用原则进行价值补充,予以具体化;第五,在对诚实信用原则具体化的过程中,应当贯彻正当程序原则,给予当事人充分陈述意见的机会,而且具体案件应当有充分的说理和论证;第六,适用诚实信用原则条款,应当同时援引《商标法》其他相关条款。[②]

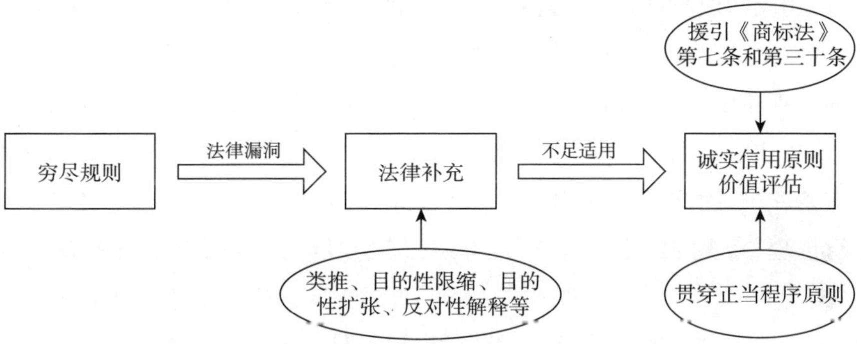

图4-2 适用诚实信用原则演变过程

三、诚实信用原则在司法实践中的具体适用问题

(一)诚实信用原则在商标授权确权程序中的规范体系及适用

1. 诚实信用原则在商标授权确权程序中的规范体系

《商标法》第十三条关于禁止复制、模仿、翻译他人驰名商标的规定。

① 梁慧星:《民法解释学》,中国政法大学出版社1995年版,第312页。

② 刘庆辉、韩赤风:《商标授权确权程序中诚实信用原则的使用》,载《北京社会科学》2015年第11期。

第十五条第一款规制抢注代理人或代表人的商标的行为，第二款规制明知他人商标存在而予以抢注的行为。

第三十二条规制损害他人民事权益的注册行为或者抢注他人在先使用且具有一定影响的商标的行为。

第四十四条第一款规制以欺骗手段或者其他不正当手段取得商标注册的行为。

第十三条、第十五条、第三十二条及第四十四条第一款是诚实信用原则的体现，均具备构成要件和法律效果，是可以直接适用的完全法条。

2. 诚实信用原则在商标授权确权程序中的适用

第七条规定的诚实信用原则条款不仅具有法律价值的宣示意义，还具有授权法律适用人员填补法律漏洞、发展法律规则的功能，经由个案中的充分说理和论证，原则性条款具体化为法律适用。

（1）国家知识产权局适用诚实信用原则的现状及案例

一般商标局和商评委不会直接以《商标法》第七条作为裁决依据。在商标授权确权程序中，法院大都适用完全法条，对于当事人主张适应第七条第一款的，法院往往以"第七条第一款属于总则性规定，其立法精神已体现在商标法其他具体条款中，因此，商标评审委员会将适用2014年《商标法》的具体条款对本案进行审理"等理由，不引用第七条第一款，而转为引用以上列举的完全法条。

那么，在具体案件中，商标局和商标评审委员会是否也可以适用《商标法》第七条诚实信用原则条款来填补法律漏洞，补充法律规则。一般认为，依法行政是行政法的基本原则，行政机关应当依据法律行使行政管理事务。行政机关在个案中是否可以填补法律漏洞、补充法律，关键在于这种做法是否符合依法行政原则。依法行政原则，亦即法律优越原则和法律保留原则。法律优越原则，是指一切行政权之行使，不得抵触宪法和法律，应受现行法律的约束，受到行政法上一般法律原则的节制。法律保留原则，是指行政权之行使，应当有法律授权之依据。在法律无明文规定的领域，行政活动并不抵触法律，故不违反法律优越原则，但如果无法律的授权，可能会违反法律保留原则。行政机关的行政行为应当受到法律优越原则和法律保留原则的限制，个案中的法律补充当然也受到前述两原则的限制。但是，在不违背法律优越原则和法律保留原则的情形下，没有理由反对行政机关为了实现公平正义而享有一定的法律补充权。这是因为，法律规则的有限供给无法满足行政管理事务的无穷需要，为了实现行政管理的法律目的，促进公平正义，在不违背依法行政原则的前提下，应当允许行政机关创造性执法，实现执法目标。

现在一般承认法院在行政诉讼中享有补充法律的权力。既然法院在适用行政实体法时可以补充法律，那么行政机关作为法律适用者，面对个案需要也应当可以补充法律，并且只要其补充法律正确，就应当得到司法审查的确认。就这点而言，只要承认法院在行政诉讼中有补充法律的权力，就应当承认行政机关也享有个案补充法律的权力。①

在个例中适用诚实信用原则的案例如下：

在第 19163835 号“摩尔农庄”商标（见图 4－3）不予注册的决定中，被异议商标第 19163835 号“摩尔农庄”（见图 4－4），最终因违反诚实信用原则被不予核准注册。

图 4－3 引证商标

① 刘庆辉、韩赤风：《商标授权确权程序中诚实信用原则的使用》，载《北京社会科学》2015 年第 11 期。

图 4－4　被异议商标

知识产权局认为被申请人申请注册被异议商标的行为具有明显的抄袭、模仿、复制他人商标的主观故意，其行为扰乱了正常的商标注册管理秩序，有损于公平竞争的市场环境，违反了诚实信用原则。

商标局和商评委对商标在先权利人的保护力度加大了对“傍名牌”现象的打击力度。商标审查不单单从商标近似角度平面审查，会更加立体，会更多参考在先商标的知名度、地域特点等因素，现在还会参考被异议人商标注册情况，参考是不是存在复制抄袭在先商标和其他知名商标的恶意，商标的注册情况是否符合正常经营需要，只要有“傍名牌”“搭便车”的不正当竞争或牟取非法利益的意图，会被视为有悖于诚实信用原则，扰乱正常的商标注册管理秩序，有损公平竞争的市场秩序的情况，一般商标局会以违反《商标法》第七条有悖诚实信用原则决定不予核准注册。

（2）各级法院在商标行政诉讼程序中适用诚实信用原则的现状及案例

商标行政机关和法院在商标授权确权案件在适用诚实信用原则上犹如一把“双刃剑”，怎样适用，有待司法实践的进一步确认。商标行政机关和法院对商标授权确权案件，基于法的安定性和法律适用的一贯性，商标行政机关和法院在个案中适用原则性条款上应当保持前后一致，因此，个案中前一个阶段适用了诚实信用原则对后案具有事实上的约束力。

（二）诚实信用原则在民事商标侵权程序中的规范体系及适用

1. 诚实信用原则在民事商标侵权程序中的规范体系

从实践来看，商标主管部门对商标的规范主要集中在商标注册环节，对商标使用环节往往有心无力,有赖于司法机关发挥作用。在实务中,司法机关则倾向于将“使用商标”的所有行为均纳入司法调整的范围,即将各种恶意注册及提起诉讼的行为都作为规制对象。援用诚实信用原则往往以《商标法》第五十七条商标侵权行为的规定为前提进行主张。

2. 诚实信用原则在民事商标侵权程序中的适用演变过程及现状[①]

诚实信用原则作为民法的基本原则,在商标权的司法规制中,尤其是商标权侵权领域中,起着至关重要的作用,诚实信用原则的适用是一个从无到有,从弱到强的过程,使诚实信用原则在商标侵权案件如何适用越来越清晰化,从最初的探索阶段,再到实践阶段,最终呈现确定阶段。

(1)探索阶段:以高某石诉绫致公司侵害商标权案为例

在高某石诉绫致时装(天津)有限公司(以下简称绫致公司)侵害商标权纠纷案中,高某石经商标局核准,在第9类“眼镜、太阳镜等”商品上注册第3566908号“VERO MODA”商标,高某石排他许可北京石中境剑国际文化有限公司(以下简称石中剑公司)使用上述商标。2011年7月9日,高某石在杭州利星名品百货广场有限公司(以下简称利星公司)商场购得太阳眼镜一副,该眼镜包装正面标有“VERO MODA”,商品吊牌上标有“VERO MODA”,镜片上的小标签上标有“VERO MODA”。绫致公司确认涉案太阳眼镜系其委托他人贴牌加工生产并由其提供给利星公司销售。2011年9月30日,高某石、石中剑公司以绫致公司、利星公司未经许可,生产、销售大量侵犯其注册商标专用权的产品为由,向杭州市中级人民法院起诉,请求判令绫致公司、利星公司停止侵权并赔礼道歉;连带赔偿损失50万元和律师费35,000元。

浙江省高级人民法院审理认为:案外人早在1997年12月7日在第25类“物、鞋、袜、帽”上注册了第1132585号“VERO MODA”商标。绫致公司经案外人授权,自2001年1月1日起开始生产、销售并分销带有第1132585号“VERO MODA”商标的产品,并致力于该商标的宣传、推广。绫致公司2001年至2003年在全国各地开设品牌专卖店33家。虽然绫致公司提交的证据尚不足以证明第1132585号“VERO MODA”商标在第3566908号“VERO MODA”商标申请日之前在中国已经成为驰名商标,但足以证明其已具有一定的知名度。虽然第

---

① 以下全部引自郭东科:《商标权滥用的司法规制演变与发展》,载《中华商标》2020年第1期。

1132585 号“VERO MODA”商标与第 3566908 号“VERO MODA”商标核定使用类别在《类似商品和服务区分表》中为不同大类，但是两者文字完全相同，商品的功能用途、销售渠道、消费群体具有较大的关联性，尤其对于时尚类品牌而言，公司经营同一品牌的服装和眼镜等配饰是普遍现象。高某石、石中剑公司对其第 3566908 号“VERO MODA”注册商标符号要素的来源以及是否系其自创并无合理解释，而绫致公司第 112585 号“VERO MODA”商标的历史脉络则是清晰的。作为关联商品的经营者在确定其商标时，出于诚实信用应首先避免因相同商标造成的商品来源的混淆，高某石应该知晓 1132585 号“VERO MODA”商标的知名度，却仍然在关联商品上注册与该商标完全相同的商标，显然具有附绫致公司品牌的主观意图，有悖于诚实信用原则。且高某石在第 9 类商品上注册的 20 余个与众多境内外时尚品牌相同的商标亦可印证其“搭便车”的意图，故高某石、石中剑公司以第 3566908 号“VERO MODA”商标为权利基础，主张公司承担侵犯其商标权的侵权责任既缺乏合法的权利依据，也不符合我国《商标法》的基本立法原则，更与司法的价值导向背道而驰，不予支持。

这个案件，特别强调了商标的功能是用于区别商品或服务的来源。商标法的基本职能就是通过制止混淆达到保护商标权，维护消费者利益，促进市场公平竞争，维护诚实信用的基本原则。作为关联商品、服务的经营者在确定其商标时，应遵循诚实信用原则，避免因相同商标造成的商品、服务来源混淆。本案中，相关当事人故意附他人商誉、抢注他人具有一定知名度的商标在先，恶意诉讼索赔在后。二审法院在查明事实的基础上对其不合理的主张依法判决不予支持，表明了人民法院坚决遏制恶意攀附他人商誉，切实维护诚实信用原则的坚定态度和司法导向。鉴于诚实信用原则是 2013 年《商标法》修改中首次确认的，而此次修法的正式实施是 2014 年 5 月 1 日，因此当时浙江省高级人民法院在基于高某石大量抢注国际知名品牌和绫致公司在先有效使用的基本事实认定的基础上，勇于创新，打破了在民事案件中只考虑原告权利形式合规，完全不考虑原告权利依据正当性的常规做法，从立法原则、法理精神、司法价值导向的角度出发直接驳回了恶意诉请，限制了商标专用权的滥用。基于民事案件中对抢注人恶意动机的查明，也直接导致在行政确权案件中最终将涉案权利商标成功无效，使得诚信经营的商事主体免受不白之冤和案件申诉之累。本案在以成文法为基本背景的我国司法实践中弥足珍贵，也为后续法律使用诚实信用原则的进一步修改奠定了案例实践基础。

(2)实践阶段:以优衣库公司诉指南针公司侵害商标权案为例

广州市指南针会展服务有限公司(以下简称指南针公司)与广州中唯企业管理咨询服务有限公司(以下简称中唯公司)为涉案商标UL的共有人,该商标核定使用商品为第25类。优衣库商贸有限公司(以下简称优衣库公司)与迅销(中国)商贸有限公司(以下简称迅销公司)共同经营"优衣库"品牌,在中国各地设有专营店。2012年11月3日,株式会社迅销向商标局申请第G1133303号商标领土延伸。优衣库公司销售的高级轻型羽绒系列服装上有使用标识。指南针公司、中唯公司依据涉案注册商标专用权,在北京、上海、广东、浙江四地针对优衣库公司或迅销公司和不同门店提起了42起商标侵权诉讼。根据法院查明的事实,中唯公司和指南针公司分别持有注册商标共计2600余个,其中部分商标与他人知名商标在呼叫或者视觉上高度近似。指南针公司、中唯公司曾在华唯商标转让网上公开出售涉案商标,并向迅销公司提出诉争商标转让费800万元。高价转让未得之后两公司又分别以优衣库公司、迅销公司及其各自门店侵害该商标专用权为由,以基本相同的事实提起系列诉讼,在每个案件中均以优衣库公司或迅销公司及作为其门店的一家分公司作为共同被告起诉,利用优衣库公司或迅销公司门店众多的特点,形成全国范围内的批量诉讼,请求法院判令优衣库公司或迅销公司及其众多门店停止使用并索取赔偿。鉴于诉讼在全国法院同时起诉,最终出现了四种结果的判决。

第一种观点认为,原告注册商标受保护被告使用标识造成商标侵权一判决被告承担停止侵权、偿损失的法律责任。以东莞市第二人民法院判决(2014)东三知民初字第241号为例。

第二种观点认为,原告注册商标受保护,被告使用标识构成商标侵权,但因原告没有实际使用注册商标的意图,且仅用注册商标投机取巧作为索赔的工具,只判决被告停止侵权,但无须承担赔偿责任。以上海市第二中级人民法院判决(2014)沪二中民五(知)初字第93号以及上海市高级人民法院判决(2015)沪高民三(知)终字第97号为例。

第三种观点认为,原告的注册商标与被告使用的标识,两者既不相同也不近似,故被告的行为不构成商标侵权,判决驳回原告的诉讼请求。以浙江省杭州市中级人民法院判决(2014)浙行知初字第265号为例。

第四种观点认为,原告注册商标L属于恶意注册,原告指控被告侵害商标权的诉讼请求不予支持,但考虑到原告商标处于有效注册状态,被告使用相关标识时,应尽可能避让原告的注册商标为例。

优衣库公司不服上海市高级人民法院(2015)沪高民三(知)终字第97号民事判决书,向最高人民法院申请再审。最高人民法院再审期查明,迅销公司就涉案注册商标向商标评审委员会提出了无效宣告申请。经商标无效程序、法院一审、二审涉案商标被宣告无效。最高人民法院提审后判决撤销一审、二审判决,驳回指南针公司和中唯公司全部诉讼请求,最高人民法院在本案中鲜明地表达了恶意取得并利用商标权谋取不正当利益之行为不受法律保护,对建设健康有序的商标秩序,净化市场环境,遏制利用不正当取得的商标权进行恶意诉讼具有典型意义。综观全案,从2013年指南针公司和中唯公司以囤积牟利为基本动机恶意提起诉讼,直到2018年最高人民法院提审该案,最终驳回所有恶意诉求,正是体现了我国司法系统对于商标恶意注册行为的态度从最初的不明朗、不统一到最终的重拳打击、决遏制,也是诚实信用原则在《商标法》这一特别法中的确立和强化的体现。

(3)确定阶段:以王某永诉深圳歌力思服饰股份有限公司、杭州银泰世纪百货有限公司侵害商标权纠纷案为例

深圳歌力思服装实业有限公司成立于1999年6月8日。2008年12月18日,该公司通过受让方式取得第1348583号“歌力思”商标,商标核定使用于第25类的服装等商品之上,核准注册于1999年12月。2009年11月19日,该商标经核准续展注册,有效期自2009年12月28日至2019年12月27日。深圳歌力思服装实业有限公司还是第4225104号“ELLASSAY”的商标注册人。该商标核定使用商品为第18类的(动物)皮;钱包;旅行包;文件夹(皮革制);皮制带子;裘皮;手杖;手提包;购物袋。注册有效期限自2008年4月14日至2018年4月13日。2011年11月4日,深圳歌力思服装实业有限公司更名为深圳歌力思服饰股份有限公司(以下简称歌力思公司,即本案一审被告人)。2012年3月1日,上述“歌力思”商标的注册人相应变更为歌力思公司。

从最高人民法院裁判理由来看,一是确立了诚实信用原则在民事诉讼中的地位,认为诚实信用原则是一切市场活动参与者所应遵循的基本准则。一方面,它保障当事人有权在法律规定的范围内行使和处分自己的民事权利和诉讼权利;另一方面,它又要求当事人在不损害他人和社会公共利益的前提下,善意、审慎地行使自己的权利。任何违背法律目的和精神,以损害他人正当权益为目的,恶意取

得并行使权利、扰乱市场正当竞争秩序的行为均属于权利滥用其相关权利,主张不应得到法律的保护和支持。二是认定歌力思公司拥有合法的在先权利基础,歌力思公司在本案中的使用行为系基于合法的权利基础,使用方式和行为性质均具有正当性,王某永取得和行使"歌力思"商标权的行为难谓正当。三是认定王某永以非善意取得的商标权对歌力思公司的正当使用行为提起的侵权之诉,构成权利滥用。

(4)三个案件对比及现在各个法院如何适用诚实信用原则

三个案件对比,可以看出法院在处理侵权案件时,第一,适用诚实信用原则第七条,以谨慎直接适用、防止向一般条款逃避为原则。第二,事实的审查:有充足的证据能证明其存在违反诚实信用原则的行为;主观上是否有恶意;重点考察是否有混淆误认。第三,充分考虑法律后果。

四、诚实信用原则在不同程序中适用标准不一及对困局的思考

综上所述,在商标授权确权行政案件中,诚实信用原则可以说是商标授权确权案件的兜底条款,在具体案件中诚实信用原则很难适用,仅有规制必要性时适用。在既往的商标民事侵权案件涉及侵犯他人利益,司法实践慢慢从探索阶段,到实践阶段,再到确定阶段,对于诚实信用原则在民事侵权案件中相较更成熟。但在实践中,往往出现商标授权确权案件与商标侵权案件的重合交叉,经常出现被告抗辩原告的权利商标系恶意注册并宣称已经启动无效宣告程序,请求人民法院中止审理或者驳回诉讼请求。但在实务中,法官也对上述情况表示理解和同情,但是基于商标授权确权案件和民事侵权案件是双轨并行审查的状态,且权利商标能否最终被无效宣告存在不确定因素,且无效宣告之后还有可能继续行政诉讼一审、二审,诉讼周期过长,严重影响法院的结案效率。最终的结果往往是不愿意无限期等下去,而是期望当事人在下个法律程序中予以解决。所以,期望能够有效建立民事判决与行政确权程序之间的制度衔接,这样,合法在先权利人也免去了不必要的诉累和损失,弘扬了诚实守信的商业道德准则,上述法律实践也在很大限度上实现了程序正义和实体正义的统一。

第五章 《商标法》第十条第一款第一项之精解

刘艳锋*

一、法律规定及条文理解

(一)法律规定及相关法律规范

1.《商标法》

第十条 下列标志不得作为商标使用:

(一)同中华人民共和国的国家名称、国旗、国徽、国歌、军旗、军徽、军歌、勋章等相同或者近似的,以及同中央国家机关的名称、标志、所在地特定地点的名称或者标志性建筑物的名称、图形相同的……

2.最高人民法院《关于审理商标授权确权行政案件若干问题的规定》

第三条 商标法第十条第一款第(一)项规定的同中华人民共和国的国家名称等"相同或者近似",是指商标标志整体上与国家名称等相同或者近似。

对于含有中华人民共和国的国家名称等,但整体上并不相同或者不相近似的标志,如果该标志作为商标注册可能导致损害国家尊严的,人民法院可以认定属于商标法第十条第一款第(八)项规定的情形。

* 刘艳锋律师,第10、11届北京市律师协会商标法律专业委员会副主任。北京天驰君泰律所高级合伙人、商标运营诉讼部主任。主持奥运、冬奥会知产项目。代理中国黄金、百度、腾讯、庆丰、作业帮、滴滴等商标案,多次入选最高人民法院、高级人民法院十大知产案例。

3. 北京市高级人民法院《商标授权确权行政案件审理指南》

8 商标法第十条的适用

8.1 【商标法第十条第一款的认定标准】

诉争商标标志具有多种含义或者具有多种使用方式,其中某一含义或者使用方式容易使公众认为其属于商标法第十条第一款所规定情形的,可以认定诉争商标违反该款规定,诉争商标使用情况一般不予考虑。

8.2 【含有中国国家名称的标志】

诉争商标标志含有中华人民共和国国家名称,但整体上并不相同或者不相近似,如果该标志作为商标注册可能损害国家尊严的,可以认定属于商标法第十条第一款第(八)项规定的情形。

4.《关于含"中国"及首字为"国"字商标的审查审理标准规定》

为进一步规范商标审查标准,做好商标审理工作,服务企业,促进加快经济发展方式转变,根据商标法及有关法规的规定,经研究,现对含有与我国国家名称相同或者近似文字的商标的审查标准明确如下:

第一部分 法律依据

对含有与我国国家名称相同或者近似文字的商标申请应当依照《商标法》相关规定进行审查,具体为:

一、《商标法》第十条下列标志不得作为商标使用:

(一)同中华人民共和国的国家名称、国旗、国徽、军旗、勋章相同或者近似的,以及同中央国家机关所在地特定地点的名称或者标志性建筑物的名称、图形相同的;

(二)同外国的国家名称、国旗、国徽、军旗相同或者近似的,但该国政府同意的除外;

(三)同政府间国际组织的名称、旗帜、徽记相同或者近似的,但经该组织同意或者不易误导公众的除外;

……

(七)夸大宣传并带有欺骗性的;

(八)有害于社会主义道德风尚或者有其他不良影响的。

二、《商标法》第十一条下列标志不得作为商标注册:

(一)仅有本商品的通用名称、图形、型号的;

……

(三)缺乏显著特征的。

第二部分　含“中国”字样商标的审查审理标准

对含有与我国国家名称相同或者近似文字的商标申请,申请人及申请商标同时具备以下四个条件的,可予以初步审定:

一、申请人主体资格应当是经国务院或其授权的机关批准设立的。申请人名称应经名称登记管理机关依法登记。

二、申请商标与申请人企业名称或者该名称简称一致,简称是经国务院或其授权的机关批准。

三、申请商标与申请人主体之间具有紧密对应关系。

四、申请商标指定使用的商品或服务范围应与核定的经营范围相一致。

第三部分　首字为“国”字商标的审查审理标准

首字为“国”字商标的,应当严格按照以下标准审查:

一、对“国+商标指定商品名称”作为商标申请,或者商标中含有“国+商标指定商品名称”的,以其“构成夸大宣传并带有欺骗性”、“缺乏显著特征”和“具有不良影响”为由,予以驳回。

二、对带“国”字头但不是“国+商标指定商品名称”组合的申请商标,应当区别对待。对使用在指定商品上直接表示了商品质量特点或者具有欺骗性,甚至有损公平竞争的市场秩序,或者容易产生政治上不良影响的,应予驳回。

对于上述含“中国”及首字为“国”字商标的审查,应当从严审查,慎之又慎,通过相关审查处处务会、商标局审查业务工作会议、商标局局务会议或者商标评审委员会委务会议研究决定。

在商标注册申请程序过程中,商标申请人可以提交相关证明材料。

(二)条文理解

上述条文是不得作为商标使用的标志涉及的具体情形,属于绝对条款。我国的国家名称、国旗、国徽、国歌、军旗、军徽、军歌、勋章等,关乎国家主权、国家及军队的尊严与荣誉,不得进行任何形式的商业性使用;同时若将上述标识作为商标申请注册,也会使相关公众对商品或服务的来源产生误认,严重违背公序良俗,产生严重负面影响。

需要注意的是,上述条文规定既适用于注册商标,也适用于未注册商标。对于正在申请中的商标，违反本条规定的直接予以驳回；对于已经注册的商标，任何人均可以向国家知识产权局请求宣告该注册商标无效，国家知识产权局也可以依职权主动宣告该注册商标无效。

二、历史沿革

对于不能作为商标使用的标志，国际条约已经作出了明确的规定。《保护工业产权巴黎公约》第六条之三规定："本公约成员国的国旗、国徽、表明实施国家管制和保证的官方标志、检验印记及政府间国际组织的标志等均不得作为商标注册和使用。"我国结合实际情况，对相关立法进行了有益的探索。

1982 年 8 月 23 日，我国第一部《商标法》第八条即对与我国"国家名称""国旗""国徽""军旗""勋章"等相同或近似的标识不能作为商标使用作出明确的规定。

2001 年 10 月 27 日，为了防止将类似"天安门""人民大会堂"等中央国家机关所在地的名称及图形作为商标使用，《商标法》在修订时增加了"同中央国家机关所在地特定地点的名称或者标志性建筑物的名称、图形相同的"标识禁止作为商标使用情形。

2013 年 8 月 30 日，《商标法》在修订时增加了"声音商标"的相关规定，相应地，我国的"国歌"、中国人民解放军的"军歌"因同样涉及国家、军队尊严，也同样禁止作为商标使用。此外，该条还做了进一步完善，增加了同"军徽"相同或近似的标志以及同"中央国家机关的名称、标志"相同的标志禁止使用的规定。

三、具体适用

（一）本条具体释义

本条中的"国家名称"包括全称、简称和缩写，我国国家名称的中文全称是"中华人民共和国"，简称为"中国""中华"，英文全称是"The People's Republic of China"，简称或者缩写为"CHINA""CHN""P. R. C""P. R. CHINA"等；"国旗"为五星红旗；"国徽"的中间是五星照耀下的天安门，周围是谷穗和齿轮；"国歌"是《义勇军进行曲》；"军旗"是中国人民解放军军旗，图案为红地，靠旗杆上方为金黄色五角星及"八一"两字；"军歌"是中国人民解放军军歌，歌名为《中国人民解放军进行曲》；"勋章"是国家有关部门授给对国家、社会有贡献的人或者组织的表示荣誉的证章;“中央国家机关的名称、标志、所在地特定地点或者标志性建筑物的名称”,包括“全国人民代表大会”“国务院”“中南海”“钓鱼台”“天安门”“新华门”“紫光阁”“怀仁汤”“人民大会堂”等。

(二)含“中国”字样商标的审查

1. 相同或近似的认定标准

商标与我国国家名称等相同的,如“CHINA”等,比较容易判断,不再赘述。

商标与我国国家名称等近似的,是指该标志的含义、读音或者外观等与我国国家名称近似,容易使相关公众误认为我国国家名称。对于已经注册的商标,即便使用多年,甚至不排除已经具有了一定的知名度,但由于国家尊严不容侵犯,只要与我国国家名称近似,均应予以宣告无效。

当然,也并非包含我国国家名称就一概会不予注册并禁止使用。审查实践中一般存在如下三种例外情形:

(1)标志本身描述的是客观存在的事物,不会使公众误认的。如在酒吧、餐饮等服务上注册“中华鲟”商标。

(2)标志含有与我国国家名称相同或近似的文字,但其整体是报纸、期刊、杂志名称或企事业单位简称的。如在报纸商品上注册“中国知识产权报”,在汽油等商品上注册“中国石油”商标。

(3)我国申请人商标所含我国国名与其他具备显著特征的标志相互独立,国名仅起表示申请人所属国作用的。

2. 商标虽含有我国国家名称,但整体上并不相同或不相近似的认定

商标审查应坚持“整体比对”原则,即便商标标志含有“中华人民共和国”国家名称,但整体上并不相同或者不相近似,不应简单认定属于《商标法》第十条第一款第一项的规定。

在刘某华与国家工商行政管理总局商标评审委员会商标权无效宣告请求行政二审案①中,北京市高级人民法院认定:诉争商标虽然含有我国国家名称“中国”及其英文翻译“China”,但该标志还有其他构成要素“黄金”及图形等,标志在整体上并未构成与我国国家名称相同或者相近似,且根据在案证据显示,“中国黄

---

① 参见北京市高级人民法院行政判决书,(2018)京行终4713号。

金”被相关行政机关批复同意作为中国黄金公司企业名称的简称，“China Gold”系中国黄金公司的英文简称，上述中英文简称经中国黄金公司长期使用，在与其经营范围一致的贵金属锭等商品上已经与其产生了稳定的对应关系，形成了明显有别于国家名称的其他含义。因此，诉争商标的申请注册未违反2001年《商标法》第十条第一款第一项的规定。

但是，鉴于国家尊严不容侵犯，不排除相关商标因具有“不良影响”而不予注册或予以无效宣告。

最高人民法院在“中国劲酒”商标驳回复审行政纠纷案①中认定：申请商标可清晰识别为“中国”“劲”“酒”三部分，虽然其中含有我国国家名称“中国”，但其整体上并未与我国国家名称相同或者近似，因此申请商标并未构成同国家名称相同或者近似的标志。但是，法院同时指出，国家名称是国家的象征，如果允许随意将其作为商标的组成要素予以注册并作商业使用，将导致国家名称的滥用，损害国家尊严，也可能对社会公共利益和公共秩序产生其他消极、负面影响。因此，对于上述含有与我国国家名称相同或者近似的文字的标志，虽然对其注册申请不宜根据《商标法》第十条第一款第一项进行审查，但并不意味着属于可以注册使用的商标，而仍应当根据《商标法》其他相关规定予以审查。此类标志若具有不良影响，仍可以按照《商标法》相关规定认定为不得使用和注册的商标。

（三）含“国”字商标的审查

含“国”字商标，一般分为“国＋商标指定商品名称”及非“国＋商标指定商品名称”两种。

1.“国＋商标指定商品名称”的审查

针对此类商标，一般认为相关商标“带有欺骗性，容易使公众对商品质量等特点产生误认”，从而以《商标法》第十条第一款第七项予以规制，如在“白酒”商品上申请“国酒”商标，在餐厅服务上申请“国宴”商标。

2. 非“国＋商标指定商品名称”的审查

针对此类商标，一般区分具体情形，分别以《商标法》第十条第一款第七项、第八项予以驳回。

---

① 参见最高人民法院行政判决书，（2010）行提字第4号。

（1）构成《商标法》第十条第一款第七项。在山西杏花村公司与国家工商行政管理总局商标评审委员会商标申请驳回复审二审案①中，北京市高级人民法院认为：申请商标由纯文字“国藏”构成，尽管“国藏”一词中的“藏”字读音并非唯一，但在其指定使用的商品上，“国藏”一词更容易被理解为“国家级的典藏”，易导致相关公众对商品质量产生误认。虽然山西杏花村公司提供了中国国家博物馆收藏“国藏汾酒及宝坛”的收藏证书，但不能因此而认定山西杏花村公司在申请商标指定使用的商品类别上提供的相关商品均已达到“国家级的典藏”的水平。申请商标不仅不能作为商标注册，而且属于《商标法》第十条第一款第七项规定的不得作为商标使用的标志。

（2）构成《商标法》第十条第一款第八项“不良影响”。在国御温泉度假小镇有限公司与国家工商行政管理总局商标评审委员会商标申请驳回复审二审案②中，北京市高级人民法院认定：申请商标由汉字“国”“御”组合而成，“国御”本身无含义，但“国”对于一般消费者而言，通常代表“一国最好的、国家级别的”等含义，申请商标使用在酒吧、茶馆等服务上，易使相关公众认为申请商标指定商品的质量品质得到了国家相关机构的认证，具有某种质量保证或等级、荣誉等特质，若申请商标被国御公司独占使用，将有损公平竞争的市场秩序，从而造成不良影响。

① 参见最高人民法院行政判决书，（2011）高行终字第422号。

② 参见北京市高级人民法院行政判决书，（2013）高行终字第80号。

第六章 《商标法》第十条第一款第二项、第三项、第四项之精解

申 健[*] 王 鑫[**]

一、法律规定及条文理解

（一）法律规定及相关法律规范

1.《商标法》

第十条 下列标志不得作为商标使用：

……

（二）同外国的国家名称、国旗、国徽、军旗等相同或者近似的，但经该国政府同意的除外；

（三）同政府间国际组织的名称、旗帜、徽记等相同或者近似的，但经该组织同意或者不易误导公众的除外；

（四）与表明实施控制、予以保证的官方标志、检验印记相同或者近似的，但经授权的除外；

……

---

[*] 申健律师，第9届北京市律师协会商标法律专业委员会委员、第10届副秘书长、第11届秘书长，北京罗杰律师事务所合伙人，美国印第安纳大学知识产权法学硕士，曾代理中国铝业、稻香村、鳄鱼、燕京、同仁堂、路易威登等商标及不正当竞争案。

[**] 王鑫律师，第11届北京市律师协会商标法律专业委员会副秘书长，北京大学法学学士，中国社会科学院法学硕士，北京腾宇律师事务所主任。曾代理福特汽车公司、科氏滤膜系统公司、美国航空公司、伊夫圣洛朗股份公司、菲利普莫里斯等商标案件。

2. 北京市高级人民法院《商标授权确权行政案件审理指南》

8.3 【含有外国国家名称的标志】

外国国家名称包括外国国家名称的中、外文全称或者简称等，官方文献等可以作为认定外国国家名称的依据。诉争商标标志中虽含有外国国家名称，但是整体上并不相同或者不相近似，如果该标志作为商标注册可能损害该国尊严的，可以认定属于商标法第十条第一款第（八）项规定的情形。具有下列情形之一的，可以推定属于商标法第十条第一款第（二）项规定的“经该国政府同意”，但有相反证据的除外：

（1）当事人提交了该国政府同意诉争商标申请注册的文件的；

（2）当事人提交了相同申请人就诉争商标在相同商品或者服务上，已经在该国获准注册的文件的。

（二）条文理解

本条款是关于同外国国家名称、国旗、国徽、军旗，政府间国际组织的名称、旗帜、徽记，表明实施控制、予以保证的官方标志、检验印记等相同或近似标志不得作为商标的禁止性规定。上述规定与《保护工业产权巴黎公约》第六条之三规定基本一致，是我国履行国际公约义务的体现。违反本条款规定的，不仅不能作为商标注册，而且也不能作为商标使用。对于已经注册的，任何人均可以向国家知识产权局请求宣告该注册商标无效，国家知识产权局也可以依职权主动宣告该注册商标无效，而且不受时间限制。

二、历史沿革

1982 年《商标法》规定了商标不得使用上述第二项、第三项的文字或图形。2001 年《商标法》第二次修订时，对上述第二项、第三项分别增加了“经该国政府同意的除外”“但经该组织同意或者不易误导公众的除外”的内容；同时新增了第四项规定。《商标法》第三次、第四次修订对该三项规定除个别文字调整外，主要内容未发生变化。

三、具体适用

（一）适用范围

1. 第十条第一款第二项，同外国的国家名称、国旗、国徽、军旗等相同或者近似的

根据《商标审查及审理标准》，本条中的“国家名称”包括中文和外文的全称、简称和缩写；“国旗”是由国家正式规定的代表本国的旗帜；“国徽”是由国家正式规定的代表本国的标志；“军旗”是国家正式规定的代表本国军队的旗帜。

在“西法兰”商标申请驳回复审行政纠纷一案中①，最高人民法院认为，诉争商标为文字“西法兰”，与法兰西共和国的国名“法兰西”在文字构成上完全相同，仅文字排列有所差异，且整体并未形成明显区别于“法兰西”的含义，故与法兰西共和国国家名称构成近似。西法兰公司并未提交证据证明其申请注册诉争商标已经得到法兰西共和国政府的同意，故二审判决认定诉争商标构成《商标法》第十条第一款第二项所规定的不得作为商标使用的情形并无不当。

2. 第十条第一款第三项，同政府间国际组织的名称、旗帜、徽记等相同或者近似的

根据《商标审查及审理标准》，本条中的“政府间国际组织”，是指由若干国家和地区的政府为了特定目的通过条约或者协议建立的有一定规章制度的团体。如联合国、欧洲联盟、东南亚国家联盟、非洲统一组织、世界贸易组织、世界知识产权组织、亚太经济合作组织等。国际组织的名称包括全称、简称或者缩写。例如，联合国的英文全称为“United Nations”，缩写为“UN”；欧洲联盟的中文简称为“欧盟”，英文全称为“European Union”，缩写为“EU”。

3. 第十条第一款第四项，与表明实施控制、予以保证的官方标志、检验印记相同或者近似的

本条中的“官方标志、检验印记”，是指官方机构用以表明其对商品质量、性能、成分、原料等实施控制、予以保证或者进行检验的标志或印记。

---

① 最高人民法院行政裁定书，(2021)最高法行申 2107 号。

在“吉园圃 GMP”商标争议行政纠纷一案中①，最高人民法院认为，“GMP”是国家食品药品监督管理局使用的对药品生产企业生产资质和质量控制监督检查的官方认证标志。争议商标“吉园圃 GMP”中的显著识别字母部分“GMP”与上述官方标志文字完全相同，虽然争议商标核定使用的鲜水果、新鲜蔬菜等商品与药品不属于类似商品，但由于这两类商品均与公众健康密切相关，争议商标的注册仍易误导公众，原审判决认定其属于《商标法》第十条第一款第四项所指的与表明实施控制、予以保证的官方标志相近似的标志，并无不妥。

(二)除外规定

以上三项条文规定均有除外情形，主要包括以下内容：

1. 第十条第一款第二项，同外国的国家名称、国旗、国徽、军旗等相同或者近似的除外情形

(1)经该国政府同意的。

适用本规定，申请人应当提交经该国政府同意的书面证明文件。申请人就该商标在相同或类似商品、服务上，在该外国已经获得注册的，视为该外国政府同意。

实践中，人民法院对“在该外国已经获得注册的，视为该外国政府同意”的适用采取了严格标准。

在“VonDutch”商标驳回复审行政纠纷一案中②，最高人民法院认为，申请人主张“VONDUTCH”系列商标已在比荷卢经济联盟及欧盟地区获准注册，该注册应视为荷兰政府同意其在商标申请中使用“DUTCH”一词。对此，《商标法》第十条第一款第二项中的“该国政府同意”，应为该国政府的相关明确授权。原审法院认定罗尔品牌公司在先商标在比荷卢经济联盟及欧盟地区的注册不能推定为荷兰政府同意其将“DUTCH”或“VONDUTCH”作为商标在我国法域范围进行商标申请注册并无不妥。

(2)具有明确的其他含义且不会造成公众误认的。

例如，“FRANK”与法国国名“FRANCE”相差两个字母，但英文含义为“坦白

---

① 最高人民法院行政裁定书，(2015)知行字第 85 号。

② 最高人民法院行政裁定书，(2019)最高法行申 3213 号。

的、真诚的”，也是常用英文人名“弗兰克”，因此不会造成公众误认为法国的国家名称。

（3）商标同外国国名的旧称相同或者近似的。

例如，“花旗”为美国旧称，指定使用在“服装”上，不认为是对美国国家名称的使用。但是，如果将“花旗”指定在“人参”等商品上，则可能会导致相关公众发生商品产地误认的，违反《商标法》第十条第一款第七项等规定。

（4）商标的文字由两个或者两个以上中文国名简称组合而成，不会使公众发生商品产地误认。

例如，“中法”为“中国”和“法国”两国国名简称的组合，指定使用在“照明器”上，不认为是对我国和法国国家名称的使用。但是，如果将“中法”指定在“葡萄酒”等商品上，则可能会导致相关公众发生商品产地误认的，违反《商标法》第十条第一款第七项等规定。

（5）商标所含国名与其他具备显著特征的标志相互独立，国名仅起真实表示申请人所属国作用或与其他叙述性语言一起真实表示指定商品或服务有关特点的。

例如，“雨涵韩国烤肉”，指定使用在“餐馆”服务上，可以认为此处的“韩国”国名仅起真实表示申请人指定商品或服务有关特点的叙述性使用，而不违反本条款之规定。

2. 第十条第一款第三项，同政府间国际组织的名称、旗帜、徽记等相同或者近似的除外情形

（1）经该政府间国际组织同意的。适用本条规定，申请人应当提交相关证明文件。

此处与第十条一款第二项规定的“经该国政府同意”不同，并没有关于“在该外国已经获得注册的，视为该外国政府同意”的类似规定。

（2）具有明确的其他含义或者特定的表现形式，不会误导公众的。

例如，“尤尼 messgeräte”商标指定使用在“比重计”上，该商标标志中的“UN”与联合国英文缩写字母构成相同，但整体表现形式特殊，并不会误导公众。

3. 第十条第一款第四项，与表明实施控制、予以保证的官方标志、检验印记相同或者近似的除外情形

（1）经该官方机构授权的。适用本条规定，申请人应当提交经授权的书面证明文件。

（2）具有明确的其他含义或者特定的表现形式，从而不会误导公众的。

例如，“卡洛兹 CARLOSE”商标指定使用在“水龙头”等商品上，该商标的图形部分虽然与中国强制性产品认证标志“”存在一定的近似程度，但是两者的特定表现形式差别较大，因此不会导致相关公众的误认。

在“GOTS及图”商标驳回复审行政纠纷一案①中，原告诉称，“GLOBALORGANICTEXTILESTANDARD”（全球有机纺织品标准）并非由法律规定的强制性标准，亦非由政府部门管理和推行，而是民间标准，并由原告具体实施管理和推行。与中国强制性产品认证标志或者免检产品标志不同，“GLOBALORGANICTEXTILESTANDARD”或者“GOTS”均非由法律规定或者政府部门管理的官方标志，而是由原告管理和使用的商标。因此，诉争商标的注册申请并未违反《商标法》第十条第一款第四项的规定，依法应予以核准注册。北京知识产权法院经审理认为，根据对该条款的立法解释，表明实施控制、予以保证的官方标志、检验印记是政府履行职责，对所监管事项作出的认可和保证，具有国家公信力，不宜作为商标使用，否则，将对社会造成误导，使这种标志的公信力大打折扣。本案中，原告提交的证据表明其并非官方机构，诉争商标并非官方标志，被告对此亦不持异议，故诉争商标不构成《商标法》第十条第一款第四项规定之情形。

① 北京知识产权法院行政判决书，（2015）京知行初字第5747号。

第七章　《商标法》第十条第一款第五项之精解

王　鑫* 　申　健**

一、法律规定及条文理解

(一)法律规定及相关法律规范

1.《商标法》

第十条　下列标志不得作为商标使用:

……(五)同“红十字”、“红新月”的名称、标志相同或者近似的……

2.《红十字会法》

第十六条　红十字标志和名称受法律保护。禁止利用红十字标志和名称牟利,禁止以任何形式冒用、滥用、篡改红十字标志和名称。

3.《商标审查审理指南》

2.5　同“红十字”“红新月”的名称、标志相同或者近似的

本条中的“红十字”是国际人道主义保护标志,是武装力量医疗机构的特定标志,是红十字会的专用标志,其图案为✚。“红新月”是阿拉伯国家和部分伊斯兰国家红新月会专用的,性质和功能与红十字标志相同的标志,是向右弯曲或者向左弯曲的红新月,其图案为☾。

---

* 王鑫律师,第11届北京市律师协会商标法律专业委员会副秘书长,北京大学法学学士,中国社会科学院法学硕士,北京腾宇律师事务所主任。曾代理福特汽车公司、科氏滤膜系统公司、美国航空公司、伊夫圣洛朗股份公司、菲利普莫里斯等商标案件。

** 申健律师,第9届北京市律师协会商标法律专业委员会委员、第10届副秘书长、第11届秘书长,北京罗杰律师事务所合伙人,美国印第安纳大学知识产权法学硕士,曾代理中国铝业、稻香村、鳄鱼、燕京、同仁堂、路易威登等商标及不正当竞争案。

《红十字会法》规定:红十字标志是标示在武装冲突中必须受到尊重和保护的人员和设备。其使用办法,依照日内瓦公约及其附加议定书的有关规定执行。红十字标志的标明使用,是标志与红十字活动有关的人或者物。其使用办法由国务院规定。因宗教信仰使用红新月标志的,其使用办法适用红十字标志的使用规定。禁止滥用红十字标志。

此外,“红水晶”标志(图案为白底红色边框的竖立正方形),系国际人道主义保护公约战场救护的第三个特殊的标志,与“红十字”“红新月”标志具有同等法律效力和地位。同“红十字”“红新月”的名称、标志相同或者近似的标志不得作为商标注册和使用。

(二)条文理解

该条属于绝对条款,不得注册也同时禁止无关人员和组织使用。“红十字”“红新月”国际人道主义保护标志,是武装力量医疗机构的特定标志,不准许无关人员进行商业是国际的通行做法。

需要注意的是,本条规定既适用于注册商标,也适用于未注册商标。对于正在申请中的商标,违反本条规定的直接予以驳回;对于已经注册的商标,任何人均可以向国家知识产权局请求宣告该注册商标无效,国家知识产权局也可以依职权主动宣告该注册商标无效。

二、历史沿革

1982 年 8 月 23 日,我国第一部《商标法》第八条第四款设置了同“红十字”“红新月”的标志、名称相同或者近似的的标识不能作为商标注册和使用,经四次改法后该条款一直稳定沿用至今。

三、具体适用

(一)近似的判断标准

1. “红十字”“红新月”通常是指白底红色标识。

2. 禁止与“红十字”“红新月”的名称相同或近似的。

例如,RedCross ,其中的“ RedCross”译为“红十字”,red  crescent其中“red crescent”译为“红新月”。

3. 禁止与“红十字”“红新月”的标志相同或近似的。

指定商品：医用药物　　　　指定商品：葡萄糖膳食补充剂

（二）例外情形

1. 具有明确的其他含义或者特定的表现形式，不会误导公众的，可不适用本禁用规定。

例如，在“灭火器械”商品上申请的商标，以及在“印刷油墨、颜料”商品上申请的商标①。

2. 如果由于标志中存在的其他组成部分而使该标志整体上具有了其他的明确含义或者整体上呈现了独特的表现形式，不会使相关公众将之误认为“红十字”标志的名称、图案的，则应认定该标志在整体上与“红十字”标志不构成近似。

例如，“在计算机网络上提供在线游戏”申请的商标，图文呈左右并列，左侧的图形由两条麦穗图形围绕的太极球图形构成，右侧为英文字母“ISC”。其中，太极球中间的“+”符号可识别为“十”字或加号。虽然诉争商标包含了“+”符号，但由于诉争商标同时包括了其他组成部分，尤其是对于中国境内的相关公众而言，“太极球”符号本身即有特定的含义。按照相关公众的通常认知，诉争商标的整体外观及其所传递的含义明显有别于“红十字”标志，相关公众施以一般注意力，不易将诉争商标误认为“红十字”标志②。

① 参见《商标审查审理指南》。
② 参见北京市高级人民法院行政判决书，（2018）京行终3406号。

第八章　《商标法》第十条第一款第六项之精解

王　鑫[*]　申　健[**]

一、法律规定及条文理解

（一）法律规定及相关法律规范

1.《宪法》

第四条　中华人民共和国各民族一律平等。国家保障各少数民族的合法的权利和利益，维护和发展各民族的平等团结互助和谐关系。禁止对任何民族的歧视和压迫，禁止破坏民族团结和制造民族分裂的行为。

2.《商标法》

第十条　下列标志不得作为商标使用：

……（六）带有民族歧视性的……

3.《商标审查审理指南》

2.6　带有民族歧视性的

本条中的“民族歧视性”，是指标志中带有对特定民族进行丑化、贬低或者其他不平等看待该民族的内容。该项旨在禁止带有民族歧视性的标志等作为商标使用和注册。

---

* 王鑫律师，第11届北京市律师协会商标法律专业委员会副秘书长，北京大学法学学士，中国社会科学院法学硕士，北京腾宇律师事务所主任。曾代理福特汽车公司、科氏滤膜系统公司、美国航空公司、伊夫圣洛朗股份公司、菲利普莫里斯等商标案件。

** 申健律师，第9届北京市律师协会商标法律专业委员会委员、第10届副秘书长、第11届秘书长，北京罗杰律师事务所合伙人，美国印第安纳大学知识产权法学硕士，曾代理中国铝业、稻香村、鳄鱼、燕京、同仁堂、路易威登等商标及不正当竞争案。

(二)条文理解

该条是属于绝对条款,不得注册也同时禁止使用。需要注意的是,本条规定既适用于注册商标,也适用于未注册商标。对于正在申请中的商标,违反本条规定的直接予以驳回;对于已经注册的商标,任何人均可以向国家知识产权局请求宣告该注册商标无效,国家知识产权局也可以依职权主动宣告该注册商标无效。

二、历史沿革

1982 年 8 月 23 日,我国第一部《商标法》第八条第七款规定了带有民族歧视性的标志不能作为商标注册和使用,经四次改法后该条款一直稳定沿用至今。

三、具体适用

1. 本条款是指标志本身及其构成要素与民族名称相同或者近似,并丑化或者贬低特定民族的判定为带有民族歧视性。例如,在"蜂蜜"等商品上申请的标志"蛮子"属于对少数民族的蔑称[①]。

2. 区分本条款和《商标法》第十条第一款第八项的适用。

(1)标志所含文字、图形等内容本身并非丑化、歧视任何民族,但作为商标使用和注册或使用在某些特定商品或者服务上,可能伤害民族尊严和感情,有害于民族团结、民族平等的,属于《商标法》第十条第一款第八项规定的"有其他不良影响"的情形。

例如:

苗族妹

红瑶
HONGYAO

喜利妈妈
("喜利妈妈"为锡伯族信仰)

(2)标志中含有可能伤害种族尊严和感情的文字、图形等的,亦适用《商标法》第十条第一款第八项规定。

---

① 参见《商标审查审理指南》第 3.6 条。

例如：

黑 鬼

HONKY

（译为“白鬼子”，是黑人对白人的蔑称）

（3）对于民族等领域公众人物姓名等申请注册为商标，属于《商标法》第十条第一款第八项规定的“有其他不良影响”的情形①。

（4）对于已故的政治、经济、文化、宗教、民族等公众人物的姓名、肖像等相同或者近似，可能对我国社会公共利益和公共秩序产生消极、负面影响的，可以认定属于《商标法》第十条第一款第八项规定的具有“其他不良影响”的情形。②

（5）例外情形。标志本身有明确的其他含义的，一般不适用该禁用规定。例如，在“花露水”商品上申请高山商标③。

---

① 最高人民法院《关于审理商标授权确权行政案件若干问题的规定》第五条。

② 北京市高级人民法院《商标授权确权行政案件审理指南》第8.8条。

③ 参见《商标审查审理指南》第3.4、3.8条。

第九章 《商标法》第十条第一款第七项之精解

孙 涛*

一、法律规定及条文理解

(一)法律规定及相关法律规范

1.《商标法》

第十条 下列标志不得作为商标使用:

……

(七)带有欺骗性,容易使公众对商品的质量等特点或者产地产生误认的;

……

2. 最高人民法院《关于审理商标授权确权行政案件若干问题的规定》

第四条 商标标志或者其构成要素带有欺骗性,容易使公众对商品的质量等特点或者产地产生误认,国家知识产权局认定其属于2001年修正的商标法第十条第一款第(七)项规定情形的,人民法院予以支持。

3. 最高人民法院《关于审理商标授权确权行政案件若干问题的意见》

2. 实践中,有些标志或者其构成要素虽有夸大成分,但根据日常生活经验或者相关公众的通常认识等并不足以引人误解。对于这种情形,人民法院不宜将其认定为夸大宣传并带有欺骗性的标志。

---

* 孙涛律师,第8、10、11届北京市律师协会商标法律专业委员会委员,北京市君合律师事务所合伙人,中国人民大学法学学士、硕士,英国伦敦政治经济学院法学硕士,曾代理费列罗、中国铝业、亮视点、花花公子、比泽尔等商标及不正当竞争案件。

4. 北京市高级人民法院《商标授权确权行政案件审理指南》

8.4 【“欺骗性”的认定】

公众基于日常生活经验等不会对诉争商标指定使用的商品或者服务的质量等特点或者产地产生误认的，不属于商标法第十条第一款第（七）项规定的情形。

8.5 【使用企业名称注册商标】

诉争商标中含有企业全称或者简称，而申请人与该企业全称或者简称存在实质性差异的，在易使公众对商品或者服务来源产生误认的情况下，可以认定属于商标法第十条第一款第（七）项规定的情形。

8.8 【“已故知名人物”的保护】

诉争商标标志或者其构成要素与特定行业、地域的已故知名人物姓名、肖像等相同或者近似，并由此导致公众对诉争商标指定使用的商品或者服务的质量、信誉、工艺等特点产生误认的，可以认定属于商标法第十条第一款第（七）项规定的情形。

诉争商标标志或者其构成要素与已故的政治、经济、文化、宗教、民族等公众人物的姓名、肖像等相同或者近似，可能对我国社会公共利益和公共秩序产生消极、负面影响的，可以认定属于商标法第十条第一款第（八）项规定的具有“其他不良影响”的情形。

（二）条文理解

该条规定禁止具有欺骗性的标志的注册和使用。值得指出的是，该条所指的“欺骗性”，是指使相关公众对商品的质量等特点或者产地产生误认，其立法目的仍然是保护社会公共利益和公共秩序，因此对于仅仅与在先商标或者其他在先权利相冲突、从而容易导致商品或者服务的来源混淆等的标志则并不属于该条所规制的对象。

需要注意的是，本条规定既适用于注册商标，也适用于未注册商标。对于正在申请中的商标，违反本条规定的直接予以驳回；对于已经注册的商标，任何人均可以向国家知识产权局请求宣告该注册商标无效，国家知识产权局也可以依职权主动宣告该注册商标无效。

二、历史沿革

1982 年 8 月 23 日，我国第一部《商标法》第八条规定，夸大宣传并带有欺骗性的商标不得使用。此后的 1993 年及 2001 年《商标法》均未作调整。

2013 年 8 月 30 日，《商标法》在修订时，考虑到“夸大宣传并带有欺骗性”的适用条件过窄，并未涵盖诸如未夸大宣传但带有明显误导性的标志等不宜作为商标注册和使用的情形，因此对该项进行了进一步的完善，修改为“带有欺骗性，容易使公众对商品的质量等特点或者产地产生误认的”。此后 2019 年《商标法》修订时对此项未作进一步修改。

三、具体适用

（一）本条适用范围

本条所规制的标志，是指对其指定使用商品或者服务的质量等特点或者来源作了超过其固有程度或与事实不符的表示，容易使公众对该等商品或者服务的质量等特点或者来源产生错误的认识的标志。

本条是关于内容欺骗性标志和来源欺骗性标志的禁用条款，其核心在于标志本身的欺骗性，以及可能由此导致的公众产生误认的可能性。因此，在具体适用时，不仅要考虑标志本身是否带有一定程度的欺骗性或误导性，还需要进一步考虑该等程度的“欺骗或者误导性”是否足以产生相关公众对产品的质量等特点或者来源产生错误的可能后果。

因此，在判断一个标志是否符合本条规定的情形时，应当同时考虑标志本身是否带有欺骗或者误导性，并在此基础上结合指定使用的商品或者服务本身的特点，按照社会公众的普遍认知水平及知识认知能力，基于公众一般生活经验常识等进行综合判断，以确定该等标志使用在指定商品或者服务上，是否会导致相关公众对于商品或者服务的质量等特点或者来源产生误认。

（二）欺骗性的判断

一个标志具有欺骗性，意味着该标志对于商品或者服务的质量等特性或者产源等做出了与实际情况不符的表述，并有可能产生导致相关公众混淆的后果。因此，认定欺骗性，需要满足下列条件：

1. 该标志中含有对于商品特性或者产源的表述。如果一个标志未对商品特性或者产源做出任何形式的表述,那么也就不可能存在欺骗公众乃至导致误认的问题。

2. 该等标志中关于商品特性或者产源的表述与事实情况存在实质性差异。由于"欺骗性"需要达到足以导致公众误认的后果,而一些微小的差异可能并不会导致相关公众误认,因此该等标志中关于商品特性或者产源的表述应当与事实情况存在实质性差异。例如,在奥氏资本管理集团案中,申请商标为奥氏资本管理集团,而申请人名称为奥氏资本管理有限合伙,对此,北京市高级人民法院认为,"诉争商标与奥氏资本管理有限合伙仅为'集团'与'有限合伙'的区别,二者主要识别部分相同,尚难认定为实质性差异,且奥氏资本管理有限合伙提交的奥氏资本管理集团出具的授权书明确显示,奥氏资本管理集团授权其代表该集团申请注册诉争商标。奥氏资本管理有限合伙并提交了奥氏资本管理集团的主体资质予以佐证。考虑奥氏资本管理有限合伙与奥氏资本管理集团具有关联关系以及利益的一致性,诉争商标的申请注册具有合法授权,相关公众从整体上看诉争商标不会被欺骗误导"①。

3. 该标志中的虚假或者误导性表述足以导致相关公众基于一般认知水平足以对指定使用商品的特性或者产源发生误认。

(1)本条规定虽然只列举了商品或者服务的质量,但在实践中,任何类似于质量的可能对公众关于商品或者服务的选择产生影响的特性均属于规制范围,如商品或者服务的品质、功能、用途、原料、内容、重量、数量、价格、工艺、技术等。例如,在"隐形控至"案中,北京市高级人民法院认定,按照社会公众的通常理解,"隐形"具有隐没形体的含义;"控至"为臆造词,易被认读为"控制"一词。将诉争商标指定使用在第 9 类"数据处理设备"等商品上,第 38 类"计算机终端通信"、第 42 类"计算机编程"等服务上,易使相关公众对前述商品或服务的功能用途或服务内容等特点产生错误的认识②。

(2)对于产源误认,则包括产地误认、主体身份误认等。前者如在第 3 类化妆品申请的商标标志中含有 Paris(巴黎),但申请主体为国内企业,与巴黎无任何关

---

① 北京市高级人民法院行政判决书,(2016)京行终 1838 号。

② 北京市高级人民法院行政判决书,(2021)京行终 7016 号。

系,则该商标一旦注册和使用,将有可能使消费者误认为使用该商标的产品系来源于巴黎,从而导致产地误认。后者最典型的情况就是申请商标中含有企业名称或组织形式,但该企业名称或组织形式与申请商标主体的名称或组织形式不符。例如,在准爸妈大学案中,北京知识产权法院认定,诉争商标的主要识别文字"准爸妈大学"与原告"东莞市科孕健康咨询服务有限公司"名义不符,存在实质性差别,易使相关公众对商品来源产生误认。"大学"通常指的是高等教育学府,原告未取得相关办学资质,将其使用在指定商品上,带有欺骗性,容易使相关公众对商品质量等特点或者产地产生误认①。

(3)需要注意的是,某些商标标志或者其构成要素即便含有与事实不尽相符的夸大成分,但如果根据日常生活经验或者相关公众的通常认识等并不足以引人误解的,亦不应认定为违反本条之规定。例如,在六个核桃异议复审案中,北京市知识产权法院和北京市高级人民法院认定,根据日常生活经验,相关消费者不会认为在被异议商标指定使用的"无酒精饮料、豆奶"等商品上含有"六个核桃",因此被异议商标不足以引人误解,应当予以核准注册②。

---

① 北京知识产权法院行政判决书,(2018)京73行初11388号。

② 北京市高级人民法院行政判决书,(2012)高行终字第256号。

第十章 《商标法》第十条第一款第八项之精解

孙 涛*

一、法律规定及条文理解

(一)法律规定及相关法律规范

1.《商标法》

第十条 下列标志不得作为商标使用:

……

(八)有害于社会主义道德风尚或者有其他不良影响的。

……

2. 最高人民法院《关于审理商标授权确权行政案件若干问题的规定》

第三条 商标法第十条第一款第(一)项规定的同中华人民共和国的国家名称等"相同或者近似",是指商标标志整体上与国家名称等相同或者近似。

对于含有中华人民共和国的国家名称等,但整体上并不相同或者不相近似的标志,如果该标志作为商标注册可能导致损害国家尊严的,人民法院可以认定属于商标法第十条第一款第(八)项规定的情形。

第五条 商标标志或者其构成要素可能对我国社会公共利益和公共秩序产生消极、负面影响的,人民法院可以认定其属于商标法第十条第一款第(八)项规

---

* 孙涛律师,第8、10、11届北京市律师协会商标法律专业委员会委员,北京市君合律师事务所合伙人,中国人民大学法学学士、硕士,英国伦敦政治经济学院法学硕士,曾代理费列罗、中国铝业、亮视点、花花公子、比泽尔等商标及不正当竞争案件。

定的“其他不良影响”。

将政治、经济、文化、宗教、民族等领域公众人物姓名等申请注册为商标，属于前款所指的“其他不良影响”。

3. 最高人民法院《关于审理商标授权确权行政案件若干问题的意见》

3. 人民法院在审查判断有关标志是否构成具有其他不良影响的情形时，应当考虑该标志或者其构成要素是否可能对我国政治、经济、文化、宗教、民族等社会公共利益和公共秩序产生消极、负面影响。如果有关标志的注册仅损害特定民事权益，由于商标法已经另行规定了救济方式和相应程序，不宜认定其属于具有其他不良影响的情形。

4. 北京市高级人民法院《商标授权确权行政案件审理指南》

8 商标法第十条的适用

8.2 【含有中国国家名称的标志】

诉争商标标志含有中华人民共和国国家名称，但整体上并不相同或者不相近似，如果该标志作为商标注册可能损害国家尊严的，可以认定属于商标法第十条第一款第（八）项规定的情形。

8.6 【“其他不良影响”的判断因素】

根据公众日常生活经验，或者辞典、工具书等官方文献，或者宗教等领域人士的通常认知，能够确定诉争商标标志或者其构成要素可能对我国社会公共利益和公共秩序产生消极、负面影响的，可以认定具有商标法第十条第一款第（八）项规定的“其他不良影响”。

当事人的主观意图、使用方式、损害结果等可以作为认定是否具有“其他不良影响”的参考因素。

8.7 【“其他不良影响”的判断时间】

在审查判断诉争商标标志或者其构成要素是否具有“其他不良影响”时，一般以诉争商标申请注册时的事实状态为准。核准注册时事实状态发生变化的，以核准注册时的事实状态判断其是否具有“其他不良影响”。

8.8 【“已故知名人物”的保护】

诉争商标标志或者其构成要素与特定行业、地域的已故知名人物姓名、肖像等相同或者近似，并由此导致公众对诉争商标指定使用的商品或者服务的质量、信誉、工艺等特点产生误认的，可以认定属于商标法第十条第一款第（七）项规定的情形。

诉争商标标志或者其构成要素与已故的政治、经济、文化、宗教、民族等公众人物的姓名、肖像等相同或者近似,可能对我国社会公共利益和公共秩序产生消极、负面影响的,可以认定属于商标法第十条第一款第(八)项规定的具有“其他不良影响”的情形。

8.9 【“规范使用文字”的认定】

诉争商标标志或者其构成要素未规范使用汉字或者成语,可能对我国文化教育产生消极、负面影响的,可以认定属于商标法第十条第一款第(八)项规定的具有“其他不良影响”的情形。

(二)条文理解

该条是不得作为商标使用的标志涉及的具体情形,属于绝对条款。我国的国家名称、国旗、国徽、国歌、军旗、军徽、军歌、勋章等,关乎国家主权、国家及军队的尊严与荣誉,不得进行任何形式的商业性使用;同时若将上述标识作为商标申请注册,也会使相关公众对商品或服务的来源产生误认,严重违背公序良俗,产生严重负面影响。

需要注意的是,本条规定既适用于注册商标,也适用于未注册商标。对于正在申请中的商标,违反本条规定的直接予以驳回;对于已经注册的商标,任何人均可以向国家知识产权局请求宣告该注册商标无效,国家知识产权局也可以依职权主动宣告该注册商标无效。

二、历史沿革

1982 年 8 月 23 日,我国第一部《商标法》第八条即禁止有害于社会主义道德风尚或者有其他不良影响的商标予以注册。此后《商标法》历次修订均未对该条的内容做出任何修改。

三、具体适用

(一)本条具体释义

本条为例示性规定,即禁止包括“有害于社会主义道德风尚”这一例示在内的各类具有不良影响的标志作为商标适用和注册。

所谓"有害于社会主义道德风尚或其他不良影响"的内涵和外延,法律并无明确规定。根据国家知识产权局发布的《商标审查及审理标准》,所谓"社会主义道德风尚",指人们共同生活及其行为的准则、规范以及在一定时期内社会上流行的良好风气和习惯;而其他不良影响,指商标的文字、图形或者其他构成要素对我国政治、经济、文化、宗教、民族等社会公共利益和公共秩序产生消极的、负面的影响。最高人民法院《关于审理商标授权确权行政案件若干问题的意见》第三条明确:"人民法院在审查判断有关标志是否构成具有其他不良影响的情形时,应当考虑该标志或者其构成要素是否可能对我国政治、经济、文化、宗教、民族等社会公共利益和公共秩序产生消极、负面影响……"可见,本条中的"其他不良影响"所规制的是商标标识本身会对我国政治、经济、文化、宗教、民族等公共利益和公共秩序产生消极、负面影响的情形。

在实践中,对于"有害于社会主义道德风尚"的标志,例如,《商标审查和审理标准》中列举的"六合彩""王八蛋""裸跑弟"等,由于根据普遍的社会认知,可以相对比较容易地认定其不符合一般的社会道德规范,因此实践中产生争议也比较少。

但是,对于"其他不良影响",虽然该条款如前所述有效地规制了违背公序良俗和社会公共利益的标识的使用和注册,但与此同时由于其规定过于原则和弹性,使得在实践中容易被滥用。但事实上,人民法院甚至有观点认为该条款属于《商标法》第十条的兜底条款,使其能够适用于第十条其他条款所未涉及的应当禁用的情形。

(二)其他不良影响的审查标准

就本条的适用而言,无论是"不良影响"概念本身,还是前述最高人民法院的司法解释中就不良影响判断所应考虑的"社会公共利益"和"公共秩序"等,均属于高度抽象、不确定的规范概念。因此,在行政与司法实践中,不同的判断主体基于不同的背景、个性、认知及信仰,就一般条款在个案中的适用可能会做出不同的价值判断,也造成了对于某一具体标志是否具有"不良影响"的判断存在高度的不确定性。

当然,这并不意味着对于"其他不良影响"的判断标准无迹可循。实践中,在判断某个具体标志是否具有"不良影响"时,一般会遵循下列标准:

1.“其他不良影响”条款仅限于规制对我国社会公共利益和公共秩序产生消极、负面影响的标志,本身并非兜底条款,不得用于规制损害其他法益或《商标法》未规定的情形。

在实践中,曾一度认为本条规定系兜底性规定,并将其适用于《商标法》无法明确适用的、但主管机关认为不宜作为商标注册和使用的标志。如大量注册名人姓名等情形。对此,最高人民法院在司法解释中明确规定,“如果有关标志的注册仅损害特定民事权益,由于商标法已经另行规定了救济方式和相应程序,不宜认定其属于具有其他不良影响的情形”。在相关司法实践中,人民法院亦多次明确本条并非兜底性规定。例如,在惠氏商标案中,人民法院认为,“《商标法》第十条第一款第(八)项是一个列举加概括的例示性规范,根据例示性规范的适用规则,‘其他不良影响’并非兜底条款,仅是指与有害于社会主义道德风尚相类似的,可能对国家政治、经济、文化、宗教、民族等社会公共利益和公共秩序产生消极、负面影响的情形,属于禁用禁注的绝对理由之一,在可以通过其他条款加以解决的情况下,不适用该条款。同时,《商标法》第十条第一款调整的是损害公共利益和公共秩序的商标使用和注册行为,不是保护特定民事权益的法律规定。如果有关标志的注册仅损害特定民事权益,由于《商标法》已经另行规定了救济方式和相应程序,划定了明确的法律界限,不宜认定其属于具有其他不良影响的情形;如果《商标法》的其他规定均无法调整,则属于法律未禁止的范畴。”①

2.判断“其他不良影响”时,应当从商标本身的含义出发,只要其具有可能对我国社会公共利益和公共秩序产生消极、负面影响的含义,即应当禁止注册和使用,而不论社会公众一般的认知。

在PRINCE OF PEACE一案中,一审法院认为,PRINCE OF PEACE虽然在字典中被解释为具有耶稣基督的含义,但是按照中国公众的一般英语水平,中国公众在看到申请商标时,易于将其含义理解为“和平王子”或其他近似含义,而难以将其理解为耶稣基督,故申请商标的注册不会产生不良影响②。但是,北京市高级人民法院推翻了一审法院的判决,认为对于一个商标标志是否有“其他不良影响”应当考虑该标志或者其构成要素是否可能对我国政治、经济、文化、宗教、民族等

① 北京市高级人民法院行政判决书,(2014)高行(知)终字第3654号。

② 北京市第一中级人民法院行政判决书,(2010)一中知行初字第835号。

社会公共利益和公共秩序产生消极、负面影响,而标志是否有不良影响应从标志本身的含义来判断,不能仅从相关公众的认知来判断。申请商标 PRINCE OF PEACE 的字典含义为"耶稣基督",该含义虽然可能并不为中国的相关公众普遍认知,但是不管中国的相关公众是否能够认识到 PRINCE OF PEACE 的字典含义,都不影响申请商标文字作为宗教用语的客观事实,因此以申请商标文字作为商标可能会产生宗教上的不良影响。[①]

3. 判断是否具有"其他不良影响"时,应当以商标整体或者构成要素本身出发进行审查,原则上无须与其指定使用的商品或者服务无关。但是,在特殊情形下,如果标志具有多种含义,且只有在特定商品或者服务上使用时方可能对我国社会公共利益和公共秩序产生消极、负面影响的,则仅在该等商品或者服务上不得注册及使用。

在"叫个鸭子"系列案件中,人民法院认为,虽然"鸭子"本身在非主流文化中亦有"男性性工作者"的含义,但使用在"计算机数据库信息系统化、将信息编入计算机数据库"等服务上,并不会使相关公众将其与该含义联系在一起,因此不具有不良影响[②]。但是,当使用在"酒吧服务、住所代理(旅馆、供膳寄宿处)"等服务上,尤其是诉争商标文字又由谓语动词组成"叫个鸭子"短语,则会进一步强化相关公众对于该含义的认知和联想,易造成不良影响。[③]

4. 由于"不良影响"条款的立法目的是禁止可能对我国社会公共利益和公共秩序产生消极、负面影响的标志的注册和使用,因此在判断是否具有不良影响时,不仅应考虑商标申请注册时的事实状态,还需要考虑核准注册时的事实状态。如果一个标志在申请注册时虽然没有明显对我国社会公共利益和公共秩序产生消极、负面影响,但如果在后续核准注册时由于社会生活环境的变化该等负面影响被扩大,则仍应当不予注册和禁止使用。

在 MLGB 案中,法院认为,在案证据表明在争议商标核准使用日之前,争议商标具有的不文明含义已经存在。在争议商标核准注册后,这种指代使用和认知的范围随着网络的发展逐渐扩展,甚至扩大出现在日常生活中。标志含义的识别范

---

① 北京市高级人民法院行政判决书,(2010)高行终字第 839 号。

② 北京市高级人民法院行政判决书,(2017)京行终 395 号。

③ 北京知识产权法院行政判决书,(2017)京 73 行初 2359 号;最高人民法院行政判决书,(2018)最高法行再 188 号。

围并不等同于该含义可能造成影响的范围,标志特定含义造成的影响并不局限于该含义被认知的范围。仅对特定群体而言具有负面含义的标志,同样可以波及整个社会的道德风气。网络社交日益成为青少年生活不可缺少的部分,特别是青少年猎奇和反叛心理强烈,三观尚在形成阶段,争议商标注册使用在衣服、鞋帽等商品上,广告宣传等证据表明,主打的营销卖点为“时尚”“个性”“潮流”,其目标定位群体正是青少年。因此,诉争商标对青少年群体而言含义低俗,维持注册,更容易产生将低俗另类当作追求时尚的不良引导,这种不良引导直接影响的是青少年群体,危害后果必将及于整个社会的道德风尚。[①]

(三)欺骗性与不良影响条款的区分

如前所述,对于本条规制的具有不良影响的标志,主要是指商标标识本身会对我国政治、经济、文化、宗教、民族等公共利益和公共秩序产生消极、负面影响的情形。因此,在判断某项标志是否违反本条规定时,应当从该标志的本身含义出发,原则上不以社会公众的一般认知作为判断标准,一般也无须与指定使用的商品或者服务相联系。

与之相反,《商标法》第十条第一款第七项规制的欺骗性标志,则主要规制对其指定使用商品或者服务的质量等特点或者来源作了超过其固有程度或与事实不符的表示,容易使公众对该等商品或者服务的质量等特点或者来源产生错误的认识的标志。因此,在判断某项标志是否具有欺骗性时,则应当基于社会公众的一般认知水平,结合指定使用商品或者服务的特性等进行综合考虑。

需要强调的是,《商标法》第十条第一款第八项与第七项之间不存在交叉适用或者补充适用的关系。对此,最高人民法院作出的(2018)最高法行申 2285 号行政裁定书明确指出:“2001 年商标法第十条第一款第(七)项与第(八)项,同属同一条款中规定的商标禁用、禁注绝对条款,但适用于不同的情形,相互之间并没有交叉或补充适用的关系。”

---

① 北京知识产权法院行政判决书,(2016)京 73 行初 6871 号;北京市高级人民法院行政判决书,(2018)京行终 137 号。

第十一章 《商标法》第十条第二款之精解

申 健[*] 吴新华[**]

一、法律规定及条文理解

(一)法律规定及相关法律规范

1.《商标法》

第十条 下列标志不得作为商标使用:

……

县级以上行政区划的地名或者公众知晓的外国地名,不得作为商标。但是,地名具有其他含义或者作为集体商标、证明商标组成部分的除外;已经注册的使用地名的商标继续有效。

2. 最高人民法院《关于审理商标授权确权行政案件若干问题的规定》

第六条 商标标志由县级以上行政区划的地名或者公众知晓的外国地名和其他要素组成,如果整体上具有区别于地名的含义,人民法院应当认定其不属于商标法第十条第二款所指情形。

3. 最高人民法院《关于审理商标授权确权行政案件若干问题的意见》

4. 根据商标法的规定,县级以上行政区划的地名或者公众知晓的外国地名一

---

* 申健律师,第9届北京市律师协会商标法律专业委员会委员、第10届副秘书长、第11届秘书长,北京罗杰律师事务所合伙人,美国印第安纳大学知识产权法学硕士,曾代理中国铝业、稻香村、鳄鱼、燕京、同仁堂、路易威登等商标及不正当竞争案。

** 吴新华律师,第10届北京市律师协会商标法律专业委员会秘书长,第11届副主任,北京市两高律师事务所副主任,参与起草2005年商标局、商标评审委员会对外公布的《商标审查及审理标准》,曾带领团队为2022年北京冬奥组委、杭州亚组委提供法律服务。

般不得作为商标注册和使用。实践中,有些商标由地名和其他要素组成,在这种情形下,如果商标因有其他要素的加入,在整体上具有显著特征,而不再具有地名含义或者不以地名为主要含义的,就不宜因其含有县级以上行政区划的地名或者公众知晓的外国地名,而认定其属于不得注册的商标。

4. 北京市高级人民法院《商标授权确权行政案件审理指南》

8.10 【地名商标的其他含义】

诉争商标标志或者其构成要素含有县级以上行政区划的地名或者公众知晓的外国地名,但是整体上具有其他含义的,可以认定其不属于商标法第十条第二款所规定的情形。

具有下列情形之一的,可以认定诉争商标整体上具有其他含义:

(1)诉争商标仅由地名构成,该地名具有其他含义的;

(2)诉争商标包含地名,但诉争商标整体上可以与该地名相区分的;

(3)诉争商标包含地名,整体上虽不能与该地名相区分,但经过使用足以使公众将其与之区分的。

8.11 【已经获准注册"地名"商标扩展注册的判断】

商标法未禁止地名作为商标注册和使用之前已经获准注册的地名商标,在原注册范围内有效,当事人主张在该地名商标基础上申请注册其他商标的,一般不予支持。

(二)条文理解

该条款是关于地名是否可以作为商标的规定,即禁止县级以上行政区划或者公众广泛知晓的外国地名作为商标使用和注册。关于地名不得作为商标的原因,理论上和实践中存在多种观点。有学者认为,该规定是为了防止地名被某一商品或服务提供者通过商标独占,从而妨碍相关地区的同行业竞争者使用该地名。[①]最高人民法院在"柔和皖"商标异议复审行政纠纷一案再审裁定中主要考虑的是引证商标"皖"通过使用,取得了显著特征,并给予保护。[②] 还有专家指出,该条款是对地名用作商标的管理性规定,至于背后的法理是什么,并不十分重要。这些

---

① 冯术杰:《商标法原理与应用》,中国人民大学出版社 2017 年版,第 114 页。

② 最高人民法院行政裁定书,(2015)知行字第 65 号。

法理可能是缺乏显著性,也可能涉及使用地名上的公平竞争。[①]

该条款并未禁止县级以下行政区划和不为公众知晓的外国地名作为商标使用和注册。同时,该条款还规定了三种例外情形,分别是:第一,地名具有其他含义的;第二,地名作为集体商标、证明商标组成部分的;第三,已经注册的使用地名的商标继续有效。

二、历史沿革

我国 1982 年《商标法》并没有关于地名商标的规定。1988 年《商标法实施细则》最早规定了县级以上行政区划名称和公众知晓的外国地名,不得作为商标,并规定了以前注册的商标继续有效。1993 年《商标法》第一次修订时,将实施细则的规定上升为法律。2001 年《商标法》时加入了集体商标和证明商标的例外规定。第三次、第四次《商标法》修订时对此条款没有修正。

三、具体适用

(一)本条适用范围

根据《商标审查及审理标准》,本条中的"县级以上行政区划"包括县级的县、自治县、县级市、市辖区;地级的市、自治州、地区、盟;省级的省、直辖市、自治区;两个特别行政区即香港、澳门;台湾地区。县级以上行政区划的地名以我国民政部编辑出版的《中华人民共和国行政区划简册》为准。本条中的县级以上行政区划地名包括全称、简称以及县级以上的省、自治区、直辖市、特别行政区,省会城市、计划单列市、著名旅游城市名称的拼音形式。

本条中的"公众知晓的外国地名",是指我国公众知晓的我国以外的其他国家和地区的地名。地名包括全称、简称、外文名称和通用的中文译名。

(二)地名商标的显著性

本条款规定不得作为商标的情形,可以理解为不仅不能作为商标进行注册,也不能作为商标进行使用。但是,对于已注册的地名商标,法院在考虑是否给予

---

① 孔祥俊:《商标法原理与判例》,法律出版社 2021 年版,第 250 页。

保护时,会审查其显著性。在“柔和皖”商标异议复审行政纠纷再审案[①]中,最高人民法院认为:“皖”作为安徽省的简称,其作为商标的固有显著性不强,但是,皖酒公司在第33类酒商品上申请注册“皖”文字及图形商标,经过该公司的使用,“皖”文字及图形获得了“第二含义”,“皖”商标已具有了指示特定商品酒的识别功能,取得了显著特征,经国家工商行政管理总局商标局核准注册,其注册商标专用权受商标法的保护。

法院在审查地名商标的可注册性,也会考虑到地名商标使用在指定商品上的显著性。在“阿尔山”商标权无效宣告请求行政纠纷案[②]中,商标评审委员会在被诉裁定中认定:诉争商标“阿尔山”是位于内蒙古自治区兴安盟西北部阿尔山市的县级行政区划名称,且蓝海矿泉水公司提交的证据也不足以证明诉争商标已形成了强于地名含义的其他含义。因此,诉争商标的注册属于2001年《商标法》第十条第二款规定的不得作为商标注册和使用的情形。被诉裁定还认定:阿尔山市拥有著名的矿泉水源,阿尔山矿泉水质好、矿化度高,属国内罕见的优质饮用保健矿泉水。诉争商标使用在核定的水(饮料)等商品上,仅仅直接表示了商品的产地、品质等特点,属于2001年《商标法》第十一条第一款第二项所指的不得作为商标注册的情形。北京知识产权法院和北京市高级人民法院在诉讼程序中支持了该裁定的观点。

以上两个案例可见,在判断地名商标的可注册性以及在保护已注册地名商标的时候,显著性是需要考虑的重要因素。对于地名商标的可注册性除了需要考虑地名的禁注规定以外,即便该商标具有区别于地名的其他含义,仍然需要判断使用在指定商品上是否具有显著性。对于已注册的地名商标,在寻求保护时,同样需要审查该地名是否通过使用获得显著性,并不仅仅因为其为注册商标而当然受到保护。

(三)地名的别名、别称、俗称

地名的别名、别称、俗称是否应当纳入该条款进行调整,商标评审和北京市第一中级人民法院的早年的裁判中倾向认为构成“其他不良影响”或者以缺乏“显著

---

① 最高人民法院行政裁定书,(2015)知行字第65号。

② 北京知识产权法院行政判决书,(2018)京73行初675号;北京市高级人民法院行政判决书,(2019)京行终4880号。

性”为由不予注册。在“奥帆之都及图”商标申请驳回复审行政纠纷一案[①]中，商标评审委员会和北京市第一中级人民法院认为：申请商标的文字部分“奥帆之都”，一般消费者很容易联想到是指2008年奥运会帆船比赛举办城市“青岛”。其使用在鱼片、肉干等商品上，易使消费者对指定使用商品产地产生误认误购，从而产生不良影响，其已构成《商标法》第十条第一款第八项规定之情形。

在“千湖之省”商标驳回复审行政纠纷一案[②]中，商标评审委员会认定：申请商标中的中文“千湖之省”为中国湖北省的常用别称，根据消费者一般认知习惯，不易将其作为区分商品来源的标志识别，申请商标整体缺乏显著性，已经构成《商标法》第十一条第一款第三项所指情形。一审判决支持了商标评审委员会的观点。

然而，北京市高级人民法院在上述两案的二审程序中均认为，诉争商标违反了县级以上行政区划名称不得作为商标的规定[③]。北京市高级人民法院在“奥帆之都”案中，明确指出：“对于县级以上行政区划的地名或者公众知晓的外国地名的理解，不应局限于其正式名称，相关地名的别名、别称、俗称等，亦应适用《商标法》第十条第二款的规定，不能作为商标使用和注册”。

近年来，商标评审和商标行政诉讼对地名别称、俗称的适用标准似乎趋于一致，即均认为违反了《商标法》第十条第二款之规定。

在“尚硅谷”商标申请驳回复审行政纠纷案[④]中，国家知识产权局、北京知识产权法院和北京市高级人民法院均认为，诉争商标系纯文字商标“尚硅谷”，其中“硅谷”系位于美国加利福尼亚州的高科技事业云集的圣塔克拉拉谷的别称，属于2019年《商标法》第十条第二款规定的“公众知晓的外国地名”。虽然诉争商标还包含“尚”字，但这并没有改变该商标整体上地名含义较强的事实。并认定诉争商标的注册违反了2019年《商标法》第十条第二款的规定。

以上案例可见，在商标评审程序中，关于地名商标的别称、俗称是否应当适用第十条第二款的规定进行调整，似乎经历了一个演进的过程，从以前的不适用，到

---

① 北京市第一中级人民法院行政判决书，(2014)一中知行初字第93号。

② 北京市第一中级人民法院行政判决书，(2013)一中知行初字第1180号。

③ 北京市高级人民法院行政判决书，(2014)高行终字第1894号；北京市高级人民法院行政判决书，(2013)高行终字第1780号。

④ 北京知识产权法院行政判决书，(2020)京73行初12484号；北京高级人民法院行政判决书，(2021)京行终437号。

近年来的统一适用。然而,也有人认为,对此类管理性规定不宜做太多的扩张性解释,应当限于正式的地名称谓。例如,对于千湖之省案以其缺乏显著特征为由不予注册,更为妥当些[①]。

(四)"其他含义"的理解和判定

北京市高级人民法院《商标授权确权行政案件审理指南》规定了地名商标整体上具有其他含义的三种情形。这三种情形其实包含了两种类型的商标。第一类是诉争商标仅由地名构成的,则要考察该名称本身是否有其他含义。第二类则是诉争商标包含地名的,这时首先考察该商标整体上是否可以与地名相区分,如果不能区分的,则需要进一步考察是否通过使用"相关公众"相区分。

《商标审查及审理标准》则规定了以上两种类型的商标需整体上具有强于地名含义的其他含义才可以注册,并未提到通过使用取得"其他含义"或者相区分的情形。

最高人民法院的司法解释则仅规定了地名加入其他元素一种情形的商标。如果此时因为其他元素的加入,整体上具有区别于地名的含义,人民法院应当认定其不属于《商标法》第十条第二款所指情形。

关于"其他含义"的认定,除上述规定上的差别外,我们尝试从最高人民法院关于本条款的适用中寻找裁判的一些规则。在"阿里小甄"商标驳回复审行政纠纷案[②]中,最高人民法院认为,申请商标系中文文字商标"阿里小甄",其中,"阿里"为我国西藏自治区所辖县级以上行政区划的名称,属于《商标法》第十条第二款所称不得作为商标使用的县级以上行政行政区划的地名。当然,因申请商标除"阿里"文字之外尚包括"小甄"二字,故需要进一步判断,申请商标是否因此而从整体上形成了强于地名的其他含义。法院认为,"小甄"本身为无明确含义的臆造词,申请商标将"小甄"与"阿里"二字结合后,"阿里"二字仍为申请商标中易为相关公众识别和记忆的部分,即申请商标并未从整体上形成强于行政区划名称的其他含义。最高人民法院维持了原审生效判决。

上述判决的行文表明了最高人民法院对包含地名商标的可注册性一般不直

---

① 孔祥俊:《商标法原理与判例》,法律出版社 2021 年版,第 250、252 页。

② 最高人民法院行政裁定书,(2017)最高法行申 4104 号。

接适用本条款予以驳回,需要再进一步考察其整体上是否形成强于地名的含义,进而再认定申请商标有没有违反《商标法》第十条第二款的规定。

在“上海故事”商标驳回复审行政纠纷案①中,最高人民法院在再审判决书认定:“申请商标由中文文字‘上海故事’构成,虽然包含有直辖市‘上海’的名称,但商标整体并不属于地名,且‘上海故事’整体上具有区别于‘上海’地名的含义。参照最高人民法院《关于审理商标授权确权行政案件若干问题的规定》第六条关于‘商标标志由县级以上行政区划的地名或者公众知晓的外国地名和其他要素组成,如果整体上具有区别于地名的含义,人民法院应当认定其不属于商标法第十条第二款所指情形’的规定,被诉决定与一审、二审判决关于申请商标违反商标法第十条第二款规定的认定有误,本院予以纠正。”

通过对上述两案的研究,大致可以推断出最高人民法院对于包含地名商标的可注册性判断关注焦点仍为商标标识整体上是否形成强于地名的含义。律师代理此类案件时,应当更多关注于商标整体的含义以及是否通过使用形成强于地名的“其他含义”。

(五)已注册地名商标的扩展注册

关于已注册县级以上行政区划名称和公众广泛知晓的外国地名,是否可以扩展注册的问题,北京市高级人民法院在指南中规定,一般情况下不予支持,但是指南并未指出,何种特殊情况下可以支持。

在“哈尔滨小麦王”商标申请驳回复审行政纠纷案②中,北京市高级人民法院认定,诉争商标为“哈尔滨小麦王”,其中“小麦王”指定使用在啤酒商品上,不具备显著性,而“哈尔滨”为黑龙江省省会,属于《商标法》第十条第二款规定的县级以上行政区划的地名。作为除集体商标、证明商标外的普通商标,诉争商标能否获准注册关键看“哈尔滨”是否具有“其他含义”。这里的“其他含义”是指除地名名称本身所指向的行政区划之外的含义。“哈尔滨”本身作为地名,其在行政区划之外并不具有其他含义。二审判决最终认定诉争商标属于《商标法》第十条第二款规定的不得作为商标的情形,并推翻了一审判决和评审程序

① 最高人民法院行政判决书,(2018)最高法行再104号。

② 北京知识产权法院行政判决书,(2015)京知行初字第807号;北京市高级人民法院行政判决书,(2018)京行终2649号。

中支持注册的观点。

然而，在再审程序中，最高人民法院又推翻了北京市高级人民法院的认定[①]。最高人民法院在判决中认为诉争商标属于商标行政案件司法解释规定的由地名与其他要素组合而成的商标，需从诉争商标整体考察其是否区别于地名。最高人民法院进一步认定，哈尔滨啤酒公司在第32类啤酒等商品上注册了多件“哈尔滨”或包含“哈尔滨”字样的商标，其中部分注册商标构成驰名商标，“哈尔滨”系列啤酒产品已经具有了较高的市场知名度，相关公众已将其与申请人之间建立起较为稳定的产源联系。而根据原料、口感的差异，将使用同一商标的啤酒进一步细分为不同的产品类型，应属啤酒生产行业的常见做法。因此，整体而言，诉争商标“哈尔滨小麦王”易被相关公众识别为哈尔滨啤酒的系列产品之一，具有区别于地名的其他含义，亦可以发挥识别商品来源的作用。最高人民法院最终认定，诉争商标未违反《商标法》第十条第二款的规定。

该案可以看出，北京市高级人民法院和最高人民法院在地名商标扩展注册上的态度。北京市高级人民法院对地名商标的扩展注册持较为谨慎的态度。最高人民法院则比较充分地考虑了在先注册地名商标的使用情况，支持通过使用具有较高知名度，相关公众能够将其与申请人之间建立起稳定的产源联系的地名商标扩展注册。

（六）地名商标的权利限制

地名商标因其显著性等问题，无权禁止他人正当使用。《商标法》第五十九条第一款规定：“注册商标中含有的本商品的通用名称、图形、型号，或者直接表示商品的质量、主要原料、功能、用途、重量、数量及其他特点，或者含有的地名，注册商标专用权人无权禁止他人正当使用。”

在兴凯湖扑克侵害商标权纠纷案[②]中，兴凯湖度假区委托印刷厂印制“兴凯湖”扑克牌两万余盒。该扑克牌正面标有“兴凯湖”文字及拼音，左上方标有“北大荒集团”字样，下方显著标明“农垦当壁镇兴凯湖旅游度假区”，背面附有对兴凯湖的简介，扑克外包装盒及每张扑克牌均有兴凯湖景色风光图片，销售范围限于

① 最高人民法院行政判决书，（2020）最高法行再370号。

② 黑龙江省高级人民法院民事判决书，（2018）黑民终764号。

兴凯湖景区。黑龙江省高级人民法院认为,《商标法》第五十九条第一款规定的“地名”应作广义理解,不仅行政区划单位属于“地名”,山川湖泊乃至景区名称,均应属于“地名”。根据被诉侵权扑克的包装、图案以及销售范围,被诉侵权扑克显属旅游景区纪念品,其对“兴凯湖”字样的使用仅为表明“兴凯湖”这一景区名称,并不具有“识别商品来源”的作用,不属于商标性使用,而是对“兴凯湖”地名的正当使用,未侵害原告注册的第 11083625 号“兴凯湖”商标。

该案的启示是,律师在代理涉及地名的商标侵权案件时,需要充分考虑被诉行为是否属于地名的正当使用行为。而且,此处的地名应当做扩大解释为包括行政区划以外的其他地名。

第十二章 《商标法》第八条、第九条、第十一条、第十二条之精解

马 建[*] 桂 佳[**] 田 龙[***]

一、法律规定及条文理解

(一)法律规定及相关法律规范

1.《商标法》

第八条 任何能够将自然人、法人或者其他组织的商品与他人的商品区别开的标志,包括文字、图形、字母、数字、三维标志、颜色组合和声音等,以及上述要素的组合,均可以作为商标申请注册。

第九条 申请注册的商标,应当有显著特征,便于识别,并不得与他人在先取得的合法权利相冲突。

……

第十一条 下列标志不得作为商标注册:

(一)仅有本商品的通用名称、图形、型号的;

---

* 马建律师,北京市律师协会商标法律专业委员会副主任、智库重大复杂案件专家组秘书长。北京市嘉和律师事务所主任,北京大学法律系本科毕业,美国 UNH Franklin Pierce School of Law 知识产权法硕士,同时拥有中国和美国纽约州律师执业资格。

** 桂佳律师,第 11 届北京市律师协会商标法律专业委员会副秘书长,北京市环球律师事务所合伙人,中国与美国加州执业律师,世界知识产权组织仲裁员,中国高级知识产权师,中国高级(一级)科技咨询师,瑞典斯德哥尔摩大学欧盟知识产权法法学硕士,硕士生导师。

*** 田龙律师,第 11 届北京市律师协会商标法律专业委员会委员,北京天驰君泰律师事务所合伙人,代理的商标及不正当竞争诉讼案件曾多次入选最高人民法院以及北京、四川、湖南、海南、广西、河北等省级高级人民法院“年度知识产权典型案例”。

（二）仅直接表示商品的质量、主要原料、功能、用途、重量、数量及其他特点的；

（三）其他缺乏显著特征的。

前款所列标志经过使用取得显著特征，并便于识别的，可以作为商标注册。

第十二条　以三维标志申请注册商标的，仅由商品自身的性质产生的形状、为获得技术效果而需有的商品形状或者使商品具有实质性价值的形状，不得注册。

2. 最高人民法院《关于审理商标授权确权行政案件若干问题的规定》

第七条　人民法院审查诉争商标是否具有显著特征，应当根据商标所指定使用商品的相关公众的通常认识，判断该商标整体上是否具有显著特征。商标标志中含有描述性要素，但不影响其整体具有显著特征的；或者描述性标志以独特方式加以表现，相关公众能够以其识别商品来源的，应当认定其具有显著特征。

第八条　诉争商标为外文标志时，人民法院应当根据中国境内相关公众的通常认识，对该外文商标是否具有显著特征进行审查判断。标志中外文的固有含义可能影响其在指定使用商品上的显著特征，但相关公众对该固有含义的认知程度较低，能够以该标志识别商品来源的，可以认定其具有显著特征。

第九条　仅以商品自身形状或者自身形状的一部分作为三维标志申请注册商标，相关公众一般情况下不易将其识别为指示商品来源标志的，该三维标志不具有作为商标的显著特征。

该形状系申请人所独创或者最早使用并不能当然导致其具有作为商标的显著特征。

第一款所称标志经过长期或者广泛使用，相关公众能够通过该标志识别商品来源的，可以认定该标志具有显著特征。

第十条　诉争商标属于法定的商品名称或者约定俗成的商品名称的，人民法院应当认定其属于商标法第十一条第一款第（一）项所指的通用名称。依据法律规定或者国家标准、行业标准属于商品通用名称的，应当认定为通用名称。相关公众普遍认为某一名称能够指代一类商品的，应当认定为约定俗成的通用名称。被专业工具书、辞典等列为商品名称的，可以作为认定约定俗成的通用名称的参考。

约定俗成的通用名称一般以全国范围内相关公众的通常认识为判断标准。

对于由于历史传统、风土人情、地理环境等原因形成的相关市场固定的商品，在该相关市场内通用的称谓，人民法院可以认定为通用名称。

诉争商标申请人明知或者应知其申请注册的商标为部分区域内约定俗成的商品名称的，人民法院可以视其申请注册的商标为通用名称。

人民法院审查判断诉争商标是否属于通用名称，一般以商标申请日时的事实状态为准。核准注册时事实状态发生变化的，以核准注册时的事实状态判断其是否属于通用名称。

第十一条　商标标志只是或者主要是描述、说明所使用商品的质量、主要原料、功能、用途、重量、数量、产地等的，人民法院应当认定其属于商标法第十一条第一款第(二)项规定的情形。商标标志或者其构成要素暗示商品的特点，但不影响其识别商品来源功能的，不属于该项所规定的情形。

(二)条文理解

"具有显著特征、便于识别"是商标获准注册的重要条件之一。一方面，商标的基本功能就是使人们通过商标区别不同生产经营者的商品或服务；商标如果不具有显著特征，就无法实现其基本功能，也就失去了作为商标的意义。另一方面，具有描述性的标志或者通用名称等，是市场经营者向公众与消费者传递其商品或服务信息所必须的，也不应由某个经营者独占使用；如果允许此类标志作为商标注册，会扰乱公平竞争的市场秩序，因此，商标缺乏显著性是不能获准注册的。现行《商标法》第十一条对缺乏显著特征的标志不得作为商标注册作了规定。根据该条款的规定，不得作为商标注册的标志，包括三个方面：一是仅有本商品的通用名称、图形、型号的标志。所谓通用名称、图形、型号，是指国家标准、行业标准规定的或者约定俗成的名称、图形、型号，其中名称包括全称、简称、缩写、俗称。例如，"高丽白"是一种人参的通用名称，苹果图形是苹果的通用图形，"XXL"是服装的通用型号，用它们分别作为某种人参、水果、服装的商标注册，该商标就缺乏显著性，消费者无法通过该商标将不同生产经营者的商品区别开来。同时，如果将仅有本商品的通用名称、图形、型号的标志作为商标注册，会产生商标注册人的独占使用，这对其他生产同类商品的生产经营者是不公平的。因此，本条不允许将仅有本商品的通用名称、图形、型号的标志作为商标注册。二是仅仅直接表示商品的质量、主要原料、功能、用途、重量、数量及其他特点的标志。所谓直接表示,是指商标仅由对指定使用商品的质量、主要原料、功能、用途、重量、数量及其他特点具有直接说明性和描述性的标志构成。其他特点包括特定消费对象、价格、内容、风格、风味、使用方式和方法、生产工艺、生产地点时间及年份、形态、有效期限、保质期或者服务时间、销售场所或者地域范围、技术特点等。例如,"纯净"仅仅直接表示食用油的质量,"彩棉"仅仅直接表示某种服装的主要原料,"安全"仅仅直接表示漏电保护器的功能、用途,"50 支"仅仅直接表示香烟的数量,"医生"仅仅直接表示医疗手术用手套的特定消费对象,"5 元"仅仅直接表示音像的价格,"法律之星"仅仅直接表示计算机软件的内容,"中式"仅仅直接表示家具的风格,"果味夹心"仅仅直接表示饼干的风味,"冲泡"仅仅直接表示方便面的使用方式、方法,"湘乡"仅仅直接表示服装的生产工艺,"AMERICAN NATIVE"仅仅直接表示香烟的生产地点,"SOLID"仅仅直接表示工业用胶的形态的,"24 小时"仅仅直接表示银行的服务时间,"酒轩"仅仅直接表示白酒的销售场所,"蓝牙"仅仅直接表示电话机的技术特点,用它们分别作为上述商品的商标注册,该商标就缺乏显著性,消费者无法通过该商标将不同生产经营者的商品区别开来。同时,如果将仅仅直接表示商品的质量、主要原料、功能、用途、重量、数量及其他特点的标志作为商标注册,会产生商标注册人的独占使用,这对其他生产同类商品的生产经营者是不公平的。因此,本条不允许将仅仅直接表示商品的质量、主要原料、功能、用途、重量、数量及其他特点的标志作为商标注册。三是其他缺乏显著特征的标志。所谓其他缺乏显著特征的标志,指除上述两个方面的标志以外,依照社会通常观念其本身或者作为商标使用在指定使用商品上不具备表示商品来源作用的标志,包括过于简单的线条、普通几何图形、商品的外包装、指定商品的容器或者装饰性图案、表示商品或者服务特点的短语或句子,常用贸易场所名称,商贸用语或者标志、企业的组织形式、行业名称或者简称、常用祝颂语和日常用语、网络流行词汇和网络流行表情包、常用标志符号、节目名称、格言警句等。在实践中,确有一些原来没有显著性的商标经过使用后产生了显著性,如"两面针"牙膏、"American Standard"洁具等。

对经过使用取得显著性的商标,国际通行做法是可以给予注册保护。如《与贸易有关的知识产权协议》(TRIPs)第十五条的规定,"前款所列标志经过使用取得显著特征,并便于识别的,可以作为商标注册。"

在判定是否为经过使用取得显著特征的标志时,应当综合考虑相关公众对该标志的认知情况;该标志在指定商品或者服务上实际使用的时间、使用方式及同行业使用情况;使用该标志的商品或者服务的生产、销售、广告宣传情况及使用该标志的商品/服务本身的特点等因素。

二、历史沿革及修法意义

(一)历史沿革

商标的显著特征,即商标的显著性,是商标标识或者商标注册的重要要件,是指商标将某种商品或服务与商品或服务的提供者联系起来的功能与作用,即能够指示商品或服务来源的特性。作为商标的核心要件,显著性在商标法中是非常重要的,被誉为"商标法运转的枢纽",①是商标理论的基石。换言之,缺乏显著性的标志是不能作为商标而受到商标法保护的。商标的基本功能就是使人们通过商标区别不同生产经营者的商品或服务。商标如果不具有显著特征,就无法实现其功能,也就失去了作为商标的意义。

我国有关商标显著性的规定最早可以追溯到1982年版《商标法》第七条规定:"商标使用的文学、图形或者其组合,应当有显著特征,便于识别。使用注册商标的,并应当标明'注册商标'或者注册标记。"

而有关商标通过使用获得显著性最早出现于《商标法》(2001年修订)第十一条,原文表述为"前款所列标志经过使用取得显著特征,并便于识别的,可以作为商标注册"在此后的修法中,此条均延续了2001年修订案的表述。

有关商标显著性的历史沿革主要体现为商标注册要素的变化及发展。商标可注册要素并非一成不变,而是随着社会经济的发展在持续的扩展,在商标法的历次修法过程中,主要有以下变化:

1982年商标法仅列举了文字、图形或者其组合为可注册要素。

2001年《商标法》在文字、图形或者其组合的基础上将商标可注册要素扩展至"字母、数字、三维标志和颜色组合,以及上述要素的组合",均可以作为商标申请注册。

2013年《商标法》再次扩展,去除了有关申请商标需要具有可视性的要求并明确将"声音"作为商标的可注册要素之一。声音可以作为申请商标注册的标志

---

① Barton Beebe, *The Semiotic Analysis of Trademark Law*, 51 UCLA 625(2004).

是2013年《商标法》修改的重要变化，丰富了商标的类型，实际上消费公众在日常生活中早已经接触过以声音为要素的商业标志，如腾讯公司QQ消息提示音、恒源祥公司的“羊、羊、羊”广告所使用的背景声音、米高梅电影公司所出品电影片头的“雄狮吼”声音等，只不过在《商标法》2013年修法之前，声音不属于法律规定的商标可注册要素，声音标志无法获得商标专用权保护，当然，即便声音可以作为商标注册要素，但声音类商标的使用一方面需要特定的条件，另一方面相关公众的认知程度仍较低，故以文字、图形类要素为主的平面标志未来一段时间之内仍是商业环境中的主要商业标识。

随着今后社会经济的进一步发展，对商标注册要素可能会演化出新的需求，例如，未来有可能出现气味商标、动态商标等。

（二）修法过程

1.《商标法》(1982年)

(1982年8月23日发布，1983年3月1日实施)

第七条 商标使用的文字、图形或者其组合，应当有显著特征，便于识别。使用注册商标的，并应当标明“注册商标”或者注册标记。

2.《商标法》(2001年)

(2001年10月27日发布，2001年12月1日实施)

第八条 任何能够将自然人、法人或者其他组织的商品与他人的商品区别开的可视性标志，包括文字、图形、字母、数字、三维标志和颜色组合，以及上述要素的组合，均可以作为商标申请注册。

第九条 申请注册的商标，应当有显著特征，便于识别，并不得与他人在先取得的合法权利相冲突。

商标注册人有权标明“注册商标”或者注册标记。

第十一条 下列标志不得作为商标注册：

（一）仅有本商品的通用名称、图形、型号的；

（二）仅直接表示商品的质量、主要原料、功能、用途、重量、数量及其他特点的；

（三）缺乏显著特征的。

前款所列标志经过使用取得显著特征，并便于识别的，可以作为商标注册。

第十二条　以三维标志申请注册商标的,仅由商品自身的性质产生的形状、为获得技术效果而需有的商品形状或者使商品具有实质性价值的形状,不得注册。

3.《商标法》(2013 年)

(2013 年 8 月 30 日发布,2014 年 5 月 1 日实施)

第八条　任何能够将自然人、法人或者其他组织的商品与他人的商品区别开的标志,包括文字、图形、字母、数字、三维标志、颜色组合和声音等,以及上述要素的组合,均可以作为商标申请注册。

第九条　申请注册的商标,应当有显著特征,便于识别,并不得与他人在先取得的合法权利相冲突。

商标注册人有权标明"注册商标"或者注册标记。

第十一条　下列标志不得作为商标注册:(一)仅有本商品的通用名称、图形、型号的;(二)仅直接表示商品的质量、主要原料、功能、用途、重量、数量及其他特点的;(三)其他缺乏显著特征的。前款所列标志经过使用取得显著特征,并便于识别的,可以作为商标注册。

第十二条　以三维标志申请注册商标的,仅由商品自身的性质产生的形状、为获得技术效果而需有的商品形状或者使商品具有实质性价值的形状,不得注册。

4.《商标法》(2019 年)

第八条　任何能够将自然人、法人或者其他组织的商品与他人的商品区别开的标志,包括文字、图形、字母、数字、三维标志、颜色组合和声音等,以及上述要素的组合,均可以作为商标申请注册。

第九条　申请注册的商标,应当有显著特征,便于识别,并不得与他人在先取得的合法权利相冲突。商标注册人有权标明"注册商标"或者注册标记。

第十一条　下列标志不得作为商标注册:(一)仅有本商品的通用名称、图形、型号的;(二)仅直接表示商品的质量、主要原料、功能、用途、重量、数量及其他特点的;(三)其他缺乏显著特征的。前款所列标志经过使用取得显著特征,并便于识别的,可以作为商标注册。

第十二条　以三维标志申请注册商标的,仅由商品自身的性质产生的形状、为获得技术效果而需有的商品形状或者使商品具有实质性价值的形状,不得注册。

三、具体适用

商标的显著性可以通过两种方式取得:固有显著性和通过使用获得显著性。固有显著性是商标本身具有的,通过使用获得显著性则是商标本身通过不断地实际使用获得的。但商标的显著特征并不是一成不变的。一些原本不具备商标显著特征的标志通过使用可以获得商标显著性;而原本具有显著特征的商标可能会因为不当使用而导致商标显著特征的丧失。我国2013年《商标法》修订的时候就加入了"有关注册商标成为其核定使用的商品的通用名称的,任何单位或者个人可以向商标局申请撤销该注册商标"的条款。

(一)显著性强度的商标分类及商标显著性的判断

1.有关显著性强度的商标分类

具有固有显著性的商标是指某标识存在内在的识别性,当它在申请时或在商业中开始使用时,其就能起到识别特定来源的作用。按照显著性的强度可以将商标分成臆造性(fanciful)商标、任意性(arbitrary)商标、暗示性(suggestive)商标、描述性(descriptive)商标和通用(generic)名称。其中,任意性、臆造性商标、暗示性商标一般都认为是具有固有显著性的商标,而描述性商标和通用名称则被认为是缺乏商标显著性的商标。

(1)臆造性商标

臆造性商标,是指商标的标识是完全自主设计、创作的原本无特定含义的标识。由于先前并不存在这样的标识,其不会与任何商品或服务存在关联性,从这种意义上讲,臆造性商标的显著性是最高的,一般可应用于所有的商品与服务。例如,联想公司独创的"Lenovo"商标、美国英特尔公司独创的"Intel"商标。

(2)任意性商标

任意性商标意是自身具有含义、但其含义与该标识使用的商品或服务没有明显的关联性的标志。例如,用于电脑产品或者牛仔裤商品上"苹果"商标;用于手机商品上的"小米"商标。任意性商标在非关联商品与服务上具有较强的显著性。但与臆造商标相比,其显著性相对较弱。

(3)暗示性或建议性商标

暗示性标识一般也被认为具有固有的商标显著性。与描述性标识一样,暗示性商标也具有一定描述的特征，但与描述性商标不同，其仅仅是暗示而不是直接描述相关商品或服务的特征。暗示性商标仅仅间接地传达商品或服务的印象，这意味着需要消费者通过想象来获取商品的特征。换言之，如果一个标识需要想象、思考与洞察来获取商品的特征，其应为暗示性商标，如果其直接表示了产品的特征、成分、质量等，其应为描述性商标。例如，用于飞机商品上的“AIRBUS”（空中客车）商标，用于汽车商品上的“野马”商标，用于运输服务的“GREYHOUND”（灰狗）商标。

（4）描述性商标

描述性商标意指该标识是对商品或服务的质量、功能、特征以及成分等的描述。与暗示性商标不同，其不需要消费者通过联想来理解商品或服务的特征。

一般而言，描述性商标不能获得注册，描述性商标只有通过长期使用获得第二含义（获得商标显著特征）后才能作为商标注册。例如，用于茶叶等商品上的“小罐茶”商标就被认为直接表明了茶、用作茶叶代用品的花或叶、茶饮料、冰茶商品主要原料、产品包装特征等特点，属于描述性商标。但北京市高级人民法院认为：根据小罐茶业公司提供的其多年来持续在“茶”等商品上使用“小罐茶”商标、相关营业收入、主流电视媒体推广宣传、各大一线城市线下广告以及多份已生效的民事判决等证据，足以证明诉争商标已为相关公众所广为知晓，相关公众已可以通过“小罐茶”将诉争商标核定使用的“茶”等商品与小罐茶业公司相联系，最终认定“小罐茶”商标获得了可以作为商标注册的显著性。

（5）通用名称

通用名称一般指产品的常用名称或者通常用于对一类产品进行描述的表达。例如，“苹果”用于水果上，是对苹果等类似产品的描述。人民法院在判断诉争商标是否为通用名称时，应当审查其是否属于法定的或者约定俗成的商品名称。依据法律规定或者国家标准、行业标准属于商品通用名称的，应当认定为通用名称。相关公众普遍认为某一名称能够指代一类商品的，应当认定该名称为约定俗成的通用名称。被专业工具书、辞典列为商品名称的，可以作为认定约定俗成的通用名称的参考。

约定俗成的通用名称一般以全国范围内相关公众的通常认识为判断标准。对于由于历史传统、风土人情、地理环境等原因形成的相关市场较为固定的商品，在该相关市场内通用的称谓，可以认定为通用名称。申请人明知或者应知其申请注册的商标为部分区域内约定俗成的商品名称的，应视其申请注册的商标为通用名称。人民法院审查判断诉争商标是否属于通用名称，一般以商标申请日时的事实状态为准。核准注册时事实状态发生变化的，以核准注册时的事实状态判断其是否属于通用名称。

通用名称与描述性标识的区别在于：通用名称表达了产品的基本特征，抑或产品的种类；而描述性商标描述的是某一产品的质量、功能、成分等。

值得注意的是，通用名称并不是禁注标识，其可以通过使用获得注册。当然，如果一个注册标识成为通用名称，其也会失去显著性，不能再获得商标保护。另外，商标的显著性的强弱，即商标能够起到区别作用的特性的强弱，也是商标侵权判断中确定商标专用权权利范围以及确认是否构成侵权的重要因素之一。最高人民法院认为：知名度高、显著性强的商标，被"混淆""借用"的可能性就大，而知名度低显著性弱的商标，被"混淆""借用"的可能性就小。[①]

2. 商标显著性的判断

判断商标是否具有显著特征，除了要考虑商标标志本身的含义、呼叫和外观构成，还要结合商标指定的商品或者服务，商标指定商品或者服务的相关公众的认知习惯、商标指定商品或者服务所属行业的实际使用情况等，进行具体的、综合的、整体的判断。

如前所述，"苹果"如果指定使用于"新鲜水果"或"苹果"商品上，会被认为是这种商品的通用名称，缺乏商标的使用特征；但"苹果"用于"手机"、"电脑"或"牛仔裤"等商品上就不被认为是通用名称，即具备商标显著特征。

对于判断商标是否属于直接描述性标识，在深圳市大疆创新科技有限公司"FLYING CAMERA"商标驳回复审决定行政诉讼案[②]中，法院提出了两方面的考虑因素：第一，相关公众看到该标识的第一认知。即如果相关公众在看到某一标识时，无须想象即能判断出其属于对商品或服务特点的描述，则该标识为直接描述性标识。第二，是否属于同业经营者描述该特点所使用的常用方式。即如果某一标识为同业经营者用来描述此类商品或服务功能、用途、特点的通常使用方式，

---

① 参见最高人民法院《关于对TCL集团公司在产品促销活动中使用与汉都公司注册商标相近的"千禧龙"文字是否构成商标侵权请示的批复》。

② 北京知识产权法院行政判决书，(2016)京73行初272号；北京市高级人民法院行政判决书，(2016)京行终3166号。

则该标识为直接描述性标识。诉争商标“FLYING CAMERA”可被翻译为“会飞的照相机”或“飞速的照相机”。诉争商标指定使用的“游戏器具、游戏机、玩具、智能玩具、模型飞机材料、比例模型套件(玩具)”商品的功能、用途等特点与“FLYING CAMERA”以及其对应的翻译“会飞的照相机”“飞速的照相机”并无直接关联,诉争商标并未直接描述上述商品的功能、用途等特点。此外,商标评审委员亦未提交证据证明诉争商标“FLYING CAMERA”是同业经营者用来描述上述商品功能、用途等特点的通常使用方式。因此,诉争商标的申请注册并未违反《商标法》第十一条第一款第二项的规定。

在关于第15451646号“到家美食会 DAOJIA.COM.CN”商标的驳回复审行政案[①]中,法院认为:诉争商标由汉字“到家美食会”及网址“DAOJIA. COM. CN”组成,指定使用在“快递服务(信件或商品)、运输”等服务上,具有一定的描述性,但其不属于仅仅或主要表示服务内容等特点的标志,整体上仍具有显著特征,相关公众能够将其作为识别服务来源的商标对待。

(二)通过使用获得显著性的商标

1. 商标获得显著性的前提——缺乏固有显著性

本身缺乏固有显著性的商标可以通过使用获得商标的显著特征并取得商标权。是否具有显著性决定了标识是否可以被核准注册,对于自身不具有固有显著性的标识来说,获得显著性规则赋予了此类标识受商标法保护的可能,在实践中被广泛运用在商标授权、商标无效、商标侵权案件中。在适用显著性规则时,应当明确规则适用的前提为标识本身不具有固有显著性。此类标识可能仅包含商品的通用名称、图形、型号,或是仅包含适用一切同类商品的描述性要素。商标往往由多个要素结合而成,因此在进行固有显著性的判断时,应当对标识进行整体性考量,其中某一要素缺乏显著性不能导致其他具有显著性要素以及标识整体因此丧失显著性。在确认某一标识缺乏固有显著性后,需要进一步判断该标识是否经过使用而获得显著性特征。在判断过程中,应当关注标识是否作为商标进行使用,标识实际持续使用的情况,市场其他经营者使用该标识的情况以及标识本身

---

① 北京知识产权法院行政判决书,(2016)京73行初2676号;北京市高级人民法院行政判决书,(2017)京行终373号。

是否与具体商品形成紧密联系等。

指示来源,即将某种商品或服务区别于其他同类商品是商标的基本功能。在实际应用中,商标正是通过自身显著性来实现这一功能。根据《商标法》第九条第一款的规定,"申请注册的商标,应当有显著特征,便于识别,并不得与他人在先取得的合法权利相冲突",在注册取得制度下,原则上只有具有显著性的标识才能够被核准注册,进而成为商标受商标法保护。传统理论将显著性划分为固有显著性与获得显著性,只有缺乏固有显著性的标识才需要进行获得显著性的判断。

根据《商标法》第十一条的规定,不具有固有显著性的标识主要包括:仅有本商品的通用名称、图形、型号的和仅直接表示商品的质量、主要原料、功能、用途、重量、数量及其他特点的。除此之外,第十一条第一款第三项还加入了"其他缺乏显著特征的"这一兜底性规定。

(1)因标识仅包含商品通用名称、图形、型号而不具有显著性特征

通用名称是指在一定范围内被普遍使用的指称某一类商品的名称。最高人民法院《关于审理商标授权确权行政案件若干问题的规定》(2020 年修订,2021 年 1 月 1 日起施行,以下简称《商标授权规定》)第十条规定:"诉争商标属于法定的商品名称或者约定俗成的商品名称的,人民法院应当认定其属于商标法第十一条第一款第(一)项所指的通用名称。"按照该条规定,通用名称包括法定通用名称和约定俗成的通用名称。法定的通用名称包括法律规定、国家标准或行业标准等官方文件中确定并使用的商品名称。约定俗成的通用名称则是指某一名称被长期重复指代某一类型的商品,受相关公众普遍认可并使用形成的通用名称。实践中被专业工具书、词典列为商品名称的,可以作为认定约定俗成的通用名称的参考。①

例如,"红富士"是苹果的一宗品种名称,指定使用于"新鲜水果"商品上就被认为属于通用名称。

按照《商标授权规定》的规定,确定某一名称为约定俗成的通用名称需要以全国范围内相关公众的通常认知为标准。但由于中国地大物博,幅员辽阔,各地方语言习惯、物产不尽相同,一些商品名称在不同地区的称谓可能存在不同的情况,一些商品名称只在固定的地域范围内流通使用。对于这些具有鲜明地域性特质,

① 福建省高级人民法院民事判决书,(2014)闽民终字第 1442 号。

流通范围较为固定，特定称呼使用范围固定的商品，在判断名称使用的广泛性时，不宜以全国范围为标准，而是应当以相关市场作为判断标准。《商标授权规定》第十条第二款特别规定，对于由于历史传统、风土人情、地理环境等原因形成的相关市场较为固定的商品，在该相关市场内通用的称谓，可以认定为通用名称。例如，在福建省高级人民法院作出的(2014)闽民终字第1442号民事二审判决书中，法院认为“稻花香”的种植加工虽然仅限于黑龙江省五常市特定的稻米产区，但由于具有较为明确的地理位置的指向性，“稻花香”在当地已经成为一种约定俗成的大米的通用名称。

此外，通用名称在使用中并非稳定不变的，随着时间的变化，通用名称和专有名称间可能存在相互转化的现象。因此对于通用名称的判断应当遵循个案判断原则。

(2)因标识仅直接表示商品的质量、主要原料、功能、用途、重量、数量及其他特点而不具有显著性

在判断标识本身是否具有显著性时，需要考虑标识本身与其指定使用的商品或服务之间的关联程度。商标本身应当具有标识来源的区分功能，标识本身与指定使用的商品或服务相关程度越高，则其可以作为商标进行认知的可能性越小。因此仅表示商品自身特点的标识容易被消费者认为是对商品特征的描述，从而使得该标识不具有商标要求的显著性。

实践中如“小肥羊”(内蒙古一带对一两岁小羊的习惯叫法)[①]、“藏红花”(中药)[②]等标识仅表示商品或服务的主要原料，因此不具有固有显著性；而如“BEST BUY”这一标识中，“BEST”的含义为最好的、最优秀的、最有利的等，“BUY”含义为买、买卖、交易等，“BEST BUY”可以翻译为最好的交易或者最好的买卖，使用在指定服务项目上，该标识仅仅直接表示了服务的品质和特点，因此单词组合本身应认定为缺乏作为商标应有的显著特征。[③]

在理解商品“主要原料”的含义时，并不要求标识中具体显示某原料在商品中的使用量达到某一标准，而只要求该标识的使用可能使消费者基于该原料(而非基于该标识本身)选择商品即可。换言之，此标识因为显示了商品的原料，而无法

---

① 北京市高级人民法院行政判决书，(2006)高行终字第92号。

② 北京市第一中级人民法院行政判决书，(2010)一中知行初字第850号。

③ 最高人民法院行政判决书，(2011)行提字第9号。

起到区别同类商品来源的作用，即该标识不具有显著性。[①]

(3)整体判断

判断标识是否具有固有显著性，应当遵循整体判断的原则，综合考量诉争标识的整体构成要素，重视要素组合而成的整体含义与表达形式，不应单一、割裂地对特定构成要素进行分析。根据《商标授权规定》第七条的规定，人民法院在审理商标授权确权行政案件时，应当根据诉争商标指使用商品的相关公众的通常认识，从整体上对商标是否具有显著特征进行审查判断。标志中含有的描述性要素不影响商标整体上具有显著特征的，或者描述性标志是以独特方式进行表现，相关公众能够以其识别商品来源的，应当认定其具有显著特征。

在北京知识产权法院作出的(2016)京73行初字第134号行政判决书中，法院即在整体上对标识的显著特征进行了分析。法院认为，原告申请的商标"并非简单的文字组合商标，'交大法学'四字系江平教授的书法作品，在整体呈现方式上具有独特性，增加了该标志的固有显著特征"。

在最高人民法院作出的(2011)行提字第9号行政判决书中，法院纠正了商标评审委员会和一审、二审法院对申请商标的显著性没有进行整体判断的问题，综合标识的全部构成要素进行显著性判断，认为，虽然标识中的"BEST"和"BUY"对于指定使用的服务具有一定描述性，但是结合标识中黄色的标签方框图形和鲜艳的颜色，该标识整体上便于识别具有显著特征。

(4)其他缺乏显著特征的情况

《商标法》第十一条第一款第三项还规定，其他缺乏显著特征的标志不得作为商标注册。"其他缺乏显著特征的标志"是指依照相关公众通常观念的认知，使用在指定商品上不具备区分商品来源作用。在国家知识产权局2021年版的《商标审查审理指南》中列举了16种其他缺乏显著特征的情形，包括过于简单的线条、普通几何图形；一个或两个普通表现形式的字母；普通形式的阿拉伯数字；过于复杂的文字、图形，数字、字母或上述要素的组合；商品的外包装；指定商品的容器或者装饰性图案；表示商品或者服务特点的短语、句子，或者普通广告宣传用语(如"一旦拥有，别无所求")；常用贸易场所名称、商贸用语或者标志(如超市、酒店)；企业的组织形式、行业名称或者简称；仅有申请人(不包括自然人)名称全称的；仅

① 北京市第一中级人民法院行政判决书，(2010)一中知行初字第850号。

由电话、地址、门牌号等要素构成；常用祝颂语和日常用语；网络流行词汇和网络流行表情包；常用标志符号；节日名称；格言警句。当然，其中有些列举的情形还是值得商榷的，而且，这些列举也会随着社会公众认知的变化和对法条的解读而被不断进行修正。

2. 如何认定商标获得显著性

对于缺乏固有显著性的标识，根据《商标法》第十一条第二款的规定，如果该标识经过使用获得显著性特征，具备商标所必需的识别功能，使相关公众能够将其作为区别商品或服务来源的标识，则可以作为商标注册。这里的显著性特征包含两个层次，识别性和区分性。识别性是指构成商标的标识可以帮助消费者识别、记忆，指示该商品或服务的来源。区分性则是指，与使用于同类或相类似的商品或服务上的其他商标相比，该标识与其他商标明显不同，可以使公众据此将其中的某一商品区别于其他商品或服务，而不会发生混淆误认。

在判断某一标识是否获得显著性，通常遵照以下几个方面进行判断。

(1)作为商标使用

首先，该标识在实际使用中，应当以商标的使用方式、效果、作用进行使用，起到识别商品或服务来源的作用。

在雀巢三维瓶一案①中，法院即认为，虽然涉案标识经过一定的设计，区别于常见瓶型的特点。但在该标识的使用过程中，相关公众容易将该标识作为商品容器而非指示商品来源的商标加以识别。因此法院判定该三维标志本身无法起到区分商品来源的作用，不属于通过使用获得显著性的情况，缺乏显著性。

在梵克雅宝四叶草形状图案商标争议一案中，法院同样考虑到标识在使用过程中，是否是以商标的方式进行使用并被公众识别。一审法院认为，由于该标识指定使用的商品种类为"珠宝首饰"，结合该种类商品的特性，作为一般消费者，容易将争诉四叶草图形视为商品的形状、装饰或造型，而非区别于其他同类商品的指示商品来源的商标。即使这一造型不属于惯常设计，但在相关公众的认知中，首先反映的也只是其商品或外观设计与众不同，相关公众往往更加容易将其视为商品本体或者组成部分，而不将其认知为商标。因此，一审法院判定该标识自身缺乏

① 该案为北京法院2013年度知识产权司法保护十大创新性案例之四。

固有显著性，也无法在使用中获得商标的显著性特征，从而不得被注册为商标。[①]二审法院维持原判。

(2)相关公众的认定

首先需要确定相关公众的范围，根据最高人民法院《关于审理商标民事纠纷案件适用法律若干问题的解释》(2021 年 1 月 1 日起施行)第八条规定，商标法所称相关公众，是指与商标所标识的某类商品或者服务有关的消费者和与前述商品或者服务的营销有密切关系的其他经营者。

在判定相关公众的范围时，应当以具体商品或服务领域中相关群众的普遍知识水平和认知能力为依据。对于不同类别、属性、功能的商品或服务，相关公众所表现的具体知识水平和认知能力也会有所不同，应当在个案中，结合具体的商品或服务做出符合市场客观化标准的判断。[②] 在一些案件中，由于行政机关或法院确定的相关公众的范围不同，可能直接决定了某一标识是否已经通过使用获得显著性的认定结果不同。

对于一些并不直接销售给普通消费者的商品，如果该商品属于普通消费者购买的最终商品的组成部分，并对普通消费者选择最终商品存在一定影响的，例如，北京市高级人民法院在(2019)京行终 4643 号行政判决书中针对牛奶、果汁等饮料的纸制容器是否在长期使用过程中获得了显著性进行了论证。法院认为，虽然普通消费者通常不会单独购买牛奶、果汁等饮料的包装物，但在购买牛奶、果汁等饮料商品时，包装物亦属于其所购买的商品的组成部分，且包装物对于普通消费者选取相关商品也存在一定影响，故普通消费者亦应属于本案的相关公众。

(3)标识实际持续使用的时间、地域、范围、销售规模等经营情况

不具有固有显著性的标识想要通过使用达到可以使标识具有指示商品来源功能的程度，需要考察标识持续使用的时间，适用的地域范围，以及该商品的销售规模等经营情况。通常来说，标识持续使用时间越久，商品销售、宣传地域越广，范围越大，销售金额及销售规模越大，获得显著性特征的可能性越大。

在判定标识是否通过使用获得显著性特征时，应当由商标申请注册的注册申请人承担举证责任。相关证据不仅应证明标识的实际使用，还需要证明该使用系

① 北京市高级人民法院行政判决书，(2020)京行终 4528 号。

② 北京市高级人民法院行政判决书，(2020)京行终 4528 号。

发生在流通领域中，只有在流通领域持续、长久、广泛、大量的使用才能够使消费者建立具体商品/服务与标识的稳固联系，产生标识指示来源的作用，使不具有固有显著性的标识通过使用取得显著性特征。①

(4)其他经营者使用争诉标识的情况

在判断标识是否经使用获得显著性时，应当注意不仅要考察申请人单方面对于标识的使用情况，还需要审查整个市场上其他经营者实际使用情况。对于某一标识，行业内使用范围越广，使用人数越多，乃至成为行业通用标识就越无法起到区分商品来源的作用，从而越难以被认定为获得显著性。② 此外，如果将某一行业通用或常见的标识核准注册为商标，赋予申请者商标专用权，可能会导致与该标识相同或相近的其他标识的使用被认定为侵权行为，给既已形成的相关市场中其他经营者造成负面影响，甚至不当限制了其他经营者基于商品外观、包装装饰等的正当使用，违背获得显著性的理论基础。

在梵克雅宝四叶草图案一案中，法院认定，该标识的主要使用在珠宝首饰、戒指（首饰）、手镯（首饰）、耳环、项链（首饰）、手表、表壳等商品上的外观、造型或者装饰中，而该领域其他大量经营者也将“四叶草”作为上述商品的装饰外观，一方面加深了相关公众将“四叶草”视为装饰而非商标的认知，使该标识指示商品来源的功能被弱化，另一方面产生了需要保护的其他经营者的合法权益，使该标识不具有获得显著性的基础。

(5)获得显著性的时间

在商标驳回复审或宣告无效的案件中，通常以商标申请日作为判断标识是否具有显著性的时间节点。但商标申请到核准注册之间可能存在较长的时间，在这期间标识的使用者行为以及市场的变化可能影响标识的显著程度。由于商标保护期自核准注册日起开始计算，对于商标申请日尚不具有显著性的标识，如果在核准注册日能够证明获得显著性的，应当以核准注册之日的事实状态为准确认商标是否获得显著性。《商标授权规定》第十条第四款规定“人民法院审查判断诉争商标是否属于通用名称，一般以商标申请日的事实状态为准。核准注册时事实状态发生变化的，以核准注册时的事实状态判断其是否属于通用名称”佐证上述观点。

---

① 北京市第一中级人民法院行政判决书，(2010)一中知行初字第850号。

② 北京市高级人民法院行政判决书，(2020)京行终4528号。

此外,对于已经被核准注册的商标,使用者在其核准注册后的实际使用、宣传情况亦应当予以考量。在最高人民法院作出的(2017)最高法行申7175号行政裁定书中,法院在审查争诉商标是否因使用获得显著性时,就对商标核准注册后的使用情况进行了一并考量。

(6)标识本身是否与具体商品产生紧密联系

某一标识本身不具有固有显著性,说明其自身的含义可以对应多种不同商品,因此无法起到指示商品来源的作用。此种标识通过长期作为商标使用,取得了市场的认可与接受,能够使相关公众将标识与具体商品紧密联系,使得标识起到了将具体商品与其他同类商品区别的作用,则这种不具有固有显著性的标识就获得"第二含义",从而为相关公众提供辨别商品来源和出处的功能。

此种情形下,识别程度仅需要使相关公众意识到使用该标识的商品或者服务来自特定的提供者,至于该提供者具体是谁并非商标的识别作用所要实现的。在(2017)最高法行申7175号行政裁定书中,最高人民法院否定了原告提出的商标获得显著性特征要求标志具有指向唯一性的主张,认为不能仅因标识与使用人之间不具有唯一对应性就否定标志与商品或服务之间已形成稳定联系。本案中,诉争商标与其使用的服务已形成稳定联系,使消费者可以借此区分来源不同的"涮羊肉"餐饮服务,因此涉案标识具有了"第二含义",可以作为商标注册。但需要说明的是,上述认定引发了业界较大争议。

这种"第二含义"的产生要求该标识仅仅与其实际使用的具体商品间产生紧密联系,而不能扩展应用到其他同类或近似商品上。在被列入"2018年中国法院50件典型知识产权案例""2018年度北京法院知识产权司法保护十大案例"的"嘀嘀嘀嘀嘀嘀"商标申请驳回复审行政纠纷案中,法院指出腾讯公司通过在QQ即时通信软件上长期持续使用"嘀嘀嘀嘀嘀嘀"声音,使该声音具备了识别服务来源的作用,因此该诉争声音商标在与QQ即时通信软件相关的信息传送等服务上具备显著特征。但是对于电视播放等服务,该标识并未在这些服务上实际使用,因此不构成经过使用取得显著性的情形。

3. 获得显著性案例

(1)指导性案例:克里斯蒂昂迪奥尔香料公司诉国家工商行政管理总局商标评审委员会商标申请驳回复审行政纠纷案[(2018)最高法行再26号]

(2)典型案例:成都天厨味精有限公司、江北区双骄食品经营部、刘某诉重庆

天厨天雁食品有限责任公司不正当竞争纠纷案[(2017)渝01民终3926号]

(3)姚某军诉国家工商行政管理总局商标评审委员会等,商标无效宣告行政纠纷再审审查与审判监督案(小肥羊案)[(2017)最高法行申7175号]

(三)因商标显著性退化而导致商标权丧失

原本具有固有显著性的商标因为不当使用也可能导致商标显著性的丧失。如前所述,商标的显著性不是一成不变的,而是根据商标使用和市场原因发生变化。因此,显著性较低的商标,可能通过使用获得较强的显著性;反之,显著性较高的商标,也可能因为使用和市场原因导致弱化甚至丧失显著性,沦落为通用名称。我国《商标法》第四十九条第二款也规定,注册商标成为其所核定使用的商品的通用名称或者没有正当理由连续三年不使用的,任何单位和个人可以向商标局申请撤销该注册商标。换言之,对于丧失显著性的通用名称,任何人都可以申请撤销。

1. 如何判定商标成为商品的通用名称从而丧失商标的显著性

判定某注册商标是否成为核定使用商品的通用名称,关键是判定该商标的功能是区分不同商品还是区分不同商品的来源。如商标的主要功能是区分不同商品,应判定为该商标已构成通用名称的情形。审理时,国家知识产权局或法院一般会参考词典、专用工具书、国家或者行业标准、相关行业组织的证明、市场调查报告、市场上的宣传使用证据以及其他主体在同种商品上使用该标志等证据。

判定商标是否成为商品的通用名称,应从商标标志整体上进行审查,且应当认定通用名称指向的具体商品是否为核定使用的商品,而一般不应考虑与核定商品类似的商品。

另外,判断注册商标成为其核定使用商品的通用名称的时间点,一般应以对注册商标提出撤销申请时的事实状态为准,案件审查审理时的事实状态可以作为参考。

2. 退化成通用名称而丧失商标权的案例

德国制药巨头拜耳股份公司的商标“阿司匹林”(Aspirin)退化为镇痛药的通用名称;现在成为毒品通用名称的“海洛因”(heroin)其实原来也是拜尔公司用于某源自吗啡的药物上的商标,取自德语“heroisch”,意为“英雄,强大”;美国奥的斯电梯公司的电扶梯品牌“Escalator”退化为电扶梯的通用名称;“优盘”商标案,就是由于商标权利人的不当使用造成商标通用名称化的典型案例之一。该商标的权利人朗科公司在注册“优盘”商标时,整个计算机行业还没有“优盘”这一概念和名称,该商标是具备商标显著性的。但是,朗科公司在使用“优盘”商标时淡化了该商标与商品名称的区别。朗科公司在有关宣传材料中称:“启动型优盘,第三届中国高新技术交易会明星产品,全球第一款可彻底取代软盘软驱的 USB 移动存储盘”“优盘,新一代存储盘”“时尚优盘,价格心动、追求时尚、一马当先”等。可见,朗科公司是将“优盘”作为商品名称加以使用的。其在商品包装盒及促销宣传材料上使用“朗科优盘”或“优盘”文字商标时,后面也并没有其他连用的商品名称。由于朗科公司的这种不当使用方式,导致同行业经营者、计算机从业人员和消费者逐渐也把“优盘”作为一种新型计算机移动存储器的名称来使用,最后形成该商标被广泛当作此种商品的通用名称这样一个客观事实。最终,朗科公司的注册商标“优盘”被判定退化成为计算机存储器的通用名称而被撤销。

3. 权利人防止商标通用名称化可采取的措施

(1)建立健全商标管理体系,确保商标的规范使用,避免商标因自己的不当使用而导致商标显著性的退化。在向市场上推出新产品时,商标的权利人应该为新产品提供一个商品通用名称,以避免相关公众通过呼叫相应的商标来指代该新产品,使得商标最终成为这种新产品的通用名称。例如,可口可乐公司为避免消费者将“雪碧”呼叫或识别为商品名称,都会在雪碧商标的下方或后面加注“柠檬味汽水”等通用商品名称。

在使用宣传时或在商品包装及描述性表述中在注册商标旁边加注标示注册商标标记的“®”,以及标注“××商标为××公司注册商标”的说明等。另外,在广告语中,还应尽量将商标以形容词的方式进行使用,而尽量避免直接将之作为动词或名词使用,避免商标显著性的退化。

(2)实时监控商标的使用,及时发现和纠正危险的使用方式。商标权利人应当实时监控商标的使用,如果市场上发现经销商、媒体或者消费者将其商标作为商品名称使用的现象,应当及时制止和干涉,防止可能产生的商标通用名称化的结果。

(3)积极主动维权。权利人应建立商标监控的体系,一旦发现他人申请或使用与自己商标类似或完整包含自己商标的情况,应及时通过异议、无效宣告、发声明书或律师函以及通过行政或司法手段阻止侵权商标的注册和使用,阻止淡化商标显著性的各类行为，尽力维护自己商标的显著性。

四、前沿问题及未来展望

（一）关于商品实物外观类三维标志（立体商标）是否具备商标的区分功能的探讨

前已述及，在我国有关于三维标志商标的法律规定较晚成形，《商标法》于2001年修订时才对三维标志的可注册性进行了相应规定。商业实践中，相较于平面商标，三维标志在注册数量及商业使用比例上均较低；商标法律实践中，与三维标志有关的法律纠纷总量相对较少。但近些年诸多三维标志商标案件亦进入公众视野，并引发业界热议，尤其是商品实物外观类三维标志是否具备商标的区分功能具有较高的可探讨性。

商品实物外观类三维标志商标是指将商品实物的至少三面视图作为商标图样而提交申请的一类立体商标样式。在“加多宝及图”红罐三维标志商标案[①]中，王老吉有限公司申请了第12242987号“加多宝红罐”三维标志（见图12－1）。

图12－1　加多宝“红罐”三维标志

上述立体商标便属于商品实物外观类三维标志商标，其商品实物外观视图便是商标图样，“加多宝及图”红罐三维标志商标指定使用在第32类“啤酒、无酒精饮料、植物饮料、矿泉水（饮料）、果汁、可乐、奶茶（非奶为主）、乳酸饮料（果制品，非奶）、蔬菜汁（饮料）、饮料香精”商品上。该商标在申请阶段被商标局予以驳回，王老吉公司不服商标局驳回决定，向商标评审委员会提起驳回复审申请。2015年1月21日，商标评审委员会作出商评字〔2015〕第14003号《关于第

① 参见北京市高级人民法院行政判决书，（2016）京行终3031号。

12242987号“加多宝及图(立体商标)”商标驳回复审决定书》,该决定认为:“申请商标的图形部分为其指定使用的‘啤酒、无酒精饮料’等商品的普通包装。虽然申请商标有显著识别部分‘加多宝’,但作为立体商标,其整体不具有显著性。且王老吉公司提交的证据不足以证明申请商标经过使用取得显著特征,并便于识别,依照《中华人民共和国商标法》(以下简称商标法)第十一条第一款第(二)项、第三十条和第三十四条的规定,商标评审委员会决定:申请商标在复审商品上的注册申请予以驳回”。

在该案后续的一审诉讼程序中,北京知识产权法院认为“申请商标为立体的红罐容器,属于三维标志,并且容器正面有‘加多宝’文字,且上述文字所占比重较大。申请商标中罐装容器确系‘啤酒、无酒精饮料’等商品常用的普通容器包装,因此申请商标中罐装的三维标志本身并不具有显著特征。但是,申请商标作为三维标志以及文字组合商标,应当对商标整体是否具有显著特征进行判断。即申请商标‘加多宝及图’的加入能否使商标整体具有显著性。被诉决定在认定申请商标的组成部分之一‘加多宝’文字及图具有显著识别性的前提下,却得出结论认为作为立体商标不具有显著性,自相矛盾。”

但在二审程序中,北京市高级人民法院认为王老吉公司提交的商标图样中仅仅包含了两幅图片,未提交三面视图,依据现有商标图样,无法确定该标志的三维形状。因此,商标评审委员会将申请商标作为三维标志商标加以审查,不符合《商标法实施条例》第十三条第三款的规定,其据此作出的被诉决定事实基础错误。在缺乏事实基础的情况下,被诉决定的法律适用和相关认定亦不能成立,对其结论应当予以撤销。由此,二审法院未准予该诉争商标的注册。

虽然二审判决未再对显著性问题予以审理或评述,但对于“加多宝及图”红罐三维标志是否具备商标的区分功能仍值得探讨。

例如,就前述“加多宝及图”三维商标图样可见,其图样原本就是“加多宝”饮料实物的客观影像呈现,消费者在观察、识别中似乎更加容易将其认知和识别为“加多宝”饮料商品本身,而难以(或者说根本就不会)将其认知为区分不同商品来源的商标,即商业流通情境中,消费者通常倾向于将黏附于商品本身的二维标识作为商标进行识别,或者是将与商品本身外观具有物理差异及区隔的三维标志作为商标进行识别(如劳斯莱斯汽车头部小金人三维标志,见图12-2),反而难以将商品本身作为一件商标进行识别。

图 12－2　劳斯莱斯三维标志商标

由于将商品本身作为一件商标进行识别，并非消费者的认知习惯，故而从商标法的视角来看，诸如“加多宝及图”类型以产品实物外观作为三维标志的商标是否满足《商标法》第八条“……能够将自然人、法人或者其他组织的商品与他人的商品区别开的标志……”值得商榷。

（二）《商标法》第十一条“显著性条款”与第十条第一款第八项“不良影响条款”或第七项“误认条款”的区别与界限理解

1.《商标法》第十一条“显著性条款”与第十条第一款第八项“不良影响条款”的区别与界限理解

在2013年《商标法》修改前，第一款第七项的条文用语为“夸大宣传并带有欺骗性的”，该条款适用过窄，不能涵盖诸如未夸大宣传但带有欺骗性的情形。2013年修法时，第一款第七项才修改为“带有欺骗性，容易使公众对商品的质量等特点或者产地产生误认的”（误认条款）。

因此，在2013年《商标法》实施前，经常与第十一条“显著性条款”交叉使用的是《商标法》第十条第一款第八项“有害于社会主义道德风尚或者有其他不良影响的”情形（不良影响条款）。

例如，在著名的“微信”商标异议复审案件中，原异议人张某河同时援引了《商标法》第十条第一款第八项“不良影响条款”和第十一条“显著性条款”，但当时的商标评审委员会最后支持了张某河第十条第一款第八项的异议理由，裁定如下：“虽然创博亚太公司申请注册被异议商标时，腾讯公司的‘微信’软件尚未正式对外推出。但是，张某河提交的证据表明，腾讯公司在被异议商标初步审定公告前已正式推出了'微信'软件,且用户量持续迅猛增长,截至2013年7月腾讯公司的'微信'注册用户至少已经增长到4亿人,并且多地政府机关、法院、学校、银行等推出了微信公共服务,相关公众已经将'微信'与腾讯公司紧密地联系起来。虽然创博亚太公司申请注册被异议商标是否损害腾讯公司的特定民事权益不属于《商标法》第十条第一款第八项所调整的内容,也不是本案审理的焦点,但在社会公众对'微信'的认知发生变化,社会客观环境和公众利益内容发生变化的情况下,商标评审委员会应对被异议商标的注册是否会对变化了的社会公共利益和公共秩序造成不良影响作出判断。考虑本案的事实,如核准被异议商标注册,将会对多达4亿的微信注册用户以及广大公共服务微信的用户带来极大不便乃至损失,同时也可能使他们对创博亚太公司提供的'微信'服务的性质和内容产生误认,从而可能对社会公共利益和公共秩序产生消极、负面的影响。因此被异议商标已经构成《商标法》第十条第一款第八项所禁止的情形。"一审法院北京知识产权法院最后支持了商标评审委员会所援引的不良影响条款,维持了商标评审委员会不予核准注册的裁定①。北京知识产权法院在一审判决中写道:"第三人提交的证据显示,'微信'即时通讯服务应用程序由腾讯公司于2011年1月21日首次推出,晚于被异议商标申请日2个月,早于被异议商标初审公告日7个月。此后,'微信'注册用户急速攀升,根据相关报道的记载,至2013年7月用户已达4亿,至2014年11月用户更超8亿。'微信'在信息传送等服务市场上已经具有很高的知名度和影响力,广大消费者对'微信'所指代的信息传送等服务的性质、内容和来源已经形成明确的认知。在这种市场实际情况下,如果核准被异议商标注册,不仅会使广大消费者对'微信'所指代的信息传送等服务的性质、内容和来源产生错误认知,也会对已经形成的稳定的市场秩序造成消极影响。在先申请原则是我国商标注册制度的一般原则,但在尊重在先申请这个事实状态的同时,商标注册核准与否还应当考虑公共利益和已经形成的稳定市场秩序。当商标申请人的利益与公共利益发生冲突时,应当结合具体情况进行合理的利益平衡。本案中,一方面是商标申请人基于申请行为产生的对特定符号的先占利益和未来对特定符号的使用可能产生的期待利益,另一方面是庞大的微信用户已经形成的稳定认知和改变这种稳定认知可能形成的较大社会成本,鉴于此,选择保护不特定多数公众的现

① 北京知识产权法院行政判决书,(2014)京知行初字第67号。

实利益具有更大的合理性。因此,被告认定被异议商标的申请注册构成《商标法》第十条第一款第八项所禁止的情形并无不当,本院予以维持。”①

二审中,北京高级人民法院同样是支持了商标评审委员会和一审法院不予核准创博亚太公司“微信”商标注册的结论,但没有使用不良影响条款,而是改为援引显著性条款。二审判决写道:虽然本案被异议商标的申请注册并未违反《商标法》第十条第一款第八项的规定,但被异议商标在指定使用服务上缺乏商标注册所必须具备的显著特征,其注册申请违反了《商标法》第十一条第一款第二项的规定,被异议商标依法不应予以核准注册。第 67139 号裁定的相关认定虽有不当,但其裁定结论正确;原审判决的认定虽有不当,但其裁判结论正确,本院在纠正其相关错误的基础上,对其结论予以维持。创博亚太公司的部分上诉理由虽然成立,但其上诉请求不能成立,本院不予支持。依照 2015 年 5 月 1 日起施行的《行政诉讼法》第八十九条第一款第一项的规定,判决如下:驳回上诉,维持原判。

笔者认为,在“微信”案中,适用显著性条款相比较适用不良影响条款而言更高明些。因为,具有不良影响的标志不仅不能作为商标被核准注册,也不能作为商标使用的。一旦“微信”文字被认为是具有不良影响的商标,即使是腾讯公司也应该不能使用和注册“微信”商标。而商标缺乏显著性只是不能核准注册,但不会被禁用。即使其他公司因为缺乏显著性而不能获准注册“微信”商标,腾讯公司仍可以通过使用。进一步讲,商标的显著性是一个变量,当相关公众不认为某标志对应的服务或商品源于该商标的申请人或注册人,而是源于另一个主体,那么对于这个商标申请人或注册人而言,这个商标的显著特征已经不存在了,也就不具备继续注册的基础了;如果允许商标注册人继续持有该商标势必会导致消费者的混淆和误认,误以为商品或服务的提供者为另一主体。因此,在今后修改商标法

① 据悉,北京知识产权法院对“微信”商标案的判决是参考了是最高人民法院的一个在先判例。在 2013 年最高人民法院作出的贵州美酒和公司诉商标评审委员会及李某寿之间有关“李兴发”商标争议行政纠纷再审审查行政裁定书中,最高人民法院支持了用不良影响条款驳回该商标注册的一审、二审判决。在那个案件中,商标中的文字“李兴发”为异议人父亲的名字,李兴发是茅台镇著名的“勾兑大师”,生前为茅台酒酒厂的副厂长。李兴发 1964 年带领科研小组首次确立了茅台酒的“酱香、窖藏、醇甜”三种典型体。完善了茅台酒的传统生产工艺,使其勾兑工艺更科学,为白酒香体鉴别作出了巨大的贡献。并在 1984 年至 1992 年获得了多项荣誉,受到贵州省政府、轻工厅的奖励。李兴发在酒行业内具有一定的知名度好和影响力,将其姓名作为商标注册在“酒精饮料”等商品上,易使相关消费者将商品的品质特点与李兴发本人或茅台酒的生产工艺相联系,从而误导消费者,并造成不良影响。所以,最高人民法院认为一审、二审的判决并无不当,不予再审该案。

时,有关丧失显著性的撤销条款(现行《商标法》第四十九条)不应仅局限于"注册商标成为其核定使用的商品的通用名称"这一种情况。

2.《商标法》第十一条"显著性条款"与第十条第一款第七项"误认条款"的区别与界限理解

在2013年《商标法》适用后,经常与第十一条"显著性条款"交叉使用的是《商标法》第十条第一款第七项的"误认条款"。这种交叉,有的是同时适用两个法条,例如,在《关于第52075674号"鬼城麻辣鸡"商标驳回复审决定书》中,国家知识产权局认为该注册同时违反"误认条款"和"仅直接表示商品特点"的显著性条款,复审裁定中的驳回理由为:"申请商标'鬼城麻辣鸡'是丰都县一道家喻户晓的传统名菜,使用在'鸡肉;鸡翅;鸡腿;鸡胗;炸鸡块'商品上,相关公众不易将其作为区分商品来源的标志加以识别,缺乏商标应有的显著特征,且用在其他商品上易使消费者产生误认,申请商标已构成《商标法》第十条第一款第七项及第十一条第一款第三项所指情形。申请人提交的证据不足以证明申请商标具有可注册性。"有的是针对不同商品分别适用这两个不同的条款,例如,在"陈麻花"商标的系列申请案件中,该商标在"麻花"商品上被认定为缺乏商标显著特征,而在"麻花"以外的商品上则被认定构成误认(驳回复审决定中称"申请商标中含有文字'麻花',用在'麻花'以外的商品上,易使消费者对商品内容产生误认,故申请商标指定使用在复审商品上已构成《商标法》第十条第一款第七项所指的不得作为商标使用的情形")。

有关误认条款和显著性条款的区别,法院在"参杞鹿龟"商标(申请商品:第5类的医用营养食物、医用营养品、中药成药等)驳回复审案件[①]中进行了阐述。该商标在评审阶段被商标评审委员会同时适用了误认条款和显著性条款予以驳回。一审中,北京知识产权法院认为:如果商标标志只是或者主要是描述、说明所使用商品的主要原料、功能等特点,应认定属于《商标法》第十一条第一款第二项规定的不得作为商标注册的情形,而不应同时适用《商标法》第十条第一款第七项这一绝对禁用条款,进而否定对误认条款的适用。在二审、再审程序中,北京市高级人民法院和最高人民法院均肯定了这一结论,并认为:"(1)申请商标由汉字'参''杞''鹿''龟'和圆形外框构成,指定使用在第5类医用营养食物、医用营养品、

① 最高人民法院行政裁定书,(2018)最高法行申9952号。

中药成药等商品上。其中'参''杞''鹿''龟'作为申请商标的显著识别部分,易被解读为几种中药药材的简称,仅系描述性表达,尚不足以使相关公众对商品的质量等特点产生错误认识,难以认定构成对公众的欺骗。因此,申请商标指定使用在上述商品上,未构成商标法第十条第一款第七项规定的情形。(2)'参''杞''鹿''龟'构成申请商标标识的显著识别部分,易使相关公众将'参''杞''鹿''龟'识别为人参、枸杞、鹿茸、龟板等常见中药材的简称。申请商标指定使用于第5类医用营养食物、医用营养品、中药成药等商品上,在上述商品含有人参、枸杞、鹿茸、龟板等中药材成分的情况下,构成对指定使用商品的原料、成分等特征的直接描述,难以起到区分商品来源的作用,缺乏商标固有的显著特征,因而已构成商标法第十一条第一款第二项规定的不得作为商标注册的情形。"

2001年《商标法》修改后,不但增加了有关经过使用可以取得显著特征的条款,而且,缺乏显著特征仅被禁止注册,而不被禁止使用。而第十条所列的包括误认条款在内的所有情形,不但被禁止注册,还被禁止使用。如果适用显著性条款驳回,标志还存在可以通过使用获得显著性并最终获准注册的可能性;但如果适用误认条款驳回的话,标志落入禁用的范围,那事实上也就不存在通过使用可以克服"误认"的可能性。因此,作为绝对禁止使用的条款,误认条款在适用方面应当保持更为慎重的态度。如果因商品相关内容导致消费者误认仍存在通过一定时间的使用可以克服的话,建议还是适用显著性条款予以驳回更为妥当。

第十三章 《商标法》第十三条、第十四条之精解

刘艳锋*

一、法律规定及条文理解

(一)法律规定及相关法律规范

1.《商标法》

第十三条 为相关公众所熟知的商标,持有人认为其权利受到侵害时,可以依照本法规定请求驰名商标保护。

就相同或者类似商品申请注册的商标是复制、摹仿或者翻译他人未在中国注册的驰名商标,容易导致混淆的,不予注册并禁止使用。

就不相同或者不相类似商品申请注册的商标是复制、摹仿或者翻译他人已经在中国注册的驰名商标,误导公众,致使该驰名商标注册人的利益可能受到损害的,不予注册并禁止使用。

第十四条 驰名商标应当根据当事人的请求,作为处理涉及商标案件需要认定的事实进行认定。认定驰名商标应当考虑下列因素:

(一)相关公众对该商标的知晓程度;

(二)该商标使用的持续时间;

(三)该商标的任何宣传工作的持续时间、程度和地理范围;

---

* 刘艳锋律师,第10、11届北京市律师协会商标法律专业委员会副主任。北京天驰君泰律所高级合伙人、商标运营诉讼部主任。主持奥运、冬奥会知产项目。代理中国黄金、百度、腾讯、庆丰、作业帮、滴滴等,多次入选最高人民法院、高级人民法院十大知产案例。

（四）该商标作为驰名商标受保护的记录；

（五）该商标驰名的其他因素。

在商标注册审查、工商行政管理部门查处商标违法案件过程中，当事人依照本法第十三条规定主张权利的，商标局根据审查、处理案件的需要，可以对商标驰名情况作出认定。

在商标争议处理过程中，当事人依照本法第十三条规定主张权利的，商标评审委员会根据处理案件的需要，可以对商标驰名情况作出认定。

在商标民事、行政案件审理过程中，当事人依照本法第十三条规定主张权利的，最高人民法院指定的人民法院根据审理案件的需要，可以对商标驰名情况作出认定。

生产、经营者不得将“驰名商标”字样用于商品、商品包装或者容器上，或者用于广告宣传、展览以及其他商业活动中。

2.《商标法实施条例》

第三条　商标持有人依照商标法第十三条规定请求驰名商标保护的，应当提交其商标构成驰名商标的证据材料。商标局、商标评审委员会应当依照商标法第十四条的规定，根据审查、处理案件的需要以及当事人提交的证据材料，对其商标驰名情况作出认定。

第七十二条　商标持有人依照商标法第十三条规定请求驰名商标保护的，可以向工商行政管理部门提出请求。经商标局依照商标法第十四条规定认定为驰名商标的，由工商行政管理部门责令停止违反商标法第十三条规定使用商标的行为，收缴、销毁违法使用的商标标识；商标标识与商品难以分离的，一并收缴、销毁。

3. 最高人民法院《关于审理商标民事纠纷案件适用法律若干问题的解释》

第一条　下列行为属于商标法第五十七条第（七）项规定的给他人注册商标专用权造成其他损害的行为：

……

（二）复制、摹仿、翻译他人注册的驰名商标或其主要部分在不相同或者不相类似商品上作为商标使用，误导公众，致使该驰名商标注册人的利益可能受到损害的；

……

第二条 依据商标法第十三条第二款的规定,复制、摹仿、翻译他人未在中国注册的驰名商标或其主要部分,在相同或者类似商品上作为商标使用,容易导致混淆的,应当承担停止侵害的民事法律责任。

第二十二条 人民法院在审理商标纠纷案件中,根据当事人的请求和案件的具体情况,可以对涉及的注册商标是否驰名依法作出认定。

认定驰名商标,应当依照商标法第十四条的规定进行。

当事人对曾经被行政主管机关或者人民法院认定的驰名商标请求保护的,对方当事人对涉及的商标驰名不持异议,人民法院不再审查。提出异议的,人民法院依照商标法第十四条的规定审查。

4. 最高人民法院《关于审理涉及驰名商标保护的民事纠纷案件应用法律若干问题的解释》

第一条 本解释所称驰名商标,是指在中国境内为相关公众所熟知的商标。

第二条 在下列民事纠纷案件中,当事人以商标驰名作为事实根据,人民法院根据案件具体情况,认为确有必要的,对所涉商标是否驰名作出认定:

(一)以违反商标法第十三条的规定为由,提起的侵犯商标权诉讼;

(二)以企业名称与其驰名商标相同或者近似为由,提起的侵犯商标权或者不正当竞争诉讼;

(三)符合本解释第六条规定的抗辩或者反诉的诉讼。

第三条 在下列民事纠纷案件中,人民法院对于所涉商标是否驰名不予审查:

(一)被诉侵犯商标权或者不正当竞争行为的成立不以商标驰名为事实根据的;

(二)被诉侵犯商标权或者不正当竞争行为因不具备法律规定的其他要件而不成立的。

原告以被告注册、使用的域名与其注册商标相同或者近似,并通过该域名进行相关商品交易的电子商务,足以造成相关公众误认为由,提起的侵权诉讼,按照前款第(一)项的规定处理。

第四条 人民法院认定商标是否驰名,应当以证明其驰名的事实为依据,综合考虑商标法第十四条第一款规定的各项因素,但是根据案件具体情况无需考虑该条规定的全部因素即足以认定商标驰名的情形除外。

第五条　当事人主张商标驰名的，应当根据案件具体情况，提供下列证据，证明被诉侵犯商标权或者不正当竞争行为发生时，其商标已属驰名：

（一）使用该商标的商品的市场份额、销售区域、利税等；

（二）该商标的持续使用时间；

（三）该商标的宣传或者促销活动的方式、持续时间、程度、资金投入和地域范围；

（四）该商标曾被作为驰名商标受保护的记录；

（五）该商标享有的市场声誉；

（六）证明该商标已属驰名的其他事实。

前款所涉及的商标使用的时间、范围、方式等，包括其核准注册前持续使用的情形。

对于商标使用时间长短、行业排名、市场调查报告、市场价值评估报告、是否曾被认定为著名商标等证据，人民法院应当结合认定商标驰名的其他证据，客观、全面地进行审查。

第六条　原告以被诉商标的使用侵犯其注册商标专用权为由提起民事诉讼，被告以原告的注册商标复制、摹仿或者翻译其在先未注册驰名商标为由提出抗辩或者提起反诉的，应当对其在先未注册商标驰名的事实负举证责任。

第七条　被诉侵犯商标权或者不正当竞争行为发生前，曾被人民法院或者行政管理部门认定驰名的商标，被告对该商标驰名的事实不持异议的，人民法院应当予以认定。被告提出异议的，原告仍应当对该商标驰名的事实负举证责任。

除本解释另有规定外，人民法院对于商标驰名的事实，不适用民事诉讼证据的自认规则。

第八条　对于在中国境内为社会公众所熟知的商标，原告已提供其商标驰名的基本证据，或者被告不持异议的，人民法院对该商标驰名的事实予以认定。

第九条　足以使相关公众对使用驰名商标和被诉商标的商品来源产生误认，或者足以使相关公众认为使用驰名商标和被诉商标的经营者之间具有许可使用、关联企业关系等特定联系的，属于商标法第十三条第二款规定的“容易导致混淆”。

足以使相关公众认为被诉商标与驰名商标具有相当程度的联系，而减弱驰名商标的显著性、贬损驰名商标的市场声誉，或者不正当利用驰名商标的市场声誉的，属于商标法第十三条第三款规定的“误导公众，致使该驰名商标注册人的利益可能受到损害”。

第十条 原告请求禁止被告在不相类似商品上使用与原告驰名的注册商标相同或者近似的商标或者企业名称的，人民法院应当根据案件具体情况，综合考虑以下因素后作出裁判：

（一）该驰名商标的显著程度；

（二）该驰名商标在使用被诉商标或者企业名称的商品的相关公众中的知晓程度；

（三）使用驰名商标的商品与使用被诉商标或者企业名称的商品之间的关联程度；

（四）其他相关因素。

第十一条 被告使用的注册商标违反商标法第十三条的规定，复制、摹仿或者翻译原告驰名商标，构成侵犯商标权的，人民法院应当根据原告的请求，依法判决禁止被告使用该商标，但被告的注册商标有下列情形之一的，人民法院对原告的请求不予支持：

（一）已经超过商标法第四十五条第一款规定的请求宣告无效期限的；

（二）被告提出注册申请时，原告的商标并不驰名的。

第十二条 当事人请求保护的未注册驰名商标，属于商标法第十条、第十一条、第十二条规定不得作为商标使用或者注册情形的，人民法院不予支持。

第十三条 在涉及驰名商标保护的民事纠纷案件中，人民法院对于商标驰名的认定，仅作为案件事实和判决理由，不写入判决主文；以调解方式审结的，在调解书中对商标驰名的事实不予认定。

第十四条 本院以前有关司法解释与本解释不一致的，以本解释为准。

5. 最高人民法院《关于审理商标授权确权行政案件若干问题的规定》

第十二条 当事人依据商标法第十三条第二款主张诉争商标构成对其未注册的驰名商标的复制、摹仿或者翻译而不应予以注册或者应予无效的，人民法院应当综合考量如下因素以及因素之间的相互影响，认定是否容易导致混淆：

（一）商标标志的近似程度；

（二）商品的类似程度；

（三）请求保护商标的显著性和知名程度；

（四）相关公众的注意程度；

（五）其他相关因素。

商标申请人的主观意图以及实际混淆的证据可以作为判断混淆可能性的参考因素。

第十三条　当事人依据商标法第十三条第三款主张诉争商标构成对其已注册的驰名商标的复制、摹仿或者翻译而不应予以注册或者应予无效的，人民法院应当综合考虑如下因素，以认定诉争商标的使用是否足以使相关公众认为其与驰名商标具有相当程度的联系，从而误导公众，致使驰名商标注册人的利益可能受到损害：

（一）引证商标的显著性和知名程度；

（二）商标标志是否足够近似；

（三）指定使用的商品情况；

（四）相关公众的重合程度及注意程度；

（五）与引证商标近似的标志被其他市场主体合法使用的情况或者其他相关因素。

第十四条　当事人主张诉争商标构成对其已注册的驰名商标的复制、摹仿或者翻译而不应予以注册或者应予无效，国家知识产权局依据商标法第三十条规定裁决支持其主张的，如果诉争商标注册未满五年，人民法院在当事人陈述意见之后，可以按照商标法第三十条规定进行审理；如果诉争商标注册已满五年，应当适用商标法第十三条第三款进行审理。

6. 最高人民法院《关于审理商标授权确权行政案件若干问题的意见》

10. 人民法院审理涉及驰名商标保护的商标授权确权行政案件，可以参照《最高人民法院关于审理涉及驰名商标保护的民事纠纷案件应用法律若干问题的解释》第五条、第九条、第十条等相关规定。

11. 对于已经在中国注册的驰名商标，在不相类似商品上确定其保护范围时，要注意与其驰名程度相适应。对于社会公众广为知晓的已经在中国注册的驰名商标，在不相类似商品上确定其保护范围时，要给予与其驰名程度相适应的较宽范围的保护。

7. 北京市高级人民法院《商标授权确权行政案件审理指南》

11.1　【驰名商标的举证】

当事人主张在先商标构成驰名商标的，一般应当提交该商标在诉争商标申请日前已处于驰名状态的证据。

当事人提交诉争商标申请日后形成的证据，足以证明在先商标在诉争商标申请日前已处于驰名状态的，可以予以采纳。

11.2 【驰名商标的保护】

适用商标法第十三条第三款规定时，应考虑以下要件：

(1)引证商标在诉争商标申请日前已经达到驰名状态；

(2)诉争商标构成对驰名商标的复制、摹仿或者翻译；

(3)诉争商标的注册容易误导公众，致使驰名商标所有人的利益可能受到损害。

前款所列任一要件不成立时，无需对其他要件予以认定。

11.3 【驰名商标的保护范围】

认定驰名商标的保护范围，可以综合考虑商标的显著性、知名度、商标标志的近似程度、指定使用的商品情况、相关公众的重合程度及注意程度、诉争商标申请人的主观状态等因素。

11.4 【第十三条第三款适用的情形】

下列情形属于商标法第十三条第三款规定的情形：

(1)在不相同或者不类似的商品上申请注册的诉争商标是对引证商标的复制、摹仿或者翻译，足以使相关公众对使用引证商标和诉争商标的商品来源产生误认，或者足以使相关公众认为使用引证商标和诉争商标的经营者之间具有许可使用、关联企业关系等特定联系的；

(2)是对引证商标的复制、摹仿或者翻译，足以使相关公众认为诉争商标与引证商标具有相当程度的联系，而减弱引证商标的显著性、贬损引证商标的市场声誉，或者不正当利用引证商标的市场声誉的。

11.5 【驰名状态】

下列情形不能认定在先商标已经达到驰名状态：

(1)当事人自身具有较长经营历史和较高知名度，但无法证明在先商标已为中国境内相关公众所熟知的；

(2)在先商标在其他国家、地区等具有较高知名度，但依据诉争商标申请日前的实际使用情况，不能为中国境内相关公众所熟知的。

11.6 【复制、摹仿和翻译的认定】

诉争商标标志与他人驰名商标标志相同或者视觉上基本无差异属于复制。

在诉争商标标志中使用他人驰名商标的显著部分或者显著特征等属于摹仿。

在诉争商标标志中将他人驰名商标以不同的语言文字予以表达，且该语言文字已与他人驰名商标建立对应关系，并为相关公众广为知晓或者习惯使用的，属于翻译。

11.7 【驰名商标的法条转换】

商标评审部门在符合下列条件的情况下，适用商标法第三十条或者第三十一条作出被诉裁决且支持当事人申请，对方当事人主张适用法律错误的，不予支持：

(1)当事人依据商标法第十三条第三款的规定对相同或者类似商品上申请注册的诉争商标申请不予核准注册或者宣告其无效的；

(2)当事人没有明确主张诉争商标的申请注册违反商标法第三十条或者第三十一条的；

(3)当事人申请诉争商标不予核准注册或者宣告无效的实质理由是相关公众容易对诉争商标与引证商标所标示的商品来源产生混淆的；

(4)当事人提出宣告诉争商标无效的申请没有超出商标法第四十五条第一款规定的五年期限的。

11.8 【已注册驰名商标在同类商品的保护】

诉争商标自注册之日起超过五年的，驰名商标所有人依据商标法第十三条第三款的规定请求对在相同或者类似商品上的诉争商标宣告无效的，可以予以支持。

8. 北京市高级人民法院《当前知识产权审判需要注意的法律问题》

关于驰名商标的保护问题。在商标授权确权行政诉讼中驰名商标的保护范围，应当根据《最高人民法院关于审理涉及驰名商标保护的民事纠纷案件应用法律若干问题的解释》第九条的规定予以确定，尤其是对已注册驰名商标的保护不应仅限于避免商品来源的混淆，而应扩大保护至避免该驰名商标的“淡化”。对于商标评审委员会仅以混淆标准确定已注册驰名商标的保护范围，而诉讼中经审理发现需要通过“淡化”标准扩大保护的，应当对商标评审委员会的裁决予以纠正。

9.《驰名商标认定和保护规定》

第一条　为规范驰名商标认定工作，保护驰名商标持有人的合法权益，根据《中华人民共和国商标法》（以下简称商标法）、《中华人民共和国商标法实施条例》（以下简称实施条例），制定本规定。

第二条 驰名商标是在中国为相关公众所熟知的商标。

相关公众包括与使用商标所标示的某类商品或者服务有关的消费者,生产前述商品或者提供服务的其他经营者以及经销渠道中所涉及的销售者和相关人员等。

第三条 商标局、商标评审委员会根据当事人请求和审查、处理案件的需要,负责在商标注册审查、商标争议处理和工商行政管理部门查处商标违法案件过程中认定和保护驰名商标。

第四条 驰名商标认定遵循个案认定、被动保护的原则。

第五条 当事人依照商标法第三十三条规定向商标局提出异议,并依照商标法第十三条规定请求驰名商标保护的,可以向商标局提出驰名商标保护的书面请求并提交其商标构成驰名商标的证据材料。

第六条 当事人在商标不予注册复审案件和请求无效宣告案件中,依照商标法第十三条规定请求驰名商标保护的,可以向商标评审委员会提出驰名商标保护的书面请求并提交其商标构成驰名商标的证据材料。

第七条 涉及驰名商标保护的商标违法案件由市(地、州)级以上工商行政管理部门管辖。当事人请求工商行政管理部门查处商标违法行为,并依照商标法第十三条规定请求驰名商标保护的,可以向违法行为发生地的市(地、州)级以上工商行政管理部门进行投诉,并提出驰名商标保护的书面请求,提交证明其商标构成驰名商标的证据材料。

第八条 当事人请求驰名商标保护应当遵循诚实信用原则,并对事实及所提交的证据材料的真实性负责。

第九条 以下材料可以作为证明符合商标法第十四条第一款规定的证据材料:

(一)证明相关公众对该商标知晓程度的材料。

(二)证明该商标使用持续时间的材料,如该商标使用、注册的历史和范围的材料。该商标为未注册商标的,应当提供证明其使用持续时间不少于五年的材料。该商标为注册商标的,应当提供证明其注册时间不少于三年或者持续使用时间不少于五年的材料。

(三)证明该商标的任何宣传工作的持续时间、程度和地理范围的材料,如近三年广告宣传和促销活动的方式、地域范围、宣传媒体的种类以及广告投放量等材料。

(四)证明该商标曾在中国或者其他国家和地区作为驰名商标受保护的材料。

（五）证明该商标驰名的其他证据材料，如使用该商标的主要商品在近三年的销售收入、市场占有率、净利润、纳税额、销售区域等材料。

前款所称"三年""五年"，是指被提出异议的商标注册申请日期、被提出无效宣告请求的商标注册申请日期之前的三年、五年，以及在查处商标违法案件中提出驰名商标保护请求日期之前的三年、五年。

第十条　当事人依照本规定第五条、第六条规定提出驰名商标保护请求的，商标局、商标评审委员会应当在商标法第三十五条、第三十七条、第四十五条规定的期限内及时作出处理。

第十一条　当事人依照本规定第七条规定请求工商行政管理部门查处商标违法行为的，工商行政管理部门应当对投诉材料予以核查，依照《工商行政管理机关行政处罚程序规定》的有关规定决定是否立案。决定立案的，工商行政管理部门应当对当事人提交的驰名商标保护请求及相关证据材料是否符合商标法第十三条、第十四条、实施条例第三条和本规定第九条规定进行初步核实和审查。经初步核查符合规定的，应当自立案之日起三十日内将驰名商标认定请示、案件材料副本一并报送上级工商行政管理部门。经审查不符合规定的，应当依照《工商行政管理机关行政处罚程序规定》的规定及时作出处理。

第十二条　省（自治区、直辖市）工商行政管理部门应当对本辖区内市（地、州）级工商行政管理部门报送的驰名商标认定相关材料是否符合商标法第十三条、第十四条、实施条例第三条和本规定第九条规定进行核实和审查。经核查符合规定的，应当自收到驰名商标认定相关材料之日起三十日内，将驰名商标认定请示、案件材料副本一并报送商标局。经审查不符合规定的，应当将有关材料退回原立案机关，由其依照《工商行政管理机关行政处罚程序规定》的规定及时作出处理。

第十三条　商标局、商标评审委员会在认定驰名商标时，应当综合考虑商标法第十四条第一款和本规定第九条所列各项因素，但不以满足全部因素为前提。

商标局、商标评审委员会在认定驰名商标时，需要地方工商行政管理部门核实有关情况的，相关地方工商行政管理部门应当予以协助。

第十四条　商标局经对省（自治区、直辖市）工商行政管理部门报送的驰名商标认定相关材料进行审查，认定构成驰名商标的，应当向报送请示的省（自治区、直辖市）工商行政管理部门作出批复。

立案的工商行政管理部门应当自商标局作出认定批复后六十日内依法予以

处理，并将行政处罚决定书抄报所在省（自治区、直辖市）工商行政管理部门。省（自治区、直辖市）工商行政管理部门应当自收到抄报的行政处罚决定书之日起三十日内将案件处理情况及行政处罚决定书副本报送商标局。

第十五条　各级工商行政管理部门在商标注册和管理工作中应当加强对驰名商标的保护，维护权利人和消费者合法权益。商标违法行为涉嫌犯罪的，应当将案件及时移送司法机关。

第十六条　商标注册审查、商标争议处理和工商行政管理部门查处商标违法案件过程中，当事人依照商标法第十三条规定请求驰名商标保护时，可以提供该商标曾在我国作为驰名商标受保护的记录。

当事人请求驰名商标保护的范围与已被作为驰名商标予以保护的范围基本相同，且对方当事人对该商标驰名无异议，或者虽有异议，但异议理由和提供的证据明显不足以支持该异议的，商标局、商标评审委员会、商标违法案件立案部门可以根据该保护记录，结合相关证据，给予该商标驰名商标保护。

第十七条　在商标违法案件中，当事人通过弄虚作假或者提供虚假证据材料等不正当手段骗取驰名商标保护的，由商标局撤销对涉案商标已作出的认定，并通知报送驰名商标认定请示的省（自治区、直辖市）工商行政管理部门。

第十八条　地方工商行政管理部门违反本规定第十一条、第十二条规定未履行对驰名商标认定相关材料进行核实和审查职责，或者违反本规定第十三条第二款规定未予以协助或者未履行核实职责，或者违反本规定第十四条第二款规定逾期未对商标违法案件作出处理或者逾期未报送处理情况的，由上一级工商行政管理部门予以通报，并责令其整改。

第十九条　各级工商行政管理部门应当建立健全驰名商标认定工作监督检查制度。

第二十条　参与驰名商标认定与保护相关工作的人员，玩忽职守、滥用职权、徇私舞弊，违法办理驰名商标认定有关事项，收受当事人财物，牟取不正当利益的，依照有关规定予以处理。

第二十一条　本规定自公布之日起 30 日后施行。2003 年 4 月 17 日国家工商行政管理总局公布的《驰名商标认定和保护规定》同时废止。

（二）条文理解

我国对于驰名商标的法律规定，包括法律、行政法规、司法解释、部门规章、地方法院审理指南等多种规范性文件，具体见表 13－1。

表 13－1　驰名商标相关文件

序号	规范性文件	主要内容
1	《商标法》第 13 条	驰名商标的含义；未注册驰名商标的保护；已注册驰名商标的保护
2	《商标法》第 14 条	驰名商标的保护原则；认定驰名商标的考量因素；驰名商标认定主体；驰名商标认定程序；驰名商标不得用于市场推广
3	《商标法实施条例》第 3、72 条	驰名商标行政认定机关；驰名商标行政执法机关；驰名商标行政违法后果
4	最高人民法院《关于审理商标民事纠纷案件适用法律若干问题的解释》第 1、2、22 条	驰名商标认定主体；驰名商标认定方式；驰名商标认定标准；驰名商标效力
5	最高人民法院《关于审理涉及驰名商标保护的民事纠纷案件应用法律若干问题的解释》	驰名商标的概念；民事司法认定驰名商标的适用范围；民事司法驰名商标认定因素；民事司法驰名商标举证责任；驰名商标保护要求
6	最高人民法院《关于审理商标授权确权行政案件若干问题的规定》第 12、13、14 条	行政司法认定未注册驰名商标的因素；行政司法认定已注册驰名商标因素；驰名商标条款与其他条款的转换
7	最高人民法院《关于审理商标授权确权行政案件若干问题的意见》第 10、11 条	与民事认定驰名商标规定的衔接；驰名商标跨类保护的范围
8	北京市高级人民法院《商标授权确权行政案件审理指南》第 11.1～11.8 条	驰名商标的举证；驰名商标认定考量因素；驰名商标的保护范围；第十三条第三款适用的情形；驰名状态的认定；复制、摹仿和翻译的认定；驰名商标的法条转换；已注册驰名商标在同类商品的保护
9	北京市高级人民法院《当前知识产权审判需要注意的法律问题》	驰名商标的保护范围；驰名商标的保护标准
10	《驰名商标认定和保护规定》	驰名商标的含义；驰名商标的认定主体；驰名商标的保护原则；驰名商标的认定程序；驰名商标违法行为处理程序；驰名商标认定证据要求

二、历史沿革

“驰名商标”作为法律用语，最早来自《保护工业产权巴黎公约》（以下简称《巴黎公约》）。驰名商标的保护是一项国际化较强的制度，我国驰名商标保护的立法来自《巴黎公约》，受《与贸易有关的知识产权协定》（《TRIPs 协定》）影响[①]，并在此基础上进行了丰富和发展。

（一）驰名商标的国际立法沿革

国际条约中关于“驰名商标”的规定，为驰名商标的立法确立了基本框架。

1.《巴黎公约》

1883 年 3 月 20 日，《巴黎公约》正式缔结。在 1925 年荷兰海牙修订会议上，《巴黎公约》增加了保护驰名商标的条款，后经多次修改，作为该条约第 6 条之二：

（1）本联盟各国承诺，如本国法律允许，应依职权，或依利害关系人的请求，对商标注册国或使用国主管机关认为在该国已经驰名，属于有权享受本公约利益的人所有、并且用于相同或类似商品的商标构成复制、仿制或翻译，易于产生混淆的商标，拒绝或撤销注册，并禁止使用。这些规定，在商标的主要部分构成对上述驰名商标的复制或仿制，易于产生混淆时，也应适用。

（2）自注册之日起至少五年的期间内，应允许提出撤销这种商标的请求。本联盟各国可以规定一个期间，在这期间内必须提出禁止使用的请求。

（3）对于依恶意取得注册或使用的商标提出撤销注册或禁止使用的请求，不应规定时间限制。

根据上述内容，《巴黎公约》对于驰名商标的保护，具有以下特点：

（1）公约并没有对驰名商标的概念进行界定，也没有规定驰名商标的认定标准，主要是对驰名商标的保护作出了原则性的规定。

（2）公约突破了传统知识产权保护“地域性原则”的限制，要求成员国对驰名的未注册商标给予保护。

（3）对于驰名商标的认定工作，由商标注册国或使用国主管机关负责。

（4）对于驰名商标的侵犯，不仅包括复制、仿制或翻译整个驰名商标，还包括

---

① 参见孔祥俊：《商标与不正当竞争法原理和判例》，法律出版社 2009 年版，第 368～369 页。

该驰名商标的主要部分。

（5）对于驰名商标的保护，仅适用于“商品商标”，不沿及“服务商标”；仅限于与其相同或类似的商品，不涉及跨类保护。

2.《TRIPs 协定》

1995 年 1 月 1 日，世界贸易组织（WTO）制定的《TRIPs 协定》正式生效。该协定对于“驰名商标”的规定在第 16 条“授予的权利”中：

“……

（2）《巴黎公约》（1967）第 6 条之二在细节上作必要修改后应适用于服务。在确定一商标是否驰名时，各成员应考虑相关部门公众对该商标的了解程度，包括在该成员中因促销该商标而获得的了解程度。

（3）《巴黎公约》（1967）第 6 条之二在细节上作必要修改后应适用于与已注册商标的货物或服务不相类似的货物或服务，只要该商标在对那些货物或服务的使用方面可表明这些货物或服务与该注册商标所有权人之间存在联系，且此类使用有可能损害该注册商标所有权人的利益。”

根据上述内容，《TRIPs 协定》对《巴黎公约》规定的内容进行了明确，并进一步发展了驰名商标的保护内容，具体如下：

（1）将驰名商标的保护范围扩展至“服务商标”。

（2）将驰名程度判断标准界定为“相关部门公众”，不要求以社会共同认知作为标准。

（3）规定了认定驰名商标的相关考量因素，明确应考量“因促销该商标而获得的了解程度”，而不一定仅仅是使用商标产生的知名度。

（4）对于驰名的注册商标给予跨类保护，即禁止在不相同或不相类似的商品和服务上使用与驰名商标相同或近似的标识。

（5）对驰名的注册商标给予更宽的保护，将“产生混淆”变为“存在联系”，由“混淆理论”发展为“联想理论”，其目的是防止驰名商标被泛化使用，即使在非类似商品上没有发生误认误购，为了不“淡化”商标的识别能力，也给予保护。①

① 参见孔祥俊：《商标与不正当竞争法原理和判例》，法律出版社 2009 年版，第 372 ~ 373 页；张秋龙主编：《驰名商标认定和保护实务》，中国商务出版社 2017 年版，第 25 页。

3.《关于驰名商标保护规定的联合建议》(以下简称《联合建议》)

1999 年 9 月,世界知识产权组织(WIPO)通过了其商标、外观设计及地理名称常务委员会提交的《联合建议》。该建议并非条约,不具有强制力,但该决议是针对驰名商标保护的重要文件,对各国驰名商标立法具有较强指导作用,例如:

(1)进一步明确了"相关公众"的范围,即包括但不限于:使用该商标的那一类商品和/或服务的实际和/或潜在的消费者;使用该商标的那一类商品和/或服务的经销渠道中所涉的人员;经营使用该商标的那一类商品和/或服务的商业界。

(2)列举了认定驰名商标的 6 项因素,即相关公众对该商标的了解或认识程度;该商标的任何使用的持续时间、程度和地理范围;该商标的任何宣传工作的持续时间、程度和地理范围,包括在交易会或展览会上对使用该商标的商品和/或服务所作的广告或公告及介绍;该商标的任何注册和/或任何注册申请的期限和地理范围,以反映使用或认识该商标的程度;成功实施该商标权的记录,尤其是该商标由主管机关认定为驰名商标的范围;与该商标相关的价值。

(3)扩大了驰名商标的保护范围,即驰名商标可用于排斥与其冲突的商标、企业标志或域名。

(二)我国驰名商标的立法沿革

1982 年 8 月 23 日,我国第一部《商标法》正式通过,但该法中并没有"驰名商标"的相关规定。

1985 年 3 月,我国加入《巴黎公约》。为了履行《巴黎公约》要求成员方保护驰名商标的义务,1995 年 4 月 23 日,国务院发布了修订后的《商标法实施细则》。根据该细则第二十五条第一款第二项规定,"违反诚实信用原则,以复制、模仿、翻译等方式,将他人已为公众熟知的商标进行注册的"属于"以欺骗手段或者其他不正当手段取得注册的行为",此处的"公众熟知的商标"与"驰名商标"相对应。这是我国第一次以行政法规的形式对驰名商标进行保护。

1996 年 8 月 14 日,原国家工商行政管理总局发布了《驰名商标认定和管理暂行规定》(以下简称《暂行规定》),对驰名商标的含义、认定标准、认定程序等进行规定,该暂行规定是我国第一次以部门规章的形式对驰名商标进行保护。

2001 年 10 月 27 日,为了适应经济发展的需要,履行入世承诺,我国在修订的《商标法》第十三条、第十四条增加了"驰名商标"的相关规定,这是我国第一次以法律的形式对驰名商标保护作出规定。

2002 年 8 月 3 日，为了保障《商标法》的实施，国务院在新修订的《商标法实施条例》第五条、第四十五条、第五十三条中，对驰名商标认定机关、认定程序等作出了具体规定。

2002 年 10 月 12 日，最高人民法院发布《关于审理涉及驰名商标保护的民事纠纷案件应用法律若干问题的解释》，[①]该解释对驰名商标的概念、民事司法认定驰名商标的适用范围、民事司法驰名商标认定因素、民事司法驰名商标举证责任、驰名商标保护原则、侵犯驰名商标的法律责任等作出进一步规定。该解释不仅确立了司法机关也是驰名商标的认定机关，还赋予了司法机关对商标局、商评委驰名商标认定的司法审查权。

2003 年 4 月 17 日，原国家工商行政管理总局废止了《暂行规定》，颁布了《驰名商标认定和保护规定》。与《暂行规定》相比，二者存在明显的区别：首先，驰名商标的认定机关明确为商标局和商标评审委员会；其次，驰名商标的认定采取"被动保护、个案认定"原则；最后，驰名商标的类型不仅包括注册商标，还包括未注册商标。

2008 年 2 月 18 日，最高人民法院发布《关于审理注册商标、企业名称与在先权利冲突的民事纠纷案件若干问题的规定》，对于驰名商标与商标、企业名称等权利冲突问题，作出了明确规定。

2009 年 4 月 23 日，最高人民法院发布《关于审理涉及驰名商标保护的民事纠纷案件应用法律若干问题的解释》，[②]对于民事司法认定驰名商标作出了进一步规范，主要在于：首先，规定了涉及驰名商标认定的民事纠纷案件范围；其次，明确了证明商标驰名的考量因素及证据范围；再次，明确了认定商标驰名的时间点为"被诉侵权行为发生时"；最后，强调驰名商标个案有效，即若对方提出异议，主张驰名商标的当事人仍需要对该商标驰名的事实负举证责任。

2010 年 4 月 20 日，最高人民法院发布《关于审理商标授权确权行政案件若干问题的意见》，该解释规定，司法机关在商标授权确权程序中认定驰名商标可以参照最高人民法院《关于审理涉及驰名商标保护的民事纠纷案件应用法律若干问题

---

① 该司法解释于 2020 年修正，并于 2021 年 1 月 1 日起实施。

② 该司法解释于 2020 年修正，并于 2021 年 1 月 1 日起实施。

的解释》,并给予与驰名商标驰名程度相适应的保护范围。

2017 年 1 月 10 日,最高人民法院发布《关于审理商标授权确权行政案件若干问题的规定》,该解释对“容易导致混淆”“误导公众”的相关因素作出进一步明确,同时还规定了《商标法》第三十条与第十三条的衔接。

三、具体适用

(一)驰名商标的含义及类型

1. 驰名商标的含义

驰名商标,英文写作 Well - known Trademark,指为相关公众所熟知的商标。需要说明的是,这里要求的是“相关公众”中的知晓程度,而不是“所有公众”中的知晓程度。所谓“相关公众”,是指购买、使用该商标所标识的商品或者服务的经营者或者消费者,或者该商品或者服务的广告“受众”。[①]

当然,实践中“相关公众”的界定与具体的商品或者服务有关,不能一概而论。例如,日常生活用品的相关公众,应界定为“广大消费者”。类似医疗器械等特定行业的相关公众,由于该等商品具有一定的专业性,且并不为全体消费者经常接触,因此其相关公众界定为“特定行业从业者”为宜。

2. 驰名商标的类型

按照商标注册与否,驰名商标可以分为“未注册驰名商标”与“已注册驰名商标”,两者比较如表 13 – 2 所示:

表 13 – 2 驰名商标类型

类型	未注册驰名商标	已注册驰名商标
保护范围	限于“相同或者类似商品或服务”	扩大到“不相同或者不相类似商品或服务”
侵权标准	容易导致混淆	误导公众,致使该驰名商标注册人的利益可能受到损害的
侵权形式	复制、摹仿或者翻译	

① 参见孔祥俊:《商标与不正当竞争法原理和判例》,法律出版社 2009 年版,第 404 页。

(二)驰名商标的认定方式

根据现行法律规定,我国驰名商标认定保护的机关和程序如表 13 – 3 所示:

表 13 – 3　驰名商标认定保护机关和程序

认定程序	商标异议	商标无效	商标管理(暂停)	司法认定
认定机关	国家知识产权局商标局异议处	国家知识产权局商标评审委员会	原商标局综合处	一般是中级以上人民法院
认定性质	行政认定			司法认定
所需时间	1 年半左右(正常时间)		1 年左右	6 ~ 12 个月
主要经济数据	被异议商标申请注册日前三年	争议商标申请注册日前三年	侵权案件发生日前三年	侵权案件发生日结合被告成立、最早使用日前三年

(三)驰名商标的保护原则

1. 被动认定原则

被动认定,是指在商标侵权行为发生以后,商标行政机关或人民法院基于权利人的请求及处理案件的需要,对商标是否驰名作出认定。①

我国《商标法》第十四条规定:“驰名商标应当根据当事人的请求,作为处理涉及商标案件需要认定的事实进行认定。”

最高人民法院《关于审理商标民事纠纷案件适用法律若干问题的解释》第二十二条规定:“人民法院在审理商标纠纷案件中,根据当事人的请求和案件的具体情况,可以对涉及的注册商标是否驰名依法作出认定。”

综上,被动认定原则已经被法律、司法解释确认,成为我国驰名商标保护的一项重要原则。

2. 个案认定原则

个案认定,是指驰名商标的认定需要与具体的个案相结合,在具体的个案中

① 历史上,我国驰名商标认定曾经采取过“主动认定原则”,即在商标侵权行为发生之前,商标行政机关根据权利人的请求对商标是否驰名进行认定,2003 年发布的《驰名商标认定和保护规定》取消了该原则,统一为“被动认定原则”。

有效。行政机关或人民法院之前对于某商标驰名的认定,只能作为该商标曾经作为驰名商标受到保护的记录,在作出新认定时予以参考。

需要注意的是,个案中的驰名认定也有可能对其他案件产生直接影响。根据最高人民法院《关于审理涉及驰名商标保护的民事纠纷案件应用法律若干问题的解释》第七条,在满足下列条件时,人民法院可以直接在新案件中认定驰名商标:

(1)被诉侵权行为发生前,该商标曾经被人民法院或者商标行政机关认定驰名;

(2)被告对该商标驰名的事实不持异议的。

3. 按需认定原则

按需认定,指商标行政机关或者人民法院在审理案件时,需要对认定驰名商标的必要性进行审查,只有在一般商标救济程序无法满足商标权人维权需要时,才有必要进行驰名商标认定,防止滥用驰名商标认定而造成的驰名商标制度异化。

(1)案件类型的必要性

驰名商标认定需要严格控制案件范围。根据《商标法》、最高人民法院《关于审理涉及驰名商标保护的民事纠纷案件应用法律若干问题的解释》等相关法律、司法解释的规定,可以进行驰名商标认定的案件类型如表 13－4 所示:

表 13－4 驰名商标认定案件类型

案件类型		认定机关
行政程序	商标异议	国家知识产权局
	商标不予注册复审	
	注册商标无效宣告	
	查处商标违法案件	
司法程序	以违反《商标法》第十三条的规定为由,提起的侵犯商标权诉讼	人民法院
	以企业名称与其驰名商标相同或者近似为由,提起的侵犯商标权或者不正当竞争诉讼	
	被告以原告的注册商标复制、摹仿或者翻译其在先未注册驰名商标为由提出抗辩或者提起反诉	

(2)商品类别的必要性

权利人如果可以通过一般商标救济程序在相同或类似商品或服务上获得保护,就没有必要再去认定驰名商标进行跨类保护。需要注意的是,判断“相同或类似商品或服务”不应局限于《类似商品和服务区分表》的分类,还应充分考虑不同类别商品的关联性。

其一,若仅涉及相同或类似商品或服务,可以直接依照《商标法》第五十七条,按照一般商标侵权处理,不再认定驰名商标。

其二,若商品或服务并非同一群组,但是若二者在功能、用途、生产部门、销售渠道、消费对象等方面相同或使相关公众认为存在特定关系的,也可以通过一般商标侵权处理,没有必要再认定驰名商标。

(3)获得同等保护的必要性

实践中,权利人为了维护自身商誉,可能在多个类别申请注册多个相同商标,作为防御商标。例如,腾讯公司在第 38 类“信息传送”等核心服务上注册了“微信”商标,该商标被多次认定为驰名商标。除此之外,腾讯公司还在第 15 类“小提琴”等商品、第 28 类“游戏机”等商品、第 43 类“动物寄养”等服务上注册了“微信”商标。如果严格适用“按需认定原则”,按照一般侵权理论,腾讯公司应当凭借第 38 类以外的“微信”商标禁止他人在相应商品或服务上使用与“微信”相同或近似的商标。但是,由于权利人一般不会对防御类商标进行大量使用,法律对于这类商标的保护力度较弱,导致即便商标侵权成立,也无法获得较高赔偿的不利局面,对权利人明显不公,也不利于打击侵权。为了避免出现“权利人除了拥有驰名商标之外,还拥有在相同或类似商品上在先注册商标的情况下,所得到的保护反而弱于仅有在非类似商品上的驰名商标而没有在类似商品上在先注册商标的情况”出现,人民法院倾向于认为,在权利人享有多个商标权的情况下,权利人有权选择通过驰名商标跨类保护的方式寻求更有利的救济。在权利人没有将驰名商标以外的商标作为权利基础主张的情况下,不应仅因为权利人在相同类别注册了相关商标而否定认定驰名商标的必要性。①

---

① 参见北京市高级人民法院行政判决书,(2009)行提字第 3 号;浙江省高级人民法院民事判决书,(2016)浙民终 794 号。

(四)驰名商标认定的考量因素及证据指引

1. 驰名商标认定的考量因素①

《商标法》第十四条对认定驰名商标的考量因素作出了明确规定,包括:

(1)相关公众对该商标的知晓程度

"知晓程度"是一个比较抽象的上位概念,其本身就需要通过商标持续使用时间、商标宣传工作时间范围、商标受驰名保护的记录等其他客观因素进行佐证。事实上,该因素并不需要单独证明,而是其他因素所达成的证明目的。

(2)该商标使用的持续时间

商标为相关公众的知晓程度,不能简单地与商标的持续使用时间形成正比例关系。特别是,在互联网时代,商标驰名的时间有所变化,不排除有些商标在短时间内就可以达到驰名的程度。

此外,这里的"持续使用",不仅包括核准注册以后的使用情况,还包括核准注册之前该商标的使用情况。

(3)该商标的任何宣传工作的持续时间、程度和地理范围

这里的宣传工作主要指的是广告,认定驰名商标,主要考虑广告的形式、广告的投放量、广告的覆盖面和覆盖率、广告的持续时间及广告的媒体等级等。

(4)该商标作为驰名商标受保护的记录

一件商标曾经被认定为驰名商标,至少说明在某一段时间该商标确实具有较高的知名度和影响力,可以作为该商标在另案中被认定为驰名商标的参考。

2. 驰名商标认定的证据指引②

根据最高人民法院《关于审理涉及驰名商标保护的民事纠纷案件应用法律若干问题的解释》、《驰名商标认定和保护规定》及相关法律规范,以下证据可以用来证明商标驰名:

(1)证明商标持续使用时间的证据

商标的生命在于使用。为了证明商标经过使用具有一定知名度,一般需要提交商标"最早使用证据"及"持续使用证据"。

---

① 参见孔祥俊:《商标与不正当竞争法原理和判例》,法律出版社 2009 年版,第 443 ~ 444 页。

② 参见中华全国律师协会知识产权专业委员会编:《商标业务指南》,中国法制出版社 2007 年版,第 267 ~ 270 页。

①最早使用证据。该证据一般应追溯到商标核准注册之前。从证据种类来看，可以是广告、对外宣传证据、销售合同、销售发票等；从证据形式来看，需要体现商标使用时间、商标标识、商标使用者。

②持续使用证据。该证据种类和证据形式同“最早使用证据”，数量上不要求多，每年提供一份即可。

（2）证明商标商品销售情况的证据

一般来说，使用某商标的商品销量越高，就证明消费者越多，该商标的知名度就越高。实践当中可以提交以下证据：

①财务报告或审计报告。商标申请日、侵权行为发生日之前三年或五年的财务报告或审计报告，若企业财务状况良好，可以提交更长时间范围内的报告。企业还可以委托会计师事务所对商品销售状况、广告宣传状况出具专项审计报告。

②销售合同、销售发票、提货单、银行进账单等。商标申请日、侵权行为发生日之前三年或五年的销售合同、销售发票，可以选择金额较大的合同或者发票。需要注意的是，单位价值不高的商品，如纸巾、洗发水等，可以通过突出较高的销量来体现该商标为公众熟知。

③电商销售记录。随着互联网科技的发展及物流体系的完善，线上购物成为公众购买商品的重要方式，商品的线上销量甚至高过线下销量，因此电商平台的销售数据成为反映商品销量的重要途径。

（3）证明商标在行业内具有知名度的证据

从证明力的角度，如果可以提供由熟悉整个行业的中立第三方机构出具的证明，将有助于更客观反映商标在行业中的知名度。实践中，这类证据一般指的是行业协会提供的证明。具体而言，该证明需包括相关商品前三年的市场占有率、行业排名，该商品的销售额、销售量、销售范围等主要经济指标。

（4）证明商标使用范围的证据

商标使用范围与商标知名度成正比例关系，当事人可以提供各地分支机构的营业执照，或与各省经销商、代理商签订的合同、发票等，用以证明商标在全国范围内具有知名度和影响力。

（5）证明商标广泛宣传的证据

商标要想具有知名度，离不开长期、广泛的宣传推广。实践中，可以提交以下证据：

①专项审计报告、相关广告合同、发票。企业可以聘请会计师事务所出具广告宣传相关的专项审计报告,或者提供进行广告宣传的合同及发票。从证据形式来看,需要体现广告的覆盖范围、持续时间、投入金额,且尽量覆盖线下、线上等多层面的媒体,若有国家级媒体单位更好。

②举办或参加大型展会的合同、发票、照片。大型展会往往在行业内具有较高的影响力,且参展商多为行业内的相关公众。若能举办或参加这类大型展会,将进一步佐证商标具有较高的知名度。

③国内外权威媒体、研究机构对商标的报道、研究。权威媒体、研究机构发表的文章、报告,可信度较高,可以佐证商标的影响力。

④其他。

(6)商标曾经被认定为驰名商标的证据

若某一商标曾经被认定为驰名商标,则证明至少在一定阶段该商标具有极高的知名度与影响力,为相关公众所熟知。实践中包括以下证据:

①国家知识产权局的商标异议决定书;

②国家知识产权局的不予注册复审决定书;

③国家知识产权局的商标无效宣告裁定书;

④工商行政管理部门的行政处罚决定书;

⑤人民法院的判决书等。

(7)商标被认定为著名商标的证据

著名商标虽然不是驰名商标,但也可以在一定程度上证明该商标具有较高的知名度,可以作为认定驰名商标的参考。

(8)证明商标具有高美誉度的证据

驰名商标不仅具有较高的知名度,还往往具有较高的美誉度。实践中,这类证据包括:

①商标获得的荣誉;

②产品获得的荣誉;

③企业获得的荣誉;

④企业负责人获得的荣誉。

(9)证明商标注册情况的证据

商标在我国或其他国家、地区的商标注册情况,可以作为该商标知名度的佐证。

(10)其他证据

证明商标驰名的证据,不限于以上提到的内容,凡是能够体现相关公众对该商标知晓程度的证据,均可以作为证据提交。

(五)驰名商标的跨类保护①

驰名商标的跨类保护,即驰名商标权利人有权禁止他人在不相同或不相类似的商品或服务上复制、摹仿、翻译其已经注册的驰名商标。该制度是驰名商标与普通商标保护最显著的区别。需要说明的是,"跨类保护"的实现,需要具备一定的条件,并且也不能与"全类保护"相等同。

1. 驰名商标跨类保护的条件

根据《商标法》第十三条第三款的规定,驰名商标跨类保护需要满足以下条件:

(1)当事人商标在诉争商标申请日或侵权行为发生日前就已经驰名且已经在中国注册

该要件强调了驰名的时间节点需是"诉争商标申请日前、侵权行为发生日",同时强调跨类保护只能适用于"已在中国注册"的商标。

(2)诉争商标构成对当事人驰名商标的复制、摹仿或者翻译

"复制"是指诉争商标与他人驰名商标相同。

"摹仿"是指诉争商标抄袭他人驰名商标,沿袭他人驰名商标的显著部分或者显著特征。驰名商标的显著部分或者显著特征是指驰名商标赖以起主要识别作用的部分或者特征,包括特定的文字、字母、数字或者其组合方式及字体表现形式、特定图形构成方式及表现形式、特定的颜色组合等。

"翻译"是指诉争商标将他人驰名商标以不同的语言文字予以表达,且该语言文字已与他人驰名商标建立对应关系,并为相关公众所熟知或习惯使用,或者易使相关公众误认为该语言文字与他人驰名商标具有相当程度的联系。

(3)诉争商标所使用的商品或者服务与当事人驰名商标所使用的商品或服务不相同或者不相类似

如果他人仅仅是在相同或类似商品或服务上使用、注册与权利人相同或近似

---

① 这里所说的"跨类保护",仅针对已注册的驰名商标。

的商标,则权利人完全可通过商标专用权进行救济。而如果他人在不相同或不相类似的商品或服务上使用、注册与驰名商标相同或近似的商标,显然权利人无法通过一般商标专用权获得保护,根据驰名商标按需认定原则,此时有必要通过驰名商标进行跨类保护。

(4)诉争商标的注册或者使用,误导公众,致使当事人的利益可能受到损害

实践中,误导公众一般包括以下情形:

①相关公众对商品或者服务的来源产生误认,认为标识诉争商标的商品或者服务系由驰名商标所有人生产或者提供;

②使相关公众联想到标识诉争商标的商品的生产者或者服务的提供者与驰名商标所有人存在某种联系,如投资关系、许可关系或者合作关系;

③足以使相关公众认为诉争商标与他人驰名商标具有相当程度的联系,而减弱驰名商标的显著性;

④诉争商标的注册使用可能贬损驰名商标的市场声誉;

⑤诉争商标的注册使用可能不正当利用驰名商标的市场声誉。

需要注意的是,误导公众的判定不以实际发生误导为要件,只要有误导的可能性即可。

2. 驰名商标跨类保护的范围

驰名商标的"跨类保护"是驰名商标强保护的主要体现。但是,"跨类保护"并不等同于"全类保护"。根据最高人民法院《关于审理涉及驰名商标保护的民事纠纷案件应用法律若干问题的解释》第十条、最高人民法院《关于审理商标授权确权行政案件若干问题的规定》第十三条的规定,驰名商标的跨类保护范围至少受到以下因素影响:

(1)该驰名商标的显著性

根据商标固有显著性由强到弱,可分为臆造商标、任意商标、暗示商标、描述性商标。一般而言,商标显著性越强,跨类保护范围越大。在北京爱奇艺科技有限公司与福建省爱奇艺涂料科技有限公司商标侵权及不正当竞争民事二审案中,福建省高级人民法院认定:"爱奇艺"为臆造词,并无特殊含义,经北京爱奇艺公司长期的宣传、推广和使用后,已经被中国境内相关公众广为知晓,与北京爱奇艺公司形成较为稳定的对应关系,构成驰名商标。福建爱奇艺公司未经许可,在"瓷砖胶""靓缝剂"等商品上使用"爱奇艺 AIQIYI"商标,损害了驰名商标权利人的合法

权益。[①]

相反，类似“长城”“牡丹”等商标，本身并不是臆造词汇，显著性较弱，同时在多个类别被多个市场主体注册，无法在所有类别上与某一个主体产生对应关系，较难认定他人在其他类别使用是对该商标的复制、摹仿、翻译，即便被认定为驰名商标，其跨类保护的范围也会受到限制。

(2)该驰名商标的知名度

商标的知名度存在大小之分，驰名商标自然也不例外。一般认为，在被诉商标商品的相关公众中，驰名商标的知名度越高，他人在不相同或不相类似的商品或服务上复制、摹仿、翻译该驰名商标，造成误导公众进而损害驰名商标权利人利益的可能性就越高。对于可能达到家喻户晓、众所周知程度的“超级”驰名商标，应减轻权利人的举证责任，并给予较宽范围的保护。在星巴克公司与国家工商行政管理总局商标评审委员会、第三人中山市金岛木业制品有限公司关于“星巴克”商标异议再审案中，最高人民法院认定：虽然引证商标“星巴克”所核定使用的“咖啡”商品及“咖啡馆”服务与被异议商标“星巴克”所核定使用的“地板、半成品木材”商品在物理属性上差距较远，但在星巴克公司“星巴克”商标显著性和知名度较高的情况下，相关公众在“地板、半成品木材”等商品上看到被异议商标时容易联想到引证商标，并误认为相关商品可能由星巴克公司提供或与其存在特定关联，从而损害星巴克公司的合法利益。[②]

需要注意的是，若某驰名商标使用的商品具有较强的专业性，即使商标在该业务领域内具有极高知名度，但如果不能证明该知名度可以延及该业务领域外的相关公众，则应适当限制该驰名商标的跨类保护范围。在滇虹药业集团股份有限公司与国家工商行政管理总局商标评审委员会、第三人陈某泉商标异议复审行政二审案中，北京市高级人民法院认定：虽然引证商标“康王”在其核定使用的“中药、西药、中药制剂、西药制剂”等商品上已构成驰名商标，但是，由于药品的特殊属性，相关公众对在药品上注册使用的商标通常给予较高的注意力，医药企业在生产经营方面通常亦较少涉及医药以外的其他商品，因而陈某泉在“婴儿全套衣、帽子(头戴)”等商品上注册诉争商标“康王及图”不违反《商标法》第十三条第二

① 参见福建省高级人民法院民事判决书，(2020)闽民终1354号。

② 参见最高人民法院行政判决书，(2016)最高法行再100号。

款的规定。[①]

(3)驰名商标使用的商品与被诉商标商品之间的关联程度

即便商标曾经被认定为驰名商标,且在诉争商标申请日之前仍然在相应行业中具有较高的知名度,但只要该商标没有达到"超级"驰名商标的程度,其跨类保护的范围仍应该与商品的关联程度相适应,如果商品关联程度较低,较难适用跨类保护。在六福集团有限公司与国家知识产权局、第三人台州六福机电有限公司商标权无效宣告请求行政二审案中,北京市高级人民法院认定:虽然引证商标"六福"在诉争商标"六福 LIUFU"申请日以前已经具有较高知名度,但鉴于诉争商标核定使用的"矿井排水泵;水族池通气泵"商品与引证商标核定使用"珍珠(宝石);宝石;装饰品(珠宝)"等商品在功能、用途、消费对象、消费渠道等方面差异明显,故诉争商标的注册和使用不易导致相关公众对商品来源产生误认,或对六福集团公司与六福机电公司的关系产生错误联想,亦不会致使六福集团公司的"六福"商标显著性淡化、知名度受损。诉争商标的注册未违反《商标法》第十三条第三款之规定。[②]

四、前沿问题及典型案例[③]

【前沿问题】

认定驰名商标应充分考虑行业特殊性,必要时通过引入商标反淡化理论保护驰名商标权人的合法权益

【典型案例】

"百度"避孕套商标无效宣告行政诉讼二审案[④]

(一)认定驰名商标应充分考虑互联网行业的特殊性

商标是否达到驰名状态是一种动态的事实,当事人若希望获得驰名商标保护,就需要提供证据对争议日期之前该商标已经达到驰名状态进行举证。根据

---

① 参见最高人民法院行政判决书,(2014)高行终字第680号,此处引用的法条是2001年修正的《商标法》,现行《商标法》为第十三条第三款。

② 参见北京市高级人民法院行政判决书,(2020)京行终431号。

③ 参见马翔主编:《商标授权确权》,知识产权出版社2021年版,第107页。

④ 参见北京市高级人民法院行政判决书,(2012)高行终字第1081号。

《驰名商标认定和保护规定》,权利人一般需要提交争议日期之前三年或五年的使用证据。这一规定体现了认定商标驰名的时间节点,体现了驰名商标商誉的积累需要一定时间,对于传统行业认定商标知名度具有一定的合理性。但是,相较于传统行业,互联网公司往往成立时间较晚,若一概强调上述三年或五年的时间要求,将难以保护互联网公司的合法权益,纵容抢注商标的情形。

本案中,百度公司自成立至诉争商标申请日仅 5 年时间,较难举出大量宣传、使用证据,从形式上不符合传统意义上认定驰名商标的要求,认定驰名商标难度较大。

但是,本案中百度公司系互联网行业的知名企业,互联网具有"传播快捷性、普及性"的特点,决定了互联网行业认定驰名商标具有区别于传统行业的特殊性:

第一,互联网传播迅速,相关公众凭借互联网,可以在短时间内对"百度"商标达到全方位认知,商标达到"为相关公众广为知晓"的程度,往往仅需 1 ~2 年。

第二,百度搜索引擎具有大众化特点,成为公众生活常用工具。根据最高人民法院《关于充分发挥知识产权审判职能作用推动社会主义文化大发展大繁荣和促进经济自主协调发展若干问题的意见》第二十一条规定:"对于一般公众广泛知晓的驰名商标,要结合众所周知的驰名事实,减轻商标权人对于商标驰名情况的举证责任。"鉴于百度公司"百度"商标在"互联网搜索引擎服务"上具有极高的知名度,公众已普遍将"百度搜索"作为常用工具,应减轻百度公司的举证责任。

上述观点被合议庭采纳,并认定在诉争商标申请日之前,"百度"已经构成驰名商标。

本案的审理思路已为其他法院在处理类似案件时借鉴。例如,在小米科技有限公司、小米通讯技术有限公司与中山奔腾电器有限公司等商标侵权及不正当竞争民事二审案①中,江苏省高级人民法院认定:2011 年是我国移动互联网迅速发展的一年。小米科技公司、小米通讯公司通过"硬件 + 软件 + 互联网"的商业模式,在较短的时间将小米手机打造成互联网品牌手机。在认定涉案"小米"商标驰名的时间节点、社会公众知晓程度时,需综合考虑《商标法》第十四条规定的各项因素,并结合移动互联网行业的特点,对涉案"小米"商标是否驰名进行客观、全面地认定,不应机械地适用《驰名商标认定和保护规定》中关于持续三年或五年时间

---

① 参见江苏省高级人民法院民事判决书,(2019)苏民终 1316 号。

等相关内容的规定。在该案中,即便权利商标"小米"的申请时间为 2010 年 4 月 21 日,核准注册时间为 2011 年 4 月 28 日,但法院仍然综合各种因素,认定"小米"商标在 2011 年 11 月 23 日之前就已经为相关公众所熟知,构成驰名商标。

(二)将"百度"商标使用在"避孕套"上会贬损该驰名商标的市场声誉

《商标法》第十三条规定:"就不相同或者不相类似商品申请注册的商标是复制、摹仿或者翻译他人已经在中国注册的驰名商标,误导公众,致使该驰名商标注册人的利益可能受到损害的,不予注册并禁止使用。"最高人民法院《关于审理涉及驰名商标保护的民事纠纷案件应用法律若干问题的解释》第九条规定:"足以使相关公众认为被诉商标与驰名商标具有相当程度的联系,而减弱驰名商标的显著性、贬损驰名商标的市场声誉,或者不正当利用驰名商标的市场声誉的,属于《商标法》第十三条第二款规定的'误导公众,致使该驰名商标注册人的利益可能受到损害'。"由上可知,除混淆之外,对他人驰名商标的损害还可以表现为"淡化",即"弱化"(减弱驰名商标的显著性)、"丑化"(贬损驰名商标的市场声誉)和"搭乘"(不正当利用驰名商标的市场声誉)。

本案中,深圳市夜来香保健品有限公司将"百度"注册在"避孕套"等商品上,如不及时制止,将不可避免地造成"百度"驰名商标淡化。

第一,诉争商标的注册会减弱"百度"驰名商标的显著性。"百度"商标不仅具有较强的固有显著性,且经过百度公司广泛使用和宣传获得了更强显著性,具有了极高的知名度。"百度"商标与百度公司形成了紧密对应关系。诉争商标与百度公司的"百度"商标几乎完全一样,相关公众在"避孕套"上看到诉争商标,难免将其与百度公司的"百度"驰名商标建立起联系,进而减弱百度公司"百度"驰名商标的显著性。

第二,诉争商标的注册会贬损"百度"驰名商标的市场声誉。"避孕套"等商品作为成人用品,虽然属于日常生活用品,但在我国固有传统文化上,为我国公众所避讳,不适宜在公开场合讨论,对儿童、青少年等未成年人更应回避,私密性较强。将"百度"驰名商标使用在私密性较强的"避孕套"等商品上,不可避免地贬损"百度"驰名商标的市场声誉。

上述观点为合议庭采纳。本案是较早适用驰名商标反淡化理论打击恶意注册的典型案例,对于驰名商标权利人的保护提供了有益探索。

第十四章　《商标法》第十五条之精解

杨卫华[*]　杨和平[**]

一、法律规定及条文理解

（一）法律规定及相关法律规范

1.《商标法》

第十五条　未经授权，代理人或者代表人以自己的名义将被代理人或者被代表人的商标进行注册，被代理人或者被代表人提出异议的，不予注册并禁止使用。

就同一种商品或者类似商品申请注册的商标与他人在先使用的未注册商标相同或者近似，申请人与该他人具有前款规定以外的合同、业务往来关系或者其他关系而明知该他人商标存在，该他人提出异议的，不予注册。

2. 最高人民法院《关于审理商标授权确权行政案件若干问题的规定》

第十五条　商标代理人、代表人或者经销、代理等销售代理关系意义上的代理人、代表人未经授权，以自己的名义将与被代理人或者被代表人的商标相同或者近似的商标在相同或者类似商品上申请注册的，人民法院适用商标法第十五条第一款的规定进行审理。

在为建立代理或者代表关系的磋商阶段，前款规定的代理人或者代表人将被

---

* 杨卫华律师，第11届北京市律师协会商标法律专业委员会副主任，北京市中伦律师事务所合伙人，中国政法大学学士及硕士，代理腾讯、爱奇艺、丰田、国投、中国海油、江小白等多起重大案件，在IP管理、交易项目中也具有丰富经验。

** 杨和平律师，第11届北京市律师协会商标法律专业委员会副秘书长，北京市中伦律师事务所合伙人，曾代理江小白、搜狐、周大福、Penfolds/奔富、Amazon、Mothercare、Rosneft等大量疑难复杂的商标诉讼案件。

代理人或者被代表人的商标申请注册的,人民法院适用商标法第十五条第一款的规定进行审理。

商标申请人与代理人或者代表人之间存在亲属关系等特定身份关系的,可以推定其商标注册行为系与该代理人或者代表人恶意串通,人民法院适用商标法第十五条第一款的规定进行审理。

第十六条　以下情形可以认定为商标法第十五条第二款中规定的“其他关系”:

(一)商标申请人与在先使用人之间具有亲属关系;

(二)商标申请人与在先使用人之间具有劳动关系;

(三)商标申请人与在先使用人营业地址邻近;

(四)商标申请人与在先使用人曾就达成代理、代表关系进行过磋商,但未形成代理、代表关系;

(五)商标申请人与在先使用人曾就达成合同、业务往来关系进行过磋商,但未达成合同、业务往来关系。

3. 最高人民法院《关于审理商标授权确权行政案件若干问题的意见》

第十二条　商标代理人、代表人或者经销、代理等销售代理关系意义上的代理人、代表人未经授权,以自己的名义将被代理人或者被代表人商标进行注册的,人民法院应当认定属于代理人、代表人抢注被代理人、被代表人商标的行为。审判实践中,有些抢注行为发生在代理、代表关系尚在磋商的阶段,即抢注在先,代理、代表关系形成在后,此时应将其视为代理人、代表人的抢注行为。与上述代理人或者代表人有串通合谋抢注行为的商标注册申请人,可以视其为代理人或者代表人。对于串通合谋抢注行为,可以视情况根据商标注册申请人与上述代理人或者代表人之间的特定身份关系等进行推定。

第十三条　代理人或者代表人不得申请注册的商标标志,不仅包括与被代理人或者被代表人商标相同的标志,也包括相近似的标志;不得申请注册的商品既包括与被代理人或者被代表人商标所使用的商品相同的商品,也包括类似的商品。

4. 北京市高级人民法院《商标授权确权行政案件审理指南》

第12.1条　【未经授权的认定】被代理人或者被代表人未明确作出同意代理人或者代表人申请注册诉争商标的意思表示属于商标法第十五条第一款规定的

“未经授权”。

被代理人或者被代表人知道诉争商标的申请注册而未提出反对意见的，一般不能据此推定其同意代理人或者代表人申请注册诉争商标。

第 12.2 条 【“被代理人或者被代表人的商标”】被代理人或者被代表人在诉争商标申请日前的已注册或者申请的商标，不属于商标法第十五条第一款规定的“被代理人或者被代表人的商标”。

被代理人或者被代表人是否实际使用该商标，不属于商标法第十五条第一款认定的要件。

第 12.3 条 【适用要件】代理人或者代表人未经授权申请注册的商标，与被代理人或者被代表人的商标相同或者相近似，指定使用的商品与被代理人或者被代表人的商标指向的商品相同或者类似，属于商标法第十五条第一款规定的情形。

第 12.4 条 【适用主体】诉争商标申请人与商标法第十五条第一款规定的“代理人或者代表人”、第二款规定的“申请人”存在亲属关系，或者是“代理人或者代表人”或“申请人”公司法定代表人的，属于商标法第十五条适用的主体。

第 12.5 条 【“在先使用”的判断】仅在其他国家、地区使用商标的，不属于商标法第十五条第二款规定的“在先使用”的情形。商标使用的规模、时间、知名度等因素，不影响“在先使用”的判断。

第 12.6 条 【“在先使用”证据的认定】当事人主张保护“在先使用”的商标，应当提交诉争商标申请日前在中国境内使用商标的证据，在其他国家、地区的使用证据或者准备投入中国境内使用的证据可以作为证明其商标在先使用情况的补充。

第 12.7 条 【“其他关系”的认定】诉争商标申请人与在先使用人存在代理、代表关系以外的，能够知道他人商标且应予主动避让的关系，属于商标法第十五条第二款规定的“其他关系”的情形。

第 12.8 条 【商标法第十五条认定的例外】诉争商标申请人能够举证证明其在形成代理、代表关系前，在先使用诉争商标的，可以认定不属于商标法第十五条第一款规定的情形。

诉争商标申请人能够举证证明其先于商标法第十五条第二款规定的“他人”使用诉争商标的，可以认定不属于商标法第十五条第二款规定的情形。

5. 北京市高级人民法院《当前知识产权审判需要注意的法律问题》

关于新、旧商标法第十五条“代理人”范围的理解问题。虽然现行商标法第十五条将代理人或者代表人之外的其他商业关系分条款予以了规定，但是在审理案件中需要适用2001年商标法第十五条时，因该法条本身并未进行区分，此时仍可结合《最高人民法院关于审理商标授权确权行政案件若干问题的意见》第十二条的规定，对“代理人或代表人”作扩张性理解，对此类抢注行为予以规制。

6. 国家知识产权局《商标审查审理指南》

第十一章 擅自注册被代理人或者被代表人商标的审查审理

2 释义

本款是对代理人或者代表人明知是被代理人或者被代表人商标而在同一种或类似商品上恶意抢先注册行动的禁止性规定。

3 适用要件

认定代理人或者代表人未经授权，擅自注册被代理人或者被代表人商标的行为，须符合下列要件：

(1)系争商标注册申请人是商标所有人的代理人或者代表人；

(2)系争商标与被代理人、被代表人商标使用在同一种或者类似的商品或者服务上；

(3)系争商标与被代理人、被代表人的商标相同或者近似；

(4)代理人或者代表人不能证明其申请注册行为已取得被代理人或者被代表人的授权。

4 代理关系、代表关系的判定

4.1 代理人、代表人的含义

代理人不仅包括《民法典》中规定的代理人，也包括基于商事业务往来而可能知悉被代理人商标的经销商。

代表人系指具有从属于被代表人的特定身份、因执行职务行为而可能知悉被代表人商标的个人，包括法定代表人、董事、监事、经理、合伙事务执行人等人员。

4.2 代理人、代表人擅自注册行为的认定

在为建立代理或者代表关系的磋商阶段，代理人、代表人知悉被代理人、被代表人商标后进行注册，致使被代理人、被代表人利益可能受到损害的，属于《商标

法》第十五条第一款所指代理人、代表人的擅自注册行为。

代理、代表关系结束后，代理人、代表人将被代理人、被代表人商标申请注册，致使被代理人、被代表人利益可能受到损害的，属于《商标法》第十五条第一款所指代理人、代表人的擅自注册行为。

虽非以代理人或代表人名义申请注册被代理人或被代表人的商标，但有证据证明，注册申请人与代理人或者代表人具有串通合谋行为的，属于《商标法》第十五条第一款所指代理人、代表人的擅自注册行为。对于串通合谋抢注行为，可以视情况根据商标注册申请人与上述代理人或者代表人之间的亲属、投资等关系进行推定。

4.3 证明代理关系、代表关系存在的证据

下列证据可以证明代理关系的存在：

(1)代理、经销合同；

(2)可以证明代理、经销关系的交易凭证、采购资料等；

(3)其他可以证明代理、经销关系存在的证据。

下列证据可以证明代表关系的存在：

(1)企业注册登记资料；

(2)企业的工资表、劳动合同、任职文件、社会保险、医疗保险等材料；

(3)其他可以证明一方当事人具有从属于被代表人的特定身份、因执行职务行为而可能知悉被代表人商标的证据材料。

5 被代理人、被代表人的商标

5.1 被代理人的商标

被代理人的商标包括：

(1)在合同或者授权委托文件中载明的被代理人商标；

(2)如当事人无约定，在代理关系已经确定时，被代理人在其被代理经销的商品或者服务上，已经在先使用的商标视为被代理人商标；

(3)如当事人无约定，代理人在其所代理经销的商品或者服务上所使用的商标，因代理人自己的广告宣传等使用行为，已足以导致相关公众认为该商标是表示被代理人的商品或者服务与他人商品或者服务相区别的标志，则在被代理人的商品或者服务上视为被代理人的商标。

5.2 被代表人的商标

被代表人的商标包括被代表人已经在先使用的商标和其他依法属于被代表人的商标。

6 代理人、代表人取得商标注册授权的判定

被代理人、被代表人所作出授权的内容应当包括代理人、代表人可以注册的商品或者服务及商标标志，且授权意思表示应当清楚明确。

代理人或者代表人应当提交以下证据材料证明授权事实的存在：

(1)被代理人、被代表人对代理人、代表人所作出的书面授权文件；

(2)其他可以认定被代理人、被代表人对代理人、代表人作出过清楚明确的授权意思表示的证据。

代理人、代表人虽然在申请注册时未取得被代理人、被代表人的明确授权，但被代理人、被代表人对该申请注册行为进行了事后追认的，视为代理人、代表人取得了被代理人、被代表人的授权。

商标申请注册时取得被代理人、被代表人授权，被代理人、被代表人事后反悔的，仍应认定代理人、代表人取得了被代理人、被代表人的授权。

第十二章 特定关系人抢注他人在先使用商标的审查审理

2 释义

本款是对除前款规定以外的合同、业务往来关系或者其他关系而明知他人商标，而在同一种或类似商品上恶意抢先注册行为的禁止性规定。

3 适用要件

认定特定关系人抢注他人在先使用商标须符合下列要件：

(1)他人商标在系争商标申请之前在先使用；

(2)系争商标注册申请人与商标在先使用人存在合同、业务往来关系或者其他关系，因该特定关系注册申请人明知他人商标的存在；

(3)系争商标指定使用在与他人在先使用商标同一种或者类似的商品或者服务上；

(4)系争商标与他人在先使用商标相同或者近似。

4 "在先使用"的判定

本款所指在先使用既包括在实际销售的商品、提供的服务上使用商标，也包括对商标进行的推广宣传。

本款所指在先使用还包括在先使用人为标有其商标的商品或者服务投入市场而进行的实际准备活动。

在先使用人只需证明商标已经使用,无须证明商标通过使用具有了一定影响。

5 合同、业务往来关系及其他关系的判定

5.1 合同、业务往来关系及其他关系的含义

合同、业务往来关系是指双方存在代表、代理关系以外的其他商业合作、贸易往来关系;其他关系是指双方商业往来之外的其他关系。对合同、业务往来或者其他关系范围的界定应当从维护诚实信用原则立法宗旨出发,以保护在先权利、制止不公平竞争为落脚点,只要因合同、业务往来关系或者其他关系而明知他人在先使用商标存在进行抢注的,均应纳入本款规定予以规制。

5.2 常见的合同、业务往来关系

常见的合同、业务往来关系包括:

(1)买卖关系;

(2)委托加工关系;

(3)加盟关系(商标使用许可);

(4)投资关系;

(5)赞助、联合举办活动;

(6)业务考察、磋商关系;

(7)广告代理关系;

(8)其他商业往来关系。

5.3 常见的其他关系

常见的其他关系包括:

(1)亲属关系;

(2)隶属关系(例如除第十五条第一款规定的代表人以外的其他普通员工)。

因存在本章5.1、5.2部分列举以外的其他关系而知晓在先商标的,属于本款规定的其他关系。

5.4 证明合同、业务往来关系及其他关系存在的证据

下列证据可以证明合同、业务往来关系及其他关系的存在:

(1)合同;

(2)可以证明合同、业务往来关系的来往信函、交易凭证、采购资料等;

(3)企业的工资表、劳动合同、社会保险、医疗保险材料、户口登记证明等;

(4)其他证明特定关系存在的证据。

虽非以特定关系人名义申请注册,但有证据证明,注册申请人与特定关系人具有串通合谋行为的,属于《商标法》第十五条第二款所指特定关系人的抢注行为。对于串通合谋抢注行为,可以视情况根据商标注册申请人与上述特定关系人之间的亲属、投资等关系进行推定。

(二)条文理解

1. 前后两款之间的关系

2001 年《商标法》第二次修正的过程中,基于履行国际公约——《巴黎公约》义务的要求及遏制实践中代理人或代表人的恶意抢注行为的需要,增加了第十五条第一款的规定,对代理人或代表人的抢注行为予以规制。2013 年第三次修正《商标法》时,针对实践中具有特定关系而知悉他人在先商标而进行抢注的行为,《商标法》增设了第十五条第二款,旨在保护在先商标所有人的权益并保护公平竞争的市场环境,最终形成如今现行《商标法》中的第十五条。整个条款所体现的是商标法所贯彻的诚实信用原则,核心即关于禁止恶意注册他人商标的规定,旨在打击恶意抢注,保护被代理人、被代表人以及具有特定关系的在先使用人的权益,是目前我国商标法规制商标抢注的重要条款之一。

虽然《商标法》第十五条第一款和第二款调整的均是具有特定关系的商标抢注行为,但是两款分别针对的是不同的特定关系,适用要件也各不相同。具体而言,第十五条第一款侧重于调整"代理人或代表人"的商标抢注行为,其以"代理、代表"关系的存在为适用条件,且没有在先使用要求。而第十五条第二款侧重于调整"具有特定关系而明知他人商标存在"的商标抢注行为,其以代理、代表以外的合同、业务往来关系或者其他关系而明知他人商标为适用条件,且"在先使用"是其中的必备要件。

由于在 2013 年修正《商标法》施行之前未规定"特定关系人抢注他人在先使用商标"之情形,而司法实践中已对代理、代表关系作出扩张性理解,因此,在《商标法》2013 年修正以后,关于新、旧《商标法》第十五条规定的"代理人、代表人""其他特定关系人"的范围应作何理解之问题,北京市高级人民法院《当前知识产权审判需要注意的法律问题》指出,“关于新、旧商标法第十五条‘代理人’范围的理解问题。虽然现行商标法第十五条将代理人或者代表人之外的其他商业关系分条款予以了规定,但是在审理案件中需要适用 2001 年商标法第十五条时,因该法条本身并未进行区分,此时仍可结合《最高人民法院关于审理商标授权确权行政案件若干问题的意见》第十二条的规定,对‘代理人或代表人’作扩张性理解,对此类抢注行为予以规制。”

由此可见,《商标法》第十五条第一款和第二款有着相同的立法目的及背后所体现的原则,但因调整的特定关系不同而又存在不同的适用条件及法律效果。在 2013 年修正的《商标法》增加第十五条第二款规定后,最高人民法院《关于审理商标授权确权行政案件若干问题的规定》、最高人民法院《关于审理商标授权确权行政案件若干问题的意见》、原国家工商行政管理总局商标局、商标评审委员会《商标审查及审理标准》(现为国家知识产权局《商标审查审理指南》)等规范性文件经相应修正、修订,区分规定了“擅自注册被代理人或者被代表人商标”和“特定关系人抢注他人在先使用商标”的相关情形,对《商标法》第十五条第一款和第二款的不同适用情形进行了界定。

2. 法律效果

从《商标法》第十五条调整的法律效果来看,第一款针对的是“代理人或代表人”的商标抢注行为,其法律效力是“不予注册并禁止使用”,第二款针对的是“具有特定关系而明知他人商标存在”的商标抢注行为,其法律效力仅有“不予注册”。

二、历史沿革、价值定位及体系定位

(一)历史沿革

1. 1993 年《商标法》《商标法实施细则》将代理人注册被代理人商标视为“以欺骗手段或者其他不正当手段取得注册”

1993 年《商标法》第二十七条第一款:已经注册的商标,违反本法第八条规定的,或者是以欺骗手段或者其他不正当手段取得注册的,由商标局撤销该注册商标;其他单位或者个人可以请求商标评审委员会裁定撤销该注册商标。

1993 年《商标法实施细则》第二十五条第一款:下列行为属于《商标法》第 27 条第 1 款所指的以欺骗手段或者其他不正当手段取得注册的行为:……(3)未经授权,代理人以其名义将被代理人的商标进行注册的……

2.2001 年《商标法》首次引入第十五条

2001 年《商标法》第十五条:未经授权,代理人或者代表人以自己的名义将被代理人或者被代表人的商标进行注册,被代理人或者被代表人提出异议的,不予注册并禁止使用。

履行国际公约的要求,《巴黎公约》第六条之七:(1)来自本联盟某国的商标所有人,若其代理人或者代表人未经其授权以自己的名义在本联盟一国或多国内将其商标申请注册,所有人将有权对注册申请提出异议,或者要求予以撤销;或者如果所在国法律允许,以对所有人有利的方式对所提到的注册申请进行转让,代理人或者代表人能够证明自己的行为合理的情况除外。(2)根据上述第(1)段的规定,未经商标所有人授权商标所有人有权对代理人或代表人使用其商标的行为提出异议。(3)国内立法可以规定一个公平合理的时间期限,在该期限内,商标所有人必须行使本条款所赋予的权利。

3.2013 年《商标法》新增第十五条第二款

2013 年《商标法》第十五条第二款:就同一种商品或者类似商品申请注册的商标与他人在先使用的未注册商标相同或者近似,申请人与该他人具有前款规定以外的合同、业务往来关系或者其他关系而明知该他人商标存在,该他人提出异议的,不予注册。

4.2019 年《商标法》未对此条做修改

从立法历史沿革来看,《商标法》第十五条在我国立法上经历了从无到有再到逐步完善的过程。1982 年《商标法》中并没有涉及代理人、代表人等特定关系人商标抢注行为的规制条款。1993 年《商标法》第二十七条第一款增加了禁止"以欺骗手段或者其他不正当手段"取得商标注册的条款,并在 1993 年《商标法实施细则》第二十五条第一款中将"未经授权,代理人以其名义将被代理人的商标进行注册的"行为列举为以欺骗手段或者其他不正当手段取得注册的行为,系我国《商标法》及相关法规首次出现的针对代理人抢注商标行为的规制条款。2001 年《商标法》基于履行国际公约义务的要求,即《巴黎公约》第六条第七款针对代理人、代表人商标抢注行为的规制,首次在《商标法》中增加了第十五条,将代理人、代表人的商标抢注行为列为明确禁止性规定。但由于该条款在实践中的适用条件较为严格,又出现了很多规避该条款的抢注行为。2013 年《商标法》增加了第十五条第二款,将规制对象的调整范围从代理人、代表人扩大至具有合同、业务关系或者其他关系。至此，我国《商标法》关于针对代理人、代表人等特定关系人商标抢注行为的规制，完成了从无到有再到完善的过程。

（二）价值定位

2000 年的《关于〈中华人民共和国商标法修正案（草案）〉的说明》指出："五、禁止代理人或者代表人恶意注册商标。巴黎公约第六条之七要求禁止商标所有人的代理人或者代表人未经商标所有人授权，以自己的名义注册该商标，并禁止使用。"据此，并考虑到我国恶意注册他人商标现象日益增多的实际情况，草案增加规定："未经授权，代理人或者代表人以自己的名义将被代理人或者被代表人的商标进行注册，被代理人或者被代表人提出异议的，不予注册并禁止使用。"

2001 年《商标法释义》指出："本条是对被代理人或被代表人商标权益的保护的规定……二、随着市场经济的发展，商标作为无形资产在经济活动中的地位越来越重要，因此，恶意抢注他人商标的现象不断发生，甚至愈演愈烈。这种现象在商标代理人或代表人中时有发生。为了保护被代理人或者被代表人合法权益，《保护工业产权巴黎公约》第六条之七规定，如果本联盟一个国家的商标所有人的代理人或代表人，未经所有人授权而以其自己的名义向本联盟一个或多个国家申请商标注册，该所有人有权反对该项申请的注册或者要求予以撤销，并有权反对给代理人或者代表人使用其商标。如果该国法律许可，还可要求将该项注册转让给自己，除非该代理人或代表人能提出其行为正当的证明。我国作为《保护工业产权巴黎公约》的成员国，应当履行公约规定的义务……"

2012 年的《关于〈中华人民共和国商标法修正案（草案）〉的说明》（针对第二款）指出："为维护公平竞争的市场秩序进行的修改，具体包括禁止抢注因业务往来等关系明知他人已经在先使用的商标。为了防止将他人已经在先使用的商标抢先进行注册，草案规定，与他人具有合同、业务往来关系或者其他关系明知他人商标存在，而将他人在先使用的商标申请注册的，不予注册。"

2013 年《商标法释义》指出："本条主旨：本条是关于禁止恶意注册他人商标的规定。随着市场经济的发展，商标作为无形资产在经济活动中的地位越来越重要，恶意注册他人商标的现象不断发生，甚至愈演愈烈，破坏了公平竞争的市场秩序。为解决这一问题，本条禁止将他人的商标恶意进行注册。根据本条的规定，禁止恶意注册他人商标的情形，包括两个方面：第一，禁止代理人或者代表人恶意将被代理人或者被代表人的商标进行注册……第二，禁止恶意抢注因业务往来等关系，明知他人在先使用的商标……本条第二款是本法本次修改中新增加的规定，目的是防止将他人已经在先使用的未注册商标抢先进行注册，以维护公平竞争的市场竞争秩序。”

根据《关于〈中华人民共和国商标法修正案（草案）〉的说明》《商标法释义》中的解释说明，《商标法》第十五条是在国内商标抢注行为愈演愈烈，履行国际公约义务的双重背景下，出于保护商标合法权利人的目的而产生并完善的。《商标法》第十五条第一款关于代理人、代表人商标抢注行为的规制，是出于考虑到我国恶意注册他人商标现象日益增多的实际情况，同时是为了履行国际公约义务，该款旨在保护被代理人或被代表人的在先合法权益。《商标法》第十五条第二款关于具有合同、业务关系或者其他关系的商标抢注行为的规制，目的是防止抢注者将他人已经在先使用的未注册商标抢先进行注册，以维护公平竞争的市场竞争秩序。

（三）体系定位

在实践中，针对未注册商标的抢注行为具有多样性，我国《商标法》关于未注册商标保护的条款中，第十三条第二款、第十五条第一款和第二款、第三十二条后半段等条款分别针对不同情形的抢注行为予以调整，各个条款均有各自的调整范围及适用对象。如前所述，《商标法》第十五条是针对代理人、代表人等特定关系人商标抢注行为的规制，其调整范围与适用对象与《商标法》其他条款均有所不同，各个条款亦有其各自的定位及作用，该条款与《商标法》其他条款的协调适用形成了我国商标法保护未注册商标、打击恶意抢注行为的完整链条。

三、具体适用问题

（一）第一款的适用要件

根据《商标法》第十五条第一款及相关司法解释规定，结合作为承担商标审查审理工作主管机构的国家知识产权局所制定的《商标审查审理指南》下编第十一章内容，可以认为适用本款之要件包括：(1)诉争商标申请人是商标所有人的代理人或代表人，即存在代理或代表关系；(2)诉争商标与被代理人、被代表人商标构成相同或近似商标；(3)诉争商标与被代理人、被代表人商标使用在相同或类似商品上;(4)诉争商标的注册申请未取得被代理人或被代表人的授权。以下将从该四个方面要件介绍本款在司法实践中的适用问题。

1. 代理、代表关系

本款适用以诉争商标申请人与商标所有人存在代理、代表关系为前提。基于诉争商标申请人与商标所有人之间代理、代表关系的内在紧密关联和商业伦理,法律推定诉争商标申请人明知被代理人、被代表人商标的存在,未经授权申请与之相同或相近似的商标违反诚实信用原则,属恶意抢注的情形并予以禁止。

关于代理、代表关系的范围,就代表关系而言,其范围相对明确,通常指具有从属于被代表人的特定身份、因执行职务行为而可能知悉被代表人商标的个人,包括法定代表人、董事、经理、合伙事务执行人等人员。

就代理关系而言,理论和司法实践则经历了扩张性理解的过程,将"代理人"的范围从狭义上的商标代理人,扩张理解为包括民法意义上的代理人,以及基于商事业务往来而可以知悉被代理人商标的经销商等。在上海东狮实业有限公司与原商评委、诺维普兰斯特·普兰斯蒂克·圣维蒂克股份公司商标撤销行政纠纷案[①]中,北京市第一中级人民法院曾将代理关系进行了更大范围的扩张理解,认为"界定的核心应当是一方是否存在利用双方业务往来中知悉的对方商标注册及使用状况而未经授权进行抢注的行为;因此符合上述界定核心的经销商或分销商亦属于代理人。"后来随着《商标法》2013 年修正增加第十五条第二款规定,为区别于第二款规定的"特定关系人"之范围,并考虑到与我国商标注册制度"申请在先"原则的平衡,第一款规定之代理关系的理解亦有所回归。

目前,根据最高人民法院《关于审理商标授权确权行政案件若干问题的规定》第十五条、最高人民法院《关于审理商标授权确权行政案件若干问题的意见》第十二条等相关规定,司法实践关于《商标法》第十五条第一款规定的代理、代表关系,已形成以下相对一致的理解范围:

(1)代理、代表关系的主体范围不仅局限于民法意义上的委托代理关系,法定代理、代表关系,也包括商标代理关系,以及总经销(独家经销)、总代理(独家代

---

① 北京市第一中级人民法院行政判决书,(2006)一中行初字第 597 号。

理）等销售代理关系意义上的代理人、代表人。①

（2）代理、代表关系成立的时间范围不仅局限于双方已经建立代理、代表关系，也包括代理、代表关系成立前（磋商阶段）或结束后，商标申请人明知被代理人、被代表人商标并进行商标注册申请的情形。②

（3）虽然本款的构成要件是代理人、代表人"以自己名义"进行商标注册申请，但如果能够证明商标申请人与代理人、代表人存在串通合谋，即便非以代理人、代表人名义进行注册申请，也可以被视为代理人或代表人的行为。在实践中，商标申请人与代理人、代表人存在亲属关系、投资关系或其他特定关系的，都有可能被推定为与代理人、代表人存在串通合谋，适用本款规定。③

另外，根据北京市高级人民法院《当前知识产权审判需要注意的法律问题》规定，"关于新、旧商标法第十五条'代理人'范围的理解问题。虽然现行商标法第十五条将代理人或者代表人之外的其他商业关系分条款予以了规定，但是在审理案件中需要适用 2001 年商标法第十五条时，因该法条本身并未进行区分，此时仍可结合最高人民法院《关于审理商标授权确权行政案件若干问题的意见》第十二条的规定，对'代理人或代表人'作扩张性理解，对此类抢注行为予以规制。"

在上述对《商标法》第十五条第一款规定的代理关系之范围理解的基础上，值得注意的是，该代理关系的认定不应脱离于所涉诉争商标的权属状态而孤立理解，该款所指的代理关系是否成立，以及是否应当适用该款规定拒绝诉争商标注册，仍需以诉争商标确为被代理人所有之商标为前提。在重庆江小白酒业有限公

---

① "头孢西灵 Toubaoxilin"商标案，最高人民法院行政判决书，(2007)行提字第 2 号："根据上述立法过程、立法意图、巴黎公约的规定以及参照上述司法解释精神，为制止因特殊经销关系而知悉或使用他人商标的销售代理人或代表人违背诚实信用原则、抢注他人注册商标的行为，商标法第十五条规定的代理人应当作广义的理解，不只限于接受商标注册申请人或者商标注册人委托、在委托权限范围内代理商标注册等事宜的商标代理人、代表人，而且还包括总经销（独家经销）、总代理（独家代理）等特殊销售代理关系意义上的代理人、代表人。"

② "安迪仕 andis"商标案，最高人民法院行政判决书，(2018)最高法行再 22 号："根据该条规定所体现的'申请商标注册应当遵循诚实信用原则'的立法精神，以及参照《最高人民法院关于审理商标授权确权行政案件若干问题的规定》第十五条第二款关于'磋商阶段'同样可以适用商标法第十五条的规定，被诉裁定与二审判决仅以'代理关系未形成'就认定被异议商标的申请注册不属于 2001 年商标法第十五条规定的情形，适用法律有误，安迪士公司该项申请再审理由成立。"

③ "新东阳"商标案，最高人民法院行政裁定书，(2013)知行字第 99 号："麦石来受新东阳股份公司董事会委任全权负责中国市场业务，是新东阳股份公司在中国的代表人，其实际控制的福建新东阳公司未经新东阳股份公司许可，将'新东阳'商标进行申请注册，可以视为第十五条所称代理人或者代表人。"

司与国家知识产权局、重庆市江津酒厂(集团)有限公司商标权无效宣告行政纠纷案[1]中,关于新蓝图公司(江小白公司前身)与江津酒厂之间是否存在代理关系,诉争商标"江小白"的注册是否违反了2001年《商标法》第十五条规定(现行《商标法》第十五条第一款),最高人民法院经审理认为,"虽然江津酒厂与新蓝图公司存在经销关系,但双方的定制产品销售合同也同时约定定制产品的产品概念、广告用语等权利归新蓝图公司所有……本案中的定制产品销售合同约定的经营模式在酒类行业中也存在并被媒体报道,相关经营者也应当知晓……本院认为,诉争商标的注册违反2001年《商标法》第十五条规定的前提还包括诉争商标是被代理人的商标,本案证据不足以证明诉争商标是江津酒厂的商标,因此仅根据上述证据尚不能认定诉争商标的申请注册违反了2001年商标法第十五条规定。"

该案中,虽然新蓝图公司与江津酒厂之间存在经销关系,具有适用2001年《商标法》第十五条的外观,但由于该双方之间已对涉案产品的知识产权归属有所约定,该约定符合酒类行业中既有的经营模式,为包括江津酒厂在内的行业内经营者所知晓,并且,江津酒厂并无有效证据证明其在双方签订定制产品销售合同前已在先使用"江小白"商标,因此,在案证据不足以证明"江小白"商标为江津酒厂所有的商标,不具备适用《商标法》第十五条之前提,更不必说是否构成该条所指的代理关系。

2. 与被代理人、被代表人的商标相同或近似

关于商标相同、近似的认定标准,根据最高人民法院《关于审理商标民事纠纷案件适用法律若干问题的解释》第九条规定,"商标法第五十七条第(一)(二)项规定的商标相同,是指被控侵权的商标与原告的注册商标相比较,二者在视觉上基本无差别。商标法第五十七条第(二)项规定的商标近似,是指被控侵权的商标与原告的注册商标相比较,其文字的字形、读音、含义或者图形的构图及颜色,或者其各要素组合后的整体结构相似,或者其立体形状、颜色组合近似,易使相关公众对商品的来源产生误认或者认为其来源与原告注册商标的商品有特定的联系"。由于商标相同、近似之判断是存在于商标民事、行政案件中的共性问题,因此,上述在民事案件中关于商标相同、近似的认定标准可以在判断诉争商标是否违反《商标法》第十五条第一款规定之问题上参照适用。除此以外,北京市高级人

[1] 最高人民法院行政判决书,(2019)最高法行再224号。

民法院《商标授权确权行政案件审理指南》、国家知识产权局《商标审查审理指南》也对商标相同、近似的认定标准进行了相关规定。

基于上述规定，在适用《商标法》第十五条第一款的问题上，如果单独考量"与被代理人、被代表人的商标相同或近似"之要件，则属商标授权确权案件的共性问题，在客观判断标准上并无差异。但考虑到该款旨在规制的是违反诚实信用原则的代理人、代表人恶意抢注行为，且商标近似之判断存在一定的主观性和裁量空间，在该款适用的整体考量之下，如代理人、代表人抢注商标、规避法律之恶意非常明显，则审查审理机构在商标近似之判断上是否会合理放宽，值得注意。

3. 商品/服务相同或类似

根据商标审查实践，认定商品或者服务是否类似，一般以《类似商品和服务区分表》（以下简称《区分表》）作为参考标准，以相关公众对商品或者服务的一般认识综合判断。当双方商标所属商品或服务在《区分表》中属于不同群组时，判断双方商标的商品或服务是否类似便具有较大的主观判断性。根据最高人民法院《关于审理商标民事纠纷案件适用法律若干问题的解释》第十一条规定，"商标法第五十七条第（二）项规定的类似商品，是指在功能、用途、生产部门、销售渠道、消费对象等方面相同，或者相关公众一般认为其存在特定联系、容易造成混淆的商品。类似服务，是指在服务的目的、内容、方式、对象等方面相同，或者相关公众一般认为存在特定联系、容易造成混淆的服务。商品与服务类似，是指商品和服务之间存在特定联系，容易使相关公众混淆"。第十二条规定，"人民法院依据商标法第五十七条第（二）项的规定，认定商品或者服务是否类似，应当以相关公众对商品或者服务的一般认识综合判断；《商标注册用商品和服务国际分类表》《类似商品和服务区分表》可以作为判断类似商品或者服务的参考"。

同上一要件，考虑到该款旨在规制的是违反诚实信用原则的代理人、代表人恶意抢注行为，突破《区分表》认定商品类似亦存在一定的主观性和裁量空间，在该款适用的整体考量之下，如代理人、代表人抢注商标、规避法律之恶意非常明显，则审查审理机构在商品类似之判断上是否会合理放宽，值得注意。

4. 未经授权

被代理人或被代表人的授权应当是清楚明确地作出同意代理人或代表人可以申请注册诉争商标的意思表示，如被代理人或者被代表人仅对诉争商标的申请注册未提出反对意见，不能作为推定诉争商标的申请注册经过被代理人或被代表人授权的依据。[①]

代理人或代表人应当提交证明被代理人、被代表人作出清楚明确的授权意思表示的相关证据,如被代理人、被代表人出具的书面授权文件。因本款代理人、代表人抢注行为频发于商标所有人授权他人代理经营其产品的经销、加盟关系中,商标所有人通常需要向经销商出具商标/品牌授权书,授权其在特定地域和时间范围内使用自己的商标,该类授权当然地不能视为同意经销商以自己名义申请注册诉争商标的意思表示。在"FireAde2000"商标案中,北京市高级人民法院经审理认为,双方签订的《经销协议》中明确约定东元国际公司作为经销代理商不得以任何形式使用争议商标作为其公司、企业、商业名称,而原告向东元国际公司支付的商标注册费用及相关沟通材料仅能证明争议商标的注册费用由原告承担,不能证明其知晓东元国际公司是争议商标的注册主体并认可其以自己的名义进行注册,从而认定东元国际公司未经原告授权、注册争议商标的行为,构成代理人、代表人抢注。[②]

(二)第二款的适用要件

根据《商标法》第十五条第二款及相关司法解释规定,结合作为承担商标审查审理工作主管机构的国家知识产权局所制定的《商标审查审理指南》下编第十二章内容,可以认为适用本款之要件包括:(1)诉争商标申请人与商标所有人之间存在合同、业务往来关系或者其他关系并因此明知他人商标的存在;(2)该他人商标在诉争商标申请日之前在先使用;(3)诉争商标与该他人商标构成相同或近似商标;(4)诉争商标与该他人商标使用在相同或类似商品上。以下将从该四个方面要件介绍本款在司法实践中的适用问题。

1. 存在其他特定关系并因此明知

除第一款代理、代表关系之外,只要商标申请人基于合同、业务往来关系或其他特定关系明知他人在先商标而进行抢注的,会破坏双方之间的商业信赖关系,

---

① 北京市高级人民法院《商标授权确权行政案件审理指南》第12.1条:被代理人或者被代表人未明确作出同意代理人或者代表人申请注册诉争商标的意思表示属于商标法第十五条第一款规定的"未经授权"。被代理人或者被代表人知道诉争商标的申请注册而未提出反对意见的,一般不能据此推定其同意代理人或者代表人申请注册诉争商标。参见北京市高级人民法院行政判决书,(2021)京行终92号。

② 北京市高级人民法院行政判决书,(2017)京行终2401号。

有违交易安全，均落入本款的调整范围。

根据《商标审查审理指南》第十二章、最高人民法院《关于审理商标授权确权行政案件若干问题的规定》第十六条规定，以下关系可以被认定为本款所指的“其他关系”：(1)商标申请人与商标所有人之间具有亲属关系；(2)商标申请人与商标所有人之间具有劳动关系等隶属关系；(3)商标申请人与商标所有人营业地址邻近；(4)商标申请人与商标所有人曾就达成代理、代表关系进行过磋商，但未形成代理、代表关系；(5)商标申请人与在先使用人曾就达成合同、业务往来关系进行过磋商，但未达成合同、业务往来关系。

但是，本款规制的其他特定关系不仅局限于上述商标申请人与商标所有人之间的直接关系，还包括双方之间通过第三方建立的间接关系。根据司法审判实践，法院曾认定以下情形的当事人之间成立“其他关系”：[①]

(1)商标申请人与商标所有人的关联公司存在销售代理关系。在“雅琪”商标案中，商标所有人雅琪公司与福邦公司为相同法定代表人的关联公司，商标申请人安琪公司曾与福邦公司签订多份许可使用协议和销售合同，结合安琪公司和雅琪公司曾共同参加行业推广展会之事实，北京市高级人民法院认为安琪公司对雅琪公司的“雅琪”商标理应知晓，双方存在合同、业务往来关系。[②]

(2)商标申请人的近亲属曾是商标所有人的员工，且商标申请人持股企业与商标所有人之间具有销售关系。在“兴铁库板”商标中，与商标申请人王某云具有母子关系的沈某波曾为商标所有人兴铁公司的销售人员，由商标申请人担任股东的南京鼎铁公司与兴铁公司也曾存在销售关系，因此北京市高级人民法院认为，王某云理应知晓兴铁公司的“兴铁库板”商标而进行注册申请，其行为构成《商标法》第十五条第二款的所指情形。[③]

(3)商标申请人的法定代表人与商标所有人产品经销商的法定代表人系近亲属关系。在“WIZnet”商标案中，商标申请人微知物连公司与谢氏公司的法定代表人之间存在近亲属关系，而谢氏公司曾代理商标申请人微知纳特香港公司的授权经销商销售“WIZnet”品牌产品，结合微知物连公司法定代表人曾发表关于“WIZnet”品牌产品的技术文章等事实，北京知识产权法院认为微知物连公司通过谢氏公司已知

---

① 参见周丽婷：《〈商标法〉第15条第2款的司法认定》，载《法律适用》2018年第12期。

② 北京市高级人民法院行政判决书，(2017)京行终2497号。

③ 北京市高级人民法院行政判决书，(2017)京行终3804号。

晓微知纳特公司的“WIZnet”品牌产品，因此适用《商标法》第十五条第二款规定。①

(4)商标申请人主要股东与商品所有人产品经销商的主要股东系近亲属关系。在“LUK”商标案中，商标所有人国内总经销商的中鲁公司创始股东，与商标申请人泛美公司的创始股东具有相同的身份证登记地址，北京市知识产权法院认为商标申请人对商标所有人使用“LUK”商标是明知或理应知晓的，其商标申请行为构成《商标法》第十五条第二款禁止注册的情形。②

(5)商标申请人与商标所有人的授权许可人之间具有经销关系。在“뽀로로”商标案中，商标所有人曾授权YAKULT公司使用“뽀로로”“Pororo”标志，北京市高级人民法院认为，商标申请人九日公司通过与YAKULT公司之间的贸易往来已经客观知悉在饮料等商品上他人在先使用“뽀로로”商标的存在。③

(6)商标申请人与商标所有人的经销商之间建立稳定的经销关系。在“봉봉”商标案中，商标所有人海太公司与韩国高丽商社之间建立了持续的经销关系，而韩国高丽商社亦与商标申请人天乐公司建立了持续的出口经销关系，北京市高级人民法院认为海太公司与天乐公司通过韩国高丽商社已经形成了间接的、稳定的经销关系，构成2001年《商标法》第十五条所指的代理行为。④

从上述案件的案情及法院说理内容可以看出，法院在适用本款时没有拘泥于对“特定关系”的解释，只要商标申请人与商标所有人之间通过近亲属、关联公司、经销商等第三方能够建立某种联系，且在案证据使法官产生商标申请人明知或理应知晓他人在先商标的心证，第十五条第二款便具有适用空间。其实，本款采用“其他关系”这一概括性表述，也是因为实践中商标申请人存在多种知悉他人商标的渠道，与商标所有人之间可能形成错综复杂的关系网，如果本条只规制明文列举的特定关系，与商标所有人存在某种间接联系且明知他人在先商标的主体很容易借他人之手行抢注之实，以规避本款的适用。因此，在具体案件中，应结合本款保护诚实信用原则、维护商业信赖关系与公平竞争市场秩序之规范目的，对“其他关系”进行灵活适用，以起到规制具有明显恶意的商标申请行为的良好效果。同

① 北京知识产权法院行政判决书，(2015)京知行初字第5566号。

② 北京知识产权法院行政判决书，(2017)京73行初2975号。

③ 北京市高级人民法院行政判决书，(2018)京行终4756号。

④ 北京市高级人民法院行政判决书，(2017)京行终4263号。

时，本文认可北京市高级人民法院《商标授权确权行政案件审理指南》第 12.7 条规定[①]，适用本款的特定关系人应负有主动避让义务，即已经与商标所有人建立特定商业联系而产生信赖关系，互负诚信义务，不包括“未形成稳定的商业关系的偶尔买卖关系或者一般的普通销售商”[②]及单纯意义上的消费者。

至于本款的“明知”要件，由于商标申请人与商标所有人之间可能并不存在直接商业关系，他人的主观心理状态也难以探知，在具体案件证明商标申请人已经知晓他人商标的难度往往较大，只能尽可能通过双方之间的业务联系、同业竞争关系、在先商标的知名度等间接证据推定商标申请人明知他人商标。

2. 在先使用

相比第一款规定，除了调整商标申请人与商标所有人之间的不同关系外，本款还要求商标所有人已经在先使用诉争商标或其近似商标。该要件的立法初衷在于，本款的“特定关系”不如第一款“代理、代表关系”的关系更为直接和紧密，商标申请人知晓诉争商标的可能性相比于第一款规定之情形更低，因此需要通过证明商标已经在先使用凸显商标申请人的主观抢注意图。

在先使用既包括在实际销售的商品、提供的服务上使用商标，也包括对商标进行的推广宣传。对于本款的商标使用应达到何种程度，通说认为不需要具有一定影响或者知名度。[③] 因为从《商标法》第十三条对驰名商标的保护、第三十二条对“有一定影响的商标”的保护来看，对商标使用程度的要求应与商标保护范围和程度相适应，换言之，对不特定人商标申请注册行为的控制程度越高，对商标的使用效果及其影响力的要求应当越高。考虑到本款只禁止特定关系人抢注他人商标，商标的在先使用可能使商标申请人知晓便能够符合要求。

基于商标保护的地域性，争议商标的在先使用应当在中国地域范围内。实践中，经常出现外国公司在进入中国市场前、被合作公司抢注商标的情形，为了更好地进行营商环境建设，可以适当降低商标使用的证据要求。一方面，争议商标在其他国家、地区的使用证据或者准备投入中国境内使用的证据都可以作为商标使

---

① 北京市高级人民法院《商标授权确权行政案件审理指南》第 12.7 条：诉争商标申请人与在先使用人存在代理、代表关系以外的，能够知道他人商标且应予主动避让的关系，属于商标法第十五条第二款规定的“其他关系”的情形。

② 北京市高级人民法院行政判决书，(2016)京行终 3317 号。

③ 北京市高级人民法院《商标授权确权行政案件审理指南》第 12.5 条第二款：商标使用的规模、时间、知名度等因素，不影响“在先使用”的判断。

用证据[①];另一方面,本款的商标使用行为应当也包括境内贴牌加工商对国外主体商标的贴牌加工行为,该观点在最高人民法院审理的“HONDAKIT”案中得到支持。[②]

3. 商标相同或近似

关于该要件的适用问题,应与第一款中“与被代理人、被代表人的商标相同或近似”要件作相同理解,不再赘述。

4. 商品/服务相同或类似

关于该要件的适用问题,应与第一款中“商品/服务相同或类似”要件作相同理解,不再赘述。

四、前沿问题及未来展望

(一)“代理人、代表人”与“特定关系人”范围之界定

如第三部分所述,在《商标法》2013年修正增加第十五条第二款之前,理论和司法实践对第一款所指的代理关系经历了扩张性理解的过程,该扩张后的代理关系范围实际上包含了后来第二款规定的特定关系之部分情形。正如北京市高级人民法院《当前知识产权审判需要注意的法律问题》规定,“关于新、旧商标法第十五条‘代理人’范围的理解问题。虽然现行商标法第十五条将代理人或者代表人之外的其他商业关系分条款予以了规定,但是在审理案件中需要适用2001年《商标法》第十五条时,因该法条本身并未进行区分,此时仍可结合最高人民法院《关于审理商标授权确权行政案件若干问题的意见》第十二条的规定,对‘代理人或代表人’作扩张性理解,对此类抢注行为予以规制。”亦反映了新、旧法之交替确实存在“代理人、代表人”与“特定关系人”之范围部分重叠和重新界定的问题。

但由于《商标法》第十五条第一款和第二款之适用要件不尽然相同,尤其第二款要求诉争商标申请人明知他人商标的存在,以及该他人商标已在先使用之要件,其适用要件严格于第一款。换言之,同等情形下,于2001年《商标法》第十五条适用的情形,于现行《商标法》第十五条第二款则未必适用。一方面,考虑到我

---

① 北京市高级人民法院《商标授权确权行政案件审理指南》第12.6条:当事人主张保护“在先使用”的商标,应当提交诉争商标申请日前在中国境内使用商标的证据,可以作为证明其商标在先使用情况的补充。

② 最高人民法院行政判决书,(2019)最高法民再138号。

国商标注册制度以“申请在先”为原则，第十五条规定属前述原则之例外情形之一，为平衡“申请在先”原则，对该例外情形的适用加以必要限制，以维持注册商标权利状态的相对稳定性，有其合理性；另一方面，前述对第十五条适用的限制，同时也可能产生恶意抢注人规避法律的空间。前述两方面存在价值平衡的考量，如在具体案件中出现该两方面价值碰撞较为激烈的情形，审查审理机关将如何具体适用该两款、如何处理该两款之间的关系和衔接，值得进一步关注。

（二）“代理人、代表人”“特定关系人”抢注的其他救济途径

其一，如第二部分所述，最早于1993年《商标法》《商标法实施细则》代理人抢注被代理人商标被视为“以欺骗手段或者其他不正当手段取得注册”，如根据现行《商标法》，不能被认定构成第一款所指的代理关系，在第二款所指的特定关系范围以内亦未能证明明知或在先使用，又抑或，诉争商标之注册已满五年，是否存在适用《商标法》第四十四条第一款规定之空间拒绝诉争商标注册，值得考虑。在“AmCham”商标异议复审行政纠纷系列案件①中，北京市高级人民法院基于抢注注册人本身与权利人之间的特定关系，认定其注册的恶意，并依据《商标法》第四十四条第一款，认定诉争商标的申请注册不应予以核准。该系列案件权利人主张的理由包括《商标法》第十五条等条款，但尽管诉争商标注册人基于与权利人的特定关系而明知权利人“AmCham”商标的存在，但因未“在先使用”而难以适用第二款；而在2013年《商标法》第十五条之规定下，双方当事人的关系亦未必构成第一款所指代理或代表关系，因此较难通过第十五条之规定予以救济。虽有前述案例，但考虑到《商标法》第四十四条规定仍主要适用于扰乱商标注册管理秩序之情形，具有公共利益指向，而通常之代理人、代表人恶意抢注商标情形集中表现为特定主体之间的确权争议，能否适用第四十四条第一款规定，具有不确定性。

其二，在代理人、代表人或特定关系人抢注满足一定条件的情形下，有可能通过商标权权属纠纷民事诉讼之方式进行救济。在俄罗斯乌苏里斯克市巴里赞姆开放式股份公司与绥芬河市传峰经济贸易有限责任公司、绥芬河市巴里赞姆酒业有限公司商标权权属、侵害商标权纠纷案②中，关于俄罗斯巴里赞姆公司曾在合作

---

① 马东晓、陈嘉敏：《读懂“四十四条”|新〈商标法〉“以不正当手段”的演变与适用》，载中伦网，http://www.zhonglun.com/content/2018/11-19/1534005127.html。

② 最高人民法院民事判决书，（2020）最高法民再24号。

期间授权中国销售商在中国申请注册商标事宜，最高人民法院经审理认为：第一，俄罗斯巴里赞姆公司与传峰公司之间存在相关买卖合同关系，是俄罗斯巴里赞姆公司签署《授权书》（授权传峰公司在中国注册使用其商标）的前提和基础；第二，《授权书》签订的目的是确保俄罗斯巴里赞姆公司与传峰公司之间买卖合同的履行，一旦双方买卖关系终止，俄罗斯巴里赞姆公司不再供货，授权目的已无法实现，授权亦应终止，故俄罗斯巴里赞姆公司主张传峰公司返还涉案商标于法有据。但需注意的是，商标行政管理之授权确权与民事确权尚存在一定分工，前者更强调特定商标是否应核准、维持或拒绝注册（权利产生或消灭），后者更强调特定商标权应归属于哪一方（权利移转）。通常而言，单纯的抢注行为因不具备商标权利人对于该权利产生的真实意志，仅涉及是否应核准、维持或拒绝注册的问题，不涉及权属分配、权利移转的问题，属于商标行政管理之授权确权的范畴；但如果商标权利人对于所涉商标权利的产生具有真实意志（如俄罗斯巴里赞姆公司授权传峰公司在中国申请注册商标），则可以纳入民事确权的范畴。至于是否能在更为一般意义上的代理人、代表人抢注案件中认为被代理人、被代表人对诉争商标的权利产生具有真实意志（仅授权使用、未授权申请注册是否足以认为对权利产生具有真实意志），从而纳入民事案件中予以解决，亦值得进一步探讨。

第十五章　《商标法》第十六条之精解

刘艳锋*

一、法律规定及条文理解

（一）法律规定及相关法律规范

1.《商标法》

第十六条　商标中有商品的地理标志，而该商品并非来源于该标志所标示的地区，误导公众的，不予注册并禁止使用；但是，已经善意取得注册的继续有效。

前款所称地理标志，是指标示某商品来源于某地区，该商品的特定质量、信誉或者其他特征，主要由该地区的自然因素或者人文因素所决定的标志。

2.《商标法实施条例》

第四条　商标法第十六条规定的地理标志，可以依照商标法和本条例的规定，作为证明商标或者集体商标申请注册。

以地理标志作为证明商标注册的，其商品符合使用该地理标志条件的自然人、法人或者其他组织可以要求使用该证明商标，控制该证明商标的组织应当允许。以地理标志作为集体商标注册的，其商品符合使用该地理标志条件的自然人、法人或者其他组织，可以要求参加以该地理标志作为集体商标注册的团体、协会或者其他组织，该团体、协会或者其他组织应当依据其章程接纳为会员；不要求参加以该地理标志作为集体商标注册的团体、协会或者其他组织的，也可以正当

---

* 刘艳锋律师，第10、11届北京市律师协会商标法律专业委员会副主任。北京天驰君泰律所高级合伙人、商标运营诉讼部主任。主持奥运、冬奥会知产项目。代理中国黄金、百度、腾讯、庆丰、作业帮、滴滴等，多次入选最高人民法院、高级人民法院十大知产案例。

使用该地理标志,该团体、协会或者其他组织无权禁止。

3. 最高人民法院《关于审理商标授权确权行政案件若干问题的规定》

第十七条　地理标志利害关系人依据商标法第十六条主张他人商标不应予以注册或者应予无效,如果诉争商标指定使用的商品与地理标志产品并非相同商品,而地理标志利害关系人能够证明诉争商标使用在该产品上仍然容易导致相关公众误认为该产品来源于该地区并因此具有特定的质量、信誉或者其他特征的,人民法院予以支持。

如果该地理标志已经注册为集体商标或者证明商标,集体商标或者证明商标的权利人或者利害关系人可选择依据该条或者另行依据商标法第十三条、第三十条等主张权利。

4. 北京市高级人民法院《商标授权确权行政案件审理指南》

13　商标法第十六条的适用

13.1　【误导公众的认定】

诉争商标的申请注册容易使相关公众对使用该商标的商品真实产地发生误认的,属于商标法第十六条第一款规定的情形。

13.2　【“商标中有商品的地理标志”】

诉争商标完整包含地理标志,或者包含地理标志的主要识别部分,容易使相关公众对使用该商标的商品的真实产地发生误认的,属于“商标中有商品的地理标志”的情形。

13.3　【申请主体】

为保护地理标志而成立或者以保护地理标志为宗旨的团体、协会等,认为诉争商标违反商标法第十六条第一款规定的,可以提出申请。

使用该地理标志的产品的生产加工者、市场经营者,可以作为利害关系人提出申请。

13.4　【原属国在先保护原则】

外国人以诉争商标的申请注册违反商标法第十六条第一款规定申请该商标不应予以注册或者应予宣告无效的,应当提供其名下的该地理标志在原属国受法律保护的证明。

13.5　【混淆判断】

若地理标志集体商标或者证明商标申请注册在后,普通商标申请在前,应当结合地理标志客观存在情况及其知名度、显著性、相关公众的认知等因素，判断是否容易造成相关公众对商品或者服务来源产生混淆；若地理标志集体商标或者证明商标申请在前，普通商标申请在后，可以从不当攀附地理标志知名度的角度，判断是否容易造成相关公众对商品或者服务来源产生混淆。

13.6 【驰名商标保护的适用】

地理标志集体商标或者证明商标已经达到驰名状态的，可以适用商标法第十三条第三款予以保护。

当事人依据商标法第十三条第三款申请地理标志集体商标或者证明商标不予核准注册或者宣告无效的，应当结合地理标志客观存在情况及其知名度、显著性、相关公众的认知等因素，认定地理标志集体商标或者证明商标的注册是否会误导公众、致使普通商标注册人的利益可能受到损害。

13.7 【将地理标志注册为普通商标】

诉争商标申请人或者注册人将地理标志整体或者主要识别部分作为证明商标或者集体商标之外的商标申请注册的，可以适用商标法第十六条第一款、第十条第二款或者第十一条第一款的规定等进行审理。

13.8 【地理范围确定错误】

地理标志集体商标或者证明商标的申请人在申请文件中标示的地区范围与真实产地不一致的，可以适用商标法第十六条第一款的规定等进行审理。

13.9 【法律条款的适用】

当事人以他人申请注册的地理标志证明商标或者集体商标违反商标法第十六条第二款的规定不应予以核准注册或者应予宣告无效的，适用商标法第三十条中“凡不符合本法有关规定”的内容进行审理。

5.《集体商标、证明商标注册和管理办法》

第十八条 凡符合证明商标使用管理规则规定条件的，在履行该证明商标使用管理规则规定的手续后，可以使用该证明商标，注册人不得拒绝办理手续。

实施条例第六条第二款中的正当使用该地理标志是指正当使用该地理标志中的地名。

（二）条文理解

“地理标志”并非我国《商标法》固有概念，其实际上是一个舶来品，是我国在加入世界贸易组织后引入的一个概念。根据《与贸易有关的知识产权协定》(以下简称 TRIPs 协定)第二十二条第一款,“地理标志”是指:“标示出某商品来源于某成员地域内,或来源于该地域中的某个地区或某地方,该商品的特定质量、信誉或者其他特征,主要与该地理来源的自然因素或者人文因素相关联。”[①]我国《商标法》关于“地理标志”的规定,与 TRIPs 协定中的内容大体一致。

我国对地理标志的保护存在三个独立的制度:一是以国家知识产权局为主导,以《商标法》《集体商标、证明商标注册和管理办法》为主要依据的“集体商标”与“证明商标”注册保护体系;二是以国家市场监督管理总局为主导,以《地理标志产品保护规定》为主要依据的“地理标志保护产品”登记保护体系;三是以农业农村部为主导,以《农产品地理标志管理办法》为主要依据的“农产品地理标志”认证保护体系。[②] 本文以下主要是从“集体商标”与“证明商标”的角度探讨地理标志的保护问题。

二、历史沿革

1982 年 8 月 23 日,我国第一部《商标法》并未对地理标志作出规定。

1994 年 12 月 30 日,国家工商行政管理总局(现国家市场监督管理总局)颁布了《集体商标、证明商标注册和管理办法》。该办法于 1995 年 3 月 1 日起施行,我国正式以“证明商标”的形式注册、保护地理标志。

2001 年 10 月 27 日,《商标法》在修订时增加了对于地理标志的明确规定。

2002 年 8 月 3 日,《商标法实施条例》明确规定地理标志可以作为证明商标或者集体商标申请注册,并获得保护。

2003 年 4 月 17 日,国家工商行政管理总局(现国家市场监督管理总局)在新修订的《集体商标、证明商标注册和管理办法》中,细化了以证明商标或集体商标保护地理标志的相关规定。

---

① 参见郎胜主编:《中华人民共和国商标法释义》,法律出版社 2013 年版,第 42 页。

② 参见陈锦川主编:《商标授权确权的司法审查》,中国法制出版社 2014 年版,第 162 页;张滢:《一文搞懂|地理标志商标、地理标志保护产品和农产品地理标志》,载微信公众号“知产力”2019 年 3 月 1 日,https://www.zhichanli.com/p/1198629518。

三、具体适用

（一）地理标志与普通商标的区别与冲突

根据相关法律、法规及部门规章，地理标志与普通商标区别如表 15－1 所示：

表 15－1 地理标志与普通商标的区别

项目	地理标志	普通商标
来源	实际存在的地理名称，非臆造产生	可以臆造产生，也可以借用现存之物
功能	标示特定质量、信誉或者其他特征的商品源于特定产区或某地区	标示某商品或服务源于某一特定提供者
主体	不能个体专有，一般是特定地域内的团体、协会或其他组织	可以个体专有，一般是某一商业主体
处分	不得转让，也不得许可不符合地理标志使用条件的主体使用	可以转让，也可以许可他人使用

如上文所述，“地理标志”系 2001 年《商标法》才增加的内容，在此之前确实存在部分商业主体将“地理标志”作为普通地名商标注册并继续有效的情况，实践中面临“在后地理标志证明商标或者集体商标”和“在先地名商标”冲突的问题。①

以“金华火腿”为例，2001 年以前浙江省食品有限公司获准注册了第 130131 号“金华火腿及图”商标。2003 年国家质量监督检验检疫总局（现中华人民共和国国家市场监督管理总局）发布第 87 号公告，依据《原产地域产品保护规定》通过了对浙江省常山县火腿公司等 55 家企业提出的金华火腿原产地域产品专用标志使用申请的审核，并予注册登记。浙江省食品有限公司认为相关主体未经许可使用“金华特产火腿”“××（商标）金华火腿”“金华××（商标）火腿”构成侵权。针对该问题，国家工商行政管理总局（现国家知识产权局）、北京市第一中级人民法院、北京市高级人民法院在相关批复、判决中给出了这类问题的解决思路：一方面，浙江省食品有限公司获准注册的“金华火腿及图”注册商标专用权受法律保护；另一方面，“金华火腿”属于地理标志，“金华火腿”中的“金华”是地名，“火腿”

① 参见陈锦川主编：《商标授权确权的司法审查》，中国法制出版社 2014 年版，第 161 页。

是商品的通用名称，他人对“金华”“火腿”有权依法正当使用，并继而认定前述“金华特产火腿”“××（商标）金华火腿”“金华××（商标）火腿”属于“正当使用方式”，但同时强调在实际使用中“应当文字排列方向一致，字体、大小、颜色也应相同，不得突出‘金华火腿’字样”。①

（二）地理标志保护的意义

地理标志不只是一个名称，由于其反映了特定地区的自然因素或者人文因素，通过地理标志保护，对于促进特定地区经济发展、宣传历史文化、统一行业标准、维护权利人合法权益均具有重要意义。

1. 响应中央号召，促进地方经济发展，增加农民收入

地理标志是促进农业发展的重要手段，也是中央高度关注的领域。2021 年 2 月 21 日，中共中央国务院《关于全面推进乡村振兴加快农业农村现代化的意见》中明确指出：“推进农业绿色发展……发展绿色农产品、有机农产品和地理标志农产品”，可见地理标志保护有利于带动我国农业的发展，是解决“三农”问题的重要推动力。

同时，地理标志产品可以带动地方经济发展，促进农民增收。以澄迈福橙为例，20 世纪 70 年代起，就有海南澄迈县农民从广东廉江引种了橙子，但很长一段时间，澄迈县出产的橙子只能卖到 1 元多/斤。2012 年，澄迈福橙产销协会在第 31 类“橙”商品上申请的“澄迈福橙”“澄迈福橙”地理标志证明商标被核准注册，当地政府和种植农户、经营商联合打造和推广品牌，澄迈福橙市场认可度得到大幅提升，销售价格也提高到了 12 元/斤。② 再如锡林郭勒羊肉，2005 年，锡林郭勒盟肉类协会在第 29 类“羊肉；羊肉片”商品上申请的“ ”地理标志证明商标被核准注册。据当地企业反馈，标有该地理标志证明商标的产品非常受欢迎，价格也

① 参见《关于“金华火腿”字样正当使用问题的批复》。

② 参见《海南澄迈福橙上市，每斤卖到 12 元》，载腾讯网 2012 年 3 月 2 日，https://xw.qq.com/cmsid/20211017A09JJ000。

比同类产品高 400 ~ 600 元。[①]

2. 有助于宣传特定地区优秀的历史和文化

由于地理标志所标示商品的质量、信誉或者其他特征，主要由该地区的自然因素或者人文因素所决定，因此保护地理标志、宣传地表标志产品就间接宣传了特定地区优秀的历史和文化。例如，“香槟”是法国香槟酒行业委员会申请注册的地理标志集体商标，经销商在宣传、销售“香槟酒”的同时，也宣传了香槟地区的历史和法国的酒文化。

3. 有利于统一产品标准，保障消费者合法权益

地理标志被作为证明商标申请注册以后，其他主体若想在相应产品上使用该地理标志，就必须满足地理标志证明商标权利人的要求。以“烟台苹果”为例，使用“烟台苹果”地理标志证明商标的主体，需要按照《“烟台苹果”地理标志证明商标使用管理办法》的要求，向烟台市苹果协会提出申请，经过协会实地考察、审核批准后，签订《“烟台苹果”证明商标使用许可合同》，报送国家工商行政管理总局商标局备案后方可使用。此外，相关主体使用“烟台苹果”地理标志证明商标必须经过《烟台苹果地理标志证明商标产地认证标准与认证程序》，达到相应的质量标准。地理标志证明商标的使用程序虽然烦琐，但对于统一产品标准，保障消费者合法权益具有积极意义。

4. 为地理标志商标权利人获得救济提供法律依据

诚然，地理标志具有一定的公共利益属性，但地理标志商标作为《商标法》所列举的保护客体之一，具有私权属性，地理标志商标权利人完全可以依据《商标法》获得保护。

（三）地理标志商标的授权确权

根据《商标法》第十六条第一款的规定，若普通商标的构成要素中完整包含地理标志的，且该商品并非源于该商标所标示的地区，足以造成公众混淆误认的，不予注册并禁止使用。司法实践中，对于将地理标志的显著识别部分作为普通商标构成要素的，若足以造成混淆误认的，同样不予注册。在纳帕河谷酿酒人协会与

---

① 参见赵丹：《锡林郭勒羊肉凭地理标志证明商标价高一等》，载正北方网 2005 年 10 月 11 日，http://www.northnews.cn/p/24361.html。

商标评审委员会（现国家知识产权局）、浙江中商投资有限公司商标异议复审行政二审案中，北京市高级人民法院认定："纳帕河谷"（Napa Valley）是在中国获得保护的使用在葡萄酒商品上的地理标志。虽然被异议商标"螺旋卡帕 SCREW KAPPA NAPA"仅包含了"纳帕河谷"（Napa Valley）中的一个英文单词，但"纳帕"和"Napa"分别是该地理标志中英文表达方式中最为显著的识别部分，相关公众在葡萄酒商品上见到"NAPA"一词时，即容易将其与"纳帕河谷"（Napa Valley）地理标志联系在一起，误认为使用该标志的相关商品是来自上述地理标志所标示地区的商品，被异议商标的申请注册违反了《商标法》第十六条第一款之规定。[①]

（四）地理标志商标的民事保护

1. 逍遥镇胡辣汤事件、潼关肉夹馍事件简述

2021 年 11 月 16 日，河南焦作 50 多家逍遥镇胡辣汤店商户反映，因在招牌上使用"逍遥镇"，被"西华县逍遥镇胡辣汤协会"以商标侵权为由诉至法院，要求赔偿 3 万元至 5 万元。"西华县逍遥镇胡辣汤协会"为被诉商户提供了一个解决方案：加入逍遥镇胡辣汤协会，若想继续使用"逍遥镇"，需每年向"西华县逍遥镇胡辣汤协会"交纳 1000 元会费。经媒体报道后，11 月 21 日晚西华县胡辣汤产业发展中心发布情况说明，责令"西华县逍遥镇胡辣汤协会"暂停维权。（该事件以下简称逍遥镇胡辣汤事件）

2021 年 11 月 21 日，河南数十家经营肉夹馍的商户反映，因使用"潼关"字样，被"潼关肉夹馍协会"以商标侵权为由诉至法院，要求赔偿 3 万元至 5 万元。"潼关肉夹馍协会"同样给出了解决方案，即若想继续使用"潼关肉夹馍"，需交纳 99,800 元。经媒体报道后，11 月 25 日晚，潼关县县委、县政府表示已暂时叫停"潼关肉夹馍协会"的维权行为。（该事件以下简称潼关肉夹馍事件）[②]

面对汹涌的舆情，2021 年 11 月 26 日，国家知识产权局发布《关于"逍遥镇""潼关肉夹馍"商标纠纷答记者问》，认为：从法律上，"逍遥镇"作为普通商标，其注册人并不能据此收取所谓的"会费"。"潼关肉夹馍"是作为集体商标注册的地理标志，其注册人无权向潼关特定区域外的商户许可使用该地理标志集体商标并

---

① 参见北京市高级人民法院行政判决书，（2016）京行终 2295 号。

② 参见王萍、于桂桂：《100 秒还原逍遥镇胡辣汤、潼关肉夹馍商标事件始末》，载新京报网 2021 年 12 月 2 日，https://www.bjnews.com.cn/detail/163792470614467.html。

收取加盟费。同时,也无权禁止潼关特定区域内的商家正当使用该地理标志集体商标中的地名。

2021 年 12 月 12 日,最高人民法院民三庭负责人就地理标志司法保护相关问题回答了记者提问,表示:

(1)有些商标包含地名,这些地名往往具有独特商业价值。根据商标法的规定,即便取得注册商标专用权,权利人亦无权禁止他人正当使用注册商标中包含的地名。他人正当使用注册商标中包含的地名,权利人向人民法院提起相关诉讼的,人民法院依法不予支持。

(2)在地理标志标示的地区范围内并符合地理标志使用条件的,即便不申请加入集体、协会或其他组织,亦可依法正当使用地理标志;不符合地理标志使用条件或超出地理标志标示的地区范围者,则不能通过商标许可、加盟、入会等方式获得地理标志集体商标使用资格。相关组织作为商标注册人通过诉讼收取所谓"会员费"以及类似费用的,不符合商标法的规定,人民法院依法不予支持。

(3)地理标志属于区域公共资源,地理标志集体商标注册人应当是当地不以营利为目的的团体、协会或其他组织,应做到合法、合规、自律,维权时应依法合理行使诉讼权利。个别协会和组织利用地理标志集体商标,获取加盟费等,在商标法上没有依据,向人民法院提起诉讼收取加盟费的,人民法院依法不予支持。

2. 地理标志商标民事权利保护边界

地理标志一般表现为"地理名称 + 产品通用名称"的形式,将地理标志注册为地理标志商标,其显著性相较于普通商标更低,相应地,其禁用权范围也会受到一定限制。厘清地理标志商标权利保护的边界,一方面有助于权利人维权,另一方面也有助于最大限度地避免类似逍遥镇胡辣汤事件、潼关肉夹馍事件发生,保障人民群众的表达自由,做到私权利与公共利益的平衡。

(1)地理标志商标的保护范围一般以"地理名称 + 产品名称"为限,不延及"地名"。在湖南省原味老饭铺餐饮有限公司与湘阴县樟树镇辣椒产业协会侵害商标权二审案①中,长沙市中级人民法院认定:"樟树港辣椒"系湘阴县樟树镇辣椒产业协会申请注册的地理标志证明商标,其中"樟树港"为"地理名称","辣椒"为"商品名称"。我国《商标法》虽然并不禁止他人正当使用地名,但正当使用限

① 参见长沙市中级人民法院民事判决书,(2021)湘 01 民终 163 号。

于单独使用“地名”,而不包括地理标志证明商标的完整表达。被诉标识“樟树岗辣椒”与“樟树港辣椒”仅一字之差,读音一致,即使案涉辣椒确实是来自“樟树港”,但湖南省原味老饭铺餐饮有限公司也只有正当使用“樟树港”地名的权利,而不应使用与“樟树港辣椒”类似的完整表达,易导致相关公众对该辣椒的品质、产地产生混淆,构成侵权。

(2)地理标志商标权利人有权禁止特定地域以外的人使用地理标志商标。在北京华联综合超市股份有限公司哈尔滨第一分公司巴音郭楞蒙古自治州库尔勒香梨协会侵害商标权二审案[①]中,黑龙江省高级人民法院认定:库尔勒香梨的产地范围明确限定在新疆维吾尔自治区库尔勒市、阿克苏市、阿拉尔市、尉犁县、轮台县、库车县、沙雅县、新和县、阿瓦提县、温宿县现辖行政区域。鉴于联超市哈第一分公司所售商品没有标注生产单位、产地等商品必要信息,华联超市哈第一分公司亦不能举示产品来源的相关证据,无法证明所售商品来源于库尔勒香梨限定的特定原产地,其在商品上标注“库尔勒香梨”的行为不属于正当使用,构成侵权。

(3)地理标志商标权利人有权禁止不符合特定商品品质的主体使用地理标志。与普通商标侵权以是否造成相关公众对商品来源混淆误认作为判断标准不同,对于地理标志商标,应以相关公众是否会对商品的品质、特性等产生误认为判断标准。在浙江省农业技术推广中心与常州开古茶叶食品有限公司、杭州河滨乐购生活购物有限公司侵害商标权二审案[②]中,浙江省高级人民法院认定:由于开古公司主张被诉侵权行为不构成侵权,故开古公司需就其不侵权抗辩事由承担举证责任,即需对被诉侵权商品是否来自特定地域及商品品质与地理来源的关系加以证明。根据法院查明的事实,一方面开古公司无法证明其生产销售的茶叶确实来自龙井茶种植地域范围;另一方面开古公司在被诉侵权商品包装上标注的标准代号 GB/T 14456.2 也与 GB/T 18650《地理标志产品龙井茶》规定的品质特征不符,故开古公司在茶叶上使用“龙井茶”侵犯了浙江省农业技术推广中心第 5612284 号“龙井茶 LongjingTea”地理标志证明商标专用权。

---

① 参见黑龙江省高级人民法院民事判决书,(2019)黑民终 610 号。

② 参见浙江省高级人民法院民事裁定书,(2016)浙民申 1589 号。

第十六章　《商标法》第十九条之精解

康利霞[*]　刘金柱[**]

一、有关规范商标代理机构的法律法规及历史沿革

（一）法律法规

1.《商标法》

第十九条　商标代理机构应当遵循诚实信用原则，遵守法律、行政法规，按照被代理人的委托办理商标注册申请或者其他商标事宜；对在代理过程中知悉的被代理人的商业秘密，负有保密义务。

委托人申请注册的商标可能存在本法规定不得注册情形的，商标代理机构应当明确告知委托人。

商标代理机构知道或者应当知道委托人申请注册的商标属于本法第四条、第十五条和第三十二条规定情形的，不得接受其委托。

商标代理机构除对其代理服务申请商标注册外，不得申请注册其他商标。

第六十八条　商标代理机构有下列行为之一的，由工商行政管理部门责令限期改正，给予警告，处一万元以上十万元以下的罚款；对直接负责的主管人员和其他直接责任人员给予警告，处五千元以上五万元以下的罚款；构成犯罪的，依法追究刑事责任：

---

* 康利霞律师，第11届北京市律师协会商标法律专业委员会副秘书长，北京瀚理律师事务所律师，曾代理万豪酒店、玛氏公司、TARGET超市、壳牌、Levis、培生教育、国家开放大学等商标案。

** 刘金柱律师，第11届北京市律师协会商标法律专业委员会副主任，北京市铭盾律师事务所合伙人，2015～2018年度北京市优秀律师，中国社会科学院法律硕士（知识产权方向），曾代理敦煌网、森地客、越野一族、诺和诺德、YSL等商标案。

（一）办理商标事宜过程中，伪造、变造或者使用伪造、变造的法律文件、印章、签名的；

（二）以诋毁其他商标代理机构等手段招徕商标代理业务或者以其他不正当手段扰乱商标代理市场秩序的；

（三）违反本法第四条、第十九条第三款和第四款规定的。

商标代理机构有前款规定行为的，由工商行政管理部门记入信用档案；情节严重的，商标局、商标评审委员会并可以决定停止受理其办理商标代理业务，予以公告。

商标代理机构违反诚实信用原则，侵害委托人合法利益的，应当依法承担民事责任，并由商标代理行业组织按照章程规定予以惩戒。

对恶意申请商标注册的，根据情节给予警告、罚款等行政处罚；对恶意提起商标诉讼的，由人民法院依法给予处罚。

2.《商标法实施条例》

3.《规范商标申请注册行为若干规定》

4.《商标审查审理指南》

5.《商标代理监督管理规定》

6. 北京市高级人民法院《商标授权确权行政案件审理指南》

（二）规范商标代理机构依法代理商标事宜法律法规的历史沿革

1. 2019 年修订的《商标法》第十九条源于 2013 年修订的《商标法》新增的内容（2013 年修订《商标法》第十九条），在 2013 年修订的第十九条第三款不得接受委托情形涉及的条款基础上增加了“第四条”，原因是 2019 年修订的《商标法》第四条增加了“不以使用为目的的恶意商标注册申请，应当予以驳回”的规定，对规范商标代理机构依法依规从事代理服务给予了更有力的法律支撑。

2. 关于管理和规范商标代理机构依法代理商标事宜的法律法规，可以追溯到 2009 年 11 月 11 日发布实施的《商标代理管理办法》，当时的发布机关是国家工商行政管理总局（现国家市场监督管理总局），于 2010 年 7 月 12 日修订，后于 2016 年 4 月 29 日废止。该办法第一次规定允许律师事务所直接从事商标代理业务。

在上述办法施行之前，全国时有发生商标代理组织不诚信、不规范经营问题，该办法实践中维护了企业和群众利益，探索了商标代理长效监管机制，强化了商标代理组织监管的声势，打击了违法违规和损害商标权利人、其他在先权利人利益的行为，一定程度上规范了商标代理市场秩序。

3. 2013 年，为了满足国内实践对《商标法》提出的新要求，全国人大常委会对《商标法》进行了第三次修改，增加了“商标代理机构”的法律规定，并增加了商标代理组织从事商标代理业务应当遵循诚实信用原则的内容，商标代理行业组织对违反行业自律规范的会员可实行惩戒并记入信用档案。另外，这一次修改还规定了对于商标代理组织或者商标代理人违反诚实信用原则，侵害委托人合法利益的，应当依法承担民事责任。这些内容均体现在 2013 年修订的《商标法》第十九条中。当时商标代理市场乱象丛生，饱受诟病，修订后的《商标法》增加上述规定有助于商标代理组织行业的自我规范和良性发展。委托人一旦发现商标代理机构或者代理从业人员有任何不诚信、不正当手段时，均可向当时的工商行政部门（现市场监督管理部门）或者商标代理行业组织（中华商标协会或各地商标协会）进行投诉和反映，若给委托人造成损失的，还有权依据上述规定要求代理机构进行赔偿。

4. 2019 年修订的《商标法》对商标代理机构行为增加了“对恶意申请商标注册的，根据情节给予警告、罚款等行政处罚；对恶意提起商标诉讼的，由人民法院依法给予处罚”的处罚规定。伴随中国特色社会主义市场经济快速发展和改革开放的进一步深入，商标促进市场经济持续、稳定发展的作用日益凸现。在“大众创业，万众创新”背景下，中小微企业不断涌现，市场主体对注册商标的需求增长空前。近年来，随着商标注册程序优化、注册周期缩短、注册成本降低，当事人获得商标注册更为便捷，与此同时，也出现了大量以“傍名牌”为目的的恶意申请和为转让牟利而大量囤积商标等问题。这些恶意申请商标注册的行为严重扰乱了市场经济秩序和商标管理秩序，破坏营商环境，引起社会各界广泛关注。这次修改不仅对申请人，也对商标代理机构恶意申请商标注册、恶意诉讼的行为规定了处罚措施，从而将规制恶意注册行为贯穿于整个商标申请注册和保护程序，在责任主体方面既包括申请人和权利人也包括商标代理机构，为规制恶意商标申请注册行为提供了直接、明确的上位法依据。为着力营造尊重知识价值的营商环境，深化放管服改革，保障商标法顺利实施，有效规制恶意商标申请注册行为，体现严厉打击的决心和导向，促进公平竞争。

二、条文所涉主要内容

（一）接受他人委托

1.《商标法》第十九条第一款规定，商标代理机构应当遵循诚实信用原则，遵守法律、行政法规，按照被代理人的委托办理商标注册申请或者其他商标事宜；对在代理过程中知悉的被代理人的商业秘密，负有保密义务。

（1）商标代理机构的认定

如上所述，“商标代理机构”这一名称是2013年修订的《商标法》增加的，旨在规范和统一商标代理组织机构名称，为商标代理行业更有序发展奠定法律基础。2014年修订的《商标法实施条例》第八十四条第一款规定“商标法所称商标代理机构，包括经工商行政管理部门登记从事商标代理业务的服务机构和从事商标代理业务的律师事务所”。2022年1月1日施行的《商标审查审理指南》下编第十三章商标代理机构申请注册商标的审查审理部分中给出了“商标代理机构”的释义，即“商标代理机构是指经备案的从事商标代理业务的服务机构和从事商标代理业务的律师事务所。未备案的，但经市场监督管理部门登记时标明从事商标代理、知识产权代理等业务的主体，或者未在市场监督管理部门登记标明从事商标代理等业务但有实际证据证明其从事商标代理业务的，视同商标代理机构”。该释义与2019年4月24日施行的北京市高级人民法院《商标授权确权行政案件审理指南》第14.1条商标代理机构的认定的规定基本一致。该审理指南规定“已经备案的从事商标代理业务的主体、工商营业执照中记载从事商标代理业务的主体以及虽未备案但实际从事商标代理业务的主体，属于商标法第十九条第四款规定的‘商标代理机构’，一般工商营业执照记载的经营事项不能作为排除认定‘商标代理机构’的依据”。由国家市场监督管理总局制定并于2022年12月1日施行的《商标代理监督管理规定》就“商标代理机构”的规定为第二条第二款，“本规定所称商标代理机构，包括经市场主体登记机关依法登记从事商标代理业务的服务机构和从事商标代理业务的律师事务所”。又根据国家知识产权局商标局官方网站提供的代理机构备案申请注意事项，其中明确“经市场监督管理部门登记的商标代理机构，其经营范围中应当含有‘商标代理’、‘商标代理服务’、‘知识产权代理’或‘知识产权代理服务’项目，否则不予备案”。

根据上述规定，市场主体登记机关核发的营业执照记载的经营事项包含“商标代理”、“商标代理服务”、“知识产权代理”或“知识产权代理服务”的企业,应被视为商标代理机构。因相关法律法规规定商标代理机构从事国家知识产权局主管的商标事宜代理业务的,应当依法及时向国家知识产权局备案。对于真正从事商标代理业务的代理机构,应会及时进行备案,否则其代理委托人提交的商标注册申请等代理业务应不会被商标局受理。故貌似“商标代理机构”非常容易判断。而实践中有不少案例的申请人营业执照记载的经营事项包含“商标代理”、“商标代理服务”、“知识产权代理”或“知识产权代理服务”,但事实上并不从事商标代理业务,也没有在知识产权局进行备案,而以自己名义在代理服务外提出的商标注册申请,仍被视为法律法规规定的“商标代理机构”。根据2013年修订的《商标法》、2014年修订的《商标法实施条例》以及之后2019年修订的《商标法》之规定,商标代理机构除对其代理服务申请商标注册外,不得申请注册其他商标,这些申请人提交的商标申请等事宜应被不予受理。原商标局于2015年1月1日作出的《关于对商标代理机构申请商标注册的审查决定的说明》,其中涉及:“如未在商标局备案的商标代理机构申请注册的商标被初步审定或被核准注册,任何人可以通过异议程序或商标注册无效宣告程序要求不予核准注册或宣告无效该注册商标无效”。由此可见,是否在原商标局或者知识产权局备案并非认定商标代理机构的必要条件。如此看来,判断一个经市场监督管理部门登记的服务机构是否为“商标代理机构”,就是看其营业执照记载的经营事项是否包含上述服务内容,如果包含就属于《商标法》规定的“商标代理机构”。而对于“从事商标代理业务的律师事务所”这样的“商标代理机构”,因其设立登记应向各地司法局或者司法厅提交申请,且批准设立后核发的执业许可证上不显示经营范围,并没有上述要求。而且,作为专业提供法律服务的律师事务所,只提供和法律相关的诉讼或者非诉服务,正常情况下应不会出现以自己名义申请除了法律服务之外的其他服务或者商品商标。如果出现此种情况,应根据《商标法》第十九条第四款予以驳回。笔者将在后面单独就商标代理机构对其代理服务申请商标注册外,不得申请注册其他商标相关事宜进行论述。

(2)商标代理机构的备案

关于商标代理机构的备案,《商标审查审理指南》上编第十九章第7.3条列出了具体备案要求。《商标代理监督管理规定》专门一章(第二章)五个条款规定了“商标代理机构备案”,就备案提交、变更、延续、注销进行了详细规定。而且在发布该规定之后，国家知识产权局又于2022年12月2日发布了《关于商标代理机构重新备案的公告》，要求2022年11月30日（含）前在国家知识产权局商标局完成备案的商标代理机构，包括已在国家知识产权局商标局备案的经市场主体登记机关依法登记从事商标代理业务的服务机构和从事商标代理业务的律师事务所需要进行重新备案，并就重新备案时间、办理途径、有关信息和要求、不予重新备案的情形以及注意事项进行了具体规定。《商标代理监督管理规定》和《关于商标代理机构重新备案的公告》的出台将会保障商标代理机构和从业人员依法执业，加强商标代理机构和从业人员监管，规范商标代理行业秩序，促进行业自律和发展。

在这里，笔者特别提醒申请人在选择商标代理机构时一定要慎重，可以先到国家知识产权局商标局官网“中国商标网”上进行查询，正常备案的商标代理机构都可以在该网站查询到。实践中一些不法机构利用企业营业执照记载的“商标代理”“知识产权代理”等相关服务项目对不明真相的商标申请人进行欺骗，不仅商标没有申请成功，还可能造成申请人时间、经济、精力等损失。

（3）遵循诚实信用原则、依法提供代理服务

本条款规定商标代理机构应当遵循商业活动基本的诚实信用原则，依法按照被代理人的委托事项提供商标注册申请等事宜的代理服务。“诚实信用原则”是商标代理机构提供服务应遵循的基本原则，该原则也是《民法典》《反不正当竞争法》《广告法》等法律明确规定应当遵循的原则。《民法典》第七条规定“民事主体从事民事活动，应当遵循诚信原则，秉持诚实，恪守承诺”，2019年修订的《反不正当竞争法》第二条规定“经营者在生产经营活动中，应当遵循自愿、平等、公平、诚信的原则，遵守法律和商业道德。本法所称的不正当竞争行为，是指经营者在生产经营活动中，违反本法规定，扰乱市场竞争秩序，损害其他经营者或者消费者的合法权益的行为”，2021年修订的《广告法》第五条规定“广告主、广告经营者、广告发布者从事广告活动，应当遵守法律、法规，诚实信用，公平竞争”。上述法律规定同样适用于提供商标代理服务的代理机构。

《规范商标申请注册行为若干规定》第四条规定“商标代理机构应当遵循诚实信用原则……”《商标代理监督管理规定》第三条规定“商标代理机构和商标代理从业人员应当遵守法律法规和国家有关规定，遵循诚实信用原则，恪守职业道德，规范从业行为，提升商标代理服务质量，维护委托人的合法权益和商标代理市场正常秩序。……商标代理从业人员应当遵纪守法，有良好的信用状况，品行良好，

熟悉商标法律法规，具备依法从事商标代理业务的能力”。《商标审查审理指南》下编第一章第1.1条就“诚实信用原则”作了概述，即诚实信用原则是民法的基本原则之一，商标专用权属于民事权利，民法基本原则当然适用于商标注册、使用、管理和保护等各种法律关系。在申请商标注册及使用过程中贯彻诚实信用原则，当事人及其商标代理机构应当具备诚实、善意、守信的主观状态，并确保其行为按照法律法规的规定办理商标注册申请或者其他商标事宜，不以明知违法或者胁迫的手段试图获得注册；为申请商标注册所申报的事项和所提供的材料应当真实、准确、完整，不以虚构、隐瞒、伪造、欺骗手段试图获得注册；对已知或应知的社会公共利益、他人商标权利或其他在先权利合理避让，不以损害社会公共利益或他人权利的方式试图获得注册。

实践中，商标代理机构违法违规行为的集中体现就是违背诚实信用原则，扰乱市场竞争秩序，损害委托人或者其他代理机构的合法权益。如伪造虚假荣誉，虚假承诺代理商标申请通过率，提供包过合同，虚假宣传注册程序、周期，伪造相关文件、印章、信息，采用其他不正当手段招揽业务，虚假宣传与国家知识产权局、商标局的关系，诋毁其他代理机构，虚构收费项目，假借商标局名义，收取商标申请费用之外的“注册费”“商标预保护费”“领取注册证费”“已注册商标登记费”“网上商标展示费”“商标年度维护费”等，欺骗申请人甚至是团伙诈骗等违法行为。

（4）代理服务事宜

《商标法》第十九条第一款规定“商标代理机构……按照被代理人的委托办理商标注册申请或者其他商标事宜”，《商标审查审理指南》下编第十三章2释义部分就“商标代理服务”进行了详细列举，包括代理商标注册申请、变更、续展、转让、异议、撤销、评审、侵权投诉等有关事项，提供商标法律咨询，担任商标法律顾问，以及代理其他有关商标事务等。《商标代理监督管理规定》第二条第一款具体规定了商标代理机构接受委托人的委托，可以以委托人的名义在代理权限范围内依法办理的事宜，包括商标注册申请、商标变更、续展、转让、注销、商标异议、商标撤销、无效宣告、商标复审、商标纠纷的处理，以及其他商标事宜。上述指南和规定都是2022年实施的，对于商标代理机构具体可以提供哪些服务做了明确规定，商标代理机构可以在委托人委托的上述事宜范围内提供代理服务，不可提供除上述授权事宜之外的其他服务。

(5)保密义务

《商标法》就商标代理机构对在代理过程中知悉的被代理人的商业秘密,规定了保密义务。《商标代理监督管理规定》第十一条规定"商标代理机构应当积极履行管理职责,规范本机构商标代理从业人员职业行为,建立健全质量管理…… 保密管理…… 发现问题及时予以纠正",第十三条规定"商标代理机构从事商标代理业务,应当与委托人以书面形式签订商标代理委托合同,依法约定双方的权利义务以及其他事项。商标代理委托合同不得违反法律法规以及国家有关规定",第十五条规定"商标代理机构应当按照委托人的要求依法办理商标注册申请或者其他商标事宜;在代理过程中应当遵守关于商业秘密和个人信息保护的有关规定"。

作为服务机构,商标代理机构为被代理人提供服务,双方建立了委托代理合同关系,商标代理机构接受被代理人的委托提交商标注册申请等事宜,必然获得被代理人的相关信息,包括名称、地址、联系人信息、商标、商品或服务信息,以及在异议、无效宣告、撤销等申请或答辩中获得的当事人的商业活动数据等信息,这些信息很多都是被代理人的商业秘密。根据《民法典》第五百零一条之规定,"当事人在订立合同过程中知悉的商业秘密或者其他应当保密的信息,无论合同是否成立,不得泄露或者不正当地使用;泄露、不正当地使用该商业秘密或者信息,造成对方损失的,应当承担赔偿责任"。实践中,除了签署委托代理合同并在合同中规定保密条款外,被代理人还会特别要求签署单独的保密协议,对商标代理机构在合作过程中获得的被代理人的保密信息予以有效保护。而且《商标代理监督管理规定》第一次明确规定了商标代理机构从事商标代理业务,应当与委托人以"书面形式"签订商标代理委托合同。律师事务所作为商标代理机构提供代理服务,根据《律师法》第二十五条和第三十八条之规定,律师承办业务,由律师事务所统一接受委托,与委托人签订书面委托合同,且律师应当保守在执业活动中知悉的国家秘密、商业秘密,不得泄露当事人的隐私。律师对在执业活动中知悉的委托人和其他人不愿泄露的有关情况和信息,应当予以保密(委托人或者其他人准备或者正在实施危害国家安全、公共安全以及严重危害他人人身安全的犯罪事实和信息除外)。可见商标代理机构与委托人签署书面委托合同,也是为了促使商标代理机构在实践中更好地履行保密义务,同时亦会增加委托人对代理机构的信任,促进商标代理行业依法、有序、高质量发展。

2.《商标法》第十九条第二款规定,委托人申请注册的商标可能存在本法规定不得注册情形的,商标代理机构应当明确告知委托人。

(1)委托申请注册商标可能不得注册情形

《商标代理监督管理规定》第十五条规定"委托人申请注册的商标可能存在商标法规定不得注册情形的,商标代理机构应当以书面通知等方式明确告知委托人"。根据《商标法》《商标法实施条例》《商标审查审理指南》等规定,申请注册商标可能不得注册的情形,按照其性质不同,可分为两大类:一是基于"绝对理由"不得注册的情形,二是基于"相对理由"不得注册的情形。区分绝对理由和相对理由,对区分法律适用情形、相关程序、请求人主体资格、请求时效以及审查审理范围有重要意义。《商标审查审理指南》下编第一章 2 审查审理范围中具体列举了以绝对理由和相对理由拒绝商标申请注册的情形:

①绝对理由(2.1.1)

绝对理由涉及违反商标法上的显著性、非功能性以及公共利益,不考虑对特定权利人的影响,具有绝对性,一般属于商标注册部门依职权主动审理的范围,包括《商标法》第四条规定的不以使用为目的的恶意商标注册申请,第十条规定的不得作为商标使用的标志、第十一条规定的缺乏显著特征不得作为商标注册的标志、第十二条规定的具有功能性不得注册的三维标志、第十九条第四款规定的商标代理机构不得申请注册其代理服务以外的商标、第四十四条规定的以欺骗手段或者其他不正当手段取得注册的商标。

②相对理由(2.1.2)

相对理由涉及损害他人的在先商标权利、他人现有的其他在先权利等,损害的是特定主体的合法权益,具有相对性。除依职权将他人在先商标权利作为驳回事由外,商标注册部门一般不能依职权主动审理相对理由,仅在异议或评审程序中依当事人申请进行审查审理,包括《商标法》第十三条规定的他人的驰名商标、第十五条规定的被代理人、被代表人商标或其他特定关系人的商标、第十六条第一款规定的他人的地理标志、第三十条规定的他人已经注册的或者初步审定的商标、第三十一条规定的他人注册申请在先的商标、第三十二条规定的他人现有的在先权利和已经使用并有一定影响的商标。

商标代理机构应当对上述商标不得注册的两类理由涉及的法律条款及其相关规定了如指掌。在以委托人名义提交商标申请前,应将绝对理由的规定和委托人申请注册商标进行对照，判断是否可以注册；对于是否可能违反了相对理由的规定，代理机构应当在商标局官方网站或第三方商标查询软件平台进行初步查询，认真分析该商标是否属于根据相对理由不得注册的情形，并如实告知委托人。商标代理机构作为提供商标咨询、查询、申请、注册以及其他和商标保护相关服务的专业机构，在熟悉掌握商标不得注册的法律规定的情况下，也要随时关注国内、国际事件，政治、经济、文化、科技、宗教、教育等领域的最新发展和变化，与时俱进，针对新出现的热点问题结合法律规定为委托人提供既专业又时效性强，符合当下以及未来企业发展、行业发展、知识产权发展的服务。

同时，该条款规定委托人申请注册的商标可能存在本法规定不得注册情形的，商标代理机构就应当明确告知委托人。笔者认为，“可能”的情形随着社会发展和变化以及当下国际关系发展、互联网、人工智能科技迅速发展，变得更加不确定和不可预知。实践中，这样的“可能性”在非常短的时期，比如一周、一个月的时间可就能出现该条款规定的“可能存在本法规定不得注册情形”。商标代理机构的从业人员作为从事商标业务的专业人士，在如此快的变化、迭代环境下做到面面俱到、所有领域都能够在短时间内意识到法律规定的不得注册的情形的可能性，也并非易事。因此，笔者期待在后续修法过程中能就该条款中的“可能存在本法规定不得注册情形”作出具体规定，有助于商标代理机构和从业人员对可能存在的不得注册的情形作出明确和清晰的判断。

(2)明确告知的勤勉义务

2022 年实施的《商标代理监督管理规定》和 2019 年修订的《商标法》相比增加了“应当以书面通知等方式”明确告知委托人。笔者认为这个变化是为了特别强调明确告知委托人的方式，虽然使用了“……等方式”字眼，还是倾向于“书面通知”方式，对商标代理机构的代理行为提出了更严格、更严谨、更专业的要求。商标代理机构如在以委托人名义提交商标申请前通过查询和专业分析，认为委托人商标有可能因违反绝对理由和相对理由而不得注册的风险存在时，应当以书面通知等方式明确告知委托人。

实践中，有的委托人会正式委托代理机构进行商标查询服务，代理机构通常会提供包括分析申请成功概率的详细查询报告给委托人。由于现在互联网的发达以及我国商标申请采取“申请在先原则”，尽快提交申请商标也是高效、高质量的体现。有的时候，为了加快申请速度，委托人只要求告知简要查询结果和成功率,或者有的企业或个人只是希望大概了解一下其商标注册的可能性,不会正式委托进行查询。代理机构在官方网站或者第三方查询软件平台进行初步检索后可能只是口头告知委托人或者企业或个人其提供的商标可能不得注册的情形,而并没有落实到书面上,这很可能为以后埋下纠纷隐患。为了维护委托人、没有正式授权的企业或者个人的合法权益,笔者认为无论是否有正式委托,商标代理机构一定要提供书面查询结果报告,根据个案可以选择提供详细或者简略内容。同时这也是保护代理机构自己的利益不受到伤害。

3.《商标法》第十九条第三款规定,商标代理机构知道或者应当知道委托人申请注册的商标属于本法第四条、第十五条和第三十二条规定情形的,不得接受其委托。

(1)不得接受委托情形

第十九条第三款规定的商标代理机构不得接受委托的情形涉及《商标法》三个条款,即第四条、第十五条和第三十二条。《规范商标申请注册行为若干规定》第四条、《商标代理监督管理规定》第十五条也就本条内容进行了类似的规定。下面对这三个条款分别进行评述。

《商标法》第四条规定,"自然人、法人或者其他组织在生产经营活动中,对其商品或者服务需要取得商标专用权的,应当向商标局申请商标注册。不以使用为目的的恶意商标注册申请,应当予以驳回。本法有关商品商标的规定,适用于服务商标",《规范商标申请注册行为若干规定》第三条、第五条、第八条等条款也就《商标法》第四条涉及的内容以及商标注册部门在判断商标注册申请是否属于违反第四条规定时可以综合考虑的因素进行了规定和列举。本条款是对不以使用为目的的恶意商标注册申请的禁止性规定。

第十五条共两个条款,第一款规定,"未经授权,代理人或者代表人以自己的名义将被代理人或者被代表人的商标进行注册,被代理人或者被代表人提出异议的,不予注册并禁止使用"。该条款是对代理人或者代表人明知是被代理人或者被代表人商标而在同一种或类似商品上恶意抢先注册行为的禁止性规定。第二款规定,"就同一种商品或者类似商品申请注册的商标与他人在先使用的未注册商标相同或者近似,申请人与该他人具有前款规定以外的合同、业务往来关系或者其他关系而明知该他人商标存在,该他人提出异议的,不予注册"。本款是对除第一款规定以外的合同、业务往来关系或者其他关系而明知他人商标,而在同一种或类似商品上恶意抢先注册行为的禁止性规定。

第三十二条规定，“申请商标注册不得损害他人现有的在先权利，也不得以不正当手段抢先注册他人已经使用并有一定影响的商标”。本条是对他人现有的在先权利和对他人已经使用并有一定影响的未申请注册商标的保护，旨在贯彻诚实信用原则，加大对他人现有在先权利以及驰名商标、在先使用未注册商标的保护。具体来看，本条前半段“在先权利”是指在系争商标申请注册日之前已经取得的，除商标权以外的其他权利，包括字号权、著作权、外观设计专利权、姓名权、肖像权、地理标志以及应予保护的其他合法在先权益。“现有”是指系争商标申请注册日前已经享有并合法存续，而系争商标核准注册时在先权利已不存在的，不影响系争商标的注册。本条后半段是对他人已经使用并有一定影响的未申请注册商标的保护，是对在先申请原则的补充和例外，对未注册但在先使用的商标给予特殊保护。未注册商标包括在系争商标申请日前未提出商标注册申请或者注册期满未续展丧失商标专用权的商标。但适用本条后半段保护的未注册商标须满足一定条件，即须经过在先使用并取得一定影响。本条禁止的是以不正当手段恶意抢注的行为，即被申请行为是抢先以自己名义申请注册他人商标的恶意行为，以弥补严格实行注册原则的不足。此行为被禁止的根源是恶意，违反诚实信用原则。

上述三个条款均为贯彻诚实信用原则而制定，是现行《商标法》第十三条、第三十三提起异议和第四十五条提起无效宣告程序的实体法律依据。第四条第一款后半段“不以使用为目的的恶意商标注册申请，应当予以驳回”是 2019 年修订的《商标法》新增加的内容，也是商标注册部门以绝对理由拒绝商标注册的依据之一，用以遏制恶意抢注行为，使得商标注册更向其“按需申请”的本质出发，引导自然人、法人或者其他组织在生产经营活动中，对其商品或者服务需要取得商标专用权时合理合法地申请注册。第十五条和第三十二条是商标注册部门以相对理由拒绝商标注册的依据。根据私权自治和处分原则，由在先权利人或者利害关系人在异议、不予注册复审、无效宣告程序中依法向商标注册部门提出申请，有明确的请求事实理由和法律依据，并提供相应证据。

以上有关对他人现有的在先权利保护和禁止恶意抢注行为的概念和内容贯穿《商标法》始终，在本书关于第四条、第十五条、第三十二条的部分亦分别有具体论述，同时也可参考《商标审查审理指南》的详细规定及示例，在此不再赘述。

（2）知道或者应当知道的认定

《商标代理监督管理规定》第三十条规定，“有下列情形之一的，属于商标法第十九条第三款、第四款规定的行为：（一）曾经代理委托人申请注册商标或者办理异议、无效宣告以及复审事宜，委托人商标因违反商标法第四条、第十五条或者第三十二条规定，被国家知识产权局生效的决定或者裁定驳回申请、不予核准注册或者宣告无效，仍代理其在同一种或者类似商品上再次提交相同或者近似商标注册申请的；（二）曾经代理委托人办理其他商标业务，知悉委托人商标存在违反商标法第四条、第十五条或者第三十二条规定的情形，仍接受委托的；……（四）其他属于商标法第十九条第三款、第四款规定的情形。”

由以上列举的行为可以看出，《商标法》第十九条第三款规定的“知道或者应当知道”主要指商标代理机构曾经代理委托人办理商标申请或者异议、无效宣告以及复审事宜，该委托人商标因违反《商标法》第四条、第十五条或者第三十二条而被商标注册部门驳回、不予核准注册或者宣告无效的情况下，仍委托在同一种或者类似商品上再次提交相同或者近似商标注册申请，商标代理机构曾经代理委托人办理其他商标业务，知悉委托人商标存在违反这些规定的情形，以及兜底条款里规定的其他情形。出现这些情形，商标代理机构不得接受委托并应当告知委托人原因。虽然没有规定告知形式，参照第十九条第二款之规定，笔者认为商标代理机构应书面方式明确告知委托人不接受委托的原因。

本款从另一侧面尽力制止不以使用为目的大量囤积商标、售卖商标的行为，强有力遏制多次恶意损害他人在先权利或者恶意申请他人在先商标的行为，亦能更大程度避免行政、司法资源的浪费。

（二）商标代理机构为自己申请注册商标

《商标法》第十九条第四款规定，商标代理机构除对其代理服务申请商标注册外，不得申请注册其他商标。

这一规定是2013年《商标法》的新增条款，2019年《商标法》沿用了这一条款。总体来说，我国《商标法》对注册商标申请人及其申请注册商标指定的商品或服务，是没有限制的。任何自然人、法人或者其他组织在生产经营活动中，对其商品或者服务需要取得商标专用权的，都可以向商标局申请商标注册。这与我国的市场主体登记制度是一致的。在我国境内，任何自然人、法人及非法人组织只要办理市场主体登记就可以从事经营活动，除非从事依法须经批准的许可经营项目。但是，在《商标法》第三次修订中，全国人大听取了各方面意见，了解到实践中一些商标代理组织违反诚实信用原则，利用其业务上的优势帮助委托人进行恶意商标注册，甚至自己恶意抢注他人商标牟利。为了对商标代理机构的活动予以规范，《商标法》专门作出了该款规定，意图从源头上切断商标代理机构抢注的途径。

自 2014 年 5 月 1 日适用《商标法》第十九条第四款以来，应该说对商标代理机构抢注商标的行为起到了很好的遏制作用，但是对商标代理机构申请注册商标从事正常经营活动也产生了重要影响。这种不是针对行为本身进行规制，而针对特定民事主体直接进行规制的立法形式，是否是最好的，还需要进一步探讨。

三、从业责任

（一）接受他人委托

1. 民事责任

（1）条款解析

《商标法》第六十八条规定了商标代理机构违反法律规定应当承担的民事、行政和刑事责任，以及行业协会的惩戒。其中第三款与民事责任相关，具体规定为"商标代理机构违反诚实信用原则，侵害委托人合法利益的，应当依法承担民事责任……"

前已述及，商标代理机构应当遵循诚实信用原则，遵守法律、行政法规，按照被代理人的委托办理商标注册申请或者其他商标事宜，对在代理过程中知悉的被代理人的商业秘密，负有保密义务，而且应与委托人以书面形式签订商标代理委托合同。如果代理机构在提供商标服务过程中实施了违反诚实信用原则、违反合同约定的行为，或者根本没有签署代理委托合同，不仅没能为委托人顺利办理商标业务，还造成委托人时间、经济、精力等损失，侵害了委托人合法权益，应承担民事责任。具体民事责任应根据《民法典》相关法律规定进行判定。

（2）案例分析

在（2018）京 0102 民初 33478 号徐某兵与北京某知识产权代理有限公司（以下简称北京某公司）、东莞某知识产权服务有限公司（以下简称东莞某公司）关于第 16415314 号"四杰"商标侵害商标权纠纷民事诉讼一案中，北京市西城区人民法院认定商标代理机构应当遵循诚实信用原则，遵守法律、行政法规，按照被代理人的委托办理商标注册申请或者其他商标事宜;对在代理过程中知悉的被代理人的商业秘密,负有保密义务。本案中,被告北京某公司与第三人东莞某公司签订《知识产权服务委托合同》,委托事项为注销16415314号"四杰"商标,委托办理手续中有徐某兵签字委托书,但自始至终未向徐某兵本人核实是否为其真实意思表示;第三人曾经收到徐某兵本人递交委托注册手续,且委托注册手续与委托注销手续中的签名并不相同的情况下,未核实徐某兵的真实意思表示。所以,北京某公司与第三人公司两个商标代理机构均未尽到应有的审查义务,在办理商标事宜过程中,使用伪造、变造的签名的授权委托文件,侵害委托人合法利益的,应当依法承担民事责任。原告有权要求被告承担赔偿责任。因商标权系权利人经行政机关核准注册才能获得,被告无权处分商标权,且本案中已不存在恢复原状的事实基础,一审法院没有支持原告徐某兵要求被告恢复其商标权的诉讼请求,但是结合被告的行为过错程度、获利情况及涉案商标本身的知名度等情况酌定赔偿5万元。(2020)京73民终2085号北京知识产权法院二审判决维持了前述一审判决。

由此可见,如果商标代理机构不能尽到应有的审查义务,不按照委托人的真实意思表示办理商标事宜,侵害委托人合法利益,应承担民事侵权责任。本案中涉案商标在其权利人不知情的情况下被代理机构注销,虽然代理机构赔偿了部分损失,但是却造成了权利人商标权无法恢复的严重后果。

在艾默生公司诉厦门某饮水设备有限公司、王某平等不正当竞争纠纷一案(2021)闽民终1129号中,北京市高级人民法院在行政诉讼二审判决中明确认定厦门和美泉公司的行为违反《商标法》第四十一条构成恶意抢注商标的情况下[(2015)高行(知)终字第3968、3969、3970、3978号],该公司法定代表人王某平又通过新注册的海纳百川公司,与厦门和美泉公司一起继续实施批量抢注行为。除了案涉商标外,王某平及其实际控制的两家公司还申请注册数百件与他人知名品牌相近似的商标。上述抢注商标申请的代理机构明知王某平及其公司实施批量抢注行为,仍为其提供代理服务。厦门市中级人民法院认定厦门和美泉公司、海纳百川公司、王某平应立即停止申请注册与艾默生公司"爱适易"系列商标相同或近似的商标;代理机构应立即停止为厦门和美泉公司、海纳百川公司、王某平申请注册与艾默生公司"爱适易"系列商标相同或近似的商标提供帮助行为。…… 代理机构对其中的40%即48万元承担连带赔偿责任;海纳百川公司、王某平连带赔偿艾默生公司经济损失 40 万元,代理机构对其中的 40% 即 16 万元承担连带赔偿责任;厦门和美泉公司、海纳百川公司、王某平、代理机构在全国公开发行的媒体上刊登声明,消除影响。二审法院维持了一审判决。

本案从《反不正当竞争法》的角度对于恶意多次抢注他人商标的违法行为以及商标代理机构为这些行为提供代理服务的行为进行了处罚,这是法院对以不正当手段抢注商标行为的有力打击。本案被评选为福建省厦门市中级人民法院 2021 年度十大知识产权典型案例。

2. 行政责任

(1)条款解析

《商标法》第六十八条　商标代理机构有下列行为之一的,由工商行政管理部门(现市场监督管理部门)责令限期改正,给予警告,处一万元以上十万元以下的罚款;对直接负责的主管人员和其他直接责任人员给予警告,处五千元以上五万元以下的罚款:

(一)办理商标事宜过程中,伪造、变造或者使用伪造、变造的法律文件、印章、签名的;

(二)以诋毁其他商标代理机构等手段招揽商标代理业务或者以其他不正当手段扰乱商标代理市场秩序的;

(三)违反本法第四条、第十九条第三款和第四款规定的。

商标代理机构有前款规定行为的,由工商行政管理部门(现市场监督管理部门)记入信用档案;情节严重的,商标局、商标评审委员会(2019 年商标局、商标评审委员会、商标审查协作中心已整合为国家知识产权局商标局)并可以决定停止受理其办理商标代理业务,予以公告。

实践中,商标代理机构伪造、变造或者使用伪造、变造的法律文件、印章、签名办理商标事宜,或者以诋毁其他商标代理机构等手段招揽商标代理业务或者以其他不正当手段扰乱商标代理市场秩序的行为不少见。例如,上述民事责任部门提及的在(2018)京 0102 民初 33478 号案例中,被告和第三人作为商标代理机构,使用伪造、变造的签名的授权委托文件,侵害委托人合法利益的,给委托人造成了严重损失。另外,一些商标代理机构为了招揽业务,通过邮件、电话等方式联系已委托其他代理机构的的企业或者个人,颠倒黑白,告知其委托的代理机构不专业,他们以和商标注册部门有关系、有资源,可以提前知道进展信息、能保证案件成功等不真实信息蒙骗不知真相的企业或者个人,这些企业或者个人信以为真,为了所谓的内部消息和成功率转而委托联系这些代理机构,后续很可能被骗取了钱财,而又不能得到想要的商标注册结果。同时,这些代理机构的不正当手段也扰乱了正常的商标代理市场秩序,最终损害了办理商标事宜的企业或者个人的合法权益,剥夺了其他合法经营的商标代理机构公平竞争的权利,应予以严厉打击。

另外,国家知识产权局制定并于 2021 年 7 月 30 日发布的《专利、商标代理行业违法违规行为协同治理办法》第四条规定:"具有下列情形之一的专利、商标代理机构和代理人员列入黑名单:

(一)依据国家知识产权局关于规范辞去公职、退休人员到专利或者商标代理机构任职的规定,构成违规聘用国家知识产权局辞去公职、退休人员,并存在拖延、拒绝纠正其违法违规行为等情形的专利、商标代理机构;

(二)存在审代勾连行为,以行贿等严重影响专利、商标审查工作公平公正的方式,获取不当利益的专利、商标代理机构和代理人员;

(三)采取违规转递涉案材料、干预影响审查结论、不正当获取审查信息等方式,造成严重后果或者有其他严重不良影响的专利、商标代理机构和代理人员;

(四)应当列入黑名单的其他情形。"

第七条规定:"对于列入黑名单的商标代理机构和代理人员 …… 同时存在行贿等严重情节的,按照《商标法》第六十八条……《商标法实施条例》第九十条的规定…… 永久停止受理其办理商标代理业务的行政处罚"。

近年来,随着互联网的发展,一些商标代理机构的违法行为也呈现多样化和电子化的趋势。随着商事制度改革的不断深化,中国市场主体数量大幅增加,商标注册申请量持续攀升,已实现商标累计申请量、累计注册量、有效注册量"三个超千万",全社会的商标意识大大增强,各行各业对申请商标注册的需求更加迫切。商标注册部门不断提升商标注册服务水平,深入推进商标注册便利化改革,大力推进开放商标网上申请工作。为了加强商标保护和推进商标便利化,从 2017 年开始,商标注册部门全部推进电子化的商标申请注册,商标申请人和商标代理机构都可以通过网上提交商标注册申请。之后,为贯彻落实新发展理念,推进商标信息化建设,适应常态化疫情防控要求,不断深化商标注册便利化改革,商标局大力推进商标申请电子政务,更多类型的商标申请事宜可以通过网上申请,越来越多商标代理机构也更愿意通过网络从事商标代理业务。2022 年实施的《商标代理监督管理规定》(第五章第二十七至三十六条)具体列举了属于《商标法》第六十八条规定的商标代理机构违法行为,其中第三十三条针对近年来商标代理机构通过网络从事商标代理业务过程中出现的新的违法行为的处理作了详细规定:

“商标代理机构通过网络从事商标代理业务,有下列行为之一的,《中华人民共和国反垄断法》《中华人民共和国反不正当竞争法》《中华人民共和国价格法》《中华人民共和国广告法》等法律法规有规定的,从其规定;没有规定的,由市场监督管理部门给予警告,可以处五万元以下罚款;情节严重的,处五万元以上十万元以下罚款:

(一)利用其客户资源、平台数据以及其他经营者对其在商标代理服务上的依赖程度等因素,恶意排挤竞争对手的;

(二)通过编造用户评价、伪造业务量等方式进行虚假或者引人误解的商业宣传,欺骗、误导委托人的;

(三)通过电子侵入、擅自外挂插件等方式,影响商标网上服务系统、商标代理系统等正常运行的;

(四)通过网络展示具有重大不良影响商标的;

(五)其他通过网络实施的违法商标代理行为。”

上述列举的行为就是近年来一些商标代理机构利用网络违反诚实信用原则、以不正当手段招徕业务、诋毁同行、抢占市场、扰乱正常商标代理行业秩序的典型违法行为。

同时,《商标代理监督管理规定》第三十四条规定了市场监督管理部门依据《商标法》第六十八条规定对商标代理机构的违法行为进行查处后,依照有关规定将查处情况通报国家知识产权局。国家知识产权局收到通报,或者发现商标代理机构存在《商标法》第六十八条第一款行为,情节严重的,可以依法作出停止受理其办理商标代理业务六个月以上直至永久停止受理的决定,并予公告。因商标代理违法行为,两年内受到三次以上行政处罚的,属于前述情节严重的情形。商标代理机构被停止受理商标代理业务的,在停止受理业务期间,或者未按照规定妥善处理未办结商标代理业务的,该商标代理机构负责人、直接责任人员以及负有管理责任的股东、合伙人不得在商标代理机构新任负责人、股东、合伙人。第三十六条规定,“从事商标代理业务的商标代理机构,未依法办理备案、变更备案、延续备案或者注销备案,未妥善处理未办结的商标代理业务,或者违反其他规定,损害委托人利益或者扰乱商标代理市场秩序的，由国家知识产权局予以通报，并记入商标代理机构信用档案。商标代理机构有前款所述情形的，由市场监督管理部门责令限期改正；期满不改正的，给予警告，情节严重的，处十万元以下罚款”。

我国商标代理服务业快速发展，为知识产权创造、运用和保护提供了重要支撑、发挥了重要作用。但应引起重视的是，一些商标代理机构以不正当手段招揽业务、恶意申请注册商标等现象时有发生，并引起不良社会影响。为规范商标代理行业秩序，促进商标代理服务业持续健康发展，为创新创业和推动经济回稳向上提供更加优质的代理服务，国家知识产权局和国家市场监督管理总局于 2022 年 11 月 10 日联合发布了关于开展商标代理行业专项整治行动的通知。该通知就专项整治行动的主要任务、保障措施、进度安排等事项提出了具体要求，即各地知识产权管理部门和市场监管部门要加强与辖区内品牌企业、重要企业等市场主体的联系，收集摸排伪造申请材料和法律文书、以不正当手段招揽业务、虚假宣称有内部关系、代理恶意抢注和囤积商标等违法线索；各地市场监管部门要依照《商标法》《商标法实施条例》《规范商标申请注册行为若干规定》等有关规定，依法严厉查处商标代理违法行为。对于多次违法开展代理业务以及社会广泛关注、公众反映强烈的违法行为，依法加大处罚力度，切实形成震慑，加强对商标代理机构和从业人员监督检查，重点检查是否严格履行商标代理职责和义务，质量管理、利益冲突审查、恶意申请筛查等制度是否健全，是否存在不规范经营行为。对于通过网络从事商标代理业务的，重点检查其是否存在恶意排挤竞争对手、低于成本价格提供服务、通过网络展示具有重大不良影响商标等行为；各地市场监管部门要将商标代理机构和从业人员的行政处罚信息按规定向社会公示，对于商标代理机构提交恶意注册申请商标损害社会公共利益，从事严重违法商标代理行为，性质恶劣、情节严重、社会危害较大，受到较重行政处罚的，按有关规定列入严重违法失信名单；同时，做好商标代理机构违法信息归集，将有关查处情况通报知识产权管理部门。知识产权管理部门要建立完善商标代理机构和商标代理从业人员信用档案，做好商标代理机构及其从业人员违法信息的整理分析，相关情况及时报送国家知识产权局。国家知识产权局对于违法情节严重的商标代理机构，依法停止受理其办理商标代理业务并予公告，并列入严重违法失信名单。

（2）案例分析

实践中，在国内、国际重大事件发生时是商标代理机构代理恶意申请商标、以不正当手段抢注他人商标和损害他人在先权利的违法行为高发时期。

2020年新冠肺炎疫情爆发以来，我国为了抗击疫情保护人民群众的生活安全，许多医生加入到抗击疫情的第一线，涌现出了许多英雄人物，同时国家通过修建方舱医院等方式加紧对感染疫情人民的救治工作。而当时一些商标代理机构在明知委托人申请注册的商标存在《商标法》第十九条规定不得注册情形的情况下，仍然接受委托申请“火神山”“雷神山”“李文亮”等商标，严重损害公共利益、造成不良影响，受到行政机关的处罚。

2020年3月26日，浙江省绍兴市市场监管局立案的疫情期间申请注册“李文亮”商标案，对申请人杨某芳、绍兴某知识产权代理有限公司及其直接责任人员陈某刚作出责令改正违法行为，并分别处以2000元、2万元和1万元罚款的行政处罚。这也是全国运用2019年12月1日实施的《规范商标申请注册行为若干规定》首次针对商标申请人和代理机构开出的罚单。

2020年2月4日正值疫情爆发之际，成都一家商标代理公司接受委托人的委托，为其申请注册“火神山”商标，申请注册商标总共4个类别。3月5日，该代理公司了解相关媒体报道后，向国家知识产权局申请撤回以上商标注册。成都市成华区市场监管局认为，“火神山”“雷神山”是武汉火神山医院和雷神山医院的字号，具有较高的独创性和显著性，在社会中具有较高的知名度和影响力，并且，武汉火神山医院和雷神山医院拥有“火神山”“雷神山”字号权的在先权利。本案中，代理公司的行为不仅损害了武汉火神山医院和雷神山医院字号权的在先权利，更损害了社会的公众利益，将会给社会造成重大不良影响。根据《商标法》相关规定，决定对当事人作出罚款2万元的行政处罚。这是典型的商标代理机构违反《商标法》第十九条规定代理恶意商标注册申请、损害他人在先权利的违法行为。这是不正当代理“火神山”商标案例，本案虽属2020年的案例，但在抗击疫情的重要时刻，破例入选了2019年四川省知识产权保护十大典型案例。

2020年3月3日，国家知识产权局对首批63件进入实质审查阶段的“火神山”“雷神山”“钟南山”等恶意商标注册申请，依法作出驳回决定。同日上海市知识产权局对上海市4家代理申请“火神山”“雷神山”商标的代理机构依法进行了约谈，要求代理机构撤回相关商标申请。上海市市场监管局表示，鉴于当事人在全国抗击新冠肺炎疫情一级响应期间实施上述行为，均依法予以处罚。所有申请人均将处以1万元的罚款，代理机构分别处以7万元至8.5万元不等的罚款。此外,根据《商标法》的相关规定,代理机构中直接负责的主管人员也受到了相应处罚。当时全国还有多个省市市场监管部门对管辖范围内的违法商标代理和申请行为进行了打击和行政处罚。事实上,这类恶意抢注商标的事情并不是偶然现象。早在2003年全国爆发“非典”疫情时,就有人蹭热度,恶意抢注“非典”等商标。这种“非正常申请”商标的现象,是商标代理行业整治的“顽疾”,疫情期间个别不良企业申请“火神山”“雷神山”等商标,既损害社会公众利益,更容易造成重大的不良社会影响。

2022年第二十四届冬季奥林匹克运动会在我国北京和张家口隆重举办,来自全球的冬奥健儿们奋勇拼搏,诠释了“更快、更高、更强、更团结”的奥林匹克精神,传递着“一起向未来”的文明和谐进取的美好愿景。而一些企业和个人以牟取不当利益为目的,将冬奥会、冬残奥会的吉祥物名称“冰墩墩”“雪容融”,以及取得优异成绩的著名运动员,如“谷爱凌”等运动健儿姓名或与其近似的名称作为商标进行注册,一些商标代理机构接受上述一些企业和个人的委托提交这些申请,严重侵害他人姓名权及其他合法权益,造成了重大社会不良影响,损害了我国严格保护知识产权的良好形象。针对奥运健儿姓名被申请注册商标事宜,中国奥委会曾发布提示,不得以奥运健儿姓名恶意抢注商标,有上述行为的应及时撤回和停止实施商标注册申请。

对此,国家知识产权局予以坚决打击。2022年3月21日,国家知识产权局网站发布通告,对“青蛙公主”“翊鸣”“一起向未来”等1270件涉冬奥会、冬残奥会商标注册申请予以驳回,并及时向公众公布。代理这些商标申请的商标代理机构也受到了行政处罚。国家注册部门和行政执法部门一如既往地保持严厉打击商标恶意注册行为的高压态势,对违反诚实信用原则、恶意抢注商标图谋不当利益的申请人及其委托的商标代理机构依法依规进行了严肃处理。

2022年12月2日,第二十二届国际足联世界杯足球赛在卡塔尔举行正酣,备受全球瞩目。但少数企业、自然人以牟取不当利益为目的,对“世界杯”、著名球星姓名、世界杯吉祥物“LAEEB”“拉伊卜”等热词、标志进行商标恶意抢注,侵害了他人姓名权、其他合法权益以及社会公共利益。一些商标代理机构接受上述商标申请企业和个人的委托提交这些申请,损害了我国严格保护知识产权的良好形象。国家知识产权局高度重视卡塔尔世界杯知识产权保护工作,坚决打击恶意抢注行为,依据《商标法》相关规定,对26件商标注册申请予以驳回,而且对已注册的世界杯关联商标依职权宣告无效。相信代理这些商标申请的商标代理机构也将会受到相应的处罚。

3. 刑事责任

(1)条款解析

根据《商标法》第六十八条、《规范商标申请注册行为若干规定》之相关规定，商标代理机构有下列行为之一的，除了承担民事责任、行政责任，情节严重的，还可能构成犯罪，依法追究刑事责任：

（一）办理商标事宜过程中，伪造、变造或者使用伪造、变造的法律文件、印章、签名的；

（二）以诋毁其他商标代理机构等手段招徕商标代理业务或者以其他不正当手段扰乱商标代理市场秩序的；

（三）违反本法第四条、第十九条第三款和第四款规定的。

前述《专利、商标代理行业违法违规行为协同治理办法》(2021 年 7 月 30 日实施)第七条规定，“对于列入黑名单的商标代理机构和代理人员 …… 同时存在行贿等严重情节的，按照《商标法》第六十八条、……《商标法实施条例》第九十条的规定…… 永久停止受理其办理商标代理业务的行政处罚。对涉嫌犯罪的，依法移送有关部门追究刑事责任”。

《商标代理监督管理规定》第三十八条规定，“从事商标注册和管理工作的人员玩忽职守、滥用职权、徇私舞弊，违法办理商标注册事项和其他商标事宜，收受商标代理机构或者商标代理从业人员财物，牟取不正当利益的，应当依法进行处理；构成犯罪的，依法追究刑事责任”。该条款虽然是针对从事商标注册和管理工作的人员，但是涉及商标代理机构或者商标代理从业人员行贿这些人员，可能构成犯罪，也应适用于商标代理机构或者商标代理从业人员。

(2)案例分析

截至目前，笔者暂未查到商标代理机构从事代理业务受到刑事处罚的案例。如上，国家保持高压态势、持续深入开展打击恶意商标注册专项行动，依法依规严肃处理违反诚实信用原则、恶意抢注商标图谋不当利益的申请人及其委托的商标代理机构，能够进一步遏制商标代理机构违法行为，避免严重违法受到刑事处罚的案件发生，促使代理机构能合法合规提供代理服务，维护好风清气正的商标注册管理秩序，保护市场主体合法权益，维护社会公共利益。

(二)商标代理机构为自己申请注册商标

1. 条款解析

如上所述,《商标法》第六十八条规定了商标代理机构违反法律规定应当承担的民事、行政和刑事责任,以及行业协会的惩戒。该条款同样适用于商标代理机构为自己申请注册商标的情形。商标代理机构违反《商标法》第十九条第四款的规定申请注册商标,不仅申请商标得不到核准,还可能会面临相应的行政处罚,甚至刑事责任,承担相应的民事责任。

2. 案例分析

2013 年修订的《商标法》自 2014 年 5 月 1 日起施行。自 2014 年 5 月 1 日适用《商标法》第十九条第四款以来,对商标代理机构申请注册商标产生了重要影响。

(1)商标代理机构申请注册法律服务商标

2014 年 8 月 28 日,上海某代理机构向国家工商行政管理总局商标局提出第 15244245 号"上专"商标(以下简称申请商标)的注册申请,指定使用的服务项目为第 45 类:知识产权咨询、知识产权代理、知识产权许可、法律研究、诉讼服务、计算机软件许可(法律服务)、域名注册(法律服务)、为法律咨询目的监控知识产权、个人背景调查、知识产权评估、知识产权研究、知识产权调查。

2015 年 2 月 4 日,商标局作出《商标注册申请不予受理通知》,以申请人某代理机构所申请商标所指定的商品/服务项目不符合《商标法》第十九条和《商标法实施条例》第八十七条的规定为由,对上述申请不予受理。

代理机构不服该通知,提起行政诉讼,向北京知识产权法院请求判决撤销商标局作出的上述通知。北京知识产权法院认为:《商标法》第十九条第四款明确指出,商标代理机构仅可以在"代理服务"上"申请商标注册",在除此之外的其他商品或服务上则不得申请注册其他商标。因该条款中对于申请注册的商标系商标代理机构自用还是以牟利为目的进行注册未作区分。因此,无论商标代理机构是基于何种目的进行的注册申请,只要是在代理服务之外的商品或服务上进行的注册申请,均属于该条款禁止的情形。本案中,申请商标指定使用在第 45 类"知识产权咨询、知识产权代理、知识产权许可、法律研究、诉讼服务、计算机软件许可(法律服务)、域名注册(法律服务)、为法律咨询目的监控知识产权、个人背景调查、知识产权评估、知识产权研究、知识产权调查”服务上,上述服务内容显然并不属于商标代理服务的内容,因此,申请商标属于《商标法》第十九条第四款规定不予注册的情形。综上,北京知识产权法院依照《行政诉讼法》第六十九条之规定,判决:驳回代理机构的诉讼请求。

代理机构不服北京知识产权法院原审判决,向北京市高级人民法院提起上诉,请求撤销原审判决,依法改判支持其原审诉讼请求。北京市高级人民法院认为,商标代理机构提出申请商标的注册申请,不符合《商标法》第十九条第四款的规定。商标局对申请商标的注册申请不予受理并无不当。原审判决的相关认定亦无不当,北京市高级人民法院作出(2017)京行终3116号判决,驳回上诉,维持原判。

这是2013年《商标法》自2014年5月1日起施行后影响比较大的商标代理机构申请注册商标案。从此案可以看出,2013年的《商标法》自2014年5月1日起施行后,对第十九条第四款的执行,采取了非常严格的标准,商标代理机构只能在商标代理服务上申请注册商标,不能在与商标代理服务类似的法律服务上申请注册商标,更不能在其他非类似商品或服务上申请注册商标。

但是,这种对《商标法》第十九条第四款采用严格解释的做法逐渐被放弃了,逐渐允许商标代理机构在与商标代理服务相类似的法律服务上注册商标。上海某代理机构也于2021年10月26日在“知识产权咨询;知识产权许可;法律研究;诉讼服务;调解;版权管理;仲裁;计算机软件许可(法律服务);知识产权代理服务;域名注册(法律服务);法律服务;法律咨询;商标代理服务;替代性纠纷解决服务;法律文件准备服务;关于响应招标的法律建议;法律监测服务;关于专利地图的法律咨询”再次申请注册“上专”商标,并获准注册。

(2)商标代理机构申请注册非法律服务商标

2014年8月25日,上海某代理机构向国家工商行政管理总局商标局提出第15244085号“上专”商标的注册申请,指定使用的服务项目为第35类:广告设计、商业调查、民意测验、特许经营的商业管理、统计资料汇编、商业中介服务、组织技术展览、文字处理、将信息编入计算机数据库、在计算机档案中进行数据检索(替他人)。

2015年2月4日,商标局以申请商标指定的商品/服务项目不符合《商标法》第十九条和《商标法实施条例》第八十七条的规定为由,对上述申请不予受理。代理机构不服该通知，提起行政诉讼，请求法院判决撤销商标局作出的上述通知。

北京知识产权法院认为：《商标法》第十九条第四款明确指出，商标代理机构仅可以在“代理服务”上“申请商标注册”，在除此之外的其他商品或服务上则不得申请注册其他商标。因该条款中对于申请注册的商标系商标代理机构自用还是以牟利为目的进行注册未作区分。因此，无论商标代理机构是基于何种目的进行的注册申请，只要是在代理服务之外的商品或服务上进行的注册申请，均属于该条款禁止的情形。本案中，申请商标指定使用在第 35 类“广告设计、商业调查、民意测验、特许经营的商业管理、统计资料汇编、商业中介服务、组织技术展览、文字处理、将信息编入计算机数据库、在计算机档案中进行数据检索（替他人）”服务上，上述服务内容显然并不属于商标代理服务的内容，因此，申请商标属于《商标法》第十九条第四款规定不予注册的情形。综上，北京知识产权法院依照《行政诉讼法》第六十九条之规定，判决：驳回代理机构的诉讼请求。

代理机构不服原审判决，向北京市高级人民法院提起上诉，请求：撤销原审判决，依法改判支持其原审诉讼请求。北京市高级人民法院认为，商标代理机构提出申请商标的注册申请，不符合《商标法》第十九条第四款的规定。商标局对申请商标的注册申请不予受理并无不当。原审判决的相关认定亦无不当，本院予以维持。北京市高级人民法院作出（2017）京行终 3119 号判决，驳回上诉，维持原判。

目前，对于商标代理机构在法律服务之外的商标注册申请，无论是否实际使用，仍不予受理。

（3）商标代理机构包括商标局备案的商标代理机构、经营范围包含知识产权代理服务的市场主体、实际从事商标代理服务的市场主体

商标代理机构是指接受委托人的委托，以委托人的名义办理商标注册申请、商标评审或者其他商标事宜的服务机构，包括经市场监督管理部门登记并在商标局备案从事国家知识产权局主管的商标事宜代理业务的商标代理机构、在商标局备案从事国家知识产权局主管的商标事宜代理业务的律师事务所、经市场监督管理部门登记经营范围包括商标代理业务的服务机构，以及实际从事商标代理业务的服务机构。这些商标代理机构申请注册商标均受《商标法》第十九条约束。

某投资发展有限公司于 2017 年 6 月 21 日申请注册第 24918185 号“百合家 BaiHeJia. com 及图”商标，指定使用服务在第 36 类不动产出租；不动产管理；公寓出租；商品房销售；保险信息；金融管理；经纪；担保；信托；典当等服务。

原国家工商行政管理总局商标评审委员会于2018年9月19日以诉争商标的申请注册违反《商标法》第十九条第四款所指的情形为由作出商评字〔2018〕第172454号《商标驳回复审决定书》被诉决定，决定：诉争商标予以驳回。上诉人不服商标评审委员会的商标驳回复审决定书，起诉至北京知识产权法院。

北京知识产权法院认为，鉴于某投资发展有限公司已于2018年9月3日变更经营范围，其不再包含"知识产权代理(除专利代理)"这一经营范围，百合时代公司关于诉争商标的申请注册符合《商标法》第十九条第四款规定，北京知识产权法院依照《行政诉讼法》第七十条第一项、第二项之规定，作出(2018)京73行初12024号行政判决，判决：①撤销被诉决定；②国家知识产权局重新作出决定。

国家知识产权局不服原审判决，向北京市高级人民法院提起上诉，请求撤销原审判决，维持被诉决定，其主要上诉理由为：某投资发展有限公司的经营范围应该以其申请注册商标时为准。北京市高级人民院认为：《商标法》第十九条第四款规定，商标代理机构除对其代理服务申请商标注册外，不得申请注册其他商标。根据《商标法实施条例》第八十三条的规定，商标法所称商标代理，是指接受委托人的委托，以委托人的名义办理商标注册申请、商标评审或者其他商标事宜。根据同法第八十四条的规定，商标法所称商标代理机构，包括经工商行政管理部门登记从事商标代理业务的服务机构和从事商标代理业务的律师事务所。最高人民法院《关于审理商标授权确权行政案件若干问题的规定》第二十八条规定，人民法院审理商标授权确权行政案件的过程中，商标评审委员会对诉争商标予以驳回、不予核准注册或者予以无效宣告的事由不复存在的，人民法院可以依据新的事实撤销商标评审委员会相关裁决，并判令其根据变更后的事实重新作出裁决。本案中，尚无证据证明某投资发展有限公司属于"经工商行政管理部门登记从事商标代理业务的服务机构"，而且，鉴于该投资发展有限公司已于2018年9月3日变更经营范围，其不再包含"知识产权代理(除专利代理)"这一经营范围。虽然商标申请审查主要依照该商标申请注册时的事实和理由作出，但考虑诉争商标并未完成注册程序，在诉讼中新产生的事实也应予以考虑，以实质性解决商标审查中的争议和纠纷。因此，原审判决认定诉争商标的注册申请符合《商标法》第十九条第四款规定的主张成立并无不当，本院予以确认。依照《行政诉讼法》第八十九条第一款第一项之规定，北京市高级人民法院判决：驳回上诉，维持原判。

从上述案例可以看出，在《商标法》第十九条第四款适用之初，法院对商标代理机构的审查采用的较为宽松的解释，但这种做法随后就被否定了。

某投资发展有限公司于 2017 年 8 月 25 日向国家工商行政管理总局商标局（以下简称商标局）申请注册商标，指定使用在第 36 类保险信息；金融管理；艺术品估价等服务上。

2019 年 3 月 6 日，原国家工商行政管理总局商标评审委员会以诉争商标构成《商标法》第十九条第四款、第三十条、第三十四条所指情形为由，决定：诉争商标在复审服务上的注册申请予以驳回。

北京知识产权法院认定：本案中，某投资发展有限公司主张其原营业执照记载的经营范围包括知识产权代理等相关服务，但已于 2018 年 9 月 3 日变更营业范围，不再包含“知识产权代理（除专利代理）”这一经营范围，故已符合上述法律规定，应准许其注册申请。但商标申请人是否符合“商标代理机构”的条件限制，应以其申请商标注册时的状态为准，申请日之后的申请人状态变化与是否符合“商标代理机构”的条件限制无关。北京知识产权法院依照《行政诉讼法》第六十九条之规定，作出（2019）京 73 行初 5408 号行政判决，驳回百合时代公司的诉讼请求。某投资发展有限公司不服北京知识产权法院，于法定期限内向北京市高级人民法院提起上诉。北京市高级人民法院与北京知识产权法院对审查申请人是否属于商标代理机构的时间点持相同意见，因此驳回上诉，维持原判。

从上述案例中可见，在近五年的时间中，行政机关和司法机关对于《商标法》第十九条第四款“商标代理机构”的认定经历了由严格到相对宽松再到严格执行的过程。

从上述案例可以看出，自适用《商标法》第十九条第四款以来，对商标代理机构的认定，以及商标代理机构申请注册商标可以指定的商品或服务，出现了从松到紧，或从紧到松的变化。出现这一观点波动的原因，在广受关注的“上专案”背后的学界讨论中可见一斑。一种观点认为，《商标法》既然针对商标代理机构设有专门的规定，则应当严格适用《商标法》第十九条第四款的法律条文，否则该条款就丧失了存在的意义；另一种观点则认为，第十九条第四款的立法目的在于规制商标代理机构对被代理人商标的抢注、对商标的囤积行为，按照立法原意，应对该条款进行限缩解释，只要市场主体使用和注册诉争商标的行为没有违反诚实信用原则，就应当予以注册。

实务中，只从事商标代理业务的市场主体，基本上没有，大多还会从事版权代理、专利代理,或其他法律服务。目前法律实施的调整基本可以满足商标代理机构的主要经营活动。但是这种规定,与我国整体营商环境的改变是不符合的,完全可以通过使用目的来规范商标代理机构的商标申请,希望随着商标恶意注册的减少,逐步取消这条规定。

(4)恶意囤积注册商标被行政罚款,并永久停止受理其商标代理业务

江苏某商标代理有限公司于2017年4月1日开始从事商标代理业务。为规避商标代理公司不可以申请注册除商标代理服务之外商标的规定,通过授意成立或控制关联公司的方式申请注册商标并转让牟利,2018年1月至2020年3月共申请注册803件商标,其中包括诸多同他人相同或近似的商标,具有明显复制、抄袭他人商标的故意。

常熟市市场监督管理局根据《商标法》第六十八条第一款的规定,对当事人给予6万元罚款的处罚,并给予直接负责的主管人员3万元罚款的处罚。

国家知识产权局根据《商标法》第六十八条第一款第三项、第六十八条第二款、《商标法实施条例》第九十条的规定,决定给予当事人永久停止受理其办理商标代理业务的处罚,并予公告。

(三)商标代理机构行业监管和惩戒

商标代理机构作为商标事宜服务机构,除了受到行政、司法机关的监督和管理,同时也受行业协会的监管。《商标代理监督管理规定》第四条规定,“商标代理行业组织是商标代理行业的自律性组织。商标代理行业组织应当严格行业自律,依照章程规定,制定行业自律规范和惩戒规则,加强业务培训和职业道德、职业纪律教育,组织引导商标代理机构和商标代理从业人员依法规范从事代理业务,不断提高行业服务水平。知识产权管理部门依法加强对商标代理行业组织的监督和指导,支持商标代理行业组织加强行业自律和规范。鼓励商标代理机构、商标代理从业人员依法参加商标代理行业组织”。《规范商标申请注册行为若干规定》第十八条规定,“商标代理行业组织应当完善行业自律规范,加强行业自律,对违反行业自律规范的会员实行惩戒,并及时向社会公布”。

我国全国性商标代理行业组织是中华商标协会,属于全国性民间社团组织,业务指导单位为国家知识产权局,各地也多有自己地方的商标协会。商标协会承担着宣传商标法律、加强商标代理行业自律、服务商标品牌建设、促进商标品牌国

际交流等职能。

同时,作为商标代理机构的律师事务所,还受到律师协会的监管。律师协会是社会团体法人,是律师的自律性组织。根据《律师法》第四十三条规定,“律师协会是社会团体法人,是律师的自律性组织。全国设立中华全国律师协会,省、自治区、直辖市设立地方律师协会,设区的市根据需要可以设立地方律师协会”。第四十五条规定,“律师、律师事务所应当加入所在地的地方律师协会。加入地方律师协会的律师、律师事务所,同时是全国律师协会的会员。律师协会会员享有律师协会章程规定的权利,履行律师协会章程规定的义务”。可见与在市场监督管理机关登记设立的商标代理机构不同的是,律师必须加入所在地的地方律师协会。加入地方律师协会的律师,同时是中华全国律师协会的会员。根据第四十六条规定,律师协会履行职责包括保障律师依法执业,维护律师的合法权益;总结、交流律师工作经验;制定行业规范和惩戒规则;组织律师业务培训和职业道德、执业纪律教育,对律师的执业活动进行考核;组织管理申请律师执业人员的实习活动,对实习人员进行考核;对律师、律师事务所实施奖励和惩戒;受理对律师的投诉或者举报,调解律师执业活动中发生的纠纷,受理律师的申诉;法律、行政法规、规章以及律师协会章程规定的其他职责。为规范律师执业行为和律师事务所的管理活动,加强律师职业道德和执业纪律建设,规范执行行业惩戒制度,发挥行业自律作用,维护律师行业形象,多个省市的律师协会行业协会发布了当地律师协会会员违规行为处分规则。如《深圳市律师协会会员违规行为处分细则》于 2006 年施行,2022 年进行了修订,《北京市律师协会会员违规行为处分规则实施细则(试行)》于 2022 年 2 月 1 日起施行。

上述商标代理行业组织和律师协会制定行业自律规范和惩戒规则,加强业务培训和职业道德、职业纪律教育,组织引导商标代理机构和商标代理从业人员依法规范从事代理业务,不断提高行业服务水平。商标注册管理部门依法加强对商标代理行业组织的监督和指导,支持商标代理行业组织加强行业自律和规范,对违反行业自律规范的会员实行惩戒,并及时向社会公布。

四、结语

笔者在本文中就《商标法》第十九条有关规范商标代理机构行为进行了探讨和解析,具体就规范商标代理机构的现行法律法规及历史沿革、商标代理机构提供代理服务和为自己申请注册商标涉及的主要内容,包括商标代理机构接受他人委托提供商标代理服务和商标代理机构为自己申请注册商标进行了具体论述,以及就商标代理机构违反法律规定应当承担的民事、行政、刑事责任和行业协会的惩戒进行了分析。商标权是知识产权的重要权利之一,商标代理机构是为企业或者个人提供商标注册和保护的专业代理机构,在目前国家大力提倡和发展知识产权强国战略的大背景下,规范商标代理机构行业服务行为的必要性不言而喻。笔者旨在通过对该条文的解析和案例分析指出目前商标代理机构的行业现状、出现的服务问题以及规范商标代理机构的法律依据,强调规范商标代理机构服务行为的必要性以及根据相关法律、法规等规定加强对商标代理机构服务行为进行监管。知识产权强国战略有助于提升国家创新能力,有利于促进国际贸易和投资,可以更好地支持国家经济发展。商标代理机构的合法、有序、高质量发展将加强国家整体知识产权的宣传和教育水平,增强和提升企业和个人的商标保护和知识产权保护意识和水平,为国家实现知识产权强国战略添砖加瓦。

第十七章 《商标法》第三十条、第三十一条之精解

郭东科* 高 薇**

一、法律规范及条文理解

(一)法律规定及相关法律规范

1.《商标法》

第三十条 申请注册的商标,凡不符合本法有关规定或者同他人在同一种商品或者类似商品上已经注册的或者初步审定的商标相同或者近似的,由商标局驳回申请,不予公告。

第三十一条 两个或者两个以上的商标注册申请人,在同一种商品或者类似商品上,以相同或者近似的商标申请注册的,初步审定并公告申请在先的商标;同一天申请的,初步审定并公告使用在先的商标,驳回其他人的申请,不予公告。

2.最高人民法院《关于审理商标民事纠纷案件适用法律若干问题的解释》

第九条 商标法第五十二条第(一)项规定的商标相同,是指被控侵权的商标与原告的注册商标相比较,二者在视觉上基本无差别。

商标法第五十二条第(一)项规定的商标近似,是指被控侵权的商标与原告的注册商标相比较,其文字的字形、读音、含义或者图形的构图及颜色,或者其各要

---

* 郭东科律师,第10届中华全国律师协会知识产权专业委员会秘书长,第11届北京市律师协会商标法律专业委员会主任,北京市中里通律师事务所主任,代理的“VERO MODA”“禧六福珠宝”等商标案件多次入选最高人民法院典型案例。

** 高薇律师,第11届北京市律师协会商标法律专业委员会副秘书长,北京市万慧达律师事务所资深律师,曾代理海澜之家、六福、欧莱雅、芬迪、泰康之家、大福来、小米等商标案。

素组合后的整体结构相似，或者其立体形状、颜色组合近似，易使相关公众对商品的来源产生误认或者认为其来源与原告注册商标的商品有特定的联系。

第十条　人民法院依据商标法第五十二条第（一）项的规定，认定商标相同或者近似按照以下原则进行：

（一）以相关公众的一般注意力为标准；

（二）既要进行对商标的整体比对，又要进行对商标主要部分的比对，比对应当在比对对象隔离的状态下分别进行；

（三）判断商标是否近似，应当考虑请求保护注册商标的显著性和知名度。

3. 最高人民法院《关于审理商标授权确权行政案件若干问题的意见》

第一条　人民法院在审理商标授权确权行政案件时，对于尚未大量投入使用的诉争商标，在审查判断商标近似和商品类似等授权确权条件及处理与在先商业标志冲突上，可依法适当从严掌握商标授权确权的标准，充分考虑消费者和同业经营者的利益，有效遏制不正当抢注行为，注重对于他人具有较高知名度和较强显著性的在先商标、企业名称等商业标志权益的保护，尽可能消除商业标志混淆的可能性；对于使用时间较长、已建立较高市场声誉和形成相关公众群体的诉争商标，应当准确把握商标法有关保护在先商业标志权益与维护市场秩序相协调的立法精神，充分尊重相关公众已在客观上将相关商业标志区别开来的市场实际，注重维护已经形成和稳定的市场秩序。

第十四条　人民法院在审理商标授权确权行政案件中判断商品类似和商标近似，可以参照最高人民法院《关于审理商标民事纠纷案件适用法律若干问题的解释》的相关规定。

第十六条　人民法院认定商标是否近似，既要考虑商标标志构成要素及其整体的近似程度，也要考虑相关商标的显著性和知名度、所使用商品的关联程度等因素，以是否容易导致混淆作为判断标准。

4. 北京市高级人民法院《商标授权确权行政案件审理指南》

15　商标法第三十条、第三十一条的适用

15.1　【商标延续注册的限制】

诉争商标申请人的在先商标注册后、诉争商标申请前，他人在相同或者类似商品上注册与诉争商标相同或者近似的商标并持续使用且产生一定知名度，诉争商标申请人不能证明该在先商标已经使用或者经使用产生知名度、相关公众不易发生混淆的情况下,诉争商标申请人据此主张该商标应予核准注册的,可以不予支持。

15.2 【商标近似的判断规则】

适用商标法第三十条、第三十一条时,可以综合考虑商标标志的近似程度、商品的类似程度、引证商标的显著性和知名度、相关公众的注意程度以及诉争商标申请人的主观意图等因素,以及前述因素之间的相互影响,以是否容易造成相关公众混淆为标准。

商标标志相同且指定使用的商品相同,可以直接认定违反商标法第三十条、第三十一条的规定,无须考虑其他因素。

将引证商标的整体或者显著识别部分作为诉争商标构成要素的,可以认定构成商标标志近似。

15.3 【商标申请驳回复审行政案件中商标近似性的判断】

商标申请驳回复审行政案件中,诉争商标与引证商标是否近似,主要根据诉争商标标志与引证商标标志近似程度等因素进行认定。诉争商标的知名度可以不予考虑。

15.4 【商标不予注册复审和无效宣告请求行政案件中商标近似性的判断】

商标不予注册复审和商标权无效宣告请求行政案件中,若诉争商标的申请人主观并无恶意,且基于特定历史原因诉争商标与引证商标长期共存,形成既定市场格局,当事人主张不会导致相关公众发生混淆的,可以认定不构成近似商标。

认定诉争商标与引证商标是否近似,可以综合考虑诉争商标申请人和引证商标权利人提供的证据、诉争商标申请人的主观状态等。

15.5 【市场调查报告的认定】

当事人可以提交市场调查报告用于证明诉争商标和引证商标不构成近似商标,但该报告结论缺乏真实性、科学性的,可以不予采纳。

15.6 【商标法第三十条、第三十一条的适用条件】

商标行政案件中,应当依据诉争商标的申请日确定引证商标属于已被核准注册、已初步审定的商标或者在先申请的商标。

引证商标申请日早于诉争商标,但在诉争商标申请日前,引证商标尚未被核准注册或者初步审定,即使在商标评审部门作出被诉裁决时,引证商标已被核准注册或者初步审定的,应当适用商标法第三十一条的规定对引证商标与诉争商标是否构成近似商标进行认定。

15.7 【引证商标权利人被注销】

商标行政案件中,引证商标权利人被注销且无证据证明存在权利义务承受主体的,可以认定引证商标与诉争商标不构成近似商标。

15.8 【中文商标与外文商标的近似性判断】

中文商标与外文商标的近似性判断,可以综合考虑以下因素:

(1)相关公众对外文含义的认知程度;

(2)中文商标与外文商标在含义、呼叫等方面的关联性或者对应性;

(3)引证商标的显著性、知名度和使用方式;

(4)诉争商标实际使用的情况。

15.9 【三维标志商标的比对】

涉及三维标志商标的近似性判断,一般应从整体上进行比对,不能仅就该商标中的文字、图形与在先注册的文字、图形商标进行比对。

15.10 【共存协议的属性】

判断诉争商标与引证商标是否构成近似商标,共存协议可以作为排除混淆的初步证据。

15.11 【共存协议的形式要件】

引证商标权利人应以书面形式同意诉争商标申请注册,明确载明诉争商标的具体信息,但附条件或者附期限的共存协议一般不予采信。

共存协议应当真实、合法、有效,且不存在损害国家利益、社会公共利益和第三人合法权益等情形,否则不应予以采纳。

15.12 【共存协议的法律效果】

引证商标与诉争商标的商标标志相同或者基本相同,且使用在相同或者类似商品上的,不能仅以共存协议为依据,准予诉争商标的注册申请。

引证商标与诉争商标的商标标志近似,使用在相同或者类似商品上,引证商标权利人出具共存协议的,在无其他证据证明诉争商标与引证商标的共存足以导致相关公众对商品来源发生混淆的情况下,可以认定诉争商标与引证商标不构成近似商标。

引证商标权利人出具共存协议后,以诉争商标与引证商标构成近似商标为由,提起不予注册异议或者请求无效宣告的,不予支持,但该协议依法无效或者被撤销的除外。

商标申请驳回复审行政案件中,一般应以案件审理时的《类似商品和服务区分表》作为判断构成类似商品或者服务的依据。商标不予注册复审、商标权无效宣告请求行政案件中,案件审理时的《类似商品和服务区分表》可以作为判断构成类似商品或者服务的参考。

5. 国家知识产权局《商标侵权判断标准》

第九条 同一种商品是指涉嫌侵权人实际生产销售的商品名称与他人注册商标核定使用的商品名称相同的商品,或者二者商品名称不同但在功能、用途、主要原料、生产部门、消费对象、销售渠道等方面相同或者基本相同,相关公众一般认为是同种商品。

同一种服务是指涉嫌侵权人实际提供的服务名称与他人注册商标核定使用的服务名称相同的服务,或者二者服务名称不同但在服务的目的、内容、方式、提供者、对象、场所等方面相同或者基本相同,相关公众一般认为是同种服务。

核定使用的商品或者服务名称是指国家知识产权局在商标注册工作中对商品或者服务使用的名称,包括《类似商品和服务区分表》(以下简称区分表)中列出的商品或者服务名称和未在区分表中列出但在商标注册中接受的商品或者服务名称。

第十条 类似商品是指在功能、用途、主要原料、生产部门、消费对象、销售渠道等方面具有一定共同性的商品。

类似服务是指在服务的目的、内容、方式、提供者、对象、场所等方面具有一定共同性的服务。

第十二条 判断涉嫌侵权的商品或者服务与他人注册商标核定使用的商品或者服务是否构成同一种商品或者同一种服务、类似商品或者类似服务,参照现行区分表进行认定。

对于区分表未涵盖的商品,应当基于相关公众的一般认识,综合考虑商品的功能、用途、主要原料、生产部门、消费对象、销售渠道等因素认定是否构成同一种或者类似商品。

对于区分表未涵盖的服务,应当基于相关公众的一般认识,综合考虑服务的目的、内容、方式、提供者、对象、场所等因素认定是否构成同一种或者类似服务。

第十三条 与注册商标相同的商标是指涉嫌侵权的商标与他人注册商标完

全相同，以及虽有不同但视觉效果或者声音商标的听觉感知基本无差别、相关公众难以分辨的商标。

第十四条　涉嫌侵权的商标与他人注册商标相比较，可以认定与注册商标相同的情形包括：

（一）文字商标有下列情形之一的：

1. 文字构成、排列顺序均相同的；

2. 改变注册商标的字体、字母大小写、文字横竖排列，与注册商标之间基本无差别的；

3. 改变注册商标的文字、字母、数字等之间的间距，与注册商标之间基本无差别的；

4. 改变注册商标颜色，不影响体现注册商标显著特征的；

5. 在注册商标上仅增加商品通用名称、图形、型号等缺乏显著特征内容，不影响体现注册商标显著特征的；

（二）图形商标在构图要素、表现形式等视觉上基本无差别的；

（三）文字图形组合商标的文字构成、图形外观及其排列组合方式相同，商标在整体视觉上基本无差别的；

（四）立体商标中的显著三维标志和显著平面要素相同，或者基本无差别的；

（五）颜色组合商标中组合的颜色和排列的方式相同，或者基本无差别的；

（六）声音商标的听觉感知和整体音乐形象相同，或者基本无差别的；

（七）其他与注册商标在视觉效果或者听觉感知上基本无差别的。

第十五条　与注册商标近似的商标是指涉嫌侵权的商标与他人注册商标相比较，文字商标的字形、读音、含义近似，或者图形商标的构图、着色、外形近似，或者文字图形组合商标的整体排列组合方式和外形近似，或者立体商标的三维标志的形状和外形近似，或者颜色组合商标的颜色或者组合近似，或者声音商标的听觉感知或者整体音乐形象近似等。

第十六条　涉嫌侵权的商标与他人注册商标是否构成近似，参照现行《商标审查及审理标准》关于商标近似的规定进行判断。

第十七条　判断商标是否相同或者近似，应当在权利人的注册商标与涉嫌侵权商标之间进行比对。

第十八条　判断与注册商标相同或者近似的商标时，应当以相关公众的一般注意力和认知力为标准,采用隔离观察、整体比对和主要部分比对的方法进行认定。

第十九条 在商标侵权判断中,在同一种商品或者同一种服务上使用近似商标,或者在类似商品或者类似服务上使用相同、近似商标的情形下,还应当对是否容易导致混淆进行判断。

第二十条 商标法规定的容易导致混淆包括以下情形:

(一)足以使相关公众认为涉案商品或者服务是由注册商标权利人生产或者提供;

(二)足以使相关公众认为涉案商品或者服务的提供者与注册商标权利人存在投资、许可、加盟或者合作等关系。

第二十一条 商标执法相关部门判断是否容易导致混淆,应当综合考量以下因素以及各因素之间的相互影响:

(一)商标的近似情况;

(二)商品或者服务的类似情况;

(三)注册商标的显著性和知名度;

(四)商品或者服务的特点及商标使用的方式;

(五)相关公众的注意和认知程度;

(六)其他相关因素。

(二)条文理解(人大释义)

1.《商标法》第三十条是关于驳回商标注册申请的规定,规定了对属于以下两种情形的商标注册申请,由商标局驳回,不予公告

(1)不符合本法有关规定的商标注册申请

这一规定非常概括,包含的内容非常多,比如不符合本法第一章关于商标构成要素、商标禁用条款,本法第二章关于商标注册申请的有关规定,等等。举例来讲,《商标法》第八条对允许作为商标的标志的范围作了规定,即"任何能够将自然人、法人或者其他组织的商品与他人的商品区别开的标志,包括文字、图形、字母、数字、三维标志、颜色组合和声音等,以及上述要素的组合,均可以作为商标申请注册。"不属于上述规定的允许作为商标的范围的,不得作为商标注册。又如,根据本法第九条第一款规定,申请注册的商标,应当具有显著特征,便于识别,并不得与他人在先取得的合法权利相冲突。再如，本次《商标法》修改增加规定“国歌、军歌”不得作为商标使用，申请人申请以国歌、军歌作为商标使用的，也属于本条关于“不符合本法有关规定”的情形。不符合本法关于商标注册的规定，当然要驳回其商标注册申请。

（2）同他人在同一种或者类似商品上已经注册的或者初步审定的商标相同或者近似的商标同一种商品，是指名称相同的商品，或者名称虽然不相同，但所指的商品是相同的商品。类似商品，是指两种或者两种以上的商品由于用途、功能、原料、销售场所以及整机与零部件关系容易被消费者混淆出处，容易被误认为是同一个企业生产的商品。在商标注册、管理实践中，如何判定哪些商品是类似商品，各国的规定不尽相同。有的国家采取明文列出类似商品名单的做法，有的国家则不具体列明，而是由商标审查员或者法官根据类似商品的定义、以往的判例、在使用中引起商品出处混淆的可能性等方面来做出判定。需要注意的是，类似商品并不局限在商品分类表所划分的同一类中，有些在商品分类表中不属于同一类的，也被认为是类似商品，甚至有些服务项目与商品也被认为是类似的。例如，家具和修理、油漆家具的服务业。商标相同，是指商标的构成要素完全相同或者基本相同，比如使用同样的文字或者图形作为商标。商标近似，是指商标在发音、含义、视觉效果等方面相近似的商标。已经注册的商标是指已经成为注册商标的商标。初步审定的商标，是指本法第二十八条规定的“对申请注册的商标，商标局应当自收到商标注册申请文件之日起九个月内审查完毕，符合本法有关规定的，予以初步审定公告”。即商标局认为符合注册条件，在《商标公告》上公布以征求社会公众意见的商标。初步审定的商标还不是注册商标。商标具有识别不同生产经营者的商品或者服务的功能，如果不同的生产经营者在同一种商品或者类似商品上使用相同或者近似的商标，就会造成消费者对商品来源的误认，就使商标起不到区别商品来源的作用。因此，本条规定对这种情形的商标注册申请予以驳回，不予公告。

2.《商标法》第三十一条是关于申请在先原则的规定

商标的基本作用是用来区别不同生产经营者的商品或者服务，因此，一个注册商标只能有一个注册主体对其享有专用权。如果有两个或者两个以上的申请人以相同或者近似的商标申请在同一种商品或者类似商品上注册，商标主管机关只能受理一项申请，这是各国商标法通行的原则。但是各国对于这种情况所采取的原则有三个:一是申请在先原则;二是使用在先原则;三是混合原则,即申请在先原则与使用在先原则的混合。申请在先原则,是指两个或者两个以上的申请人,在同一种商品或者类似商品上,以相同或者近似的商标申请注册的,商标局受理最先提出的商标注册申请,对在后的商标注册申请予以驳回。使用在先原则,是指两个或者两个以上的申请人,在同一种商品或者类似商品上,以相同或者近似的商标申请注册的,商标局受理最先使用人的商标注册申请。这两种原则各有利弊。申请在先原则只需要将商标注册申请的日期作为审查依据,便于操作,但是不利于保护最先使用商标的人。使用在先原则可以保护最先使用商标的人,但是需要审查申请人最先使用商标的证明,不易操作。而且这种注册具有不确定性,可能因他人提供使用在先的证据而被撤销注册。因此,一些国家采取第三种原则,即将商标权授予最先申请的人,而使用在先的人可以在一定期限内以在先使用为由对该注册商标提出异议,申请撤销注册。

本条先规定了申请在先原则,即两个或者两个以上申请人,在同一种商品或者类似商品上,以相同或者近似的商标申请注册的,由商标局初步审定并公告申请在先的商标。申请在先是根据申请人提出商标注册申请的日期来确定的,商标注册的申请日期以商标局收到申请书件的日期为准。因此应当以商标局收到申请书件的日期作为判定申请在先的标准。后对于两个或者两个以上申请人,在同一种商品或者类似商品上,以相同或者近似的商标在同一天申请注册的,本条规定了使用在先原则,即对同一天申请的,由商标局初步审定并公告使用在先的商标。对于申请人同时开始使用或者均未使用该商标的情况,实际做法是由各申请人进行协商,协商一致的,应当在规定期限内将书面协议报送商标局,超过规定期限达不成协议的,在商标局的主持下,由各申请人抽签决定,或者由商标局裁定。从本条的规定可以看出,我国《商标法》规定的是申请在先原则,使用在先原则只是在非常特殊的情况下适用。

二、历史沿革及立法意义

(一)条款设立及变更

商标法第三十条、第三十一条均是自 1982 年《商标法》立法以来即有的内容,之后多次修法仅对个别文字表述进行修订,内容沿用至今,未有大的变动。

（二）立法意义

该法条的立法意义在于确立关于驳回商标注册申请的规定，即针对不符合《商标法》规定要求的商标注册申请请求予以驳回，拒绝赋予注册商标专用权。

该法条的规定非常概括，包含的内容也非常多，比如不符合《商标法》第一章关于商标构成要素、商标禁用等绝对性条款，《商标法》第二章关于商标注册申请的有关相对性条款内容等。

例如，《商标法》第八条对允许作为商标的标志的范围作了规定，即“任何能够将自然人、法人或者其他组织的商品与他人的商品区别开的标志，包括文字、图形、字母、数字、三维标志、颜色组合和声音等，以及上述要素的组合，均可以作为商标申请注册。”不符合该条规定的，不得作为商标注册。

又如，根据《商标法》第九条第一款规定，申请注册的商标，应当具有显著特征，便于识别，并不得与他人在先取得的合法权利相冲突。如果申请注册的商标不符合上述法条规定，那么一般是无法起到区分商品/服务来源的，也就失去了一个标识作为商标存在的生命价值，因此不能赋予其相应的法定权利。

再如，本次《商标法》修改增加规定“国歌、军歌”不得作为商标使用，申请人申请以国歌、军歌作为商标使用的，也属于本条关于“不符合本法有关规定”的情形，因为根据《商标法》第一条规定的立法宗旨即为“加强商标管理，保护商标专用权，促使生产、经营者保证商品和服务质量，维护商标信誉，以保障消费者和生产、经营者的利益，促进社会主义市场经济的发展，特制定本法”，由此可以看出，《商标法》的立法本意中就既包含了“维护商标专用权”“维护商标信誉”等关于民事主体私权利的内容，也包含了“促进社会主义市场经济的发展”等涉及社会公共利益的公权利内容，当申请注册为商标的标识违反了涉及国家社会公权利内容时，自然不符合《商标法》的立法宗旨，依法应当予以驳回。以上属于绝对性条款，涉及的义务主体应理解为全体社会公众成员。

如果某项商标注册申请同他人在同一种或者类似商品上已经注册的或者初步审定的商标相同或者近似，那么该项申请也将被依法驳回，由于此时保护的权利客体涉及特定的第三方而不是全体社会公众成员，所以这样的法条就属于相对性条款。

具体来说，同一种商品，是指名称相同的商品，或者名称虽然不相同，但所指的商品是相同的商品。类似商品,指两种或者两种以上的商品由于用途、功能、原料、销售场所以及整机与零部件关系容易被消费者混淆出处,容易被误认为同一个企业生产的商品。

在商标注册、管理实践中,如何判定哪些商品是类似商品,各国的规定不尽相同。有的国家采取明文列出类似商品名单的做法,有的国家则不具体列明,而是由商标审查员或者法官根据类似商品的定义、以往的判例、在使用中引起商品出处混淆的可能性等方面来做出判定。

需要注意的是,类似商品并不局限在商品分类表所划分的同一类中,有些在商品分类表中不属于同一类的,也被认为是类似商品,甚至有些服务项目与商品也被认为是类似的。例如,家具和修理、油漆家具的服务业。

商标相同,指商标的构成要素完全相同或者基本相同,比如使用同样的文字或者图形作为商标。商标近似,指商标在发音、含义、视觉效果等方面相近似的商标。已经注册的商标是指已经成为注册商标的商标。

初步审定的商标,是指修订前《商标法》第二十八条规定的"对申请注册的商标,商标局应当自收到商标注册申请文件之日起九个月内审查完毕,符合本法有关规定的,予以初步审定公告"。即商标局认为符合注册条件,在《商标公告》上公布以征求社会公众意见的商标。初步审定的商标还不是注册商标。

《商标法》第三十条就与他人在相同或类似商品/服务上在先注册或初步审定的商标标识相同或近似的商标注册申请作出予以驳回的立法安排,其主旨在于遏制相同或近似的商标标识导致相关公众混淆误认,这也是《商标法》立法宗旨中最为核心的部分之一。

商标具有识别不同生产经营者的商品或者服务的功能,如果不同的生产经营者在同一种商品或者类似商品上使用相同或者近似的商标,就会造成消费者对商品来源的误认,就使商标起不到区别商品来源的作用,不仅不利于"维护商标专用权""维护商标信誉",也对"促进社会主义市场经济的发展"产生不利影响,因此,本条规定对这种情形的商标注册申请予以驳回,不予公告。

三、法律适用

(一)关于《商标法》第三十条与第三十一条适用的区分问题

《商标法》第三十条与第三十一条均是在商标授权确权程序中适用的规定,即在商标驳回、异议、无效宣告等程序中，均可由商标局主动适用或者由相对人援引适用的条款；二者均规定了在先申请原则，即对同他人在同一种商品或者类似商品上已经注册的或者初步审定的或者在先申请的商标（以下简称引证商标）相同或者近似的商标不予核准注册，已经核准注册的予以无效宣告；二者在具体适用时，均应当依据诉争商标的申请日确定引证商标属于已被核准注册、已初步审定的商标或者在先申请的商标。但二者仍存在程序上的细微差别：当诉争商标申请日晚于引证商标申请日且晚于引证商标核准注册日或者初步审定日的，应当适用《商标法》第三十条；当诉争商标申请日晚于引证商标申请日，但早于引证商标核准注册日及初步审定日的，应当适用《商标法》第三十一条，此时无须考虑在商标评审部门作出被诉裁决时，引证商标是否已被核准注册或者初步审定（见图17－1）。

图17－1 《商标法》第三十条和第三十一条适用区分

（二）应以是否容易造成相关公众混淆为《商标法》第三十条与第三十一条的适用标准

北京市高级人民法院《商标授权确权行政案件审理指南》第15.2条规定："适用商标法第三十条、第三十一条时，可以综合考虑商标标志的近似程度、商品的类似程度、引证商标的显著性和知名度、相关公众的注意程度以及诉争商标申请人的主观意图等因素，以及前述因素之间的相互影响，以是否容易造成相关公众混淆为标准。"

可见，在商标授权确权案件实务中，司法机关所掌握的裁判标准即为：以是否容易造成相关公众混淆为标准，来判断是否应当适用《商标法》第三十条与第三十一条（以下简称本章所述条款），具体判断的因素又包括：商标标志的近似程度、商品的类似程度、引证商标的显著性和知名度、相关公众的注意程度以及诉争商标申请人的主观意图等。下面就从这几个因素入手分别进行介绍：

1. 商标近似

（1）比对原则

虽然商标标志是否近似，是一个人主观判断的结果，但将诉争商标与引证商标进行具体比对时，仍应遵循一定的原则：①以相关公众的一般注意力为标准；②既要进行对商标的整体比对，又要进行对商标主要部分的比对，比对应当在比对对象隔离的状态下分别进行。

这就意味着我们不应对标志近似的程度要求过高。这是因为商标标志是否近似作为本章所述条款的判断因素之一，其也应遵循“是否容易造成相关公众混淆”的判断标准，既然如此，就应模拟可能导致相关公众混淆的环境来进行判断，如商品的购买环节。在这一环节中，消费者即为相关公众，其并非专业人士，因此大多不会对标志施以极高的注意力；且消费者通常不会同时接触到诉争商标和引证商标商品，而是凭借脑海中的既有印象来判断，此时的比对即为隔离比对；而既有印象通常是概括且模糊的，可能仅包括标志的整体结构或者主要部分，往往忽略细节，因此在行政授权确权阶段，亦应采取整体 + 主要部分比对的原则，而非细节比对。如在最高人民法院就“”商标争议再审行政案件[①]作出的行政判决书中认为：“争议商标（国际注册第 638122 号商标）为一写实鳄鱼图形，引证商标（第 1331001 号 CARTELO 商标）为文字图形组合商标，且指定了颜色，其中文字‘CARTELO’为无含义臆造词，在文字中间嵌有一鳄鱼图形，鳄鱼身长大概占据了文字中的三个字母，身高大概占据了文字高度的三分之二。从整体来看，争议商标与引证商标差别较大；从主要识别部分来看，争议商标为一写实鳄鱼图形，引证商标虽然也在文字中间嵌有一鳄鱼图形，但相对于‘CARTELO’文字来说，所占面积较少，不到文字所占面积的三分之一，‘CARTELO’文字更容易引起相关公众注意，因此，‘CARTELO’是引证商标的主要识别部分。争议商标与引证商标相比较，二者图形部分近似，但主要识别部分及各要素组合后的整体结

① 最高人民法院行政判决书，（2018）最高法行再 134 号。

构并不相同或者近似。以相关公众的一般注意力在隔离状态下观察，二者不会产生混淆和误认。因此，争议商标与引证商标不构成近似商标。”

（2）比对方法

除了上述原则之外，行政及司法机关在实务操作中也总结了以下比对方法：

①关于中文商标

从读音角度来说：

一般读音相同且字形相近的，构成近似商标。如在北京知识产权法院就“屹唐资本 E－TOWNFUND 及图”商标驳回复审行政案件①作出的行政判决书中认为：“诉争商标（第 18683209 号‘屹唐资本 E－TOWNFUND 及图’商标）的英文部分在字母构成上完整包含了引证商标（第 9212507 号‘亿唐 E－TOWN’商标）的英文部分，汉字部分中‘屹唐’与‘亿唐’读音相同，字形相近。若允许上述商标注册在同一种或类似服务之上，会使相关公众在施以一般注意力的情况下，认为诉争商标与引证商标标注的服务来源于同一主体，或服务提供者之间存在某种关联关系，从而导致混淆误认，故诉争商标与引证商标构成使用在同一种或类似服务上的近似商标。”

但是，含义有明显区别的，一般不认定为近似商标。如在北京市第一中级人民法院就“海蓝 hailan”商标异议复审行政案件②作出的行政判决书中认为：“被异议商标（第 8276806 号‘海蓝 hailan’商标）的主要认读部分‘海蓝’与引证商标（第 4077631 号‘海澜 HEILAN 及图’商标）的主要认读部分‘海澜’虽然读音相同，但含义区别明显，”因此二者未构成近似商标。

从字形角度来说：

二者字形相近时，一般会认定构成近似商标，此时无须过多考虑读音和含义。如在北京知识产权法院就“浍沿 KUAIYAN”商标无效宣告行政案件③作出的行政判决书中认为：“诉争商标（第 3815086 号‘浍沿 KUAIYAN’商标）与引证商标（第 1031221 号‘洽洽’商标）的文字结构相近，部首都为‘氵’，浍、沿、洽的右边的偏旁皆为上下结构，且字形相近。”从而认定二者构成近似商标。

从含义角度来说：

---

① 北京知识产权法院行政判决书，（2017）京 73 行初 5121 号。

② 北京市第一中级人民法院行政判决书，（2014）一中知行初字第 4945 号。

③ 北京知识产权法院行政判决书，（2015）京知行初字第 3717 号。

二者含义相同且文字构成相近时,可以认定构成近似商标。如在最高人民法院就"关羽牌及图"商标不予注册复审行政案件①作出的行政裁定书中认为:"'关羽牌'是诉争商标的主要认读和呼叫部分,'関公牌''関公''武圣关公''関公坊'为各引证商标的主要认读和呼叫部分。对于中国相关公众而言,'关羽'和'关公'耳熟能详,含义相同,都是明确指向我国历史上三国时期的蜀汉名将关羽。诉争商标与引证商标均注册在'白酒'等类似商品上,诉争商标的图形部分不足以使得消费者将其与引证商标相区分。二者共存容易造成消费者混淆、误认。"因此二者构成近似商标。

当中文商标与其他文字商标进行比对时,二者对应含义相同的,可以认定构成近似商标。如在北京市高级人民法院就"皇冠至尊 HUANGGUANZHIZUN"商标无效宣告行政案件②作出的行政判决书中认为:"诉争商标由汉字'皇冠至尊'及与之相对应的拼音'HUANGGUANZHIZUN'组成,'皇冠'为该商标的显著识别部分;引证商标为'CROWN 及图'商标,'CROWN'为常见英文单词。诉争商标的显著识别部分与引证商标的显著识别部分含义相同,已构成近似商标"。

当诉争商标与引证商标均为三个以上汉字组成时,如仅个别汉字不同,其余均相同时,一般认定构成近似商标。如在北京知识产权法院就"福星宝宝"商标驳回复审行政案件③作出的行政判决书中认为:"本案诉争商标'福星宝宝'与引证商标二显著认读的中文文字'福麟宝宝'均由三个以上汉字构成,仅个别汉字不同,二者在商标的文字构成、读音含义、整体外观、视觉效果等方面近似,易使相关公众对商品或者服务的来源产生混淆误认,故诉争商标与引证商标二构成《中华人民共和国商标法》第三十条规定的近似商标。"

但当二者首字不同或者含义具有明显区别时,可以认定不构成近似商标。如在最高人民法院就"肇鼎山泉"商标异议复审行政案件④作出的行政判决书中认为:"将本案被异议商标与引证商标中使用的文字'肇鼎山泉'与'鼎湖山泉'对比,其中的'山泉'一词使用在矿泉水等商品上缺乏显著性,因此,两者的识别部分分别为'肇鼎'和'鼎湖'。'肇鼎'与'鼎湖'两词的构词特点及含义均存在明显区

① 最高人民法院行政判决书,(2018)最高法行申 2237 号。

② 北京市高级人民法院行政判决书,(2018)京行终 4436 号。

③ 北京知识产权法院行政判决书,(2019)京 73 行初 11207 号。

④ 最高人民法院行政判决书,(2012)行提字第 15 号。

别，呼叫差别更加明显；由于没有证据表明在被异议商标申请注册之前‘肇鼎’是一个固有词汇，或者是‘肇庆鼎湖’的通用简称，因此‘肇鼎’具有商标意义上的显著性。由于‘鼎湖’本身既是广东省肇庆市所辖的一个区的行政区划名称，又是当地的一个风景名胜区‘鼎湖山’的地名，作为商标的显著性较弱，因此其与‘山泉’组合后形成的引证商标中的文字‘鼎湖山泉’的整体显著性也较弱。”最终认定二者未构成近似商标。

当诉争商标完整包含他人在先商标，添加部分显著性较弱或在先商标知名度较强，含义无明显区分的，一般认定构成近似商标。如在北京市高级人民法院就“乐天酒店及度假酒店”商标驳回复审行政案件①作出的行政判决书中认为：“诉争商标由中文‘乐天酒店及度假酒店’构成，‘酒店及度假酒店’使用在复审服务上显著性较弱，故‘乐天’为显著识别部分。引证商标二由数字‘7’，中文‘乐天’及图构成，中文‘乐天’为显著识别部分之一。诉争商标的显著识别部分与引证商标二的显著识别部分均为‘乐天’，在文字构成、呼叫、含义等方面相近，诉争商标与引证商标二构成近似标志。”又如在最高人民法院就“虹奶奶及图”商标无效宣告行政案件②作出的行政裁定书中认为：“诉争商标（第 15699036 号‘虹奶奶及图’商标）与引证商标一至七的显著识别部分相同，均为‘奶奶’。同时，高平老奶奶公司提交的证据能够证明其‘老奶奶’系列商标在诉争商标申请日前在‘加工过的花生；加工过的瓜子’商品上经宣传使用，具有较高的知名度。因此，诉争商标核定使用在‘牛奶饮料（以牛奶为主）；加工过的坚果’商品上，容易导致相关公众的混淆误认，误以为诉争商标与引证商标一至七的来源存在特定联系。”从而认定二者构成近似商标。

当诉争商标与引证商标一为包含汉字和拼音的商标，一为单独拼音商标时，如二者拼音部分相同，可以认定构成近似商标。如在北京市高级人民法院就“CAIHU”商标驳回复审行政案件③作出的行政判决书中认为：“诉争商标由拼音‘CAIHU’构成，引证商标一由汉字‘才虎’、拼音‘CAIHU’及图构成，引证商标二由汉字‘裁护’、拼音‘CAIHU’构成。诉争商标‘CAIHU’与引证商标一、二汉字部分对应的拼音相同，相关公众在隔离比对状态下施以一般注意力难以区分，诉争

① 北京市高级人民法院行政判决书，（2020）京行终 7504 号。

② 最高人民法院行政裁定书，（2020）最高法行申 7104 号。

③ 北京市高级人民法院行政判决书，（2020）京行终 5858 号。

商标若与各引证商标共同使用在同一种或类似商品上,易使相关公众对商品的来源产生混淆误认或者认为商品来源之间存在特定的联系。”从而构成近似。

②关于英文商标

如诉争商标与引证商标由相同字母构成,二者一般应认定构成近似商标。如在北京知识产权法院就“CPMA”商标驳回复审行政案件①作出的行政判决书中认为:“诉争商标是由英文‘CPMA’构成,引证商标是由英文‘CAPM’构成,其构成要素均是‘C’‘P’‘M’‘A’,且首字母相同,仅仅是顺序不同,诉争商标与引证商标构成近似商标。”

但如果二者均为1个或2个英文字母构成,整体无固定含义,且均经过艺术化设计,非普通字体,使得字形明显不同的,可以认定不构成近似商标。如与。

或者二者均由三个或者三个以上外文字母构成,顺序不同,读音或者字形明显不同,无含义或者含义不同,使商标整体区别明显的,可以认定不构成近似商标。如与。

如诉争商标与引证商标均由四个以上字母构成,仅个别字母不同的,可以认定构成近似商标。如在最高人民法院就“Galitt”商标异议复审行政案②作出的行政判决书中认为:“被异议商标‘Galitt’与引证商标一‘GARRETT’均是英文字母商标,首尾字母相同,均是‘Ga’和‘tt’;不同之处在于一为‘li’,另一为‘RRE’,但两者字形相近,呼叫也基本相同,且均是无含义的臆造词汇,考虑中国境内相关公众对外文字母的认知能力,被异议商标与引证商标一标识近似。”

如诉争商标与引证商标均由两个英文单词构成,仅单词顺序不同的,一般认定构成近似商标。如在北京知识产权法院就“AUDIOFLY”商标驳回复审行政案③作出的行政判决书中认为:“诉争商标由英文‘AUDIOFLY’构成。引证商标一、二、五均由英文‘FLYAUDIO’构成。引证商标三、四均由英文‘FLyaudio’构成。诉争商标与各引证商标仅存在单词顺序的差异,在字母构成、呼叫、含义等方

① 北京知识产权法院行政判决书,(2017)京73行初7027号。

② 最高人民法院行政判决书,(2014)行提字第33号。

③ 北京知识产权法院行政判决书,(2019)京73行初12911号。

面相近，相关公众在隔离比对状态下施以一般注意力不易区分，应认定为近似商标。”

③关于图形商标

如诉争商标与引证商标的构成要素和整体视觉效果区别不大的，一般认定构成近似商标，反之不构成近似。如在北京市高级人民法院就“”商标驳回复审行政案[①]作出的行政判决书中认为：“诉争商标（第34849878号商标）与引证商标（第30709305号商标）均为纯图形商标，诉争商标与引证商标在构成要素、线条运用、设计风格方面相近，以相关公众的认知水平，诉争商标与引证商标整体视觉效果近似，构成近似标志。”又如，在北京市高级人民法院就“”商标驳回复审行政案[②]作出的行政判决书中认为：“诉争商标（第19622949号商标）与引证商标（第18709353号商标）均为纯图形商标。诉争商标由站立的以啮齿动物为原型的卡通形象构成，而引证商标由站立的以鸡为原型的卡通形象构成。虽然诉争商标与引证商标均为站立姿态的卡通形象图形，但诉争商标的卡通形象所带有的两颗显著的门牙表明其以啮齿动物为设计原型，相关公众易将其识别为以啮齿动物为原型设计的卡通形象。而引证商标的卡通形象呈张开状的喙部及头顶部的鸡冠状造型均表明其以鸡为设计原型，相关公众易将其识别为以鸡为原型设计的卡通形象，诉争商标图形与引证商标图形的设计原型及所呈现的事物不同。就较为显著的头顶部造型而言，诉争商标的头顶部采用了三缕右偏的头发的造型，而引证商标的头部则为两瓣的鸡冠状造型，二者差异明显。同时，诉争商标两条手臂自然下垂，右眼眯起，椭圆形鼻子下方露出两颗显著的门牙，整体上呈现调皮的神态，而引证商标两条手臂向两侧伸开，两眼均圆睁，嘴部完全张开，两侧脸颊均有较为明显的圆形腮红，整体上呈现惊讶的神态，二者构成要素、造型风格、整体视觉效果均不同。”故认定二者未构成近似

① 北京市高级人民法院行政判决书，(2020)京行终5347号。

② 北京市高级人民法院行政判决书，(2018)京行终5243号。

商标。

④关于图文组合商标

如果诉争商标与引证商标相比，单独文字或者图形部分构成近似的，可以认定构成近似商标。如在最高人民法院就“”商标异议复审行政案①作出的行政判决书中认为：“诉争商标（第 9139983 号商标）由图形和‘习家庄中国贵州贵阳兴安酒业有限公司’文字构成，引证商标一（第 1518899 号商标）由图形和‘習酒’文字构成。诉争商标将‘习家庄’置于图形内部，‘中国贵州’与‘贵阳兴安酒业有限公司’分列置于图形下方，按照相关普通公众对商标的识别标准，‘中国贵州’与‘贵阳兴安酒业有限公司’分指行政区划地名与企业名称，并非商标显著识别部分，故诉争商标的显著部分为图形及‘习家庄’文字。对比诉争商标与引证商标一，虽然诉争商标的图形外观与引证商标一相比有差异，但是文字部分构成近似。首先，诉争商标包含的‘习’与引证商标一包含的‘習’读音相同；其次，诉争商标包含的‘习’与引证商标一包含的‘習’分别为同一汉字的简体和繁体，虽然字形不同，但相关公众施以普通注意力即可将‘习’字的简体和繁体相互转化；最后，‘习’字无论简体或繁体都没有形成单独的含义。故诉争商标与引证商标构成近似。”又如在北京市第一中级人民法院就“”商标异议复审行政案②作出的行政判决书认为：“被异议商标（第 1645305 号商标）的‘鸟图形’与引证商标（第 680928 号

商标）的显著识别部分之一‘鸟图形’在构图表现方式、整体视觉效果上区别不大，两商标整体比对构成

① 最高人民法院行政判决书，（2019）最高法行再 7 号。
② 北京市第一中级人民法院，（2011）一中知行初字第 3219 号。

近似。”

诉争商标与引证商标的文字、图形均不相同，但排列组合方式或者整体描述的事物基本相同，使商标整体外观或者含义近似的，可以认定构成近似商标。如在北京市高级人民法院就“

”商标无效宣告行政案[①]作出的行政判决书中认为：“首先，从构图方面对比，诉争商标（第 10612045 号

商标）为图文组合商标，图形部分由老虎和虎背上的刀片组合而成，刀片上及整个图形下方均有英文‘QUICK’字样，商标的左上角为经过艺术化处理的中文‘快吉’。引证商标二（国际注册第 1073421 号

商标）亦为图文组合商标，由虎头和虎口所含刀片构图而成，刀片上主要标有英文‘TIGER’。诉争商标与引证商标二均采用老虎和刀片结合作为商标的图形部分，基于老虎与刀片的组合极具创意性，会弱化文字部分的识别作用，因此两商标的显著识别部分应为老虎与刀片组合的图形部分。虽然诉争商标中的老虎是一整头虎，而引证商标二中只有虎头，两商标中刀片的位置也有所不同，但上述相似之处足以使相关公众难以区分诉争商标与引证商标二，混淆两者所示商品来源。其次，从含义方面对比，引证商标二采用老虎和刀片的组合以传达‘使用引证商标二的商品（刀片）如老虎一样快、如虎爪一样利’这个独特的信息，彰显设计引证商标时所具有的创意。引证商标二的特殊含义加强了标志的固有显著性。诉争商标也同为老虎与刀片的组合，借用老虎的凶猛、快来表达商标核定使用的剃须刀片等商品具有‘快、利’的特点。二者含义相近。”并最终认定二者构成近似商标。

⑤关于立体商标

立体商标的可供识别部分应包括两个要素：三维标志、平面要素。其中任一要素与其他立体商标的三维标志或者平面要素或者普通商标构成近似的，均可认定构成近似商标。如在北京市高级人民法院就“&GO！及图（三维标志）”商标驳

---

① 北京市高级人民法院行政判决书，（2019）京行终 4859 号。

回复审行政案[1]作出的行政判决书中认为:“诉争商标虽系立体商标,但其显著认读部分由英文字母及符号‘&GO!’构成;引证商标一由字母‘GO’构成。诉争商标的显著认读部分完全包含引证商标一,若将诉争商标与引证商标一共同使用在相同或类似的商品上,易使相关公众对商品来源产生混淆、误认。因此,诉争商标在复审商品上与引证商标一构成使用在相同或类似商品上的近似商标。”又如在北京知识产权法院就“”商标无效宣告行政案[2]作出的行政判决书中认为:“诉争商标(第18530268号商标)与引证商标(第10461980号商标)在构图元素、表现形式,设计构思及整体视觉效果等方面相近,普通消费者在隔离观察的前提下,施以一般注意力容易将诉争商标与引证商标误认,或认为二者之间存在某种特定联系,故诉争商标与引证商标已构成近似标识。”

⑥关于颜色组合商标

诉争商标和引证商标均为颜色组合商标的,当其组合的颜色和排列的方式均相同或近似的,一般认定构成相同或者近似商标。

诉争商标和引证商标一为颜色组合商标,二为平面图形商标或立体商标指定颜色的,二者指定颜色相同或近似,易使相关公众对商品或者服务的来源产生混淆误认的,可以认定构成近似商标。如北京知识产权法院在第11915217号颜色组合商标驳回复审行政案[3]行政判决书中认为:“颜色组合商标是一种较为特殊的商标类型,其使用方式与传统类型的图形商标不同。颜色组合商标的保护并不限定具体的形状,而是随着商品本身形状的变化而不同,其保护范围一般以其申请注册时声明的使用方式为依据。烙克赛克公司在申请商标申请注册时也对其使用方式进行了说明。因此,被诉决定关于‘申请商标由两种不同颜色的方形组合而成’的认定有误,其并未正确认定申请商标的类型以及颜色组合商标的特殊性。引证商标一为图形商标,其使用方式一般按照申请注册图样的图形以及颜色作为标志使用于指定商品上。颜色组合商标与图形商标在使用方式、保护范围等方面

① 北京市高级人民法院行政判决书,(2020)京行终4808号。
② 北京知识产权法院行政判决书,(2018)京73行初5082号。
③ 北京知识产权法院行政判决书,(2015)京知行初字第1638号。

具有较为明显的差异。正是因为上述差异，使上述两种类型的商标在一般情况下，不易导致相关公众对其产生混淆误认。”最终认定二者未构成近似商标。

⑦关于声音商标

诉争商标与引证商标均为声音商标的，二者听觉感知或整体音乐形象相同或近似，一般认定构成相同或者近似商标。

诉争商标与引证商标一为声音商标，二为其他可视性商标的，声音商标中语音对应的文字或其他要素，与可视性商标的呼叫相同或近似的，可以认定构成相同或近似商标。如“yahoo”声音商标与“yahoo”文字商标构成近似商标。

2. 商品类似

商标作为区分商品/服务来源的标识，其生命力的源泉在于实际使用，只有通过在社会经济活动中的实际使用，相关公众才有可能通过商标认知商品/服务来源。

所以，在商标的生命周期中，必然涉及所使用的商品与服务类似，一般在商标/服务类别关联性越强的前提下，相关公众混淆误认的可能性一般也就越高，反之亦然。因此，判断商品/服务是否类似，也就成了判断导致相关公众混淆误认可能性的基本问题之一，也是商标行政、司法机关在适用《商标法》第三十条时不可回避的要件之一。

从前述的法律法规文件来看，司法机关与行政机关对于如何判断适用《商标法》第三十条规定的“商品/服务类似”问题，都给出了相对明确的判断标准与依据，但各自的判断逻辑中又存在不同的地方。例如，司法机关在判断商品/服务类似问题时，将是否容易导致相关公众混淆误认作为重点考察因素，而行政机关则侧重于对商品/服务的客观属性等因素的考察。这种对于判断商品/服务类似的判断标准的认知分歧，体现了司法机关与行政机关各自所坚持的法理立场，也就是我们接下来要讨论的两种典型的法理学说——“客观标准说”与“主观标准说”。

国家知识产权局作为商标行政授权确权的国家机构，在审查商标注册申请、异议、无效宣告等案件时，往往会以行政审查效率及审查尺度统一作为优先考虑事宜，倾向于客观标准说，而人民法院作为商标行政授权确权以及侵权诉讼的审理机构，除考虑案件审查尺度以外，也要同时考虑个案公平，因此多倾向于主观标准说。

尽管司法机关与行政机关的法律立场不同导致在审查商品/服务类似问题时出现明显的分歧,但并非绝对的对立矛盾,双方在司法与行政实践过程中也在不断地经历探讨、融合的过程,力求在适用《商标法》判断商品/服务类似问题时,最大限度地融合彼此的法理观点,消弭分歧,兼顾行政效率与个案公平的统一,使相关公众能够在相对公平的前提下对商品/服务类似问题具有较为清晰的预判认知,这也是实现贯彻《商标法》对相关公众的指引作用,符合《商标法》的立法本义。

(1)客观标准说

客观标准说认为:判断商品/服务是否类似,属于客观范畴领域的问题,因此应当以商品/服务的功能、用途、目的、内容、服务对象、销售渠道、销售场所等自然属性与客观要件作为判断依据,而不需要考虑商标近似程度,商标知名度以及相关当事人的主观恶意等主观因素,在涉案商品/服务相同的情况下,不应因主观因素的不同而导致作出相互矛盾的商品/服务类似判断结论。

国家知识产权局倾向于客观标准说,但关于类似商品/服务判断的观点存在变化沿革:

从坚持以商品/服务的自然属性与《类似商品与服务区分表》(以下简称《区分表》)为主要依据的客观标准说,慢慢倾向于综合考虑商标知名度、商标近似程度及当事人恶意等主观因素,以混淆误认为原则的主观标准说,再到回归倾向以商品/服务自然属性与关联性等客观因素为判断依据的客观标准说。

2005 年,国家工商行政管理总局商标局和商标评审委员会联合发布的《商标审查及审理标准》对类似商品/服务的界定体现客观说的要求,2007 年以前,上述单位基本以《类似商品与服务区分表》作为判断类似商品/服务的基本依据,仅在个案中涉及遏制当事人恶意抢注,需要突破《区分表》时,才会考虑商标知名度、商标显著性、当事人主观恶意等因素。

2012~2016 年,原国家工商行政管理总局商标评审委员会认为应当根据个案情况,综合考虑商标知名度、商标近似程度以及当事人恶意等主观要件,以防止相关公众混淆误认为目的判断商品/服务类似。

2017~2019 年,国家知识产权局认为应当以商品/服务之间的关联性等客观因素作为判断是否类似的标准,在商品相同的前提下,商标知名度、商标近似程度以及当事人恶意等因素可以作为裁判者判断是否可能导致相关混淆误认的考量因素，但不能作为判断商品/服务类似的考量因素从而导致作出矛盾性判定。

此外，对比2017年与2018年的评审案件统计数据可以发现，因为商品类似而导致案件败诉的比例上升了0.8%。国家知识产权局认为商品类似的判定应当具有客观性，相关公众的混淆误认是建立在商标近似与商品/服务类似前提下的推定结论，而非判断商品/服务是否类似的依据，否则将出现逻辑循环困境。

2020年6月15日，国家知识产权局发布《商标侵权判断标准》，确立了参照《区分表》，同时兼顾考察是否会导致相关公众混淆误认的判断原则。

（2）主观标准说

主观标准说认为，判断商品/服务是否类似，应当以避免相关公众混淆误认为基本原则，而判断混淆误认时，不仅需要考虑商品/服务之间的关联性，在个案中还需要考虑其他因素，如商标的知名度、当事人的主观恶意等，商品/服务是否类似要服务于判断混淆误认可能性这一根本目的，所以具有个案性，不能“一刀切”。

在商标行政授权确权司法审判实践中，人民法院一般以商品/服务之间的相关性等客观因素作为主要考量因素，同时辅助以考虑商品/服务以外的其他个案因素（知名度、主观恶意等），综合判断涉案商标是否具有导致相关公众混淆误认可能性。

例如，在最高人民法院就“啄木鸟”商标争议行政案①作出的行政判决书中认为，在判断涉案商品服装与鞋类是否构成类似商品，除考虑商品本身的关联性以外，也考虑了引证商标知名度因素。

再如，在最高人民法院就“GAP”商标异议复审行政案②作出的行政判决书中认为，除考虑“服装”与“眼镜”商品之间的功能用途，销售渠道，消费群体等关联性因素以外，也考虑引证商标具有一定知名度，被异议商标申请人具有“搭便车”的主观意图等因素，最终认定被异议商标与引证商标构成相同或类似商品上的近似商标。

此外，在最高人民法院就“VEROMODA”商标争议行政案③作出的行政判决书中认为：“绫致公司的‘VEROMODA’系列商标在争议商标申请日前在中国已经具有一定的知名度，而争议商标与引证商标的标识基本相同，高某石应当知晓

① 最高人民法院行政判决书，（2011）知行字第37号。
② 最高人民法院行政判决书，（2012）行提字第10号。
③ 最高人民法院行政判决书，（2016）最高法行再99号。

引证商标,并具有攀附‘VEROMODA’品牌的主观意图。争议商标指定使用的‘太阳镜、眼镜框’等商品虽与引证商标主要指定使用的‘服装’等商品在《类似商品和服务区分表》中划分不同的大类,但商品的功能用途、销售渠道、消费群体具有较大的关联性……考虑到引证商标具有一定知名度,争议商标申请人具有‘搭便车’的意图……因此争议商标与引证商标已经构成类似商品上的近似商标。”

(3)类似商品与关联商品的区别

在前述现行的法律与司法解释等法律法规文件,对于“类似商品”的概念已经有了明确的规定,但并没有明确规定“关联商品”的概念,因此“关联商品”目前仅为学理中的观点,虽然在个别典型案例中被人民法院予以引用确认,但在司法实践中仍然需要结合个案情况审慎把握。

我们可以按照商品之间关联度大致分为竞争商品、关联商品和无关商品三类。其中竞争商品在经济学角度看也可以称为“替代商品”,如鸡蛋与鸭蛋、猪肉与牛肉之间的关联关系,当“替代商品”中的某一商品的价格上涨时,消费者往往会选择另一个商品代替消费需求,而形成这种选择前提就是两者之间的功能用途存在高度重合,因此“竞争商品”可以当然纳入“类似商品”范畴中考量。但“关联商品”在客观上可能并未达到“竞争商品”之间的这种密切关系,但又存在某种关联关系,如汽车与轮胎、不动产管理与不动产经纪等商品服务之间的关系。针对这类“特殊”的关联商品,需要结合商标法实践进一步说明。

从商标法角度看:

“关联商品”的概念首次出现在1917年美国第二巡回上诉法院审理的“Aunt Jemima”商标案中,在该案中,原告将商标“Aunt Jemima”使用与煎饼面糊,被告则将相同的商标使用在煎饼糖浆商品上。法院认为:“无论将商标使用在何种商品,只要商标的使用可能会使消费者认为被告商品与原告的商品出自同一地方,就应当对其进行限制以保护原告商标权。两商品尽管不同但同属食物类产品,通常一起使用,关联较为密切,可能产生衡平法上应于禁止的损害。若公众看到在糖浆类商品上使用这个商标,大多数人可能会认为糖浆是由原告生产制作的……被告就变相掌控了原告声誉并可能因此获得利益。我们认为上述原告的声誉应当获得衡平法上的保护。”

1946年,《兰哈姆法》将1905年商标法中“具有相同描述属性的商品”的规定废除,并规定:当被控侵权人在与商标权人相关联商品上使用相同或近似商标并可能引起普通消费者对二者来源或赞助关系等产生混淆时,即使产品之间不存在竞争关系也可认定侵权。

结合我国实践,“关联商品”属于既非《区分表》中明确界定的类似商品,又不是完全没有关系的商品,往往在功能、用途等方面存在联系的商品,也是觊觎他人知名商标品牌所凝结商誉的不法商家所青睐的抢注商品类别。因此在“关联商品”上抢注他人知名商标成了司法与行政实践中较为突出的问题之一,为了有效遏制这种恶意抢注的势头,在国内司法审判实践中,也引入了商品关联性的概念,使得针对商品类似的判断拥有了更大的弹性空间。在最高人民法院的司法政策文件中也充分体现了这一点。

在最高人民法院《关于充分发挥知识产权审判职能工作推动社会主义文化大发展大繁荣和促进经济自主协调发展若干问题的意见》中明确指出:“充分考虑商标所使用商品的关联性,准确把握商品类似的认定标准。认定商品类似可以参考类似商品区分表,但更应当尊重市场实际。要以相关公众的一般认识为标准,结合商品的功能、用途、生产部门、销售渠道、消费对象等因素,正确认定商标意义上的商品类似。主张权利的商标已实际使用并具有一定知名度的,认定商品类似要充分考虑商品之间的关联性。相关公众基于对商品的通常认知和一般交易观念认为存在特定关联性的商品,可视情纳入类似的商品范围。”

由上述司法政策文件可以看出,在法律尚未对“关联商品”作出明确规定的前提下,商品的关联性是司法审判机关判断商品类似的一个重要考量因素。前述列举的最高人民法院作出的“啄木鸟”商标案件行政判决书,以及“GAP”商标、“VEROMODA”商标行政判决书中都能体现出法院在判断商品类似时对商品之间的关联性的考虑,以导致相关公众混淆误认为基本原则将关联性较强的商品纳入“类似商品”的范畴,体现了司法机关关于商品类似判断倾向“主观说”的特点。

考虑到目前针对依据《商标法》第十三条内容寻求驰名商标认定保护的审查尺度趋于严格的司法审判环境,以《商标法》第三十条规定,将关联性较强的“关联商品”纳入“类似商品”范畴的做法成为遏制恶意抢注的一种司法审判手段。但在将“关联商品”纳入“类似商品”的审查尺度还应审慎把握,不宜仅依据当事人恶意等主观因素而随意扩大商品保护范围,出现以“类似商品”保护取代“驰名商标跨类保护”的尴尬局面。

综上所述,笔者认为:

从上述司法与行政机关的观点可以看出,国家知识产权局关于判断商品/服务类似标准的这种变化过程体现了从公平优先兼顾效率原则到效率优先兼顾公平原则的演变过程,这与我国商标行政评审案件数量激增的客观事实有着直接联系,也是与商标行政司法审判相互沟通协调的过程。

2010 年至 2018 年,原国家行政管理总局商标评审委员会(现为国家知识产权局)全年受理并裁决的案件数量从 39,220 件激增至 26.52 万件,作为商标行政审查部门,国家知识产权局为了保持商标审查尺度的内在统一与稳定,保障商标行政审查效率而坚持客观标准说具有一定合理性。

但随着 2012 年原国家行政管理总局商标评审委员会因商品/服务类似问题而导致败诉的案件数量比例从 2011 年的 17% 激增至 24%,如何调整协调审查标准成了商标行政确权机关面临的一大课题。从前述的相关法务通信文章可以看出,商标确权机关确实在积极努力地与商标行政司法审判机关进行着沟通协调,在不同的历史时期,根据实际工作情况调整审查标准于尺度,努力将审查一致性与个案公平性在最大限度范围内做到有效融合,妥善解决"效率"与"公平"之间矛盾关系,实现避免混淆误认这一根本目的。

而人民法院在商标行政司法程序中的观点则相对保持了统一与稳定,即以是否导致相关公众混淆误认为基本原则,以商品/服务相关性等客观因素为主要考量因素,辅助以个案中的主观因素(商标知名度、当事人主观恶意)等作为辅助考量因素,综合判断涉案商标导致相关公众混淆误认的可能性。

无论是从商标行政审查程序角度,还是从商标行政司法角度看,其根本目的均为适用践行《商标法》,实现《商标法》的社会管理职能作用。因此,避免混淆误认应当是两者共同的基本原则,只是在考察判断商品/服务类似的各项因素方面,两种程序存在一定差异。

由于职能特点,商标行政审查机关往往更多地追求效率与审查标准尺度统一,尽量避免因个案因素导致在相同商品/服务的前提出现矛盾结论的情形,而人民法院在商标行政司法程序中,则更倾向于根据该个案情况,综合考虑包括商标知名度、当事人主观意图等因素来为判断是否可能导致混淆误认这一根本目的服务。

但与判断商标是否构成近似不同,判断商品/服务是否类似应当属于客观事实判断范畴，即应当以商品/服务的客观相关性作为主要考量因素；而判断商标是否构成近似，则是属于价值判断范畴，需要更多考量的因素是商标标识本身的显著性、标识近似程度、知名度以及相关公众的一般注意力等主观因素。

因此，即便是基于避免混淆误认这一根本原则，在判断商品/服务是否构成类似时，对于主观因素的考量也应当持高度谨慎态度，不宜将判断商标近似时所应考虑的主观因素，当然纳入判断商品/服务类似时所应考察的范畴。

此外，如果对于主观因素的考察权重过大，那么针对知名度与显著性较高的引证商标，将可能导致给予不当跨类保护的异化现象，将使《商标法》第十三条关于驰名商标的认定与保护规定处于尴尬的局面。

《商标法》第三十条规定："申请注册的商标，凡不符合本法有关规定或者同他人在同一种商品或者类似商品上已经注册的或者初步审定的商标相同或者近似的，由商标局驳回申请，不予公告。"同时，《商标法》第十三条第三款规定："就不相同或者不相类似商品申请注册的商标是复制、摹仿或者翻译他人已经在中国注册的驰名商标，误导公众，致使该驰名商标注册人的利益可能受到损害的，不予注册并禁止使用。"

由上述法条规定可以看出，关于针对相同或类似商品/服务上的近似商标审查判断应当适用《商标法》第三十条，而针对需要跨越类似商品/服务进行审查的情形应当适用《商标法》第十三条的规定内容，是上述法律条文的立法本意，所以在没有特殊个案因素（例如，有直接证据证明争议商标申请人具有主观恶意且涉案商标易导致相关公众混淆误认的）的影响之下，不宜轻易跨越商品/服务类别来适用《商标法》第三十条的规定内容。

例如，在北京知识产权法院就"川寨"商标无效宣告行政纠纷案①作出的一审行政判决书中认定："……诉争商标指定使用商业管理咨询、饭店商业管理、特许经营的商业管理、通过网站提供商业信息服务与引证商标一、二分别核定使用饭店、餐厅等服务在服务内容、特点等方面具有较强关联性，且原告还在第35类服务上申请注册了与第三人签订解除加盟协议中写明的'伙食娘'商标，可见原告对第三人及其商标理应知晓，其申请注册诉争商标存在主观恶意，诉争商标与引证商标一、二并存使用在上述类似服务上，易造成消费者的混淆误认，已构成2014

① 北京知识产权法院行政判决书，(2019)京73行初4158号。

年《商标法》第三十条所指的使用在类似服务上的近似商标。”

在该案例中,有直接证据证明原告与第三人之间曾有商业加盟合作关系并申请注册多枚与第三人持有的引证商标或其他商标相同或近似的商标,具有明显的主观恶意。鉴于此,法院除考虑诉争商标与引证商标之间服务的关联性以外,还考察了诉争商标申请人的主观恶意,并综合上述两点情况判断后得出诉争商标与引证商标共存易导致相关公众混淆误认的结论。

(4)判断商品/服务类似的考量因素

判断方法:在判断商品/服务类似问题时,应当以商品/服务自然属性的客观因素作为考察基础,同时在高度审慎的原则下,兼顾考察相关公众的认知、当事人主观恶意等主观因素,在充分尊重市场实际情况并考虑相关公众对商品/服务领域的认知水平等方面的客观情况下,综合判断涉案商品/服务是否构成类似。

主要考量因素有以下几种:

功能和用途:商品的功能指某种商品能满足相关公众某种需求的使用价值,用途指商品所使用到的某种领域。

商品的功能和用途是相关公众选择购买商品时所考虑的最主要的因素,也是《区分表》划分商品/服务类别所依据的客观属性之一。但实际生活中的商品与服务类别种类繁多,错综复杂,因此在司法实践中如何界定商品功能与用途的外延是一个值得深入研究的争议课题。

举例说明,如果从广义角度理解,第29类的“罐头”食品与第30类的“米”都属于食品范畴,但如果按照这两种食品的具体功能用途细分,又可以分别归入不同的商品类别。从目前的行政审查与司法审判实务情况看,一般不采取从广义角度理解判定商品/服务的功能用途,因为商品的功能用途仅是《区分表》划分商品/服务类别所遵循的客观属性之一,除此之外,还可能考虑商品的制作原料、能源类别等其他客观属性,故往往在《区分表》中的某一大类别商品群组项下包含有众多功能用途(此处从狭义角度理解)不尽趋同的小类别商品群组。如果一概通过广义角度理解判断商品的功能用途,并以此判定商品类别,难免造成判定结果与客观事实冲突矛盾的情况。

所以在目前的司法审判实务中,一般从狭义角度出发,并结合日常生活经验判断商品之间的功能用途是否相近,是否属于类似商品。例如,第29类的“加工过的坚果”与第30类的“糖果”商品虽然分属于不同的商品类别,但都属于满足相关公众休闲零食方面需求的零食食品，在功能用途上相近，因此在司法审判中可被认定为类似商品。

例如，在北京市高级人民法院就“阿萨姆 ASAMU 及图”商标异议复审案[①]作出的终审判决书中就认定：“本案中，诉争商标指定使用的‘加工过的开心果、葡萄干、水果色拉、加工过的槟榔、蔬菜色拉’商品与引证商标一至三核定使用的‘蔬菜汁（饮料）；糖果；饼干；谷类制品’等商品虽在《区分表》中分属不同类似群组，并在产品分销渠道上存在某些差异，但二者在功能效果、零售模式、消费特点方面非常接近。一般而言，普通公众特别是消费者对于二者之间的差异很难作出清晰准确的辨认和判断。”

生产部门：指商品的制造主体行业，相关公众对于相同公司主体生产制造的商品，更倾向于认为是具有特定关联关系的商品，例如前述最高人民法院就“GAP”与“VEROMODA”商标作出的判决书中指出：“对于时尚类品牌而言，公司经营同一品牌的服装和眼镜等配饰是普遍现象”，并将其作为认定服装和眼镜属于类似商品的一个重要考量因素。但相关公众的这种认知状态可能会随着时代的发展，尤其是市场产业链的不断丰富而有所更新。

消费群体：通常指某项商品或服务的受众群体，通常情况下，消费者群体不同，一般不会产生混淆误认，不构成类似商品/服务，如胰岛素、降糖药等针对糖尿病患者群体的药品与一般商品所对应的消费群体就存在很大差异，一般情况下不会产生混淆误认。

但不能仅依据消费群体是否存在交叉重合就判定商品/服务一定构成类似，例如，前述糖尿病患者群体同时也必然会是食品、服饰商品的消费群体，如果仅以消费群体是否交叉重合判断商品/服务类似，那么第 25 类“服装”商品、第 30 类“米”等商品就可以与《区分表》中 45 个商品服务类别全部构成类似商品服务了，这显然是不符合客观事实与法律本意的。

销售渠道：相关公众将销售渠道作为判断商品类似的一个考虑因素，一般是因为销售场所或电商平台通常会会根据商品/服务的客观属性划分在不同的销售场所或互联网页面进行销售展示，这里需要特别关注一个问题，就是不能概括地通过销售渠道、销售场所去判断商品/服务是否构成类似，即不能仅依据销售场所

① 北京市高级人民法院行政判决书，(2020)京行终字第 1553 号。

标识的"食品""日化用品"等销售区域就判定在该区域销售的所有商品均属于类似商品。而是应当结合前述的功能用途、消费群体等方面的客观情况综合判断。

服务目的与内容:关于针对服务是否构成类似的判断,与判断商品类似的原则标准有些近似,主要通过服务的内容和目的情况进行判断分析,一般情况下如果两种服务的内容、目的相同,尤其是在《区分表》中被划分为同一群组的服务项目,那么被认定为类似服务的可能性就相对较高。

此外,从司法实践来看,即便在《区分表》中不属于相同群组的服务项目,但具有一定依赖性、互补性的服务,也有可能被认定为类似服务。

例如,在北京市高级人民法院就"美中宜和 amcare 及图"商标无效宣告行政案[①]作出的终审判决书中明确认定:"……本案中,诉争商标指定使用在第 35 类的药用、兽医用、卫生用制剂和医疗用品的零售或批发等服务上,与引证商标一核定使用的第 44 类医院、引证商标二、三核定使用的第 44 类医疗诊所、医院等服务在服务的目的、内容、方式、对象等方面关系密切,且相关服务之间具有较强关联性,在诉争商标标志系对各引证商标标志完全复制的情况下,诉争商标与引证商标一、二、三共存于市场,容易导致相关公众对服务的来源产生混淆、误认……"

关于判断不同群组之间的服务项目是否具有密切关联,是否在服务目的和内容等方面近似,需要结合具体案情综合判断,应当坚持以主要服务内容和目的作为判断标准,不宜违反相关公众的一般认知常识,例如,不能仅依据养老院或医院等机构为入住老人或患者提供的服务中包含有饮食、住宿,便将其与旅店、餐厅等服务机构认定为类似服务。

商品与服务的类似:从客观属性上看,商品属于具备满足相关公众某种生活需求的物品,附着在商品之上的商标通常伴随着商品的流通(销售)或推广宣传展现在相关公众的视野之中,起到区分商品来源的作用。

而与有形的商品不同,服务则是为了满足相关公众需求的一种活动或者行为,具有无形性的特点,虽然商品和服务在某些情况下会产生对应关系,但不宜从广义角度扩大理解这种对应关系,例如,不能因为第 35 类"替他人推销"服务项目中涵盖了众多推销商品种类,就将该服务与其他商品判定为类似,因为第 35 类"替他人推销"服务所对应的并非特定商品,所以两者之间的这种广义对应联系不

---

① 北京市高级人民法院行政判决书,(2019)京行终 3652 号。

易导致相关公众产生联想，不宜认定为类似的商品/服务。与此相反，如果某项服务与某项商品具有特定的对应性或依赖性，那么这种情形下两者被判定为类似商品与服务的可能性就会相对较高。

例如，在北京市高级人民法院就“NC 及图”商标异议复审行政案①作出的终审判决书中认为：“被异议商标指定使用的‘书籍、印刷出版物、报纸、期刊、杂志（期刊）、新闻刊物、书籍封皮、墨水、印台、文具、书写工具、教学材料（仪器除外）’商品与教育、培训存在密切关联，是教育、培训服务中的必不可少的载体与工具，由此与引证商标二核定使用学校（教育）、培训、教学、教育信息等服务关系密切，根据相关公众的一般认知标准及交易观念，易认为二者存在特定联系，构成类似商品或服务。”

(5)《区分表》对商品/服务类似判断的作用

关于判断商品/服务是否类似与《区分表》的关系，一直以来都是商标行政与司法程序中争议不断的话题，其主要的争议焦点在于判断商品/服务类似时，是否应当受到《区分表》的约束。

在此问题上，国家知识产权局（原商标局、商评委）与人民法院之间的分歧是比较大的，在国家知识产权局进行商标行政审查阶段时，尤其是商标注册申请的审查阶段，一般会强调审查标准的客观一致性与可操作性，注重效率与审查尺度的统一，所以一般将《区分表》作为审查尺度的依据，即受《区分表》的约束。

但是在商标司法程序中，人民法院在保持审查尺度基本一致的同时，更强调个案的救济与公平，而不是一味追究审查尺度的统一与稳定。

早在 2002 年最高人民法院《关于审理商标民事纠纷案件适用法律若干问题的解释》第十二条中就规定：“人民法院依据商标法第五十二条第（一）项的规定，认定商品或者服务是否类似，应当以相关公众对商品或者服务的一般认识综合判断；《商标注册用商品和服务国际分类表》《类似商品和服务区分表》可以作为判断类似商品或者服务的参考。”

所以人民法院在商标司法审判程序这种，往往会结合个案情况对于《区分表》进行一定程度的突破或者限缩，即在商标司法程序中，《区分表》只是法院审理时的参考，而不是依据，即不受《区分表》的约束。

---

① 北京市高级人民法院行政判决书，(2015)高行(知)终字第 1633 号。

笔者认为：

我国目前所使用的《区分表》是国家知识产权局根据世界知识产权组织提供的《商标注册用商品和服务国际分类》，其划分设置商品/服务类别的基本依据是商品/服务的客观属性差异，这种属性差异本身也可以在一定程度上视为相关公众对于商品/服务之间的差异认知的判断依据。

但商品/服务的属性差异具有客观性、稳定性的特点，而相关公众的认知及市场实际情况的发展则具有不断变化发展的特点，因此《区分表》作为一种描述商品/服务客观属性差异的工具书，在不同的法律程序阶段，应当体现出不同的使用原则。

正如前文所述，在商标注册申请审查阶段，国家知识产权局以《区分表》作为审查依据是具有合理性的。一方面，《区分表》的客观性可以为审查工作提供的稳定统一的审查标准，提高审查效率；另一方面，由于商标注册申请审查程序的特殊性，引证商标权利人无法直接参与到商标行政审查程序中，如果在这个阶段不以《区分表》为依据，而考虑诉争商标与引证商标的知名度以及相关权利人的主观心理状态，则将使引证商标权利人处于极为被动的法律地位，因此在商标自注册申请审查阶段，应以《区分表》作为审查依据，保持审查尺度的客观统一。

但在商标异议、无效宣告等程序中，笔者认为由于法律程序赋予了各方权利人参与举证、质证和答辩的权利，因此在这些商标行政程序中，不应一味追求商标审查尺度的稳定统一，可以在灵活掌握《区分表》对于审查工作的指导作用时适当考虑个案因素，兼顾考察主观因素对商品/服务是否类似的影响。同时，在北京市高级人民法院发布的《商标授权确权行政案件审理指南》第 15.13 条的规定中，也以司法规范性文件的形式肯定了上述判断标准。

3. 是否会导致相关公众混淆以及可能其他可能导致混淆的参考因素

通过前述关于《商标法》第三十条的立法宗旨以及在就判断商标近似、商品/服务类似方面，行政与司法机关所秉承的角度与精神的阐述，我们可以看出《商标法》第三十条所要实现的核心价值在于通过对商标外观、呼叫发音、含义等起到识别商品/服务来源的特征要素，以及所指定使用的商品/服务的客观属性以及其他涉案因素的全面考察，综合判断是否存在导致相关公众混淆误认的可能性，并进一步判定该商标是否应当予以初步审定、核准注册或者继续维持有效，这一点尽管没有在《商标法》第三十条的条文内容中直接体现，但在前述的相关司法解释与司法规范性文件中已经明确将混淆误认作为判断商标近似、商品类似的核心基础原则，所以关于判断某商标与其他商标是否构成在相同或类似商品/服务上的近似商标，不仅仅是事实判断的范畴，同时也是法律价值判断的范畴。

也正是由于其身兼事实判断与价值判断的双重内涵，导致国家知识产权局与人民法院在判断商标近似、商品/服务类似与是否误导相关公众混淆误认两方面时存在逻辑推理的争议。

从国家知识产权局的审查角度看，更倾向于认为“导致相关公众混淆”属于一种基于判定“商标近似”“商品/服务类似”两方面要件之后所作出的一种事实判断，趋向于事实判断理念，如图 17－2 所示。

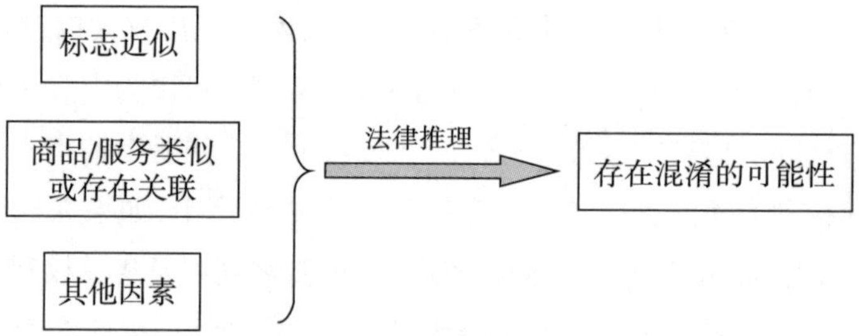

图 17－2　导致相关公众混淆的判断

但从前述内容以及相关司法解释的规定可以看出，人民法院在司法审判的角度，则是倾向于不仅将“是否导致相关公众混淆”作为判断是否适用《商标法》第三十条的核心基本原则与法律结果，也将其作为判断“商标近似”“商品类似”的判定标准，趋向于法律价值判断理念。但这可能将引起逻辑推理循环的情况，就此问题笔者前述已经就可借鉴欧盟相关判定标准解决的观点进行了阐述，故不再赘述。

无论是从事实判断角度出发还是从法律价值角度出发，对于前述的“商标近似”与“商品类似”的客观方面认定都是必不可少的确认环节，第一，商标标识是相关公众区分商标/服务来源的基本识别目标，如果商标的整体视觉效果与呼叫含义都存在明显区别，那么即便出现在相同或类似的商品/服务上，也难以认定会导致相关公众混淆误认。

第二，如果在商标的整体外观，呼叫含义确实存在相同或者不同程度的相似情况，那么就需要结合以下因素综合判断导致相关公众混淆误认的可能性。

（1）注册商标的显著性和知名度

关于诉争商标与引证商标的显著性与知名度是否作为判断导致相关公众混

淆的要素之一,国家知识产权局与人民法院之间也曾经存在一定分歧争议,但从目前的实务实践情况来看,双方已就这一问题在一定程度上达成了共识。

①从商标授权确权审查角度看

尤其是在商标驳回、驳回复审类型的行政审查案件中,国家知识产权局通常不将诉争商标或引证商标的显著性与知名度等方面的因素作为审查考虑的因素,这主要是因为在商标授权行政审查程序中,引证商标的权利人没有被赋予参与行政审查程序的权利,无法就诉争商标申请人所提出的主张观点发表答辩意见、提交证据,所以如果在此类案件中将涉案商标的显著性与知名度作为考察要素,将置引证商标权利人于极为不利的法律地位。对此,人民法院也持相同的观点。在北京市高级人民法院发布的《商标授权确权行政案件审理指南》第 15.3 条规定:"商标申请驳回复审行政案件中,诉争商标与引证商标是否近似,主要根据诉争商标标志与引证商标标志近似程度等因素进行认定。诉争商标的知名度可以不予考虑。"

但在商标不予注册复审与无效宣告行政案件中,人民法院还是将诉争商标与引证商标的显著性与知名度作为判断是否构成商标近似、商品/服务类似以及是否可能导致相关公众混淆的考察因素之一。

第一,显著性代表了引证商标作为区分商品/服务来源标志的天然识别度,如果引证商标为臆造词汇或图形组合,那么如果诉争商标与之外观相似就难为巧合了,相关公众在识别该商标标志时也更易产生联想,从而提高了其混淆误认商品/服务来源的可能,而且此情况也能在一定程度上间接反映出诉争商标申请人的主观方面具有一定恶意。

第二,知名度代表了引证商标在相关公众间的知晓程度,如果某引证商标的知名度很高,那么就代表着相关公众对它所处的商品/服务类别与所指向的来源就会有更加深刻的记忆认知。所以,当在相同或类似商品/服务上出现外观、呼叫与含义与之相近的诉争商标时,相关公众在识别时会更加容易产生联想,客观上增大了混淆误认的可能性,所以将引证商标的知名度与显著性作为判断导致相关公众混淆的考察因素之一是具有合理性的。

鉴于《商标法》第三十条遵循在先申请注册原则,故在商标不予注册复审或商标无效宣告类型案件中,原则上对于申请时间晚于引证商标申请日的诉争商标,是不考虑诉争商标在后形成的知名度方面的证据的,如果将诉争商标在后形成的知名度与市场格局作为判断是否导致相关公众混淆的因素之一，那么不仅将颠覆《商标法》第三十条所遵循的在先申请注册这一基本原则，也有变相鼓励具备优势资源或垄断地位的企业主体进行反向混淆的风险，不利于商标管理秩序的稳定。关于这一点目前行政与司法机关的看法是一致的。

②从商标行政诉讼角度看

如前文所述，《商标法》第三十条的立法主旨在于避免相关公众混淆。而在某些特殊的历史原因（如老字号传承、公私合营等历史因素）的影响之下，会出现诉争商标与引证商标长期共存，形成了稳定的市场格局，相关公众能够对两者之间的联系与区别作出合理判断，那么在这种特殊情况下，对于诉争商标与引证商标可以不认定为近似商标。

在北京市第一中级人民法院就"亨得利"商标异议复审行政案[①]作出的行政判决书中认为："根据本院查明的各方无争议的事实，'亨得利'是我国钟表眼镜行业（包括钟表维修服务行业）中拥有百年历史的老字号，其市场信誉与商业价值是全国众多'亨得利企业'共同创立的，创造、维护或者提升'亨得利'商誉的'亨得利企业'均对其享有合法权益，但也均不享有独占权。由于历史的原因，'亨得利企业'遍及全国各地。第三人天津亨得利公司与'亨得利'老字号具有一定的历史渊源关系，较早以'亨得利'字号从事钟表眼镜行业的经营，包括提供钟表维修服务，属于对'亨得利'商誉享有合法权益的'亨得利企业'之一。同时，被异议商标由文字'津城'与'亨得利'共同组成，'津城'具有指示商品来源作用，能够将第三人与全国其他亨得利企业区分开，使用于指定的钟表修理服务上，不致导致相关公众混淆误认。因此，被异议商标'津城亨得利'与原告所主张的字号及在先使用的商标'亨得利'存在差异，共存于市场上，不会导致相关公众的混淆误认。"

在该案中，人民法院考虑到涉案商标系"老字号"品牌，由于公私合营等特殊历史原因影响，导致该品牌在后续发展历程中衍生出多家经营主体，但权利渊源均指向同一源头，具有合法权利来源，且考虑到长期共存并形成一定市场格局，故认定不会导致相关公众混淆。

③从商标民事诉讼角度看

与商标行政诉讼案件相比，在商标民事诉讼案件中，司法机关更加关注涉案

---

① 北京市第一中级人民法院行政判决书，(2010)一中知行初字第2470号、第2471号。

商标的历史渊源、实际使用以及知名度与市场经营等方面的具体情况,并以此作为判断是否会导致相关公众混淆误认的因素之一。

在山东省高级人民法院就“宏济堂”商标侵权与不正当竞争案[①]作出的终审判决书中认为:“……商业标识保护的总体司法政策是尽量划清商业标识的界限,为创立品牌留足法律空间,但特殊情况下的商业标识共存又是必不可少的。本案中,制药公司‘宏济堂’商标、字号与医药集团的‘宏济堂’商标、字号双方共存的状态是客观的,是历史的,也是善意的。简单地以一方权利‘打死’对方,做‘你死我活’的处置不符合历史和现状,更不符合公平原则。本案中,认定阿胶公司可以基于其股东的传承和授权使用‘宏济堂’老字号,允许善意共存、实现包容性发展,更有利于实现对商标标识的保护目的……”在该案中,人民法院同样考虑到“宏济堂”标识的历史渊源等特殊因素,最终做出共存的法律判决。

根据前述行政与民事审判实务中形成的共识,在北京市高级人民法院作出的《商标授权确权行政案件审理指南》第 15.4 条规定:“商标不予注册复审和商标权无效宣告请求行政案件中,若诉争商标的申请人主观并无恶意,且基于特定历史原因诉争商标与引证商标长期共存,形成既定市场格局,当事人主张不会导致相关公众发生混淆的,可以认定不构成近似商标。”从该规定可以看出,司法审判机关对于将诉争商标知名度作为相关公众混淆判断因素的前提是需要基于特定历史原因、申请人主观无恶意等条件,对诉争商标形成的既定市场格局采取的是更为严格审慎的审查态度,避免与在先申请基本原则相冲突。

(2)申请人主观恶意

鉴于诉争商标申请人的主观状态难以为他人知晓,一般情况下,行政与司法机关只能根据在案证据材料并结合诉争商标与引证商标的外观状态综合判断申请人的主观是否具有恶意。尽管在《商标法》第三十条的内容中并未规定将申请人的主观状态作为判定商标近似的标准,国家知识产权局在行政审查过程中也往往不考虑诉争商标申请人主观状态对于案件的影响,但在司法审判中人民法院却将申请人的主观恶意作为判断是否构成相关公众混淆的考察因素之一。

对此,笔者认为,这其中既有“主观恶意”与“商标近似”互为表里的客观因素,也有人民法院从市场实际情况角度出发遏制非法抢注他人商标的司法管理

---

① 山东省高级人民法院行政判决书,(2013)鲁民三终字第 2 号。

需求。

一方面,若诉争商标与固有显著性较高或在某一行业领域内知名度较高的引证商标在外观状态上构成近似,在不考虑特殊因素(如诉争商标申请人持有更早的在先注册商标或具有特殊历史渊源等)下,则可以从一定程度上反映出该诉争商标申请人的主观态度难谓正当。故在此情形下,针对诉争商标与引证商标进行外观比对这一"外表"判断与诉争商标申请人主观恶意的"内心"判断是否相辅相成的。

另一方面,申请人就他人持有的具有较高显著性与知名度的引证商标申请注册相近似的诉争商标,其本意上往往具有攀附窃取引证商标上凝结的商誉等无形资产,所以从司法管理角度看,人民法院将申请人主观恶意作为判断导致相关公众混淆的因素之一,对于遏制非法抢注他人商标,维护商标注册秩序也是具有合理性与必要性的。

(3)相关公众的注意和认知程度[商品或者服务的特点(商品价格的高低是否应作为判断是否容易混淆的考虑因素)]

根据现行法律与司法解释规定,判断商标近似及相关公众是否混淆应当以相关公众的一般注意力为标准,同时相关公众的范畴也不仅局限于普通消费者,也包括不同商品/服务行业中的其他参与者,如经销商、承包商等。这就决定了在个案审查中,不同商品/服务类别上的近似商标判断与相关公众混淆判断具有多样性,尤其是当遇到某些具有一定专业程度与特殊相关公众人群的商品/服务类别时,应当以个案审查为原则,结合案件具体情况进行分析判断。

一般来说,如果某商品/服务类别具有一定专业性与特殊性,如电梯、发电机等特种机械设备,那么该商品/服务类别所指向的相关公众的范围一般要远远小于普通消费者,同时其所对应的相关公众的专业认知水平也要高于一般消费者,所以在就此类案件进行判断时,要结合案件具体情况,客观认知相关公众的范畴与专业水平,甚至要考虑到市场交易形式是否会对相关公众认知产生影响,例如若某商品/服务领域相对封闭,其市场参与主体相对较少,市场格局清晰明确,那么这些客观情况都应当作为判断相关公众混淆的重要因素。

此外,还有一种观点认为商品/服务的价格因素也应当作为判断相关公众混淆的因素之一,理由是若某商品/服务的价格越高,那么相关公众所投入的一般注意力也会随之增高,从而导致混淆的可能性就会相对降低。

对此观点，笔者不完全认同。

固然当某商品/服务领域的价格相对较高时（如汽车、房屋），相关公众所投入的关注力度会明显加强。例如，消费者在选购汽车、房屋等高价值商品时的实际情况往往是该消费者会根据个人喜好，通过访问不同品牌的汽车4S店或售楼中心、房屋中介等机构的形式，进行多轮考察与磋商后再决定是否购买，这一甄别过程在客观上确实会降低相关公众混淆误认的可能性，所以在此情形下，可以得出相关公众混淆误认的可能性较低的结论，但必须注意的是，得出此结论的推导因素应当是该商品/服务的客观市场交易形式，而不是该商品/服务价格高昂。

之所以笔者认为不宜将商品/服务价格作为判断相关公众混淆的因素，一方面是因为现实生活中商品/服务的门类繁多，除上述的汽车、房屋等具有特殊交易形式的商品以外，还有众多同样价格昂贵但交易形式趋于普通消费品的商品，如高端服饰、箱包、化妆品、贵重金银首饰等，相关公众在选购这些类别的商品时，其交易方式与普通消费品相差无几，即便考虑到此类商品价格的高昂，也无法完全否定在实际生活导致相关公众混淆的可能性。

另一方面，由于商品/服务种类繁多，关于如何认定某商品/服务的价格是否达到足以避免相关公众混淆的高昂程度，也无法在实务操作中达成统一认知，可行性较低。故笔者认为不宜将商品/服务的价格作为判断相关公众混淆的因素，而是应当从商品/服务的实际经营角度出发考察判断是否会导致相关公众混淆。

四、该条所涉疑难问题、前沿问题及个人观点

（一）经过使用形成区分（市场格局论）

1.“市场格局论”的法律依据

2009年4月21日最高人民法院印发的《关于当前经济形势下知识产权审判服务大局若干问题的意见》中，最早将“市场格局论”的审判指导意见纳入其中：“对于注册使用时间较长、已建立较高市场声誉和形成自身的相关公众群体的商标，不能轻率地予以撤销，在依法保护在先权利的同时，尊重相关公众已在客观上将相关商标区别开来的市场实际。要把握商标法有关保护在先权利与维护市场秩序相协调的立法精神，注重维护已经形成和稳定了的市场秩序，防止当事人假

商标争议制度不正当地投机取巧和巧取豪夺,避免因轻率撤销已注册商标给企业正常经营造成重大困难。”

2010年4月20日最高人民法院颁布的《关于审理商标授权确权行政案件若干问题的意见》中规定:“对于使用时间较长、已建立较高市场声誉和形成相关公众群体的诉争商标,应当准确把握商标法有关保护在先商业标志权益与维护市场秩序相协调的立法精神,充分尊重相关公众已在客观上将相关商业标志区别开来的市场实际,注重维护已经形成和稳定的市场秩序。”

2011年12月16日最高人民法院在《关于充分发挥知识产权审判职能作用推动社会主义文化大发展大繁荣和促进经济自主协调发展若干问题的意见》中再一次强调:“要妥善处理最大限度划清商业标识之间的边界与特殊情况下允许构成要素近似商标之间适当共存的关系。相关商标均具有较高知名度,或者相关商标的共存是特殊条件下形成时,认定商标近似还应根据两者的实际使用状况、使用历史、相关公众的认知状态、使用者的主观状态等因素综合判定,注意尊重已经客观形成的市场格局,防止简单地把商标构成要素近似等同于商标近似,实现经营者之间的包容性发展。”

之所以存在上述司法审判意见,我们可以在最高人民法院法官的著述和讲话中找到一些原因,如在孔祥俊、夏君丽、周云川所著的《〈关于审理商标授权确权行政案件若干问题的意见〉的理解与适用》一文中认为:“如果诉争商标经过使用已经能够与在先商业标志区别开来,则没有必要回到原点倒追旧账,不考虑客观现状而撤销,不是实事求是的做法,也是对社会资源的极大浪费。慎重撤销注册使用时间较长的商标的政策导向,也可促使在先权利人及其他利害关系人及早行使异议争议等权利,尽早形成稳定的商标秩序,促进品牌培养。即对于这些商标,不仅要考虑诉争商标申请注册时的实际状况,也要考虑案件审理时的事实状况。”①另外,最高人民法院法官在《准确把握当前知识产权司法保护政策进一步加强知识产权司法保护》(在全国法院知识产权审判庭庭长研讨班上的讲话)指出:“实现经营者之间的包容性增长,应当限于极其特殊的例外情况,通常属于因复杂历史因素导致的共存,或者其他因客观因素导致的善意共存。例如,最高人民法院裁决

---

① 孔祥俊、夏君丽、周云川:《〈关于审理商标授权确权行政案件若干问题的意见〉的理解与适用》,载《人民司法》2010年第11期。

的‘鳄鱼’商标侵权案、上海法院裁判的张小泉剪刀案等就是这样的特殊情形。”[①]

2. 适用“市场格局论”的部分案例解析

(1)“张小泉”剪刀案[②](2004 年审结)

原告杭州张小泉公司于 1964 年注册“张小泉牌”商标,1997 年,“张小泉牌”注册商标被认定为驰名商标。被告一上海张小泉刀剪总店于 1956 年成立并取得“张小泉”字号,1993 年,国内贸易部认证“刀剪总店”为中华老字号。1998 年,“刀剪总店”投资 90% 的股份与他人合资成立被告二上海张小泉刀剪公司。原告就两被告企业名称的登记注册及企业字号的单独、突出使用行为,向法院主张构成商标侵权及不正当竞争。上海市高级人民法院在请示最高人民法院后,作出了二者可以共存于市场的判决,判决中认为:“张小泉”品牌的剪刀已有三百多年的历史。长期以来,包括杭州、上海两地的许多刀剪企业在内的众多企业,都对“张小泉”品牌良好声誉的形成、发展作出过贡献。本案中,无论原告还是两被告均与“张小泉”的创始人没有嫡传关系。因此应当在充分考虑和尊重相关历史因素的前提下,根据公平、诚实信用、保护在先权利的法律原则,公平合理地解决本案争议,以促进“张小泉”这一民族传统品牌和老字号的健康发展。

本案中,原告的注册商标与两被告的企业名称,尤其是企业字号的突出使用行为,在客观上存在冲突,这一冲突显然是由众多历史因素所导致的,法院在充分查证二者权利来源、归属、双方历史使用情况、历史上的法律规范、现阶段市场格局的基础上,得出了被告突出使用企业字号不具有“搭便车”的主观恶意,从而认定被告行为不构成侵权。同时,考虑到后续避免混淆的需求,要求被告在今后的使用中规范使用企业名称。

(2)“鳄鱼”商标侵权案[③](2010 年审结)

原告拉科斯特股份公司创办于 1933 年,同年在法国注册“鳄鱼图形”商标,1980 年,拉科斯特公司在中国注册了“鳄鱼图形”商标,其产品于 1984 年正式进入中国,1994 年正式开设专柜或专卖店。被告鳄鱼国际公司前身 1943 年在新加坡创立,1949 年在新加坡申请注册了“crocodile + 鳄鱼图形”商标,1993 年,鳄鱼国际

---

① 倪朱亮:《司法中商标共存的困境与出路——以“客观稳定的市场秩序与格局”之判定为切入点》,载《知识产权》2014 年第 12 期。

② 上海市高级人民法院民事判决书,(2004)沪高民三(知)终字第 27 号。

③ 最高人民法院民事判决书,(2009)民三终字第 3 号。

公司在中国申请注册"CARTELO 及图"商标，其产品于 1994 年进入中国市场。双方于 1983 年在日本签订共存协议，约定在包括新加坡、印度尼西亚、马来西亚、文莱等国家，双方商标能够共存且不致混淆。本案中，原告在中国享有的注册商标标识及被告在涉案商品上使用的标识如表 17－1 所示：

表 17－1 "鳄鱼"商标

原告注册商标	LACOSTE
被告侵权标识	未注册商标： 已注册商标：CARTELO CARTELO

最终，最高人民法院认为，"双方之间的诉争商标在相关市场中具有特殊的形成历史和发展历程，有特殊的使用和共存状况，在本案中认定诉争商标是否构成侵犯注册商标专用权意义上的近似商标，既不能割裂各自形成和发展的历史，又不能无视相互之间的共存过程和使用状态，否则，就难以作出公平合理的裁判。因此，就本案诉争商标具体情况而言，在认定其是否近似时，仅仅比对标识本身的近似性是不够的，还必须综合考量鳄鱼国际公司的主观意图、双方共存和使用的历史与现状等因素，结合相关市场实际，进行公平合理的判断。"并从商标的创设渊源、实际使用中的善意区分、国际市场上的现有格局、国内市场的共存事实等几个角度，得出了被告侵权标识与原告注册商标相比虽有近似之处，但相关公众已在客观上将两公司诉争标识区别开来，其共存不足以使相关公众对其商品的来源产生混淆的结论。

"鳄鱼"商标侵权案属于早期典型适用"市场格局论"的案件，法院认可了被告侵权标识与原告注册商标在呼叫、图形上具有某些近似元素而不排除某些消费者会产生误认的可能性，但最终适用"市场格局论"的理论认定被告的使用行为并不构成侵权，判决书中归纳了适用"市场格局论"时应考虑的几方面内容包括：双方的主观意图、共存的历史原因、市场格局现状等。

(3)"BOSSSUNWEN"商标争议案件[①](2013年审结)

原告德国雨果博斯公司于1985年在中国申请注册了"BOSS"商标(引证商标),该商标曾两次被列入"全国重点商标保护名录",并于2004年被认定为驰名商标。第三人英国博斯国际有限公司(以下简称英国博斯公司)于2000年申请注册了"BOSSSUNWEN"(争议商标),该商标曾获得广州市著名商标,并于2007年被运城市中级人民法院民事判决认定为驰名商标(该判决于2008年被再审撤销)。2004年原告针对争议商标提起争议撤销,最终经商标评审委员会及三级法院裁判,认为"BOSSSUNWEN"与"BOSS"不构成使用在相同或类似商品上近似商标,对争议商标予以维持。值得注意的是,本案中,引证商标被列入"全国重点商标保护名录"的时间要早于争议商标的申请时间,且第三人在实际使用争议商标时存在细微变形,将"BOSS"与"SUNWEN"的字体区分,形成**BOSS**SUNWEN的情况,但最终最高人民法院仍然认为,"虽然三个引证商标在服装类商品上建立了较高的市场声誉、具有相当的知名度,但是争议商标在获准注册后,英国博斯公司对争议商标以及使用争议商标的商品进行了大量的宣传,争议商标在中国范围内亦被相关公众所熟知,建立了较高的市场声誉,具有了较高知名度,相关公众已经可以将争议商标与英国博斯公司联系起来。在争议商标与各引证商标存在一定差异,且争议商标同样具有较高知名度的情况下,可以认定雨果博斯公司和英国博斯公司在服装等同类商品上均已形成了各自相应的知名度和相关消费群体,相关公众能够将争议商标与各引证商标相区别,不会对使用争议商标的商品与使用引证商标的商品的产源发生混淆,也不会误认为使用争议商标的商品与使用引证商标的商品存在特定联系"。即适用"市场格局论",对引证商标和争议商标的共存进行了确认。

(4)"乔丹"商标争议案[②](2016年审结)

原告迈克尔·乔丹是世界知名的美国篮球运动体育明星,第三人乔丹公司2004年申请注册了"乔丹"商标(争议商标),乔丹公司自2000年开始使用"乔丹"系列商标,每年的宣传费用达上千万元,且"乔丹"系列商标多次被认定为驰名商

① 最高人民法院行政裁定书,(2013)知行字第2号。

② 最高人民法院行政判决书,(2016)最高法行再26号。

标。2008 年，原告以争议商标的注册损害其姓名权为由，对争议商标申请撤销。案件经商评委及三级法院审理，最终认定“乔丹公司主张的市场秩序或者商业成功并不完全是乔丹公司诚信经营的合法成果，而是一定程度上建立于相关公众误认的基础之上。维护此种市场秩序或者商业成功，不仅不利于保护姓名权人的合法权益，而且不利于保障消费者的利益，更不利于净化商标注册和使用环境”，对争议商标予以撤销。

本案中，争议商标在审理之前已经通过大量的使用与宣传被大量消费者所认知，并获得了相当多的荣誉，甚至第三人因为“乔丹”系列商品的高销量已经在上市准备阶段，因此商标评审委员会及一审、二审法院均适用“市场格局论”的理论对争议商标予以了维持，但最终最高人民法院对“市场格局论”进行了正本清源，即其适用应当是建立在善意的基础之上，如果现有的市场格局并非源于善意，甚至是建立在相关公众误认的基础上所取得的，那么这种市场格局就不应当予以维护。

(5)“禧六福珠宝”商标争议案①(2018 年审结)

第三人六福公司是一家珠宝公司，其于 1995 年申请的“六福”商标(引证商标)曾经被认定为驰名商标。原告禧六福公司同样是一家珠宝公司，其于 2007 年申请注册了“禧六福珠宝”商标(争议商标)。2012 年，第三人对争议商标申请撤销，案件经过商标评审委员会及三级法院的审理，最终认为“禧六福公司主张争议商标经过使用已经具有很高的知名度，销售业绩良好，使用规模大，已经与引证商标形成有效区分”的理由不能成立，对争议商标予以撤销。

本案中，禧六福公司亦提交了大量的店铺加盟、经营获利等证据，欲证明争议商标通过使用已经形成了稳定的“市场格局”，但最高人民法院对这些证据认为均形成于争议商标申请之后，而“根据商标法及其司法解释关于判断商标是否近似的规定，原则上并不需要考虑在后申请的争议商标的知名度”，对“市场格局论”的适用进行了进一步的说明。

3.“市场格局论”的适用环境

笔者认为，“市场格局论”并非明确的法律规定，而是司法机关在适用法律时对于商标是否近似、不同标识能否在市场上共存所给出的一个指导性意见，该意见是在考虑了司法的公平原则、效率原则之后，所给出的折中方案，因此其适用应

---

① 最高人民法院行政判决书，(2018)最高法行再 100 号。

当相对谨慎：

首先，应建立在善意的基础之上。“诚实信用原则”是民法的基本原则，只有符合基本原则才可能使其适用有法可依；更重要的是，如果诉争的在后商标在最初注册时有“搭便车”的恶意行为，或者在后使用者明知在先注册商标的存在却仍通过大量使用而形成大规模的市场，那么“市场格局论”将极有可能是为某些大规模的故意侵权活动提供了庇护依据，因为越是大规模的侵权行为越是容易形成市场格局。如果这样的话，“市场格局论”与其说是为了维持一种公平竞争秩序，不如说是制造了一种新的不公正。

其次，形成“市场格局”的时间应限定在历史条件下，至少应形成于在后商标申请日之前。因为“市场格局论”是对“在先申请原则”的特殊适用，如果不是因为在特殊的历史条件下形成的二者业已共存的事实，那么完全应该依据《商标法》第三十条的规定直接对在后商标予以驳回或者撤销，而“市场格局论”恰恰是考虑到在后商标在申请日之前就已经与在先商标共存的情况，为了保护社会主义市场经济的发展作出的特别说明。如果所谓的“市场格局”形成时间以审判时间为节点，那么很有可能导致在先商标权人启动商标异议或者无效宣告程序的时间或者法院判决的时间才是最终确认二者是否能够共存的决定性要件，这极有可能导致针对同一事件，不同时期的法院判决结果完全相反，使司法裁判缺失其应有的稳定性。

最后，“市场格局”的形成应以两商标“均具有较高知名度”为标准。因为两商标的知名程度越高，其混淆可能性相应越小；如果一商标知名程度极高、另一商标的知名程度相较前者差距较大时，消费者或者潜在的消费者便很有可能对二者来源产生混淆或者认为二者存在关联。因此，在适用该理论时应该谨慎，如果仅能证明在后商标有使用或者使用具有一定规模就对该理论任意适用，很容易导致自由裁量权被滥用，使司法裁判缺失其应有的权威性。

（二）涉案商标权利人灭失后的法律适用（驳回复审、无效宣告）

在商标行政授权确权案件的行政或司法程序中，如果诉争商标权利人或引证商标权利人主体灭失了，那么该如何处理相关案件的法律适用，是司法与行政机关无法回避的一个客观问题。

2002 年《商标法实施条例》第四十七条规定：“商标注册人死亡或者终止，自死亡或者终止之日起 1 年期满,该注册商标没有办理移转手续的,任何人可以向商标局申请注销该注册商标。提出注销申请的,应当提交有关该商标注册人死亡或者终止的证据。注册商标因商标注册人死亡或者终止而被注销的,该注册商标专用权自商标注册人死亡或者终止之日起终止。”

从上述修订前的行政法规内容可以看出,当时为了解决商标权利主体灭失问题,给出了相应的解决途径,即任何人都可以向商标局提出注销申请。但在 2014 年新《商标法实施条例》颁布施行以后,2002 年《商标法实施条例》第四十七条的规定被删除。

因此,在商标权人主体灭失之后,其名下原有的商标权利是继续有效还是随着权利人的灭失而消灭,在当今法律规定中尚属模糊地带。

考虑到目前商标行政授权、确权案件类型,结合目前的司法实践,以下将从商标驳回复审案件和商标权撤销复审、无效宣告两类案件的角度对该问题的司法解决方式进行归纳。

在商标申请驳回复审案件中,商标权利人灭失带来的问题是在先的引证商标是否可能因为其权利人灭失而导致其不再构成诉争商标申请注册的障碍。司法实践中,不同的法官作出了结论不同的判决观点,主要归纳为以下三种:

(1)商标权利人灭失,但引证商标有效,构成诉争商标申请注册的障碍

在北京市高级人民法院(2016)京行终 3577 号行政判决书中,上诉人聪裕公司的上诉理由之一为“引证商标三的所有人已经被吊销并灭失,引证商标三成为事实上无主商标。聪裕公司已经对引证商标三提起无效宣告申请,目前处于无效宣告待审中,很可能被宣告无效,请求暂缓审理本案”。法院在裁判中认为,引证商标三目前仍为有效的在先商标……故聪裕公司要求中止本案审理,并不符合中止审理的法定理由。可以看出,法官认定,引证商标三并未因其商标权利人灭失而失去其商标专用权,且其权利依然能够阻挡第三人申请注册商标。北京市高级人民法院(2014)高行终字第 1615 号行政判决书亦持此观点。

(2)商标权利人灭失,但引证商标有效,不构成诉争商标申请注册的障碍

2013 年 10 月 21 日,星云智熵公司申请注册商标“ET 及图”,商标评审委员会认为该申请商标与引证商标一“颐泰 ET 及图”构成使用在同一种或类似商品上的近似商标,据此作出了驳回复审决定。星云智熵公司不服诉至法院,并提交了引证商标一的权利人已于 2010 年 8 月 18 日被核准注销的证据。

北京知识产权法院在(2015)京知行初字第5060号行政判决书中认为,引证商标权利人被灭失后,其法律主体资格已经丧失,而且没有证据显示引证商标被新的权利主体所继承。虽然引证商标仍然处于有效状态,但该商标专用权已经失去基础,不应再构成申请商标获得注册的权利障碍。从判决中可以清晰地看出,法官认同商标权人已灭失的商标专用权的效力依然有效,但是因为其缺乏主体合法性要件,其商标专用权不能成为第三人申请商标注册的障碍。

商标评审委员会不服一审判决,上诉至北京市高级人民法院,认为引证商标一的权利人虽被灭失,但引证商标一仍为在先有效商标,应作为评判申请商标能否获准注册的依据。北京市高级人民法院作出(2016)京行终1682号二审判决书,在这一问题上维持了北京知识产权法院的观点,即"引证商标一权利人智麟公司的工商登记资料存档信息显示,该公司已于2010年8月18日被工商行政管理机关核准灭失,其作为法律主体的资格已经灭失。且工商登记资料及被异议商标档案显示智麟公司在灭失前并未对商标权利进行处理,即目前引证商标一已无权利主体。故引证商标一虽为在先有效商标,但因其权利人已被灭失,不应作为评判申请商标能否获准注册的依据"。

随后该二审判决成了审理此类案件的重要参考之一,自2018年起至今,北京知识产权法院在同类案件中大量引用(2016)京行终1682号判决书作为其观点的支撑。2019年北京市高级人民法院颁布的《商标授权确权案件审理指南》第15.7条明确规定:"商标行政案件中,引证商标权利人被注销且无证据证明存在权利义务承受主体的,可以认定引证商标与诉争商标不构成近似商标。"目前此种观点是审理该问题的主流观点。

(3)商标权利人灭失,且引证商标无效,不构成诉争商标申请注册的障碍

北京市高级人民法院在(2015)高行(知)终字第2492号行政判决书中,在一审北京知识产权法院观点的基础上,更进一步论证了当商标权利人灭失后,注册商标专用权的效力问题。在该判决中,北京市高级人民法院指出,引证商标的注册人已被核准注销,其作为法律主体的资格已经灭失。同时,无证据表明引证商标已经依法有效转让,故即便引证商标在形式上构成注册商标,但由于其权利主体的缺失至今已达数年,导致其不能形成有效的注册商标专用权,也不宜作为他人申请注册相同或类似商标的障碍。

可以看出,该判决中明确了注册商标专用权有效应当包括两个要素:商标注

册人及注册商标。当商标注册人主体因被灭失而不复存在后，北京市高级人民法院据此认定该商标专用权无效。在随后的北京知识产权法院（2016）京73行初1697号行政判决书、（2016）京73行初1922号行政判决书中，均遵循了北京市高级人民法院的这一观点。

《商标法》第三十条的立法目的是“申请商标与引证商标在市场上客观共存不应当引起相关公众对商品或服务的产源产生混淆或误认”，因此法院从把握立法目的出发，如果引证商标权利人灭失，该商标如果长期未使用，那么在市场中就不会引起误认。

但仅就这一条件也不足以如此削弱引证商标的排他的效力，因为引证商标目前未使用并不代表以后也不会使用，所以还应当考虑引证商标是否在未来一段时间也不会继续使用。[①] 如果引证商标处于无主状态且长期未使用，那么当然其在市场上就不会产生导致相关公众对于申请商标与引证商标使用商品来源的混淆。因此，人民法院就可以判定申请商标与引证商标共存于市场上不会引起相关公众的混淆与误认，判决商标评审委员会重新作出决定。

北京市高级人民法院《商标授权确权行政案件审理指南》第15.7条规定：“商标行政案件中，引证商标权利人被注销且无证据证明存在权利义务承受主体的，可以认定引证商标与诉争商标不构成近似商标。”该规定也是基于《商标法》第三十条的立法本意，促进商标使用、发挥商标应有的功能，作出了一定的价值取舍，明确了“引证商标权利人被撤销，引证商标不作为诉争商标注册的障碍”这一规定，但该规定实际上并未就引证商标的注册商标专用权是否有效进行判断。事实上，人民法院是否可以在商标申请驳回复审案件中因引证商标权利人灭失而径行判决注册商标专用权无效也有较大争议，有观点认为法院直接认定此类商标无效属于司法越界的行为。[②] 目前，尚无法律规定对该问题予以明确。

笔者认为，在商标驳回复审类型案件中引证商标权利人灭失后，引证商标与诉争商标共存是否可能导致相关公众混淆误的可能性判断应当尊重市场客观实际情况，以衡平原则为导向。

在审理商标驳回复审类型案件时，因为引证商标权利人无法参与到行政与司

① 石月炜：《对无主商标的理论思考及司法实践判断》，载《中华商标》2017年第7期。

② 何卓律：《无主商标对商标驳回复审案件审理的影响及裁判因素考量》，载《中华商标》2017年第12期。

法程序中，司法机关无法直接通过法庭调查核实引证商标的具体使用情况，所以司法与行政机关通常会倾向于在不考虑引证商标与诉争商标知名度的情况下，静态比对诉争商标与引证商标的外观与核定使用商品并作出结论。但这并不意味着司法机关完全不考虑任何可能影响案件争议焦点的客观问题。如果当引证商标权利人灭失后，引证商标并未转让或者安排承继权利主体时，那么即便假设引证商标权利人曾经使用过该引证商标，但随着该权利人灭失的事实发生，可以推定引证商标今后不会被继续使用，那么诉争商标与引证商标共存导致相关公众混淆误认的可能性也就会被推定趋于消弭，同时考虑到诉争商标申请人的权利需求，从衡平原则角度出发，也不宜阻止诉争商标权利人取得注册商标专用权。

关于商标撤销、无效宣告案件中商标权利人灭失的情况，在商标权无效宣告案件中，如果系引证商标权利人注销的情况，法院的裁判路径与商标申请驳回复审案件基本一致。而在商标权撤销复审、无效宣告请求行政纠纷中，诉争商标亦为已注册的商标，也可能出现商标权利人灭失的情况，因此以下主要讨论诉争商标权利人注销的情形。

北京市高级人民法院《商标授权确权行政案件审理指南》第 7.5 条规定："商标权撤销复审、商标权无效宣告请求行政案件中，诉争商标注册人被吊销营业执照或者已经注销的，不宜仅据此对诉争商标撤销注册或宣告无效。"

由上述规定可以看出，北京市高级人民法院对于商标权撤销复审、商标权无效宣告请求行政案件中诉争商标权利人注销的，认为法院不宜直接就该商标的效力作出认定，这一规定一定程度上佐证了前文所述的"法院直接认定此类商标无效属于司法越界的行为"的观点。

但在这两类案件中，如果诉争商标的权利人在行政阶段作为被申请人且诉争商标被裁定无效后，作为原告向司法机关起诉时，作为参与诉讼的主体，该权利人灭失将会直接导致原先的诉讼没有继续下去的必要，此时人民法院往往会裁定终结诉讼。

如前所述，2014 年新《商标法实施条例》颁布施行以后，2002 年《商标法实施条例》第四十七条的规定被删除，将权利主体消亡与权利本身消灭相区分的法律依据已不复存在。因此如果有证据证明诉争商标的权利人已经消亡，且没有发生权利继受的相关事实，在此种情形下，对于针对诉争的商标争议或者商标权无效宣告请求行政纠纷案件,可以终结诉讼。[①] 不过此时的终结诉讼并非单纯从程序上裁定终结,而是要视行政裁定的结果,从实体上解决诉讼。如果行政阶段裁定结果为对诉争商标予以撤销或无效宣告,法院可能选择直接终结诉讼。但如果行政阶段的结果是对诉争商标予以维持,如果终结诉讼,诉争商标的权利依然存在,这使得原先争议的问题并未得到解决,此时法院则更可能判令撤销原行政裁定,由行政机关就该问题重新进行裁决。特别强调一点,在针对行政阶段中诉争商标被维持而引发的案件司法审判实践中,也曾出现过司法机关在考察诉争商标权利主体灭失情况后,继续审理案件并作出判决的情况。

究其原因,笔者认为可能与个案情况差异有关,应当具体问题具体分析。

例如,当诉争商标与引证商标外观差异相对明显,混淆误认可能性较低时,那么司法机关就可能在不考虑诉争商标权利主体存续情况而继续做出判决。

抑或当诉争商标与引证商标在整体外观与使用商品方面都构成相近或类似,且诉争商标在行政阶段被裁定维持注册时,虽然随着诉争商标权利人灭失,两者共存的可能性会趋于消弭,但考虑到引证商标权利人为维护其自身权益,有权就相同或近似商标提起无效宣告或撤销申请,如不能在该个案中作出裁断,而将案件发回行政机关进行裁决,一方面会消耗司法与行政资源,另一方面也会拖延引证商标权利人的维权周期,故司法机关在个案审查时,也会出现继续审理的情况。

(三)共存协议

在商标法律实务中,遇到难以克服的商标近似问题,共存协议是解决途径之一,此类情形多见于驳回复审案件。

现行《商标法》及司法解释中并没有对商标共存协议进行规定,也未明确留下适用的空间,根据我们查询的资料,针对商标共存协议最早的讨论可以追溯至2007年原商标评审委员会第24次委务会,对于相关问题总结体现在商标评审委员会《法务通讯》第7期(2007年11月),而最早体现在司法裁判精神可以追溯至2009年最高人民法院《当前经济形势下知识产权审判服务大局若干问题的意见》中"在依法保护在先权利的同时,尊重相关公众已在客观上将相关商标区别开来的市场实际。要把握商标法有关保护在先权利与维护市场秩序相协调的立法精

① 周波、吴斌:《商标授权确权行政案件中的终结诉讼》,载《中华商标》2016年第10期。

神，注重维护已经形成和稳定了的市场秩序……”的相关表述。

然而，十余年后，无论是商标行政机关的商标审查审理标准还是最高人民法院的司法解释中仍没有针对商标共存协议的认定给出具体的适用标准，能够体现司法机关针对商标共存协议的倾向性意见的是2019年北京市高级人民法院的《商标授权确权行政案件审理指南》第15条部分条款：

15.10 【共存协议的属性】

判断诉争商标与引证商标是否构成近似商标，共存协议可以作为排除混淆的初步证据。

15.11 【共存协议的形式要件】

引证商标权利人应以书面形式同意诉争商标申请注册，明确载明诉争商标的具体信息，但附条件或者附期限的共存协议一般不予采信。

共存协议应当真实、合法、有效，且不存在损害国家利益、社会公共利益和第三人合法权益等情形，否则不应予以采纳。

15.12 【共存协议的法律效果】

引证商标与诉争商标的商标标志相同或者基本相同，且使用在相同或者类似商品上的，不能仅以共存协议为依据，准予诉争商标的注册申请。

引证商标与诉争商标的商标标志近似，使用在相同或者类似商品上，引证商标权利人出具共存协议的，在无其他证据证明诉争商标与引证商标的共存足以导致相关公众对商品来源发生混淆的情况下，可以认定诉争商标与引证商标不构成近似商标。

引证商标权利人出具共存协议后，以诉争商标与引证商标构成近似商标为由，提起不予注册异议或者请求无效宣告的，不予支持，但该协议依法无效或者被撤销的除外。

上述北京市高级人民法院的司法政策中，对商标共存协议持积极态度，认为其可以作为排除近似商标共存导致相关公众混淆可能性的初步证据。当然，这种观点本身也并非完全站得住脚，仅从目前商标驳回复审案件中，针对相对理由的案件，由于没有引证商标权利人的参与，故原则上不考量诉争商标的使用情况①，也就是说，在驳回复审诉讼程序中，类似商品上近似商标的认定，只考虑商标标志

① 参见最高人民法院行政裁定书，(2016)最高法行申362号。

本身和商品类似情况，所谓混淆可能性是推定而不需要作为单独的要件考量，既然不考虑混淆可能性，前述北京市高级人民法院的指南中“共存协议可以作为排除混淆的初步证据”的论述就不应当存在。即商标共存协议是作为商标近似判断的考量因素，还是混淆误认的考量因素，似乎都应该给出否定答案，在认可商标共存协议的案例中，多是直接论述商标权利属于私权，基于权利人处分自己权利的自由，由此认可共存协议。

目前最为广泛引用的案例是谷歌公司与商评委的驳回复审提审案①，在该案件中，最高人民法院对共存协议持肯定态度，在法院归纳的裁判要旨中表述为“共存协议是认定申请商标是否违反2001年修正的商标法第二十八条规定的重要考量因素。在共存协议没有损害国家利益、社会公共利益或者第三人合法权益的情况下，不应简单以损害消费者利益为由，对共存协议不予采信”。该案例中体现的裁判标准显然已经被商标授权确权行政案件审理指南》15.11吸收，仅从该案例看，司法机关对于商标共存协议的认定已经是较为宽松的标准。

依据知产宝数据库的数据，2008年至2018年，各级法院对于涉及商标共存协议的案件中，从完全不认可（2008年）到完全认可（2014年）再到出现分歧（2014年之后），显然前述谷歌案是当时司法政策倾向性的体现。（见表17－2）

表17－2　各级法院对涉及商标共存协议的态度

单位：件

年度	2008年	2009年	2010年	2011年	2012年	2013年	2014年	2015年	2016年	2017年	2018年
分析数量	2	4	9	6	4	5	5	10	10	10	10
不支持	2	4	8	6	4	3	0	2	1	3	4
支持	0	0	1	0	0	2	5	8	9	7	6

资料来源：参见胡刚等：《商标共存问题研究》（上），载《中华商标》2020年第10期。

与表17－2体现的趋势相符的是，最高人民法院针对“商标共存协议”的认定体现了非常明显的个案性，其观点在谷歌案后不断修正，对于商标共存协议的认定标准逐步细化。

例如，在与生态、药品有关的产品上，考虑其特殊性对共存协议的认定持较高标准。

① 参见最高人民法院行政判决书，（2016）最高法行再103号。

在艾格福公司与商标评审委员会商标申请驳回复审申请再审案[1]中,法院认为,尽管商标申请人与引证商标权利人就申请商标达成共存协议或者同意书属于私权处分而应予尊重,但前提是不得损害国家利益、社会公共利益和第三人的合法权益。在本案中,由于申请商标与引证商标均使用在第 5 类消灭有害动物制剂、消灭有害植物制剂等化学制剂、土壤消毒制剂、农业用杀菌剂等商品上,相关商品与农业生产和生态环境密切相关,两商标近似可能损害公共利益,故济南艾格福公司提交的《商标共存协议》不能成为申请商标获准注册的充分理由。

在株式会社池田模范堂与国家知识产权局驳回复审行政纠纷案[2]中,最高人民法院指出,诉争商标指定使用的人用药、药用胶囊商品的性质特殊,直接关系到人民群众身体健康和用药安全。从公共利益出发,应当尽量避免相关公众在选择药品时由于商标近似而导致混淆误认。本案中,诉争商标与引证商标近似程度较高,准允诉争商标注册容易造成相关公众混淆误认,并可能损害公共利益。

但是,标准细化之后,现阶段法院似乎对于共存协议的认定多持否定态度。

例如,在史密斯卡歌福股份有限公司与国家知识产权局商标驳回复审行政纠纷案[3]中,最高人民法院认为,商标注册审查制度应当实现相关公众准确识别或区分商品来源的基本目的。诉争商标与引证商标权利人之间虽可签订商标共存协议,但不能影响商标法律制度的基本功能。在诉争商标与引证商标业已构成近似的情况下,不能援引共存协议排除前述法律规定的适用。可见,商标共存协议并非商标近似判断的考量因素。

类似地,在弗罗顿希尔工业和贸易有限公司与国家知识产权局商标驳回复审案[4]中,最高人民法院指出,二审法院认定诉争商标与三引证商标构成近似商标并无不当。虽然三引证商标的权利人签署了商标共存同意书,但无法改变诉争商标与三引证商标构成近似商标的事实,更不能成为诉争商标应予注册的理由。弗罗顿希尔工业和贸易有限公司关于不构成近似商标的主张不能成立。

又如,爱尔迪有限两合公司(以下简称爱尔迪公司)与国家知识产权局商标驳

---

① 参见最高人民法院行政裁定书,(2017)最高法行申 3845 号。

② 参见最高人民法院行政裁定书,(2019)最高法行申 4581 号。

③ 参见最高人民法院行政裁定书,(2019)最高法行申 7770 号。

④ 参见最高人民法院行政裁定书,(2019)最高法行申 12936 号。

回复审案①中，最高人民法院指出，虽然雷弗伦消费产品公司在爱尔迪公司作出相关承诺的情况下同意诉争商标的注册，即爱尔迪公司承诺其在实际使用诉争商标的过程中不能使用与雷弗伦消费产品公司实际使用的引证商标一相同或高度相似的字体，因诉争商标与引证商标一已构成高度近似，相关公众无法区分诉争商标与引证商标一标识的商品来源，两商标共存不能避免相关公众对商品的来源产生混淆的可能性，故应对此类商标共存协议的效力予以否定。因此，爱尔迪公司关于引证商标一的权利人签署《商标同意书》已能使诉争商标获准注册的再审理由缺乏事实和法律依据，本院不予支持。

显然，目前商标共存协议主要应用于商标驳回复审案件中在先近似商标障碍的排除，但如前述，商标近似判断中原则上不需要直接对混淆可能性作出判断，共存协议又不是排除商标近似的依据，由此，目前的司法机关的裁判导向上，商标共存协议的适用陷入死局。

商标共存协议的认定经历了从早期探索（商评委研究，最高院司法意见）到有了较为成型的标准（谷歌案），之后的标准细化（艾格福案），到持否定态度（爱尔迪案），司法机关共存协议认定标准出现了反复。

尽管如此，在现阶段，由于司法机关对于商标近似的判断多数均与国家知识产权局保持一致，如果希望在司法程序获得改判，那么签订商标共存协议仍然是可行的方案之一，但是在签订共存协议时有些问题还是需要避免的。

示例如下：

（1）两商标基本相同或高度近似的情况下，共存协议无法获得认可。作为律师或代理人，在提供建议时应当首先对商标近似性进行判断，当两商标基本相同或者高度近似的时候，提交共存协议并不能解决问题，不应给当事人不合理的预期。

（2）共存协议应当以书面形式签订，明确载明诉争商标的具体信息，应提交原件或者公证件，如果是涉外主体则应当提交公证认证的文件。由于共存协议涉及权利处分，因此形式上应当规范。

（3）共存协议不要附条件。签订共存协议的双方，可能是具有关联关系的主体，也有可能是无关的主体，对于后者，从避免风险的角度，企业法务或外聘律师

---

① 参见最高人民法院行政裁定书，（2020）最高法行申 8163 号。

对于协议往往会提出修改意见,限制该协议的适用范围,然而,这种情况下共存协议很难得到审查机关的认可。特别强调一点,关于双方在共存协议中约定双方商品/服务使用边界、种类、地区等方面内容是否构成"附条件",目前在理论与司法实践中存在一定争议。鉴于早期司法与行政机关对于共存协议的认定标准,律师实务界中有观点认为应当在共存协议中就双方的权利范围做出具体划分或者对权利的行使做出具体限制约定,否则可能将无法避免相关公众混淆误认。但在近两年司法机关就共存协议认定的商标行政授权确权案件中,已经出现将双方就权利行使与权利范围划分等约定内容也视为"限制性"条件,从而否认了共存协议的证明力。

例如,在(2020)京73行初15001号北京知识产权法院就第36123097号"24s.com及图"商标驳回复审行政诉讼案件作出的判决书中认定,"虽然引证商标四的注册人康宝莱国际公司已经向原告出具商标共存同意书,但康宝莱国际公司同意原告在中华人民共和国注册和使用诉争商标附有条件,即'24希夫乐简化股份有限公司不会在属于不同于以下类别的饮食饮料及其类似商品/服务上使用这八个商标'。故对于该附条件的共存同意书,本院不予采信,对于原告的相应主张,本院不予支持。"虽然笔者并不否认该约定内容属于双方合理安排各自权利行使商品类别的边界,且有利于避免相关公众混淆误认,但在司法机关审判实务中似乎并未认同该约定内容。截至本书出版时,关于共存协议内容中的"限制性"条款外延与定义,尚无权威立法与司法解释,笔者十分期望相关立法与司法机关就该内容作出进一步规范。故在法律、司法解释就共存协议"限制性"条件的定义与外延作出进一步规定或指引前,在律师代理实务中,还应当对此保持审慎态度。

(4)共存协议不能损害国家利益、社会公共利益和第三人合法权益等内容,尤其是药品、生态产品等特殊产品。这是从前述案例中可以总结出的结论,同样具有较强的个案性。

(5)告知当事人商标共存协议不被认可的风险。即便符合前述所有的规定,不得不承认的是,目前行政机关和司法机关对于共存协议不接受的可能性极大,作为律师或代理人,应当考虑商标共有或许可等有明确法律规定的制度,给出当事人解决问题的替代方案。

综上,虽然目前对商标共存协议的认定并无定论,且近期裁判案件出现了对共存协议不认可的趋势，但是在个案中仍然出现反复[①]，从维护商标申请人利益的角度出发，我们希望行政机关和司法机关在申请商标不损害国家利益、社会公共利益或他人的合法权利的情况下，对共存协议适当宽容，更有利于市场主体的经营。

（四）历史渊源

1. 关于老字号

在我国商业发展以及商标法律的发展历程中，老字号一直占据着特殊的地位，凝聚着重要的商业价值与文化价值。之所以特殊，是因为在我国的商业发展历史中，经营主体的字号与所提供商品服务来源的标识往往是统一的，即经营主体的字号即为区分商品服务来源的商标，经过常年的大量使用与精心培育，收获了消费者的良好口碑，在其上凝结了厚重的商业与文化价值。但由于我国的商业体制经历了从计划经济转向市场经济的特殊历史时期，使大量老字号的传承出现了断代现象。

随着商业发展步入新时代，企业名称与商标逐渐分割开来，老字号也重新焕发生机，但随之而来也产生了关于老字号的这种"复兴"过程中所产生的老字号与在后注册商标共存是否会导致混淆误认等焦点问题。

笔者认为，关于涉及老字号的混淆误认问题，应当着重关注老字号的传承与使用情况，通过对老字号传承情况的考察，可以推知相关主体的主观方面是否存在违背诚实信用原则，以及相关公众对于老字号的客观认知：

第一，如果老字号的传承随经历特殊历史时期，但并未产生中断，相关传承人持续使用老字号开展经营活动，那么可推知相关公众对于老字号的认知指向相关传承人，如他人在后申请注册与老字号相同或近似标识，则可能导致相关公众混淆误认，相关权利人可以依据《商标法》第三十二条的有关规定提起异议或无效宣告申请。

第二，若老字号传承出现中断，应从以下几个方面考察恢复使用老字号的情形。

---

① 如新莱特乳品有限公司与国家知识产权局商标驳回复审案，案号为（2019）最高法行再245号，该案件再次认为"商标共存协议可以作为排除混淆的初步证据"。

(1)当事人与老字号之间是否存在家传与师承等历史渊源关系。

在我国老字号传承模式中,以家传与师承为主要传承模式,需着重考察当事人所提供的证据是否能够证明其家传身份与师承关系。如果当事人与老字号之间不存在家传或者师承等历史渊源,那么其使用与老字号相同或近似的商业标识就失去了合理的权利来源基础。

在最高人民法院就"泥人张"侵犯名称权及不正当竞争案①作出的民事判决书中指出:

"被申请人在本案申请再审审查程序中称'北京泥人张'是社会公众和媒体对其的称谓,其并非自立名号,其对'北京泥人张'的使用有历史渊源。被申请人在再审审理程序中又称,张铁成家族几代人1949年前最先使'泥人张'成为知名商品的特有名称,1949年前北京'泥人张'的艺术成就和市场影响力远远高于天津'泥人张'。被申请人的上述主张不能成立。

首先,被申请人提供的有关报道和文章记载内容的真实性难以确认……

其次,从被申请人在二审和再审审理程序中提供的证人出庭作证情况来看,均不能证明被申请人在网络上和报纸上宣传的或者其主张的'北京泥人张'始于清朝道光年间或者同治年间这一内容,充其量只能证明曾有人将张桂山称为'泥人张',但根本不能证明已经在具有法律意义的相关公众的范围内将张桂山称为'泥人张'……

再次,被申请人关于'北京泥人张'历史渊源和师承关系的宣传和主张有前后不一、自相矛盾之处。一是被申请人在一审中提交的'北京泥人张四代传人概况'中称张延庆出生于清朝同治五年,但在此之前却一直宣传'北京泥人张'始于清朝道光年间。

最后,要特别强调,一个对人或者事物的称谓,要想成为具有商业意义的标识从而受到法律保护,必须在相关市场上为公众所知悉,具有商业标识意义,而非在极有限的时空范围内为少数人所知所用。本案中如果退一步说,即使可以认定被申请人出版物证据所记载内容和有关证人证言的真实性,充其量也只能说在北京市广安门内一带或者与被申请人及其先人有交往的一些人中将被申请人称为'泥人张'或'北京泥人张',这尚不足以认定其具有构成民事权益的商业标识意义。

① 最高人民法院民事判决书,(2010)民提字第113号。

况且,这些人的认知既不排除本身将被申请人与源自天津的‘泥人张’相混淆。

综上,本案尚不足以认定被申请人及其家族已被相关公众称为‘泥人张’或者‘北京泥人张’……

在本案中判断被申请人对‘泥人张’或者‘北京泥人张’的使用是否构成不正当竞争,关键在于两点。一是被申请人对‘泥人张’或者‘北京泥人张’的商业使用是否有合法合理依据,以及是否违反了诚实信用的原则和公认的商业道德;二是被申请人对‘泥人张’或者‘北京泥人张’的使用是否会导致消费者产生混淆、误认,即认为被申请人的商品或者服务出自‘泥人张’权利人或者与权利人有特定联系,是否损害了‘泥人张’经营者的合法权益,扰乱了社会经济秩序……

第一,如前所述,被申请人使用‘泥人张’或者‘北京泥人张’并无合法合理依据……”

从上述案例可以看出,如果当事人无法举证证明其与老字号之间具有历史渊源关系,那么其使用与老字号相同或者近似的商业标识就有可能违反诚实信用原则。

(2)当事人在经营过程中是否客观全面披露了有关老字号传承的事实。

如果老字号创始人的直系亲属并未从事相关行业,也没有明确的师承传人,当事人系通过研究史料文献、恢复老字号工艺或其他方式再度传承使用老字号的,则应当在对外经营活动中对老字号的历史背景与传承情况进行客观全面的介绍,不宜独占老字号所凝聚的商誉。

在北京市第二中级人民法院就“信远斋”不正当竞争纠纷案[①]作出的民事判决书中指出:

“另外,在北京市高级人民法院做出的(2001)高知终字第52号民事判决中已经认定:‘信远斋’是创建于清朝乾隆年间以经营酸梅汤饮料为主的北京著名老字号。萧恺是‘信远斋’创始人的后代。现被告在其宣传资料及产品标牌等处进行企业宣传时,对‘信远斋’的历史传承情况未予全面、客观地介绍,刻意删除或改变‘萧氏’作为‘信远斋’的创始人的历史事实。被告这种宣传用语意在将‘信远斋’百年老店的历史嫁接在自己身上,此种行为是违背诚实信用原则的。被告在没有足够证据推翻北京市高级人民法院的上述认定时,应按照该判决认定的事实进行

① 北京市第二中级人民法院民事判决书,(2006)二中民初字第10414号。

宣传。但被告的上述行为不影响本案的判决结果。”

从上述案例可以看出，在法律层面上对于中断传承或濒临失传的老字号商品服务，是鼓励大家积极继承和发扬相关文化遗产的，但是考虑到老字号承载了厚重的商业价值与文化价值，兼顾了私有权利与社会公共权利的特点，为避免不良经营主体恶意嫁接老字号商誉，导致相关公众混淆误认，应当对老字号的传承行为进行必要的审查与干预，不能仅以老字号曾经中断传承就视其为公共领域的无形资产从而允许他人随意使用，对于建立在商业用途上的经营行为，应当恪守诚实信用，尤其对于确实不存在家传、师承等历史渊源的当事人而言，在继承发扬老字号的同时，也必须如实向相关公众披露老字号历史以及自身与老字号之间关系等信息，如刻意隐瞒，企图嫁接老字号的商誉，牟取不当利益的，一方面违反了诚实信用原则，另一方面也会造成相关公众混淆误认。

2. 关于延续注册

从前述老字号传承的法律问题中，还会引申另一个商标法律实务问题，就是关于商标延续注册问题。所谓延伸注册，是指商标权利主体持有一枚在先注册商标(往往申请注册时间很早)且权利稳定，当其再次就该商标申请注册时，已经存在他人在后申请注册了相同或近似商标，成了新申请的权利障碍，此时是否会造成相关公众混淆误认，就成了法律实践中需要考虑的焦点问题。

从目前司法审判角度看，司法机关对此已经形成相对统一的司法审判观点，即原则上仍坚持《商标法》所确立的在先申请这一基础原则，如在相同或类似商品/服务上存在与申请商标相同或近似的在先商标权利的，不应予以初步审定或核准注册。但如果存在特殊例外情形，则需以严格审慎的标准审查在案证据是否能够满足特定法律要件，并充分排除相关公众混淆误认的可能性。

在北京市高级人民法院就“李锦记”商标异议复审行政案①作出的二审行政判决书中认定：“商标注册人对其注册的不同商标享有各自独立的商标专用权，先后注册的商标之间并不当然具有延伸关系。同一商标注册人在后申请注册的商标是否是其在先注册商标的延伸，关键在于在先注册商标是否经过使用获得一定知名度、从而导致相关公众将在后申请注册的相同或者近似商标与其在先注册商标联系在一起并认为使用两商标的商品均来自该商标注册人或与其存在特定联

① 北京市高级人民法院行政判决书，(2012)高行终字第1283号。

系。在先商标注册后并未使用并产生相应的商业信誉,在后商标申请注册前,他人在相同或者类似商品上注册与在后商标相同或者近似的商标并持续使用产生一定知名度,此时在后商标申请人依据其在先注册商标主张存在延伸关系的,不应获得支持。”

另据北京市高级人民法院发布的《商标授权确权行政案件审理指南》第15.1条规定:“诉争商标申请人的在先商标注册后、诉争商标申请前,他人在相同或者类似商品上注册与诉争商标相同或者近似的商标并持续使用且产生一定知名度,诉争商标申请人不能证明该在先商标已经使用或者经使用产生知名度、相关公众不易发生混淆的情况下,诉争商标申请人据此主张该商标应予核准注册的,可以不予支持。”

笔者认为,从上述案例与人民法院发布的指导性文件内容可以是否导致相关公众混淆误认是判定商标延续注册是否能够成立的关键焦点,而推定相关公众是否混淆误认的条件可以归纳为以下几点:

(1)在先注册商标与诉争商标是否相同或高度近似;

(2)在先注册商标与诉争商标的商品/服务是否相同或类似;

(3)在先注册商标是否经过长期连续使用并取得一定知名度;

(4)在后引证商标是否缺乏知名度或知名度低于在先注册商标。

首先,只有当在先注册商标与诉争商标相同或者近似、商品/服务构成相同或类似时,才有可能使相关公众对于诉争商标的识别嫁接到在先注册商标上。

其次,在先注册商标应当经过长期大量使用并取得一定知名度,在引证商标申请注册前已经在相关公众中建立了稳定的对应关系,相关公众再次看到诉争商标时,自然会将其与在先注册商标权利人联系起来。

最后,在后的引证商标是否具有知名度也是判断商标延续注册的关键要素,如果引证商标也经过了长期使用并取得较高知名度,那么就会与在先注册商标产生知名度方面的较量博弈,如果不能推定排除双方共存导致混淆误认的可能性,那么也不宜颠覆《商标法》在先申请的基本原则,给予诉争商标延续注册授权。

(五)市场调查报告的使用

在商标行政与民事案件中,越来越多的当事人会选择以市场调查报告的形式来佐证涉案商标是否会导致相关公众混淆误认等案件争议焦点,但从现行司法诉讼证据形式来看,很难为市场调查报告这一类证据找到一个合适的证据形式。

首先,市场调查报告不同于鉴定意见,鉴定意见是借助科学技术手段对某一事物进行客观事实判断的结论,而市场调查报告则是针对被访问主体的主观心理状态进行调查访问并运用统计学原理形成的观点倾向结论。

其次,市场调查报告也不同于证人证言,因为出具报告的主体是专业的市场调研机构,而最终形成报告结论的数据来源却是众多的被访问者,如果将该报告作为证人证言提交,那么就需要将参与到访问调查项目的全体被访问者都传唤到庭接受质询,这显然也是不具备可行性的。

正是由于市场调查报告的特殊性,导致其在具体案件的适用时产生种种争议,笔者认为,对于市场调查报告在具体案件应用时,应当对于以下几个方面内容给予关注:

(1)市场调查报告是否具有完备的形式要件,是否采取了科学、客观的抽样与问卷设计措施。

目前司法实践中,当事人往往以街头拦截访问的形式随机寻找被访问者,通过填写调查问卷形式收集相关偏好等公众认知数据,作为一项专业的数据统计活动,为了确保所取得的调查数据真实、客观、科学,对于调查问卷的问题设计、抽样样本的分类等问题都需要遵循专业的要求。为此,中国市场研究协会颁布了《访问执行规范》明确规定:在街头定点访问活动中,为了避免街头拦截造成的样本偏差,通常使用配额抽样法,以保证样本的代表性及均衡性,配额表的制定包含了年龄、性别、职业,分布较为均衡,具有科学性和均衡性、代表性。

在北京知识产权法院就"川红骄 chuanhongjiao"商标无效宣告行政案①作出的一审判决中认定:"……原告针对诉争商标与引证商标一、二区别性的问卷调查的地域范围较小、人数规模有限,且原告亦未对调查的范围、调查对象数量的确定及比对的方法等作出相应合理的描述。仅凭该调查问卷的结果,难以证明诉争商标可以与引证商标一、二相区分。故诉争商标与引证商标一、二构成近似商标……"

从上述案例可以看出,如果当事人需要借助市场调查报告形式佐证案件相关争议焦点,那么应当首先从形式要件上符合前述的《访问执行》规范,否则市场调

① 北京知识产权法院行政判决书,(2015)京知行初字第5730号。

查报告内容将可能因样本偏差过大，访问范围较小等因素被认定为不具有代表性与科学性，无法真实客观反映被调查事实的情形，不能作为案件证据采信。

与此相反，如果市场调查报告能够科学客观地反映相关公众的真实主观认知状态，那么就可以作为证据予以采信。

在最高人民法院就“乔丹”商标争议行政案①作出的再审行政判决书中认定：“……再审审理查明……两份调查报告显示，调查的对象为年龄在28～60周岁，在调查地居住2年以上的当地居民，过去半年没有接受过市场调查，非调查、咨询、广告、服装、体育等敏感行业从业人员，实际调查的人群人口学分布特征与‘2010年第六次全国人口普查’的人口学分布特征基本一致。访问方式采用拦截访问的方式，采用读录式问卷进行访问。抽样方法为多阶段分层随机抽样方法。

两份调查报告显示，向受访者提问‘提到乔丹，您第一反应想到的是’时，分别有85%、63.8%的受访者回答想到的是再审申请人，分别有14.5%、24%的受访者回答想到的是‘乔丹体育’。在问到再审申请人与‘乔丹体育’之间的关系的时候，分别有68.1%、58.1%的受访者认为二者有关。在近两年（调查时）购买过乔丹体育品牌产品的受访者中，分别有93.5%、78.1%的受让者认为再审申请人与‘乔丹体育’有关。关于再审申请人与乔丹公司的具体关系，由高到低不同比例的受访者认为二者为‘代言人’‘授权使用’‘企业开办人’等关系。

本院认为，两份调查报告的调查过程由公证机关进行了公证，调查程序较为规范，调查结论的真实性、证明力相对较高，可以与本案其他证据结合后共同证明相关事实。关于采信两份调查报告的具体理由，本院在本案争议焦点问题的第二个具体问题中还将详细论述……再审本院认为……最后，两份调查报告可以进一步佐证相关公众以‘乔丹’指代再审申请人，‘乔丹’已经与再审申请人建立了稳定的对应关系。其一，关于本院采信两份调查报告的具体理由。因本案案件事实、法律适用与相关公众的认知状况密切相关，故通过客观、公正、规范、透明的市场调查，有助于人民法院进一步查明相关公众有关‘乔丹’的认知情况。根据本院查明的事实，两份调查报告由零点调查公司完成，调查活动分别在北京、上海、广州、成都和常熟5个城市进行，以获得一般消费者对乔丹体育品牌和再审申请人之间关系的认知。两份调查报告的调查过程分别由北京市长安公证处、上海市东

---

① 最高人民法院行政判决书，（2016）最高法行再27号。

方公证处等公证机构进行了公证，对调查对象的构成、访问方式、抽样方法、调查结论的形成过程等均作出了详细的说明。调查报告后还附有详细的'技术说明''问卷'以及问题'卡片'，故调查结论的真实性、证明力相对较高，可以与本案其他证据结合后共同证明相关事实。商标评审委员会、乔丹公司虽对两份调查报告提出质疑，但既未提出充分的反证，也未提出合理的反对理由，故本院对其主张不予支持。其二，关于相关调查数据。两份调查报告显示，向受访者提问'提到乔丹，您第一反应想到的是'时，分别有 85%、63.8% 的受访者回答想到的是再审申请人，分别有 14.5%、24% 的受访者回答想到的是'乔丹体育'。该调查数据与本院认定的前述其他相关事实可以相互印证，可以证明我国相关公众通常以'乔丹'指代再审申请人，'乔丹'与再审申请人之间已经建立了稳定的对应关系。"

（2）市场调查活动的开展是否符合《商标法》关于判断混淆误认情形时应当严格遵守的隔离比对与审查等原则。

根据最高人民法院《关于审理商标民事纠纷案件适用法律若干问题的解释》第十条规定："人民法院依据商标法第五十七条第（一）（二）项的规定，认定商标相同或者近似按照以下原则进行……（二）既要进行对商标的整体比对，又要进行对商标主要部分的比对，比对应当在比对对象隔离的状态下分别进行……"

上述司法解释之所以规定通过隔离比对的状态判断商标近似与混淆误认，主要是考虑到在生活实践中，相关公众以一般注意力识别商标时通常处于隔离状态，即在选择商品与服务的过程中往往处于不同的时间与空间场所内，因此为了掌握相关公众真实的商标识别状态而采取隔离比对原则，此外，如果不采取隔离比对原则，人们仅通过视觉比对两件商标时，视觉系统会天然"过滤"或者"弱化"掉两件商标中近似的构成要素部分，而不自觉地放大差异部分，从而会对相关公众的真实认知状态产生影响。

所以在市场调查活动中，尤其是向被访问者出示载有涉案商标图案的答题板时，应当严格遵循隔离比对原则，禁止将涉案比对商标放置于同一张答题板中供被访问者识别，这是严重违背隔离比对原则的做法。在实务操作中，很多代理人会委托公证机关的公证人员就调查访问过程进行全程公证。但是往往由于被访问者人数众多，仅以两位公证员的观察监督无法全面反馈市场调查活动全貌而导致案件当事人对于被访问者是否在隔离状态下识别涉案商标的问题出现争议，故人民法院在针对市场调查报告证据进行审查往往采取严格谨慎的尺度。

(3)市场调查报告可作为判定混淆误认的参考。

对于涉案商标是否构成近似,是否会导致相关公众混淆误认,属于对相关公众主观认知的价值判断,而市场调查报告的内容在一定程度上可以客观反映出相关公众的主观倾向,因此人民法院在司法实践活动中,会将客观、严谨的市场调查报告作为判定混淆误认的考量因素之一。

①从商标行政诉讼角度看

在北京知识产权法院就“梦想好声音”商标无效宣告行政案[①]作出的一审判决书中认定:“……本院经审理查明……3.北京零点市场调查有限公司作的《某名称公众认知情况社会调查报告——关于“中国好声音”的公众调查》。该调查于2016年12月24~31日在北京、杭州、广州等7个城市进行,采取系统抽样、拦截访问的方式,共回收有效样本776个。在听说过‘中国好声音’的776名受访者中,629名受访者认为‘中国好声音是中国一档娱乐节目名称’,占比81.1%;83名受访者认为‘中国好声音是引证商标对应的中文翻译’,占比10.7%。776名受访者中,680名受访者认为中国好声音与浙江卫视有关,占比87.6%……本院认为:‘VoiceofChina’与‘中国好声音’,或向相关公众传递、释明上述标识分别指代了不同的服务提供者,故相关公众会将上述标识视为一体,认为它们之间存在固定的对应关系,并指向同一个服务来源。在引证商标已由第三人在先合法注册的情况下,再由其他主体注册‘中国好声音’‘好声音’或者其他近似标识,会引起相关公众对服务来源的混淆。考虑到引证商标在中国境内的使用主要通过原告及其关联主体在《中国好声音》电视节目中的使用来实现,故相关公众较大可能会认为‘V手势加持话筒图形及TheVoiceofChina’或引证商标与浙江卫视或原告有关,北京零点市场调查有限公司所作市场调查报告也佐证了这一点。然而如上所述,所谓混淆,包括将在先商标所指代的商品或服务误认为由在后商标的权利人或关联关系主体所提供,此种类型的混淆将会使在先商标的合法权利无法正常行使和维护。因此,在引证商标权利人明确提出异议的情况下,诉争商标不应予以核准注册……”

②从商标民事诉讼角度看

在南京市中级人民法院就“紫峰大厦”商标侵权及不正当竞争纠纷案[②]作出

① 北京知识产权法院行政判决书,(2017)京73行初452号。

② 南京市中级人民法院行政判决书,(2012)宁知民终字第24号。

的二审判决书中认定:"……一审法院查明:原告委托上海执天企业管理咨询有限公司进行了紫峰大厦、紫峰购物广场、洲际酒店与被告紫峰绿洲会所的关联度调查,该公司出具《紫峰大厦、紫峰购物广场、绿地洲际酒店与紫峰绿洲国际会所关联度市场调查报告》(以下简称《市场调查报告》),结果显示:1. 认为名称有关联的达 52%,认为为同一公司的为 41%;2. 建筑物外观 53% 的人认为相似,48% 的人认为有关联,并有 46% 的人认为同一公司;3. 从地理位置看,58% 的人认为紧靠紫峰大厦会从中受益,57% 的人认为有关联,并高达 79% 的人认为是同一公司;4. 对业务范围,45% 认为非常相似,49% 认为有关联,40% 认为说不清楚是不是同一公司;最后的调查结论为四个比对对象之间在名称、外观、地理位置和经营业务关联度很高,已经使超出 60% 的消费者认为是同一家公司,对消费者产生很大的误导。一审法院认为……3. 被告攀附使用'紫峰大厦'名称的行为足以造成市场混淆。紫峰大厦的名称于 2005 年确立并在其后的经营中为公众所熟知,被告 2010 年 10 月才在其企业名称中使用'紫峰',且对其企业名称和招牌的取名由来未能作出合理解释,无法判断其取名来源和含义;被告紫峰绿洲国际会所的经营场所不仅与紫峰大厦仅仅相距十余米,且其建筑物外观与紫峰大厦部分设计元素与风格存在相似之处。上述事实,与上海执天企业管理咨询有限公司出具的《市场调查报告》相互印证,因此,本院可以认定被告有意攀附原告享有相当知名度的'紫峰大厦'名称,使消费者误认为紫峰大厦与紫峰绿洲国际会所是同一家公司或存在经营上的关联,从而造成消费者对原被告市场主体的混淆……

综上,本院认为,紫峰绿洲公司的上述行为方式或手段具有明显的攀附国资绿地金融中心商誉的主观故意,并且这些方式或手段应当予以综合分析和考量,足以导致消费者产生混淆,误认为上诉人紫峰绿洲公司系国资绿地金融中心所设立的另一家分公司或关联公司,或是与国资绿地金融中心同属一家公司。紫峰绿洲公司的行为攀附了国资绿地金融中心的商誉,混淆了商品和服务提供者的来源,违反了公平、诚实信用的原则,损害了被上诉人国资绿地金融中心的合法权益,扰乱了正常的市场竞争和经济秩序,对国资绿地金融中心构成不正当竞争……"

综上所述,虽然商标行政确权诉讼与商标民事诉讼案件审理中,人民法院对于商标近似与混淆误认的判断标准可能存在区别,但从上述判决可以看出,当事人提交的《市场调查报告》从一定程度上反映了相关公众对于涉案争议标识的认知倾向，并以数理统计形式客观反馈呈现，最终成为人民法院判定案件争议焦点的参考依据。

（4）市场调查报告不宜作为排除混淆误认可能性的证据适用。

由于市场调查报告应当具备前述的客观性、科学性等要件，所以从数理统计学角度看，出现绝对化的统计结果的可能性几乎为零（如随机抽取的被访问者在对涉案商标识别后出现全部误认或全部不误认等极端结果），因此在被调查对象的数据中必然会体现对于涉案商标误认的数据结果。而人民法院在司法实践中对于混淆误认的程度判断仅要求可能性而不要求必然实际发生，故市场调查报告不宜作为排除混淆误认的证据适用。

在北京市海淀区人民法院就北京百度网讯科技有限公司、百度在线网络技术（北京）有限公司与北京搜狗科技发展有限公司、北京搜狗信息服务有限公司之间的不正当竞争纠纷案①作出的一审判决书认定："……本院认定事实如下……二被告提交的由北京零点市场调查有限公司（以下简称零点公司）出具的市场调查报告显示：市场调查地点为北京的大望路 SKP、财富购物中心、蓝色港湾商圈等商业区；受访者共计 301 人（男 49.5%，女 50.5%；年龄范围为 18～40 岁），其中 73.1% 的人能够识别出跳转后的搜索结果系由搜狗搜索提供，89.4% 的人对'输入 + 搜索'的方式表示欢迎，95% 的人表示不介意在登录百度网的情形下，由搜狗网提供最终的搜索结果。二被告认为，上述市场调查报告由专业调查机构独立作出，调查地点的选择、方式的确定和问题的设计等均科学、合理；虽调查过程中无公证员见证，但有 301 份原始问卷及相应录音佐证数据来源的真实性；二被告虽向零点公司支付了调查费用，但系正常的调查取证费用，并不影响调查结果的客观性。……本院认为……（三）搜狗输入法搜索候选词引导用户流量的过程是否存在用户混淆……首先，判断经营者行为是否造成用户混淆，并不必然考虑用户实际发生混淆的结果，只要用户有发生混淆的可能即可。因此，即便二被告提交的市场调查报告客观真实，报告中关于有 73.1% 的用户未发生混淆的调查结果，表明仍有相当部分的输入法用户发生了混淆或有发生混淆的可能性。其次，市场竞争中，当经营者行为使用户在违背自主意愿的情况下改变选择，不论该用户之后是否认识到此种变化，也不论该用户在获得正确认知后是否再重新作出决定，都

① 北京市海淀区人民法院行政判决书，（2017）京 0108 民初 7967 号。

不影响该用户被混淆的事实。即从出现搜索意图开始到获得搜索结果的整个过程中，用户发生混淆是在其原本认为其选定了搜索引擎，并将通过使用搜狗输入法输入拼音字符、选择输入候选词获得搜索服务，但实际却点击了代表搜狗搜索的搜索候选词时即发生。在此基础上，结合如下理由，本院认为，在用户使用搜狗输入法搜索候选功能的过程中，用户会对搜索服务实际提供者发生混淆……”

该案例的案由虽然是不正当竞争，但关于导致相关公众混淆误认方面的裁判要旨，对于商标侵权诉讼依然具有借鉴参考意义，所以本案中对于将市场调查报告用于证明排除市场混淆误认的判定结论也可能会引入商标侵权诉讼案件裁判。

（六）引入专业鉴定机构意见作为判断类似的参考因素

如前文所述，就商品/服务类似判断时，应注重考查商品/服务的客观属性，但某些商品/服务项目具有较高专业性与特殊性，如特种机械设备等。判断此类商品/服务是否类似的前提就是要弄清该商品/服务所要实现的功能用途，服务内容与目的等方面的事实，涉案各方必定会根据自己的立场角度提交相关的证据材料，通常此类材料的专业技术性较强，为了使审理该类案件时保持相对客观与专业性，可以考虑引入专利行政司法程序中的技术调查官制度。

根据最高人民法院《关于技术调查官参与知识产权案件诉讼活动的若干规定》第六条规定：“参与知识产权案件诉讼活动的技术调查官就案件所涉技术问题履行下列职责：参与知识产权案件诉讼活动的技术调查官就案件所涉技术问题履行下列职责：（一）对技术事实的争议焦点以及调查范围、顺序、方法等提出建议；（二）参与调查取证、勘验、保全；（三）参与询问、听证、庭前会议、开庭审理；（四）提出技术调查意见；（五）协助法官组织鉴定人、相关技术领域的专业人员提出意见；（六）列席合议庭评议等有关会议；（七）完成其他相关工作。”第九条规定：“技术调查官应当在案件评议前就案件所涉技术问题提出技术调查意见。技术调查意见由技术调查官独立出具并签名，不对外公开。”

从上述规定可以看出，人民法院在审理专业技术性较强的知识产权案件时，为保证案件审理的客观公正，会引入并参考专业的技术调查官意见来辅助案件审理，在实务中以专利类型案件最为突出，尽管专利案件的争议焦点与商标行政授权确权案件不同，但针对专业技术性较强的商品/服务类似判断的问题，二者还是具有相似性的。

此外,除可以考虑借鉴专利案件中的技术调查官制度外,还可以考虑借助专业权威的鉴定结论辅助法官或审查员理解、判断商品/服务的功能用途,服务内容与目的等客观性问题。目前针对是否会导致相关公众混淆的判断已尝试引入市场调查报告作为证据参考,相对于商品/服务类似判断而言,对于相关公众是否会混淆的判断更倾向属于法律价值性判断,而商品/服务类似判断则倾向于客观事实判断,所以在针对商品/服务是否类似的问题进行判断时,也可以采取引入专业权威的第三方鉴定机构出具鉴定结论来辅助案件审理,判断商品/服务是否类似。这样将更有利于判断导致相关公众混淆误认的可能性。

(七)与《商标法》第五十七条的区别和联系

在《商标法》第三十条所涉及的法律问题实务中,对于混淆误认的判定一直是核心争议焦点,而《商标法》第五十七条中也明确将在相同或类似商品/服务上使用与他人持有的在先注册商标近似且容易导致混淆误认的标识定义为商标侵权行为。但二者适用情形不同,前者为行政机关商标评审阶段及法院行政诉讼适用,后者为商标侵权民事纠纷诉讼适用,笔者认为两者之间既有区别又具有一定联系。

1. 关于《商标法》第三十条与第五十七条就“混淆误认”判断的联系

商标的主要功能在于识别商品和服务来源,而商标申请注册的目的在于申请人可以获得注册商标的专用权、排他权等相关权利,从而禁止未被授权使用商标的个人或企业的攀附行为。如果注册商标申请人的权利受到侵犯,商标法也赋予其救济的途径,一是其他人也试图注册相同或近似商标来规避商标排他权时,申请人可以通过向国家知识产权局提出异议、无效宣告申请、撤销申请来保护在先商标;二是他人未经授权在类似商品上使用相同或近似商标时,申请人可以向管辖法院提出民事诉讼。两种途径虽然不同,但核心争议焦点均是判断商标共存是否会导致相关公众混淆误认。

(1)从案件牵连性来看,就牵涉到同一商标的案件而言,商标授权确权行政案件结果很大程度上影响了商标侵权民事案件的结果。在商标侵权民事案件中,通常涉及原告请求保护的在先注册商标(以下简称维权商标)及被告在同一或类似商品或服务上使用的标识情况。若该标识在使用的商品或服务类别上已被注册为商标(以下简称争议商标),那么在以侵害商标权纠纷为案由的民事案件中,若被告规范使用自身注册商标,则不构成商标侵权行为;若该标识未在同一或类似商品或服务上注册为商标，那么进而就涉及判断使用标识与维权商标是否近似的问题。在涉案标识被注册为商标的情况下，大部分司法实践中，维权商标及侵权商标的有效性对商标侵权民事案件起到决定性影响。

对双方当事人而言，无论哪一方按照法定程序对维权商标或争议商标效力提出争议，相对民事案件审理期限来说无疑是漫长的，如果维权商标或争议商标的效力的确在行政诉讼程序中被否定，那么对涉及的系列商标侵权民事案件结果也是具有翻转性的，这后续又涉及情势变更的问题。

此外，由于商标行政诉讼案件中，对于商标混淆误认的推断方法更侧重于间接性推断，如果就相同的诉争商标与引证商标同时涉及商标侵权民事诉讼程序，那么司法机关在商标民事侵权案件中对于混淆误认的认定结论，就更加直接地为商标行政案件推断混淆误认提供重要参考依据。

（2）从裁判规则来看，虽然商标授权确权行政案件与商标侵权民事案件依据的具体法条不尽相同，但是两者的目的均是保护注册商标，而识别商品和服务来源是商标的基本功能，这也就决定了两类案件都是围绕保护的识别性展开，因此商标授权确权行政案件关于商标近似等判定规则对商标侵权诉讼具有借鉴异议，反之亦然。

《商标法》第三十条及第五十七条均涉及商标近似的认定问题，在商标授权确权阶段，商标近似的认定决定了在后申请商标是否能够获得核准注册，在商标侵权纠纷中，商标近似的认定决定了诉争商标是否构成侵权。由此可见，商标近似的认定规则至关重要。

其一，根据最高人民法院《关于审理商标授权确权行政案件若干问题的意见》第十四条“人民法院在审理商标授权确权行政案件中判断商品类似和商标近似，可以参照《最高人民法院关于审理商标民事纠纷案件适用法律若干问题的解释》的相关规定。”可见，商标授权确权案件与商标侵权案件中对商标近似的判断标准其实并无二致。

其二，商标法意义上的商标近似是指足以产生混淆的近似，而不仅仅是标识及构成要素近似，关于商标近似性的判断商标法中并未直接明确规定。根据最高人民法院《关于审理商标授权确权行政案件若干问题的意见》第十六条，最高人民法院《关于审理商标民事纠纷案件适用法律若干问题的解释》第九条、第十条等规定，判断商标是否近似，既要考虑商标标志构成要素及其整体的近似程度，也要考虑相关商标的显著性和知名度、所使用商品的关联程度等因素，以是否容易导致混淆作为判断标准。另外，北京市高级人民法院2019年发布的《商标授权确权行政案件审理指南》第15.2条及《商标审查及审理标准》第三部分第16条也有类似规定。

商标近似是一种综合判断，个案情况不同及考虑的因素不同导致商标近似性判断在实践中并不存在一套一劳永逸的标准，但是综合考虑商标近似的各种情况之后均应以混淆可能性为落脚点。商标的基本功能便是区分商品或服务的来源，如果产生混淆进而使得无法分辨来处，既有损消费者等相关公众的利益也侵害了在先商标权利人的权益，故判断商标冲突规则时考虑是否会对使相关公众产生混淆是应有之义。

2. 关于《商标法》第三十条与第五十七条适用的区别

（1）对商标近似的判断

商标侵权民事案件与商标授权确权行政案件虽然在商标近似判断方面规则大体一致，但是在实际适用到具体案件过程中综合考虑的因素及侧重点仍会不可避免存在些许差异，以“鳄鱼”商标系列案件为例。

案例一：最高人民法院就“鳄鱼”商标侵权民事纠纷案①作出的二审民事判决书中，上诉人拉科斯特公司主张被诉侵权产品（被上诉人鳄鱼国际公司在侵权产品上同时使用“CARTELO及图”和单独鳄鱼图案）侵犯其第141103号、第940231号、第1318589号、第879258号注册商标。（见表17－3）

表17－3　被侵权商标

申请号	141103	940231	1318589	879258
标识		LACOSTE		

拉科斯特公司创办于1933年，同年在法国注册“鳄鱼图形”商标，1980年至1999年在中国注册上述4枚维权商标，分别核定使用在第25类和第18类相关商品上。拉科斯特公司产品于1984年正式进入中国，1994年在中国上海设立第一

① 最高人民法院民事判决书，（2009）民三终字第3号。

个专柜。鳄鱼国际公司前身系1943年在新加坡创办的利生民公司,1983年更名为现名称。利生民公司于1949年申请并于1951年在新加坡获准注册了“crocodile + 鳄鱼图形”商标。鳄鱼国际公司于1994年在中国上海开设第一个专卖店,于1993年、1994年申请注册了“CARTELO及鳄鱼图形”商标,核定使用商品分别为第25类和第18类。(见表17-4)

表17-4 被诉商标

申请号	1331001	1343051
标识		

另外,利生民公司曾于1969年在日本大阪提起民事诉讼,指控拉科斯特公司的销售商侵犯其商标权,1973年双方在大阪高等法院达成和解,利生民公司同意拉科斯特公司在日本注册“鳄鱼图形”商标。1983年6月17日,双方签订和解协议。1995年,拉科斯特公司发现鳄鱼国际公司在中国建立了多家店面,其招牌上印有写实风格的鳄鱼图形,销售单独标有“鳄鱼图形”商标的服装产品。2000年5月11日,拉科斯特公司以鳄鱼国际公司侵犯其注册商标权为由提起诉讼。北京市高级人民法院认为,本案中鳄鱼国际公司之行为不同于刻意仿冒名牌奢侈品的假冒行为,其在主观上并无利用拉科斯特公司的品牌声誉,造成消费者混淆、误认之故意;鳄鱼国际公司的系列商标标识经过在中国市场上大规模、长时间使用后,客观上也已经建立起特定的商业声誉。而且,被诉侵权产品1~8标示的并非仅为“鳄鱼图形”,还标有“CARTELO”及“CARTELO及图”,所有这些作为一个整体,使得被诉侵权产品1~8具有了整体识别性,能够有效地与其他标有鳄鱼形象的商品相区别。鉴于此,根据整体比对、综合判断的原则,拉科斯特公司与鳄鱼国际公司的系列商标标识作为整体,二者之间已经形成了显著性的区别特征。两者无论在实际购买商品时还是在商品售出后使用中均不会导致消费者的混淆和误认。鳄鱼国际公司在被诉侵权产品1~8上单独使用“鳄鱼图形”的行为,亦不侵犯拉科斯特公司的注册商标专用权。遂判决驳回拉科斯特公司的诉讼请求,拉科斯特公司不服一审判决,提起上诉,最高人民法院判决驳回上诉,维持原判。

案例二:最高人民法院就“鳄鱼”商标撤销争议行政纠纷案①再审行政判决书中,争议商标为拉科斯特公司申请的国际注册第638122号商标,争议商标系拉科斯特公司于1994年10月19日申请注册,基础注册国为法兰西共和国,后向商标局提出领土延伸保护申请,核定使用于第9类商品上,经商标局初步审定公告并核准注册后,鳄鱼国际公司以争议商标构成对其所有的第846776号“CARTELO及图”商标(引证商标)的恶意模仿、构成对其在先使用并有一定影响的商标的抢注为由,于2012年6月13日向商标评审委员会申请撤销争议商标。

引证商标由鳄鱼国际公司于1994年6月29日向商标局提出注册申请,核定使用于第9类商品。在评审期间,鳄鱼国际公司将引证商标转让给卡帝乐公司,同时卡帝乐公司继承鳄鱼国际公司的各项权利。商标评审委员会于2013年12月2日作出商评字〔2013〕第124821号关于国际注册第638122号图形商标争议裁定(以下简称第124821号裁定),认定争议商标与引证商标在构成元素、视觉效果等方面区别明显,相关公众施以一般注意力能够区分,两商标并存于市场不易使相关公众混淆,故争议商标与引证商标未构成《商标法》第二十九条所指的使用在同一种或类似商品上的近似商标。

卡帝乐公司向北京市第一中级人民法院提起行政诉讼,一审法院认为争议商标与引证商标在构成元素、整体视觉效果等方面差异较小,相关公众施以一般注意力不能够区分,判决撤销第124821号裁定。拉科斯特公司向北京市高级人民法院上诉,二审法院认为,争议商标为“鳄鱼图形”商标,引证商标为组合商标,由字母“CARTELO”及“鳄鱼图形”构成,争议商标的“鳄鱼图形”与引证商标的“鳄鱼图形”几乎完全相同,二者构成近似商标,判决驳回上诉维持一审原判。

拉科斯特公司向最高人民法院申请再审,最高人民法院认为争议商标为一写实鳄鱼图形,引证商标为文字图形组合商标,且指定了颜色,其中文字“CARTELO”为无含义臆造词,在文字中间嵌有一鳄鱼图形,从整体来看,争议商标与引证商标差别较大;从主要识别部分来看,争议商标为一写实鳄鱼图形,引证商标虽然也在文字中间嵌有一鳄鱼图形,但相对于“CARTELO”文字来说,所占面积较少,不到文字所占面积的1/3,“CARTELO”文字更容易引起相关公众注意,因此,“CARTELO”是引证商标的主要识别部分。二者相比较,图形部分近似,但主要识

---

① 最高人民法院行政判决书,(2018)最高法行再133号。

别部分及各要素组合后的整体结构并不相同或者近似。以相关公众的一般注意力在隔离状态下观察,二者不会产生混淆和误认。因此,争议商标与引证商标不构成近似商标。判决撤销二审法院、一审法院判决书,维持第 124821 号裁定。

上述两个案件中,案例一为商标侵权民事案件,案例二为商标行政案件,双方主要当事人相同,最终生效判决也同为最高人民法院作出。

在案例一中,鳄鱼国际公司将自己所有的"CARTELO 及鳄鱼"使用在服饰等产品上,同时还使用了单独的鳄鱼头朝向左的图像,北京市高级人民法院及最高人民法院认为,根据被诉标识与拉科斯特公司请求保护的注册商标在构成要素上的对比,以及双方的发展历史和共存状况及其他相关因素,鳄鱼国际公司在侵权产品上单独使用"鳄鱼图形"的行为不侵犯拉科斯特公司的注册商标专用权。

案例二中,最高人民法院认为,鳄鱼国际公司国际注册的鳄鱼头朝向左的商标与卡帝乐公司的"CARTELO 及鳄鱼"商标不构成近似。通过对比不难发现,在两个不同程序中的案件中,对于商标近似判断所考虑的因素及方法亦有些许不同。

在商标侵权民事案件中,侵犯注册商标专用权意义上的商标近似应当指混淆性近似,即足以造成市场混淆的近似。由于不同案件诉争标识涉及情况的复杂性,认定商标近似除通常要考虑其构成要素的近似程度外,还可以根据案件的具体情况,综合考虑其他相关因素,在此基础上认定诉争商标是否构成混淆行近似。诉争商标虽然在构成要素上具有近似性,但综合考量其他相关因素,仍不能认定其足以造成市场混淆的,不认定其构成侵犯注册商标专用权意义上的近似商标。包括双方诉争商标在相关市场中具有特殊的形成历史和发展历程、主观意图、双方共存等情况,也需要加以考虑,综合判断。

而在商标确权授权行政案件中,以案例二为例,通过静态对比标识的整体部分、显著识别部分等判断二者不近似,进而在卡帝乐公司主张其商标在全球各地的使用情况及与鳄鱼国际公司使用商标方式已经形成不同划分标准,法院在判决中提到争议商标是否注册,应当按照中国《商标法》及其司法解释等规定进行判断,卡帝乐公司以其在其他国家和地区注册的鳄鱼图形商标、1983 年和解协议等证据主张争议商标不应予以注册,缺乏法律依据。

由此可以看出,商标侵权案件中商标近似的判断是基于具体案件中使用的产品或服务,可整体结合商标标识与其使用情况及历史格局等方面综合进行判断,属于更加直接的推断方式;而商标行政案件中的判断无论是对标识的要素判断、整体判断,均是聚焦于商标标识本身,虽然在最终会考虑争议商标与引证商标的实际使用情况、显著性等因素,但是更侧重于对商标标识的静态比对判断,属于间接推断方式。

(2)关于“混淆误认”的推断方法

我国《商标法》中关于混淆的规定有一个从无到有的发展过程,1982 年《商标法》关于商标审查授权及商标侵权的判断标准中并未提及混淆。1988 年《商标法实施细则》第四十一条第一款第二项将被告使用商品名称或者商品装潢,“足以造成误认”的行为纳入商标侵权范围。2001 年《商标法》第十三条在引证商标是驰名商标的情形下,引入了“混淆”“误导”标准。2002 年最高人民法院《关于审理商标民事纠纷案件适用法律若干问题的解释》中关于“商标近似”“类似商品”的表述中,纳入了混淆标准。2013 年《商标法》第五十七条第二项在立法层面正式将混淆可能性作为了商标侵权的判定标准。

《商标法》第三十条自 1982 年《商标法》制定至后续四次修订中,内容从未有任何变动,就法律条文本身而言,其并未明确混淆可能性作为商标授权确权案件中近似商标的构成要件,而司法实践中,商标授权确权案件中也已经逐渐将混淆可能性作为近似商标的判断标准之一。

理论和司法实践已经确定混淆可能性作为类似商品上的近似商标的构成要件之一,但对于混淆可能性的具体定位尚存一定争议,尤其在商标行政及商标民事两个不同程序案件中的适用中存在一定差异。

在商标授权确权案件中,虽然各方当事人可以在行政与司法程序中各自举证证明涉案商标的实际使用与知名度等客观事实,但考虑到授权确权案件中,诉争商标是否存续对于相关公众是否产生混淆误认的影响属于或然事件,因此除非在有明确相反证据(例如,与涉案商标完全相同或高度近似的标识在商标侵权诉讼中已经被认定为构成混淆误认的)证明下,行政与司法机关更倾向于从静态比对角度审查商标近似、商品/服务类似以及混淆误认等争议焦点。

以上述拉科斯特公司诉卡帝乐鳄鱼私人有限公司商标行政案件一审判决为例,判决中关于双方商标比对结果论述内容为“争议商标与引证商标在构成元素、整体视觉效果等方面差异较小,相关公众施以一般注意力不能够区分。两商标核定使用商品中在 0901 至 0905、0907 至 0909 属于类似群组中的类似商品,并存于市场易导致相关公众混淆误认”,逻辑即为商标近似且商品类似,故两者有混淆可能性。

但在商标民事案件中,由于涉案侵权标识、侵权行为更加具体明确,双方当事人可以就案件本身的背景渊源作出更为充分的举证与阐明,所以司法机关在审理推断是否会导致相关公众混淆误认时,能够获取更为充分的个案素材与事实线索。

所以司法机关会综合考虑商标标识构成要素及其整体的近似程度,标识使用方式、商品/服务的关联程度、相关公众的注意程度等意思及各因素之间的相互影响,推断是否会导致相关公众混淆误认,属于个案推断方式。

故在此逻辑下,即便侵权标识与维权商标在整体外观上具有一定相似性,但若当综合考虑两者的实际情况、历史因素等事实后,可以推断出判断相关公众可以形成有效区分时,也会推断两者并存不会导致混淆误认。上述拉科斯特公司与鳄鱼国际公司民事侵权纠纷一案正好印证此种观点。这种判断方式可能会与商标静态对比判断结果截然不同。

综上所述,《商标法》第三十条与第五十七条虽然适用程序与阶段不同,但是实际应用过程中存异曲同工之处,案件之间息息相关,存在极深的牵连性;从理论和实践出发,二者适用裁判规则也基本一致。虽然在判断商标近似与混淆可能性标准尚存争议,但随着理论及实践丰富已日趋完善,能够适用司法实践中出现的绝大多数争议情形。

第十八章 《商标法》第三十二条前段之精解

桂 佳*

一、法律规定及相关法律规范

（一）法律规定

《商标法》

第三十二条 申请商标注册不得损害他人现有的在先权利，也不得以不正当手段抢先注册他人已经使用并有一定影响的商标。

（二）关联法条

1. 最高人民法院《关于审理商标授权确权行政案件若干问题的规定》

第十八条 商标法第三十二条规定的在先权利，包括当事人在诉争商标申请日之前享有的民事权利或者其他应予保护的合法权益。诉争商标核准注册时在先权利已不存在的，不影响诉争商标的注册。

第十九条 当事人主张诉争商标损害其在先著作权的，人民法院应当依照著作权法等相关规定，对所主张的客体是否构成作品、当事人是否为著作权人或者其他有权主张著作权的利害关系人以及诉争商标是否构成对著作权的侵害等进行审查。

商标标志构成受著作权法保护的作品的，当事人提供的涉及商标标志的设计

---

* 桂佳律师，第11届北京市律师协会商标法律专业委员会副秘书长，北京市环球律师事务所合伙人，中国与美国加州执业律师，世界知识产权组织仲裁员，中国高级知识产权师，中国高级（一级）科技咨询师，瑞典斯德哥尔摩大学欧盟知识产权法法学硕士，硕士生导师。

底稿、原件、取得权利的合同、诉争商标申请日之前的著作权登记证书等,均可以作为证明著作权归属的初步证据。

商标公告、商标注册证等可以作为确定商标申请人为有权主张商标标志著作权的利害关系人的初步证据。

第二十条　当事人主张诉争商标损害其姓名权,如果相关公众认为该商标标志指代了该自然人,容易认为标记有该商标的商品系经过该自然人许可或者与该自然人存在特定联系的,人民法院应当认定该商标损害了该自然人的姓名权。

当事人以其笔名、艺名、译名等特定名称主张姓名权,该特定名称具有一定的知名度,与该自然人建立了稳定的对应关系,相关公众以其指代该自然人的,人民法院予以支持。

第二十一条　当事人主张的字号具有一定的市场知名度,他人未经许可申请注册与该字号相同或者近似的商标,容易导致相关公众对商品来源产生混淆,当事人以此主张构成在先权益的,人民法院予以支持。

当事人以具有一定市场知名度并已与企业建立稳定对应关系的企业名称的简称为依据提出主张的,适用前款规定。

第二十二条　当事人主张诉争商标损害角色形象著作权的,人民法院按照本规定第十九条进行审查。

对于著作权保护期限内的作品,如果作品名称、作品中的角色名称等具有较高知名度,将其作为商标使用在相关商品上容易导致相关公众误认为其经过权利人的许可或者与权利人存在特定联系,当事人以此主张构成在先权益的,人民法院予以支持。

2. 最高人民法院《关于审理商标授权确权行政案件若干问题的意见》

1. 人民法院在审理商标授权确权行政案件时,对于尚未大量投入使用的诉争商标,在审查判断商标近似和商品类似等授权确权条件及处理与在先商业标志冲突上,可依法适当从严掌握商标授权确权的标准,充分考虑消费者和同业经营者的利益,有效遏制不正当抢注行为,注重对于他人具有较高知名度和较强显著性的在先商标、企业名称等商业标志权益的保护,尽可能消除商业标志混淆的可能性;对于使用时间较长、已建立较高市场声誉和形成相关公众群体的诉争商标,应当准确把握商标法有关保护在先商业标志权益与维护市场秩序相协调的立法精神,充分尊重相关公众已在客观上将相关商业标志区别开来的市场实际,注重维护已经形成和稳定的市场秩序。

17. 要正确理解和适用商标法第三十一条关于"申请商标注册不得损害他人现有的在先权利"的概括性规定。人民法院审查判断诉争商标是否损害他人现有的在先权利时,对于商标法已有特别规定的在先权利,按照商标法的特别规定予以保护;商标法虽无特别规定,但根据民法通则和其他法律的规定属于应予保护的合法权益的,应当根据该概括性规定给予保护。

人民法院审查判断诉争商标是否损害他人现有的在先权利,一般以诉争商标申请日为准。如果在先权利在诉争商标核准注册时已不存在的,则不影响诉争商标的注册。

3. 北京市高级人民法院《商标授权确权行政案件审理指南》

16. 商标法第三十二条的适用

16.1 【在先权利范围】当事人依据反不正当竞争法第六条主张在先合法权益的,可以适用商标法第三十二条进行审理。

认定诉争商标的申请注册是否损害他人在先权利,一般以规定在先权利的法律为依据。

16.2 【在先权利时间的起算】当事人主张诉争商标的申请注册损害"在先权利"的,应举证证明诉争商标申请日前该在先权利合法存在。

如果在先权利在诉争商标核准注册时已不存在的,则不影响诉争商标的注册。

16.3 【外国人在先著作权】外国人主张诉争商标的申请注册损害其在先著作权的,按照著作权法第二条的规定进行处理。

16.4 【损害在先著作权的认定】判断诉争商标的申请注册是否损害当事人在先著作权时,应考虑以下要件:

(1)涉案作品构成著作权法的保护客体;

(2)当事人为涉案作品的著作权人或者利害关系人;

(3)在诉争商标申请日前,诉争商标申请人有可能接触涉案作品;

(4)诉争商标标志与涉案作品构成实质性相似。

前款所列任一要件不成立时,无须对其他要件予以认定。

16.5 【作品的认定】缺乏独创性的,不应认定为作品。

简单的常见图形、字母等一般不认定为作品。

16.6 【超过保护期限的作品】诉争商标申请注册时,当事人以超过著作权法规定保护期限的作品主张著作权的,不予支持。

认定诉争商标标志和涉案作品是否构成实质性相似时,二者共同使用已进入公有领域的表达不作为考虑因素。

16.7 【在先著作权权属的认定】当事人提供的涉及著作权的底稿、原件、合法出版物、诉争商标申请日前著作权登记证书、取得权利的合同等可以作为认定在先著作权归属的初步证据,但是诉争商标申请人提供相反证据的除外。

16.8 【利害关系人资格的认定】当事人依据商标公告、商标注册证等主张其有权作为在先著作权的利害关系人提出申请的,可以予以支持。

16.9 【独创性高低对认定"实质性相似"的影响】对于独创性较低的作品,诉争商标标志与该作品在视觉上基本无差异的,可以认定构成实质性相似。

16.10 【不构成损害在先著作权的抗辩】当事人主张诉争商标的申请注册不构成损害他人在先著作权,具有下列情形之一的,可以予以支持:

(1)诉争商标标志与涉案作品相同或者相近似的部分属于公有素材或者公有领域的信息的;

(2)诉争商标标志与涉案作品相同或者相近似的原因在于执行共同的标准或者表达形式有限的;

(3)诉争商标标志与涉案作品相同或者相近似的部分源于案外人的作品,且该作品的创作完成时间早于涉案作品的。

16.11 【在先著作权的保护范围】当事人以损害其在先著作权为由主张诉争商标应当不予核准注册或者应予宣告无效的,对诉争商标指定使用的商品或者服务类别不予考虑。

16.12 【姓名权保护的具体利益】当事人主张诉争商标的申请注册损害其在先姓名权的,一般应举证证明诉争商标申请人明知其姓名而采取盗用、冒用等手段申请注册商标。

相关公众容易认为标有诉争商标的商品与该自然人存在许可等特定联系的,可以认定属于商标法第三十二条规定的情形。

16.13 【姓名的范围】姓名包括户籍登记中使用的姓名,也包括别名、笔名、艺名、雅号、绰号等。

能够与特定的自然人建立起对应关系的主体识别符号可以视为该自然人的

姓名。

16.14 【自然人声誉对姓名权的影响】自然人的声誉不是保护其姓名权的前提,但可以作为认定相关公众是否将某一姓名与特定自然人建立起对应关系的考虑因素。

16.15 【肖像权的保护】当事人主张诉争商标的申请注册损害其在先肖像权的,应当举证证明诉争商标标志具有足以使相关公众识别其所对应的特定自然人的个性特征,从而使该标志与该自然人之间形成了稳定的对应关系,相关公众容易认为标有诉争商标的商品与该自然人存在许可等特定联系。

人形剪影未包含可识别的特定自然人个性特征,当事人据此主张损害其在先肖像权的,不予支持。

16.16 【在先企业名称权的认定】企业名称的简称或者字号等经使用具有一定知名度,已与当事人建立稳定对应关系,且该使用行为不违背当事人意愿的,当事人可以据此主张在先企业名称权。

16.17 【外国企业名称的保护】外国公司的企业名称、字号或者其惯用音译等,在诉争商标申请日前已在中国境内进行商业使用、具有一定知名度且为相关公众所知晓的,当事人可以据此主张在先企业名称权。

16.18 【"商品化权益"的表述】在法律尚未规定"商品化权益"的情况下,不宜直接在裁判文书中使用"商品化权益"等称谓。

16.19 【"商品化权益"认定的限制】当事人主张的"商品化权益"内容可作为姓名权、肖像权、著作权、一定影响商品(服务)名称等法律明确规定的权利或者利益予以保护的,不宜对当事人所主张的"商品化权益"进行认定。

若依据除商标法第三十二条"在先权利"之外的其他具体条款不足以对当事人提供救济,且无法依据前款所规定的情形予以保护的,在符合特定条件时,可以依据当事人的主张适用商标法第三十二条"在先权利"予以保护,但一般应依据反不正当竞争法第六条的规定进行认定。

16.20 【"特定条件"的认定】认定是否属于本审理指南16.19所规定的"特定条件"时,应同时具备下列情形:

(1)"保护对象"为作品名称、作品中的角色名称等;(2)在诉争商标申请日前,"保护对象"应具有一定知名度;(3)诉争商标的申请注册人主观上存在恶意;(4)诉争商标标志与"保护对象"相同或者相近似;(5)诉争商标指定使用的商品属于“保护对象”知名度所及的范围，容易导致相关公众误认为其经过“保护对象”利益所有人的许可或者与利益所有人存在特定联系。

二、历史沿革及修法意义

“申请商标注册不得损害他人现有的在先权利”最早出现于2001年《商标法》第三十一条，原文表述为“申请商标注册不得损害他人现有的在先权利，也不得以不正当手段抢先注册他人已经使用并有一定影响的商标”。在2013年《商标法》修订中，此条内容未发生变化，条目变更为“第三十二条”，在2019年《商标法》修订中，亦完整沿用了此前第三十二条的规定。

三、具体适用

《商标法》第三十二条前段的在先权利条款规定在第三章“商标注册的审查和核准”中，是商标授权确权案件中的重要法律依据。该条款与本文第一部分所列其他条款构成的制度，共同规定了在先权利对商标能否被核准注册、注册后效力如何的影响机制。通过对实践中典型案例的广泛阅读和梳理，本文将此类问题的论证思路归纳为四个步骤：一是识别权利基础，二是判断该权利是否先于诉争商标的商标权存在，三是认定诉争商标是否构成对涉案在先权利的侵犯，四是评价侵犯在先权利的法律后果。此外，本文还注意到，在司法实践中广泛存在将在先权利条款适用于商标侵权案件的现象，故亦在本章节的末尾就此现象进行分析说明。

（一）权利基础的识别

适用在先权利条款作为商标注册的异议理由，首先要认定该在先权利是否存在。鉴于不同类型的权利基础在识别方法和常见问题上存在一定差异，本文仅以实践中最常见的四种权利基础，即姓名权、肖像权、著作权、企业名称为例进行说明，并简要提及其他类型利益。

1. 姓名权

从原《民法通则》第一百九十九条，到《民法典》人格权编项下的独立一章，姓名权在民事权利体系中越发重要，自然人决定、使用、变更、许可他人使用其姓名的权利明确受到法律保护。司法实务中，商标注册申请侵犯姓名权的案例屡见不鲜,2017 年 3 月 1 日起实施的最高人民法院《关于审理商标授权确权行政案件若干问题的规定》即明确了"姓名权"包含在《商标法》第三十二条规定的"在先权利"之中,使之成为在先权利条款中的权利基础①。如前文所述,本文将"在先权利"拆解为"在先"与"权利"两个要素,本节主要论述如何判断"权利"是否存在,而涉及"姓名权"这一具体的知识产权外的具体民事权利,则需回归一般民法理论。

《民法典》第一百一十条与第一千零一十二条规定,自然人享有姓名权。姓名权作为一项人格权,具有特定民事主体的专属性,就商标申请注册侵犯姓名权的情况而言,多是由于该专属性权利还同时具备财产价值与经济利益。如最高人民法院公布的第 113 号指导案例"迈克尔·杰弗里·乔丹与国家工商行政管理总局商标评审委员会、乔丹体育股份有限公司'乔丹'商标争议行政纠纷案"②(以下简称乔丹案)中,迈克尔·杰弗里·乔丹提起撤销商标申请的重要原因即在于保护其姓名所蕴含的经济利益。

正是由于姓名权具有特定民事主体的专属性,在世自然人姓名权是否成立的争议并不常见,此项所涉及的争议焦点主要在于已故自然人是否享有姓名权。

目前,实务上的通说观点认为,根据原《民法总则》第十三条、《民法典》第十三条,自然人的民事权利能力始于出生、终于死亡。姓名权作为公民依法享有的民事权利,应当依据法律规定始于出生、终于死亡,因而已故自然人依法不再享有姓名权。此说理论证过程在"MICHAEL JACKSON"商标无效案③、王某仪诉广药集团商标无效系列案件④中均有所体现。

然而,如前文所述,姓名权除具有特定民事主体的专属性之外,同时具备财产价值与经济利益,因而虽已故自然人不享有姓名权,但多数法院仍认为其姓名利益应受到保护。"MICHAEL JACKSON"商标无效案中,一审法院即认为,虽然迈克尔·杰克逊先生已经去世,但是自然人,尤其是名人主体的死亡并不意味着其姓名(权)中的财产性利益也自然全部消失,已故名人姓名(权)中的财产性利益

① 最高人民法院《关于审理商标授权确权行政案件若干问题的规定》已于 2020 年 12 月 23 日修订,并依然沿用了关于"姓名权"作为在先权利的规定。

② 最高人民法院行政判决书,(2016)最高法行再 27 号。

③ 北京市高级人民法院行政判决书,(2016)京行终 878 号。

④ 北京知识产权法院行政判决书,(2017)京 73 行初 1290 号。

应该受到法律的保护。

在明确了自然人享有姓名权的权利基础上,姓名权保护的范围成为进一步争议的焦点。此前《民法总则》对于姓名权的规定仅存在于第一百一十条具体人格权条款,对于姓名权的范围并无明确界定。在刘某光诉国家知识产权局无效宣告(商标)[①]案件中,上诉人认为"Papi 酱"只是网名,不属于姓名权的保护范围,因而"Papi 酱"商标未侵犯在先姓名权。北京市高级人民法院在判决中依据《商标授权规定》第二十条肯定了"Papi 酱"作为姓名权保护的合法性与合理性。值得注意的是,《民法典》第一千零一十七条规定,具有一定社会知名度,被他人使用足以造成公众混淆的笔名、艺名、网名、译名、字号、姓名和名称的简称等,参照适用姓名权和名称权保护的有关规定,此后《民法典》的正式实施将进一步从立法层面对姓名权的扩张保护进行明确,使姓名权的保护范围更加清晰。

2. 肖像权

肖像权作为人格权项下的重要权利类型,同样受到法律保护。然而由于权利客体肖像本身相较于姓名具有更为强烈的可识别性,因而在面对已故自然人是否享有肖像权的争议时,多数法院依据原《民法总则》第十三条直接认定已故自然人不享有肖像权。例如,在 2018 年王某仪诉广药集团商标无效系列案件中,北京知识产权法院基于自然人民事权利始于出生、终于死亡的核心思想,认定王某邦等已故自然人不享有肖像权,原告对于诉争商标的注册侵犯他人在先肖像权的主张缺乏事实和法律依据。

同样,在强烈的民事主体专属性之外,肖像权也具备财产价值与经济利益,因而即使多数法院否认已故自然人具备肖像权,但仍承认已故自然人的肖像利益。北京知识产权法院在王某仪诉广药集团商标无效系列案中指出,"肖像作为公民肖像权的客体,虽然是表征身份的符号,但随着社会经济活动的扩大,科技的发展,特定人格权即已进入市场而带有商业化属性,具有一定经济利益的内涵,从而兼具财产权属性。而公民的肖像可能由于其所具有的某种知名度,不仅承载了相应的人格精神利益,更具有相当可观的财产利益,这样的肖像已经在身份意义之外建立起特殊的消费符号,将其作为识别商品或者服务来源的商标进行注册和使用,并迅速为相关公众所接受,能获得相应的商业优势,具有相应的商业价值,故

① 北京市高级人民法院行政判决书,(2020)京行终 1707 号。

肖像所承载的经济利益亦属于商标法保护的范围。肖像利益作为一种财产性权益,不会随着自然人的死亡而灭失,反而可以由其近亲属继承”。

3. 著作权

在著作权领域,权利基础的识别即认定异议人提出权利主张的依据是否构成作品,从而是否能够产生著作权。考虑到我国版权登记机构不会对申请作品进行实质性审查,在认定是否构成作品时,要注意不能仅依据作品登记证书作出认定,异议人和法院仍需要对该作品的独创性进行专门论证。广州知识产权法院在2017年审理的一起二审案件①中就注意到了这个问题,该法院明确指出一审法院的认定错误,并论证道“经营标记是否构成作品,仍应按照著作权法相关规定进行认定,不能仅凭对经营标记进行了著作权登记,就认定该经营标记具有对抗其他类型知识产权的效力”。

至于如何判断异议人提出权利主张的依据是否构成作品,以实践中最广泛存在的文字、图形及其组合构成的商标所对应的美术作品为例,依据《著作权法实施条例》第四条第八项的规定,美术作品,是指绘画、书法、雕塑等以线条、色彩或者其他方式构成的有审美意义的平面或者立体的造型艺术作品。由此可知,美术作品必须是具有一定审美意义的独创性表达,一方面能够使人感知到作者表达的意境和美感,属于艺术造型的范畴;另一方面必须由作者独立完成,能够体现作者的取舍和选择,展现作者独特的个性和判断。另外,具有中国国籍的作者创作的作品自创作完成之日起自动享有著作权,但是外国人、无国籍人的作品仍需满足一定条件才能受我国著作权法的保护。是以,对于外国人、无国籍国人的作品,法院在论证比对材料是否构成作品的基础上,还需论证该作品是否受我国著作权法保护。

另外,由于著作权存在保护期制度,在认定构成作品、受著作权保护之后还应确定该作品是否在著作权保护期内。依据《关于审理商标授权确权行政案件若干问题的规定》第十八条的规定,诉争商标核准注册时在先权利已不存在的,不影响诉争商标的注册。因此,异议人还需证明作为在先权利的著作权在商标核准注册时处于保护期内。此处的“核准注册时”仅指商标局对商标的核准注册日,而不能延伸至评价诉争商标能否“核准注册”的全部行政和司法阶段。正如(2020)最高

① 广州知识产权法院民事判决书,(2017)粤73民终506号。

法行申 3522 号无效宣告再审行政裁定书中指出的,《商标法》第三十二条的立法本意在于"避免申请人商标权和他人在先权利之间产生权利冲突","但是考虑到申请时其并未实际取得商标权,故而司法解释第十八条结合行政机关授权确权工作的实际情况,将在先权利的有效时间点由申请日延展到最迟核准注册时"。因此,判断是否存在合法在先权利的时间节点最迟为商标核准注册日,不存在解释的空间。

4. 企业名称

一般认为,企业名称指企业在申请登记时,由企业名称的登记主管机关核定的名称。由于目前在我国的法律中,仅将企业的名称权作为行政管理的手段来规定,而未在知识产权的意义上将其规定为独立的权利类型,因此在司法实践中,法院往往以"较高的知名度"为标准,对值得保护的企业名称利益进行筛选。《关于审理商标授权确权行政案件若干问题的规定》第二十一条第二款也将"具有一定市场知名度并已与企业建立稳定对应关系"作为企业名称构成在先权益的条件。在最高人民法院 2017 年 3 月 6 日发布的第 82 号指导案例(以下简称歌力思案)的判决书[①]中,最高人民法院论证道,"经歌力思公司及其关联企业的长期使用和广泛宣传,'歌力思'品牌于 2008 年即已入选中国 500 最具价值品牌,作为企业字号和注册商标的'歌力思'已经具有了较高的市场知名度,对前述商业标识享有合法的在先权利"。最高人民法院于(2019)最高法行申 7937 号无效宣告再审行政裁定书也提到,由于再审申请人豫宏公司无法证明其商号具有相当知名度,从而并未认定诉争商标侵害豫宏公司在先商号权。最高人民法院在(2020)最高法行申 3691 号无效宣告再审行政裁定书中更是直接指出,"损害他人在先商号权益的行为,是指将与他人在先使用并具有一定知名度的商号相同或近似的文字申请注册为商标,容易导致相关公众混淆,致使在先商号权益可能受到损害的行为"。

与著作权相同,企业名称成为在先权利同样要考虑时间问题。依据最高人民法院《关于审理商标授权确权行政案件若干问题的意见》第十八条的规定,《商标法》第三十二条规定的在先权利,包括当事人在诉争商标申请日之前享有的民事权利或者其他应予保护的合法权益。因此,在诉争商标的申请日之前不具有较高知名度的,不能成为商标注册的障碍。

---

① 最高人民法院行政判决书,(2014)民提字第 24 号。

另外,在不同法院的不同判决中,常存在企业名称、字号、商号等各类表述混用的情况。在最高人民法院发布的《最高人民法院关于印发修改后的〈民事案件案由规定〉的通知》中规定知识产权合同纠纷包括“企业名称(商号)合同纠纷”,说明现行法律中基本将“企业名称”与“商号”同等看待。而根据《企业名称登记管理规定》第六条的规定,企业名称由行政区划名称、字号、行业或者经营特点、组织形式组成,字号为企业名称的一部分,其与企业名称的区别在于企业名称还包含行业或者经营特点、组织形式。由于行业或者经营特点、组织形式难以具备显著性而构成商标,因此本文认为在讨论企业名称是否构成在先权利、是否会对诉争商标的注册产生障碍时,无须对以上三者进行特别区分。

5. 其他利益

除以上具体权利被认定为在先权利外,《关于审理商标授权确权行政案件若干问题的规定》第十八条同样明确,《商标法》第三十二条所指的在先权利包括其他应予保护的合法权益。然而何为“合法权益”,“合法权益”有无边界,目前法律尚无进一步的规定,但面对实务中某一客体代表的大量经济利益与商业价值,以对此类价值的保护目的为导向,部分法官在论证说理时选择引入美国法中“商品化权”的概念。在邦德 007 案①中,北京市高级人民法院即以知名角色名称所带来的商业价值与商业机会系公司投入大量劳动和资本所得为由,肯定了知名角色名称的“商品化权”;在 The BEATLES 案②中,北京市高级人民法院以乐队名称通过商业使用带来了经济利益为由,肯定了乐队名称的“商品化权”;在梦工场案③中,北京知识产权法院以电影名称及角色名称知名度的取得系电影出品单位创造性劳动的结晶,其所带来的商业价值和商业机会,也是出品单位投入大量劳动和资本所获得为由,肯定了电影名称、角色名称的“商品化权”。

然而“商品化权”并非本土法律概念,其始于美国法中传统人格权中的隐私权,而根据中国审判状况看来,对于“商品化权”的定义路径似乎已非本原,甚至更倾向于只要存在商业价值即可作为“商品化权”进行保护。在近年的法律实践中,一方面,法院认为需要更加谨慎使用“商品化权”的表述,以免在法律适用中造成混乱。如北京市高级人民法院发布的《商标授权确权行政案件审理指南》中规定,

① 北京市高级人民法院行政判决书,(2011)高行终字第 374 号。

② 北京市高级人民法院行政判决书,(2015)高行(知)终字第 752 号。

③ 北京知识产权法院行政判决书,(2015)京知行初字第 6360 号。

"在法律尚未规定'商品化权益'的情况下,不宜直接在裁判文书中使用'商品化权益'等称谓","当事人主张的'商品化权益'内容可作为姓名权、肖像权、著作权、一定影响商品(服务)名称等法律明确规定的权利或者利益予以保护的,不宜对当事人所主张的'商品化权益'进行认定"。另一方面,法院也在积极探索以"商品化权益"原理为基础对在先权益进行保护的方式。2021年10月21日发布的最高人民法院《关于人民法院知识产权审判工作情况的报告》中指出,"(法院应)积极探索商品化权益保护,将知名作品名称、角色名称等作品元素作为在先权益予以保护,拓宽文艺作品、文创成果司法保护方式"。如葵花宝典案①中,最高人民法院认为"葵花宝典"属于"作品中的特有名称",也属于《关于审理商标授权确权行政案件若干问题的规定》第二十二条中规定的"在先权益"的范畴进行保护,一定程度上显示出了对"其他应予保护的合法权益"范围进行扩张解释的观点。

(二) 权利在先的判断

完成对权利基础的识别后,还应对该权利是否先于诉争商标权产生作出判断。本文认为,所谓"在先",是将"在先"权利的产生时间与商标的申请日相比较,而不是同商标注册核准之日相比较。此种观点有最高人民法院的裁定②作为支撑。之所以如此认定,本文认为一种可能的解释是,《商标法》第三十二条的前段的正当化基础在于合理避让,如果"在先"权利还没有产生时,商标权人便已经提出了商标申请,此时再要求商标权人撤回申请或不予核准该商标的注册申请,则难以称为合理避让。

如何判断"在先"实则更依赖于证据的证明,尤其对于姓名权与肖像权此类权利范围明确、人身依附性强的权利类型而言,"在先"并非案件争论的焦点。

但是在著作权领域则不然。正如前文提到的,在著作权法中,一般情况下著作品创作完成之日即著作权产生之日。依据《关于审理商标授权确权行政案件若干问题的规定》第十九条,商标标志构成受著作权法保护的作品的,当事人提供的涉及商标标志的设计底稿、原件、取得权利的合同、诉争商标申请日之前的著作权登记证书等,均可以作为证明著作权归属的初步证据。因此,著作权登记证书上

① 最高人民法院行政判决书,(2021)最高法行再254号。

② 最高人民法院行政裁决书,(2020)最高法行申525号。

记载的作品创作完成日期可以作为确定著作权产生时间的初步证据。但是，鉴于我国的版权登记并不经过实质性审查，著作权登记证书上记载的日期只是初步证据，最终是否可以认定著作权产生日期，还要综合案件其他相关证据。

在企业名称中判断“在先”，还要特别注意企业名称的承继问题。一般情况下，企业名称产生的时间为该名称核准登记注册后①。但是在实践中广泛存在若干个先后设立的有关联的企业承继使用同一企业简称、字号、商号的情况。此时，对于企业名称产生的时间就不能机械的按照主张企业名称在先权利的企业的设立时间确定，而是要将若干有关联的企业对涉案企业名称的使用时间都纳入考虑范围，进而确定该涉案企业名称最早在何时被使用并具有较高知名度，这个时间才是涉案企业名称权利产生的时间。例如，在2015年发布的“中国法院50件典型知识产权案例”之一的韩某与哈尔滨报达家政有限公司侵害商标权纠纷上诉案②中，黑龙江省高级人民法院从涉案若干企业的历史渊源出发，认为“报达家政服务中心、哈尔滨报达家政有限责任公司和哈尔滨报达家政有限公司虽企业名称几经变迁，但上述三家企业均系与哈尔滨日报报业集团有限责任公司和哈尔滨报达集团有限公司有关联的家政企业，并始终在企业经营和广告宣传中使用‘报达家政’字样”，因此前述三家企业对“报达家政”字样构成“使用上的合理承继”，进而认定“在韩某2006年申请注册商标前，‘报达家政’标识在哈尔滨市已经具有了较高的市场知名度”，涉案企业标识构成在先权利。

（三）是否构成侵权的认定

1. 姓名权

对于如何判断侵犯在先姓名权，依据《关于审理商标授权确权行政案件若干问题的规定》第二十条第一款，当事人主张诉争商标损害其姓名权，如果相关公众认为该商标标志指代了该自然人，容易认为标记有该商标的商品系经过该自然人许可或者与该自然人存在特定联系的，人民法院应当认定该商标损害了该自然人的姓名权。在司法实务中，部分法院对以上条款作出了更为细致的解决，如在

① 如《企业名称登记管理规定》第三条曾规定：“企业名称在企业申请登记时，由企业名称的登记主管机关核定。企业名称经核准登记注册后方可使用，在规定的范围内享有专用权。”

② 黑龙江高级人民法院民事判决书，(2015)黑知终字第9号。

2019年的“黄渤”商标无效案[①]的裁判中，北京知识产权法院以目的解释为出发点，指出“我国法律对于姓名权的保护，主要以使用他人姓名的行为人是否具有不正当使用之目的作为考量标准，如果行为人具有上述目的，即可以认定其行为属于侵犯公民姓名权的范畴。因此，在判断某一商业行为是否构成对他人姓名权的侵害时，应注意以下两点：一是被控侵权使用的他人姓名在我国相关公众中是否具有一定知名度；二是被控侵权行为的经营领域与权利人所主张姓名的知名度覆盖领域是否存在重合”。

《关于审理商标授权确权行政案件若干问题的规定》第二十条第二款对笔名、艺名、译名等作出了更为细致的规定，即除“容易认为具有特定联系”的要件外，还需“一定知名度”以及“稳定的对应关系”。在最高人民法院第113号指导案例“乔丹案”中，再审法院即从“该特定名称应具有一定知名度、为相关公众所知悉”“该特定名称用于指代该自然人”“该特定名称应与该自然人之间已建立稳定的对应关系”三个角度进行论证，肯定了“乔丹”商标侵犯了迈克尔·杰弗里·乔丹的在先姓名权。

2. 肖像权

北京市高级人民法院在《商标授权确权行政案件审理指南》第16.15条第一款指出，当事人主张诉争商标的申请注册损害其在先肖像权的，应当举证证明诉争商标标志具有足以使相关公众识别其所对应的特定自然人的个性特征，从而使该标志与该自然人之间形成了稳定的对应关系，相关公众容易认为标有诉争商标的商品与该自然人存在许可等特定联系。即在判断商标申请注册是否侵犯在先肖像权时，以“可识别性”“稳定的对应关系”“容易误认有特定联系”为判断要件。《商标授权确权行政案件审理指南》第16.15条第二款重点强调了判断侵犯肖像权时客体的“可识别性”，指出人形剪影未包含可识别的特定自然人个性特征，若当事人据此主张损害其在先肖像权的，不予支持。

3. 著作权

北京市高级人民法院于《商标授权确权行政案件审理指南》中规定，判断诉争商标的申请注册是否损害当事人在先著作权时，应考虑在诉争商标申请日前，诉争商标申请人是否有可能接触涉案作品；诉争商标标志与涉案作品是否构成实质

---

① 北京知识产权法院行政判决书，(2019)京73行初798号。

性相似。由此可知，判断诉争商标是否构成侵犯他人在先著作权要采用“接触”和“实质性相似”两个构成要件加以认定。如果诉争商标的权利人在商标申请日之前存在接触涉案作品的可能性，且诉争商标与涉案作品存在内容上的实质性相似，则可以认定诉争商标侵犯了他人在先著作权。例如，商评委作出的关于第13928404 号商标图形无效宣告请求裁定书中认定，“该美术作品与商标在构成要素、表现形式、视觉效果等方面高度相近，给相关公众的视觉效果基无差异，已构成著作权法意义上的实质性近似，且深圳象限家居设计有限公司的美术作品已通过商标、广告等方式进行了公开使用，可以认定深圳美乐乐家具有限公司申请商标时有接触到深圳象限家居设计有限公司的美术作品的可能性，损害了深圳象限家居设计有限公司的在先著作权”。

4. 企业名称权

前文提到，最高人民法院曾在作出的裁定中明确将侵害他人在先商号权益的行为定义为“将与他人在先使用并具有一定知名度的商号相同或近似的文字申请注册为商标，容易导致相关公众混淆，致使在先商号权益可能受到损害的行为”。因此，判断该商标是否侵害在先权益，一是看涉案企业名称与诉争商标是否相同或近似，二是看涉案企业名称与诉争商标是否容易导致混淆，对此可以参考商标法律制度的有关规定。早在 2018 年，最高人民法院便在裁判①中运用了相同的论证结构，认为“诉争商标与康菲公司的字号‘康菲’相同，使用在工业用脂、润滑油、工业用油商品上容易导致相关公众对商品来源产生混淆，从而损害康菲公司的在先权益”。2020 年北京市高级人民法院也在判决书②中指出，一方面，诉争商标的显著识别部分与主要识读部分与涉案企业的商号完全相同；另一方面，诉争商标核定使用的范围与企业的服务对象、服务内容、服务对象等方面具有较大重合，易于引起相关公众的混淆误认，因此诉争商标的申请注册损害涉案在先商号权，构成对在先权利的侵犯。

但是，对具有较高知名度的企业名称的保护不是绝对的。鉴于该种企业名称之所以有被保护的价值，正是因为其能够发挥区别和指示商品、服务提供者的作用，这与商标权的保护原理有异曲同工之处，因此在一定程度上可以参考商标法

---

① 最高人民法院裁定判决书，(2018)最高法行申 10469 号。

② 北京市高级人民法院行政判决书，(2020)京行终 1061 号。

制度的有关规定。例如,依据《商标法》第五十九条的规定,注册商标中含有的本商品的通用名称、图形、型号,或者直接表示商品的质量、主要原料、功能、用途、重量、数量及其他特点,或者含有的地名,注册商标专用权人无权禁止他人正当使用,同理,具有较高影响力的企业名称中含有上述内容的,也不得禁止他人在商标中正当使用。这一观点在司法实践中也有体现。在被列为"2014 年中国法院十大知识产权案件"的"竹家庄避风塘及图"商标争议纠纷案[①]中,最高人民法院提到,上海避风塘公司的企业名称中含有的"避风塘"一词还具有"躲避台风的港湾"和"一种风味料理或者菜肴烹饪方法"的含义,因此"只要不会造成相关公众的混淆、误认,上海避风塘公司就不能以其企业名称权禁止他人在'躲避台风的港湾'和'一种风味料理或者菜肴烹饪方法'的含义上正当使用'避风塘'一词"。

(四)侵犯在先权利的法律后果

1. 商标不予核准注册

根据《商标法》第三十三条的规定,对初步审定公告的商标,自公告之日起三个月内,在先权利人、利害关系人认为违反本法第十三条第二款和第三款、第十五条、第十六条第一款、第三十条、第三十一条、第三十二条规定的,或者任何人认为违反本法第四条、第十条、第十一条、第十二条、第十九条第四款规定的,可以向商标局提出异议。公告期满无异议的,予以核准注册,发给商标注册证,并予公告。

若在公告期内在先权利人提出商标注册申请侵犯在先权利的异议,且异议成立,则商标不予核准注册。被异议人不服的有在收到商标局不予注册通知之日起十五日内向商标评审委员会申请复审、在收到商评委决定通知之日起三十日内向人民法院起诉的两次救济机会。

2. 商标无效

根据《商标法》第四十五条第一款的规定,已经注册的商标,违反本法第十三条第二款和第三款、第十五条、第十六条第一款、第三十条、第三十一条、第三十二条规定的,自商标注册之日起五年内,在先权利人或者利害关系人可以请求商标评审委员会宣告该注册商标无效。对恶意注册的,驰名商标所有人不受五年的时间限制。

---

① 最高人民法院行政判决书,(2013)最高法行提字第 8 号。

恶意注册不受五年时间限制指向《商标法》第三十二条后半句,对于第三十二条前半句侵犯在先权利的情况,应当适用商标注册五年内的时间限制。如在先权利人或利害关系人在商标注册五年内提出了商标无效请求,则依据《商标法》规定进入异议程序,当事人对商标评审委员会的裁定不服,可以自收到通知之日起三十日内向人民法院起诉;如在先权利人或利害关系人在商标注册五年内未提出商标无效请求,则为了防止在先权利人怠于行使权利使得商标使用处于长期不稳定状态,保障商标注册人的使用利益及维护商业秩序,五年后不再以侵犯在先权利为由进行商标无效认定。

(五)在先权利条款在商标侵权案件中的适用

如前文所述,虽然《商标法》第三十二条规定在第三章"商标注册的审查和核准"中,是有关商标能否核准注册的规定,但是在司法实践中,该条款也被广泛运用到了商标侵权案件中。

具体原因有二:一方面,依据《商标法》第四十五条的规定,侵害他人在先权利属于商标的相对无效事由,在先权利人必须在商标注册之日起五年内请求商标评审委员会宣告该注册商标无效,一旦五年期限届满,在先权利人就无法再以侵犯其在先权利为由申请宣告该商标无效。然而,此时若商标权人对在先权利人提起商标侵权诉讼,法院却不宜要求在先权利人对其承担侵权责任。在先权利人怠于行使宣告商标无效的权利,可以成为其丧失主张无效权利的充分且正当理由,但是却不能成为否认其在先权利的充分且正当理由。权利人的在先权利毕竟有正当性基础,反而是商标权人的权利由于侵犯在先权利而存在瑕疵,因此,法院往往会认可权利人以存在在先权利作为侵权抗辩。另一方面,由于我国商标领域诉讼存在商标无效程序与民事侵权诉讼程序双轨并行的特点,很多商标侵权案件中,涉案商标甚至可能面临被无效的风险,此时法院更倾向于认可权利人的在先权利抗辩。

至于具体如何论证在先权利抗辩,实务中的常见做法是引入诚实信用原则,认为商标权人以侵犯在先权利的不正当手段注册商标,违反了诚实信用原则,进而认定涉案商标权不能对抗在先权利人的正当使用行为。例如,在被列为2017年"中国法院50件典型知识产权案例"的"汕头市德生食品厂与济南槐荫金福广调味干果商行、广州康赢食品有限公司侵害商标权纠纷案”①中,山东省济南市中级人民法院指出,“被告对涉案标识享有在先的著作权,原告以违反诚实信用、侵犯被告在先权利的不正当手段注册的涉案商标也不能对抗在先权利人和在先使用人的正当使用行为”。

除此之外还可以考虑是否存在商标权人明知在先权利存在而注册商标,并对在先权利人提起侵权之诉的情形,此为违反诚实信用原则、滥用注册商标权的典型情况。在此种情形下,如果在先权利人正当、合理地使用在先权利,不存在攀附商标权人的故意,则可以综合认定在先权利人不构成侵权。例如,在 2020 年广西壮族自治区高级人民法院作出的(2020)桂民终 53 号判决中,法院提道,“上诉人明知标有‘婴宝’标识的被诉产品于 2016 年开始已在市场生产销售,但是其在 2019 年 6 月 27 日受让涉案注册商标后,短短几个月的时间即提起近百起诉讼,主观恶意明显。上诉人并未将其涉案注册商标商品投入市场,被诉侵权行为并未产生侵占其商品市场份额的损害后果,也没有证据证实因被诉侵权行为所产生的实际经济损失,且在其明知可通过只起诉被诉侵权产品生产公司从而制止其侵权行为的情况下,却选择以销售被诉侵权产品的药店、母婴店在全区各地开展系列诉讼索赔,明显具有通过制造系列诉讼获取多重赔偿的意图,实质是通过司法诉讼谋求不当利益”。

当然,如果涉案商标的效力已经因侵犯在先权利而受到挑战、面临极大的被无效风险,可以认定该商标权不存在,商标持有人无权提起侵害商标权之诉。但是,由于此时涉案商标毕竟还没有终局性地被确认无效,因此法院如此认定需要格外慎重,只有在涉案商标将近乎必然地被确认无效时,才能如此认定。对此可以参考指导案例 82 号“歌力思”案中涉案商标的情况。在该案中,涉案商标已经经历了商标确权行政和司法审查程序,虽然商标评审委员会作出复审裁定予以核准注册,但该裁定已经被北京市高级人民法院的二审判决撤销,并且北京市高级人民法院还责令商评委重新作出复审裁定。虽然最终的复审裁定尚未作出,但也足以认定该商标极大概率将被不予核准注册,因此最高人民法院在判决中认定,“第 4157840 号商标迄今为止尚未被核准注册,无从产生注册商标专用权,王某永持有的商标注册证显然系商标行政管理机关误发,王某永无权据此对他人提起侵

① 山东省济南市中级人民法院民事判决书,(2016)鲁 01 民初 1856 号。

害商标权之诉”。

(六)结语

在先权利条款作为帮助商标权合理避让其他权利的重要条款,被广泛运用于商标授权、确权案件中。综观近年来的经典案例及最高人民法院、各省高级人民法院最近生效的裁判,可以较为清晰地归纳出法院运用在先权利条款的常用思路,即先识别权利基础,再判断权利产生的先后顺序,后进行侵权认定,最后作出法律效果评价。此外,在实践中出现的各种类型权利基础中,以姓名权、肖像权、著作权、企业名称最为常见。权利基础不同虽然会导致具体认定过程中的适用方法和常见注意事项存在一定差异,但并不影响适用前文提到的“四步走”认定思路。另外,由于在先权利条款背后所蕴含的诚实信用的精神,该条款也在商标侵权案件中被用作侵权抗辩事由。总而言之,虽然在先权利条款自 2001 年首次规定以来至今从未被更新,但是从近年来不断丰富的庞大而细致的相关司法解释就能看出,该条款对于平衡各方权利人利益、净化商标申请乱象能够起到重要作用。

第十九章 《商标法》第三十二条后段之精解

肖越心[*] 康利霞[**]

一、历史沿革、法条释义及法律规定

(一)历史沿革及法条释义

现行《商标法》第三十二条后半段规定:申请商标注册……也不得以不正当手段抢先注册他人已经使用并有一定影响的商标。

本条源于2001年修订《商标法》新增的内容(2001年修订《商标法》第三十一条),2013年修订《商标法》及现行《商标法》均沿袭了相同的规定。

本条主要包含两方面的内容:

1. 本条是对未申请注册的商标(以下统称未注册商标)的保护。

本条是对在先申请原则的补充和例外,对未注册但在先使用的商标给予了特殊的保护。但适用本条保护的未注册商标须满足一定条件,即须经过在先使用并取得一定影响。

2. 本条禁止的是恶意抢注行为。

适用本条的被申请行为是抢先以自己名义申请注册他人商标的恶意行为。此种行为被禁止的根源是恶意,违反诚实信用原则。

本条既是现行《商标法》第三十三条提起异议的实体法律依据,也是第四十五

---

* 肖越心律师,第11届北京市律师协会商标法律专业委员会副主任,泰和泰律师事务所高级合伙人,曾代理资生堂、宾利汽车、约翰迪尔、贝亲、迪桑特、五十铃汽车、马爹利、轩尼诗、芝华士、尊尼获加、百龄坛、丰田汽车、无印良品等知识产权案件。

** 康利霞律师,第11届北京市律师协会商标法律专业委员会副秘书长,北京瀚理律师事务所律师,曾代理万豪酒店、玛氏公司、TARGET超市、壳牌、Levis、培生教育、国家开放大学等商标案。

条提起无效宣告程序的实体法律依据。

（二）相关法律规定

1.《商标法》第三十二条后半段

2.《规范商标申请注册行为若干规定》第三条第一款第四项，第四条第一款第三项

3.《商标审查审理指南》下编　第十五章　抢注他人已经使用并有一定影响商标的审查审理

4. 最高人民法院《关于审理商标授权确权行政案件若干问题的规定》第二十三条

5. 北京市高级人民法院《商标授权确权行政案件审理指南》16.21－25

二、适用要件、相关法律难点及其理论分析

以弥补严格适用在先申请原则之不足，同时禁止恶意抢注为原则，本条的适用须满足如下适用要件：

（一）他人未注册商标在系争商标申请日之前已经在先使用并具有一定影响

1. 未注册商标

所谓未注册商标，是指在系争商标申请日前未提出商标注册申请或者注册期满未续展丧失商标专用权的商标。

需注意的是，本条不适用于在系争商标申请日前已提出商标注册申请并有效存续，且经过使用具有一定影响的在先商标。实践中不乏申请人基于已在先申请注册的商标，同时叠加适用第三十条、第三十一条及第三十二条后半段的情况，将第三十二条后半段理解为申请人在先申请注册商标的知名度及被申请人恶意的附加情节。该理解是对本条的误解，本条并不针对已在先申请注册的商标，否则将造成第三十条、第三十一条与本条之间逻辑的混乱以及对本条适用要件的错误理解。

2. 在先使用

（1）所谓在先，即先于系争商标申请日或系争商标使用日（以先者论）。

(2)所针对的使用对象为依法可以使用的商标,不能作为商标使用的标识不受本条保护。

(3)关于使用定性问题,与《商标法》其他条款一致,只要是通过商业宣传和生产经营活动,能够发挥识别产源作用的,可以认定为使用(《商标审查审理指南》下编 第十五章4.1)。

(4)关于使用地域,原则上应以在中国境内在先使用为限,但实践中存在一定争议。

部分观点认为,本条在先使用根据目前的法规及标准已不局限于在中国境内的使用,即域外使用也可适用第三十二条后半段。原因在于2017年制定的《商标法审查及审理标准》关于"五、抢注他人已经使用并有一定影响商标审理标准3.1"列明,已经使用是指在中国已经在先使用。然而替代前述文件的2021年制定的《商标审查审理指南》下编第十五章已经删除了该限定条件。从文义解释的角度而言,似可推导出不再以在中国使用为限的结论。

主张使用(甚至要求生产、流通全环节的使用)仍应严格局限于在中国境内的一方认为,北京市高级人民法院《商标授权确权行政案件审理指南》16.26规定,"使用在先未注册商标的商品未在中国境内流通且直接出口的,当事人主张诉争商标的申请注册属于商标法第三十二条规定的'以其他不正当手段抢先注册他人已经使用并有一定影响的商标'情形的,不予支持"。根据该条规定,仅生产行为在中国境内而未在中国境内流通的使用行为尚不被视为本条所称使用,那么显然全环节的使用(生产、流通)行为均在中国境内完成才能视为满足第三十二条后半段要件的使用。

如此,前述两种观点及其背后所基于的规定与标准似乎产生了直接的矛盾。然而,笔者认为前述规定与标准并不存在逻辑矛盾。

首先,北京市高级人民法院《商标授权确权行政案件审理指南》在19.16中规定单纯出口行为可对抗三年不使用撤销申请,但在16.26中却认为单纯出口行为不产生第三十二条后半段的在先使用并有一定影响的法律效果,原因在于单纯出口行为意味着生产行为完成于中国境内,生产行为本身符合《商标法》关于商标使用的定义,因此可用于对抗三年不使用撤销,但单纯生产行为不能产生在中国市场上取得一定影响的效果,因此不被视为构成第三十二条后半段所称使用。也就是说,该条款实为对"在中国具有一定影响"提出了要求,但并未规定生产及流通的全环节均需在中国境内完成。当然,根据逻辑推理,似乎亦可推论出该条款对流通环节的使用行为必须发生在中国境内提出了要求。

那么2021年制定的《商标审查审理指南》下编第十五章为何删除原《审查及审理标准》中关于“在中国已经在先使用”的表述呢？笔者认为,这一修改主要是考虑到在全球一体化及互联网经济快速发展的大背景下,除生产、流通环节存在割裂之外,甚至流通环节内流通行为的发起者与商品原始提供者及其授权主体之间尚可能存在主体割裂的情况,例如,外国品牌在域外生产后,非通过权利人或其授权主体,而是通过其他渠道比如无授权关系的销售商、跨境电商等渠道流入中国市场。在此情况下,商标在流通环节确实存在“使用”,确实发挥了在相关公众中彰显产源的作用,但该“使用”行为并非由权利人或其授权主体所为。如果严格限制使用行为需在中国境内,显然此要件的主体仍应为在权利人本人或其授权主体。

综上所述,笔者认为,结合前述规定及标准变迁,关于本条的地域限制标准可理解为至少流通环节需要发生在中国境内,且在中国境内取得一定影响,能够指向权利人这一正确来源,而至于实际使用人则不再严格限定。实践中包含以下几种情形:

情形一:在中国在先生产、销售;或出口至中国销售并取得一定影响,属于典型的符合第三十二条后半段的标准情形。

情形二:在中国在先使用但在中国未取得一定影响,如单纯出口,根据北京市高级人民法院《商标授权确权行政案件审理指南》16.26的规定不符合第三十二条后半段的适用情形。

情形三:在中国领域外生产、销售但流通环节通过一定渠道与中国产生了密切关联,且在中国境内取得一定影响,笔者认为可视情形认定是否可适用第三十二条后半段。这中间还涉及未在中国领域内使用何以在中国境内产生影响的原因判断,可能涉及被动使用、非法使用等复杂情况,读者可结合下文第三点列举的案例进行分析和判断。

3. 有一定影响

(1)就一定影响的形成时间而言,亦需满足在先要件,即在系争商标申请日或使用日(以先者论)之前已取得一定影响。在系争商标申请日前虽曾使用并具有一定影响,但未持续使用的,还应对该商标的影响力是否持续至系争商标申请注册日予以判定。

(2)影响力的地域范围应局限于中国境内。如前所述,目前法规及标准对是否需要在中国境内在先使用已放宽标准,而需在中国境内具有一定影响则考虑是否具有保护必要的最后一道防线。只有在中国境内具有影响才予以保护,一方面是考虑到该影响所代表的商誉即为凝聚于该未注册商标之上的权利人利益,权利人只有在中国境内享有利益才有受到中国法保护的必要;另一方面也是考虑到只有基于中国境内的影响力相关公众才能产生应当被中国法保护的信赖利益。

(3)就影响程度的判断标准而言,通常在先使用人能够举证证明持续使用时间、区域、销售量或者广告宣传的,可以认定为有一定影响(最高人民法院《关于审理商标授权确权行政案件若干问题的规定》第二十三条)。

需要注意的是,对于影响程度,基于本条的立法初衷,本条一方面旨在保护特殊情形下的未注册商标,另一方面旨在禁止恶意抢注。在此背景下,《商标审查审理指南》下编 第十五章适用要件的兜底内容规定,"是否构成本条款所指的情形应对'一定影响'的程度和'不正当手段'的情形予以综合考虑"。简言之,一定影响要件与不正当手段要件或称恶意抢注要件具有一定的动态平衡关系,在具有明显恶意的情形下,对一定影响的标准可适当放低。事实上根据北京市高级人民法院《商标授权确权行政案件审理指南》16.25,"当事人举证证明其在先未注册商标的知名度足以使诉争商标申请人明知或者应知该商标存在的,可以认定构成'有一定影响'"。根据该标准,在先使用的未注册商标是否构成一定影响,以其影响是否及于被申请人为标准,采取的是相对影响的标准。

(二)系争商标与他人商标相同或者近似

1. 商标相同是指两商标在视觉效果上或者声音商标在听觉感知上完全相同或基本无差别。所谓基本无差别,是指两商标虽有个别次要部分不完全相同,但主要部分完全相同或者在整体上几乎没有差别,以致在一般注意力下,相关公众或者普通消费者很难在视觉或听觉上将两者区别开来;

2. 商标近似是指文字、图形、字母、数字、三维标志、颜色组合和声音等商标的构成要素在发音、视觉、含义或排列顺序等方面虽有一定区别,但整体差异不大,使用在同一种或者类似商品或者服务上易使相关公众对商品或者服务的来源产生混淆。文字商标的近似应主要考虑形、音、义三个方面,图形商标应主要考虑构图、外观及着色,组合商标既要考虑整体表现形式,还要考虑显著部分。

(三)系争商标所指定的商品或者服务与他人商标所使用的商品或者服务原则上相同或者类似

(1)相同商品:名称相同的商品,或者名称不同但在功能、用途、主要原料、生产部门、销售渠道、消费对象等方面相同或者基本相同,相关公众一般认为是同一事物的商品。

(2)相同服务:名称相同的服务,或者名称不同但在服务的目的、内容、方式、对象、场所等方面相同或者基本相同,相关公众一般认为是同一方式的服务。

(3)类似商品:在功能、用途、生产部门、销售渠道、消费对象等方面相同或有密切联系的商品;类似商品的判定应当综合考虑商品的功能和用途、商品的原材料和主要工艺、商品的销售渠道、销售场所、商品的生产者和消费群体、商品与零部件的关系以及消费习惯等其他影响类似商品判定的相关因素。

(4)类似服务:在服务的目的、内容、方式、对象等方面相同或有密切联系的服务;类似服务的判定应当综合考虑服务的目的、服务内容与方式、服务场所、服务的提供者所属行业的关联性、服务接受对象的群体范围等其他影响类似服务判定的相关因素。

(5)商品与服务类似,是指商品和服务之间具有较大关联性。判定商品与服务是否类似,应当综合考虑商品与服务之间联系的密切程度,在用途、用户、通常效用、销售渠道、销售习惯等方面的一致性。

以上第(2)、(3)点有关商标相同和近似、商品或服务相同和近似的概念贯穿《商标法》始终,在本书关于第三十条、第三十一条的部分亦有展开,同时可参考《商标审查审理指南》的详细规定及示例,在此不再赘述。

(四)系争商标申请人采取了不正当手段

该要件亦为本条之核心要件之一,也称为恶意抢注要件。即系争商标申请人明知或者应知他人在先使用未注册商标存在而抢先注册的,可综合考虑下列因素:

(1)系争商标申请人与在先使用人曾有贸易往来或合作关系,或者曾就达成上述关系进行过磋商;

(2)系争商标申请人与在先商标使用人共处相同地域或地缘接近,或者属于同行业竞争关系;

(3)系争商标申请人与在先使用人曾发生过其他纠纷,可知晓在先使用人商标;

(4)系争商标申请人与在先使用人曾有内部人员往来关系;

(5)系争商标申请人与在先商标使用人具有亲属关系;

(6)系争商标申请人利用在先使用人有一定影响商标的声誉和影响力进行误导宣传,胁迫在先使用人与其进行贸易合作,向在先使用人或者他人索要高额转让费、许可使用费或者侵权赔偿金等行为;

(7)他人商标具有较强显著性或较高知名度,系争商标与之相同或高度近似;

(8)其他明知或者应知他人在先使用未注册商标存在的情形。

以上情节为《商标审查审理指南》中明确列举的情节。

如前所述,根据《商标审查审理指南》在适用要件的综述部分写明,“是否构成本条款所指情形应对‘一定影响’的程度和‘不正当手段’的情形予以综合考虑”。即需要综合考虑该两个要件之后做出判断。

最高人民法院《关于审理商标授权确权行政案件若干问题的规定》亦明确将该精神落实为法律条文,其中第二十三条规定“如果在先使用商标已经有一定影响,而商标申请人明知或者应知该商标,即可推定其构成‘以不正当手段抢先注册’。但商标申请人举证证明其没有利用在先使用商标商誉的恶意的除外”。

也就是说,前述《审查审理指南》列举的 8 种情形可直接认定为构成“不正当手段”,除此之外,即便无法直接证明恶意,但基于在先使用商标高知名度,仍可推定被申请人具有恶意。针对推定恶意的情形,由于减轻了申请人举证责任,不利于被申请人,被申请人如能证明其不具有恶意理应可排除此推定,无须多论。

三、有关几个争议性问题的探讨及案例解析

(一)关于地域范围问题的探讨及案例解析

前已述及,《商标审查审理指南》现已删除有关第三十二条后半段适用要件中关于“在中国已经在先使用”的限制,但从本条保护的法益基础——在先使用权益可推出被请求保护的未注册商标仍应在先具有在中国境内的影响力。关于本条地域限制的认定标准,不同裁判者在不同案件中有不同认知。

1. 未在中国境内在先使用，但知名度延伸至中国并获第三十二条后半段保护的案例

在(2012)一中知行初字第1053号娜可丝实验室有限公司与中华人民共和国国家工商行政管理总局商标评审委员会、第三人郑某宇关于第3747592号“NUXE”商标异议复审行政诉讼一案中，北京市第一中级人民法院认定“……‘NUXE PARIS及树图形’系列商标，在被异议商标申请注册日之前已经在欧美国家以及香港地区具有了较高的知名度……客观上确实存在大量的我国相关消费者由国外购买并带回国内使用的情况……能够认定在被异议商标申请注册日之前……‘NUXE PARIS及树图形’商标……在我国已为相关公众所知晓，并形成了一定的知名度”。(2013)高行终字第86号二审判决维持了前述判决。

在(2015)京知行初字第4939号斯凯旺蒂尔有限责任公司与国家工商行政管理总局商标评审委员会、第三人成都天府华侨城实业发展有限公司关于第10230298号“极速空间站SKYVENTURE及图(指定颜色)”商标无效宣告行政诉讼一案中，一审判决认定“虽然在案证据不足以证明在诉争商标申请日之前，斯凯旺蒂尔公司在中国实际经营了SKYVENTURE项目，但是可以证明该项目在美国、新加坡、马来西亚等地实际运营并具有了一定的知名度，上述情况经过中国网络媒体的报道和网友在公众平台上的分享，已为一定范围内的相关公众所知晓，具有了一定的影响力”。

在(2018)京73行初181号凯伦穆瑞尔有限公司与国家工商行政管理总局商标评审委员会、第三人胡某贤关于第10602518号“凯伦·穆雷尔 karen murrell”商标无效宣告行政诉讼一案中，北京知识产权法院亦认定：“……但在当前互联网互联互通以及国际往来频繁的市场环境下，中国境内的相关公众客观上有更多的途径知晓国外商标的使用和知名度情况……本案在凯伦穆瑞尔公司已提交证据证明中国相关公众于诉争商标申请日前能够通过互联网知晓‘karen murrell’商标与其之间存在的特定联系的情况下，应当认定凯伦穆瑞尔公司的‘karen murrell’商标属于2001年商标法第三十一条所指的‘已经使用并有一定影响’的商标。”(2019)京行终5348号二审判决维持了前述判决。

在笔者曾代理的汤姆·C. 福特(Tom C. Ford)基于姓名权向他人在第9类“眼镜”等相关商品上申请注册的“汤姆福特及图”商标提出的异议案件及其后续行政诉讼中，北京市第一中级人民法院亦基于汤姆·C. 福特作为国际知名设计师延伸至中国境内的知名度，支持了权利人有关姓名权的主张。虽然该案的法律依据并非第三十二条后半段，但与第三十二条后半段类似，其基础法律均来自反不正当竞争法，因此对于理解第三十二条后半段的地域范围可起到一定的参考作用。

2. 销售环节已延伸至中国并在中国具有一定影响，获第三十二条后半段保护的案例

在(2015)京知行初字第5120号广东伊茗药业有限公司诉国家工商行政管理总局商标评审委员会、第三人株式会社池田模范堂关于第8297441号"MOPIDICK"商标异议复审行政诉讼一案中，笔者代理株式会社池田模范堂成功基于权利人在域外的在先销售及其产品通过互联网等渠道已实际流入中国境内市场、并在中国境内市场取得一定知名度的事实，说服法院认定"株式会社池田模范堂提交的中国网站论坛截图、多家媒体的宣传报道等证据，可以证明株式会社池田模范堂的'MOPIDICK'商标已在诉争商标注册日之前在药膏等商品上进行了使用，并具有一定的影响力"，由此给予第三十二条后半段保护。

在(2018)最高法行再18号伊美斯化妆品私人有限公司与国家工商行政管理总局商标评审委员会、第三人王某为关于第5140243号"AESOP'S"商标异议复审行政诉讼案件中，最高人民法院认定"可以证明在诉争商标申请日前，其AESOP品牌化妆品被……报刊上刊文报道；另有……国内大型BBS论坛上对其产品及购买渠道进行了宣传。中国的消费者亦已经通过代购、网购等渠道购买伊美斯公司的AESOP化妆产品……当然，这些新闻报道或评论文章并未表明是由再审申请人所主动进行的商业宣传，但不可否认的是，相关公众通过媒体报道等方式，已经形成'AESOP'为再审申请人的产品的认知"。该案亦是结合权利人商标从域外延伸至中国的知名度以及中国公众通过代购、网购等渠道购买权利人产品的事实，认定权利人商标构成在中国的在先使用及影响。

当然无一例外，前述案例均具有推定恶意的强指标，包括但不限于权利人在先商标独创性较高、显著性较强，系争商标与之高度近似甚至相同，或抢注人具有其他明显恶意情节等。因此，与其说前述案例是对地域要件的简单突破，不如说是对"一定影响"与"恶意抢注"要件之间所作的平衡。

就笔者个人观点而言，如一律放开，不以在中国境内具有使用为限，仅基于域外使用及域外知名度而适用第三十二条后半段，一是缺乏法益基础，二是会造成

第三十二条后半段与第十五条之间的逻辑矛盾。此种做法需要在个案中仔细加以研判、平衡,谨慎适用;而前述第(2)类案例的思路,即综合考虑权利人未注册商标的商品已实际进入中国并形成一定影响,即便该商品流入中国市场的结果并非权利人主动所为,但至少不违背权利人意愿,在此情形下适用第三十二条后半段具有一定合理性,既不违背当前法规及标准,亦符合市场实际。

(二)有关被动使用能否构成第三十二条后半段所称"使用"的探讨及案例分析

2019 年北京市高级人民法院《商标授权确权行政案件审理指南》已明确认可不违背权利人意愿的被动使用行为可被认定为第三十二条后半段所称使用。但在出台该规定之前,被动使用问题多年来一直存在较大争议。为便于更深入了解该问题的法理及司法标准的变迁,现仍将历年来正反两方的相关案例列举如下,以供参考。

所谓被动使用,是与商标权利人主动使用相对的概念,是指由权利人之外的未经授意的第三方自行进行的使用。一般出现于相关公众针对原权利人的商标进行简称、缩写、戏称或将原外文商标译为中文。未注册商标的使用权益归属于使用人应为当然之义,然而被动使用所形成的在先权益却难以归属于使用人,原因在于第三方所使用的标识所附着的商品为权利人的商品,该标识所发挥的来源指向作用是指向权利人,而非指向使用人,因此显然不可将此权益归属于使用人。但作为产源的权利人却并未对该使用付出直接成本,在此情况下该使用权益是否可归属于权利人就成为一个争议性较大的问题。

在著名的索尼爱立信移动通信产品(中国)有限公司与国家工商行政管理总局商标评审委员会、第三人刘某佳关于第 3492439 号"索爱"商标争议行政诉讼一案中,一审法院基于被动使用认定"索爱"构成索尼爱立信移动通信产品(中国)有限公司在先使用并有一定影响的未注册商标。但本案(2008)高行终字第 717 号二审判决中,北京市高级人民法院推翻了前述一审判决,认定"……这些报道、评论均非索尼爱立信(中国)公司所为。在争议商标申请注册之前索尼爱立信(中国)公司未进行任何有关'索爱'产品的生产、销售及宣传等商业活动,对此,索尼爱立信(中国)公司亦予以认可。此外,时至 2007 年 10 月左右,索尼爱立信(中国)公司并不认同'索爱'是其公司简称或者是其手机及电子产品的简称……刘某佳所提索尼爱立信(中国)公司未对‘索爱’字样进行商标法意义上的使用,其注册争议商标不构成《商标法》第三十一条规定的‘不得以不正当手段抢先注册他人已经使用并有一定影响的商标’的主张成立”。

关于被动使用权益是否应归属于权利人,该案一审、二审判决给出了截然相反的结论。反对者的主要理由是认为权利人本身无使用,因此不应享有相应的使用权益;支持者的主要理由是认为被动使用的标识与权利人之间已建立了联系,具有了产源指向的功能,满足作为商标权益进行保护的本质条件。然而笔者认为,该案二审法院推翻一审判决,否定相关公众对“索爱”进行使用所产生的权益归属于索尼爱立信(中国)公司,除存在观点不同的原因之外,还综合考虑了索尼爱立信(中国)公司曾明确否认“索爱”是其公司简称或产品简称的情节。

在(2011)一中知行初字第1043号路华公司与国家工商行政管理总局商标评审委员会、第三人吉利集团有限公司关于第1535599号“陸虎”商标争议行政诉讼中,一审判决认定“……新闻报道或评论文章,可以证明,在争议商标申请日以前,英文‘LAND ROVER’越野车在中国被呼叫为‘陆虎’……采访文章中可以看出,宝马公司认可中文‘陆虎’对其‘LAND ROVER’越野车汽车商品进行指代,可以证明其在中国将中文‘陆虎’作为其‘LAND ROVER’的中文商品名称……在争议商标申请日以前,‘陆虎’作为英文‘LAND ROVER’的中文呼叫已经被中国相关公众广泛认同,与‘LAND ROVER’当时的权利人宝马公司形成了唯一的对应关系……”本案(2011)高行终字第1151号二审判决维持了前述一审判决结果,同时认定“从媒体对宝马公司相关负责人的采访文章中可以看出,宝马公司明确以中文‘陆虎’对其‘LAND ROVER’越野车进行指代,属于对‘陆虎’商标的主动使用行为”。

该案被视为开启了第三十二条后半段对被动使用予以保护的先河。然而笔者认为本案二审判决相较一审判决,引入了一个新的观点,即认为宝马公司负责人在采访中以中文“陆虎”对“LAND ROVER”越野车进行指代的行为构成对“陆虎”商标的主动使用,这一思路实际上并非对被动使用直接予以认可,而是将此行为归为一种主动使用的特例,绕过了被动使用是否可予以保护的问题。

在笔者代理的“始祖鸟”商标异议复审行政诉讼案件中,北京市第一中级人民法院亦认为权利人在中国的经销商负责人在采访中以“始祖鸟”指代“ARCTERYX”品牌(ARCTERYX并非始祖鸟的英文,始祖鸟的英文为Archaeopteryx——作者注），可视为权利人系主动将“始祖鸟”与其注册商标“ARCTERYX”相对应，致使二者形成了对应关系，从而基于第二十八条认定“始祖鸟”与权利人在先注册商标“ARCTERYX”构成近似商标。该案亦是采取了“陸虎”案二审判决中类似的思路，将前述行为视为主动使用的一种。当然与第三十二条后半段不同的是，适用第三十条、第三十一条（原第二十八条、第二十九条）并不要求在先使用，因此对该情节的考量及定性最终仅影响商标近似及混淆可能性的判定，但这一路径也具有一定实操上的参考价值。

在（2012）一中知行初字第1559号广东茶叶进出口有限公司与国家工商行政管理总局商标评审委员会、第三人桂埔芳关于第4594511号“廣雲貢餅 Guang Yun Gong Bing”商标异议复审行政诉讼案中，一审判决认定“《商标法》第三十一条后半段同样赋予了商标在先实际使用人……阻却他人恶意抢注其未注册商标的权利。本案中，原告提交的……可以相互印证，证明……该普洱茶在行业内及部分消费者被称为‘广云贡饼’……这些被动使用的效果和影响，自然及于广东茶叶公司……该未注册商标所产生的合法权益应当由原告享有”。该判决书是较为明确地认定了被动使用可视为第三十二条后半段所称使用。（2013）高行终字第298号二审判决维持了前述判决结果。其后陆续有其他案件认可了被动使用行为，不再详述。

然而在（2017）京73行初3128号北京顺鑫农业股份有限公司牛栏山酒厂与国家工商行政管理总局商标评审委员会、第三人四川五纵投资顾问有限公司关于第7426179号“牛二”商标无效宣告行政诉讼一案中，一审法院认定，“……鉴于原告在庭审中述称没有证明其单独实际使用过‘牛二’商标的证据，且引证商标一、商标二属于已注册商标，原告对引证商标一、商标二的使用不能视为对未注册商标‘牛二’的使用，故原告的主张不符合2001年《商标法》第三十一条的构成要件”。二审判决驳回上诉，维持原判。虽然在该案中，一审法院基于“牛二”构成对权利人已在先注册的“牛栏山二锅头”商标的简称，并据此认定系争商标“牛二”与权利人在先注册的引证商标“牛栏山二锅头”构成近似商标从而解决了争议，但亦表达了因权利人未主动使用“牛二”商标故未认定第三十二条（旧法第三十一条）后半段的观点。

2019年，北京市高级人民法院出台《商标授权确权行政案件审理指南》，明确认可了被动使用构成第三十二条后半段所称使用，16.24规定“一般在相关公众已将该'未注册商标'与当事人产生联系的情况下,只要该行为不违背当事人主观意愿的,可以认定构成'已经使用'的情形"。自此,不违背权利人意志的被动使用可被直接认定为使用已具有相应的条文依据。

笔者对前述规定持赞同态度,原因在于商标的基本功能是产源指向功能,被动使用的未注册商标实际指向的产源即为商品原始提供者,则其原则上当然应为该商标使用权益的享有者,如此才能正确导向市场,不至于造成市场的误购误认。如被动使用不被认可,等同于将该使用权益归为公共利益,不仅不利于保护已形成的市场实际,还给恶意抢注者提供了可乘之机。

诚然,笔者也认同并非所有的被动使用均应得到第三十二条后半段的保护。是否可予保护还需结合被请求保护的未注册商标是否达到一定影响程度,抢注人是否有抢注行为,商标是否相同近似以及商品是否相同类似、具有混淆可能性等要件综合考虑。但被动使用本身完全可纳入第三十二条后半段所称"使用"的范围中。

(三)关于被动使用的权益归属问题及案例分析

该问题与前述问题(二)实为一个问题的两面。在当前已接受被动使用的前提下,其在先使用权益归属于与权利人而非实际使用人亦不应存在疑问。原因在于,被动使用之所以被接受,正是因为被使用的标识承载了指向权利人及其商品的功能,在相关公众中形成了与权利人之间的稳定对应联系。如认为该使用权益应当归属于实际使用人,则等同于不认可被动使用构成使用。在此,以下案例可供参考。

在(2018)京73行初8101号MI产业有限公司与国家知识产权局、第三人沈阳艾尔玛商贸有限公司关于18463413号"百利本能及图"无效宣告行政诉讼一案中,MI公司在系争商标申请日前未直接在中国境内开展经营活动,其商品在中国通过代理经销商进行销售。一审法院基于代理经销商的在先使用行为认定"原告长期将中文'百利'用作企业名称的中文翻译,并且将中文'百利'作为'NATURE'S VARIETY'商标用于宠物食品等商品的销售、宣传。此外……'INSTINCT'品牌的猫粮、狗粮商品,在诉争商标申请日前……相关公众已经将'本能'作为'INSTINCT'商标的中文翻译,起到了商标的识别作用",并由此认定"百利本能"未注册商标的在先使用权益统归于MI公司。(2019)京行终8377号二审判决维持了原判。

在(2017)京73行初9644号华冈供应链管理有限公司与国家知识产权局、第三人维娜瑞亚葡嘉利合资有限公司关于第10165243号“普嘉利”商标无效宣告行政诉讼中,原告以第三人中国代理商的身份主张系争商标“普嘉利”系由原告首创并在先使用,北京知识产权法院认定“上述证据足以达到高度盖然性的标准,可证明原告曾作为第三人在中国的独家经销商,经授权销售‘PURCARI’系列葡萄酒,并同时使用‘PURCARI’与‘普嘉利’指代第三人的葡萄酒产品”,由此认定“普嘉利”作为第三人被动使用的商标,其权利应归属于第三人。虽然该案争议焦点的法律依据为第十五条第一款,但该案判决明确认定了代理经销商原创的有关外国品牌的中文名称 的在先使用权益应当归属于外国权利人,对第三十二条后半段语境下的该问题之解决方案可兹参考。

(四)关于“违法”使用能否被认定为第三十二条后半段所称“使用”的问题及案例分析

第三十二条后半段所保护的是未注册商标的在先使用权益,既然为法律所保护的权益,“合法”应为其当然要求。然而实践中存在不同性质的“违法使用”,如侵害他人商标权或其他知识产权的使用,违反行政管理制度如经营许可的使用等。这些所谓的“违法使用”是否能够产生第三十二条后半段所称“在先使用”的保护效果,存在争议。

原则上,笔者认为,针对商标法律制度明确规定与商标权益构成利益冲突的侵权使用,如使用侵害他人商标权、未注册商标权益、商号权、著作权、姓名权等情形,显然是不能产生第三十二条后半段的保护效果的。原因在于前述情节尚且可以作为异议他人申请商标或者无效他人注册商标的理由,当然也能够对抗他人的未注册商标的使用行为。

对于其他违法行为,有观点认为,“违法使用”完全可以产生商标使用的效果,其违法行为可由其他行政法规通过责令承担相应的行政违法后果进行规制或处罚。支持使用应当“合法”的观点的理由之一包括:根据2001年修订《商标法》第四十五条,商品粗制滥造,以次充好,欺骗消费者等,将产生由商标局撤销其注册商标的后果,据此可推知,《商标法》体系下的所有使用均应当为合法使用。然而2013年修订《商标法》已删除了前述第四十五条的相关规定。

实践中,出现较多的是违反经营、销售许可制度或进口制度等的行政“违法使用”行为。

早在2008年云南滇虹药业集团股份有限公司与国家工商行政管理总局商标评审委员会、第三人汕头市康王精细化工实业有限公司关于第738354号“康王”商标撤销复审行政诉讼一案,最高人民法院作出(2007)行监字第184-1号驳回再审申请通知书,认定“我国《商标法》第四十四条第四项规定的‘使用’,应该是在商业活动中对商标进行公开、真实、合法的使用。从《商标法》第四十五条的规定来看,判断商标使用行为合法与否的法律依据,并不限于商标法及其配套法规。对于违反法律法规强制性、禁止性规定的生产经营活动中的商标使用行为,如果认定其法律效力,则可能鼓励、纵容违法行为,与商标法有关商标使用行为规定的本意不符”。该案是关于三年不使用撤销的案件,然而通常观点认为第三十二条后半段是通过使用创设权利,更加应当从严。参照该案观点,第三十二条后半段之“使用”也理应“合法”。

然而在2011年法国卡斯特兄弟股份有限公司与国家工商行政管理总局商标评审委员会、第三人李某之商标撤销复审行政诉讼一案中,最高人民法院认为“《商标法》第四十四条第四项规定的立法目的在于激活商标资源,清理闲置商标,撤销只是手段,而不是目的。因此只要在商业活动中公开、真实的使用了注册商标,且注册商标的使用行为本身没有违反商标法律规定,则注册商标权利人已经尽到法律规定的使用义务,不宜认定注册商标违反该项规定。本案中,综合李某之提交的证据可以认定在商业活动中对涉案商标进行公开、真实的使用。至于涉案商标有关的其他经营活动中是否违反进口、销售等方面的法律规定,并非《商标法》第四十四条第四项所要规范和调整的问题”。该案是最高人民法院2011年指导案例。然而,仍有观点认为第三十二条所称使用应当严于撤销制度。

在前述笔者代理的(2015)京知行初字第5120号广东伊茗药业有限公司诉国家工商行政管理总局商标评审委员会、第三人株式会社池田模范堂关于第8297441号“MOPIDICK”商标异议复审行政诉讼一案中,该案争议焦点为第三十二条后半段。该案除涉及域外使用的延伸问题外,同样涉及未取得行政审批的问题。本案中诉争商标与被请求保护的在先使用商标的使用商品均为“药品”,在先使用商标除未在中国境内使用外,其流入中国市场的商品还因未取得相应的药品批文因此存在是否“合法”的争议。一审判决并未将该“合法性”问题纳入案件中予以审查,并仅就第三十二条后半段的“在先使用并具有一定影响”及“不正当手段抢注”等要件作出认定。

在(2018)京行终 602 号河南金象乳业有限公司与国家工商行政管理总局商标评审委员会、第三人叶某阳关于第 1738509 号“白象”商标撤销复审行政诉讼二审判决中,北京市高级人民法院认定“商标注册人应当合法使用注册商标。如果商标使用行为违反法律法规效力性强制性规定,由于此种使用行为自始无效,不能产生商标使用的效果,也就不能认定构成对注册商标的实际使用。如果违反的是管理性强制性规定,因其并未自始无效,且对其使用行为予以认可,并不必然导致可能鼓励、纵容违法行为,故对商标的使用效果应予以保留”。该案虽然亦为撤销复审案件,但法院对“违法”性质进行区分从而确定使用效力的做法值得肯定。

在其后多有仅违反行政观理性规定的使用被认定为第三十二条后半段所称“使用”的案例。

在[二审案号为(2020)京行终 1698 号,再审申请案号为(2020)最高法行申 12574 号]北京授之以渔文化传播有限公司与国家知识产权局、第三人赵某关于第 12399449 号“渔夫阅读”商标无效行政诉讼案中,北京授之以渔文化传播有限公司提出“赵某与其经营的金帆海韵公司,均不具有出版资格,而‘渔夫阅读’系列图书系出版社的商品,故赵某从未使用‘渔夫阅读’商标”,二审法院认为其上诉理由缺乏证据支持。最高人民法院在再审申请裁定中认定“授之以渔公司主张赵立军无权出版图书,并非本案审查范围,授之以渔公司该项申请再审理由亦不能成立”。由最高人民法院在该案中的态度可以看出,是否违反行政审批制度并不被认定为是审查是否构成“在先使用”的必要考虑因素。

在一审案号为(2020)京 73 行初 1665 号、二审案号为(2022)京行终 1575 号的北京百悟科技有限公司与国家知识产权局、第三人爱集微咨询(厦门)有限公司关于第 17527004 号“集微”商标无效宣告行政诉讼案中,采取了与前述“渔夫阅读”案相同的观点,北京知识产权法院及北京市高级人民法院均支持“虽然爱集微公司在设立之初不具有经营互联网信息服务的资质,但尚不足以否定其在先使用‘集微网’商标的事实”这一观点,即认为违反互联网信息服务经营的行政管理制度不成其为不给予第三十二条后半段保护的当然理由。

至此,司法实践对于“违法”使用是否构成第三十二条所称“使用”的态度已较为明晰,即违反管理性强制性规定的,对商标的使用效果予以保留。至于对违反效力性强制性规定的,虽笔者暂未查到相应案例,但如此种使用行为将造成严重违法后果且根据其法律依据应自始无效的，显然不认可其产生商标使用的效果，也是合乎情理的。

（五）有关使用中断问题的探讨及案例分析

第三十二条后半段并未明确要求在先使用需持续，然而从保护未注册商标在先使用权益的初衷而言，其保护目的一方面在禁止恶意，另一方面在维护已形成的市场。那么在先使用曾遭遇中断的情况下，该中断是否致使未注册商标已形成的市场影响力降低甚至丧失，从而致使丧失保护必要，显然是有必要的。理论上如此种中断已达到在被申请商标申请日前，致使被请求保护商标的影响力不复存在的程度，则理应不再给予保护。

在（2016）京73行初4229号雷某元与国家工商行政管理总局商标评审委员会、第三人山西省平遥牛肉集团有限公司关于第9805312号“兴盛雷XINGSHENGLEI及图”商标无效宣告行政诉讼一案中，北京知识产权法院认定“雷某元认可其家族自1956年之后便未再使用过‘兴盛雷’商号及商标；雷某元提交的在案证据虽能证明雷某杰系其祖父，且‘兴盛雷’牛肉在平遥地区具有一定知名度，但并不能证明雷某元于争议商标申请日前已将‘兴盛雷’作为商号在争议商标核定使用的肉、以果蔬为主的零食小吃等商品上进行使用并具有一定知名度”，从而驳回原告诉讼请求。（2017）京行终4041号二审判决维持了前述一审判决。

在（2017）京行终1397号王某兰与国家工商行政管理总局商标评审委员会、第三人童某关于第9912031号“童德大”商标争议行政诉讼一案中，二审法院未支持王某兰提出的禁止抢先注册在先使用并有一定影响商标的主张，原因之一在于二审法院认定“第536086号‘童德大’商标的权利人为兴化冷冻厂，并非王某兰，且该商标已于2000年12月9日因到期未续展被注销。第536086号‘童德大’商标自被注销至今已有十七年时间，由于兴化冷冻厂并未对其继续使用，该商标的影响和声誉已因其未续展而中断。王某兰在本案中提交的证据不足以证明在第536086号‘童德大’商标注销后直至争议商标申请日之前，王某兰以其个人名义在醉蟹商品上继续使用‘童德大’商标并持续产生一定影响，进而使相关公众将‘童德大’商标与王某兰个人相对应”。当然，本案有一个特殊背景，是在于王某兰的外曾祖父与童某的曾祖父系亲生兄弟，“童德大”系二人共同的先辈始创并使用在醉蟹商品上的商标标识，双方均有权传承。但毫无疑问，该判决确认了对在先使用并有一定影响的认定需要考虑持续影响力的问题。

由此可以看到,如对未注册商标的在先使用确实存在较长时间的中断,致使该商标丧失市场影响力的,可以不再适用第三十二条后半段保护,这也是合理的。然而,目前对于使用中断的判断标准仍无统一观点,如针对仅造成市场影响力下降的情况,下降至何种程度将丧失保护,是否确定时长的中断即当然导致丧失等,均需在个案中进行价值平衡和判断。

第二十章 《商标法》第四十二条、第四十三条之精解

商家泉[*] 吴新华[**]

一、法律规定

《商标法》

第四十二条 转让注册商标的,转让人和受让人应当签订转让协议,并共同向商标局提出申请。受让人应当保证使用该注册商标的商品质量。转让注册商标的,商标注册人对其在同一种商品上注册的近似的商标,或者在类似商品上注册的相同或者近似的商标,应当一并转让。对容易导致混淆或者有其他不良影响的转让,商标局不予核准,书面通知申请人并说明理由。转让注册商标经核准后,予以公告。

第四十三条 商标注册人可以通过签订商标使用许可合同,许可他人使用其注册商标。许可人应当监督被许可人使用其注册商标的商品质量。被许可人应当保证使用该注册商标的商品质量。经许可使用他人注册商标的,必须在使用该注册商标的商品上标明被许可人的名称和商品产地。许可他人使用其注册商标的,许可人应当将其商标使用许可报商标局备案,由商标局公告。商标使用许可未经备案不得对抗善意第三人。

---

* 商家泉律师,第 11 届北京市律师协会商标法律专业委员会副主任,高文律师事务所合伙人,毕业于中国人民大学法学院,先后被评为朝阳区和北京市优秀律师。代理的案件多次入选最高人民法院典型或指导案例,承办了稻香村、乔丹、今日油条等疑难复杂案件。

** 吴新华律师,第 10 届北京市律师协会商标法律专业委员会秘书长,第 11 届副主任,北京市两高律师事务所副主任,参与起草 2005 年商标局、商标评审委员会对外公布的《商标审查及审理标准》,曾带领团队为 2022 年北京冬奥组委、杭州亚组委提供法律服务。

二、商标许可与收益权:知识产权价值的实现方式

许可是在不转让财产所有权的条件下让渡财产中的权利,普通许可让渡的是一部分权利,排他许可让渡的是一半的权利,独占许可让渡的是全部的权利。独占许可协议签署后,商标权利人还有可能"自己侵犯自己的商标权"。商标许可可以使许可人的商标价值产生"滚雪球"效应,还能促进商标与其他生产要素广泛结合,能够大规模降低生产成本而使消费者获益。注册商标专用权属于财产性权利的一种,财产所有人依法对自己的财产享有占有、使用、收益和处分四项权能同样适用于商标领域。商标许可属于上述四项权能中的收益权。

三、商标许可的法律意义:专用权的许可与禁用权的放弃

专用权是基础,权利范围明确,没有专用权就没有对世的禁用权;禁用权是保障,权利边界模糊,没有禁用权专用权失去意义。57.1 款"未经商标注册人的许可,在同一种商品上使用与其注册商标相同的商标的",属于专用权与禁用权重合的部分,即核心侵权行为。其他近似商标或类似商品等均属于专用权以外、禁用权以内的外围侵权行为。以专用权为圆心的禁用权范围内,原则上均属于商标权权限所能及的范围。由此,专用权与禁用权缺一不可、不可分割:不能离开专用权谈禁用权,也不能离开禁用权谈专用权。商标法意义上,商标许可属于使用权的让渡,侵权诉讼中商标许可抗辩属于侵权例外抗辩,而非不侵权抗辩,即本来该使用属于侵权行为,但因权利人许可,视为不侵权。和著作权法合理使用属于侵权例外抗辩道理一致。故此,商标许可在商标法项下最大的意义不在于专用权的部分让渡,而在于禁用权的放弃,即商标许可在商标法上,主要体现在许可人放弃侵权指控,承担维持商标有效、净化侵权市场的义务,被许可人则获得"侵权豁免权",支付许可费。商标许可合同属于双方获益型的合同关系。签署商标许可合同后,被许可人使用与许可商标近似的商标的行为,落入禁用权范围内,权利人对此未提出异议的,视为禁用权的放弃,被许可人切实享受"侵权豁免"并收获市场利益后,不能事后以未使用许可合同规定的注册商标样式为由,主张许可合同未履行,否则严重违反诚实信用原则。

四、授权许可的法律性质:单方民事行为还是双方民事行为

在俄罗斯乌苏里斯克市巴里赞姆开放式股份公司与绥芬河市传峰经济贸易

有限责任公司、绥芬河市巴里赞姆酒业有限公司商标权权属纠纷、侵害商标权纠纷案①中，俄罗斯乌苏里斯克市巴里赞姆开放式股份公司授权中国绥芬河市传峰经济贸易有限责任公司在中国工商总局注册使用俄罗斯乌苏里斯克市巴里赞姆开放式股份公司的商标。就俄罗斯巴里赞姆公司签署中文版《授权书》的行为属于该公司的单方民事法律行为还是其与传峰公司之间的双方民事法律行为的问题，最高人民法院认为，民事法律行为是民事主体通过意思表示设立、变更、终止民事法律关系的行为。民事法律行为可以基于双方或多方的意思表示一致成立，也可以基于单方的意思表示成立。双方或多方民事法律行为指基于双方或多方当事人的意思表示一致才能发生法律效力的民事法律行为。双方或多方民事法律行为的变更或者解除，除法律有特别规定之外，必须经过双方或多方当事人协商一致。单方民事法律行为指仅基于当事人一方意思表示即可依法成立的民事法律行为，可分为有相对人的行为和无相对人的行为。除法律另有规定之外，单方民事法律行为自行为人独立表达其意思时即成立。授权行为自行为人作出单方意思表示即可产生授权的法律效力，属于单方法律行为。授权行为人与相对人以共同签订协议的形式签订授权书，不能改变授权行为是单方法律行为的性质。将授权行为视为双方法律行为，与授权行为的性质相悖。

五、商标许可与《商标法》第十五条：信赖利益与诚信原则

第十三条第二款、第三十二条、第五十九条规定的“在先使用”均是在中国范围内（除港澳台外）的使用，体现了知识产权地域性原则，以及诚实信用原则。

而《商标法》第十五条第一款不要求“使用”及第二款不要求“具有一定影响”，对不具有一定影响的未注册商标给予特殊强保护，已经超出了诚实信用原则的保护范围，属于对信赖利益的保护。第十五条第一款中的“代理人”及“代表人”，属于与人身相关的信赖利益，所为民事行为为被代理人、被代表人所承担。代理人、代表人负有使被代理人、被代表人利益最大化的义务，不能从事与被代理人、被代表人利益相冲突的活动，包括在任何类别上抢注被代理人、被代表人的商标；这种最为紧密的信赖关系（有观点认为属于特殊的诚信义务），突破商标法一般保护的原则，不要求被抢注的商标“使用”，即使在大陆未使用，也突破地域性原

① 最高人民法院民事判决书，(2020)最高法民再24号。

则予以保护、突破只有驰名商标享有的跨类保护原则。

《商标法》第十五条第二款也属于信赖利益保护，但和人身无关，“合同、业务往来等关系”相对于“代理人”及“代表人”，当事人之间为一般的信任合作关系，不是最紧密的信赖关系，相对人的诚信义务有所降低，但仍高于一般人的诚信义务，故，虽不要求“具有一定影响”，仍要求“在先使用”。包括自合同洽谈、预约合同、合同订立、合同生效及履行、后合同义务的整个过程。

问题是，商标许可关系属于15.1款还是15.2款调整。鉴于商标许可不同于一般的合同关系，被许可人使用商标生产或销售产品的行为，会对许可人商标信誉产生影响，许可人承担被许可产品质量担保责任、商标商誉减损风险。《产品质量法》第四十一条及第四十三条、《消费者权益保护法》第四十条第二款，以及最高人民法院于2002年7月11日作出法释〔2002〕22号批复（以下简称《22号批复》）将商标持有人认定为《产品质量法》重的“生产者”，相对于合同的相对性，无不体现商标许可中信赖关系远远超过一般合同关系。甚至在加盟连锁式的商标许可模式下，被许可人的行为，有可能直接由许可人承担。故此，商标许可关系高于第十五条第二款但略低于第十五条第一款的信赖程度。

六、商标许可与商标转让：买卖不破租赁的适用

“买卖不破租赁”制度使债权可以对抗物权的原因是，为维护市场秩序稳定，将租赁权予以物权化，以对抗之后新的物权人，即先物权优于后债权。所有权属于物权范畴，注册商标专用权虽不是所有权概念，但也具有很多所有权的特征，而许可合同属于债权范畴，那么注册商标许可期间被转让的，“买卖不破租赁”制度是否适用于商标法领域？在转让在先、许可在后的情况下，如果转让已经公告，受让人从公告之日起获得注册人的地位，公告之后原商标注册人与他人订立的许可合同对受让人没有约束力。这种情况比较好处理。但实践中大量存在是许可在先、转让在后的情况，那么商标注册人将同一商标在商标许可使用期限内，没有征得商标的许可使用人的同意的情况下，又将商标进行转让，是否构成转让合同的无效？新的商标注册人不承认原商标注册人与他人签订的商标使用许可合同，是否构成商标使用许可合同无效。为此，《商标法》的司法解释规定，注册商标的转让不影响转让前已经生效的商标使用许可合同的效力，但商标使用许可合同另有约定的除外。该条司法解释的规定，一是肯定了注册商标转让前合法订立的使用

许可合同的效力,不能因为注册商标权人的变更而否定其效力,应当依照合同的约定继续履行。二是规定了除外的情况,即商标使用许可合同对此另有约定的,依照该约定执行,也就是说,原来的商标使用许可合同约定商标转让终结商标使用合同等条款的,应当按照约定处理。这充分体现了当事人约定优先的原则。

七、被许可人能否无效或撤销许可商标无效:弃权与禁止反言

上诉人北京师范大学与被上诉人国家知识产权局、原审第三人刘某阳商标权撤销复审行政纠纷案中,[①]北京师范大学于2006年7月11日申请了诉争商标即第5473604号"京师"商标,2009年9月21日获准注册,专用期限至2029年9月20日,核定使用在第42类的"法律服务"。原审第三人刘某阳系北京市京师律师事务所律师,黄某中为北京市京师律师事务所律师创始人,北京师范大学(甲方)与黄振中(乙方)于2010年7月1日签订的《商标使用许可协议》,约定"甲方将已注册的使用在42类法律服务商品项目上的第5473604号京师商标,许可给乙方在其创立并实际控制(担任创始合伙人)的北京市京师律师事务所使用;许可使用的期限自2010年7月1日至乙方不再同时担任甲方教师和乙方创始合伙人之日止,即如果乙方不再担任北京市京师律师事务所的实际控制人/创始合伙人/合伙人职务,那么该许可合同自动终止",2015年7月1日,黄某中退伙备案申请审批通过,退出北京市京师律师事务所。2017年11月28日,刘某阳以诉争商标在核定使用的"法律服务"上无正当理由连续三年不使用为由向原国家工商行政管理总局商标局提出撤销申请。国家知识产权局及北京知识产权法院均认为,北京师范大学提交的在案证据不能形成完整的证据链,证明诉争商标于指定期间在核定使用的"法律服务"上进行了真实、有效的商业使用。北京市高级人民法院二审查明,北京师范大学在商标评审阶段提交的证据2、证据3的《商标使用许可协议》性质为附解除条件的合同,根据约定,当条件成立时,即黄某中"不再担任北京市京师律师事务所的实际控制人/创始合伙人/合伙人职务"时,协议自动终止履行,在此之前北京师范大学许可京师律所使用诉争商标;刘某阳在原审诉讼阶段提交的证据2亦可佐证,京师律所系由黄某中出资设立并实际控制,其对外签订的合同

---

① 北京市高级人民法院行政判决书,(2019)京行终9799号。

具有法律效力；上述证据可以相互印证《商标使用许可协议》已实际履行，进而能够相互佐证，形成有效证据链，证明北京师范大学许可京师律所在"法律服务"上使用诉争商标，且京师律所于指定期间在其对外开展的法律服务活动中使用了诉争商标，因此可以视为北京师范大学于指定期间在诉争商标核定使用的"法律服务"上进行了使用。遂撤销北京知识产权法院（2019）京73行初4783号行政判决；撤销国家知识产权局作出的商评字〔2019〕第50908号《关于第5473604号"京师"商标撤销复审决定书》；判令国家知识产权局就刘东阳针对第5473604号"京师"商标提出的撤销复审申请重新作出决定。

该案就涉及被许可人对许可商标"不质疑""禁止反言"问题。专利领域，"不质疑"条款普遍被认为属于限制竞争涉嫌垄断的行为而被无效，但专利和商标的立法目的不太一样，至少在商标领域不会出现阻碍技术推广普及涉嫌垄断的问题。美国司法实践有"禁止反言"的规定，即被许可人无权在商标许可期间质疑商标权的有效性，美国法院认为，被许可人在订立商标许可合同的时候应承认商标权的有效成立，如果被许可人嗣后又对商标权的有效性进行否定的话，不利于维持合同关系的稳定性。[①] 在2002年"弗里曼诉全美地产经纪商协会案"中，美国商标评审和上诉委员会就依据"禁止反言"的原则，否定了被许可人对被许可商标因成为"通用名称"而应被宣告无效的申请，被许可人被禁止反言，不得质疑"REALTOR"商标的有效性。

在我国商标许可合同中，有些存在对被许可商标效力"不质疑"的条款，该条款的有效性取决于"不质疑"的内容，如涉及《商标法》第四条、第四十四条等绝对无效理由，则其"不质疑"条款不应约束当事人，因一旦违反这些条款，被许可商标应视为自始不存在，许可合同本身是否存在也因此存疑。但如果涉及无效的相对条款，上述"不质疑"条款因民事权利意思自治原则，放弃质疑的权利是处置自己权利的一种方式，有效性应予以认定。那"撤销三年不使用"是否受到"禁止反言"规制呢？如果撤销三年不使用的涉及期限与许可期限具有重合之处，因被许可人具有在许可期间使用商标的权利及义务，其故意不使用被许可商标并对其提出撤销三年不使用，违反诚实信用原则，损害了许可人的信赖利益，即便《商标法实施条例》第六十六条规定"有商标法第四十九条规定的注册商标无正当理由连

① 张惠彬：《商标财产化研究》，知识产权出版社2017年版，第132页。

续3年不使用情形的,任何单位或者个人可以向商标局申请撤销该注册商标",但此时如允许具有使用义务的被许可人提起撤销三年不使用,将违反许可合同的目的、损害许可人的信赖利益,以及违反民法诚实信用、公序良俗的基本原则。但也有观点认为,在许可中,本来就是基于商标有效性而签订及履行许可合同的前提,对于这一前提作出这样的承诺本来就是不应当的条款。在德国,其最高院认为个案中做这种约定只要不违反反垄断法,符合市场竞争方面的限制,是允许的,不使用撤销是可以处分的权利,如果合同方同意不行使,不违反《德国民法典》。

具体到本案,涉及许可合同终止及履行、创始人或负责人签署许可合同与不违反许可人意志的使用等问题,同时涉及被许可人及其利益相关方对许可商标"京师"有效性的质疑是否违反"禁止反言"规则,值得我们进一步探索和研究。

八、许可合同无效能否认定商标侵权:继续性合同的无效后果唯得面向将来

商标许可合同关系中涉及两个很重要的问题:商标无效与许可合同无效。被宣告无效的商标,该注册商标专用权视为自始即不存在。许可合同无效是否也视为自始无效并可以提起侵权之诉?

商标许可合同的无效,依据合同法也应是自始无效。但许可合同无效认定后,对无效前被许可人的使用行为是否按照侵权对待,目前没有法律明确规定。仅有《商标法》第四十七条对商标许可合同无效后的溯及力进行了规定,宣告注册商标无效的决定或者裁定,对宣告无效前人民法院做出并已执行的商标侵权案件的判决、裁定、调解书和工商行政管理部门做出并已执行的商标侵权案件的处理决定以及已经履行的商标转让或者使用许可合同不具有追溯力。但是,因商标注册人的恶意给他人造成的损失,应当给予赔偿。依照前款规定不返还商标侵权赔偿金、商标转让费、商标使用费,明显违反公平原则的,应当全部或者部分返还。所以在司法实践中就出现了对商标许可合同无效前被许可人的使用行为是否构成侵权的不同认识。

在广药和加多宝14.4亿元赔偿案中,一审法院就认为许可合同无效前的使用行为属于侵权行为。问题的关键还要回到《商标法》第五十七条对侵权认定的

前提即“未经商标注册人的许可”上:许可合同无效是否就一定代表了权利人未许可？另外,合同的类型中,有一时性合同和继续性合同之分。一时性合同诸如房屋买卖合同,交易具有一次性,即便分期付款或分期供货也属于一时性合同,因为总给付自始确定,时间因素对给付的内容和范围并无影响。继续性合同则是总给付内容随着时间延展而逐步确定的合同,具有动态性和不确定性,诸如委托合同、租赁合同、劳务合同、建筑施工合同等均是继续性合同。商标许可合同也是典型的继续性合同。法律行为无效所具有的“自始无效”的效力对买卖、赠与等一时性合同是合理的,但对继续性合同无效的法律后果,则往往体现为“无效认定、有效处理”,如建筑施工合同、租赁合同、劳务合同无效后的处理。王泽鉴先生认为,继续性合同无效的法律后果“唯得向将来发生效力”。最高人民法院《关于审理城镇房屋租赁合同纠纷案件具体应用法律若干问题的解释》也体现继续性合同“无效认定、有效处理”的理念,其第五条规定“房屋租赁合同无效,当事人请求参照合同约定的租金标准支付房屋占有使用费的,人民法院一般应予支持”。故本文认为,对于商标许可合同无效前的使用行为原则上并不宜认定为侵权行为,而应当参照适用“无效认定、有效处理”规则。

同时,应结合被许可人的认知水平,考察其对无效的可预见性。可预见性规则在民法和刑法领域被特别关注,在民法领域中尤其是债法领域应用广泛,其主要功能是限制责任范围,部分功能是限制责任成立。可预见性规则的最高级别存在就是“不可预见、无法避免”的不可抗力。可预见性规则已经被写入原《合同法》。其第一百一十三条规定“但不得超过违反合同一方订立合同时预见到或者应当预见到的因违反合同可能造成的损失”。对此,最高人民法院民一庭认为,违约损害赔偿与侵权损害赔偿在赔偿的理念和价值取向上是基本一致的,尤其是在违约与侵权竞合时,如因选择不同的诉因如导致大相径庭的损失赔偿结果,有违公平正义的法律理念。因此,可预见性规则作为限制损害赔偿范围的一项基本规则,在侵权案件中可以参照适用,但故意侵权行为应排除,不适用。原因在于,故意侵权行为,破坏了可预见性规则中的“侵权可预见性”,即便对于不可抗力行为,故意侵权也不适用。

故此,商标许可合同无效后,对于之前的使用行为,以不按侵权对待、按照市场价格支付许可费为原则,以违反“诚信”或有背俗行为而认定侵权为例外。

九、商标许可与侵权索赔:权利人能否主张被许可人的直接市场份额损失

在知识产权侵权案件中,原告具体损失往往和原告利用知识产权的方式有关。权利人亲自利用知识产权经营的,权利人和侵权人属于直接经济竞争关系,侵权人挤压了权利人的直接市场份额,此时的损失表现为权利人可得市场利润的丧失。权利人利用知识产权的方式全部或主要是通过许可他人使用而获利的,其损失则主要表现为应有的合理许可费的损失。那么,权利人在此时能否主张被许可人的直接市场份额损失呢?商标许可不同于委托生产,虽然在许可模式下商标权利人仍然被视为经营者、生产者,但权利人并不能当然主张被许可人的经济损失,因其收取了该部分的相应许可费,其没有损失或缺少因果关系,特别是独占许可和排他许可人的经济损失,只有在能够证明被许可人销量损失不可避免地转向权利人时,方可行使,如许可协议约定的许可费支付方式是以销量为基数抽取提成的。

十、商标许可与诉讼实施权:普通许可与纯粹经济损失

普通被许可人不可被赋予单独诉权,而是通过权利人将诉讼实施权授予普通被许可人行使,以"任意诉讼担当"的方式行使诉权,普通被许可人只有取得明确授权或与权利人一起提诉。这与权利人不可当然主张被许可人经济损失,是一个问题的正反面,均涉及因果关系。在普通被许可人因商标侵权遭受的经济损失范围内,被许可人与权利人可以一同起诉或经明确授权单独起诉。排他许可,仅涉及权利人和被许可人利益,权利人放弃诉权的,不损害和妨碍排他被许可人继续主张权利,属于非必要共同诉讼。而独占许可方式下,权利人实际并无直接市场损害,侵权的后果全部由独占被许可人承担,对此,法律安排了"法定诉讼担当",赋予独占被许可人直接以自己名义起诉的权利,不必取得权利人授权。

普通被许可人不可被直接赋予诉权的原因还在于其损失属于"纯粹经济损失"范畴。"纯粹经济损失"指非因绝对权之侵害,而由其他原因导致的单纯经济上的不利益,如因违章导致交通事故造成交通堵塞,而使他人丧失签约机会;施工挖断市政电缆而使超市无法营业的营业损失等,一般来说,遭受"纯粹经济损失"的主体均不具有诉的利益。只有加害人故意以有悖于善良风俗的方法侵权的特殊情形,如恶意串通侵害第三人债权等,"纯粹经济损失"才可予以赔偿。"纯粹经

济损失”不在《侵权责任法》所保护的权利和相关权益范畴之内。

原《侵权责任法》第二条罗列的权利和权益属于绝对性质的权利及其相关的权益,商标专用权位列其中。拥有商标专用权这一绝对权的是权利人,普通被许可人的数量具有不确定性,其基于许可合同的利益性质上属于债权,所以普通被许可人的这种利益并不能直接受《侵权责任法》的保护。普通被许可人没有商标的绝对权,仅仅因商标许可合同具有商标使用权,其所受损失因侵权人侵犯他人而非自己的绝对权所致,因而没有诉的利益,普通被许可人自己不得单独行使损害赔偿的诉权,必须和绝对权结合并通过权利人让渡部分损害赔偿的诉讼实施权实现。直接赋予其诉权势必会代权利人行使绝对权,会削弱诉权的稳定性。这时不仅出现不可预见的原告,还会出现不可预知的被告。

普通被许可人的上述权益甚至不如商品化权益。商品化权益的保护,脱离不开原《侵权责任法》第二条罗列的权利和权益属于绝对性质的权利及其相关的权益,如著作权、人格权等,是这些绝对化权利或权益无法涵盖又确有必要保护的部分,属于绝对性质权利延长线上的保护,因而个案中具有诉的利益,可以单独主张诉权。普通被许可人的合同利益不属于绝对权利延长线上的保护范围,不具有与绝对权相关的诉的利益,不能以自己身份单独直接起诉制止侵权行为、索赔损失。故此,普通被许可人不可单独实施诉权,与其具有合同利益而无绝对权(益)有关,合同权益的保护边界,不能超过合同本身。面对近年频发的对虚假宣传行为提起民事诉讼的案件,有些法院仅审理是否有竞争关系,并以“产品或服务具有替代关系”推定原告具有诉的利益而认可原告主体适格,而不审理误导性后果是否与原告有关。误导性后果与原告无关的虚假宣传,例如,宣传“最受欢迎”“遥遥领先”等,并未侵犯绝对权或与绝对权有关的权益,也仅仅是“纯粹经济损失”,除非“背俗致损”,不得予以民事赔偿。道理与上述商标普通被许可人不得单独赋予民事诉权是一致的,且其宣传“遥遥领先”可能造成他人损失的直接性,远远不如普通被许可人面临商标侵权遭受的损失更强,商标普通被许可人不能得到的民事诉权却给予了提出虚假宣传指控的原告,作为补充或兜底保护的不当竞争保护力度却比商标法更强,会造成法域间的冲突。

十一、商标许可与包装装潢和广告权益的归属:原始取得与继受取得

包装装潢和广告权益经长时间使用而具有一定影响,便属于未上升为权利的

法益。只能原始取得,而不能继受取得。原因在于,权利因公示周知而产生合理信赖,权利的对象脱离权利人的支配不影响权利的存续,故此,权利可以通过转让实现其价值。未上升为权利的法益(包装装潢和广告权益)则不同,其强调的是一种经持续使用产生稳定联系的事实状态,只能原始取得而不能继受取得,因为未上升为权利的法益的对象(经权益人使用而产生的具有一定影响的包装装潢)一旦脱离原始取得人的支配,与特定对象紧密关联(稳定对应关系)的事实状态即被打破,之前经特定主体使用而产生的法益的存续也就失去了基础,归于消灭。法律只对未上升为权利的法益给予消极的保护,即仅禁止他人故意损害或背俗损害他人合法权益,他人负担较小,故此,其体现的仅仅是一项债权请求权而非物权支配权。未上升为权利的法益中涉及人格的部分不能让与,财产部分让与不能对抗第三人。因而商标专用权可以转让,经公示后具有对世效力,但未注册商标转让仅在特定交易主体之间产生效力,合同相对性决定了其不具有公示的可能,不具有对抗第三方的对世效力。

未注册商标经使用产生的可保护法益,和物权法上的"占有"具有一致性,均要求对某物或商业标志的"和平、公开、稳定"占有(使用)超过一定期限,他人因此认为该占有人(使用人)对占有之物(未注册商标)享有所有权或使用权,产生合理信赖,从而产生具有法律保护价值的法益。占有即人对物的管领控制,是一种事实而非权利;另外,成立占有需要具备"心素"与"体素"的条件,心素指对物占有的自然意思,而体素是对物的管领控制,其认定通常需要两个层次:有相应的法律关系或一般的社会观念(就是他人能意识到这个物处于你的管领中)。吴汉东老师在《罗马法的"无体物"理论与知识产权制度的学理基础》一文中认为"一般意义上的占有,须以有体物为客体。为此,罗马人创制了'无体物'的'准占有'制度。在罗马法上,准占有的取得,如同占有一样,也具有心素和体素的条件:准占有人须有行使其权利的事实,才视为具备体素;准占有人须有为自己的利益而行使某种物权的意思表示,才构成心素"。包装装潢和广告语经持续使用产生合法权益,属于"先用权""准占有"范畴,"先用权"只能和特定使用主体绑定而不能和标识本身绑定。故此,未注册标识转让,仅仅是标识本身的转让,不包括"先用权"的转让,"先用权"只能和企业营业一并转让。

最高人民法院在加多宝王老吉红罐之争案中认为,结合红罐王老吉凉茶的历史发展过程、双方的合作背景、消费者的认知及公平原则的考量,因广药集团及其前身、加多宝公司及其关联企业，均对涉案包装装潢权益的形成、发展和商誉建树，各自发挥了积极的作用，将涉案包装装潢权益完全判归一方所有，均会导致显失公平的结果。显然，最高人民法院受民法“添附”理论影响，按照原始取得处理了红罐包装，即认为广药和加多宝均是原始取得，从而得出双方共有、一起使用的结论。

这与房屋租赁中对承租人扩建房屋的“附和”司法实践处理方式一致：如增建房屋与原不动产价值悬殊时，附和物的所有权归原不动产所有人；如价值相当，应为双方当事人共有附和物的所有权。本案中，最高人民法院将包含注册商标的红罐整体视为一项新的未注册商标，结合被许可人的投资努力和许可商标的贡献，由许可人和被许可人共享该未注册商标（剔除注册商标的红罐包装）。然而，商标许可使用，系对注册商标的许可，而非对装潢、广告语的许可。“心素和体素”是未注册商标原始取得的必备条件，不能证明对包装装潢和广告语的使用达到“心素和体素”的条件，商标许可人不能主张上述权益。

十二、商标许可与商标增值利益：添附与补偿请求权

添附作为取得所有权的基本方法之一，是一种基本的民事制度，性质上属于原始取得。添附主要有混合、附合、加工三种方式。混合是指不同所有人的不同财产互相渗透，难以分开并形成新财产。商标许可后产生的增值利益属于其中的“混合”。未经使用没有商誉的商标，一般实行等价交换原则。具有一定商誉的商标使用到相关商品上，则会出现溢价交易。该溢出的利润，即为商标商誉所贡献。鉴于被许可人已经在使用被许可商标生产销售中，获得了外溢利润，取得了相应对价，再主张该部分商誉的增值利益，便具有重复获偿的嫌疑。且商标许可人还要承受因被许可人使用商标降低商誉的风险，对此也没有相应补偿的机制。所以，双方对此有约定的，按“任意性约定”处理。没有约定的，以不分配上述经许可使用而增值的利益为原则。但是，商标许可使用系权利人的意思表示，并非违反权利人意思的“强迫得利”，如因此造成双方利益对比显著失衡，则应以公平原则对被许可人予以适当补偿，赋予被许可人补偿请求权。如最高人民法院《关于贯彻执行〈中华人民共和国民法通则〉若干问题的意见（试行）》第八十六条规定“非产权人在使用他人的财产上增添附属物，财产所有人同意增添，并就财产返还时附属物如何处理有约定的，按约定办理；没有约定又协商不成，能够拆除的，可以

责令拆除;不能拆除的,也可以折价归财产所有人”。此处的“折价”,即可以理解为赋予了被许可人补偿请求权。

十三、注册商标转让与损害赔偿诉讼主体资格:有约定按约定,无约定按债权规则处理

一个注册商标在转让前有被侵权的,在法定诉讼时效内,原商标权利人(转让人)具有侵权损害赔偿诉讼主体资格,还是转让后的商标权利人享有损害赔偿的诉讼主体资格,无论理论还是司法实务中的态度基本是一致的,即商标转让协议约定之前损害赔偿的侵权之债一并随着注册商标转让的,按该约定可以由商标受让人主张该债权,没有约定的,该侵权之债仍归原注册商标权利人。北京市高级人民法院2002年《关于商标与使用企业名称冲突纠纷案件审理中若干问题的解答》对于注册商标专用权的受让人对于受让前的侵权行为能否主张权利的观点是:以商标转让公告日为时间节点,注册商标专用权的受让人自商标转让公告之日起享有该商标专用权和禁止他人在相同或者类似商品或者服务中使用该商标的权利,对于转让前发生的侵权行为不能主张权利。但有特别约定或者至商标转让公告之日仍在持续的侵权行为除外。该规定并没有明确损害赔偿的请求主体。对此,深圳市中级人民法院的态度是,一方起诉的,需要追加另一方为共同原告。2008年3月1日起试行、2010年3月3日深圳市中级人民法院审判委员会第4次会议审定的深圳市中级人民法院《关于知识产权民事纠纷案件诉讼主体若干问题的指导意见》规定:知识产权因权属纠纷的处理而变更权利人的,由变更后的权利人作为原告起诉。在发生侵权行为至起诉之前,知识产权发生转让的,原权利人可以将指控侵权的诉讼权利和实体权利一并转让给新的权利人。如合同没有特别约定的,侵权行为发生在权利转让之前,持续至权利转让之后,转让人、受让人为共同原告。单独起诉的,法院应追加另一方为共同原告。深圳中院追加共同原告,可以理解为避免一方当事人隐瞒重要事实而损害另一方利益。而江苏省高级人民法院2020年的《侵害商标权民事纠纷案件审理指南》(修订版)的规定更符合“侵权之债”这一债权的特征:商标权转让合同没有特别约定的,合同自双方当事人签字或者盖章之日起成立并生效。自商标行政主管机关核准公告之日起,受让人享有商标权。被控侵权行为从转让前持续至转让后的,转让人与受让人都有权起诉,其中受让人有权主张商标转让后的侵权赔偿;转让人有权主张商标转让前

的侵权赔偿。转让合同对诉权有特别约定的,按照约定处理。换个我们更熟悉的领域,可能更好地理解江苏省高级人民法院的这一规定:房屋转让前的房租有拖欠的,到底应归原房屋权利人还是新的房屋权利人。

十四、注册商标转让后权利范围的限制:不应超过原权利范围

最高人民法院在天津市鹦鹉乐器有限公司(以下简称鹦鹉公司)和北方国际集团天津同鑫进出口有限公司(以下简称北方同鑫公司)、天津市森德乐器有限公司(以下简称森德公司)侵害商标权及不正当竞争纠纷一案[①]中认为:通常而言,民事权利的受让人因转让而获得的权利的范围不能大于原权利人所享有的权利范围,因此,在注册时已经受到限制的商标专用权,不应因商标转让行为的发生而扩大。

① 最高人民法院民事判决书,(2020)最高法民再25号。

第二十一章 《商标法》第四十四条第一款之精解

郭东科*

一、法律规定及相关法律规范

(一)法律规定

《商标法》

第四十四条 已经注册的商标,违反本法第四条、第十条、第十一条、第十二条、第十九条第四款规定的,或者是以欺骗手段或者其他不正当手段取得注册的,由商标局宣告该注册商标无效;其他单位或者个人可以请求商标评审委员会宣告该注册商标无效。

商标局做出宣告注册商标无效的决定,应当书面通知当事人。当事人对商标局的决定不服的,可以自收到通知之日起十五日内向商标评审委员会申请复审。商标评审委员会应当自收到申请之日起九个月内做出决定,并书面通知当事人。有特殊情况需要延长的,经国务院工商行政管理部门批准,可以延长三个月。当事人对商标评审委员会的决定不服的,可以自收到通知之日起三十日内向人民法院起诉。

其他单位或者个人请求商标评审委员会宣告注册商标无效的,商标评审委员会收到申请后,应当书面通知有关当事人,并限期提出答辩。商标评审委员会应当自收到申请之日起九个月内做出维持注册商标或者宣告注册商标无效的裁定,

---

* 郭东科律师,第10届中华全国律师协会知识产权专业委员会秘书长,第11届北京市律师协会商标法律专业委员会主任,北京市中里通律师事务所主任,代理的"VERO MODA""禧六福珠宝"等商标案件多次入选最高人民法院典型案例。

并书面通知当事人。有特殊情况需要延长的,经国务院工商行政管理部门批准,可以延长三个月。当事人对商标评审委员会的裁定不服的,可以自收到通知之日起三十日内向人民法院起诉。人民法院应当通知商标裁定程序的对方当事人作为第三人参加诉讼。

(二)相关法律规范

1. 最高人民法院《关于审理商标授权确权行政案件若干问题的规定》

第二十四条　以欺骗手段以外的其他方式扰乱商标注册秩序、损害公共利益、不正当占用公共资源或者谋取不正当利益的,人民法院可以认定其属于商标法第四十四条第一款规定的"其他不正当手段"。

2. 北京市高级人民法院《商标授权确权行政案件审理指南》

17　商标法第四十四条第一款的适用

17.1　【"欺骗手段"的认定】

同时具备下列情形的,可以认定属于商标法第四十四条第一款规定的"以欺骗手段取得注册":

(1)诉争商标申请人存在使商标行政机关因受到欺骗而陷入错误认知的主观意愿;

(2)诉争商标申请人存在以弄虚作假的手段从商标行政机关取得商标注册的行为;

(3)商标行政机关陷入错误认识而作出的行政行为系基于诉争商标申请人的行为所产生,二者之间具有直接的因果关系。

17.2　【"其他不正当手段"的认定】

"其他不正当手段"是指以欺骗手段以外的其他方式扰乱商标注册秩序、损害公共利益,不正当占用公共资源或者谋取不正当利益,以使诉争商标获准注册的行为,包括诉争商标申请人采取大批量、规模性抢注他人具有一定知名度的商标等手段的行为。同时具备下列要件的,可以认定属于商标法第四十四条第一款规定的"以其他不正当手段取得注册":

(1)适用主体是该商标的申请注册人,但有证据证明诉争商标现注册人与申请注册人之间具有特定关系,或对于申请注册诉争商标的行为具有意思联络的除外;

(2)适用对象既包括已经注册的商标,也包括申请注册的商标;

(3)申请注册行为扰乱商标注册秩序、损害社会公共利益,或者属于不正当占用公共资源、以其他方式谋取不正当利益的;

(4)申请注册行为未仅损害特定民事权益。

17.3 【"其他不正当手段"具体情形的认定】

具有下列情形之一的,可以认定属于商标法第四十四条第一款规定的"以其他不正当手段取得注册":

(1)诉争商标申请人申请注册多件商标,且与他人具有较强显著性的商标或者较高知名度的商标构成相同或者近似,既包括对不同商标权利人的商标在相同或类似商品、服务上申请注册的,也包括针对同一商标权利人的商标在不相同或不类似商品或者服务上申请注册的;

(2)诉争商标申请人申请注册多件商标,且与他人企业名称、社会组织名称、有一定影响商品的名称、包装、装潢等商业标识构成相同或者近似标志的;

(3)诉争商标申请人具有兜售商标,或者高价转让未果即向在先商标使用人提起侵权诉讼等行为的。

17.4 【"其他不正当手段"具体情形的例外】

诉争商标申请人具有本审理指南 17.3 规定的情形,但诉争商标申请注册的时间较早,且在案证据能够证明诉争商标申请人对该商标具有真实使用意图并实际投入商业使用的,可以根据具体情况,认定诉争商标不构成"以其他不正当手段取得注册"的情形。

17.5 【"其他不正当手段"条款适用的限制】

审理商标不予注册复审、商标权无效宣告请求等行政案件时,根据在案证据能够适用商标法其他条款对诉争商标不予注册或宣告无效的,不再适用《商标法》第四十四条第一款。

二、历史沿革及修法意义

现行《商标法》第四十四条的历史可追溯至 1988 年修订的《商标法实施细则》。

(一)1988 年《商标法实施细则》的规定

1982 年《商标法》实施后,实践中发现一些商标不应当获得注册,而法律并未规定相应的撤销程序，于是1988年修订《商标法实施细则》时增设了第二十五条：

“对于注册不当的商标（争议已经裁定的除外），任何人可以将《注册不当商标撤销裁定申请书》一份寄送商标评审委员会申请裁定。

“商标评审委员会裁定撤销的，移交商标局办理，予以公告，并抄送核转机关。原商标注册人在收到撤销裁定通知之日起15天内，将原《商标注册证》交由所在地核转机关寄回商标局。”

可见，该条款是根据实践情况而赋予了商标行政机关撤销商标的权利，弥补了当时法律规定的不足。

（二）1993年《商标法》的规定

1993年《商标法》纳入了前述《商标法实施细则》的规定，将其作为新增设的第二十七条：

“已经注册的商标，违反本法第八条规定的，或者是以欺骗手段或者其他不正当手段取得注册的，由商标局撤销该注册商标；其他单位或者个人可以请求商标评审委员会裁定撤销该注册商标。

“除前款规定的情形外，对已经注册的商标有争议的，可以自该商标经核准注册之日起一年内，向商标评审委员会申请裁定。

“商标评审委员会收到裁定申请后，应当通知有关当事人，并限期提出答辩。”

其中的“以欺骗手段或者其他不正当手段取得注册的”与现行《商标法》第四十四条第一款的规定在字面表述上较为相近。根据1993年《商标法实施细则》第二十五条第一款的规定，当时的“以欺骗手段或者其他不正当手段取得注册的”规定，既包括禁止商标注册和使用的绝对理由，也包括相对理由。但此时本条款尚只作为程序性条款使用。

（三）2001年《商标法》的规定

根据加入世界贸易组织的需要，《商标法》在2001年进行了较大范围的修改，例如，增加了对于行政机关决定的司法审查程序，前述商标法条款也被列为第四十一条并扩增至四款：

“已经注册的商标，违反本法第十条、第十一条、第十二条规定的，或者是以欺骗手段或者其他不正当手段取得注册的，由商标局撤销该注册商标；其他单位或者个人可以请求商标评审委员会裁定撤销该注册商标。

"已经注册的商标,违反本法第十三条、第十五条、第十六条、第三十一条规定的,自商标注册之日起五年内,商标所有人或者利害关系人可以请求商标评审委员会裁定撤销该注册商标。对恶意注册的,驰名商标所有人不受五年的时间限制。

"除前两款规定的情形外,对已经注册的商标有争议的,可以自该商标经核准注册之日起五年内,向商标评审委员会申请裁定。

"商标评审委员会收到裁定申请后,应当通知有关当事人,并限期提出答辩。"

上述条款还第一次区分了绝对理由和相对理由的撤销,但此阶段实践中对于该条款的适用存在一定争议,行政机关适用该条款裁决后在司法审查程序遭到撤销,如海棠湾系列案件,行政机关和司法机关就所涉及的权利究竟是公共利益还是特定利益的认定发生了分析。

(四)2013 年《商标法》的规定

2013 年《商标法》将前述条款中的绝对理由和相对理由进行了区分,新形成的第四十四条仅涉及绝对理由,同时对"无效"与"撤销"进行了区分:

"已经注册的商标,违反本法第十条、第十一条、第十二条规定的,或者是以欺骗手段或者其他不正当手段取得注册的,由商标局宣告该注册商标无效;其他单位或者个人可以请求商标评审委员会宣告该注册商标无效。

"商标局做出宣告注册商标无效的决定,应当书面通知当事人。当事人对商标局的决定不服的,可以自收到通知之日起十五日内向商标评审委员会申请复审。商标评审委员会应当自收到申请之日起九个月内做出决定,并书面通知当事人。有特殊情况需要延长的,经国务院工商行政管理部门批准,可以延长三个月。当事人对商标评审委员会的决定不服的,可以自收到通知之日起三十日内向人民法院起诉。

"其他单位或者个人请求商标评审委员会宣告注册商标无效的,商标评审委员会收到申请后,应当书面通知有关当事人,并限期提出答辩。商标评审委员会应当自收到申请之日起九个月内做出维持注册商标或者宣告注册商标无效的裁定,并书面通知当事人。有特殊情况需要延长的,经国务院工商行政管理部门批准,可以延长三个月。当事人对商标评审委员会的裁定不服的,可以自收到通知之日起三十日内向人民法院起诉。人民法院应当通知商标裁定程序的对方当事人作为第三人参加诉讼。”

就本条款而言,主要有以下几个方面修改。一是将原第四十一条第一款、第二款的内容,进行分解,形成了本条和修改后的第四十五条;二是删去了原第四十一条第三款的内容,即“除前两款规定的情形外,对已经注册的商标有争议的,可以自该商标经核准注册之日起五年内,向商标评审委员会申请裁定”;三是增加了商标评审委员会复审期限的规定①。但该条款仍有较为明显的缺陷,即此次修订时增加了商标代理机构注册范围的限制(第十九条第四款),而对应的本条并未对此予以规定。实践中,已经将该条款入本条第一款的范围。此外,由于当时所审理的案件涉案商标多数注册时间早于2014年5月1日,因此实践中适用的多为2001年《商标法》第四十一条第一款。

(五)2019年《商标法》的规定

2019年《商标法》完善了本条款的设计,将第十九条第四款及本次修订中新增的第四条均纳入本条款:

“已经注册的商标,违反本法第四条、第十条、第十一条、第十二条、第十九条第四款规定的,或者是以欺骗手段或者其他不正当手段取得注册的,由商标局宣告该注册商标无效;其他单位或者个人可以请求商标评审委员会宣告该注册商标无效。

“商标局做出宣告注册商标无效的决定,应当书面通知当事人。当事人对商标局的决定不服的,可以自收到通知之日起十五日内向商标评审委员会申请复审。商标评审委员会应当自收到申请之日起九个月内做出决定,并书面通知当事人。有特殊情况需要延长的,经国务院工商行政管理部门批准,可以延长三个月。当事人对商标评审委员会的决定不服的,可以自收到通知之日起三十日内向人民法院起诉。

“其他单位或者个人请求商标评审委员会宣告注册商标无效的,商标评审委员会收到申请后,应当书面通知有关当事人,并限期提出答辩。商标评审委员会应当自收到申请之日起九个月内做出维持注册商标或者宣告注册商标无效的裁定,并书面通知当事人。有特殊情况需要延长的,经国务院工商行政管理部门批

① 参见全国人民代表大会网站:《中华人民共和国商标法释义》(2013年修改),载 http://www.npc.gov.cn/zgrdw/npc/flsyywd/minshang/2013-12/24/content_1819925.htm。

准,可以延长三个月。当事人对商标评审委员会的裁定不服的,可以自收到通知之日起三十日内向人民法院起诉。人民法院应当通知商标裁定程序的对方当事人作为第三人参加诉讼。”

当然,针对这一次商标法修改,又产生了新的问题。例如,对于第四条和第四十四条的适用范围、顺序及是否可以同时适用等问题,仍有待实践中行政机关、司法机关予以明确。实践中多以本条款第一款作为大批量抢注的法律依据,但是实践中行政机关、司法机关对于本条款的解释逻辑又产生了新的疑问。

(六)历次修改内容对比(见表21－1)

表21－1 修改内容一览

1988年《商标法实施细则》	第二十五条: 对于注册不当的商标(争议已经裁定的除外),任何人可以将《注册不当商标撤销裁定申请书》一份寄送商标评审委员会申请裁定。 商标评审委员会裁定撤销的,移交商标局办理,予以公告,并抄送核转机关。原商标注册人在收到撤销裁定通知之日起15天内,将原《商标注册证》交由所在地核转机关寄回商标局。
1993年《商标法》	第二十七条: 已经注册的商标,违反本法第八条规定的,或者是以欺骗手段或者其他不正当手段取得注册的,由商标局撤销该注册商标;其他单位或者个人可以请求商标评审委员会裁定撤销该注册商标。 除前款规定的情形外,对已经注册的商标有争议的,可以自该商标经核准注册之日起一年内,向商标评审委员会申请裁定。 商标评审委员会收到裁定申请后,应当通知有关当事人,并限期提出答辩。
2001年《商标法》	第四十一条: 已经注册的商标,违反本法第十条、第十一条、第十二条规定的,或者是以欺骗手段或者其他不正当手段取得注册的,由商标局撤销该注册商标;其他单位或者个人可以请求商标评审委员会裁定撤销该注册商标。 已经注册的商标,违反本法第十三条、第十五条、第十六条、第三十一条规定的,自商标注册之日起五年内,商标所有人或者利害关系人可以请求商标评审委员会裁定撤销该注册商标。对恶意注册的,驰名商标所有人不受五年的时间限制。 除前两款规定的情形外,对已经注册的商标有争议的,可以自该商标经核准注册之日起五年内,向商标评审委员会申请裁定。 商标评审委员会收到裁定申请后,应当通知有关当事人,并限期提出答辩。

续表

2013 年《商标法》	第四十四条： 已经注册的商标，违反本法第十条、第十一条、第十二条规定的，或者是以欺骗手段或者其他不正当手段取得注册的，由商标局宣告该注册商标无效；其他单位或者个人可以请求商标评审委员会宣告该注册商标无效。 商标局做出宣告注册商标无效的决定，应当书面通知当事人。当事人对商标局的决定不服的，可以自收到通知之日起十五日内向商标评审委员会申请复审。商标评审委员会应当自收到申请之日起九个月内做出决定，并书面通知当事人。有特殊情况需要延长的，经国务院工商行政管理部门批准，可以延长三个月。当事人对商标评审委员会的决定不服的，可以自收到通知之日起三十日内向人民法院起诉。 其他单位或者个人请求商标评审委员会宣告注册商标无效的，商标评审委员会收到申请后，应当书面通知有关当事人，并限期提出答辩。商标评审委员会应当自收到申请之日起九个月内做出维持注册商标或者宣告注册商标无效的裁定，并书面通知当事人。有特殊情况需要延长的，经国务院工商行政管理部门批准，可以延长三个月。当事人对商标评审委员会的裁定不服的，可以自收到通知之日起三十日内向人民法院起诉。人民法院应当通知商标裁定程序的对方当事人作为第三人参加诉讼。
2019 年《商标法》	第四十四条： 已经注册的商标，违反本法第四条、第十条、第十一条、第十二条、第十九条第四款规定的，或者是以欺骗手段或者其他不正当手段取得注册的，由商标局宣告该注册商标无效；其他单位或者个人可以请求商标评审委员会宣告该注册商标无效。 商标局做出宣告注册商标无效的决定，应当书面通知当事人。当事人对商标局的决定不服的，可以自收到通知之日起十五日内向商标评审委员会申请复审。商标评审委员会应当自收到申请之日起九个月内做出决定，并书面通知当事人。有特殊情况需要延长的，经国务院工商行政管理部门批准，可以延长三个月。当事人对商标评审委员会的决定不服的，可以自收到通知之日起三十日内向人民法院起诉。 其他单位或者个人请求商标评审委员会宣告注册商标无效的，商标评审委员会收到申请后，应当书面通知有关当事人，并限期提出答辩。商标评审委员会应当自收到申请之日起九个月内做出维持注册商标或者宣告注册商标无效的裁定，并书面通知当事人。有特殊情况需要延长的，经国务院工商行政管理部门批准，可以延长三个月。当事人对商标评审委员会的裁定不服的，可以自收到通知之日起三十日内向人民法院起诉。人民法院应当通知商标裁定程序的对方当事人作为第三人参加诉讼。

三、该条法律规范的具体适用问题

本条是公序良俗条款。所谓“公序良俗”,即公共秩序与善良风俗。北京市高级人民法院在相关著作中指出,公序良俗作为民法基本原则之一,引入商标授权确权行政案件之中,能够起到维护社会公众秩序与利益,营造良性、有序市场竞争环境的作用。但是原则条款在适用过程中容易出现标准不一致的问题,《商标法》的原则性条款一般指第十条第一款和第四十四条第一款,作为公序良俗原则在商标法上的直接体现,在实践中出现了适用过宽、过泛、过度的情形,使其相关制度在司法实践中产生了较大争议。

针对本条款实质性内容并结合条文身所涉及的问题,有如下问题可供讨论:

(一)是实体性条款还是程序性条款

早期实务中对本条属于实体条款还是程序条款存在争议,关于实体条款或程序条款,两者的区别[①]在于:

第一,程序性条款是为实体性条款适用提供了纠纷解决的机制与路径,而实体性条款则是对纠纷解决特别是权利、义务产生实质性影响的具体规定。特别是在商标法体系下的程序性条款,更多体现为按照商标授权、确权不同阶段对诉争商标所启动的相关程序,而实体性条款则是启动具体程序后,对诉争商标的效力状态直接予以判定的依据。

第二,商标法体系下的程序性条款一般是商标评审委员会主动审查,而实体性条款特别是在依据商标法第四十五条第一款时,商标评审委员会系基于请求主体的申请被动审查,二者启动的主体不同。

第三,商标法体系下的程序性条款是对诉争商标的效力状态产生间接性影响,不代表诉争商标即符合商标法具体条款的规定。商标法体系下的实体性条款是对诉争商标的效力状态产生直接性影响,即直接对诉争商标是否符合商标法具体条款予以评价。

具体到本条款:

曾有一种观点认为,本条款属于程序性条款,是当事人提起商标无效宣告的

① 北京市高级人民法院行政判决书,(2017)京行终1675号。

程序性依据，而非实体性理由，当事人在依据第四条、第十条、第十一条、第十二条、第十九条第四款规定对商标提出无效宣告时，引用该程序条款。在2001年《商标法》实施后到2008年之前，商标行政机关也是持同样的观点和认识，原商标评审委员会一直没有将该条款作为实体性条款适用。这种理解此时并未出现问题，彼时我国商标注册申请量每年不超过70万件，商标审查积压的形成主要是审查人手不足造成的，大批量抢注、不以使用为目的的大批量申请等特殊情况较少。

另一种观点认为，该条款属于程序和实体混合条款，同时具备部分实体性内容，可以作为申请撤销注册商标的实体性理由，我们所见最早是2008年在原商标评审委员会参与或主办的研讨会上该问题被提出。当时的观点为，该条款实体作用主要体现在"欺骗或其他不正当手段"上。"欺骗或其他不正当手段"可以作为诚实信用原则①的一个兜底性条款，适用于以不正当竞争为目的、进行恶意注册，损害他人合法权益的行为。这种理解在近年来我国商标申请量激增的大背景下更容易被接受，与前述对应，由于商标大批量申请的情况越来越多，行政机关、司法机关不堪重负，必然会寻找一个合适的条款来解决这种问题，本条款则在此时发挥了作用。

现阶段通说认为，现行《商标法》第四十四条第一款包含两方面的规则：一是关于注册商标因绝对理由被依职权或者依请求宣告无效的程序性规则，二是关于注册商标因以欺骗或者其他不正当手段取得注册而应宣告无效的实体和程序混合的规则②。对纯粹程序性规则而言，除2013年《商标法》修订时未将第十九条第四款纳入本条之外，似乎没有太多法律适用上的问题。当一件已获得核准注册商标违反《商标法》绝对理由条款时，任何人可以在任何时间原商标评审委员会请求宣告其无效，商标局也可以依职权主动宣告该商标无效。按照现行法律规定，所谓绝对条款是指现行《商标法》第四条、第十条、第十一条、第十二条、第十九条第四款。

（二）第四十四条第一款属于绝对事由还是相对事由

如前所述，所谓绝对条款是目前是指《商标法》第四条、第十条、第十一条、第

---

① 诚实信用原则与公序良俗原则应该有所区别。参见陈锦川：《商标行政授权确权的司法审查》，中国法制出版社2014年版，第25页。

② 钟鸣：《〈商标法〉第44条第1款评注》，载《知识产权》2020年第2期。

十二条、第十九条第四款,但是本条款究竟属于哪种类型似乎没有明确的定论。最为接近现有条款文字的是2001年修订的《商标法》第四十一条,当时对于本条款规定究竟属于绝对事由还是相对事由尚未有明确的意见,这是由于早期对于本条款更多的是作为程序条款适用,实践中对此问题并不需要解释。直到2008年9月,最高人民法院在"诚联及图形"商标争议案[①]中指出:2001年《商标法》第四十一条第一款涉及的是撤销商标注册的绝对事由,同条第二款、第三款属于涉及商标注册损害特定权利人民事权利的相对撤销事由。在涉及在先权利的注册商标争议中,应当适用《商标法》第四十一条第二款、第三款的规定。该案观点被2010年最高人民法院《关于审理商标授权确权行政案件若干问题的意见》采用[②],"不正当手段"主要适用于违反公序良俗原则的商标注册行为,而不再适用于仅违反诚实信用原则的侵害特定民事权益的抢注行为。结合最新的《商标审查审理标准(征求意见稿)》中"对于只是损害特定民事权益的情形,则应适用《商标法》第四十五条及其他相应规定进行审查判断"的规定,我们认为,至少现行《商标法》第四十四条第一款应当属于绝对事由。

(三)行政机关与司法机关对本条的适用

2005年的《审查标准》规定:

基于进行不正当竞争、牟取非法利益的目的,恶意进行注册的行为:

在《商标法》第十三条、第十五条、第三十一条等条款规定的情形之外,确有充分证据证明系争商标注册人明知或者应知为他人在先使用的商标而申请注册,其行为违反了诚实信用原则,损害了他人的合法权益,损害了公平竞争的市场秩序,系争商标应当不予核准注册或者予以撤销。

也就是说,在2008年之前,商标评审委员会曾适用"不正当手段"条款制止不属于《商标法》其他条款规定的恶意抢注行为。而最高人民法院"诚联及图"商标

---

① 最高人民法院驳回常州诚联电源制造有限公司诉国家工商行政管理总局商标评审委员会、常州市创联电源有限公司商标撤销行政纠纷再审申请通知书(2006)行监字第118-1号,后续将详述。

② 最高人民法院《关于审理商标授权确权行政案件若干问题的意见》第十九条规定:"人民法院在审理涉及撤销注册商标的行政案件时,审查判断诉争商标是否属于以其他不正当手段取得注册,要考虑其是否属于欺骗手段以外的扰乱商标注册秩序、损害公共利益、不正当占用公共资源或者以其他方式谋取不正当利益的手段。对于只是损害特定民事权益的情形,则要适用商标法第四十一条第二款、第三款及商标法的其他相应规定进行审查判断。"

案则对其予以的限制,此后商评委曾指出:按照最高人民法院《关于审理商标授权确权行政案件若干问题的意见》第十九条,“其他不正当手段”是指属于欺骗手段以外的扰乱商标注册秩序、损害公共利益、不正当占用公共资源或者以其他方式谋取不正当利益的手段。在具体案件的审查中,就非以使用为目的,大量或多次抢注商标的行为是否构成“扰乱商标注册秩序”还存在分歧。直到2014年,商评委与法院已经基本达成共识,非以使用为目的,大量或多次抢注商标的行为应该属于扰乱商标注册秩序行为,属于《商标法》第四十四条第一款所指“其他不正当手段取得注册”的情形。这对于有力打击恶意抢注行为具有重要意义,但是,关于该条款可否适用在异议复审案件(新法实施后即为不予注册复审案件)中还存在较大的争议。下述第四部分对此进行详细阐述,直至2016年,双方才达成一致。

(四)是否限于“已经注册的商标”

本条规定中已经限定了“已经注册的商标”“以欺骗或者其他不正当手段取得注册的”,从字面意思理解,其仅针对已经注册的商标,即不能用于商标审查、核准程序以及异议程序中,仅能存在无效宣告程序之中。

但是,实践中有观点认为,由于第四十四条第一款所规定的情形系绝对条件,其中的“以欺骗或者其他不正当手段取得注册”的情形属于违反公序良俗原则、扰乱商标注册秩序的行为,具有普遍适用性的原则。同时,如果将“以欺骗或者其他不正当手段取得注册”的情形仅适用于注册商标无效宣告程序中,将加大商标审查机关的行政成本、降低了其行政效率,不利于阻止商标注册情况中不正当行为的出现。

在原告宏发(港澳)有限公司诉被告国家工商行政管理总局商标评审委员会、第三人杰普公司商标异议复审案中,[①]一审法院认为:

对于法律的理解,除领会直接表达的字面含义以外,还应当结合立法精神以及立法目的综合考虑。从《商标法》第四十一条的立法本意看,其宗旨在于本着诚实信用的原则,制止恶意申请注册商标的行为,维护良好的市场秩序。这一宗旨应当贯穿于商标审查、核准程序,异议和争议程序的始终。如果商标局或商标评审委员会在商标申请注册阶段即发现该商标申请人系企图以欺骗手段或者其他

---

① 北京市第一中级人民法院行政判决书,(2006)一中行初字第178号。

不正当手段取得注册，可以适用该条款不予核准该商标获得注册，而不必待该商标申请被核准注册后再适用该条撤销不当注册商标。另外，《商标法》第十条、第十一条和第十二条的内容是对不得作为商标使用和注册的情形做出的规定，而《商标法》第四十一条第一款规定的，与这些情形并列的“以欺骗手段或者其他不正当手段取得注册的”的行为在《商标法》的其他条款当中并未以列举或解释的方式给予规定，且在《商标法》的其他条款当中规定的属于以不正当手段进行商标注册的行为也没有全面涵盖所有的以不正当手段进行商标注册的情形，因此，《商标法》第四十一条第一款既作为程序性条款赋予了其他单位或者个人可以请求商标评审委员会裁定撤销该注册商标的权利，也是一项实体性条款规定了制止“以欺骗手段或者其他不正当手段取得注册”的原则，故可以由商标评审委员会在审理商标异议和商标争议案件时适用。

当然，更多的是反对意见，有观点认为：首先，从其规定自身来看，第四十一条第一款的字面含义是清晰的，即只适用于已经注册的商标，且第五章关于“注册商标争议的裁定”本身就是针对有问题的注册商标所规定的补救性规定。在该款规定的字面含义清晰的情况下，除其自身有漏洞或者缺陷外，不能作改变其字面含义的解释和适用。该款关于调整范围的文字表达是符合其立法意图的，并不存在漏洞或者缺陷，因而不存在扩大或者限缩适用的问题。其次，在商标审查、核准程序和异议程序中……因该款规定只适用于已注册的商标，即使在商标注册程序中需要参照该款规定的精神，充其量也只是类推适用，不能直接适用。按照行政职权法定原则，如果商标局在商标注册程序中类推适用第四十一条第一款的规定而不予核准商标注册，则可能涉及扩展其行政权力问题，与行政职权法定原则相冲突。最后，《商标法》因另有规定，在商标审查、核准程序和异议程序中适用该款规定并无必要。[①] 此时，北京市高级人民法院也持类似观点。[②]

关于“清样”案，详见下文。

---

① 孔祥俊：《商标与不正当竞争原理和判例》，法律出版社 2009 年版，第 123 页。

② 北京市高级人民法院在 2013 年 2 月 25 日发布的《知识产权审判参考回答（12）》中明确指出：“一、商标法第四十一条第一款系关于已注册商标因违反商标法相关规定导致被撤销的规定，商标异议复审程序中的诉争商标尚未核准注册，不应适用商标法第四十一条第一款进行处理。二、在商标异议复审程序中，商标评审委员会依据商标法第四十一条第一款的规定予以审查并作出裁定、行政相对人不服提起诉讼的，人民法院应当依据商标法第十条、第十一条、第十二条以及第二十八条中‘凡不符合本法有关规定’的内容进行审理。”

被异议商标为第8078350号“清样”商标，由金泰公司申请注册在啤酒等商品上。稻花香公司针对该商标向商标局提出异议申请。商标局作出裁定，对被异议商标予以核准注册。稻花香公司向商标评审委员会申请复审，其主要理由之一为金泰公司申请注册被异议商标构成2001年修正的《商标法》第四十一条第一款所指的“以欺骗手段或者其他不正当手段取得注册”之情形，依法不应核准。商标评审委员会认定：金泰公司的大量商标注册行为具有明显的复制、抄袭他人较高知名度商标的故意，扰乱了正常的商标注册管理秩序，有损于公平竞争的市场秩序，已构成《商标法》第四十一条第一款所指“以欺骗手段或者其他不正当手段取得注册”之情形，应不予核准注册，据此裁定：被异议商标不予核准注册。

一审法院认为：《商标法》第四十一条第一款的规定适用于注册商标撤销程序，不适用于商标异议程序，商标评审委员会适用法律错误，据此判决：撤销商标评审委员会作出的被诉裁定。

二审法院认为：《商标法》第四十一条第一款规定的立法精神在于贯彻公序良俗原则，维护良好的商标注册、管理秩序，营造良好的商标市场环境，该项立法精神应当贯穿于商标授权及撤销程序的始终，故商标异议程序中可以参照前述规定。商标评审委员会应当参照而不是直接适用前述规定，其法律适用方法确有不妥，但是，其裁定结论正确，并无撤销的必要。据此，二审法院判决：撤销原审判决；驳回金泰公司的一审诉讼请求。①

同时期，原商标评审委员会《法务通讯》第63期曾明确，关于该条款可否适用在异议复审案件(新法实施后即为不予注册复审案件)中还存在较大的争议……依据《商标法》第四条第一款的立法精神，民事主体申请注册商标应当是基于正当使用的目的，确为生产经营所需要。《商标法》第三次修改也特别在总则部分增加了第七条第一款，明确规定：“申请注册和使用商标，应当遵循诚实信用原则。”这对于行政执法机关和司法机关充分解释运用具体法律条款，有效制止不具有正当性的商标注册行为具有重要的指导意义。目前我国存在大量的商标掮客，他们不以使用为目的，仅是为了不正当占用资源或者谋取不正当利益，大量申请注册商标。此类商标的注册不仅对推动经济发展毫无益处，还扰乱了正常的市场竞争秩

① 《2015年度北京市法院知识产权十大典型案例》，载新浪司法，http://finance.sina.com.cn/sf/news/2016－04－19/200327770_2.html。

序,浪费了大量的行政资源,造成了恶劣的社会影响。此类行为无论是在商标注册程序中,抑或商标无效宣告程序中,均应一旦发现,立刻制止。若仅仅因为立法技术上的疏漏导致禁止"以其他不正当手段取得注册"的条款仅存在于第五章"注册商标的无效宣告",在第三十五条有关提出异议的具体法律依据中未包含"以其他不正当手段取得注册"的情形,就排除该条款在异议和不予注册复审案件中的使用,则会导致扰乱商标注册秩序的商标在异议程序中可以获准注册,但是一旦注册即可被宣告无效的逻辑悖论,有违《商标法》第四条第一款和第七条第一款的立法精神。

因此,在现阶段,根据我们的理解,无论行政还是司法裁判中,普遍标准为在异议和不予注册复审案件中可以对第四十四条第一款参照适用。

当然,后来随着商标申请量的激增,又有观点认为,是否可以进一步扩展本条款的适用,在商标申请阶段就可以遏制非正常批量申请,对此,2019 年 10 月国家市场监督管理总局《规范商标申请注册行为若干规定》第三条[①]有了明确回应:"申请商标注册应当遵循诚实信用原则。不得有下列行为:……(一)属于商标法第四条规定的不以使用为目的恶意申请商标注册的……"可见,依据行政机关的观点,非正常申请可以适用《商标法》第四条而非本条款予以驳回,当然同样是该规定,第六项又设计了"其他违反诚实信用原则,违背公序良俗,或者有其他不良影响的"的规定,似乎又对本条款在商标审查中适用留下了空间。

(五)如何认定"欺骗手段"

根据全国人大针对 2013 年《商标法》第四十四条第一款的解释,所谓欺骗手段,是指申请人采取虚构、隐瞒事实真相,或者伪造申请书及有关文件等方式,取得商标注册。鉴于 2019 年对本条款规定的修改并无实质性变化,故上述解释仍然适用。《商标审查标准》中对于所谓"欺骗手段"给出了基本相同的认定标准,

---

① 《规范商标申请注册行为若干规定》(国家市场监督管理总局令第 17 号)第三条,申请商标注册应当遵循诚实信用原则。不得有下列行为:(一)属于商标法第四条规定的不以使用为目的恶意申请商标注册的;(二)属于商标法第十三条规定,复制、摹仿或者翻译他人驰名商标的;(三)属于商标法第十五条规定,代理人、代表人未经授权申请注册被代理人或者被代表人商标的,基于合同、业务往来关系或者其他关系明知他人在先使用的商标存在而申请注册该商标的;(四)属于商标法第三十二条规定,损害他人现有的在先权利或者以不正当手段抢先注册他人已经使用并有一定影响的商标的;(五)以欺骗或者其他不正当手段申请商标注册的;(六)其他违反诚实信用原则,违背公序良俗,或者有其他不良影响的。

即欺骗手段是指以弄虚作假的手段欺骗商标行政主管机关取得商标注册的行为，主要包括：伪造申请书件签章的行为；伪造、涂改申请人的主体资格证明文件；伪造其他证明文件等行为。可见，相关争议多与证据本身的认定有关。以下举例说明：

1. 违背诚信义务导致商标无效——“祁门红茶及图”案①

在第4292071号“祁门红茶及图”（指定颜色）商标争议案件中，一审判决认为：判断争议商标之申请是否属于2001年《商标法》第四十一条第一款规定中所指的“以欺骗手段或者其他不正当手段取得注册的”情形，并不在于确定“祁门红茶”的产区范围客观如何，而在于祁门红茶协会在申请该证明商标时主观上是否有欺瞒商标行政机关之故意，客观上实施了伪造申请材料等欺骗行为。根据本案在案证据，并无证据显示祁门红茶协会在申请该证明商标时实施了伪造申请材料等欺骗行为，且商标评审委员会亦未举证证明祁门红茶协会申请注册争议商标时所标示地区违背了客观历史的行为系出于欺瞒商标行政机关之故意。因此，争议商标的申请不构成2001年《商标法》第四十一条第一款规定中所指的“以欺骗手段或者其他不正当手段取得注册的”情形。

二审判决则认为，本案争议商标是地理标志证明商标，而根据2001年《商标法》第十六条第二款的规定，地理标志是指标示某商品源于某地区，该商品的特定质量、信誉或者其他特征，主要由该地区的自然因素或者人文因素所决定的标志。如果申请注册的地理标志证明商标所确定的使用该商标的商品的产地与该地理标志的实际地域范围不符，无论是不适当地扩大了其地域范围，还是不适当地缩小了其地域范围，都将误导公众并难以起到证明使用该商标的商品来自特定产区、具有特定品质的证明作用。因此，对于这种地域范围限定不准确的地理标志证明商标，依法不应予以注册。

商标注册是建立在申请人的申请基础之上的。对于地理标志商标而言，无论是地理标志证明商标，还是地理标志集体商标，由于其所涉及的地理标志地域范围的确定具有较强的专业性，商标注册主管机关自身难以予以核实，因此，在地理标志商标的审查过程中，商标注册主管机关通常只能进行形式上的审查。相应地，地理标志商标注册申请人在提交商标注册申请文件方面，就应当负有较于普

---

① 参见北京市高级人民法院行政判决书，（2017）京行终3288号。

通的商品商标、服务商标注册申请人更多的诚实信用义务。地理标志商标注册申请人所负有的诚实信用义务，不仅仅限于消极方面，即不仅不能提供虚假的商标注册申请文件的消极不作为义务；而且也应当包括向商标注册主管机关全面准确说明客观情况的积极作为义务。违反上述诚实信用义务，无论是违反消极不作为义务，还是没有尽到积极作为义务，都将使其商标注册申请行为丧失正当性基础。提交虚假文件或者以其他方式弄虚作假而取得商标注册的，即属于 2001 年《商标法》第四十一条第一款规定的“以欺骗手段”取得注册的情形；而未尽到积极作为义务，未向商标注册主管机关全面准确报告客观情况而取得商标注册的，即属于 2001 年《商标法》第四十一条第一款规定的以“其他不正当手段取得注册的”的情形。

本案中，虽然祁门红茶协会在提出争议商标注册申请时，并不存在提交虚假文件骗取商标注册的行为，其申请注册争议商标也不属于无实际使用意图而抢注商标的情形，但是，有关“祁门红茶”产区地域范围的不同认识是客观存在的，国润公司在争议商标尚未核准注册前已提出异议，安徽省工商行政管理局就此还召集包含祁门红茶协会、国润公司在内的相关单位进行了协调并形成了会议纪要，即使祁门红茶协会事后不同意该会议纪要的内容，但其对“祁门红茶”产区地域范围存在争议这一事实是明确知悉的。而且根据祁门红茶协会、国润公司在商标评审阶段提交的证据材料，“祁门红茶”产区范围历来存在不同认识，即存在大、小“祁门红茶”产区的不同认识。争议商标仅仅将该地理标志证明商标的地域范围划定在安徽省祁门县行政区域内，虽然符合小“祁门红茶”产区的地域范围，且有 2004 年安徽省农业委员会《关于祁门红茶协会申请办理“祁门红茶”证明商标的证明》等文件予以佐证，但是，却明显与社会上普遍存在的大“祁门红茶”产区地域范围不一致。因此，在缺乏充分证据和论证的情况下，如果仅仅按照存在争议的两种观点中的一种观点来确定使用“祁门红茶”地理标志证明商标的商品的产区范围，则是人为地改变历史上已经客观形成了的“祁门红茶”存在产区范围不同认识的市场实际，是缺乏合理性的。祁门红茶协会在明知存在上述争议的情况下，未全面准确地向商标注册主管机关报告该商标注册过程中存在的争议，尤其是在国润公司按照安徽省工商行政管理局会议纪要的要求撤回商标异议申请的情况下，其仍以不作为的方式等待商标注册主管机关核准争议商标的注册，这种行为明显违反了地理标志商标注册申请人所负有的诚实信用义务，构成了 2001 年《商标法》

第四十一条第一款规定的以“其他不正当手段取得注册的”的情形，争议商标依法应予无效宣告。

2. 主体信息造假导致商标无效——陈某全诉国家知识产权局、第三人保定大漠飞狐商贸有限公司商标权无效宣告请求行政纠纷案①

被诉裁定认定，2013 年《商标法》第四十四条第一款的“欺骗手段”主要是指争议商标注册人在申请注册商标的时候，采取了向商标行政主管机关虚构或者隐瞒事实真相、提交伪造的申请书件或者其他证据文件，以骗取商标注册的行为。本案中，国家知识产权局在国家企业信用信息公示系统中未查询到刘某生个体工商户营业执照副本上的相关信息，同时，刘某生在答辩中未针对保定大漠飞狐商贸有限公司（以下简称大漠飞狐公司）明确提出的其个体工商户营业执照副本为虚假书件的理由和证据提供相应证据证明原申请书件或刘某生身份的真实性。综上所述，国家知识产权局对刘某生在争议商标申请注册阶段提交的个体工商户营业执照副本的真实性不予认可，刘某生的该行为属于向商标行政主管机关提交伪造文件，已构成 2013 年《商标法》第四十四条第一款所指的“欺骗手段”，争议商标应当予以无效宣告。

二审判决认为，争议商标原注册人刘某生在申请注册阶段提交的个体工商户营业执照副本显示其名称为“佛山市顺德区乐从镇有光办公家具制造厂”，经营者为刘某生，而大漠飞狐公司在商标评审阶段提交的证据能够证明该个体工商户的真实登记经营者为梁某友，并非刘某生，该个体工商户的经营状态是注销，因此，刘某生提交的个体工商户营业执照为虚假材料。陈某全主张刘某生注册争议商标时提交的身份证信息真实，但争议商标系以个体工商户名义申请，个体工商户营业执照系申请材料的必要组成部分，刘某生提交虚假营业执照系提交伪造文件取得商标注册的行为，已构成 2013 年《商标法》第四十四条第一款所指“以欺骗手段取得注册”的情形，应予无效宣告。陈某全从刘某生处受让争议商标不能改变争议商标系以欺骗手段获取注册的非正当性。

当然，欺骗手段的认定依赖于证据，对于无效宣告申请人一方的举证责任较严格，很难依据所谓优势证据而推定欺骗手段的成立。例如，在湖南富丽真金家纺有限公司（以下简称家纺公司）与国家知识产权局、第三人湖南富丽真金家具有

① 参见北京市高级人民法院行政判决书，(2020) 京行终 988 号。

限公司(以下简称家具公司)商标无效宣告请求行政纠纷案[①]中,最高人民法院认为,家纺公司主张诉争商标在申请注册之时和转让之时均系采取欺骗手段。根据原审查明的事实,诉争商标转让时提交的后营业执照注册号对应的为陈某圣名下的其他个体工商户,家具公司在二审诉讼中提交的情况说明亦承认后营业执照系由陈某圣名下"株洲市芦淞区文圣家具经营部"涂改个体工商户名称并加盖"株洲市普特床具厂"印章而来。本院认为,诉争商标由株洲市普特床具厂转让给家具公司的转让手续明显存在伪造情形。但本案应考察的是诉争商标注册时有无欺骗或不正当手段《商标法》第四十一条规定的主要是相关行为人之欺骗或不正当手段是否影响相关商标获准注册与否,并非所有的不当行为均导致违反《商标法》第四十一条之后果。家纺公司以在国家企业信用查询系统中,查询不到株洲市普特床具厂的工商登记信息为由,主张诉争商标注册采取了欺骗手段事实依据不足,原审判决认定诉争商标注册未违反《商标法》第四十一条第一款并无不当。

由上可知,"欺骗手段"是指商标申请注册人在取得商标注册的过程中故意地从事某种主动的行为来"骗取"商标注册部门的信任进而获得商标注册,至于什么是在申请文件中欺骗商标审查部门在实践中暂时没有统一标准,需要个案判定。

(六)如何认定"其他不正当手段"

根据全国人大针对2013年《商标法》第四十四条第一款的解释,所谓以其他不正当手段,是指申请人采取欺骗方式以外的其他不正当方法,如通过给经办人好处等方式,取得商标注册。而根据《商标审查及审理标准(征求意见稿)》的规定,此条款目前有三种情形:(1)系争商标申请人申请注册多件商标,且与他人具有一定知名度或较强显著性的商标构成相同或者近似的;(2)系争商标申请人申请注册多件商标,且与他人字号、企业名称、社会组织及其他机构名称、有一定影响的商品名称、包装、装潢等构成相同或者近似的;(3)其他可以认定为以不正当手段取得注册的情形。

现阶段实践中,此部分多作为制止大量抢注的法律依据。例如,在上诉人(原审被告)国家知识产权局与被上诉人(原审原告)六福集团有限公司原审第三人广

---

① 参见最高人民法院行政判决书,(2020)最高法行再229号。

州菲宾光学眼镜有限公司(以下简称菲宾公司)商标权无效宣告案[①]中,二审法院认为:"其他不正当手段"是指以欺骗手段以外的其他方式扰乱商标注册秩序、损害公共利益、不正当占用公共资源或者谋取不正当利益,以使诉争商标获准注册的行为,包括诉争商标申请人采取大批量、规模性抢注他人具有一定知名度的商标等手段的行为。本案中,根据查明的事实,菲宾公司除注册诉争商标外,还在第9、12、19、30、32、35、44类等多个类别的商品或服务上注册有50件商标,其中包括"川普""窦靖童LEAHDOU""六福眼镜LF""凯特王妃KATEMIDDLETON"等与知名品牌或人物姓名相同或相近的多件商标。在菲宾公司并未说明其申请注册上述商标具有合理事由的情况下,其行为属于大量注册囤积商标,扰乱了正常的商标注册秩序,构成了2001年《商标法》第四十一条第一款所规定的情形。

关于"其他不正当手段"的适用,最高人民法院有两个较为重要的案例:诚联案、海棠湾案,简介如下:

1. 诚联案[②]

常州诚联电源制造有限公司(以下简称诚联公司)于2001年9月18日成立,29日在第9类电开关商品上申请注册"诚联及图形"商标(以下简称争议商标),2003年2月14日被核准注册。

2004年3月常州市创联电源有限公司(以下简称创联公司)向商评委提出撤销争议商标的申请,理由是:(1)创联公司成立于2000年3月,是从事电源开关开发制造的企业,2001年6月被授予"江苏省新世纪质量计量信得过单位"荣誉称号,同年产品通过了ISO国际质量体系认证;2000年7月至2001年6月,产品销售即达322万元。(2)争议商标的图形部分是创联公司创意设计和使用在先,2000年4月创联公司即以与争议商标图形部分相同的商标印制了产品说明书和商标标识。(3)诚联公司的实际投资人、总经理臧其准原为创联公司市场部经理,臧其准的妻子原为创联公司的股东,均为创联公司的核心成员,熟知创联公司的商标,诚联公司注册争议商标属于恶意抢注行为。商标评审委员会认定创联公司对争议商标图形使用在先,诚联公司注册争议商标构成《商标法》第四十一条第一款所指的以"其他不正当手段取得注册"的情形,裁定撤销争议商标。

---

① 北京市高级人民法院行政判决书,(2020)京行终255号。

② 参见最高人民法院驳回再审申请通知书,(2006)行监字第118-1号。

该案件中，商标评审委员会适用2001年《商标法》第四十一条第一款“其他不正当手段取得注册”为由裁定撤销了争议商标，该裁定被北京市高级人民法院二审判决予以维持。在驳回常州诚联电源制造有限公司针对该案的再审申请通知中，最高人民法院指出：在《商标法》第四十一条第一款中，“违反本法第十条、第十一条、第十二条规定”与“以欺骗手段或者其他不正当手段取得注册”的情形并列，涉及的是撤销商标注册的绝对事由，这些行为损害的是公共秩序或者公共利益，或者是妨碍商标注册管理秩序的行为，所以该款规定商标局可以直接依职权撤销商标注册，其他单位或者个人可以请求商标评审委员会裁定撤销该注册商标，而且没有规定时间限制。该条第二款的规定属于涉及商标注册损害特定权利人民事权利的相对撤销事由，为尊重权利人的意志和督促权利人及时维权，采取不告不理原则并规定了5年的时间限制（恶意抢注驰名商标的情形其撤销不受时间限制）；而且有权提出撤销请求的主体仅限于商标所有人或者利害关系人。在涉及在先权利的注册商标争议中，应当适用商标法第四十一条第二款、第三款的规定。此后，“不正当手段”规定在司法实践中一直主要适用于违反公序良俗原则的商标注册行为，而不再适用于仅违反诚实信用原则的侵害特定民事权益的抢注行为。

2. 海棠湾案[①]

海棠湾休闲度假区开发项目是海南省三亚市政府于2004年4月启动的重大建设项目，2005年6月海棠湾国家海岸建设工程启动后，出现了多起抢注海棠湾商标事件，被抢注的商标涉及20多个类别的商品和服务。三亚市政府于2009年12月4日以政府名义向国家工商总局递交书面报告，启动维权行动。之后，海棠湾开发建设有限公司向国家工商总局商评委提出争议申请。2011年7月4日，商评委作出商评字（2011）第12545号裁定，撤销第4706970号海棠湾商标。李某丰不服，向北京市第一中级人民法院提起行政诉讼。北京市第一中级人民法院一审判决撤销第12545号裁定。商评委不服，向北京市高级人民法院提起上诉。北京市高级人民法院查明，争议商标由李某丰于2005年6月8日申请注册，核准注册日为2009年1月7日，核定使用在第43类住所、提供野营场地设施、旅游房屋出租等服务上，商标专用权期限至2019年1月6日。海棠湾管理委员会向商评委提交的证据中，有很多文件能证明管委会在争议商标申请日之前已经使用海棠湾商

① 参见最高人民法院行政裁定书，（2013）知行字第41号。

标。另查,李某丰曾对媒体表示,他是从报纸上看到李嘉诚表示将投资海棠湾的消息后,认为海棠湾作为商标具有相当的价值,才申请注册的。北京市高级人民法院还查明,李某丰在不同类别商品或服务上申请注册了香水湾等30余件与海南地名、景点有关的商标,多件商标有转让记录。李某丰曾与海棠湾管理委员会联系,希望高价转让海棠湾商标。这些证据足以认定李某丰申请注册争议商标的行为构成《商标法》规定的"以不正当手段取得注册"的情形。北京市高级人民法院作出终审判决,撤销北京市一中院(2011)一中知行初字第2753号行政判决,维持商评委作出的裁定。此后李某丰向最高人民法院提起再审申请。

最高人民法院在再审裁定中指出:根据《商标法》第四十一条第一款的规定,已经注册的商标是以欺骗手段或者其他不正当手段取得注册的,其他单位或者个人可以请求商标评审委员会裁定撤销。审查判断诉争商标是否属于该条款规定的"以其他不正当手段取得注册"的情形,要考虑其是否属于欺骗手段以外的扰乱商标注册秩序、损害公共利益、不正当占用公共资源或者以其他方式谋取不正当利益的手段……民事主体申请注册商标,应该有使用的真实意图,以满足自己的商标使用需求为目的,其申请注册商标的行为应具有合理性或正当性。根据商评委及原审法院查明的事实,在李某丰申请注册争议商标之前,"海棠湾"标志经过海南省相关政府机构的宣传推广,已经成为公众知晓的三亚市旅游度假区的地名和政府规划的大型综合开发项目的名称,其含义和指向明确;李某丰自己在接受媒体采访时也承认是在看到报纸报道著名企业家将参与开发海棠湾的消息后,认为该标志会非常知名、作为商标会具有较高的价值,因而才将它申请注册为商标的;李某丰作为个人,不仅在第36类的不动产出租、不动产管理、住所(公寓)等服务上注册了本案的争议商标,还在其他商品或服务类别上申请注册了"海棠湾"商标。此外,李某丰在多个类别的商品或服务上还注册了"香水湾""椰林湾"等30余件商标,其中不少与公众知晓的海南岛的地名、景点名称有关。李某丰利用政府部门宣传推广海棠湾休闲度假区及其开发项目所产生的巨大影响力,抢先申请注册多个"海棠湾"商标的行为,以及没有合理理由大量注册囤积其他商标的行为,并无真实使用意图,不具备注册商标应有的正当性,属于不正当占用公共资源、扰乱商标注册秩序的情形。商评委及二审法院综合考虑本案的事实,认定争议商标注册属于《商标法》第四十一条第一款规定的以"不正当手段取得注册"的情形,裁判撤销该争议商标,相关事实的认定及法律适用并无不当。

上述两个案例确认了本项规定只适用于违反公序良俗原则的商标注册行为。正如最高人民法院2017年发布的《授权确权规定》第二十四条的相关意见指出，《商标法》第四十四条第一款“其他不正当手段”的规定，主要应考虑是否扰乱商标注册秩序、损害公共利益、不正当占用公共资源或者以其他方式谋取不正当利益，不适用于仅损害特定民事权益的情形。①

至此，《商标法》第四十四条第一款的适用已经有了较为明确的方向。

四、该条所涉疑难问题、前沿问题及个人观点

（一）第四十四条与第三十一条等法条的关系

对于本条款与其他实体条款，如第三十一条、第十五条是否可以同时适用的问题，北京市高级人民法院给出了答案，其《商标授权确权行政案件审理指南》17.5的规定，在不予注册复审、无效宣告案件中，如果能够适用商标法其他条款对诉争商标不予注册或宣告无效的，不再适用《商标法》第四十四条第一款。即司法机关认为，其他实体条款在适用上优先，在其他条款成立的前提下，本条不再适用。然而根据商评委的总结，实践中，关于本条与其他实体条款并用问题，司法判决明显不一致，具体表现为，相关判决中存在直接对本条款不予评述，或者在进行了实体审理的基础上认定不成立，显然存在矛盾。

观点1：当事人的在先权利已得到保护，故不再适用第四十四条第一款。

例如，第11059128号“蓝美苏”商标无效案中，一审判决②认为：“2001年《商标法》第四十一条第一款规定‘已经注册的商标，违反本法第十条、第十一条、第十二条规定的，或者是以欺骗手段或者其他不正当手段取得注册的，由商标局撤销该注册商标；其他单位或者个人可以请求商标评审委员会裁定撤销该注册商标’。该款所规定的‘其他不正当手段’系指欺骗手段以外的扰乱商标注册秩序、损害公共利益、不正当占用公共资源或者以其他方式谋取不正当利益的手段。对于只是损害特定民事权益的情形，则应适用《商标法》的其他相应规定进行审查判断。”

本案中，双沟酒业公司主张苏玺酒业公司不仅申请了包括诉争商标在内的多

---

① 《〈关于审理商标授权确权行政案件若干问题的规定〉的理解与适用》，载《人民司法·应用》2017年第10期。

② 北京知识产权法院行政判决书，（2017）京73行初9077号。

个与其商标近似的商标,还申请了与其他知名白酒品牌相近似的商标,故诉争商标属于以“其他不正当手段”取得注册情形。对此,本院认为,双沟酒业公司前述理由实质在于主张苏玺酒业公司申请注册的部分商标损害了其及案外人的在先商标权利,属于损害特定民事权益的情形。由于本院在本案中业已通过2001年《商标法》第二十八条、第二十九条的规定对双沟酒业公司主张的在先商标权利予以保护,在此情况下,对于双沟酒业公司关于诉争商标的注册违反2001年《商标法》第四十一条第一款规定的主张不再予以支持。

即诉争商标注册人申请注册与原告及其他知名白酒品牌相近似的商标属于损害特定民事权益情形,鉴于已适用2001年《商标法》第二十八条、第二十九条对原告的在先商标权予以保护,对其提出的第四十四条第一款的主张不再予以支持。

观点2:在其他条款成立的基础上,同时适用第四十四条第一款。

例如,在第12347780号“JIOPPLECHENG”商标无效案①中,一审判决认定:“……在案证据可以证明引证商标一在诉争商标申请注册前已经为相关公众广为知晓,构成使用在第11类‘灯、日光灯管’商品上的驰名商标。

……本案中,第三人及其关联公司在第6类、第11类、第19类等商品上申请注册了包含本案诉争商标在内的‘欧普厨’‘欧普吊’‘OPPLEDIANQI及图’‘OUPUDIANQI及图’‘MEIDIDIANQI’‘HAIERDIANQI’‘FEILIPUDIANQI’‘欧派全屋定制’‘奔腾全屋’‘雷士照’等大量与他人知名商标近似的商标,第三人及其关联公司的上述系列商标注册行为具有明显的复制、抄袭他人商标的主观故意,其大量抢注商标的行为,扰乱了正常的商标注册管理秩序,有损于公平竞争的市场秩序,违反公序良俗原则,损害公共利益。因此,诉争商标的注册已构成《商标法》第四十四条第一款规定之情形。”

可见,上述两种情形完全相反。根据商评委《法务通讯》的观点,行政机关认为,第一,第44.1条属于绝对事由条款,与相对事由条款在适用上不存在互斥性;第二,第44.1条与其他实体条款并非一般与特殊的关系,其他实体条款因此并不具有适用上的优先性。该条款与其他实体条款在适用上并无先后之分,对当事人提出的相关主张,裁判机关应予以一并审理。当然,如果前述《指南》能够被两级

---

① 参见北京知识产权法院行政判决书,(2017)京73行初3621号。

法院严格执行的话，则司法机关的观点趋向于本条款与其他条款不能同时适用。

目前，国家知识产权局最新意见[①]为"根据在案证据能够适用商标法其他条款对系争商标不予注册或宣告无效的，不再适用《商标法》第四十四条第一款，恶意明显的例外"，可见观点1占了上风。

（二）第四十四条与第四条、第七条的关系

2019年《商标法》实施前，第四十四条成为治理大量恶意注册商标等情形的条款。而现阶段国家知识产权局《规范商标申请注册行为若干规定》的规定中并未直接涉及第四十四条与第四条、第七条的关系。

针对第四条，官方解读列举了"无正当理由大量申请商标注册、交易商标、占用公共资源，及多次在非类似商品或服务上抢注他人商标等情形"意味着商标申请人没有真实的使用商标的意图、不是为了自身生产经营的需要而注册，相应地，《规定》就可以适用2019年《商标法》第四条"将打击关口前移并实现全流程覆盖"。对于商标申请人来讲，只要提交了诉争商标实际使用证据就可以规避这一条款。

针对第七条，有观点认为，《商标法》第七条诚实信用原则是民事主体行为活动的帝王规则，该原则涉及民事主体之间以及民事主体与社会之间的利益关系，目的是实现这两个利益的平衡。在民事主体之间的利益关系中，诚实信用原则要求任何人应尊重他人利益，以对待自己事务的注意对待他人，不得损人利益，以保证每个人都能得到自己应得的利益。当因一方民事主体的原因导致双方之间的利益失去平衡时，应进行调整，使失衡的利益得以恢复。在民事主体社会的利益关系中，诚实信用原则要求民事主体在追求自己利益时不得损害他人和社会利益，必须在法律规定的范围内实现自身的利益。为此，诚实信用原则在两个方面发挥着作用：一是对民事主体的行为起指导作用；二是赋予法官自由裁量权，以弥补法律的漏洞或立法规定的模糊之处。[②] 因囤积商标牟利行为在商标注册和使用方面，均存在主观恶意，鉴于此，应用《商标法》第七条规定的诚实信用原则对囤积商标牟利行为进行规制，直接驳回该行为人提起的商标维权的诉讼请求。依据

---

① 《商标审查审理标准（征求意见稿）》（下编），第377页。

② 徐国栋：《诚实信用原则研究》，中国人民大学出版社2002年版，第2~4页。

《商标法》第七条规定的诚实信用原则裁判囤积商标牟利案件的优点在于,这相当于在实质上否定了涉案注册商标的法律效力,避免受害人另行通过烦冗甚至循环往复的行政确权程序去宣告涉案注册商标无效,及时有效地维护了市场经营者的合法权益,从而保证我国的商标制度健康运行。①

与上述两条款相比,本条不再强调使用目的,而重在行为的实质,因此对于“无正当理由大量申请商标注册、交易商标、占用公共资源,及多次在非类似商品或服务上抢注他人商标等情形”,即便申请商标已经使用仍可以本条款予以规制。

总之,在本条款的适用上目前取得了一些共识,但分歧同样存在,并且基于各个条款间的联系导致本条款在适用中还是应当采取审慎原则。一方面对确属是以囤积商标进而通过转让等方式谋取商业利益为目的,大量申请注册他人具有较高知名度的商标,明显违背商标内在价值,并会对商标注册秩序产生消极影响,有碍于社会主义市场经济诚实守信经营秩序建立的行为,应当予以有效规制;另一方面也应当考虑中国采取商标注册制度,对商标本身的保护更多的是考量商品或者服务来源的稳定性和对应性,而非相关主体对特定标志的垄断,故允许在不相类似的商品或服务上出现相同或近似的标志,这也是中国商标基本制度所决定的。故此,在对法律所规定的特定情形予以认定时,不能以动摇商标基本注册制度为代价,否则付出的社会成本将远大于所产生的社会收益,因此更应当予以严格认定。②

---

① 祝建军:《知识产权疑难案件裁判思维》(二),法律出版社 2018 年版,第 166 ~ 167 页。

② 刘维、陶钧、范静波:《商标法:原理与案例》,中国法制出版社 2020 年版,第 124 页。

第二十二章 《商标法》第四十七条之精解

郭东科*

一、法律规定及条文理解

(一)法律规定

《商标法》

第四十七条 依照本法第四十四条、第四十五条的规定宣告无效的注册商标,由商标局予以公告,该注册商标专用权视为自始即不存在。

宣告注册商标无效的决定或者裁定,对宣告无效前人民法院做出并已执行的商标侵权案件的判决、裁定、调解书和工商行政管理部门做出并已执行的商标侵权案件的处理决定以及已经履行的商标转让或者使用许可合同不具有追溯力。但是,因商标注册人的恶意给他人造成的损失,应当给予赔偿。

依照前款规定不返还商标侵权赔偿金、商标转让费、商标使用费,明显违反公平原则的,应当全部或者部分返还。

(二)条文理解[①]

1. 注册商标宣告无效的法律后果

根据本条第1款的规定,依照本章规定宣告无效的注册商标,由商标局予以

---

* 郭东科律师,第10届中华全国律师协会知识产权专业委员会秘书长,第11届北京市律师协会商标法律专业委员会主任,北京市中里通律师事务所主任,代理的“VERO MODA”“禧六福珠宝”等商标案件多次入选最高人民法院典型案例。

① 参见《中华人民共和国商标法释义》(2013年修改),载中国人大网,http://www.npc.gov.cn/zgrdw/npc/flsyywd/minshang/2013-12/24/content_1819925.htm。

公告,并产生“该注册商标专用权视为自始即不存在”的法律后果。

所谓自始不存在,指从一开始就没有存在。也就是说,注册商标被宣告无效后,其商标专用权在法律上被视为从来就不曾存在。这是注册商标的宣告无效与被撤销之间的一个重要区别。被撤销的注册商标,其商标专用权自商标局公告之日起终止,在商标局公告之前,商标专用权是一直存在的。而注册商标宣告无效,其商标专用权在法律上被认为从来没有存在过。换言之,宣告注册商标无效,就是从开始注册时就无效,即在法律上不承认该注册商标专用权的存在或者曾经存在。

2. 注册商标宣告无效后相关问题的处理

注册商标被宣告无效,其商标专用权被视为自始即不存在,但以前按照具有商标专用权进行处理并已经执行的,是否也因该注册商标专用权“自始即不存在”而重新翻过来?对此,本条第二款作了明确规定,即宣告注册商标无效的决定或者裁定,不具有追溯力,即宣告注册商标无效的决定或者裁定不管以前的事,只对其生效以后的事发生效力。

具体来讲,有关宣告注册商标无效的决定或者裁定,对于在宣告无效前的下列事项,不具有追溯力:一是人民法院做出并已执行的商标侵权案件的判决、裁定、调解书;二是工商行政管理部门做出并已执行的商标侵权案件的处理决定;三是已经履行的商标转让合同;四是已经履行的商标使用许可合同。

宣告注册商标无效的决定或者裁定对上述四类事项不具有效力,已经执行的,不得以注册商标已经被宣告无效为由,要求恢复到原来的状况。但是,因商标注册人的恶意给他人造成的损失,则应当给予赔偿。如当事人违反本法第三十二条的规定,“以不正当手段抢先注册他人已经使用并有一定影响的商标”后,又以他人侵犯其注册商标专用权为由,采取诉讼或者其他措施,造成他人损失的,则应当予以赔偿。

同时,依据上述四种情形已经支付的商标侵权赔偿金、商标转让费、商标使用费,如果不予返还,明显违反公平原则的,则应当全部或者部分返还。

二、历史沿革

(一)商标的“撤销”与“无效”

《商标法》第四十七条规定的是注册商标宣告无效的法律后果,《商标法》引入商标无效的概念始于2013年修法,在此之前的商标法律体系中虽然没有商标无效的概念,但是与“无效”相关的商标权利终止制度被2013年修法之前的“撤销”所吸收。讨论商标无效制度的历史沿革,必不可少地需要了解“撤销”制度的变化。

商标撤销的概念肇始于1982年《商标法》,与“注销”制度一起构成商标权利消灭的两条路径,伴随1993年、2001年、2013年和2019年四次修改,商标撤销的概念虽然一直存在,但是其含义不断变化。将2013年修法前后的商标法律体系做对比,可以清晰地看到“撤销”制度的演变以及“无效”制度的确立过程(见表22-1)(1993年、2001年两次修法仅对原有适用撤销的情形做了明确和细化,并没有大的修改,此处不做讨论)。

表22-1 2001年《商标法》与2013年《商标法》对比

2001年《商标法》	2013年《商标法》
第四十一条第一款 已经注册的商标,违反本法第十条、第十一条、第十二条规定的,或者是以欺骗手段或者其他不正当手段取得注册的,由商标局撤销该注册商标;其他单位或者个人可以请求商标评审委员会裁定撤销该注册商标。	第四十四条第一款 已经注册的商标,违反本法第十条、第十一条、第十二条规定的,或者是以欺骗手段或者其他不正当手段取得注册的,由商标局宣告该注册商标无效;其他单位或者个人可以请求商标评审委员会宣告该注册商标无效。
第四十一条第二款 已经注册的商标,违反本法第十三条、第十五条、第十六条、第三十一条规定的,自商标注册之日起五年内,商标所有人或者利害关系人可以请求商标评审委员会裁定撤销该注册商标。对恶意注册的,驰名商标所有人不受五年的时间限制。	第四十五条第一款 已经注册的商标,违反本法第十三条第二款和第三款、第十五条、第十六条第一款、第三十条、第三十一条、第三十二条规定的,自商标注册之日起五年内,在先权利人或者利害关系人可以请求商标评审委员会宣告该注册商标无效。对恶意注册的,驰名商标所有人不受五年的时间限制。
第四十一条第三款 除前两款规定的情形外,对已经注册的商标有争议的,可以自该商标经核准注册之日起五年内,向商标评审委员会申请裁定。	—

续表

2001 年《商标法》	2013 年《商标法》
第四十四条 【注册商标的使用管理】使用注册商标,有下列行为之一的,由商标局责令限期改正或者撤销其注册商标: (一)自行改变注册商标的; (二)自行改变注册商标的注册人名义、地址或者其他注册事项的; (三)自行转让注册商标的; (四)连续三年停止使用的。	第四十九条 商标注册人在使用注册商标的过程中,自行改变注册商标、注册人名义、地址或者其他注册事项的,由地方工商行政管理部门责令限期改正;期满不改正的,由商标局撤销其注册商标。 注册商标成为其核定使用的商品的通用名称或者没有正当理由连续三年不使用的,任何单位或者个人可以向商标局申请撤销该注册商标。商标局应当自收到申请之日起九个月内做出决定。有特殊情况需要延长的,经国务院工商行政管理部门批准,可以延长三个月。
第四十五条 【对使用注册商标商品的质量管理】使用注册商标,其商品粗制滥造,以次充好,欺骗消费者的,由各级工商行政管理部门分别不同情况,责令限期改正,并可以予以通报或者处以罚款,或者由商标局撤销其注册商标。	—

对比可知,在2013年《商标法》修改之前,适用“撤销”制度的情形包括注册不当(2001年《商标法》第四十一条)和使用不当(2001年《商标法》第四十四条、第四十五条),2013年《商标法》修改之后,适用“撤销”制度的情形仅包括使用不当(2013年《商标法》第四十九条),注册不当的情形则适用“无效”制度(2013年《商标法》第四十四条、第四十五条)。以2013年修法为转折点,旧法中适用商标“撤销”的部分情形被拆分出去,成为现行商标法中的“无效”。2013年《商标法》的“注册商标无效宣告”程序即2001年《商标法》“注册商标争议”程序。尽管如此,应当认识到这种修改仅仅是商标“撤销”制度调整范围的变化,并没有动摇自1982年《商标法》立法即确立的商标权利终止制度的本质。

在现行《商标法》的语境下,商标被撤销和宣告无效的后果并不相同。根据现行《商标法》第五十五条第二款的规定:“被撤销的注册商标,由商标局予以公告,该注册商标专用权自公告之日起终止。”在撤销注册商标的决定生效之前，该注册商标是合法有效的商标，其商标专用权持续至决定生效之前。而依法被宣告无效的注册商标，其注册商标专用权视为自始即不存在。“注册商标专用权视为自始即不存在”是法律对既往事实进行追认的一个结果，而商标被宣告无效之前的有效状态是一种曾经的客观事实，与之后的宣告无效宣告结果并不矛盾。

(二)条款设立及变更

关于商标无效的法律后果及商标无效之后是否具有溯及力的问题，最早规定在1999年修正的《商标法实施细则》第二十五条第五款：

“依照《商标法》第二十七条第一款、第二款的规定撤销的注册商标，其商标专用权视为自始即不存在。撤销注册商标的决定或者裁定，对在撤销前人民法院做出并已执行的商标侵权案件的判决、裁定，工商行政管理机关做出并已执行的商标侵权案件的处理决定，以及已履行的商标转让或者使用许可合同，不具有追溯力。但是，因商标注册人的恶意给他人造成损失的，应当予以赔偿。”

2002年修正的《商标法实施条例》第三十六条延续了前述规定：

“依照《商标法》第四十一条的规定撤销的注册商标，其商标专用权视为自始即不存在。有关撤销注册商标的决定或者裁定，对在撤销前人民法院作出并已执行的商标侵权案件的判决、裁定，工商行政管理部门作出并已执行的商标侵权案件的处理决定，以及已经履行的商标转让或者使用许可合同，不具有追溯力；但是，因商标注册人恶意给他人造成的损失，应当给予赔偿。”

随着2013年《商标法》正式规定商标无效宣告制度，并将其与商标撤销制度相区分，以上关于商标无效的法律后果、商标无效之后是否具有溯及力问题的有关规定便顺理成章地正式写入商标法。2013年《商标法》第四十七条即从2002年《商标法实施条例》第三十六条修改得来。除将2002年《商标法实施条例》第三十六条“转正”外，还将宣告无效前人民法院做出并已执行的商标侵权案件的“调解书”作为不具有溯及力的客体，此外还增加了关于溯及力的例外规定：

“依照前款规定不返还商标侵权赔偿金、商标转让费、商标使用费，明显违反公平原则的，应当全部或者部分返还。”

（三）立法背景及法理背景

1. 立法背景

《商标法》第四十七条是《商标法》第三次修改时新增加的规定，从全国人大的法律释义来看，增加该条款的初衷是回应现实需要、完善商标法律制度。

注册商标宣告无效后，会产生相应的法律后果，如该商标专用权从何时起开始不再存在？在注册商标宣告无效前已经生效并执行的法院判决、裁定、调解书以及工商行政管理部门的处理决定等，应当如何对待？已经履行的商标转让、许可使用等合同，应当如何处理等？为了明确注册商标宣告无效后的相应法律后果，完善我国商标法律制度，有必要对注册商标宣告无效后的相关问题作出规定。

2. 法理背景

注册商标被宣告无效的后果是自始无效，而非自该商标被宣告无效后失去效力，因此宣告注册商标无效原则上是有溯及力的。回归到民法的基本原则，被宣告无效的商标所有权人行使该商标专用权所获得的利益应属不当得利，该商标权人有义务返还。但是，这种商标无效后果的溯及力能够回溯到何种程度，还需要考虑其他要素。例如，如果该种商标无效的后果还要溯及法院做出并已经执行的判决、裁定、调解书，溯及市场监督管理部门做出并已经执行的行政处理决定，导致该等判决、裁定、调解书和处理决定的不稳定，影响司法机关和行政机关的公信力，进一步会影响社会稳定。对于商标转让或许可而言，商标受让人或被许可人在注册商标被宣告无效前已经因为该商标专用权获得了实际利益，不予返还已经支付的商标转让费和商标使用费并无不妥。因此，本条在第一款规定宣告注册商标无效具有溯及既往的效力的同时，又在第二款中规定了几种不具有追溯力的情形。同时，为了保护有关当事人的合法权益，本条还规定，如果因商标注册人的恶意给他人造成的损失，应当给予赔偿。

按照本条第二款的规定，对在宣告注册商标无效前已经履行完毕的商标侵权赔偿金、商标转让费、商标使用费，当事人不得请求返还。又考虑到在某些特殊情形下，不予返还上述费用则明显违反公平原则，商标侵权人、受让人或被许可人得向商标注册人、转让人或者许可人要求返还全部或者部分赔偿金或者费用。例如，在签订商标转让或许可合同且支付转让费、许可费不久，标的注册商标被宣告无效，此时商标受让人或被许可人还没有充分使用标的商标，其为取得商标专用权或使用权所支付的费用还没有获得对应的回报，不返还相关费用明显对商标受让人或被许可人不公平。

三、条文所涉主要问题

（一）注册商标被宣告无效前商标使用行为的侵权判断

根据该条第一款的规定，商标被宣告无效的，“该注册商标专用权视为自始即不存在”。从文义解释的角度，商标被宣告无效意味着该商标自申请注册时就不存在，是在法律层面对注册商标专用权的剥夺，是在事实层面对注册商标专用权存续状态的否定。尽管如此，不可否认的是，该注册商标专用权在特定的时间段内的存在是既定事实。站在注册商标被宣告无效之后的时间节点回溯，应该如何看待注册商标被宣告无效前的效力状态，相关商标使用行为是否构成侵权是具有理论价值而又兼具现实意义的问题。

商标使用行为的侵权判断存在两种情形，一是该商标注册人或许可使用人对该注册商标的使用是否会侵犯其他人的商标权益，二是其他人对商标的使用是否会侵犯该注册商标的专用权。这两种情形下，该商标注册人的角色分别是涉嫌侵权人和注册商标专用权人。无论何种情形，商标使用行为的侵权判断都以对该注册商标被宣告无效前效力状态的认定为前提。

如果认定注册商标被无效宣告之前属于无效状态，该商标注册人或许可使用人对该注册商标的使用一旦有侵权之虞，其将不能以对已注册商标的使用作为抗辩事由；其他人对商标的使用虽不构成商标侵权，但是有可能卷入不正当竞争纠纷或与其他在先权益相犯。如果认定注册商标被无效宣告之前属于有效状态，该商标注册人或许可使用人对该注册商标的使用则具有正当理由，此时要考虑商标使用方式等情形判断使用行为是否具有可责性；其他人对该注册商标的使用显然具有可责性。在认定注册商标被无效宣告之前属于有效状态的情况下，除对商标使用行为的侵权判断，还会引出商标被宣告无效的结果是否具有溯及力、溯及力的例外等问题的讨论。

1. 注册商标被宣告无效前效力状态的认定

《商标法》第四十七条规定宣告无效的注册商标专用权视为自始不存在，那么自商标无效宣告的公告作出后，是否可以据此否定商标被宣告无效前的效力？关于这个问题，理论研究较少涉及，司法实践中法院的观点存在分歧。

在(2014)苏知民再终字第0001号案件，再审申请人拉法基股份有限公司与被申请人南京美世达建材有限公司、原审被上诉人上海拉法基石膏建材有限公司侵犯商标专用权及不正当竞争纠纷一案①中，江苏省高级人民法院认为：尽管在当时赵某胜取得"拉法基"注册商标不符合商标法的相关规定，但无论在外观表现上还是基于对公众认知的合理判断上，赵某胜持有的"拉法基"注册商标证在特定时间段是一个合法有效的权利证明书。

在(2016)闽民终809号，上诉人江苏苏美达集团有限公司、江苏苏美达机电有限公司与被上诉人福安市森威机电有限公司、福建艺林广告有限公司侵害商标权纠纷一案②中，福建省高级人民法院认为：虽然涉案注册号为10307248的"ECFIRMAN"及注册号为10307234的"SUM"的商标于2014年12月31日被国家商标评审委员会裁定宣告无效，但北京市高级人民法院于2015年11月20日方作出宣告无效的生效行政判决。在生效判决作出前，上述商标仍属于效力待定状态……根据本案现有证据，不足以证明福安市森威机电有限公司、福建艺林广告有限公司在涉案商标被宣告无效的行政判决生效前，于授权范围及期限内在户外广告上正当使用"ECFIRMAN""SUM"商标的行为具有侵犯江苏苏美达集团有限公司、江苏苏美达机电有限公司注册商标专用权的故意，构成对其商标专用权的侵犯。本案中，福建省高级人民法院虽然没有明确回答注册商标被宣告无效前效力状态的问题，但是其在结论部分认定福安市森威机电有限公司、福建艺林广告有限公司在授权范围及期限内的使用不构成商标侵权，即承认了注册商标被宣告无效之前是有效的。

前述两个判决都认为注册商标被宣告无效之前属于有效状态，但是也有法院持相反观点。

在(2016)苏民终1555号，上诉人徐州市赛老翟文化传播有限公司与被上诉人徐州老翟餐饮管理有限公司侵害商标权及不正当竞争纠纷一案③中，江苏省高级人民法院认为：第15347913号"赛老翟"商标自始即不享有注册商标的专用使用权，也就不存在基于授权而产生的他人合法使用的问题，更不涉及两个规范使用注册商标间的冲突应由商标授权行政部门先行处理规则的适用问题。因此，徐

① 江苏省高级人民法院再审民事判决书，(2014)苏知民再终字第0001号。
② 福建省高级人民法院民事判决书，(2016)闽民终809号。
③ 江苏省高级人民法院民事判决书，(2016)苏民终1555号。

州市赛老翟文化传播有限公司关于其系第15347913号"赛老翟"商标的合法使用人,有权使用"赛老翟"字样等相关抗辩理由,法院不予支持。

在(2016)粤民再103号,再审申请人中顺洁柔纸业股份有限公司与被申请人屈某森、江门市燕婷妇幼卫生用品有限公司、谢某昭侵害商标权及不正当竞争纠纷一案中[①],广东省高级人民法院认为:屈某森为注册人的第3112825号"洁柔"在第5类卫生巾上的注册商标经过最高人民法院对行政行为的审查后,最终认定该注册违反了《商标法》第二十八条的规定,故江门市燕婷妇幼卫生用品有限公司援引为许可使用的在卫生巾商品上的注册商标已被撤销,其法律后果为自始无效,江门市燕婷妇幼卫生用品有限公司当然也无从获得合法有效的许可使用权。

笔者倾向于认为注册商标被宣告无效之前属于有效状态,这种认定符合相关公众的常理判断,也具有一定的法理基础。根据《商标法》,商标注册申请需经过初步审定公告、异议程序直至复审程序等实质性审查程序后,才能由商标局发放注册商标证,因此注册商标证具有法定的公示公信力。如上海知识产权法院在(2017)沪73民终299号南京亿华药业有限公司与无锡济民可信山禾药业股份有限公司侵害商标权纠纷一案[②]判决书中所言:商标局或商评委关于准予商标注册的决定对于商标权人在内的社会公众均具有一定的公信力,因信赖商标注册部门的决定而实施的相关商标使用、许可、转让或者保护等行为应当受到保护,不能因为注册商标之后被撤销或无效而使原本合法的行为转变为侵权行为,否则基于注册商标而进行的各种市场活动将缺乏稳定性和可预期性,不利于市场主体的交易安全。

当然,这是关于注册商标被宣告无效之前效力状态认定的原则性结论。在商标注册人具有恶意等主观过错的情况下,仍然承认其在商标专用权存续期间使用行为的合理性则与诚实信用原则相悖,下一节将对该问题详细讨论。

2. 注册商标被宣告无效前商标权利人或被许可人商标使用行为的侵权判断

如前所述,原则上注册商标被宣告无效之前效力状态属于有效,相应的使用行为应认定为合理使用,不属于侵权行为,但前提条件是商标权利人或被许可人不具有恶意等主观过错。

---

① 广东省高级人民法院再审民事判决书,(2016)粤民再103号。

② 上海知识产权法院民事判决书,(2017)沪73民终299号。

以前述再审申请人拉法基股份有限公司(以下简称拉法基公司)与被申请人南京美世达建材有限公司(以下简称美世达公司)、原审被上诉人上海拉法基石膏建材有限公司(以下简称上海拉法基公司)侵犯商标专用权及不正当竞争纠纷一案[①]为例,拉法基公司、上海拉法基公司诉称:拉法基公司于1995年向商标局申请注册了中文"拉法基"、英文"LAFARGE及L图"商标。上海拉法基公司是拉法基公司的关联企业,上海拉法基公司成立以来一直使用"拉法基"字号进行经营和宣传活动。两公司于2011年发现美世达公司在其生产、销售的轻钢龙骨建材商品上擅自使用与拉法基公司的"拉法基"注册商标完全相同的字样,构成类似商品的商标侵权。美世达公司辩称:其使用的"拉法基"商标是经案外商标所有人赵某胜授权许可。权利人赵某胜于2004年4月申请在第6类商品上注册"拉法基"商标,商标局于2010年11月核准并颁发注册证,此后,是拉法基公司以在异议期间以相同的理由申请复审,才导致之前的注册证被公告无效。在商标注册证被公告无效之前的2011年4月,赵某胜与美世达公司签订的《合作协议》,符合相关法律规定。

一审法院经审理认为:"商标局虽于2010年11月向案外人赵某胜颁发了第4040697号商标注册证,但随后又于2011年9月6日发布更正公告,宣布发放给赵某胜的该商标注册证无效。因此,该注册证应视为自始就无效,其对被控侵权商品并不享有注册商标专用权。所以美世达公司通过合同取得的所谓注册商标许可使用权也就失去了合法使用依据。美世达公司在被控侵权的轻钢龙骨上使用'拉法基'商标,以及在商品包装装潢中突出使用'拉法基'商标的行为,容易使消费者对侵权商品与拉法基公司的涉案注册商标'拉法基''LAFARGE及L图'产生联想,从而对商品的来源产生混淆和误认,侵犯了拉法基公司涉案注册商标专用权。"

美世达公司不服,向江苏省高级人民法院上诉。

二审法院经审理认为:"美世达公司与赵某胜签订《合作协议》时,商标评审委员会尚未书面通知拉法基公司已经受理其复审申请;而拉法基公司进行公证证据保全时,赵某胜持有的'拉法基'商标证也尚未被宣告无效。对此,本院认为,尽管在当时赵某胜取得'拉法基'注册商标不符合我国商标法的相关规定,但在该商标

① 江苏省高级人民法院再审民事判决书,(2014)苏知民再终字第0001号。

尚未宣告无效的情况下，没有证据证明美世达公司在签订《合作协议》时明确知道赵某胜持有的‘拉法基’商标正处于异议期，美世达公司有理由相信赵某胜系合法拥有‘拉法基’中文商标，且不应苛求美世达公司准确判断该商标以后的注册情况。”最终，二审认定美世达公司对“拉法基”商标的使用不构成商标侵权。

拉法基公司不服二审判决申请再审，再审法院认为美世达公司在赵某胜“拉法基”文字商标被宣告无效之前被授权使用该商标的行为是否构成侵权，应当考察其主观上是否具有过错。首先，美世达公司与赵某胜签订《合作协议》时，商标评审委员会尚未书面通知拉法基公司已经受理其复审申请；而拉法基公司进行公证证据保全时，赵某胜持有的“拉法基”商标证也尚未被宣告无效。基于注册商标证具有法定的公示公信力，美世达公司有理由依据注册商标证相信赵某胜系合法拥有“拉法基”文字商标并享有相应的商标专用权。其次，美世达公司在赵某胜“拉法基”文字商标被宣告无效前依据许可使用合同使用该商标具有合法依据，除非有证据证明美世达公司明知拉法基公司已就该争议商标提出异议、该争议商标系错误发放，才可以认定美世达公司与赵某胜具有共同的主观过错。最后，现有证据不足以证明美世达公司具有主观过错。因此，美世达公司不应承担侵犯拉法基公司商标专用权的侵权责任。

前述(2017)沪73民终299号南京亿华药业有限公司与无锡济民可信山禾药业股份有限公司侵害商标权纠纷一案①中，上海知识产权法院在判断商标被无效宣告之前使用行为是否构成侵权时同样考虑了当事人的主观恶意情况。上海知识产权法院认为，对商标注册人信赖利益的保护应当是有前提的，即商标注册人在申请商标注册时或者使用注册商标时，主观上应不存在恶意，否则将违背诚实信用原则。如果商标注册人明知其申请注册或使用的商标侵害他人在先权利，那么上述商标注册人值得保护的信赖利益便不复存在。无论注册商标是否被撤销或者宣告无效，在先的权利人均可以主张在后的商标使用行为构成侵权。商标不予注册、被撤销或无效的决定、裁定等对于注册商标撤销或宣告无效前的使用行为是否具有溯及力，应取决于注册商标权利人申请或使用商标是否具有恶意。即注册商标被撤销或宣告无效的，对于撤销或无效之前的商标注册权人的使用行为原则上没有溯及力，但因商标注册人的恶意给他人造成的损失，应当给予赔偿。

① 上海知识产权法院民事判决书，(2017)沪73民终299号。

又如，(2016)京73民终943号上诉人深圳市永恒印记珠宝有限公司与被上诉人戴比尔斯百年有限公司、戴比尔斯英国有限公司，原审被告高某新、北京微梦创科网络技术有限公司侵害注册商标专用权纠纷、不正当竞争纠纷一案①中，北京知识产权法院认为：作为同行业经营者，高某新向戴比尔斯百年有限公司提出转让“永恒印记”商标的函件能够证明其主观上具有搭便车和造成混淆的恶意。因此，高某新于涉案商标申请注册之后注册并许可永恒印记公司使用第4497942号“永恒印记”商标，永恒印记公司在产品宣传及包装上使用“F0rever imprint 永恒印记及图”“永恒印记及图”“F0rever imprint 及图”“永恒印记”等文字及标识的行为侵犯了戴比尔斯百年有限公司与戴比尔斯英国有限公司的商标权。

3. 注册商标被宣告无效前其他人对注册商标使用行为的侵权判断

在承认注册商标被宣告无效前属于有效状态的前提下，在商标专用权存续期间，其他人使用与注册商标相同或近似的标识的行为，当然构成商标侵权。由于注册商标被宣告无效，因此产生了商标无效的后果是否对之前的商标侵权诉讼的结果是否有溯及力的问题。

《商标法》第四十七条第二款是关于商标宣告无效之后的溯及力问题的规定。从本款规定看，不具有溯及力的情况限于“做出并已执行”的判决、裁定、调解书和工商行政管理部门的处理决定以及“已经履行的”商标转让或者使用许可合同。具体案件中对是否具有溯及力的判断，牵涉两个时间点的确认：商标宣告无效的时间点和判决已执行的时间点。对此，最高人民法院在(2017)最高法民再262号“澳门豆捞”商标侵权案中有详细论述。②

关于宣告无效的时间点确定的问题。《商标法》第四十七条第二款的立法目的在于实现公平与秩序的协调和平衡。一方面，赋予注册商标无效决定或者裁定对商标权被宣告无效后尚未执行或者履行完毕的商标侵权判决、调解书、商标侵权纠纷处理决定、商标许可合同、商标权转让合同等以追溯力，保障被指控的商标侵权人、商标被许可人以及受让人的正当利益，防止注册商标权人籍无效商标获得不当利益。另一方面，对于已经执行或者履行完毕的商标侵权判决、调解书、商标侵权纠纷处理决定、商标许可合同、商标权转让合同，商标无效决定或裁定没有

① 北京知识产权法院民事判决书，(2016)京73民终943号。

② 最高人民法院再审民事判决书，(2017)最高法民再262号。

追溯力,维持已经形成并稳定化的社会秩序。由于宣告无效的商标专用权视为自始即不存在,以该商标权为基础的商标侵权判决、调解书、商标侵权纠纷处理决定、商标实施许可合同、商标权转让合同等所确定的利益本不应由商标权人获得。因此,《商标法》第四十七条第二款的规定以商标无效决定或裁定有追溯力为原则,以无追溯力为例外。基于上述原因,在确定宣告无效的时间点时,应该考虑如下因素:一是该时间点应有对世性,应是社会公众均可公开得知并明确知晓的;二是该时间点应有确定性,应是一个确定的时点,原则上不宜随当事人的具体情况或者其他人为因素发生变动;三是该时间点应是较早的具有法律意义的时间点,尽量增加无效决定或裁定发挥追溯力的机会。

本案无效裁定涉及两个具有法律意义的时间点:裁定作出日和送达日。无效裁定一经作出即对商标评审委员会产生拘束力,不得随意撤销或者变更。送达日是当事人收到无效宣告请求审查决定的时间,是可提起行政诉讼期间的起算点。送达日无法在无效裁定书上载明,只能根据送达当事人的具体情况予以查明。无效裁定作出后,送达日可能由于人为因素发生变动,有时大大迟于决定作出日。如果以送达日作为商标权被宣告无效的时间点,则裁定作出日至送达日这一时间间隔可能被当事人利用,通过恶意加快或者拖延执行或履行来影响无效裁定的追溯力,从而获得有利于自己的追溯力结果。可见,以送达日作为宣告商标权无效的时间点,可能造成不合理的结果。相反,以作出日作为确定商标权被宣告无效的时间点,不仅具有对世性和确定性,还可以在一定程度上增加无效裁定发挥追溯力的机会,实现结果公正。因此,宣告商标权无效的时间点应以无效裁定日(作出日)为准。

关于判决已执行的时间点的确定的问题。《商标法》第四十七条第二款的所谓判决已执行是指判决所确定的执行内容已经执行完毕,判决确定的权利人的利益已经得到实现。判决已执行的时间点,一般应以判决所确定的执行内容执行完毕,且判决确定的权利人的利益得到实现的时间点为准。

(二)对但书中商标注册人“恶意”的理解

1. 恶意的表现

《商标法》第四十七条第二款的但书部分,规定了不具有溯及力情形例外,即因商标注册人的恶意给他人造成的损失,应当给予赔偿。

在(2017)苏民终1874号,上诉人山东比特智能科技股份有限公司(以下简称比特公司)因与被上诉人江苏中讯数码电子有限公司(以下简称中讯公司)因恶意提起知识产权诉讼损害责任纠纷一案[①]中,第4359350号"TELEMATRIX"商标因违反《商标法》第三十二条的规定,构成"以不正当手段抢先注册他人已经使用并有一定影响的商标"被无效宣告,江苏省高级人民法院认定商标注册人之前针对他人提起的商标侵权诉讼属于恶意诉讼,应当赔偿由此给当事人造成的损失。

TELEMATRIX是美国美爵信达公司的企业名称,2006年起北京美爵信达公司经其授权在中国独家代理销售TELEMATRIX酒店专用电话机产品,中讯公司接受美国美爵信达公司委托,为其加工TELEMATRIX品牌的酒店电话机产品。早在1998~2003年,比特公司曾作为赛德公司(美国美爵信达公司的前身)在中国的代工商,接受赛德公司的委托为其加工酒店专用电话机。

2004年11月12日,比特公司申请注册第4359350号"TELEMATRIX"商标,核定使用在第9类电话机、可视电话等商品上,该商标于2007年5月28日获准注册。2008年,比特公司向日照中院起诉中讯公司侵犯商标专用权(57号诉讼),后比特公司撤回起诉。2010年8月,比特公司起诉北京美爵信达公司擅自使用TELEMATRIX作为商号并在宣传销售中使用,侵害了其商标专用权。2010年9月6日,北京美爵信达公司向商评委请求撤销比特公司的TELEMATRIX商标,商评委认定该商标的申请注册构成《商标法》第三十二条的"以不正当手段抢先注册他人已经使用并有一定影响的商标"之情形,裁定予以撤销。比特公司不服上述裁定,提起诉讼。本案历经一审、二审、再审,各级法院均维持商评委的上述裁定。

2016年,中讯公司起诉比特公司,认为比特公司提起第57号诉讼系恶意诉讼行为,请求赔偿中讯公司损失。

本案的争议焦点是比特公司提起第57号诉讼是否构成恶意提起知识产权诉讼。对此江苏省高级人民法院认为:

恶意提起知识产权诉讼的构成要件有:

(1)行为人提起知识产权诉讼无事实或者法律依据。常常表现为行为人没有知识产权权利或者行为人虽然享有形式上"合法"的知识产权,但因该知识产权系

---

① 江苏省高级人民法院民事判决书,(2017)苏民终1874号。

恶意取得等多种原因而不具有实质上的正当性。

(2)行为人提起诉讼主观上具有恶意。行为人的恶意表现为两个方面:其一,认识因素。即行为人提起知识产权诉讼时,要明知其提起知识产权诉讼无事实或者法律依据。在行为人恶意取得知识产权的情况下,尤其要明知其取得知识产权不具有实质上的正当性。其二,目的因素。即行为人提起知识产权诉讼要以损害他人合法权益或者获取非法利益为目的。判断行为人恶意的时间节点是行为人提起知识产权诉讼时。在行为人恶意取得知识产权的情况下,其取得知识产权时的恶意,自然可以作为认定其提起诉讼时具有恶意的依据。这是因为行为人明知其获得知识产权不具有实质上的正当性,而有意提起诉讼,损害他人合法权益或者获取非法利益,其提起诉讼时主观上必然是恶意的。因此,如果行为人在恶意取得知识产权后,以损害他人合法权益或者获取非法利益为目的,提起知识产权诉讼,就可以直接判定行为人在提起诉讼时具有恶意。

(3)行为人恶意提起知识产权诉讼给他人造成了损失,且损失与行为人恶意提起知识产权诉讼具有因果关系。

2. 注册恶意与使用恶意

商标注册人的恶意根据阶段的不同可以区分为注册时的恶意和使用时的恶意。《商标法》第四十七条但书中的"恶意"该如何理解呢?

有观点认为,"但是,因商标注册人的恶意给他人造成的损失,应当给予赔偿"。中的恶意,并不指向注册恶意,而应指向使用恶意。理由是:其一,商标注册行为本身并不具有商标侵权诉讼的可诉性,因为注册行为本身并不会导致在先权利人利益的受损。其二,标识本身的近似并不能代表商标注册人的恶意。①

与该观点相反,在(2017)沪73民终299号济民VS亿华商标侵权案②中,二审上海知识产权法院认为:"商标不予注册、被撤销或无效的决定、裁定等对于注册商标撤销或宣告无效前的使用行为是否具有溯及力,也应取决于注册商标权利人申请或使用商标是否具有恶意。"在后续的恶意判断中,法院认为:"亿华公司与济民公司同处于江苏省,且生产、销售的产品为疗效近似的抗生素药品。在济民公司使用权利商标多年后,亿华公司在基本相同的商品上申请注册并使用与权利

---

① 刘东海:《注册商标被宣告无效后,能否追究有效期间的侵权责任?》,载IPR DAILY中文网2020年12月16日,http://www.iprdaily.cn/article_17392.html。

② 上海知识产权法院民事判决书,(2017)沪73民终299号。

商标近似的标识,且不能对采用'希能'作出合理的解释,故一审法院关于亿华公司主观上存在傍附权利商标恶意的认定,并无不当。"从裁判要旨看,上海知识产权法院在本案中认为《商标法》第四十七条但书中的恶意应当既包括注册恶意,也包括使用恶意。

笔者认为,但书中的恶意既包括注册恶意也包括使用恶意,而且二者同时存在的。关于使用恶意,理论和事务中均无异议,其当然属于但书中恶意的范畴,此处不再赘述,争议点在于注册恶意是否应当被归入到但书中予以适用。如前文所述,商标无效宣告制度指向的情形是"注册不当",申请宣告注册商标无效的事由明确包括申请人存在恶意的诸多情形,比如,《商标法》第三十二条后半段抢注他人已经使用并有一定影响的商标;《商标法》第十五条的代理人注册,甚至在《商标法》第四十五条中,明确规定了"对恶意注册的,驰名商标所有人不受五年的时间限制"。从《商标法》的规定看,在商标申请注册阶段是有可能存在恶意情形的。但是下一个需要回应的问题是,仅仅在注册时具有恶意会对他人造成损失吗?比如,商标注册人虽然基于恶意取得了商标专用权,但是严格按照核准注册的商标和核定使用的商品/服务使用,并未向他人发起侵权诉讼、工商投诉或转让商标、许可他人使用。根据《商标法》中对无效制度的规定,恶意注册的,在先权利人或驰名商标所有人可以针对该商标提起无效宣告,但并未针对恶意注册规定其他处罚措施。从利益衡平的角度,立法者认为宣告恶意注册的商标无效,已经足以弥补在先权利人或驰名商标所有人的损失,不必再对恶意注册者科以其他处罚。因此,在恶意注册但是善意使用的情况下,该注册商标被宣告无效后,不会给他人造成损失,《商标法》第四十七条第二款不存在适用的基础。

区分注册和使用阶段的善意或恶意,有四种排列组合方式:善意注册 + 善意使用、善意注册 + 恶意使用、恶意注册 + 善意使用、恶意注册和恶意使用。而《商标法》第四十七条第二款针对的是取得商标注册后发起侵权诉讼、工商投诉或转让商标、许可他人使用商标的情形,并且给他人造成了损失。对四种排列组合方式逐一判断可知,只有恶意注册且恶意使用的组合方式才能适用该条款。(见表22 -2)

表 22－2 《商标法》第四十七条第二款的可适用性

注册阶段	使用阶段	《商标法》第四十七条第二款的可适用性
善意	善意	正当注册且使用商标,不会给他人造成损失
善意	恶意	在善意注册的前提下,使用也只能是善意的。除非不规范使用,导致侵犯他人权利,这种情况与商标被无效与否无关,即便商标维持注册,不规范使用侵犯他人权利的也应当赔偿他人损失
恶意	善意	除宣告无效外,商标法并没有对恶意注册行为规定其他处罚,恶意注册取得商标后进行善意使用不会给他人造成损失
恶意	恶意	符合《商标法》第四十七条第二款的规定

(三)公平原则的理解和适用

《商标法》第四十七条第三款规定的是商标无效后果不具有溯及力的例外情形,是民法公平原则在商标法中的体现。

根据本条第二款的规定,已经履行完毕的商标侵权赔偿金、商标转让费、商标使用费,当事人不得要求返还。但是在实践中会出现明显不公平的现象,比如,受让人或被许可人在签订转让或许可合同后不久,该注册商标即被宣告无效,商标受让人或被许可人基于转让或许可合同所支付的转让费、使用费并没有获得对应的实际利益。实践中,法院对于公平原则的适用并没有太多法理层面的阐释,往往是一笔带过。比如,在(2019)湘 0121 民初 7930 号,湖南省毛公酒业有限公司与被告韩某、王某群商标权转让合同纠纷一案[①]中,法院认为:重庆燕子物资有限公司因转让"毛公酒"商标收取了原告毛公酒业公司商标转让费 890,000 元,现"毛公酒"商标被国家工商行政管理总局商标评审委员会裁定宣告无效,重庆燕子物资有限公司不返还商标转让费 890,000 元明显违反公平原则,故重庆燕子物资有限公司应返还全部商标转让费 890,000 元给原告。又如,(2020)津 0101 民初 6838 号,北京麦迪海实业有限公司诉天津中英保健食品股份有限公司商标转让合同纠纷一案[②],法院认为:被告因转让涉案三个"食疗坊"商标收取了转让费 75,000 元,在办理转让手续过程中,国家知识产权局就已经接收案外人对上述商

① 湖南省长沙县人民法院民事判决书,(2019)湘 0121 民初 7930 号。

② 天津市和平区人民法院民事判决书,(2020)津 0101 民初 6838 号。

标提出无效宣告申请,现上述商标被国家知识产权局裁定宣告无效。原告无法通过商标转让合同来获得涉案商标的专有权,进而无法在经营活动中使用涉案商标,无法实现受让商标的目的。被告据此收取的75,000元转让费明显违反公平原则。

第二十三章 《商标法》第四十九条之精解

刘莉莎[*] 徐 洁[**]

一、法律规定及相关法律规范

(一)法律规定

《商标法》

第四十九条 商标注册人在使用注册商标的过程中,自行改变注册商标、注册人名义、地址或者其他注册事项的,由地方工商行政管理部门责令限期改正;期满不改正的,由商标局撤销其注册商标。

注册商标成为其核定使用的商品的通用名称或者没有正当理由连续三年不使用的,任何单位或者个人可以向商标局申请撤销该注册商标。商标局应当自收到申请之日起九个月内做出决定。有特殊情况需要延长的,经国务院工商行政管理部门批准,可以延长三个月。

(二)条文理解

【本条主旨】本条是关于注册商标使用过程中存在违法等情形予以撤销的规定。

---

* 刘莉莎律师,第11届北京市律师协会商标法律专业委员会副秘书长,北京超成律师事务所负责人,2021年度被评为海淀区优秀律师,曾代理阿里巴巴、华为、五粮液、剑南春、泸州老窖、碧桂园等商标诉讼案件。

** 徐洁律师,第11届北京市律师协会商标法律专业委员会副秘书长,北京律协涉外律师人才库律师,北京同清律师事务所合伙人,美国富兰克林·皮尔斯法学院法学硕士(知识产权方向),曾代理奔驰公司、泰国红牛、紫光集团、辉瑞制药、耐克公司等商标案件。

【本条释义】

(1)关于本条的修改情况

本条是在原第四十四条规定的基础上经过修改形成的。原第四十四条规定:"使用注册商标,有下列行为之一的,由商标局责令限期改正或者撤销其注册商标:(一)自行改变注册商标的;(二)自行改变注册商标的注册人名义、地址或者其他注册事项的;(三)自行转让注册商标的;(四)连续三年停止使用的。"

本次修改,主要有以下几个方面的内容:一是将原来关于商标局"责令限期改正或者撤销其注册商标"的规定,修改为先由商标局"责令限期改正";对于"期满不改正的",再由商标局"撤销其注册商标"。二是删去了原第三项关于"自行转让注册商标的"规定。根据本法第四十二条中的规定,转让注册商标,需要签订转让协议并向商标局提出申请,经商标局核准并公告后方为有效。同时,"自行转让注册商标",可以视为"自行改变注册人名义"的一种形式,所以不作特别规定。三是增加了"注册商标成为其核定使用的商品的通用名称"的,任何单位或者个人可以申请撤销该注册商标的规定。

(2)关于撤销注册商标的条件

根据本条的规定,撤销注册商标的条件,是商标注册人在使用注册商标的过程中,存在违法等情形。

具体来讲,包括以下几个方面:

一是自行改变注册商标。生产经营者如果需要取得商标专用权,则必须经过商标注册。依据本法的规定,注册商标需要改变其标志的,应当重新提出注册申请。自行改变注册商标,又不重新提出注册申请的,属于本法禁止的行为。因此,对于自行改变注册商标的,应当在法律上规定相应的法律后果。

二是自行改变注册人名义。注册商标,需要经过申请、审查、核准等程序,在一般情况下,申请人也就是注册商标的注册人。依据本法的规定,改变注册人的名义,属于注册事项的变更,应当提出变更申请。不提出变更申请,自行改变注册人名义的,属于本法禁止的行为,应当承担相应的法律后果。

三是自行改变注册人地址。注册人的地址,属于注册人的基本信息,涉及相关法律文书的送达以及行政、司法管辖权确定等事项,必须真实。依照本法的规定,改变注册人的地址,属于注册事项的变更,应当提出变更申请。不提出变更申请,自行改变注册人地址的,属于本法禁止的行为,应当承担相应的法律后果。

四是自行改变其他注册事项。是指自行改变注册商标、注册人名义、地址以外的,其他属于注册的事项,如代理人等。依照本法的规定,注册商标需要变更其他注册事项的,应当提出变更申请。不提出变更申请,自行改变其他注册事项的,属于本法禁止的行为,应当承担相应的法律后果。

五是注册商标成为其核定使用的商品的通用名称。依照本法的规定,"仅有本商品的通用名称"的,不得作为商标注册。当注册商标成为其核定使用的商品的通用名称时,丧失了显著性的特征,且会影响他人正常使用,不利于正常生产经营秩序,所以应当有相应的法律措施予以规制。

六是注册商标没有正当理由连续三年不使用。注册商标连续三年不使用,使注册商标处于搁置不用的状态,不但无法使该注册商标产生价值,发挥注册商标应有的功能和作用,而且还会影响他人申请注册和使用与其相同或近似的商标,所以需要相应的法律措施予以规制。

(3)关于撤销注册商标的程序

根据本条的规定,注册商标的撤销程序,因构成要件的不同而有所区别:

一是因自行改变注册事项而导致撤销的程序。按照本条第一款的规定,商标注册人因"自行改变"注册商标、注册人名义、地址或者其他注册事项的,先由商标局责令限期改正。责令限期改正,既是商标局对于商标使用中的违法行为的制止,也是商标局对于商标使用中的违法行为的纠正,即限定违法行为人在一定期限内改正其违法行为,使其行为符合商标法的规定。在商标局限定的期限内,当事人不改正的,则由商标局撤销其注册商标。

二是因注册商标成为商品通用名称或者连续三年不使用而导致的撤销程序。按照本条第二款的规定,因注册商标成为其核定使用的商品的通用名称的,或者没有正当理由连续三年不使用的,其撤销程序为:第一,任何单位或者个人,都可以向商标局提出申请,请求撤销该注册商标。第二,商标局收到撤销申请以后,应当在收到撤销申请之日起九个月内作出决定。有特殊情况需要延长时限的,经国务院工商行政管理部门批准,可以延长三个月。

(三)关联法条

1.《商标法实施条例》

第六十五条　有商标法第四十九条规定的注册商标成为其核定使用的商品

通用名称情形的,任何单位或者个人可以向商标局申请撤销该注册商标,提交申请时应当附送证据材料。商标局受理后应当通知商标注册人,限其自收到通知之日起 2 个月内答辩;期满未答辩的,不影响商标局作出决定。

第六十六条　有商标法第四十九条规定的注册商标无正当理由连续三年不使用情形的,任何单位或者个人可以向商标局申请撤销该注册商标,提交申请时应当说明有关情况。商标局受理后应当通知商标注册人,限其自收到通知之日起两个月内提交该商标在撤销申请提出前使用的证据材料或者说明不使用的正当理由;期满未提供使用的证据材料或者证据材料无效并没有正当理由的,由商标局撤销其注册商标。

前款所称使用的证据材料,包括商标注册人使用注册商标的证据材料和商标注册人许可他人使用注册商标的证据材料。

以无正当理由连续三年不使用为由申请撤销注册商标的,应当自该注册商标注册公告之日起满三年后提出申请。

第六十七条　下列情形属于商标法第四十九条规定的正当理由:

(一)不可抗力;

(二)政府政策性限制;

(三)破产清算;

(四)其他不可归责于商标注册人的正当事由。

第六十八条　商标局、商标评审委员会撤销注册商标或者宣告注册商标无效,撤销或者宣告无效的理由仅及于部分指定商品的,对在该部分指定商品上使用的商标注册予以撤销或者宣告无效。

2. 最高人民法院《关于审理商标授权确权行政案件若干问题的规定》

第十条　诉争商标属于法定的商品名称或者约定俗成的商品名称的,人民法院应当认定其属于商标法第十一条第一款第(一)项所指的通用名称。依据法律规定或者国家标准、行业标准属于商品通用名称的,应当认定为通用名称。相关公众普遍认为某一名称能够指代一类商品的,应当认定为约定俗成的通用名称。被专业工具书、辞典等列为商品名称的,可以作为认定约定俗成的通用名称的参考。

约定俗成的通用名称一般以全国范围内相关公众的通常认识为判断标准。对于由于历史传统、风土人情、地理环境等原因形成的相关市场固定的商品,在该相关市场内通用的称谓,人民法院可以认定为通用名称。

诉争商标申请人明知或者应知其申请注册的商标为部分区域内约定俗成的商品名称的,人民法院可以视其申请注册的商标为通用名称。

人民法院审查判断诉争商标是否属于通用名称,一般以商标申请日时的事实状态为准。核准注册时事实状态发生变化的,以核准注册时的事实状态判断其是否属于通用名称。

第二十六条 商标权人自行使用、他人经许可使用以及其他不违背商标权人意志的使用,均可认定为商标法第四十九条第二款所称的使用。

实际使用的商标标志与核准注册的商标标志有细微差别,但未改变其显著特征的,可以视为注册商标的使用。

没有实际使用注册商标,仅有转让或者许可行为;或者仅是公布商标注册信息、声明享有注册商标专用权的,不认定为商标使用。

商标权人有真实使用商标的意图,并且有实际使用的必要准备,但因其他客观原因尚未实际使用注册商标的,人民法院可以认定其有正当理由。

3. 北京市高级人民法院《商标授权确权行政案件审理指南》

19 商标法第四十九条第二款的适用

19.1 【注册商标通用化的判断】

认定诉争商标是否属于商品通用名称,应当从商标标志整体上进行审查,且应当认定通用名称指向的具体商品。对与该商品类似的商品不予考虑。

当事人主张诉争商标成为商品通用名称的,可以提交字典、工具书、国家或者行业标准、相关行业组织的证明、市场调查报告、市场上的宣传使用证据、其他主体在同种商品上使用该商标标志的证据等予以证明。

19.2 【注册商标通用化判断的时间点】

认定诉争商标是否属于通用名称,一般以当事人向商标撤销审查部门提出撤销申请时的事实状态进行判断,评审时的事实状态可以作为参考。

19.3 【新旧法的适用】

商标权撤销复审行政案件中,对于指定的三年期间跨越 2014 年 5 月 1 日的,在实体法上适用 2001 年修正的商标法。

19.4 【使用的认定】

具有下列情形之一的,当事人主张维持商标注册的,不予支持:

(1)仅在核定使用范围外的类似商品或者服务上使用诉争商标的;

(2)使用诉争商标但未发挥区分商品、服务来源作用的;

(3)为了维持诉争商标注册进行象征性使用的。

19.5 【“违法”使用的认定】

商标使用行为明确违反商标法或者其他法律禁止性规定的,可以认定不构成商标使用。

19.6 【使用主体的认定】

商标法第四十九条第二款规定的“连续三年不使用”中的“使用”主体,包括商标权人、被许可使用人以及其他不违背商标权人意志使用商标的人。

商标权人已经对他人使用诉争商标的行为明确表示不予认可,在商标权撤销复审行政案件中又依据该他人的行为主张使用诉争商标的,不予支持。

19.7 【非规范商品的认定】

实际使用的商品或者核定的商品不属于《类似商品和服务区分表》中的规范商品名称,在认定具体商品所属类别时,应当结合该商品功能、用途、生产部门、消费渠道、消费群体进行判断,并考虑因消费习惯、生产模式、行业经营需求等市场因素,对商品本质属性或名称的影响,作出综合认定。

19.8 【非规范实际使用商品构成核定商品使用的认定】

实际使用的商品不属于《类似商品和服务区分表》中的规范商品名称,但其与诉争商标核定使用的商品仅名称不同,本质上属于同一商品的,或是实际使用的商品属于核定商品下位概念的,可以认定构成对核定商品的使用。

认定是否属于同一商品,可以综合考虑物理属性、商业特点以及《类似商品和服务区分表》关于商品分类的原则和标准等因素。

19.9 【维持注册范围】

诉争商标在核定商品上构成使用的,可以维持与该商品类似的其他核定商品上的注册。

认定前款所指的类似商品,应当严格按照商品的功能、用途、生产部门、消费渠道和消费群体进行判断,一般依据《类似商品和服务区分表》进行认定。

19.10 【区分表的变化对商品类似的判断】

诉争商标核准注册时,核定的未实际使用商品与已实际使用商品在《类似商品和服务区分表》中不属于类似商品,但因《类似商品和服务区分表》的变化,在案件审理时属于类似商品的,以案件审理时的事实状态为准,可以维持未实际使用商品的注册。

诉争商标核准注册时，核定的未实际使用商品与已实际使用商品在《类似商品和服务区分表》中属于类似商品，但因《类似商品和服务区分表》的变化，在案件审理时不属于类似商品的，以核准注册时的事实状态为准，可以维持未实际使用商品的注册。

19.11 【在他人商标上贴附诉争商标的认定】

在标注他人商标的商品上同时贴附诉争商标，若相关公众不易识别该商品来源于诉争商标注册人的，可以认定不构成商标使用。

19.12 【一物多标行为的认定】

诉争商标注册人在同一商品上，同时使用包括诉争商标在内的多个商标的，若相关公众能够将该商标作为识别商品来源的标志，可以认定构成商标使用。

19.13 【一人多标行为的认定】

诉争商标注册人拥有多个已注册商标，虽然其实际使用商标与诉争商标仅存在细微差异，但若能够确定该使用系针对其已注册的其他商标的，对其维持诉争商标注册的主张，可以不予支持。

19.14 【"替他人推销"商标使用的认定】

诉争商标注册人为商场、超市等，其能够证明通过提供场地等形式与销售商等进行商业合作，足以认定其为推销商品提供建议、策划、宣传、咨询等服务，可以认定诉争商标在"替他人推销"服务上进行了商标使用。

19.15 【指定期间后的使用】

指定期间之后开始大量使用注册商标的，一般不构成在指定期间内的商标使用，但当事人在指定期间内使用商标的证据较少，在指定期间之后持续、大量使用诉争商标的，在判断是否构成商标使用时可以综合考虑。

19.16 【单纯出口行为的认定】

使用诉争商标的商品未在中国境内流通且直接出口的，诉争商标注册人主张维持注册的，可以予以支持。

4. 最高人民法院《关于审理商标授权确权行政案件若干问题的意见》

7. 人民法院在判断诉争商标是否为通用名称时，应当审查其是否属于法定的或者约定俗成的商品名称。依据法律规定或者国家标准、行业标准属于商品通用名称的，应当认定为通用名称。相关公众普遍认为某一名称能够指代一类商品的,应当认定该名称为约定俗成的通用名称。被专业工具书、辞典列为商品名称的,可以作为认定约定俗成的通用名称的参考。

约定俗成的通用名称一般以全国范围内相关公众的通常认识为判断标准。对于由于历史传统、风土人情、地理环境等原因形成的相关市场较为固定的商品,在该相关市场内通用的称谓,可以认定为通用名称。

申请人明知或者应知其申请注册的商标为部分区域内约定俗成的商品名称的,应视其申请注册的商标为通用名称。

8. 人民法院审查判断诉争商标是否属于通用名称,一般以提出商标注册申请时的事实状态为准。如果申请时不属于通用名称,但在核准注册时诉争商标已经成为通用名称的,仍应认定其属于本商品的通用名称;虽在申请时属于本商品的通用名称,但在核准注册时已经不是通用名称的,则不妨碍其取得注册。

20. 人民法院审理涉及撤销连续三年停止使用的注册商标的行政案件时,应当根据商标法有关规定的立法精神,正确判断所涉行为是否构成实际使用。

商标权人自行使用、许可他人使用以及其他不违背商标权人意志的使用,均可认定属于实际使用的行为。实际使用的商标与核准注册的商标虽有细微差别,但未改变其显著特征的,可以视为注册商标的使用。没有实际使用注册商标,仅有转让或许可行为,或者仅有商标注册信息的公布或者对其注册商标享有专有权的声明等的,不宜认定为商标使用。

如果商标权人因不可抗力、政策性限制、破产清算等客观事由,未能实际使用注册商标或者停止使用,或者商标权人有真实使用商标的意图,并且有实际使用的必要准备,但因其他客观事由尚未实际使用注册商标的,均可认定有正当理由。

5. 北京市高级人民法院《知识产权审判参考问答》(17)

一、《类似商品和服务区分表》第3503类似群组中“替他人推销”服务是指:为他人销售商品(服务)提供建议、策划、宣传、咨询等服务,该类服务的对象应为商品(服务)的经销商(含提供者),不包括通过零售或批发直接向消费者出售商品(服务),以价格的差异获取商业利润的情形;

二、目前我国并未准予除药用、兽医用、卫生用制剂和医疗用品的零售或批发服务之外的其他零售或批发服务项目的注册申请,故在商标权撤销复审行政纠纷中应当遵循“替他人推销”服务的实质特点进行相关认定;

三、考虑到目前商业模式、经营方式多元化的特点，应避免仅以复审商标注册权人为商场、超市等经营主体为由，即认定复审商标未在“替他人推销”服务上进行商标法意义上的使用；

四、结合在案证据，若商场、超市等经营主体能够证明其通过提供场地等形式与商品（服务）的经销商（含提供者）进行商业合作，并且提供的促销活动海报、促销活动策划方案、报刊促销广告、咨询服务等证据，足以认定其为经销商（含提供者）销售商品（服务）提供建议、策划、宣传、咨询等服务，上述行为属于复审商标在“替他人推销”服务上进行了商标法意义上的使用。

6. 北京市高级人民法院《当前知识产权审判中需要注意的若干法律问题》

1. 商标授权确权行政案件中的具体问题

——关于连续三年停止使用注册商标的审查问题。注册商标专用权，包括专有使用权和禁用权。连续三年停止使用注册商标的撤销制度，是为了鼓励和督促商标注册人使用其商标、发挥商标在市场上区分商品来源的作用。该制度既不是对商标注册人不使用行为的处罚，也并非为商标注册人设定了使用的义务，只是为了在商标注册人连续三年不使用导致注册商标的作用长期没有发挥时，使该商标标志重新回到公有领域，方便他人注册，激活商标资源的一种措施。因此，对使用的认定应当符合市场实际，在使用证据的认定上，也就应当坚持优势证据原则，不宜过于苛刻。只要证据显示，使用注册商标的核定商品在市场上能够被相关消费者获得且持续一定的时间，使用行为不违反商标法的禁止性规定，就应当认定该注册商标已经进行了真实、公开、合法、有效的使用。如果商标注册人提供的部分使用证据系伪造，则应当对所有证据从严审查，相应提高证明标准，并应当对伪造证据的行为进行处罚，以儆效尤。对于使用注册商标的商品范围应当坚持长期以来已经形成的标准，即只有在核定商品上的使用，才是对注册商标的使用，在与核定使用商品类似的商品上的使用，并非对注册商标的使用，不能据此维持注册商标有效；商标注册人在核定使用的一种商品上使用注册商标的，在与该商品相类似的其他核定商品上的注册可予以维持。

2. 商标民事案件中的具体问题

——关于商标未实际使用对商标民事案件审判的影响问题。商标法第五十六条规定：“注册商标的专用权，以核准注册的商标和核定使用的商品为限。”该条款系对商标专用权的规定，而该法第五十七条对侵害商标权的行为采取了列举加概括式的规定,也就是对商标禁用权的界定。商标自核准注册后,其专用权即告成立,我国采取的是商标注册制,而非商标使用制,注册商标是否实际使用并不影响其专用权的行使,也不影响禁用权的救济。商标法第六十四条系对起诉前三年不使用注册商标赔偿数额界定的规定,而非对是否侵害商标权定性的规定。因此,在商标民事案件中,权利人的注册商标未实际使用,仅是判定赔偿数额的考虑因素,不影响侵权的认定

7.《商标审查审理指南》

下篇　第十七章、撤销注册商标案件的审查审理

(1)释义

商标注册人负有规范使用和连续使用注册商标并积极维护注册商标显著性的法定义务。上述条款是关于禁止自行改变注册商标、注册商标的注册人名义、地址或者其他注册事项等行为,以及撤销成为其核定使用的商品的通用名称及无正当理由连续三年不使用注册商标的规定。

(2)是否存在自行改变注册商标、注册人名义、地址或者其他注册事项情形的判定

自行改变注册商标,是指商标注册人或者被许可使用人在实际使用注册商标时,擅自改变该商标的文字、图形、字母、数字、立体形状、颜色组合等,导致原注册商标的主要部分和显著特征发生变化。改变后的标志同原注册商标相比,易被认为不具有同一性。

自行改变注册商标的注册人名义,是指商标注册人名义(姓名或者名称)发生变化后,未依法向商标注册部门提出变更申请,或者实际使用注册商标的注册人名义与《商标注册簿》上记载的注册人名义不一致。

自行改变注册商标的注册人地址,是指商标注册人地址发生变化后,未依法向商标注册部门提出变更申请,或者商标注册人实际地址与《商标注册簿》上记载的地址不一致。

自行改变注册商标的其他注册事项,是指除注册商标、商标注册人名义、地址之外的其他注册事项发生变化后,注册人未依法向商标注册部门提出变更申请,致使与《商标注册簿》上登记的有关事项不一致。

存在上述行为之一的,且经地方市场监督管理部门责令商标注册人限期改正,但期满不改正的,依法予以撤销。

(3)是否存在注册商标成为其核定使用商品的通用名称情形的判定

3.1 含义

注册商标成为其核定使用商品的通用名称，是指原本具有商标显著特征的注册商标，在市场实际使用过程中，退化为其核定使用商品的通用名称。

3.2 判定

判定系争商标是否属于商品的通用名称，应当从商标标志整体上进行审查，且应当认定通用名称指向的具体商品，对与该商品类似的商品不予考虑。

判定系争商标是否属于商品的通用名称，关键是判定该商标的功能是区分不同商品还是区分不同商品来源，如商标的主要功能是区分不同商品，应判定为通用名称。除依据本编第四章3.1“仅有本商品的通用名称、图形、型号的”，部分审查审理外，还可以参考辞典、专用工具书、国家或者行业标准、相关行业组织的证明、市场调查报告、市场上的宣传使用证据以及其他主体在同种商品上使用该商标标志的证据进行审查审理。

判断注册商标成为其核定使用商品的通用名称的时间点，一般应以提出撤销申请时的事实状态为准，案件审查审理时的事实状态可以作为参考。

3.3 适用要件

(1)注册商标在其获准注册之时尚未成为其核定使用商品的通用名称。

(2)注册商标在市场实际使用过程中，丧失了其识别商品来源的功能，在被提出撤销申请时已成为其核定使用商品的通用名称。

(3)判定注册商标是否成为其核定使用商品的通用图形、型号，参照上述关于通用名称判定标准进行。

(4)连续三年不使用注册商标情形的判定。

4.1 含义和时间起算

连续三年不使用注册商标，是指一个注册商标在其有效期内不使用，且该状态不间断地持续三年以上。

连续三年不使用注册商标的时间起算，应当自申请人向商标注册部门申请撤销该注册商标之日起，向前推算三年。

4.2 商标使用的判定

商标的使用，是指商标的商业使用。包括将商标用于商品、商品包装或者容器以及商品交易文书上，或者将商标用于广告宣传、展览以及其他商业活动中，用于识别商品来源的行为。

对商标注册人提供的商标使用证据，应结合其市场主体类型、实际经营形式、商标注册情况综合判断其是否真实、公开、合法地使用商标。

商标注册人应当在核定使用的商品上使用注册商标。商标注册人在核定使用的商品上使用注册商标的，在与该商品相类似的商品上的注册可予以维持。商标注册人在核定使用商品之外的类似商品上使用其注册商标，不能视为对其注册商标的使用。

系争商标实际使用的商品不属于《类似商品和服务区分表》中的规范商品名称，但其与系争商标核定使用的商品仅名称不同，本质上属于同一商品的，或是实际使用的商品属于核定商品下位概念的，可以认定构成在核定商品上的使用。

系争商标核准注册时，核定的未实际使用商品与已实际使用商品在《类似商品和服务区分表》中不属于类似商品，但因《类似商品和服务区分表》的变化，在案件审理时属于类似商品的，以案件审理时的事实状态为准，可以维持未实际使用商品的注册。系争商标核准注册时，核定的未实际使用商品与已实际使用商品在《类似商品和服务区分表》中属于类似商品，但因《类似商品和服务区分表》的变化，在案件审理时不属于类似商品的，以核准注册时的事实状态为准，可以维持未实际使用商品的注册。

系争商标实际使用的商品未在中国境内流通而直接出口的，可以认定构成核定商品的使用。

以下情形，不被视为商标法意义上的商标使用：

(1)商标注册信息的公布或者商标注册人关于对其注册商标享有专用权的声明；

(2)未在公开的商业领域使用；

(3)改变了注册商标主要部分和显著特征的使用；

(4)仅有转让或许可行为而没有实际使用；

(5)仅以维持商标注册为目的的象征性使用。

4.3　商标使用在指定商品上的具体表现形式

(1)采取直接贴附、刻印、烙印或者编织等方式将商标附着在商品、商品包装、容器、标签等上，或者使用在商品附加标牌、产品说明书、介绍手册、价目表等上；

(2)商标使用在与商品销售有联系的交易文书上，包括使用在商品销售合同、发票、票据、收据、商品进出口检验检疫证明、报关单据、电子商务经营的交易单据或者交易记录等上；

(3)商标使用在广播、电视、互联网等媒体上，或者在公开发行的出版物中发布，以及以广告牌、邮寄广告或者其他广告方式为商标或者使用商标的商品进行的广告宣传；

(4)商标在展览会、博览会上使用，包括但不限于在展会印刷品及其他资料、工牌、指示牌和背景牌等处用于指示商品和服务来源的使用；

(5)商标使用体现在国家机关、检测或鉴定机构及行业组织出具的法律文书、证明文书上；

(6)其他符合法律规定的商标使用形式。

4.4 商标使用在指定服务上的具体表现形式

(1)商标直接使用于服务场所，包括使用于服务的介绍手册、服务场所招牌、店堂装饰、工作人员服饰、招贴、菜单、价目表、奖券、办公文具、信笺以及其他与指定服务相关的用品上；

(2)商标使用于和服务有联系的文件资料上，如发票、汇款单据、提供服务协议、维修维护证明、电子商务经营的交易单据或者交易记录等；

(3)商标使用在广播、电视、互联网等媒体上，或者在公开发行的出版物中发布，以及以广告牌、邮寄广告或者其他广告方式为商标或者使用商标的服务进行的广告宣传；

(4)商标在展览会、博览会上使用，包括但不限于在展会印刷品及其他资料、工牌、指示牌和背景牌等处用于指示商品和服务来源的使用；

(5)商标使用体现在国家机关、检测或鉴定机构及行业组织出具的法律文书、证明文书上；

(6)其他符合法律规定的商标使用形式。

4.5 系争商标不存在连续三年不使用情形的举证责任由系争商标注册人承担

用以证明系争商标不存在连续三年不使用的情形的证据材料，应当符合以下要求：

(1)能够显示出使用的系争商标标识；

(2)能够显示出系争商标使用在指定使用的商品或者服务上；

(3)能够显示出系争商标的使用人，既包括商标注册人自己，也包括商标注册人许可的他人以及其他不违背商标权人意志使用商标的人。如许可他人使用的，应当能够证明许可使用关系的存在；

(4)能够显示出系争商标的使用日期，且应当在自撤销申请之日起向前推算三年内；

(5)能够证明系争商标在《商标法》效力所及地域范围内的使用。

仅提交下列证据，不视为商标法意义上的商标使用：

(1)商品销售合同或提供服务的协议、合同；

(2)书面证言；

(3)难以识别是否经过修改的物证、视听资料、网站信息等；

(4)实物与复制品。

8. 国家工商行政管理局商标局《关于保护服务商标若干问题的意见》

七、在下列情形中使用服务商标，视为服务商标的使用：

(一)服务场所；

(二)服务招牌；

(三)服务工具；

(四)带有服务商标的名片、明信片、赠品等服务用品；

(五)带有服务商标的账册、发票合同等商业交易文书；

(六)广告及其他宣传用品；

(七)为提供服务所使用的其他物品。

他人正常使用服务行业惯用的标志，以及以正常方式使用商号(字号)、姓名、地名、服务场所名称，表示服务特点，对服务事项进行说明等，不构成侵犯服务商标专用权行为，但具有明显不正当竞争意图的除外。

二、历史沿革及修法意义

(一)条款的设立与变更

我国《商标法》中关于商标使用认定及撤销三年不使用的规定，自1982年《商标法》便在第三十条的位置进行了明确，至今历经四次修正。

其中，1993年的修法并无调整；2001年的修法将其调整至第四十四条的位置，同时将第一项的“自行改变注册商标的文字、图形或者其组合的”修改为“自行改变注册商标的”。

2013 年的修法则进行了较大修正，在条款序号上调整至现今的第四十九条的位置，同时在结构上拆分为两款，内容上进行了细致的划分，第一款是关于商标局主动撤销的情形，删去了原第三项关于“自行转让注册商标的”规定，而是以“自行改变其他注册事项”予以概括总结，同时在撤销方式上，由“责令限期改正或者撤销其注册商标”的规定，修改为先由地方工商行政管理部门“责令限期改正”，对于“期满不改正的”，再由商标局“撤销其注册商标”。第二款是增加了“注册商标成为其核定使用的商品的通用名称的”的法定撤销情形，并对“连续三年不使用”增加了“无正当理由”的限定，且在撤销程序上可以由任何人向商标局提起撤销申请。另外，对于商标局的审理时限进行了明确规定，至此形成了较为完备的商标使用认定及撤销三年不使用的立法体系，有效指引实务工作的开展。在之后的2019 年修法中，并未对该条款进行再次修正。（见表 23 – 1）

表 23 – 1 《商标法》关于商标使用认定及撤销三年不使用的规定

时间	条款	内容
1982 年《商标法》	30	使用注册商标，有下列行为之一的，由商标局责令限期改正或者撤销其注册商标： (1) 自行改变注册商标的文字、图形或者其组合的； (2) 自行改变注册商标的注册人名义、地址或者其他注册事项的； (3) 自行转让注册商标的； (4) 连续三年停止使用的。
1993 年《商标法》	30	使用注册商标，有下列行为之一的，由商标局责令限期改正或者撤销其注册商标： (1) 自行改变注册商标的文字、图形或者其组合的； (2) 自行改变注册商标的注册人名义、地址或者其他注册事项的； (3) 自行转让注册商标的； (4) 连续三年停止使用的。
2001 年《商标法》	44	使用注册商标，有下列行为之一的，由商标局责令限期改正或者撤销其注册商标： (1) 自行改变注册商标的； (2) 自行改变注册商标的注册人名义、地址或者其他注册事项的； (3) 自行转让注册商标的； (4) 连续三年停止使用的。

续表

时间	条款	内容
2013 年《商标法》	49	商标注册人在使用注册商标的过程中,自行改变注册商标、注册人名义、地址或者其他注册事项的,由地方工商行政管理部门责令限期改正;期满不改正的,由商标局撤销其注册商标。 注册商标成为其核定使用的商品的通用名称或者没有正当理由连续三年不使用的,任何单位或者个人可以向商标局申请撤销该注册商标。商标局应当自收到申请之日起九个月内做出决定。有特殊情况需要延长的,经国务院工商行政管理部门批准,可以延长三个月。
2019 年《商标法》	49	商标注册人在使用注册商标的过程中,自行改变注册商标、注册人名义、地址或者其他注册事项的,由地方工商行政管理部门责令限期改正;期满不改正的,由商标局撤销其注册商标。 注册商标成为其核定使用的商品的通用名称或者没有正当理由连续三年不使用的,任何单位或者个人可以向商标局申请撤销该注册商标。商标局应当自收到申请之日起九个月内做出决定。有特殊情况需要延长的,经国务院工商行政管理部门批准,可以延长三个月。

(二)修法意义

1. 保护商标专用权

《商标法》的数次修改充分体现了保护商标专用权的立法宗旨,包括在撤销方式上,由强硬的直接撤销商标专用权,调整为给予商标权利人改正的机会,对于期满不改正的,才会作出撤销商标专用权的严厉惩处。

2. 完善和拓展了商标保护体系

如在 2013 年《商标法》的修改中,增加了“连续三年不使用无正当理由”的缓冲地带,对于因不可抗力、政策性限制、破产清算等限制性原因,致使注册商标暂时无法予以使用,发挥商业价值的商标,予以有效保护,充分保障了市场主体的经济利益,进一步完善了商标保护体系。

3. 维护社会秩序稳定

商标是企业在市场经济活动中的商业标志,事关市场经营主体的经营布局,极具商业价值。而通过对商标专用权的有效保护,将有效激活商标资源,极大地推动商标在市场流通领域的商业价值的实现,进而助力良好营商环境的建设,为社会秩序的稳定添砖加瓦。

三、商标案件大数据

在撤销复审案件中，商标评审委员会的败诉率是呈下降趋势，因此，在商标法第四十九条的法律适用上，行政机关和司法机关的分歧逐渐减少，在部分证据的采信认定标准上渐达统一，而裁判尺度的统一也将有效指引市场主体的经营活动，有利于良好营商环境的发展。（见表23－2、表23－3）

（一）商标评审案件及评审案件三审级诉讼情况

表23－2 商标评审案件及评审案件三审级诉讼情况

年度	裁决总量/万件	商评委应诉量/万件	应诉占比/%
2015	10.89	0.76	7.0
2016	12.52	0.53	4.2
2017	16.89	0.93	5.5
2018	26.52	1.15	4.3
2019	33.71	1.43	4.2
2020	35.83	1.50	4.2

资料来源：《评审法务通讯》。

（二）2018～2020年涉第四十九条的行政诉讼案件量

表23－3 2018～2020年涉第四十九条的行政诉讼案件量

年度	裁决总量/万件	商评委应诉量/万件	撤销复审案件量/件	商评委败诉量/件	商评委败诉率/%
2018	26.52	1.15	1186	354	29.8
2019	33.71	1.43	1675	527	31.5
2020	35.83	1.50	1398	331	23.7

资料来源：《评审法务通讯》。

四、典型案例

（一）司法案例

1.“鲁锦”案：具有地域性特点的商品通用名称的判断（最高人民法院指导案例46号）

终审案号：（2009）鲁民三终字第34号

基本案情：山东鲁锦实业有限公司以商标侵权及不正当竞争为由，向山东省济宁市中级人民法院，对甄城县鲁锦工艺品有限责任公司、济宁礼之邦家纺有限公司提起诉讼，一审法院经审理认为构成商标侵权及不正当竞争；

甄城县鲁锦工艺品有限责任公司、济宁礼之邦家纺有限公司不服，向山东省高级人民法院提起上诉，二审法院经审理，认为“鲁锦”已成为具有地域性特点的棉纺织品的通用名称，故最终认定不构成商标侵权及不正当竞争。

裁判要点：判断具有地域性特点的商品通用名称，应当注意从以下方面综合分析：（1）该名称在某一地区或领域约定俗成，长期普遍使用并为相关公众认可；（2）该名称所指代的商品生产工艺经某一地区或领域群众长期共同劳动实践而形成；（3）该名称所指代的商品生产原料在某一地区或领域普遍生产。

2.“摩卡”案：约定俗成通用名称的判断标准（北京法院2021年度知识产权司法保护十大案例）

终审案号：（2020）京行终2540号

基本案情：瑞昶贸易股份有限公司系第9199914号“摩卡MOCCA及图”商标权利人，核定使用在第30类“咖啡”等商品上。北京慧能泰丰信息咨询有限责任公司分公司以诉争商标已成为核定商品上的通用名称为由，向原国家工商行政管理总局商标评审委员会提起撤销申请，经审查认为予以维持注册。

北京慧能泰丰信息咨询有限责任公司分公司不服向北京知识产权法院提起诉讼，一审法院经审理认为，从诉争商标标志本身、消费者的认知情况、同业经营者的使用情况、第三方的介绍和报道、词典的收录情况来看，现有证据能够证明，至迟在本案行政阶段和一审诉讼阶段中，包括消费者和同业经营者在内的相关公众已普遍认为“摩卡”指代的是一类咖啡商品，且上述认知并不限于特定地域，而是全国范围内，“摩卡”已成为咖啡类商品上约定俗成的通用名称。诉争商标作为一个整体使用在“咖啡”等咖啡类商品上，已无法发挥商标应有的识别商品来源的作用,应当予以撤销。现有证据无法反映诉争商标在中国境内使用的持续时间、市场占有率情况、广告宣传情况等,更无法证明诉争商标已与第三人建立唯一对应关系。对于注册商标因通用化而失权这一制度设计来说,不以商标权人在通用化的过程中存在主观过错为前提。因通用化而应撤销注册的商品仅限于通用名称所指向的商品。最终对诉争商标在"咖啡、咖啡调味香料(调味品)、加奶咖啡饮料、做咖啡代用品的植物制剂"等咖啡类商品上,予以撤销。

国家知识产权局和瑞昶贸易股份有限公司不服向北京市高级人民法院提起上诉,二审法院经审理予以维持原审判决。

法院点评:本案为注册商标因通用化而被撤销的典型案例。本案涉及"摩卡"商标是否因演化为咖啡类商品的通用名称而应予撤销注册的判断。本案全面分析了撤销通用名称案件的裁判标准,特别是在时间标准方面,通过论证时间差对其他经营者和竞争秩序的影响,从而得出考虑审查及审理时事实状态的必要性。本案从法律规定的文义解释、目的解释和成本收益分析的角度深入阐释在撤销涉及通用名称注册商标的判断中,不以商标权利人存在主观过错为前提的合理性,并界定了撤销的商品范围。本案提出的因成为通用名称而予以撤销的商品应仅限于通用名称所指向的商品,而不包括类似商品的规则,被新制定的《商标审查审理指南2021》吸收,对此类商标权撤销行政案件的审理提供了有益借鉴。

3."恒大"案:商标使用证据审查及认定标准

终审案号:(2017)京行终4247号

基本案情:江西恒大高新技术股份有限公司(以下简称江西恒大公司)系第6931816号"恒大"商标权利人。潘某针对该商标以连续三年停止使用为由向原国家工商行政管理总局商标局提起撤销申请,经审查作出维持注册的决定;潘某不服向原商标评审委员会提起复审,经审理认为江西恒大公司提交的商标使用许可合同、发票、检验报告等多份证据存在合同倒签、不符合交易习惯、陈述与证据不符等多处矛盾,无法认定进行了商标法意义上的使用,应予以撤销。

江西恒大公司不服向北京知识产权法院提起诉讼,一审法院经审理认为,不应割裂单个证据之间的联系,在案全部的合同、发票等证据相互之间能够予以印证,形成证据链条,应予以维持注册。

国家知识产权局和潘某不服向北京市高级人民法院提起上诉,二审法院经审理认为,国税局网站的查询结果可以证明发票存在倒签的事实,同时本案其他多份证据亦存在瑕疵,在此情形下,应相应提高对其提交证据证明标准的要求,在综合考量全案证据后,认定应予以撤销注册。

江西恒大公司不服向最高人民法院提起再审,最高人民法院经审理后,最终认定应予以撤销注册,驳回了江西恒大公司的再审申请。

裁判文书载明:"……对于商标使用事实的证明标准,通常遵循优势证据标准。只要相关证据显示,使用注册商标的核定使用商品或服务在市场上能够被相关公众获得且持续一定的时间,使用行为不违反商标法的禁止性规定,就应当认定该注册商标进行了真实、公开、合法、有效的使用……为避免连续三年停止使用注册商标撤销制度目的落空,形成鼓励当事人如实、规范提供商标使用证据的导向,如果商标注册人提供的部分使用证据系伪造,则应当对其提交的所有证据从严审查,相应提高证明标准。

……对于商标使用证据的审查判断,既要逐一审查单个证据本身的真实性、合法性、关联性,也要从整体上对全部在案证据进行审查,从各证据与案件事实的关联程度、各证据之间的联系等方面进行综合判断。当事人提交多个证据试图形成证据链证明某一事实时,一般应先逐一审查单个证据的真实性、合法性,在确认相关证据真实性、合法性的基础上,从其与案件事实的关联程度、各证据之间的联系等方面判断有无证明力及证明力的大小。"

律师点评:二审法院对于商标使用证据的审查、认定标准给出了明确的指引:其一,对于商标使用事实的证明标准,通常遵循高度盖然性标准;其二,当事人提交多个证据试图形成证据链证明某一事实时,一般应先逐一审查单个证据的真实性、合法性;其三,如果商标注册人提供的部分使用证据系伪造,则应当对其提交的所有证据从严审查,相应提高证明标准。

此外,2021 年 9 月 10 日,北京知识产权法院召开商标权撤销复审行政案件涉伪证处罚情况通报会,针对撤销案件中伪造证据的情况将采取加大证据审查力度、顶格处罚等多项措施予以严厉打击,在此建议,对于拥有合法商标权的经营者,要注意定期留存固定商标使用证据,在线下生产、进货、销售等流程,则应尽可能签订书面合同,保存好相应的银行流水凭证或销售发票,恪守诚信,规范经营,避免因无法提供使用证据而丧失商标权的风险。

4. “Evisu”案：网络刷单不构成商标法意义上的使用

终审案号：(2021)京行终4600号

基本案情：罗某杰系第12323415号“Evisu”商标的权利人，捷尔普国际有限公司(以下简称捷尔普公司)针对该商标以连续三年停止使用为由向国家知识产权局提起撤销申请，国家知识产权局经审查作出维持注册的决定；捷尔普公司不服向国家知识产权局提起复审，国家知识产权局经审理认为全案证据未形成有效的证据链，决定予以撤销注册。

罗某杰不服向北京知识产权法院提起诉讼，一审法院认为在案证据仅可以证明诉争商标在“耳机塞”等部分关联核定商品进行了使用，对诉争商标该部分商品予以维持注册。

捷尔普公司不服向北京市高级人民法院提起上诉，二审法院经审理认为，据已查明事实，公证书记载的网店销售记录明显存在关联公司刷单行为，这种非出于真实交易目的的网络刷单行为，或者出于某些不正当目的的刷单行为，不宜认定为可以维持诉争商标注册的商标使用行为，亦不应产生维持诉争商标有效注册的法律后果，最终认定在全部核定使用商品上应予以撤销注册。

裁判文书载明：“……首先，原审法院主要依据第21159号公证书的记载认定诉争商标已经有效使用，但第21159号公证书所记载的网店销售记录存在多处相互矛盾和冲突的订单信息，且明显存在关联公司刷单行为，特别是罗某杰与其妻子掌控的香港华大电子实业有限公司购买使用诉争商标的耳机系出于网络平台某些排除机制的原因，已构成关联交易且交易目的具有一定的不正当性。这种非出于真实交易目的的网络刷单行为，或者出于某些不正当目的的刷单行为，不宜认定为可以维持诉争商标注册的商标使用行为，亦不应产生维持诉争商标有效注册的法律后果。其次，诉争商标于2013年3月申请注册，并于2015年5月获得注册，至捷尔普公司2017年7月依法请求宣告诉争商标无效时，诉争商标并无任何使用行为。同时结合捷尔普公司2016年联系罗某杰时罗某杰报价300万元的事实，表明罗某杰并非出于使用目的申请注册诉争商标。直到诉争商标核准注册快满三年的2018年1月，才由罗某杰的妻子陈某华寻求在网店销售使用诉争商标。再次，正如国家知识产权局的委托诉讼代理人所指出，罗某杰二审新证据第11、13、15、17、19页图片显示，标记有诉争商标的商品图样同时标记了至少两个其他注册商标，这表明诉争商标并未被单独使用。最后，罗某杰的妻子陈某华因销售假冒具有一定知名度的一批注册商标的耳机等商品，于 2016 年被判决承担刑事责任，相应的刑事判决认定罗某杰曾为其妻子陈某华的犯罪行为提供过帮助行为，且本案承担刷单任务的香港华大电子实业有限公司系罗某杰与妻子陈某华在香港成立的企业法人，同时捷尔普公司二审新证据 3 表明陈某华网店在二审开庭前近三个月内一件使用诉争商标的商品都未能成功销售。综合全案证据，特别是考虑到罗某杰并非出于使用目的申请注册诉争商标，诉争商标核准注册后二年多的时间内并未实际使用，直到捷尔普公司同罗某杰联系诉争商标转让事宜后，诉争商标才在核准注册后快满 3 年时由罗某杰的妻子陈某华使用于网店，且在网店上的使用存在使用不规范、大量关联交易刷单行为，以及罗某杰与妻子陈某华存在侵犯一些具有一定知名度的注册商标的行为等因素，本院认定诉争商标在指定期间内即便有在‘耳机’商品上的零星使用，亦系主要基于维持诉争商标注册以便有偿转让目的的象征性使用，而不是真实、合法、有效的商业性使用诉争商标的行为。因此，诉争商标在指定期间内未在核定使用的‘耳机’等商品上进行公开、合法、有效的商标性使用，不足以产生维持诉争商标有效注册的法律效果，故诉争商标在‘扬声器音箱，麦克风，头戴式耳机，耳塞机，音响连接器，便携式媒体播放器’商品上的注册应予撤销。”

律师点评：在互联网时代，市场经营者通过网络平台面向消费者进行商品销售，或提供服务，成为市场经济的主流。由此，在商标撤销复审案件中，商标使用主体通过提交线上网络平台的销售数据用以证明商标的使用事实，也成为司法案件中常见的证据形式，在立法上，我国也陆续颁布最高人民法院《关于修改〈关于民事诉讼证据的若干规定〉的决定》等法律法规，对于电子证据的认定进行了法律指引，所以，真实合法有效的电子证据是能够得到司法采信的。

但本案中，诉争商标在实际市场予以使用的销售事实系通过“刷单”形成，行为方式是“店家付款请人假扮顾客购买商品，以提高销量和信用度并填写虚假好评”，行为本质构成《反不正当竞争法》的不正当竞争行为，因此，“刷单”作为虚假交易的形式之一，并不满足证据真实性的要求，进而无法在商标撤销复审案件中作为商标真实使用的证据予以采信。在审查标准上，可以通过“开店的时间、主体、销量、评价数量、交易的金额是否合理、同一人是否重复购买、交易是否成功、物流信息是否真实、重复”等多角度予以综合审查商标的使用证据。

(二)行政机关典型案例①

1."DISCOVERUW MEN'S UNDERWEAR 及图"案:贴牌加工的生产行为属于商标法所称商标的"使用"

基本案情:北京君策九州科技有限公司(本案被申请人)以无正当理由连续三年不使用为由,于 2015 年 12 月 15 日对福莱服饰有限公司(本案申请人)注册的第 8815851 号"DISCOVERUW MEN'S UNDERWEAR 及图"商标(以下简称复审商标)向商标局提出撤销申请,请求撤销复审商标在第 25 类"内衣、防汗内衣、内裤、鞋、帽、袜"等全部核定商品上的注册。商标局经审查认为申请人提供的商标使用证据无效,复审商标予以撤销。申请人不服,依法向商标评审委员会提出复审。

决定结果:商标评审委员会经审理认为,复审商标被许可使用人温州探索进出口有限公司于 2012 年 12 月 15 日至 2015 年 12 月 14 日内对复审商标于中国在"男士内裤"商品上已实际投入生产经营,虽然该行为系贴牌加工,商品未在中国市场流通,但是,该实际生产经营行为仍发生在中国,这种行为实质上是在积极使用商标,符合修改前《商标法》第四十四条第四项注册商标连续三年停止使用撤销规定旨在鼓励和促使商标权人使用商标,避免商标资源闲置、浪费,保障商标制度良好运转的立法目的。故对复审商标在与"男士内裤"相同或类似的"内衣、防汗内衣、内裤"商品上的注册予以维持,在其余商品上的注册予以撤销。

典型意义:本案的焦点问题是贴牌加工的生产行为是否属于《商标法》所称商标的"使用"。商标评审委员会认为,注册商标连续三年停止使用撤销制度的立法目的旨在鼓励和促使商标权人使用商标,避免商标资源闲置、浪费,保障商标制度良好运转。就贴牌加工问题而言,虽然贴牌加工的商品并未在中国市场流通,但是商品的生产加工行为发生在中国,生产者将商标附着于商品的行为具有使之区分商品来源的真实意图。这种行为本身是对商标进行积极使用的体现,对这种行为持鼓励态度符合上述立法目的。反之,若不认定此类使用行为的效力而撤销商标注册,则易使生产者的正常经营活动因对外贸易、海关政策而受阻,不利于社会生产秩序的稳定,也不利于商标注册制度的有序运转。故本案中,商标评审委员会认

---

① 资料来源:国家知识产权局。

为申请人提交的使用证据有效，复审商标在相应商品及类似商品上予以维持注册。

2.“PHILIPS”案：在案证据能够形成完整证据链条，对系争商标予以维持注册

审理要点：本案中，商标注册人提交了注册人与广东省某公司、某国际贸易公司签订的购销合同，合同中显示“PHILIPS”商标及铁支架商品，签订时间亦在本案指定期间。商标注册人还提交了增值税专用发票，发票显示的商品名称、数量、金额与前述购销合同可以形成一一对应关系，能够证明前述购销合同已经实际履行。而且，证据中显示的铁支架商品属于“PHILIPS”商标核定使用的金属支架商品，因此在案证据已经可以证明“PHILIPS”商标在核定使用商品上进行了实际使用。

3.“一丸土”案：实际使用的非规范商品属于核定商品的，对系争商标在核定商品及类似商品上予以维持注册

审理要点：商标注册人提交的证据包括商标使用授权书、淘宝店铺“一丸土工作室”首页截图、淘宝店铺掌柜 fiships 为张某霞的认证材料、店铺交易记录、紫砂壶包装盒照片、中国胶粘剂交易平台采购紫砂杯及微信采购对话记录等。上述证据能够证明“一丸土”商标在“紫砂壶；紫砂杯”商品上进行了商标法意义上的使用。虽然“紫砂壶；紫砂杯”商品不属于《类似商品和服务区分表》中的规范商品名称，但其实际上属于系争商标核定使用的“茶具；茶壶”商品中的一种，可以认定构成在“茶具；茶壶”商品上的使用，并在“陶器；瓷器；日用陶器（包括盆、碗、盘、缸、坛、罐、砂锅、壶、炻器餐具）”等类似商品上对“一丸土”商标一并维持注册。

4.“宜派 ipai 及图”案：主要证据真实性存疑，不予采信，对系争商标予以撤销

审理要点：经在国家税务总局全国增值税发票查验平台上对商标注册人提交的三张深圳增值税普通发票进行查验，发现其中一张发票显示的商品名称、金额均与平台所录信息不符，另外两张发票经查验显示无此票信息。鉴于商标注册人的主要证据真实性存疑，该项证据应不予认可，“宜派 ipai 及图”商标应予以撤销。

5.“六堡茶”案：案件审理时成为核定商品上的通用名称，予以撤销

审理要点：广西某公司提供的证据材料“中华人民共和国国家标准 GB/T 32719.4－2016”显示，六堡茶已被囊括进黑茶概念里，从 2017 年 1 月 1 日该国家标准实施之日起，“六堡茶”即成为法定的商品通用名称；该公司提交的相关网络搜索结果，也可作为“六堡茶”在茶行业通用性使用的佐证。且商标注册人怠于维护商标专用权，致使行业内大量以“六堡茶”命名的公司涌现。广西某公司提交的证据足以证明“六堡茶”商标在其核定使用的第 30 类“茶”部分核定使用商品上已成为通用名称,与《商标法》第四十九条规定的成为其核定使用的商品的通用名称之情形相符。

6.“工”案:破产清算属于商标法第四十九条规定的正当理由

审理要点:商标注册人提交了“工”商标不使用正当理由的相关证据材料。证据显示,2009 年 10 月 30 日商标注册人因资不资债由青岛市四方区人民法院民事裁定破产清算,主管部门青岛市市北区发展和改革局出具说明函,说明“工”商标作为无形资产计入资产冲减负债。本案经审查认为,商标注册人的不使用正当理由成立,“工”商标予以维持。

(三)其他具有典型意义的案例

1.“碧桂园”案:象征性使用的认定(中华商标协会 2019~2020 年度优秀商标代理案例)

终审案号:(2020)京行终 1603 号

基本案情:某饮料公司系第 3208610 号“碧桂园”商标(以下简称诉争商标)的权利人,核定使用在第 30 类“白糖;豆浆”等商品上。某物业公司认为某饮料公司注册“碧桂园”商标不具有真实使用意图,遂于 2017 年 11 月 28 日向原国家行政管理总局商标局提出了连续三年不使用撤销申请,经审查作出维持注册的决定。

某物业公司不服,向国家知识产权局提起复审,经审理认为某饮料公司提交的证据可形成完整的证据链,可以证明诉争商标被许可人于指定期间对诉争商标在豆腐、白糖、豆浆商品上进行了真实、有效的商业使用,鉴于诉争商标核定使用的食盐等商品与白糖、豆浆等商品属于类似商品,故决定诉争商标在全部商品上的注册予以维持。

某物业公司不服,起诉至北京知识产权法院,一审法院审理认为某饮料公司提交的证据从形式上虽可形成完整的证据链条,但存在销售渠道单一、发票数量少、金额低,却涉及多项商品等,明显不符合商业惯例的矛盾之处,最终认定某饮料公司此种商标使用行为并非出于真实的生产经营目的,不应视为真实有效的商标使用行为,应予以撤销注册。

国家知识产权局、某饮料公司均不服,上诉至北京市高级人民法院,二审法院经审理认为上诉理由缺乏事实和法律依据,对其上诉请求不予支持,一审判决认定事实清楚,适用法律正确,判决驳回上诉,维持原判。

裁判文书载明:"……第一,无证据表明使用诉争商标的商品存在其他销售渠道,而是仅仅在广州市天河区某贸易经营部销售。该经营部的经营者何某系某饮料公司的经营者麦某之配偶。从某饮料公司所提交的证据看,该经营部在所处位置、内部陈设等方面与常规的商品小卖部或小超市有明显不同。该经营部曾因工商行政管理部门在依法履职过程中无法通过登记的经营场所及经营者住所与个体工商户取得联系,于2017年8月31日被列入经营异常。某物业公司在公证人员见证下于2019年10月18日上午11时左右到达更名后的广州市天河区某贸易经营部,经营部处于闭门状态。第二,某资料公司虽然提供了销售发票,但发票数量较少,八张发票共涉及16种商品各一件,销售金额共307元。八张发票均系同日开具,两张发票付款方为连小姐,四张发票付款方为黄先生,两张发票付款方显示'自用'。上述发票中的'连小姐''黄先生'若分别为同一人,则同日开具的小额发票分两张或四张开具,不合常理。证据4的委托加工产品合同仅涉及豆腐、豆浆、酱油、调味品、方便面等部分产品,且是否实际履行仅有受托人自行制作的收据加以证明,交易额亦有限。某饮料公司并未提供证据证明所售茶、咖喱粉、秋梨膏等相关商品由谁具体生产。第三,该经营部虽规模极小,但开具的发票涉及鞋油、砂纸、香、风湿油、婴儿饼干、领带夹、手表、钟、人造宝石、玉雕首饰、小提琴、乐谱架、拨弦片、手杖、伞、豆腐、牛奶、腊肉、茶、咖啡、啤酒等多种类商品,且均系'碧桂園'品牌商品。某饮料公司并无相关商品的生产能力,某饮料公司及其关联主体注册的'碧桂園'商标涵盖十几个类别,如果其分别委托他人生产而仅在自营的小商铺中销售,因销量小故委托加工成本会较高,很难维持正常经营。因此,可能的情况是,某饮料公司为了维持包括诉争商标在内的'碧桂園'系列商标的注册,刻意从事了少量的商品销售行为。如前所述,此种商标使用行为并非出于真实的生产经营目的,不应视为真实有效的商标使用行为。"

律师点评:在商标权撤销复审行政纠纷案件中,有些商标权利人为了维持其商标注册,往往会预先采取应对措施,或自制相关的使用证据,或从事少量的商品销售行为,其实质上并不属于以真实的生产经营为目的的使用行为。对商标权利人而言,该种行为可以一定程度上防止其商标被撤销,但明显违背了我国《商标法》鼓励注册商标使用,激活商标资源的立法目的,阻碍了闲置商标的清理。因此,此种不以真实的生产经营为目的的使用行为,不应当视为《商标法》意义上的真实有效的商业使用,本案对于通过开具少量发票等类似象征性使用的案件予以了一定的有效指引。

2."双狮"案:未使用正当理由的认定

终审案号:(2021)京行终5347号

基本案情:某集团公司系第9545号"雙獅及图"商标(以下简称诉争商标)的权利人,该商标系于1951年核准注册在第8类"菜刀(内,外销)"商品上,并曾被认定为中华老字号、广东老字号、广东省著名商标以及广州市著名商标,具有极高的知名度和影响力。2018年4月25日,自然人王某友因认为某集团公司"雙獅及图"商标在此前三年内未予以使用,向国家知识产权局提出了连续三年不使用撤销申请,经审查作出维持注册的决定。

王某友不服,向国家知识产权局提起复审,经审理认为某集团公司提交的证据可以证明指定期间内诉争商标在"菜刀(内,外销)"商品上进行了公开、真实、合法的商业使用,故决定诉争商标在复审商品上的注册予以维持。

王某友不服,起诉至北京知识产权法院,一审法院审理认为,因企业重组转型的原因,某集团公司自身在指定期间内未实际使用诉争商标存在合理的客观原因。同时,为授权他人使用诉争商标做了相应准备工作,且有部分商品已经实际进入商品流通领域,其具有使用诉争商标的真实意愿,属于不使用的正当理由。被诉决定维持诉争商标注册的结论正确,予以确认。

王某友不服,上诉至北京市高级人民法院,二审法院经审理,维持原判。

裁判文书载明:"……本案中,金业公司提交的证据12至15系诉争商标使用在菜刀(内,外销)商品上的相关证据,原审法院经过审查认定上述证据能够证明诉争商标核定使用的部分商品已经实际进入商品流通领域,并据此认定商标权人具有使用诉争商标的真实意愿,并无不当。同时,证据16表明,金业公司之所以自身未能及时有效使用诉争商标,原因在于2013年广州市人民政府国有资产监督管理委员会同意因转型发展问题而进行重组转型,进而开始关停企业、产业转型、处置资产、人员分流等工作,金业公司作为的关联公司,按照相应部署亦开展了相应工作,故金业公司自身在指定期间未实际使用诉争商标存在合理的客观原因。证据4至8也能进一步证明金业公司系因企业重组转型导致其自身暂时不具备实际使用诉争商标的条件,进而为授权他人使用诉争商标做了相应准备工作。因此,原审法院认定金业公司自身未在指定期限使用诉争商标具有正当的理由,不宜依据2013年《商标法》第四十九条第二款规定撤销注册,并无不当。"

律师点评：在实际市场经济活动中，由于企业改制、重组转型等客观历史原因，一些老字号被迫暂时退出市场，并不意味着其之后不会再继续予以使用，反而是为适应新经济形势，更好地发挥应有的商业价值而予以贮备。同时，我国商标法的立法目的在于强化商标使用功能，撤销并非其主旨。因此，在立法上，设置了未使用的正当理由这一缓冲地带，在司法上，人民法院在适用该条款予以审查时，也会结合企业的历史背景、商标的使用意图等予以综合考量，以充分发挥司法保障功能，对权利人的合法权益予以法律保护。

本案中，人民法院回归商标法立法主旨，在全案证据可以证明某集团公司具有真实使用诉争商标意图的基础上，对其老字号“雙獅及图”予以维持注册，有效实现了法律效果和社会效果的有效统一，对老字号商标的使用认定极具典型意义。

3.“Dellon”案：非规范商品使用的认定

终审案号：(2020)京行终2236号

基本案情：自然人孙某照系第5223467号“DELLON”商标(以下简称诉争商标)的权利人，该商标系于2009年核准注册在第9类“探测器”等商品上。2015年12月14日，某公司因认为诉争商标未予以实际使用，向原工商行政管理局商标局提出了连续三年不使用撤销申请，经审查予以撤销。

孙某照不服，向原商标评审委员会提起复审，经审理认为部分合同与发票无法对应，部分为单方证据，在无其他证据佐证的情况下，无法证明诉争商标在核定使用的探测器等商品上进行了使用，决定予以撤销。

孙某照不服，起诉至北京知识产权法院，一审法院审理认为，孙某照为诉争商标实际使用主体某光电公司的法定代表人，且其出具了授权书，使用主体合法。同时，在案证据可以证明诉争商标在“工业用内窥镜检查设备”上进行了使用，而该商品与诉争商标核定使用的其他商品功能、用途相类似，据此对诉争商标在全部核定商品上予以维持注册。

某公司不服，上诉至北京市高级人民法院，二审法院审理认为，诉争商标实际使用的“工业用内窥镜”，在申请注册时不属于规范商品名称，但与核定使用的0910群组“探测器”商品在功能、用途等方面基本相同，同时，考虑到“工业用内窥镜检查设备”现已属于0910群组，遂纠正了一审判决的错误，对诉争商标在0910群组予以维持注册。

裁判文书载明：“……本案中，根据孙某照提交的工商档案信息、授权书等证据,可以认定某光电公司经营销售诉争商标商品的行为是孙某照的真实意思表示。孙某照提交的供货合同、记账回执、发票能够相互印证,同时结合展览会合同、支出凭证及照片以及产品实物照片等证据,能够形成完整证据链证明诉争商标于指定期间在‘工业用内窥镜’‘工业视频内窥镜’等商品上进行了真实、有效、合法的商业使用。鉴于上述商品在诉争商标申请注册时不属于《类似商品和服务区分表》中的规范商品名称,但其与诉争商标核定使用的0910类‘探测器’商品在功能、用途、生产部门、消费渠道、消费群体等方面基本相同,同时考虑到‘工业用内窥镜检查设备’现已归属0910类商品,故据此可以认定诉争商标在核定使用的‘探测器’商品上进行了实际使用。

诉争商标在核定商品上构成使用的,可以维持与该商品类似的其他核定商品上的注册。认定是否属于类似商品,应当严格按照商品的功能、用途、生产部门、消费渠道和消费群体进行判断,一般依据《类似商品和服务区分表》进行认定。本案中,诉争商标核定使用的‘观测仪器、测量器械和仪器、精密测量仪器、探测仪和探测机’与‘探测器’商品均属于0910群组商品,二者构成类似商品,故诉争商标在上述商品上的注册应当予以维持。

诉争商标核定使用的‘检测用镜、有目镜的仪器、光学器械和仪器、遥控仪器、工业操作遥控电器设备’商品与‘探测器’商品在《类似商品和服务区分表》中分属不同类似群组,不属于相同或类似商品,故诉争商标在上述商品上的注册应予撤销。原审判决对此认定有误,本院予以纠正。”

律师点评:由于市场商品需求和商业发展的多元化、多变性等特点,《类似商品和服务区分表》并无法涵盖实际市场中所有的商品,由此,结合市场经济发展的需求,以及司法实践的丰富经验,北京市高级人民法院在2019年出台的《商标授权确权行政案件审理指南》中,对于非规范商品使用的认定予以了清晰指引,在认定上应综合考虑区分表的变化、商品之间的关联性等因素。

在此提示,商标使用主体应在核定商品上规范使用注册商标,对于申请注册时未纳入区分表的商品,应及时关注区分表的变化,做好补充申请,以全面保护自身合法权益。

4.“四坊田园”案:商品商标与服务商标的认定

终审案号:(2017)京行终1615号

基本案情:四方阁公司系第6785972号“四坊田园”商标(以下简称诉争商标)

的权利人,该商标系于2010年核准注册在第29类"肉罐头"等商品上。2014年10月30日,四合公司认为诉争商标未进行使用,向原国家工商行政管理总局商标局提出了连续三年不使用撤销申请,经审查作出维持注册的决定。

四合公司不服,向原商标评审委员会提起复审,经审理认为,外包装、海报等证据只是商标使用的准备行为,无其他有效证据证明诉争商标核定商品在三年指定期间内已进入流程市场实际使用,决定对诉争商标予以撤销。

四方阁公司不服,起诉至北京知识产权法院,一审法院审理认为,照片、媒体报道、公证书、结账单、合同及发票能够形成完整的证据链,证明诉争商标在"肉罐头"等商品上进行了真实、合法、有效的使用,应予以维持。

原商标评审委员会不服,认为至多仅能证明是服务商标的使用,遂上诉至北京市高级人民法院,二审法院审理认为,虽形式上诉争商标体现服务商标的特点,但餐饮行业存在商品商标与服务商品的交叉重合,应尊重市场实际。最终,驳回上诉,维持原判。

裁判文书载明:"……本案中,四方阁公司在评审阶段提交的证据3四坊田园鸡店铺的照片、官方网站中刊登的《'四坊田园'老卤系列外卖部开业了》、外卖部标有的'四坊田园'字样的食品实物、2012~2014年销售'四坊田园'产品的结账单中显示'四坊田园'菜品名称,上述证据能够证明标有诉争商标在指定期间内已经在核定使用的商品上进行了使用。此外,四方阁公司评审阶段提交的证据6《购销合同》、证据7《采购订单》、证据8《印刷品制作合同》均有相关发票予以佐证,能够证明三份合同的履行情况,与评审阶段提交的证据4封口膜、手提袋等实物图片,证据9四坊田园封口膜、手提袋、海报等图片以及四方阁公司评审阶段提交的证据5通过公证购买的四坊田园原味老卤(花生米)、四坊田园麻辣油的封口膜、手提袋等实物可以相互印证,能够证明标有'四坊田园'的封口膜、手提袋等已经使用在核定使用的商品上且已进入流通领域。故原审法院认定诉争商标在指定期间内进行了真实、合法、有效的使用并无不当。同时,本院亦注意到,诉争商标属于商品商标而非服务商标,但四方阁公司作为一家餐饮公司,通过对购买的商品原材料进行再加工后以堂食或外卖的方式服务消费者,从形式上看诉争商标'四坊田园'体现服务商标的特点,商品商标与服务商品存在交叉重合,如果仅将诉争商标认定为服务商标既不符合当下餐饮业经营的实际,也违背了商标三年不使用撤销的立法宗旨,因此,商标评审委员会认为诉争商标属服务商标的使用而非商品商标使用的主张，本院不予支持。"

律师点评：以本案为例，在餐饮行业，包括传统的饭馆，以及新兴的奶茶店等，其一方面，向广大消费者提供第29类的"肉；奶茶"，第30类"咖啡"等食品类商品的销售；另一方面，又通过外卖、堂食等途径提供第43类"餐厅；咖啡馆"等餐饮服务，由此，在商标的使用上极易存在商品与服务交叉重合问题。通过本案，人民法院予以了清晰指引，即应充分尊重行业的经营模式等客观实际，以及考虑《商标法》第四十九条激活商标资源，清理闲置商标的立法宗旨，对于具有生命力商标以有效保护。因此，该案对于市场中，涵盖餐饮在内的，存在商品与服务重合的行业的商标使用极具参考意义。

五、前沿问题

（一）关联公司使用的认定

1. 司法实践现状

（1）"皇家 huangjia 及图"案：关联公司之间的交易不视为商标性使用

终审案号：（2021）京行终2559号

裁判文书载明："……陈某辉提交的证据1，非诉争商标的使用证据；证据2，仅能证明原告授权南丰县华夏五千年生态酒庄有限公司使用诉争商标；证据3，购销合同、发票等证据未显示诉争商标图样，出库单为自制证据，证明力弱；证据4，检验报告显示检验样品名称为桔韵传奇南丰蜜桔酒；证据5，委托合同及发票等证据未显示诉争商标图样；证据6，销售合同及海关进口货物报关单与诉争商标实际使用情况无关；证据7，为自制证据且未显示时间；证据8，购销发票没有相应的购销合同、大部分未显示诉争商标图样，个别显示诉争商标图样的购销发票系原告关联公司间开具的，均不能证明诉争商标核定的商品已进入市场流通领域；证据9，营业执照不是诉争商标的使用证据，照片为自制证据且未显示时间。综上所述，上述证据材料未形成完整的证据链，不能证明诉争商标于指定期间内在核定使用的'酒精饮料（啤酒除外）；酒（利口酒）；开胃酒；葡萄酒'等商品上进行了真实、合法、有效的商业使用。"

（2）"海霸王"案：关联公司之间的交易认定为商标性使用

终审案号：（2021）京行终1365号

裁判文书载明："……本案中，广州海霸王食品有限公司、海霸王（汕头）食品有限公司上海分公司与海霸王公司虽系关联公司,但其仍构成相对独立的市场主体,其相互之间的发票及销售货物或提供应税劳务清单证据可以作为海霸王公司使用诉争商标的证据。‘方便米饭’与‘饺子、元宵、汤圆’商品均属于诉争商标核定使用的商品,海霸王公司在行政阶段提交的2016~2018年的销售发票、销售货物或者应税劳务清单等证据显示,其在指定期间内实际销售了诉争商标品牌的水饺、元宵、汤圆等商品,即在案证据可以证明海霸王公司于指定期间内对诉争商标在核定使用的‘饺子、元宵、汤圆’商品上进行了真实、合法、有效的商业使用。”

2. 对于关联公司使用问题的思考

通过以上案件可见,在商标撤销复审案件中,对于关联公司之间的商标使用是否可以认定为商标法意义上的使用,在司法实务层面仍存在重大分歧,尚未形成统一定论。

主张不构成使用一方认为:判断商标是否予以使用,应牢牢把握商标的本质,即要求商标发挥识别商品来源的功能,而这一识别功能的实现是建立在面向社会公众公开的市场流通领域内进行使用。但关联公司之间的交易仍属于公司内部交易行为,并没有进入公开的市场流通领域内,进而无法使商标发挥最基本的识别功能,有违商标基本属性。

主张构成使用一方认为:判断商标是否予以使用,不应背弃《商标法》的立法宗旨,即鼓励注册商标使用,激活商标资源,因此,在使用认定上不应采取过于严苛的认定标准。同时,依据公司法等相关规定,关联公司仍是具有独立人格的法人主体,具备独立从事市场交易行为的资质,不应仅因交易双方为关联公司就否定其独立的市场参与地位,否定商标进行了使用的客观事实。

综上所述,在关联公司的使用是否构成商标法意义上的使用上,从不同的角度均具有探讨的空间,且现阶段在司法审查中,亦未达成共识。对此,笔者更倾向于关联公司之间的使用应认定为构成使用这一观点,核心即在于商标法的立法目的在于激活商标资源,不应施以过于严苛的标准,在在案证据能够证明商标权利人具有真实使用意图的情况下,就应予以有效保护,但应牢守证据真实性的底线,避免关联公司利用关联关系的便利条件伪造证据。

(二)新媒体环境下,商标使用证据的认定

1. 司法实践现状

(1)"九三"案:朋友圈的使用不视为商标性使用

再审案号:(2021)京行申2563号

裁判文书载明:"……邹某提交的销售合同并无发票等证据与之佐证,无法证明其实际履行情况。微信朋友圈截图为自行截取,证明力较低,且邹某提交的微信截图内容主要系招募经销商,并未显示有诉争商标在核定商品上进入市场流通领域的情形。2017九三管理局首届'豆都'旅游文化产品创意设计大赛的获奖名单虽显示九三酒业高永奎《枪形、大豆荚酒瓶》,但该证据未显示有诉争商标,亦非诉争商标的实际使用证据。因此,邹某提交的证据尚不足以证明诉争商标在核定商品上进行了真实、有效、合法的商业使用。"

(2)"钱城"案:微信公众号的使用认定为商标性使用

再审案号:(2021)京行终3859号

裁判文书载明:"……本案中,根据钱城公司提交的证据5显示,钱城公司于2014年2月18日起,开始使用钱城微财经微信公众号,平均每周在该微信公众号上推送三四期有关股票、私募、投资等领域的财经要闻、新闻、研报等方面的文章,并于2017年1月6日起,钱城公司在微信公众号上推送文章模式变更为一句话看公告、揭秘涨停板、龙虎榜追踪三个板块。其中在一句话看公告中包含了要闻速递、公司动态、财经快递等内容;在揭秘涨停板中包含了公司股票编码、企业交易信息、公司上市信息等内容;在龙虎榜追踪版中包含了'公司股票信息、收盘价、涨跌幅、成交量、成交额'等内容。该证据可以证明,钱城公司于指定期间内持续在微信公众号上推送了关于金融信息、金融服务等方面的文章,故可以认定钱城公司于指定期间内对诉争商标在'金融信息;金融服务'服务上进行了真实、有效的使用。考虑到'金融咨询;电子转账;金融评估(保险、银行、不动产)'服务与'金融信息;金融服务'服务在区分表中同属于3602群组,故诉争商标在'金融咨询;电子转账;金融评估(保险、银行、不动产)'服务上的注册应当予以维持。钱城公司提交的其他证据,或为自制证据,或与诉争商标的使用无关,不能证明诉争商标的实际使用情况。综上所述,钱城公司提交的证据可以证明诉争商标于指定期间内在'金融咨询;电子转账;金融信息;金融服务;金融评估(保险、银行、不动产)'

服务上进行了公开、真实、合法的商业性使用。”

2. 对于新媒体环境中使用证据认定的思考

微信2011年上线，至今位列全球即时通信软件第三，用户量超12亿，是我国人民最为常用的社交和工作软件，而基于微信巨大的流量属性，逐渐备受市场经营主体的青睐，通过开设品牌微信公众号的方式，对自身品牌予以宣传获客，同时，个体经营者也惯以通过朋友圈的途径对产品予以宣传。由此，在现今审查实务中，朋友圈、微信公众号的商标使用证据越发常见，如何认定此类商标使用证据，在实务操作中，也逐渐达成共识。

普遍认为，微信朋友圈仅有加为好友的人才能浏览，而无论其添加的好友人数多少，均为有限的特定人群，是无法向不特定的相关公众宣传展示商品。因此，再次回归到商标本质功能的理论上，此种使用因未进入公开的市场领域内，故无法认定为商标法意义上的使用行为。反之，微信公众号是能够直接触达不特定的社会公众，其宣传方式是公开的，所以，在司法实践中，微信公众号作为商标使用证据是广为认可的。因此，对于时代发展下，新形式的证据采信与否的衡量标准，仍应落在商标识别商品来源的本质功能。

（三）商标撤销复审案件中使用证据的采信标准

1. 司法实践现状

“美琪琳”案：伪造使用证据，不予采信，并对权利人予以顶格处罚

一审案号：（2021）京73行初8597号

裁判文书载明：“……广东倩芬化妆品实业有限公司在行政阶段提交的使用证据，系国家知识产权局在撤销复审案件中作出具体行政行为的依据与基础，亦是人民法院在相关行政诉讼程序的审查对象，伪造使用证据的行为将严重损害撤销复审行政程序以及相关行政诉讼程序的严肃性，影响案件的公正审理。虽然广东倩芬化妆品实业有限公司在本案诉讼程序中主张撤回其在行政阶段提交的虚假证据，但无法改变其已经实施提交虚假证据的事实，且该主张系虚假证据被行政机关明确指出之后提出的。故本院认定广东倩芬化妆品实业有限公司对上述证据进行了伪造，其提交的在案证据不足以证明其在指定期间内对诉争商标在核定使用商品上进行了真实、合法、有效的商业使用，对诉争商标予以撤销。

……我院依据《中华人民共和国行政诉讼法》第五十九条第一款第（二）项之

规定,决定对原告广东倩芬化妆品实业有限公司罚款一万元。"

2. 对于撤销复审案件中使用证据提供的思考

2021年9月10日,北京知识产权法院召开商标权撤销复审行政案件涉伪证处罚情况新闻通报会,公布了6起典型案例,上述案件便为其中之一,除此之外,还包括伪造检验报告、食品准营证、广告登记证等"家家JIAJIA及图"案[(2015)京知行初字第1165号];伪造产品图片等"茶马古道及图"案[(2020)京73行初14664号];伪造发票等"绿森林小屋"案[(2020)京73行初13177号]、"IT-STYLE"案[(2020)京73行初13083号]、"BLACKDIAMOND"案[(2021)京73行初3275号],对于上述诉争商标最终均予以撤销,并对其权利人进行了罚款,此举有力震慑了严重扰乱司法活动的不法行为。

因此,从"恒大"案到最新公布的"美琪琳"等案,均再次强调了在商标撤销复审案件中的证据采信标准问题,一经发现虚假使用证据,将对全案采用更高的证据标准。故在商标使用证据的提供上,切勿通过伪造使用证据等不法行为,企图维持商标注册,否则不仅是予以罚款的财产损失,更可能因部分证据的伪造,导致全案证据难以得到采信,最终丧失商标权。要牢牢把握证据真实性这一首要标准,同时,在日常经营活动中做好证据留存工作,包括能够显示商标标识及核定商品/服务的销售合同与对应发票、淘宝、京东等电商平台交易快照或有效评论,以及微博和微信公众号等公开社交平台发布的时间不可更改的宣传文章等。

(四)注册商标退化成为其核定使用的商品的通用名称的判断

1. 司法实践现状

"千页豆腐"案:商标权利人主观上并未放任,诉争商标亦退化为通用名称

二审案号:(2022)京行终2号

裁判文书载明:"……本院认为,现有证据能够证明,至迟在国家知识产权局审查和原审法院审理本案之时,包括消费者和同业经营者在内的相关公众已普遍认为'千页豆腐'指代的是一类豆腐商品或豆腐制品,且上述认知并不限于特定地域,而是全国范围内的普遍现象,'千页''千页豆腐'已成为'豆腐;豆腐制品'商品上约定俗成的通用名称。故诉争商标作为一个整体使用在'豆腐;豆腐制品'商品上,已无法发挥商标应有的识别商品来源的作用,应当予以撤销……具体到本案,典发公司维权行为的范围、力度、跨度与其他经营者使用行为的范围和规模难

以匹配,即使典发公司在通用化的过程中进行了一定维权,主观上并未予以放任,但典发公司自身对于诉争商标的使用并不足以保持诉争商标的显著特征,进而使得相关公众至今仍将其普遍认知为注册商标而非商品名称。"

2. 对于注册商标退化为通用名称的思考

从北京法院发布的 2021 年度知识产权保护典型案例"摩卡"案到本案的"千页豆腐",均提及了在现今撤销通用名称的司法审查中,并不以商标权人在通用化的过程中存在主观过错为前提,完全不同于以往由于商标权利人的不规范使用行为或者其他经营者未经许可的使用行为而造成的注册商标通用名称化,系新的司法审查趋势。也就是说,至迟在撤销申请的行政和司法审理阶段,注册商标客观上已经成为核定商品/服务上的通用名称,该商标与权利人之间的唯一对应关系已被割裂,从而失去了作为商标应具备的区分商品/服务来源的基本功能时,就算商标权利人自身积极适当使用和维护注册商标权益,主观上没有放任的过错,仍有可能由于其他经营主体以及社会公众将其注册商标作为商品名称使用的原因,而导致注册商标通用化。

针对注册商标撤销通用名称的案件,应当特别关注三个方面的问题:

(1)退化为通用名称和缺乏显著性之间的关系。正如上文所述,注册商标之所以会以退化为通用名称而被撤销,其根本原因是该注册商标已经丧失了作为商标应具备的区分商品/服务来源的基本功能,即该商标已经不再具有显著性,构成《商标法》第十一条第一款第一项所指的"仅有本商品的通用名称"的情形。

那么,依据《商标法》第十一条第二款"如果该商标经过使用取得显著特征,并便于识别的,可以作为商标注册"的规定,是否可以认为如果该注册商标在被撤销通用名称之后,又经过权利人的使用而取得显著特征并便于识别的,就可以再次注册为商标呢?针对这一点,笔者认为,从理论上说这样的可能性是肯定存在的,只是在实践操作中可能存在一定的难度。

(2)因注册商标使用不当而导致的退化。依据《商标法》第四十九条的规定,注册商标应当合法合规使用,以避免被撤销的可能。实践中,注册商标的合法合规且有效的使用却被众多权利人所忽视。那么如何在注册商标使用过程中,避免不当使用而导致的退化,建议特别关注以下五个方面:

①为了保护自身品牌,从某种程度上避免注册商标通用化的发生,首先注册商标应尽量避免使用固有词汇,最好选择臆造词汇。

②判定注册商标是否属于商品/服务的通用名称,应当从商标标识整体上进行审查。因此,应当注意区分使用当中是否存在对注册商标标识进行改动的情况;由此判断该使用是否及于注册商标标识本身。

③由于认定通用名称需要指向具体的核定使用的商品/服务,对于该商品/服务类似的商品/服务一般不予考虑。因此,应当注意是否将注册商标使用在部分/全部核定使用的商品/服务项目上。由此判断该使用是否被准确地与注册商标核定的被主张构成通用名称的商品/服务项目相对应。

④使用的场景是否为在商业领域中的使用,是否为面对市场主体,发挥区分商品/服务来源的作用;由此判断该使用可以及于有效的市场消费主体,使注册商标基于其区分功能可以为相关公众所认知。

⑤使用时是否能将注册商标与其权利人相对应,使用场景中呈现的权利人名义、地址等信息是否真实准确;由此判断该使用可以将注册商标与其权利人相关联,从而增强商标与权利人/授权主体的对应关系。

(3)认定通用名称的时间节点。依据现有司法判例,认定注册商标是否已经退化为通用名称的时间节点,一般以当事人向行政审查部门提出撤销申请时的事实状态为准,行政机关审查及法院审理过程中事实状态发生变化的,以审查及审理时的事实状态进行判断。

综上,为了保护自身品牌,从某种程度上避免注册商标通用化的发生,首先注册商标应尽量避免使用固有词汇,最好选择臆造词汇;其次权利人应当按照商标法的相关规定合法合规使用该注册商标,使其发挥商标区分作用的同时,长期维系与权利人之间的唯一对应关系;再次一旦发现其他主体存在可能将自身注册商标作为通用名称使用的倾向,权利人应当加大维权力度,以阻止该商标沦为通用名称,丧失区分功能,避免与权利人之间的唯一对应关系被弱化从而相互割裂。

第二十四章 《商标法》第五十六条至第五十八条之精解

陈 容[*] 胡丹丹[**]

一、法律规定及相关法律规范

（一）《商标法》第五十六条

1. 法律规定

第五十六条 注册商标的专用权，以核准注册的商标和核定使用的商品为限。

2. 条文解释①

《商标法》第五十六条，本条是关于注册商标专用权的保护范围的规定。

【本条主旨】

本条是关于注册商标专用权的保护范围的规定。

【条文释义】

本条共1款，对注册商标专用权的保护范围作了规定。本条为2001年商标法第五十一条的规定，2013年以及2019年两次修改，均没有涉及本条的内容。

---

* 陈容律师，第10届北京市律师协会商标法律专业委员会委员、第11届商标委副主任，北京市汉坤律师事务所合伙人，北京大学法学学士，美国芝加哥肯特法学院法学硕士，代表案例多次入选北京法院知识产权司法保护十大典型案例。

** 胡丹丹律师，北京市律师协会商标法律专业委员会委员，北京市盈科律师事务所律师，执业15年来服务了电影频道、中粮集团、邮政速递、人事出版社等国、央企，百度、奇虎、雷士、梦洁、三力、公牛、跨境通宝、金牌厨柜等上市公司。

① 《商标法释义》。

所谓注册商标的专用权，是指商标注册人在核定使用的商品上，享有专有使用核准注册的商标的权利。按照本法的规定，经商标局核准注册的商标为注册商标，包括商品商标、服务商标、集体商标、证明商标；商标注册人享有商标专用权，受法律保护。注册商标的专用权，包括两个方面的含义：一是注册商标的专用权，只能在特定的范围有效，这个范围就是核准注册的商标和核定使用的商品；二是在这个特定的范围内，商标注册人享有对其注册商标的专属使用权，即排除他人使用的权利。

所谓核准注册的商标，也称注册商标，是指经审查准予注册的商标。所谓"核定使用的商品"，指商标注册时核准使用的指定商品类别中的具体商品。核准注册的商标和核定使用的商品，是确定注册商标专用权保护范围的两个具体标准。这两个标准相互依存、缺一不可，共同构成注册商标专用权的保护范围。

3. 律师解读

本条是对商标权的基本权能之一专用权的规定。从该条的表达方式可以得出，商标专用权是在核定商品上使用核准商标的权利，而核定商品，完全以商标注册证上载明的商品为准，该商品大多是根据《类似商品和服务区分表》及其历次增补内容确定的"规范商品"，也有一部分是允许核定注册的"非规范商品"。核准的商标，也是固定和清晰的，以商标注册证上显示的标志为准。笔者认为，该条规定体现了商标权权能的基础核心内容。比如，它为商标侵权案件的比对提供了原则性的解决方法，即原则上专用权所覆盖的商标以商标注册证上显示的商标为准，最高人民法院《关于审理商标民事纠纷案件适用法律若干问题的解释》第九条规定，判定商标相同或近似，均是指被控侵权的商标与原告的注册商标相比较。不过，在客观的市场实践中，商标使用的情况充斥着各种变化，该条规定亦非完全不能突破，即使权利人对商标使用有轻微的不规范，只要未改变其显著特征、不影响其以显著特征发挥来源指示作用，仍可视为注册商标专用权权能的发挥，如最高人民法院《关于审理商标授权确权行政案件若干问题的规定》第二十六条就对商标的使用方式作出了"宽松"的解释，"实际使用的商标标志与核准注册的商标标志有细微差别，但未改变其显著特征的，可以视为注册商标的使用"。可以说为我们更准确地适用商标专用权给出了明确的指导。

(二)《商标法》第五十七条

1. 法律规定

第五十七条　有下列行为之一的,均属侵犯注册商标专用权:

(一)未经商标注册人的许可,在同一种商品上使用与其注册商标相同的商标的;

(二)未经商标注册人的许可,在同一种商品上使用与其注册商标近似的商标,或者在类似商品上使用与其注册商标相同或者近似的商标,容易导致混淆的;

(三)销售侵犯注册商标专用权的商品的;

(四)伪造、擅自制造他人注册商标标识或者销售伪造、擅自制造的注册商标标识的;

(五)未经商标注册人同意,更换其注册商标并将该更换商标的商品又投入市场的;

(六)故意为侵犯他人商标专用权行为提供便利条件,帮助他人实施侵犯商标专用权行为的;

(七)给他人的注册商标专用权造成其他损害的。

2. 条文解释[①]

【本条主旨】

本条是关于侵犯注册商标专用权行为的规定。

【条文释义】

本条共1款,对侵犯注册商标专用权的七类行为作了规定。

(1)关于本条的修改情况

本条是在2001年商标法第五十二条规定基础上经过修改形成的。2001年商标法第五十二条规定了五类属于侵犯注册商标专用权的行为。2013年的修改,涉及两个方面:一是将原第五十二条第一项关于"未经商标注册人的许可,在同一种商品或者类似商品上使用与其注册商标相同或者近似的商标的"规定,细化为两类行为,即本条第一项、第二项的行为;二是增加本条第六项的规定,即"故意为侵犯他人商标专用权行为提供便利条件,帮助他人实施侵犯商标专用权行为的"。

---

① 《商标法释义》。

2019 年未作修改。

(2)关于侵犯注册商标专用权的行为

所谓“侵犯注册商标专用权”的行为,又称商标侵权行为,是指一切损害他人注册商标权益的行为。构成侵犯注册商标专用权,需要四个要件:一是客观性,即客观上存在损害他人注册商标权益的事实;二是违法性,即行为人的行为违反了法律规定,合法行为不构成侵犯注册商标专用权的行为;三是过错性,即行为人在实施违法行为时,主观上具有故意或者过失的过错;四是关联性,即损害事实与违法行为之间存在因果关系,损害事实是由违法行为造成的。一个行为,同时具备以上四个要件,即构成侵权行为。

根据本条的规定,下列七类行为,都属于侵犯注册商标专用权的行为:

第一,未经商标注册人的许可,在同一种商品上使用与其注册商标相同的商标的行为。这种行为是比较典型的侵犯注册商标专用权的行为,也就是通常所说的“假冒”行为。其后果是混淆商品出处,误导消费者,损害商标注册人的合法权益和消费者的利益。

第二,未经商标注册人的许可,在同一种商品上使用与其注册商标近似的商标,或者在类似商品上使用与其注册商标相同或者近似的商标,容易导致混淆的行为。这种行为也是比较常见的侵犯注册商标专用权的行为。其后果是混淆商品出处,误导消费者,损害商标注册人的合法权益和消费者的利益。

第三,销售侵犯注册商标专用权的商品的行为。这种行为通常发生在流通环节,也是一种较为常见的商标侵权行为。在现实生活中,侵犯注册商标专用权的商品,有的是生产者自行销售,有的要通过他人进行销售。其后果也是混淆商品出处、侵犯注册商标专用权、损害消费者利益。

第四,伪造、擅自制造他人注册商标标识或者销售伪造、擅自制造的注册商标标识的行为。所谓“伪造”,是指没有经过他人同意或者许可,模仿他人注册商标的图样或者实物,制作出与他人注册商标标识相同的商标标识。所谓“擅自制造”,是指没有经过他人同意或者许可,制作他人注册商标标识。擅自制造,通常发生在加工承揽活动中,即承揽人在承揽制作他人注册商标标识时,未经他人同意,在商标印制合同约定的印数之外,又私自加印商标标识。销售伪造、擅自制造的注册商标标识的行为,是指采用零售、批发、内部销售等方式,出售伪造或者擅自制造的他人注册商标标识。这类行为直接侵犯了商标注册人的商标专用权。

第五，未经商标注册人同意，更换其注册商标并将该更换商标的商品又投入市场的行为。这类行为，在国外被称为“反向假冒”，即在商品销售活动中，消除商品上的他人商标，然后换上自己的商标，冒充自己的商品进行销售。这种行为既侵犯了商标注册人的合法权益，也侵犯了消费者的知情权，导致消费者对商品的来源产生误认。

第六，故意为侵犯他人商标专用权行为提供便利条件，帮助他人实施侵犯商标专用权行为的。这类行为，是2013年的修改增加的。主要是指故意为侵犯他人注册商标专用权的行为，提供诸如仓储、运输、邮寄、隐匿等方面的条件，从而帮助他人完成实施侵犯商标专用权的行为。

第七，给他人的注册商标专用权造成其他损害的行为。这是一项兜底性规定，是指上述六类行为以外的其他侵犯注册商标专用权的行为。按照法释〔2020〕19号最高人民法院《关于审理商标民事纠纷案件适用法律若干问题的解释》第一条、第二条的规定，还列举了“突出使用字号”“侵害驰名商标权益”“注册为域名进行交易”的行为属于商标法第五十七条第七项、第十三条第二款规定的给他人注册商标专用权或未在中国注册的驰名商标造成其他损害和侵害的行为。

3. 律师解读

本条是对商标权的另一个基本权能禁用权的规定，也是《商标法》适用解读最多的条款。就侵权行为的种类采用列举式，并辅以“兜底”的其他方式，将可能出现的禁用行为全部纳入其中。相对于《商标法》第五十六条“专用权”的规定，本条规定的禁用权属于商标权利的“排斥权”，排斥权是变量，具有相当大的弹性和张力[①]，它并不像“专用权”的判定是清晰的，看起来好像是模糊的。换句话说，在相同或者类似商品上排斥他人注册和使用相同或者近似商标，本身就是不确定的，受到诸多因素的影响。如最高人民法院《关于审理商标民事纠纷案件适用法律若干问题的解释》第九条至第十二条，对于民事案件中如何认定构成近似商标、类似商品给出了“参考答案”，划定了“裁判边界”，依据该等规定，认定近似商标的比对要素包括文字字形、读音、含义或图形的构图及颜色，或者各要素的排列组合、立体形状、颜色组合等，要求达到易引发相关公众混淆误认的后果；比对原则包括以相关公众的一般注意力为标准、整体和主要部分比对、隔离比对、考虑权利

---

① 孔祥俊：《商标法适用的基本问题》，中国法制出版社2012年版，第82页。

商标的显著性和知名度;认定类似商品的比对要素包括功能、用途、生产部门、销售渠道、消费对象等,以是否易于引发相关公众混淆误认为标准;比对原则为相关公众的一般认识,《商标注册用商品和服务国际分类表》《类似商品和服务区分表》可以作为判断类似商品参考。因此在具体案件中认定商标侵权的标准存在一定弹性空间,体现了注册商标禁用权针对不同侵权行为、不同商标可发挥的保护作用强弱有所区别,并非一成不变。

4. 关联法条

(1)最高人民法院《关于审理商标民事纠纷案件适用法律若干问题的解释》

第一条 下列行为属于《商标法》第五十七条第(七)项规定的给他人注册商标专用权造成其他损害的行为:

(一)将与他人注册商标相同或者相近似的文字作为企业的字号在相同或者类似商品上突出使用,容易使相关公众产生误认的;

(二)复制、摹仿、翻译他人注册的驰名商标或其主要部分在不相同或者不相类似商品上作为商标使用,误导公众,致使该驰名商标注册人的利益可能受到损害的;

(三)将与他人注册商标相同或者相近似的文字注册为域名,并且通过该域名进行相关商品交易的电子商务,容易使相关公众产生误认的。

第二条 依据商标法第十三条第二款的规定,复制、摹仿、翻译他人未在中国注册的驰名商标或其主要部分,在相同或者类似商品上作为商标使用,容易导致混淆的,应当承担停止侵害的民事法律责任。

第九条 商标法第五十七条第(一)(二)项规定的商标相同,是指被控侵权的商标与原告的注册商标相比较,二者在视觉上基本无差别。

商标法第五十七条第(二)项规定的商标近似,是指被控侵权的商标与原告的注册商标相比较,其文字的字形、读音、含义或者图形的构图及颜色,或者其各要素组合后的整体结构相似,或者其立体形状、颜色组合近似,易使相关公众对商品的来源产生误认或者认为其来源与原告注册商标的商品有特定的联系。

第十条 人民法院依据商标法第五十七条第(一)(二)项的规定,认定商标相同或者近似按照以下原则进行:

(一)以相关公众的一般注意力为标准;

(二)既要进行对商标的整体比对,又要进行对商标主要部分的比对,比对应当在比对对象隔离的状态下分别进行；

（三）判断商标是否近似，应当考虑请求保护注册商标的显著性和知名度。

第十一条　商标法第五十二条第（二）项规定的类似商品，是指在功能、用途、生产部门、销售渠道、消费对象等方面相同，或者相关公众一般认为其存在特定联系、容易造成混淆的商品。

类似服务，是指在服务的目的、内容、方式、对象等方面相同，或者相关公众一般认为存在特定联系、容易造成混淆的服务。

商品与服务类似，是指商品和服务之间存在特定联系，容易使相关公众混淆。

第十二条　人民法院依据商标法第五十七条第（二）项的规定，认定商品或者服务是否类似，应当以相关公众对商品或者服务的一般认识综合判断；《商标注册用商品和服务国际分类表》、《类似商品和服务区分表》可以作为判断类似商品或者服务的参考。

（2）最高人民法院、最高人民检察院《关于办理侵犯知识产权刑事案件具体应用法律若干问题的解释》（三）

第一条　具有下列情形之一的，可以认定为刑法第二百一十三条规定的"与其注册商标相同的商标"：

（一）改变注册商标的字体、字母大小写或者文字横竖排列，与注册商标之间基本无差别的；

（二）改变注册商标的文字、字母、数字等之间的间距，与注册商标之间基本无差别的；

（三）改变注册商标颜色，不影响体现注册商标显著特征的；

（四）在注册商标上仅增加商品通用名称、型号等缺乏显著特征要素，不影响体现注册商标显著特征的；

（五）与立体注册商标的三维标志及平面要素基本无差别的；

（六）其他与注册商标基本无差别、足以对公众产生误导的商标。

（3）《商标法实施条例》

第七十六条　在同一种商品或者类似商品上将与他人注册商标相同或者近似的标志作为商品名称或者商品装潢使用，误导公众的，属于商标法第五十七条第二项规定的侵犯注册商标专用权的行为。

(三)《商标法》第五十八条

1. 法律规定

第五十八条 将他人注册商标、未注册的驰名商标作为企业名称中的字号使用,误导公众,构成不正当竞争行为的,依照《中华人民共和国反不正当竞争法》处理。

2. 条文解释[①]

【本条主旨】

本条是关于将他人注册商标或者未注册驰名商标作为企业名称中字号使用依照不正当竞争行为处理的规定。

【条文释义】

本条共 1 款,对将他人注册商标或者未注册的驰名商标作为企业名称中字号使用的行为,规定依照不正当竞争行为进行处理。

(1)关于本条的修改情况

本条是 2013 年商标法修改新增加的规定。在现实生活中,有的人为了牟取不正当利益,采取“傍名牌”的手法,将他人注册商标或者未注册的驰名商标,作为自己企业名称中的字号使用,以达到其提升知名度、增加交易机会、吸引消费者、推销商品的目的。因此,2013 年商标法修改对此做出规定,明确了对这类行为依照不正当竞争行为进行处理。

(2)关于对将他人注册商标或者未注册的驰名商标作为企业名称中字号使用依照不正当竞争行为进行处理根据本条的规定,将他人注册商标、未注册的驰名商标作为企业名称中的字号使用,误导公众,构成不正当竞争行为的,依照《中华人民共和国反不正当竞争法》处理。

商标是区别不同商品或者服务来源的标志,由文字、图形、字母、数字、三维标志、颜色等要素组合构成。企业名称则是区别不同市场主体的标志。按照国务院《企业名称登记管理规定》和国家工商行政管理总局《企业名称登记管理实施办法》的规定,企业只能登记一个企业名称;在同一企业登记机关,申请人拟定的企业名称中的字号不得与同行业已经登记或者在保留期内的企业名称相同;企业名

---

① 《商标法释义》。

称中不得含有另一个企业名称;企业名称由行政区划名称、字号、行业或者经营特点、组织形式组成。在企业名称的四个要素中,行政区划、行业或者经营特点、组织形式三个要素属于共有要素,只要在同一行政区域、从事同一行业、组织形式相同的企业,这三个要素可能完全相同。只有"字号"这个要素,是每个企业独有的。企业名称中的字号应当由两个以上汉字组成,具有识别性、显著性、表意性等特点,是企业名称中的一个核心要素,是企业名称中最显著和最重要的组成部分。使用企业名称应当遵守法律法规,诚实守信,不得损害他人合法权益。他人的注册商标,由他人依法享有商标专用权;他人的未注册驰名商标,是他人通过不断努力获得的商标信誉。将他人的注册商标或者未注册的驰名商标,作为企业名称中的字号使用,在主观上具有误导公众的故意或者过失,在客观上也会产生损害他人合法权益、误导社会公众、扰乱社会经济秩序的不良效果,属于不正当竞争行为。因此,实施此类行为,误导公众,构成不正当竞争行为的,依照《反不正当竞争法》处理。

1999 年 4 月 5 日,国家工商行政管理局专门发布了《关于解决商标与企业名称中若干问题的意见》,对商标专用权和企业名称权的取得的原则以及如何判断商标中的文字和企业名称中的字号构成近似,从而构成不正当竞争的案件如何处理作出了规定。此后法释〔2008〕3 号最高人民法院《关于审理注册商标、企业名称与在先权利冲突的民事纠纷案件若干问题的规定》施行,为人民法院正确审理注册商标与企业名称权利冲突的民事纠纷案件指出了明确的解决路径。该规定第四条:"被诉企业名称侵犯注册商标专用权或者构成不正当竞争的,人民法院可以根据原告的诉讼请求和案件具体情况,确定被告承担停止使用、规范使用等民事责任。"该司法解释现已被 2020 年 12 月 29 日发布的法释〔2020〕19 号《最高人民法院关于修改〈最高人民法院关于审理侵犯专利权纠纷案件应用法律若干问题的解释(二)〉等十八件知识产权类司法解释的决定》修正,但具体的第四条规定未修改。对应的,2020 年修订的《企业名称登记管理规定》加强企业名称的事后监管明确了人民法院或者企业登记机关依法认定企业名称应当停止使用的,企业应当在规定的时限内办理变更登记,逾期未办理的,将其列入经营异常名录。

3. 律师解读

本条是注册商标和企业名称有关的知识产权权利冲突案件中转致适用《反不正当竞争法》的法律依据。对于因不同行政机关管理体系而出现的"形式上合法"

但“涉嫌侵权”的企业名称问题,它同时提供了解决程序衔接以及实体法律适用的方案。商标和字号为商事主体的两项不同的权利,本条中所列的“使用他人注册商标”及“未注册的驰名商标”并非“突出”使用或《商标法》第四十八条所列的商标性使用的情况,而是将他人的商标作为企业字号直接使用在企业名称中。本条规定将前述行为排除出注册商标禁用权的“射程范围”,而是由《反不正当竞争法》规制,当然,这并不意味着绝对禁止使用他人注册商标或未注册驰名商标作为企业名称,是否构成不正当竞争,仍要综合考虑权利商标的知名度、竞争关系、主观恶意等,判断是否易于误导相关公众。

试想一个极端的例子,《类似商品和服务区分表》将商品及服务共分为45个类别,其中包括34个商品类别及11个服务类别。有45个主体在45个类别分别申请了“AAA”商标,某公司的企业名称为“北京市AAA科技有限公司”,如果依照《商标法》第五十八条的字面含义,是不是这45个主体都可以起诉“北京市AAA科技有限公司”不正当竞争?这显然是不合理的。因此本条主要需要分析的是,在何种情况下“北京市AAA科技有限公司”需要为使用他人“AAA”商标承担“不正当竞争”的法律后果。

(1)对在先商标知名度的要求

如果在先注册商标无论是否使用、无论知名度如何都需要进行避让,注册商标权利人均可以此获得赔偿,这无疑加重了企业的责任,有过度干预市场行为之嫌。从过往经验和已经生效的判决来看,本条要求在先的注册商标需要具有一定的知名度,即在先的商标需要在核定使用的商品上经过实际的使用并经过权利人的持续使用,已积累了良好的声誉。如果是“未注册商标”则对其的要求更高,需要达到“驰名”状态。判断在先商标知名度,需要依据《商标法》第十四条所列的考虑因素准备证据材料,并由法院在审理案件过程中加以评判。

(2)在先商标及企业经营范围的关联性

依据《商标法》第五十八条的字面意思来看,本条并没有要求注册商标核定使用的商品/服务项目或未注册商标实际使用的商品/服务项目与使用注册商标作为字号的企业之间有关联性,仅要求“误导公众”。但根据经验以及已经生效的判决来看,需要使用在先商标的企业的经营范围与在先注册商标或者未注册的驰名商标具有一定的关联性。如果没有“关联性”,则很难认定为“误导”。

对于本条中的“误导公众”如何判断,《商标法》未做明确的规定,而是直接指向依据《反不正当竞争法》进行处理。从各级法院已经作出的多件裁判案例中，《反不正当竞争法》中与《商标法》第五十八条相关的规则多是依据第二条一般条款[①]或第六条"经营者不得实施下列混淆行为,引人误认为是他人商品或者与他人存在特定联系"处理。最高人民法院《关于适用〈中华人民共和国反不正当竞争法〉若干问题的解释》第十二条第二款规定"反不正当竞争法第六条规定的'引人误认为是他人商品或者与他人存在特定联系',包括误认为与他人具有商业联合、许可使用、商业冠名、广告代言等特定联系"。第十三条规定"经营者实施下列混淆行为之一,足以引人误认为是他人商品或者与他人存在特定联系的,人民法院可以依照反不正当竞争法第六条第四项予以认定……(二)将他人注册商标、未注册的驰名商标作为企业名称中的字号使用,误导公众。"从以上规定可以看出,"误导公众"并不需要已经造成了相关公众的"实际误认",而是只要有造成"误认"的可能性就可以认定为"误导公众"。而"误导公众"最主要就是对"产品的来源产生误认",也就是消费者本意是打算买 A 提供的商品或服务,但实际因为 B 的误导,买了 B 提供的商品或服务,或者以为 B 与 A 之间有许可或关联关系,而选择了 B 的商品或服务。

(3)主观恶意

本条中侵权人的"主观恶意"也是一个考虑因素。如果侵权人主观上明知或应知在先商标,如通过商业洽谈或者代理关系得知在先注册商标,而登记包含该注册商标的企业字号;或明知在先有一定影响力的注册商标,或虽未注册但已达到驰名状态的未注册商标,但不进行合理避让,仍然在与在先商标核定使用的商品类别上登记注册包含在先注册商标的企业名称,可以认定为其难谓善意。若是知名度极高的驰名商标,无正当理由将该驰名商标登记为企业字号使用的,则可直接认为恶意。

4. 关联法条

(1)《反不正当竞争法》

第二条　经营者在生产经营活动中,应当遵循自愿、平等、公平、诚信的原则,遵守法律和商业道德。

---

① (2015)津高民三终字第 0005 号"万科案"裁判要旨:对于《商标法》第五十八条规定的"将他人注册商标、未注册的驰名商标作为企业名称中的字号使用,误导公众"的行为,可适用《反不正当竞争法》第二条认定是否违反诚实信用原则。

本法所称的不正当竞争行为，是指经营者在生产经营活动中，违反本法规定，扰乱市场竞争秩序，损害其他经营者或者消费者的合法权益的行为。

本法所称的经营者，是指从事商品生产、经营或者提供服务（以下所称商品包括服务）的自然人、法人和非法人组织。

第六条 经营者不得实施下列混淆行为，引人误认为是他人商品或者与他人存在特定联系：

（一）擅自使用与他人有一定影响的商品名称、包装、装潢等相同或者近似的标识；

（二）擅自使用他人有一定影响的企业名称（包括简称、字号等）、社会组织名称（包括简称等）、姓名（包括笔名、艺名、译名等）；……

……

（四）其他足以引人误认为是他人商品或者与他人存在特定联系的混淆行为。

（2）最高人民法院《关于适用〈中华人民共和国反不正当竞争法〉若干问题的解释》

第十三条 经营者实施下列混淆行为之一，足以引人误认为是他人商品或者与他人存在特定联系的，人民法院可以依照反不正当竞争法第六条第四项予以认定：

（一）擅自使用反不正当竞争法第六条第一项、第二项、第三项规定以外"有一定影响的"标识；

（二）将他人注册商标、未注册的驰名商标作为企业名称中的字号使用，误导公众。

（3）《企业名称登记管理规定》

第四条 企业只能登记一个企业名称，企业名称受法律保护。

第六条 企业名称由行政区划名称、字号、行业或者经营特点、组织形式组成。跨省、自治区、直辖市经营的企业，其名称可以不含行政区划名称；跨行业综合经营的企业，其名称可以不含行业或者经营特点。

第八条 企业名称中的字号应当由两个以上汉字组成。

县级以上地方行政区划名称、行业或者经营特点不得作为字号，另有含义的除外。

第十七条 在同一企业登记机关，申请人拟定的企业名称中的字号不得与下列同行业或者不使用行业、经营特点表述的企业名称中的字号相同：

（一）已经登记或者在保留期内的企业名称，有投资关系的除外；

（二）已经注销或者变更登记未满 1 年的原企业名称，有投资关系或者受让企业名称的除外；

（三）被撤销设立登记或者被撤销变更登记未满 1 年的原企业名称，有投资关系的除外。

第二十三条　使用企业名称应当遵守法律法规，诚实守信，不得损害他人合法权益。

人民法院或者企业登记机关依法认定企业名称应当停止使用的，企业应当自收到人民法院生效的法律文书或者企业登记机关的处理决定之日起 30 日内办理企业名称变更登记。名称变更前，由企业登记机关以统一社会信用代码代替其名称。企业逾期未办理变更登记的，企业登记机关将其列入经营异常名录；完成变更登记后，企业登记机关将其移出经营异常名录。

（4）《企业名称登记管理实施办法》

第四十一条　已经登记注册的企业名称，在使用中对公众造成欺骗或者误解的，或者损害他人合法权益的，应当认定为不适宜的企业名称予以纠正。

二、历史沿革

（一）条款的设立与变更

《商标法》第五十六条自 1982 年《商标法》确定以来，历经四次修正，只是在具体的条款序号上发生变化，内容未曾改变。（见表 24－1）

表 24－1　《商标法》第五十六条内容

时间	条款	内容
1982 年《商标法》	37	注册商标的专用权，以核准注册的商标和核定使用的商品为限。
1993 年《商标法》	37	
2001 年《商标法》	51	
2013 年《商标法》	56	
2019 年《商标法》	56	

《商标法》第五十七条自1982年《商标法》确定以来历经多次修订,条款不断丰富,调整范围逐步扩大。(见表24-2)

表24-2 《商标法》第五十七条内容

时间	条款	内容
1982年《商标法》	38	有下列行为之一的,均属侵犯注册商标专用权: (一)未经注册商标所有人的许可,在同一种商品或者类似商品上使用与其注册商标相同或者近似的商标的; (二)擅自制造或者销售他人注册商标标识的; (三)给他人的注册商标专用权造成其他损害的。
1993年《商标法》	38	有下列行为之一的,均属侵犯注册商标专用权: (一)未经注册商标所有人的许可,在同一种商品或者类似商品上使用与其注册商标相同或者近似的商标的; (二)销售明知是假冒注册商标的商品的; (三)伪造、擅自制造他人注册商标标识或者销售伪造、擅自制造的注册商标标识的; (四)给他人的注册商标专用权造成其他损害的。
2001年《商标法》	52	有下列行为之一的,均属侵犯注册商标专用权: (一)未经商标注册人的许可,在同一种商品或者类似商品上使用与其注册商标相同或者近似的商标的; (二)销售侵犯注册商标专用权的商品的; (三)伪造、擅自制造他人注册商标标识或者销售伪造、擅自制造的注册商标标识的; (四)未经商标注册人同意,更换其注册商标并将该更换商标的商品又投入市场的; (五)给他人的注册商标专用权造成其他损害的。
2013年、2019年《商标法》	57	有下列行为之一的,均属侵犯注册商标专用权: (一)未经商标注册人的许可,在同一种商品上使用与其注册商标相同的商标的; (二)未经商标注册人的许可,在同一种商品上使用与其注册商标近似的商标,或者在类似商品上使用与其注册商标相同或者近似的商标,容易导致混淆的; (三)销售侵犯注册商标专用权的商品的; (四)伪造、擅自制造他人注册商标标识或者销售伪造、擅自制造的注册商标标识的;

续表

时间	条款	内容
		（五）未经商标注册人同意，更换其注册商标并将该更换商标的商品又投入市场的； （六）故意为侵犯他人商标专用权行为提供便利条件，帮助他人实施侵犯商标专用权行为的； （七）给他人的注册商标专用权造成其他损害的。

《商标法》第五十八条自2013年《商标法》确定以来，使商标侵权打击手段更加丰富，2019年修订未对内容修改。（见表24－3）

表24－3 《商标法》第五十八条内容

时间	条款	内容
2013年《商标法》	58	将他人注册商标、未注册的驰名商标作为企业名称中的字号使用，误导公众，构成不正当竞争行为的，依照《中华人民共和国反不正当竞争法》处理。
2019年《商标法》	58	

（二）修法亮点

1. 保护商标专用权

2. 完善和拓展了商标保护体系

3. 维护公平的市场交易秩序

三、具体适用

（一）司法数据

1. 2011～2021年地方各级人民法院商标民事纠纷

2011年，全国地方人民法院共新收和审结知识产权民事一审案件59,612件和58,201件，同比分别增长38.86%和39.51%。其中，新收商标案件12,991件，比上年增长53.56%。

2012年，全国地方人民法院共新收知识产权民事一审案件87,419件，审结83,850件，分别比上年增长45.99%和44.07%。其中，新收商标案件19,815件，比上年增长52.53%。

2013年，全国地方人民法院共新收和审结知识产权民事一审案件88,583件、

88,286件,分别比2012年上升1.33%和5.29%。其中,新收商标案件23,272件,同比上升17.45%。

2014年,全国地方人民法院共新收和审结知识产权民事一审案件95,522件和94,501件,比2013年分别上升7.83%和7.04%。其中,新收商标案件21,362件,同比下降8.21%。

2015年,全国地方人民法院共新收和审结知识产权民事一审案件109,386件和101,324件,同比分别上升14.51%和7.22%,一审结案率为82.66%。其中,新收专利案件11,607件,同比上升20.3%;商标案件24,168件,同比上升13.14%。

2016年,地方各级人民法院共新收和审结知识产权民事一审案件136,534件和131,813件,分别比2015年上升24.82%和30.09%,一审结案率为83.18%,同比上升0.52%。其中,新收商标案件27,185件,同比上升12.48%。

2017年,地方各级人民法院共新收和审结知识产权民事一审案件201,039件和192,938件,分别比2016年上升47.24%和46.37%。其中,新收商标案件37,946件,同比上升39.58%。

2018年,地方各级人民法院共新收和审结知识产权民事一审案件283,414件和273,945件,分别比2017年上升40.97%和41.99%。其中,新收商标案件51,998件,同比上升37.03%。

2019年,地方各级人民法院共新收知识产权民事一审案件399,031件,审结394,521件,分别比2018年上升40.79%和44.02%。其中,新收商标案件65,209件,同比上升25.41%。

2020年,地方各级人民法院共新收一审、二审、申请再审等各类知识产权案件525,618件,审结524,387件,比2019年分别上升9.1%和10.2%。

2021年,地方各级人民法院共新收一审、二审、申请再审等各类知识产权案件642,968件,审结601,544件,比2020年分别上升22.33%和14.71%。

以上分别来自当年最高人民法院发布的《中国法院知识产权司法保护状况》公布的数据。从以上数据可以看出,十年间我国知识产权案件数量极速攀升,全国各级法院受理各类知识产权一审案件从2011年的5.9万件增长到2021年的64万件,增长9倍,年均增长达到20%以上。

2.2018～2021 年涉《商标法》第五十六条至第五十八条的案件量

(1)2018 年中国法院 10 大知识产权案件和 50 件典型知识产权案例

最高人民法院公布的 10 大知识产权案件中,优衣库商贸有限公司与广州市指南针会展服务有限公司、广州中唯企业管理咨询服务有限公司、优衣库商贸有限公司上海月星环球港店侵害商标权纠纷案①、被告人李某志、巫某非法制造注册商标标识罪案②、克里斯蒂昂迪奥尔香料公司与国家工商行政管理总局商标评审委员会商标申请驳回复审行政纠纷案③共 3 件商标民事、刑事、行政案件。

最高人民法院公布的 50 件典型知识产权案例中,"一、知识产权民事案件"中共有 11 件商标权侵权、合同类案件。

(2)2019 年中国法院 10 大知识产权案件和 50 件典型知识产权案例④

最高人民法院公布的 10 大知识产权案件中,本田技研工业株式会社与重庆恒胜鑫泰贸易有限公司、重庆恒胜集团有限公司侵害商标权纠纷案⑤、平衡身体公司与永康一恋运动器材有限公司侵害商标权纠纷案⑥、杭州莫丽斯科技有限公司、奥普家居股份有限公司与浙江风尚建材股份有限公司、浙江现代新能源有限公司、云南晋美环保科技有限公司、盛林君侵害商标权及不正当竞争纠纷案系商标纠纷⑦、厦门德乐盟科技有限公司、厦门兴恒昌贸易有限公司、杨某凤、杨某淦假冒注册商标罪、销售假冒注册商标的商品罪案⑧共 4 件商标民事、刑事案件,还有 1 件商标行政案件。

最高人民法院公布的 50 件典型知识产权案例中,"一、知识产权民事案件之(二)侵害商标权纠纷案件"中,共有 13 件商标民事案件。

(3)2020 年中国法院 10 大知识产权案件和 50 件典型知识产权案例⑨

最高人民法院公布的 10 大知识产权案件中,仅红牛维他命饮料有限公司与

---

① 最高人民法院民事判决书,(2018)最高法民再 396 号。

② 广东省深圳市中级人民法院刑事判决书,(2018)粤 03 刑终 655 号。

③ 最高人民法院行政判决书,(2018)最高法行再 26 号。

④ https://mp.weixin.qq.com/s/9SOkmwXNoMmvPWhSTIkCrQ 知产力微信公众号。

⑤ 最高人民法院民事判决书,(2019)最高法民再 138 号。

⑥ 上海市浦东新区人民法院民事判决书,(2018)沪 0115 民初 53351 号。

⑦ 浙江省高级人民法院民事判决书,(2019)浙民终 22 号。

⑧ 福建省厦门市中级人民法院刑事判决书,(2018)闽 02 刑终 632 号。

⑨ https://www.chinacourt.org/article/detail/2021/04/id/5991264.shtml 法办〔2021〕146 号。

天丝医药保健有限公司商标权权属纠纷案[①]系商标纠纷，其余与商标无关。

最高人民法院公布的50件典型知识产权案例中，“一、知识产权民事案件之（二）侵害商标权纠纷案件”中，共有14件商标民事案件。除关于《商标法》第五十七条及第五十八条的常见商标侵权案件外，还有如，“6. 天津华联商厦企业管理有限公司与天津市西青区财源利食品店侵害商标权纠纷案”，[②]对于涉及“商品批发零售服务商标的注册以及维权”提供了参考案例；“14. 广州钧易信息技术有限公司与深圳荷包金融信息咨询有限公司侵害商标权纠纷案”，[③]对于互联网平台App所属的商品或服务类别以及侵权判定中作出了裁判指引；“17. 陕西华清宫文化旅游有限公司与西安华清盛汤汤泉酒店、姜志刚、西安华青会企业管理有限公司侵害商标权及不正当竞争纠纷案”，[④]引入了联合商标制度，对侵害联合商标权判定规则进行了创新探索。此类典型案例，与《商标法》第五十六条“注册商标的专用权的保护范围”息息相关。

最高人民法院公布的50件典型知识产权案例中，“三、知识产权刑事案件”中有3件涉及销售假冒注册商标的商品罪案件。

（4）2021年中国法院10大知识产权案件和50件典型知识产权案例

最高人民法院公布的10大知识产权案件中，涉“双飞人”商标侵权及不正当竞争纠纷案、涉“惠氏”商标惩罚性赔偿案系商标纠纷 。

最高人民法院公布的50件典型知识产权案例中，一、知识产权民事案件之（二）侵害商标权纠纷案件中，共有13件商标民事案件，分别是：6. 华润（集团）有限公司、华润知识产权管理有限公司与成都市金牛区华润灯饰商店侵害商标权及不正当竞争纠纷案，7. 华联超市股份有限公司与肥城市华联商贸有限公司、肥城市华联商贸有限公司春秋古城店侵害商标权及不正当竞争纠纷案，8. 益海嘉里食品营销有限公司与天津丰美食用油有限公司侵害商标权纠纷案，9. 绫致时装（天津）有限公司与博野县幻蝶雾语服装店侵害商标权及不正当竞争纠纷案，10. 吉林省长春皓月清真肉业股份有限公司与四平市铁西区亚萍牛羊肉摊床等侵害商标权纠纷案，11. 大自然家居（中国）有限公司与福建因尔心安木业有限公司等侵害

---

① 最高人民法院民事判决书，（2020）最高法民终394号。

② 天津市高级人民法院民事判决书，（2020）津民终88号。

③ 广东省深圳市中级人民法院民事判决书，（2019）粤03民终31635号。

④ 陕西省高级人民法院民事判决书，（2020）陕民终935号。

商标权及不正当竞争纠纷案，12. 杭州王星记扇业有限公司与绍兴王星记扇厂等侵害商标权纠纷案，13. 美盛农资（北京）有限公司与津港美禾辛化肥（天津）有限公司等侵害商标权及不正当竞争纠纷案，14. 巴布豆（中国）儿童用品有限公司与泉州市巴布豆儿童用品有限公司等侵害商标权及不正当竞争纠纷案，15. 吉尼斯世界纪录咨询（北京）有限公司与广州大明联合橡胶制品有限公司侵害商标权纠纷案，16. 广州蓝月亮实业有限公司、蓝月亮（中国）有限公司与深圳金八马生活用纸有限公司等侵害商标权及不正当竞争纠纷案，17. 重庆久圣成防水材料有限公司、沈阳久圣成经贸有限公司与重庆盛百利防水建材有限公司侵害商标权及不正当竞争纠纷案，18. 中国黄金集团黄金珠宝股份有限公司与田继民、白银百货大楼（集团）有限责任公司侵害商标权及不正当竞争纠纷案。

（二）典型案例

1. 涉及第五十六条典型案例

（2018）最高法民申3270号：爱国者数码科技有限公司等与深圳市飞象未来科技有限公司等侵害商标权纠纷案："《类似商品和服务区分表》无法穷尽现实生活中的所有商品和服务类型，人民法院在判断商标使用是否超出核定商品范围时，应当考虑市场环境下商品类型的客观变化情况。"

2. 涉及第五十七条典型案例

（1）涉及第五十七条第一项

①正向混淆：（2020）京73民终2204号：西府巨芳公司与周黑鸭商标权权属、侵权纠纷案。

②正向混淆的抗辩：平行进口。（2019）浙民终939号：博柏利（BURBERRY）与杭州法蔻公司侵害商标权纠纷案。

③反向混淆：（2018）京民申4136号：嘉兴市欧普电器有限公司与欧普照明股份有限公司等侵害商标权纠纷案。

④未予认定反向混淆：（2019）最高法民申6283号：MK案。

（2）涉及第五十七条第二项

①认定商标近似的判断标准：（2017）最高法民再234号：五粮液与甘肃滨河公司等侵害商标权纠纷；（2018）京民终171号：无印良品案。

②认定类似商品的判断标准：（2016）粤民再447号：非诚勿扰案；（2019）粤

73 民终 3551 号:开古公司与健康元公司等侵害商标权纠纷案。

(3)涉及第五十七条第三项

销售已经侵犯他人商标权商品的行为:(2017)京 73 民终 2002 号:勃贝雷有限公司与北京尚品百姿电子商务有限公司等侵害商标权纠纷案。

(4)涉及五十七条第四项

伪造注册商标标识等行为:(2018)粤 73 民终 3621 号:云南白药集团股份有限公司商标权纠纷案。

(5)涉及第五十七条第五项

反向假冒行为:(2003)通中民三初字第 15 号(公报案例):"银雉"牌旧胶印机翻新案;(2020)鄂知民终 24 号:VIVO 手机配件翻新案。

(6)涉及第五十七条第六项

①帮助侵权行为:(2006)高民终字第 335 号:秀水街公司与路易威登马利蒂公司侵犯注册商标专用权纠纷案;(2016)最高法民再 52 号:林某恺与富鸿家具经营部侵害商标权纠纷案;(2020)京 73 民终 463 号:惠州雷士光电科技有限公司与嘉兴市光大雷士电器有限公司等侵害商标权纠纷案。

②网络服务提供者的责任:《侵权责任法》第三十六条。(2019)湘 01 民初 210 号:湖南省富民乐建材运营发展有限公司与广州工匠家科技有限公司、北京百度网讯科技有限公司侵害商标权纠纷案;(2017)粤 73 民终 2096 号:王某明、阿里巴巴与奢悦公司等侵害商标权纠纷案;(2017)沪 73 民终 334 号:福网公司与呷哺呷哺公司侵害商标权纠纷案。

(7)涉及五十七条第七项——兜底性条款

①商标淡化行为:(2021)京民终 89 号:北京字节跳动科技有限公司与湖南省永和食品有限公司等侵害商标权纠纷案;(2017)京民终 76 号:贵州老干妈风味食品与贵州永红食品侵害商标权纠纷案。

②老字号企业名称问题:(2013)渝高法民终字 00292 号(指导案例 58 号):"与'老字号'具有历史渊源的个人或企业在未违反诚实信用原则的前提下,将'老字号'注册为个体工商户字号或企业名称,未引人误认且未突出使用该字号的,不构成不正当竞争或侵犯注册商标专用权。"

3. 涉及第五十八条典型案例

①以《反不正当竞争法》第二条规制字号问题:(2014)民三终字第 1 号:全友

家具案;(2017)京民终51号:九牧集团有限公司等与中山市粤九牧电器科技有限公司等侵害商标权及不正当竞争纠纷案;(2020)沪73民终305号:上海公牛实业与慈溪市公牛电器侵害商标权纠纷案;(2020)粤73民终2521号:梦妆公司与爱茉莉太平洋不正当竞争纠纷案。

②以《反不正当竞争法》第六条第四项规制字号问题:(2022)最高法民再71号:物美科技集团有限公司、严峰侵害商标权及不正当竞争纠纷案。

第二十五章 《商标法》第五十九条之精解

马 强*

一、《商标法》第五十九条规定

《商标法》第五十九条规定在《商标法》第七章“注册商标专用权的保护”中。本条是关于注册商标专用权行使限制的规定，在立法上明确了商标合理使用制度和在先使用商标的抗辩制度，对注册商标专用权人无权禁止的行为作出规定，以避免注册商标专用权的“绝对化”。

《商标法》第五十九条共分为三款，其中第一款规定了描述性商标的合理使用制度，第二款规定了三维标志商标的合理使用制度，第三款规定了在先使用商标的继续使用权益：

“注册商标中含有的本商品的通用名称、图形、型号，或者直接表示商品的质量、主要原料、功能、用途、重量、数量及其他特点，或者含有的地名，注册商标专用权人无权禁止他人正当使用。

三维标志注册商标中含有的商品自身的性质产生的形状、为获得技术效果而需有的商品形状或者使商品具有实质性价值的形状，注册商标专用权人无权禁止他人正当使用。

商标注册人申请商标注册前，他人已经在同一种商品或者类似商品上先于商标注册人使用与注册商标相同或者近似并有一定影响的商标的，注册商标专用权人无权禁止该使用人在原使用范围内继续使用该商标，但可以要求其附加适当区别标识。”

---

* 马强律师，第11届北京市律师协会商标法律专业委员会副主任、北京市海问律师事务所合伙人，中国人民大学法学博士，曾代理宝马、万象城、雪花、英皇、Champion等商标案。

从《商标法》第五十九条的历史沿革来看,《商标法》第五十九条的规定内容,首次出现于2014年5月1日实施的《商标法》第五十九条中,两者在规定内容上完全相同。可见,本条的实施时间并不算太长,至今也只有七年多的时间。此前,无论是1983年3月1日实施的《商标法》、1993年7月1日实施的《商标法》,还是2001年12月1日实施的《商标法》,都没有对本条内容作出相同或类似的规定。

二、《商标法》第五十九条第一款理解与适用

(一)法理基础

《商标法》第五十九条第一款规定:"注册商标中含有的本商品的通用名称、图形、型号,或者直接表示商品的质量、主要原料、功能、用途、重量、数量及其他特点,或者含有的地名,注册商标专用权人无权禁止他人正当使用。"本款规定了注册商标中含有的对商品的描述性文字、图形、地名,人们可以正当使用。本款规定与《商标法》第十一条相呼应。《商标法》第十一条第一款规定:"下列标志不得作为商标注册:(一)仅有本商品的通用名称、图形、型号的;(二)仅直接表示商品的质量、主要原料、功能、用途、重量、数量及其他特点的;(三)其他缺乏显著特征的。"第二款规定:"前款所列标志经过使用取得显著特征,并便于识别的,可以作为商标注册。"可见,如果某一商标仅含有本商品的通用名称、图形、型号,或者仅直接表示商品的质量、主要原料、功能、用途、重量、数量等特点,它们是缺乏商标固有显著性的。因此,只有经过长期使用,当这些商标取得了区别于这些描述性信息本身含义的"第二含义"之后,才能够被注册为商标。

但是,即使这些商标包含的描述性信息取得了"第二含义",商标权人也不能禁止公众使用注册商标中的这些描述性信息,因为这些信息的"第一含义"仍然存在于公有领域之中,公众有权自由地使用。否则,商标权人将垄断对该商品的通用名称、图形、质量、主要原料等信息,或者对地名的专有使用权,这将严重侵害公共利益,扰乱人们日常生活中的语言使用需求。因此,商标法对描述性标志的保护,也局限于这种由商标权人的使用所形成的"第二含义";他人只要善意地使用标志的"第一含义",并不会引起消费者对商品或服务来源的混淆,是正当、合法的行为。

(二)适用条件

根据《商标法》第五十九条第一款的表述以及相关司法实践,本款的适用需要

同时满足以下三个条件：

1. 商标权人的注册商标中含有的本商品的通用名称、图形、型号，或者直接表示商品的质量、主要原料、功能、用途、重量、数量及其他特点，或者含有地名。

2. 他人使用的商标含有注册商标中的商品通用名称、图形、型号，或者注册商标中直接表示商品的质量、主要原料、功能、用途、重量、数量及其他特点的标识，或者注册商标中的地名。

3. 他人对注册商标的使用，属于正当使用。一方面，对于商品的通用名称、图形、型号、商品的质量、主要原料、功能、用途、重量、数量等的正当使用，是指使用具有必要性和正当性。所谓使用的必要性，是指他人确实需要使用注册商标的构成要素，来对自身商品的特征进行说明。所谓使用的正当性，是指他人主观上为善意使用，遵守诚实信用原则和商业道德，没有攀附注册商标商誉的意图；客观上使用方式合理、符合商业惯例，自身商品并未指向商标权人的商品。另一方面，对于地名的正当使用，是指他人在地理意义上使用该地名的"第一含义"，而非使用的该地名在商标意义上的"第二含义"。

（三）典型案例

与《商标法》第五十九条第一款相关的司法案例比较多，从判决结果来看，支持与否定他人对注册商标正当使用的案例都有不少。本文选取"无懈可击"商标案、"恰西"商标案、"鼓浪屿"商标案、"中国珠宝"商标案等典型案例，对本款的适用作进一步的理解。

1. 中科联社网络技术研究院与北京家乐福商业有限公司望京店等侵害商标权纠纷上诉案①

本案争议发生于原告、上诉人中科联社（北京）网络技术研究院（以下简称中科联社），与被告、被上诉人北京家乐福商业有限公司望京店（以下简称家乐福店）、联合利华（中国）有限公司（以下简称联合利华公司）之间。中科联社是"无懈可击wuxiekeji"商标的商标权人，核定使用商品为洗发液、洗发剂、护发素等。联合利华公司生产"清扬"牌洗发露，产品上标有"水润头皮无懈可击""无屑可击冠军表现"等字样，在家乐福店销售。故中科联社认为二被告侵犯了其注册商标专用权。

---

① 北京市第三中级人民法院民事判决书，（2014）三中民终字第06503号。

北京市朝阳区人民法院在一审判决书中指出，联合利华公司对“无懈可击”及“无屑可击”的使用属于描述性使用，即“无懈可击”被用来描绘其去屑洗发产品的品质、“无屑可击”被用来表明其产品的良好去屑效果；而不属于商标性使用，即标示商品的来源。联合利华公司在使用上述词汇时，多数是与其他词汇相结合使用，如“全天净爽无懈可击”“无屑可击冠军表现”等，上述用语仅向相关公众传递了产品的功能、品质等方面的信息，并不会使上述词汇起到标识商品来源的作用。因此，对于中科联社的主张不予支持。北京市第三中级人民法院在二审判决书中同样认为，“无懈可击”一词是有固定含义的成语，联合利华公司在清扬牌洗发液商品外包装中使用“无懈可击”字样，目的也是在于说明其生产的清扬牌洗发液产品的质量，其对“无懈可击”字样的使用属于正当使用，并不会起到指示商品来源的作用，不构成对中科联社商标专用权的侵害。

2. 常某兰与伊犁恰西旅游发展有限责任公司侵害商标权纠纷上诉案①

本案争议发生在原告、上诉人常某兰和被告、被上诉人伊犁恰西旅游发展有限责任公司之间。常某兰注册了“恰西”服务商标，核准服务范围主要有餐厅、饭店、旅游房屋出租等。恰西旅游公司在自己的企业字号中使用了原告商标中的部分文字，故双方发生争议。本案一审判决书指出，恰西是一个众所周知的风光秀美的著名林区，恰西旅游公司在巩留县工商行政管理局登记注册，其名称中使用“恰西”文字只是因为该公司所在地的巩留县紧邻恰西，该行为属于《商标法》第五十九条第一款所称的正当使用。二审新疆维吾尔自治区高级人民法院也认为：“恰西”二字有地名的含义，是当地著名的风景区，故不能排除恰西旅游公司在公司名称中使用“恰西”文字行为的正当性和合法性，故驳回常某兰的上诉，维持原判。

3. 厦门兴茂贸易有限公司诉厦门市誉海食品有限公司侵害商标权及不正当竞争纠纷再审案②

本案争议发生在原告、上诉人、再审被申请人厦门兴茂贸易有限公司（以下简称兴茂公司），与被告、上诉人、再审申请人厦门市誉海食品有限公司之间（以下简称誉海公司）之间。本案历经“四年三审”，是关于第五十九条第一款适用的典型案例。兴茂公司拥有两件“鼓浪屿”注册商标专用权，核定使用商品主要为糖果、

① 新疆维吾尔自治区高级人民法院民事判决书，（2020）新民终 361 号。

② 最高人民法院再审裁定书，（2018）最高法民申 727 号。

饼干、糕点、面包、蛋糕等,具有较高的知名度。誉海公司在其产品的包装盒上印有“鼓浪屿”“馅饼”字样,分两列、呈纵向排列,字体较大,颜色为黄色,为整个盒盖中的突出显著部分,双方产生争议。

一审厦门市思明区人民法院认为,誉海公司产品的生产地是在厦门市同安工业集中区,并非在厦门市鼓浪屿,其行为极易使相关公众对产品的来源与原告产品产生混淆和误认,已侵害兴茂公司的商标权。福建省高级人民法院在二审判决书中也指出:《商标法》第五十九条规定注册商标中含有地名时,注册商标专用权人无权禁止他人正当使用。但是,对含有注册商标地名的正当使用前提应该是使用人使用该地名时,相关公众从该地名标识得到的启示是地名本身,即该地名的第一含义,而不是将他人商标意义上的标识作为自己商品的标识意义的使用,且使用人的行为是善意、合理的。本案中,对“鼓浪屿”地名的正当使用应该是“鼓浪屿”作为地名本身的含义,而不是作为区别商品标识的第二含义。兴茂公司在馅饼上申请注册了“鼓浪屿”商标,“鼓浪屿”文字已经成为区别同类馅饼的标识,且该商标已被评为福建省著名商标,具有较高的知名度。在这一情况下,誉海公司还在馅饼的包装盒上标注“鼓浪屿馅饼”,该使用行为明显容易造成相关公众对其馅饼来源的混淆误认,因此对其行为是正当使用的主张不予支持。最高人民法院在再审裁定书中也认为,鼓浪屿虽为地名,但兴茂公司通过长期在馅饼商品上使用“鼓浪屿”商标,已经获得区分商品来源的第二含义,而不再是作为地名的第一含义。誉海公司在馅饼商品上商标性地使用“鼓浪屿”商标,不属于第五十九条第一款规定的正当使用。

4. 翁某杰与中国珠宝首饰进出口股份有限公司侵害商标权纠纷上诉案①

本案争议发生于原告、被上诉人中国珠宝首饰进出口股份有限公司(以下简称中国珠宝公司)与被告、上诉人翁某杰之间。中国珠宝公司拥有“中国珠宝 SINOGEM 及图”注册商标专用权,核定使用商品主要为小饰物(首饰)、项链(首饰)、金刚石、珠宝(首饰)等,从事珠宝首饰进出口与零售业务。翁某杰开设“中国黄金珠宝”店铺,在店铺门头、店内墙面、广告板等处使用了包含“中国黄金珠宝”文字的标识。翁某杰认为,“中国”为国家名称、“黄金珠宝”为贵重金属商品的通用名称,中国珠宝公司无权禁止他人使用“中国”“珠宝”字样。

---

① 河南省高级人民法院民事判决书,(2021)豫知民终8号。

一审法院认定翁某杰使用“中国黄金珠宝”不构成正当使用，属于商标性使用。河南省高级人民法院在二审判决书中也认为：对注册商标构成要素的使用是否属于正当使用，可以从使用的必要性以及正当性两方面进行分析：必要性，即被诉侵权人确实需要使用注册商标构成要素对商品特征进行说明；正当性，即主观上为善意使用，遵守诚实信用原则和公认的商业道德，没有攀附注册商标商誉的意图；客观上的使用方式合理，符合商业惯例和常理，标识未将被诉侵权商品指向商标权人。本案中，虽然“中国”系国别，可以指明产地，但黄金、珠宝作为贵金属，产地是中国还是其他国家本身对品质没有影响，故没有必要强调产地是中国，而非其他国家。就商业惯例而言，一般只在国外销售商品时才特别强调产地是中国，在国内销售产自于国内的商品特别强调中国不符合商业惯例。此外，经过中国珠宝公司长期的使用和宣传，涉案商标已具有较高的知名度和较强的显著性，商标的构成要素“中国珠宝”已具有区别于国家名称“中国”和商品类别名称“珠宝”的含义和识别作用。翁某杰将“中国”与“黄金珠宝”组合成“中国黄金珠宝”使用，并非对国家名称、商品名称的规范性使用，而是意在攀附中国珠宝公司商标商誉，将商品来源与中国珠宝公司关联起来，起到指示商品来源作用，因此侵害了中国珠宝公司的商标专用权。

三、《商标法》第五十九条第二款理解与适用

（一）法理基础

《商标法》第五十九条第二款规定了功能性三维标志注册商标的合理使用制度。本款规定：“三维标志注册商标中含有的商品自身的性质产生的形状、为获得技术效果而需有的商品形状或者使商品具有实质性价值的形状，注册商标专用权人无权禁止他人正当使用。”《商标法》之所以允许公众正当使用三维标志商标中含有的商品自身性质产生的形状、为获得技术效果而需有的商品形状，以及使商品具有实质性价值的形状，一方面因为它们是某类商品本身所必要的形状，或者是能够促进技术进步的形状，属于商标法上的公有领域。如果允许商标权人通过注册三维标志商标的手段，对商标拥有永久的“垄断权”，则会阻碍技术的发展和公众对技术的自由利用。另一方面，这些具有功能性的形状也可以获得实用新型专利和外观设计专利的保护，在专利的保护期限届满后，公众可以自由使用。因此从立法政策的角度来看，如果允许三维标志商标权人禁止他人使用这些功

能性的形状,将会架空著作权法和专利法对作品、技术特征和外观设计保护期的规定。

同时,值得注意的是,本条规定与《商标法》第十二条对以三维标志作为注册商标的要求相关联。《商标法》第十二条规定:"以三维标志申请注册商标的,仅由商品自身的性质产生的形状、为获得技术效果而需有的商品形状或者使商品具有实质性价值的形状,不得注册。"2016 年 12 月原国家工商行政管理总局下发的《商标审查及审理标准》也作了类似规定:"三维标志如具有功能性,即三维标志仅由商品自身的性质产生的形状、为获得技术效果而需有的商品形状或者使商品具有实质性价值的形状,不得注册。"前文提到,根据《商标法》第十一条第二款的"但书"规定,对于缺乏固有显著性的平面商标而言,如果经过使用取得显著特征,并且便于识别,那么可以作为商标注册。但是,《商标法》第十二条并未作出类似的"但书"规定。这说明,对于仅由商品自身的性质产生的形状、为获得技术效果而需有的商品形状或使商品具有实质性价值的形状,即使经过长期使用,具有了"第二含义"之后,仍然不能被注册为商标。

(二)本款释义

《商标法》第五十九条第二款规定了三种公众可以合理使用三维标志商标的情形,即对商标中商品自身性质产生的形状的合理使用;对商标中为获得技术效果而需有的商品形状的合理使用;以及对商标中使商品具有实质性价值形状的合理使用。下面对这三种情形的含义作进一步的理解。

1. 商品自身的性质产生的形状

根据 2016 年《商标审查及审理标准》的规定,由商品自身的性质产生的形状,指为实现商品固有的功能和用途所必须采用的或者通常采用的立体形状。见图 25 - 1 安全扣、轮胎、书写工具的形状(从左至右):

（a）　　（b）　　（c）

图 25－1　商品形状示例一

2. 为获得技术效果而需有的商品形状

根据2016年《商标审查及审理标准》的规定，为获得技术效果而需有的商品形状，指为使商品具备特定的功能，或者使商品固有的功能更容易地实现所必需使用的立体形状。见图25－2救生圈、剃须刀头、登山手杖的形状（从左至右）：

（a）　　（b）　　（c）

图 25－2　商品形状示例二

3. 使商品具有实质性价值的形状

根据2016年《商标审查及审理标准》的规定，使商品具有实质性价值的形状，是指该立体形状是为使商品的外观和造型影响商品价值所使用的立体形状。见图25－3瓷瓶、糖果、挂坠的形状（从左至右）：

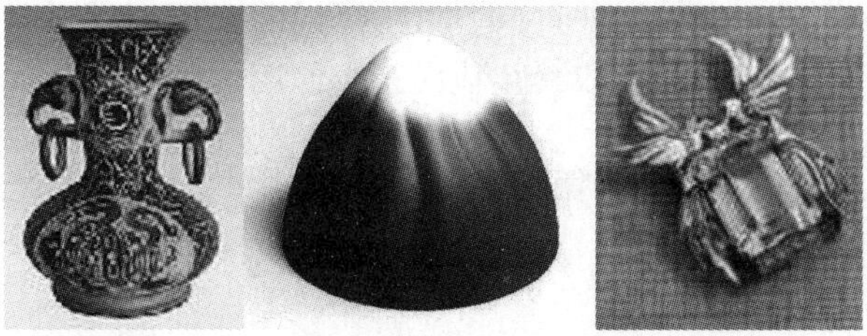

(a)　　(b)　　(c)

图 25－3　商品形状示例三

(三)典型案例

目前,商标权人与他人因《商标法》第五十九条第二款发生争议的司法案例非常少见。这主要是因为,含有商品自身性质产生的形状、为获得技术效果而需有的商品形状、使商品具有实质性价值形状的商标,往往不易通过《商标法》第十二条关于三维标志申请注册商标要求的检验、成为注册商标。而能够获得注册并同时含有这些功能性形状的三维标志,往往是比较少的,那么与这些三维标志商标相关的争议案件也就比较少了。本文选取宁波爱乐宝婴儿用品有限公司(以下简称爱乐宝公司)与东凌股份有限公司(以下简称东凌公司)、上海珏炫餐饮管理有限公司侵害商标权纠纷上诉案,对本款规定作进一步的理解。

本案争议发生于原告、被上诉人东凌股份有限公司,与被告、上诉人宁波爱乐宝婴儿用品有限公司、被告上海珏炫餐饮管理有限公司之间。东凌公司是某立体商标的商标权人,该立体商标为卡通化的鸭子形象,被用于其设计的“PIYOPIYO黄色小鸭”系列奶瓶。爱乐宝公司出售外包装印有“爱乐宝 · 小黄鸭防摔玻璃奶瓶”的商品,其由玻璃瓶体加硅胶套组成,硅胶套的造型也是卡通化的鸭子。爱乐宝公司的被诉侵权奶瓶产品与东凌公司的注册商标的主体造型相比,除左右两侧的翅膀部分不同以外,其余部分,包括整体颜色、头面部与身体及脚的比例、头顶羽毛、嘴巴、眼睛、脚均采用了几乎完全相同的元素构造及颜色,构成近似。

爱乐宝公司主张被诉侵权奶瓶产品具有商品必不可少的实用性,根据《商标法》第五十九条第二款的规定,东凌公司无权禁止其正当使用。上海知识产权法院在二审判决书中指出:被诉侵权奶瓶产品的硅胶保护套本可以设计为各种小鸡或小鸭的卡通脸型结构,并非只有涉案小黄鸭造型一种选择,也可选择其他卡通脸型。因此,涉案小黄鸭造型并非由商品自身的性质产生的形状、为获得技术效果而需要的商品形状或者使商品具有实质性价值的形状，不属于《商标法》第五十九条规定的注册商标专用权无权禁止他人正当使用的情形。

四、《商标法》第五十九条第三款理解与适用

（一）法理基础

《商标法》第五十九条第三款规定了在先商标的继续使用抗辩制度，即商标注册人申请商标注册前，他人已经在同一种商品或者类似商品上先于商标注册人使用与注册商标相同或者近似并有一定影响的商标的，注册商标专用权人无权禁止该使用人在原使用范围内继续使用该商标，但可以要求其附加适当区别标识。

对于本款的立法目的，国家知识产权局认为，本款规定意在平衡商标注册人和商标在先使用人之间的利益，在不损害商标权注册取得制度的基础上，维护在市场上已经具有一定影响但未注册商标的在先使用人的权益。王迁等知识产权法学者也认为，商标法是广义反不正当竞争法的一部分，其保护的对象是注册商标经过使用之后凝集的商誉，意在防止他人无偿利用注册商标所体现的商誉牟取不正当利益。如果他人在使用和申请注册商标之前，已经善意地在相同或类似商品与服务上使用了与注册商标相同或近似的未注册商标，而且这种使用还具有一定影响，即形成了自己的商誉，那么自然谈不上对在后注册商标中商誉的不当利用。虽然在该在后注册商标投入使用，实际发挥了来源识别功能之后，在先未注册商标的使用者在原有范围内的继续使用，确实可能导致消费者产生混淆，但是对于这种使用，《商标法》应当容忍，否则就会剥夺在先使用人通过诚信经营所积累的商誉，这样有违《商标法》的立法目的。

因此，虽然我国《商标法》采取了商标因注册而获得保护的原则，但第五十九条第三款例外地为商标在先使用人提供了补充保护。需要注意的是，本款规定并不意味着《商标法》认为未注册商标与注册商标可以获得同等的保护。全国人民代表大会常务委员会法制工作委员曾指出，虽然法律上有必要给予在先使用的未注册商标一定保护，但保护水准不宜过高，以免冲击到注册制这一商标管理的基本制度。

（二）适用条件

《商标法》第五十九条第三款的适用需要同时满足一些条件。2021 年 5 月国

家知识产权局在《关于〈商标法〉第五十九条第三款法律适用问题的批复》(以下简称《适用批复》)中认为,适用本款规定,在先使用人须同时满足五个条件。在北京中创东方教育科技有限公司与北京市海淀区启航考试培训学校等侵害商标权纠纷上诉案①(以下简称启航学校商标案)中,北京知识产权法院也详细阐述了这些适用条件的内涵,是这方面的典型案例。基于《适用批复》和启航学校商标案等典型案例的观点,本款适用条件主要包括以下五点:

1. 在先使用人在商标注册人申请商标注册前,已经使用商标。该要件是对在先使用行为时间点的限定。本款规定,只有在注册商标申请日之前使用商标的行为才属于"在先"使用行为,并不是因为注册商标自申请日起便成为受《商标法》保护的注册商标,而是因为在我国采用商标注册制度而非商标使用制度的情况下,《商标法》各具体制度的设置应尽可能保障注册制度的正常运转。而以"申请日"作为在先使用行为的起算点,显然比以"注册日"作为起算点更有利于维护商标注册人的合法预期利益和商标注册制度。

2. 在先使用人先于商标注册人使用商标。他人对注册商标的使用不仅要早于商标权人申请商标的日期,还要早于商标权人使用商标的日期。这是因为,如果商标注册人在申请注册前使用了商标,使商标发挥了标识作用,使相关公众建立起了标识与商品的联系,则有必要禁止在后使用人再行使用,以排除相关公众的混淆误认。这也符合《商标法》遵循诚实信用原则、保护公平竞争的精神。

3. 在先使用人在商标注册人申请商标注册前的使用,达到"有一定影响"的程度。《商标法》为未注册商标提供保护的前提在于,在先使用人基于其对未注册商标的使用已产生了需要商标法保护的利益;而此种利益的产生,原则上不需要该商标具有较高知名度,亦不要求其知名度已延及较大的地域范围。所以,通常而言,如果在先使用人对商标的使用确为真实使用,且经过使用已使商标在其使用地域内起到识别作用,则一般认为达到了该规定中"一定影响"的要求。

4. 在先使用人对于商标的使用,不得超出原经营商品或服务、原经营区域等原使用范围。在先使用人后续使用行为的合法性源于其在先的商标使用行为,因此,后续使用行为只能限于在先使用的商标及商品或服务,而不能延及未使用过

---

① 北京知识产权法院民事判决书,(2015)京知民终字第588号。

的类似商品或服务上的近似商标。

5. 商标注册人要求其附加适当区别标识的，在先使用人应当附加区别标识。附加区别性标识是本款赋予商标权人的一种法定请求权，其目的在于防止消费者对在先使用人的商标与注册商标相混淆。但是，附加区别标识不应给在先使用人造成不合理的经济负担。实践中，区别标识可以是在先使用权人的名称、地址、电话等信息。

（三）典型案例

与《商标法》第五十九条第三款相关的争议在实践中还是比较多的。本文选取"SFC"商标案、"义兴张"商标案、上述启航学校商标案三件典型案例的判决，对本款适用作进一步理解。

1. 泉州市泉港区春回大地电子科技有限公司与上海电影股份有限公司侵害商标权纠纷上诉案①

本案争议发生在原告、上诉人泉州市泉港区春回大地电子科技有限公司（以下简称春回大地公司）与被告、被上诉人上海电影股份有限公司（以下简称上影公司）之间。春回大地公司于2014年4月14日申请注册"SFC"商标，核定使用服务项目为第41类录像带发行、娱乐、配音等。上影公司成立于1994年10月，"SFC"是其英文名称Shanghai Film Corporation Ltd. 的首字母，并在经营中予以使用。例如，上影公司在影院开业庆典、电影票上均使用有"SFC"标识；大众点评网、美团网上也陆续载有含"SFC上影"字样的点评内容等。春回大地公司据此认为上影公司侵犯了其对"SFC"的商标权。

上海知识产权法院在二审判决书中指出，上影公司提供的大量证据，如域名注册查询信息、电影票兑换券、影城开业庆典照片、《环球时报》、《广州日报》等，能够证明其在涉案商标申请日即2014年4月14日之前，在经营和对外宣传中长期、广泛和持续地使用了含有"SFC"的标识，"SFC"已经与上影公司建立起直接的对应关系，并成为影院服务领域具有一定影响的标识。上影公司将其企业名称英语翻译各单词首字母的组合作为商标使用具有合理性。因此，"SFC"是上影公司在先使用并有一定影响的商标，根据《商标法》第五十九条第三款，春回大地公

① 上海知识产权法院民事判决书，（2017）沪73民终174号。

司无权禁止上影公司在原使用范围内继续使用该标识。

2. 河南海恩食品有限公司、滑县道口义兴张烧鸡有限公司等侵害商标权纠纷上诉案[①]

本案争议发生于原告、被上诉人滑县道口义兴张烧鸡有限公司（以下简称义兴张公司），与上诉人河南海恩食品有限公司（以下简称海恩公司）等之间。义兴张公司主要经营烧鸡等熟肉制品，于2019年注册了“義興張世家”“義興張老铺”等商标，核定使用商品为肉、鸡肉、加工过的肉等。海恩公司成立于2017年，经营“英英地方特产义兴张道口烧鸡”商店，其售卖买的烧鸡包装上有“義興張烧鷄老铺祥记”“義興張世家”字样。双方因此发生争议。

海恩公司认为其对涉案商标拥有在先使用权。河南省高级人民法院在二审判决书中指出：主张在先使用的商标，必须要具有一定的影响，即在先使用人在中国已经使用某商标并为一定地域范围内相关公众所知晓。如果在先使用人只能证明在他人注册商标的申请日之前以及在商标注册人最早使用该商标之前确实曾有使用，但无法证明该商标已经具有一定影响的，该在先使用人并不能享有商标在先使用权，也不能继续使用该商标。我国《民事诉讼法》第六十四条规定：当事人对自己提出的主张，有责任提供证据。本案中，海恩公司在明知存在“义兴张”商标的情况下，仍在其商品上使用“义兴张世家”“义兴张烧鸡老铺祥记”字样，并非善意使用；且海恩公司未提供充分证据证明在义兴张公司取得涉案商标专用权之前，已经在先使用并具备了一定的影响力，因此海恩公司不构成商标的在先使用。

3. 启航学校商标案

本案争议发生于原告、上诉人北京中创东方教育科技有限公司（以下简称中创公司），与被告、被上诉人北京市海淀区启航考试培训学校（以下简称启航考试学校）、北京市启航世纪科技发展有限公司（以下简称启航公司）之间。贵阳市云岩区启航英语培训学校于2001年10月18日申请注册了启航学校商标，于2003年4月7日取得注册，并于2013年将该商标许可中创公司独占使用。被告启航考试学校成立于1998年，主营考研培训业务；被告启航公司负责对外加盟活动。二被告在共同运营的启航世纪网站、发放的宣传材料、教材上使用与启航学校商标

① 河南省高级人民法院民事判决书，（2021）豫知民终283号。

近似的标识,如“启航教育”“启航考研”等。中创公司认为二被告的行为侵犯了启航学校商标专用权。

北京市海淀区人民法院在一审判决书中指出,启航学校商标于2001年10月18日申请注册,在此之前,启航考试学校已经组织编写由中央民族大学出版社于2001年6月出版的《启航考研政治讲义》等书籍。同时,启航考试学校自2000年3月起在《中国青年报》上连续刊登考研招生宣传报道,可见在启航学校商标申请注册前,启航考试学校已经通过自身努力在全国范围考研培训领域使用“启航考研”,并使之具有一定的知名度和影响力。因此,中创公司无权禁止启航考试学校在启航学校商标申请注册后,仍在考研培训领域突出使用“启航考研”,但是可以要求启航考试学校对“启航考研”附加适当标识。同时,除“启航考研”外,二被告应当在经营活动中停止将“启航”文字作商标意义上使用的行为。关于中创公司提出启航考试学校在经营活动中使用全称,不得使用简称的请求,法院认为,只要将“启航”在企业名称意义上进行使用,非进行显著、突出的商标意义上使用,则无论使用全称或者简称,均不构成对启航学校商标权的侵害。

北京知识产权法院在二审判决书中,则详细分析了被上诉人在涉案商标“申请日”之前是否存在在先使用行为,被上诉人的在先使用商标是否达到“一定影响”,被上诉人在先使用“启航”商标的时间是否早于上诉人使用涉案商标的时间,被上诉人在经营活动中对于“启航考研”的使用是否符合“原有范围”的要求等几个要件。法院最终认为,被上诉人启航考试学校、启航公司在经营活动中使用“启航考研”的行为均符合《商标法》第五十九条第三款的适用要件,未构成对注册商标专用权的侵犯。

第二十六章 《商标法》第六十三条之精解

赵克峰[*] 王自强[**]

《商标法》第六十三条规定了五种损害赔偿计算的方式，分别为权利人损失、侵权人的获利、商标许可使用费的倍数、法定赔偿及惩罚性赔偿。同时，该条还规定了证明妨碍规则、商标废弃请求权等相关内容。

一、法律规定及相关法律规范

（一）法律规定

《商标法》

第六十三条 侵犯商标专用权的赔偿数额，按照权利人因被侵权所受到的实际损失确定；实际损失难以确定的，可以按照侵权人因侵权所获得的利益确定；权利人的损失或者侵权人获得的利益难以确定的，参照该商标许可使用费的倍数合理确定。对恶意侵犯商标专用权，情节严重的，可以在按照上述方法确定数额的一倍以上五倍以下确定赔偿数额。赔偿数额应当包括权利人为制止侵权行为所支付的合理开支。

人民法院为确定赔偿数额，在权利人已经尽力举证，而与侵权行为相关的账簿、资料主要由侵权人掌握的情况下，可以责令侵权人提供与侵权行为相关的账

---

* 赵克峰律师，第 11 届北京市律师协会商标法律专业委员会副秘书长，已任律师事务所合伙人，多件案例入选法院、行政机关、QBPC 典型案例，如 NBA 赛事著作权案、NBA 商品化权益案、费列罗立体商标案、“小罐茶”获得显著性案等。

** 王自强律师，第 10 届北京市律师协会商标法律专业委员会委员、第 11 届副秘书长，北京律协面试考核考官，北京市道可特律师事务所合伙人，曾代理中国国旅、中免、金利来、荣华、苏酒、伊泰、骏丰频谱、华润、正兴等商标民事和刑事案。

簿、资料;侵权人不提供或者提供虚假的账簿、资料的,人民法院可以参考权利人的主张和提供的证据判定赔偿数额。

权利人因被侵权所受到的实际损失、侵权人因侵权所获得的利益、注册商标许可使用费难以确定的,由人民法院根据侵权行为的情节判决给予五百万元以下的赔偿。

人民法院审理商标纠纷案件,应权利人请求,对属于假冒注册商标的商品,除特殊情况外,责令销毁;对主要用于制造假冒注册商标的商品的材料、工具,责令销毁,且不予补偿;或者在特殊情况下,责令禁止前述材料、工具进入商业渠道,且不予补偿。

假冒注册商标的商品不得在仅去除假冒注册商标后进入商业渠道。

(二)相关司法解释

1. 最高人民法院《关于审理商标民事纠纷案件适用法律若干问题的解释》

第十三条　人民法院依据商标法第六十三条第一款的规定确定侵权人的赔偿责任时,可以根据权利人选择的计算方法计算赔偿数额。

第十四条　商标法第六十三条第一款规定的侵权所获得的利益,可以根据侵权商品销售量与该商品单位利润乘积计算;该商品单位利润无法查明的,按照注册商标商品的单位利润计算。

第十五条　商标法第六十三条第一款规定的因被侵权所受到的损失,可以根据权利人因侵权所造成商品销售减少量或者侵权商品销售量与该注册商标商品的单位利润乘积计算。

第十六条　权利人因被侵权所受到的实际损失、侵权人因侵权所获得的利益、注册商标使用许可费均难以确定的,人民法院可以根据当事人的请求或者依职权适用商标法第六十三条第三款的规定确定赔偿数额。人民法院在适用商标法第六十三条第三款规定确定赔偿数额时,应当考虑侵权行为的性质、期间、后果,侵权人的主观过错程度,商标的声誉及制止侵权行为的合理开支等因素综合确定。当事人按照本条第一款的规定就赔偿数额达成协议的,应当准许。

第十七条　商标法第六十三条第一款规定的制止侵权行为所支付的合理开支,包括权利人或者委托代理人对侵权行为进行调查、取证的合理费用。人民法院根据当事人的诉讼请求和案件具体情况,可以将符合国家有关部门规定的律师费用计算在赔偿范围内。

2. 最高人民法院《关于审理侵害知识产权民事案件适用惩罚性赔偿的解释》

第一条 原告主张被告故意侵害其依法享有的知识产权且情节严重,请求判令被告承担惩罚性赔偿责任的,人民法院应当依法审查处理。本解释所称故意,包括商标法第六十三条第一款和反不正当竞争法第十七条第三款规定的恶意。

二、历史沿革

(一)1982 年《商标法》中实际损失与侵权获利两种方式的任选制度

1982 年 8 月 23 日,我国通过第一部《商标法》,该法第三十九条明确了商标侵权损害赔偿额的确定为"侵权人在侵权期间因侵权所获得的利润"或"被侵权人在被侵权期间因被侵权所受到的损失"两种方式。这两种方式未明确先后适用顺序。

1993 年第一次修正的《商标法》仍然延续了这一规定。

(二)2001 年《商标法》法定赔偿方式的建立

1998 年 7 月 20 日,最高人民法院《关于全国部分法院知识产权审判工作座谈会纪要》第一次正式提出了法定赔偿的方式。

2001 年第二次修正的《商标法》在第五十六条将上述方式予以规定:

"侵犯商标专用权的赔偿数额,为侵权人在侵权期间因侵权所获得的利益,或者被侵权人在被侵权期间因被侵权所受到的损失,包括被侵权人为制止侵权行为所支付的合理开支。

前款所称侵权人因侵权所得利益,或者被侵权人因被侵权所受损失难以确定的,由人民法院根据侵权行为的情节判决给予五十万元以下的赔偿。

销售不知道是侵犯注册商标专用权的商品,能证明该商品是自己合法取得的并说明提供者的,不承担赔偿责任。"

2001 年修正的《商标法》与之前一版相比,将侵权人所获"利润"改为了"利益",将词义范围扩大,另外,首次增加了法定赔偿的计算方法,虽然仍然未将侵权人所获利益和被侵权人实际损失之间的适用顺序加以区分,但是明确了法定赔偿在适用顺序上次于前两者。

(三)2013年《商标法》增加许可使用费、引入惩罚性赔偿并确立证据披露规则

2013年第三次修正的《商标法》第六十三条规定:“侵犯商标专用权的赔偿数额,按照权利人因被侵权所受到的实际损失确定;实际损失难以确定的,可以按照侵权人因侵权所获得的利益确定;权利人的损失或者侵权人获得的利益难以确定的,参照该商标许可使用费的倍数合理确定。对恶意侵犯商标专用权,情节严重的,可以在按照上述方法确定数额的一倍以上三倍以下确定赔偿数额。赔偿数额应当包括权利人为制止侵权行为所支付的合理开支。

人民法院为确定赔偿数额,在权利人已经尽力举证,而与侵权行为相关的账簿、资料主要由侵权人掌握的情况下,可以责令侵权人提供与侵权行为相关的账簿、资料;侵权人不提供或者提供虚假的账簿、资料的,人民法院可以参考权利人的主张和提供的证据判定赔偿数额。

权利人因被侵权所受到的实际损失、侵权人因侵权所获得的利益、注册商标许可使用费难以确定的,由人民法院根据侵权行为的情节判决给予三百万元以下的赔偿。”

由此可见,此次《商标法》修订增加了“商标许可使用费”的计算方式并明确了适用顺序,由原来的以“侵权人获利”和“权利人实际损失”两种方式为主且不分先后顺序,可由权利人选择,法定赔偿为补充,修改为依次按照“权利人实际损失”、“侵权人获利”、“商标许可使用费的倍数”、法定赔偿的适用顺序来确定赔偿额,并首次引入惩罚性赔偿规则。

2013年6月1日,广东省高级人民法院在全国高级人民法院中率先迈出了通过探索民事诉讼证据制度来解决知识产权赔偿难问题的改革步伐,在广东省范围内选取了六家中级人民法院和八家基层人民法院,开展“探索完善司法证据制度破解知识产权侵权损害赔偿难”试点工作。“证据披露—举证妨碍”制度的探索是其中的关键内容。2013年8月30日,《商标法》进行了修改,其中第六十三条明确规定了法院可以要求侵权人披露其掌握的与侵权行为相关的账簿、资料,证据披露规则由此确立。

(四)2019年《商标法》上调法定赔偿金额上限和惩罚性赔偿倍数,并确立商标废弃权

2019年修订的《商标法》损害赔偿的计算方式在上述规定的基础上,将法定赔偿金额上限由300万元提高到500万元,惩罚性赔偿的倍数也扩大到1倍至5倍。上述修改主要针对实践中权利人维权成本过高、进行维权往往得不偿失的现象。此次修改将对商标权利人维护合法权益、打击商标侵权行为起到积极作用。

在2020年1月签署的《中美经济贸易协议》中,就双方在民事程序和刑事程序中进一步建立知识产权侵权物品的处置制度达成了共识。《民法典·知识产权编》学者建议稿(以下简称《知识产权编》学者建议稿)第七十五条曾提出构建"废弃请求权"。

2019年《商标法》进行了第四次修改,第六十三条新增第四款、第五款以打击假冒注册商标的行为,在商标法上正式确立了废弃请求权(以下简称商标废弃请求权)。

三、商标侵权损害赔偿适用的原则及顺序

(一)填平原则

填平原则,是指被侵权人所获得的损害赔偿只能限于补偿其实际遭受到的损失,而不能超过其实际损失,也被称为"全面"原则。在该原则的指导下,对于民事侵权诉讼,需要关注的核心要素,即是否赔偿被侵权人的全部实际损失。这类诉讼的发起只能由被侵权人提起,而侵权人的主观过错在所不问。填平原则所期待达到的效果是使得被侵权人的状况恢复到侵权行为未发生时的情境,这种损害赔偿不能用来使被侵权人获得额外利益。[①]

通说认为,填平原则是以填补损害为目的,是对权利人损失的填平,即损失多少赔偿多少。[②] 我国立法在商标侵权损害赔偿认定中,同样遵循填平原则,即法院在确定损害赔偿的时候,以原告的实际损失予以计算;如果原告的实际损失难以确定,则以被告的侵权获利加以确定。如果权利人的损失和被告的利益所得均难以确定,则参照许可使用费的合理倍数加以确定。由这些规定可以看出,贯穿于

① 孙那:《知识产权惩罚性赔偿制度研究》,载《私法》2016年第2期。

② 王泽鉴:《侵权责任法》,中国政法大学出版社2001年版,第7~8页。

其中的正是填平原则,即权利人损失多少,侵权人向权利人赔偿多少;侵权人获利多少则向权利人赔偿多少。[①]

(二)法定赔偿原则

当填平原则规定的几种赔偿数额确定方法都不能计算赔偿数额时,为了保护权利人的合法权益,同时为了避免侵权人因侵权而获利却不受制裁,法律规定了一种由法院根据案件情况酌情决定赔偿数额的方法,即法定赔偿,体现了法官的自由裁量权。

总体来看,法定赔偿是商标损害赔偿中一种独立的制度设计,理由在于设定法定赔偿的原旨在于为权利人提供一种新的救济途径,其是根据侵权情节等因素酌定赔偿数额,将法定赔偿作为填平原则之外的一种损害赔偿计算方式,为的是在被侵权人无损失、侵权人无获利或者以上两种方式都无法确定时为被侵权人提供完整的救济。[②]

法定赔偿原则的特征在于:(1)适用的被动性,即法定赔偿只能基于当事人的申请才能适用,在当事人申请法院适用法定赔偿时,如果在诉前并未提及这一诉请,法院不得为判决便利而提示当事人申请,同样地如果当事人事前已经提出适用法定赔偿,法院不得对其做出任何制止;(2)赔偿考量因素的法定性,即只能按照既定的赔偿考虑因素进行,具体到商标侵权损害赔偿案件中适用法定赔偿需要考虑的因素为侵权性质、时间、商标声誉等,[③]这证明法定赔偿的适用具有明确的限制条件,其必须在综合考量法律规定的所有可能影响赔偿数额确定因素的基础上做出;(3)赔偿数额的限定性,即依据法定赔偿所赔付的数额不得超出法律规定的最高限额,这是与填平原则要求按照权利人损失、侵权人获利或者合理许可费用的倍数等标准来确定损害赔偿数额最大的区别。

需要特别说明的是,赔偿数额限定性并非严格限定,在特殊情况下可以突破,也就是“裁量性赔偿”。所谓“裁量性赔偿”,指的是在有证据证明赔偿数额上明显超过法定赔偿最高限额的,应当综合全案的证据情况,在法定最高限额以上合

---

① 李明德:《关于知识产权损害赔偿的几点思考》,载《知识产权》2016 年第 5 期。

② 周晖国:《知识产权法定赔偿的司法适用》,载《知识产权》2007 年第 1 期。

③ 参见最高人民法院《关于审理商标民事纠纷案件适用法律若干问题的解释》(法释〔2020〕19 号)第十六条。

理确定赔偿额。

最高人民法院于 2009 年 4 月 21 日发布的政策性文件《关于在当前经济形势下知识产权审判服务大局的若干问题的意见》第十六条给予了关于裁量性赔偿金额的计算方法的解释,以及判决超过法定赔偿上限的赔偿的法律依据。最高人民法院敦促各级法院:"……对于难以证明侵权受损或者侵权获利的具体数额,但有证据证明数额明显超过法定赔偿最高限额的,应当综合全案的证据情况,在法定最高限额以上合理确定赔偿额。"

北京市高级人民法院知识产权法庭在其发布的《关于知识产权侵权和不正当竞争案件确定损害赔偿的指导意见和法定赔偿的裁判标准》第一章第 1.8 条规定:"裁量性赔偿不是法定赔偿,属于对权利人的实际损失或侵权人的获利的概况计算。有证据证明权利人的实际损失或侵权人的获利明显在法定赔偿限额以外,综合全案证据情况,可以在法定限额以外合理确定赔偿数额。"

(三)惩罚性赔偿原则

惩罚性损害赔偿是损害赔偿的一种,与补偿性损害赔偿相对,是指当被告以恶意、故意、欺诈或者放任的方式实施加害行为致原告受损时,原告可以获得除实际损害赔偿金之外的损害赔偿。[①] 因此,"惩罚性赔偿不是对损失进行偿还,而是对不法行为给予惩罚性的金钱"。

惩罚性赔偿的特点在于:(1)目的和功能的多样性,即惩罚性赔偿通过补偿和惩罚的结合,产生了遏制、惩戒等其他功能;(2)注重行为人的主观状态,即商标法中所规定的"恶意"或相关司法解释中所称的"故意",通过对"故意"侵权行为施加惩罚性赔偿来发挥侵权行为法的惩戒和预防作用;(3)补充填平性损害赔偿适用不足的功能,由于惩罚性赔偿的数额要高于甚至远高于填平原则赔偿和法定赔偿数额,能够有效刺激权利人积极主张权利,并且制止欺诈、生产不合格产品等不法行为。[②]

(四)补偿为主、惩罚为辅

最高人民法院《关于充分发挥审判职能作用　为企业家创新创业营造良好法

① 参见张新宝、李倩:《惩罚性赔偿制度研究》,中国人民公安大学出版社 2008 年版,第 3－4 页。

② 参见王利明:《美国惩罚性赔偿制度研究》,载《比较法研究》2003 年第 5 期。

治环境的通知》中指出："建立以知识产权市场价值为指引，补偿为主、惩罚为辅的侵权损害司法认定机制，提高知识产权侵权赔偿标准。"

我国现行《商标法》第六十三条就确定损害赔偿数额的计算方法及适用顺序，都规定得比较清楚明确，即赔偿数额的计算按权利人所受损失，侵权人所获利益、许可使用费的合理倍数、法定赔偿的先后顺序适用。此规定存在一定的合理性。商标侵权案件，虽属于知识产权保护的范畴，但也应符合侵权法的一般法理规定。

侵权中损害赔偿的目的在于填补损害，防止受害人因为侵权行为而受益。而2013年修订之前的法条规定，在一定程度上会造成被侵权人主观选择权过大，从而使最后的侵权赔偿数额缺乏客观性，也可能让其因此而获益。在这种背景下，将侵权损害赔偿额进行数额的顺位规定，在一定程度上避免了对被侵权人的过度保护，同时符合侵权法中损害赔偿之填补损失的目的，一举多得。

同时，对恶意侵权人进行惩罚性赔偿，也在一定程度上对恶意侵权行为进行了遏制，维护正常的商标保护秩序。①

四、典型案例

（一）以权利人实际损失计算赔偿数额的典型案例之巴洛克木业案②

最高人民法院《关于审理商标民事纠纷案件适用法律若干问题的解释》第十五条规定，因被侵权所受到的损失，可以根据权利人因侵权所造成商品销售减少量或者侵权商品销售量与该注册商标商品的单位利润乘积计算。

本案是精细化计算权利人实际损失确定高额赔偿的商业标识类侵权案件，入选2018年中国法院知识产权司法保护50件典型案例，同时被上海知识产权研究所评为"2017年度中国十大最具研究价值知识产权裁判案例"。

在该案中，被告浙江巴洛克公司在其生产的地板、宣传册、对外的广告宣传、公司门头、公司网站上单独或组合使用涉案标识；使用与原告巴洛克木业公司相同或相近似的包装、品名、宣传材料等；以低于巴洛克木业公司的价格，私下向巴洛克木业公司的经销商发货；将其经销商门店与巴洛克木业公司的门店设于同一商场等。门迪尼商行和世象公司系浙江巴洛克公司的经销商，销售涉案被控侵权

---

① 参见韩煦：《商标侵权损害赔偿额之判定》，载《克拉玛依学刊》2020年第6期。

② 江苏省高级人民法院民事判决书，(2017)苏民终1297号。

地板，并将涉案商标、字号大量用于宣传。

法院判决认定：巴洛克木业公司实际损失的构成与确定。巴洛克公司的实际损失包括因销售流失而损失的利润、因价格侵蚀而损失的利润、未来损失的销售利润、商誉损害。

因销售流失而造成的损失，是指侵权行为导致巴洛克木业公司未能实现其原本能够实现的销售业务而损失的利润。计算公式为：损失的利润 = 损失的销售额 × 被侵权产品的净利润率。一审法院参照行业地位、业务结构、公司规模均与巴洛克木业公司相似的同行企业同时期利润率，对本案中巴洛克木业公司主张的10%的净利润率予以认可。巴洛克木业公司2015年销售利润实际损失为：2015年度比2014年度地板内销减少的销售收入 × 10%的净利润率，即（4343.54万元 × 10%）= 434.354万元。2016年浙江巴洛克公司在全国各地开设的门店数量远远多于2015年，侵权时间跨度也大于2015年。据此可以相信巴洛克木业公司2016年因涉案侵权行为造成的实际损失远大于2015年。

因价格侵蚀而损失的利润，指侵权产品的竞争迫使巴洛克木业公司降低价格或者无法实现较高的价格而导致销售利润的损失。巴洛克木业公司为了应对浙江巴洛克公司的低价销售给其经销商带来的冲击，应各经销商的要求，两次采取降价措施，降价中降幅最小的为5元/平方米。巴洛克木业公司的当庭陈述与其经销商到庭陈述的内容相互印证，可以认定巴洛克木业公司2015年10月至2016年上半年，销售总量约232万平方米，降价幅度为20～25元/平方米。即便仅按照巴洛克木业公司降价通知中所列的降幅最小的5元/平方米来计算，其因价格下调而损失的利润 = 232万平方米 × 5元/平方米 = 1160万元，已超过1000万元。

未来损失的利润，指未来销售流失和未来价格侵蚀导致的利润。对于权利人而言，主张未来利润损失赔偿的关键在于证明，如果没有侵权行为，其可以确定地获取此种利润。这种确定性和损失的利润，通常可以从权利人原有的商业关系中得到证明。本案中，巴洛克木业公司和其湖北孝感、湖南湘潭、江西丰城的经销商保持了长期的供销关系，在与巴洛克木业公司合作的几年中，这三家经销商也没有寻找另一家厂商来代替巴洛克木业公司。但是自浙江巴洛克公司销售被诉侵权产品之后，这几家经销商转而从浙江巴洛克公司处购买价格更低的被诉侵权产品，并中断了与巴洛克木业公司持续几年的良好合作关系。据此可以判定，如果浙江巴洛克公司不生产、销售被诉侵权产品，这三家经销商极有可能会继续保持与巴洛克木业公司的经销合作关系。因此,对于巴洛克木业公司而言,此部分的未来利润损失也是确定无疑存在的。

商誉是指企业拥有的一种利益,源于该企业的名誉与顾客的联系以及使顾客的联系得以保持的条件。商誉的实质在于其所蕴含的消费者对于该企业的信任利益。商誉受损不仅影响企业的获利能力,同时会在一定程度上改变相关市场的竞争格局。本案中,在江苏连云港、淮安、黑龙江均有消费者因误将浙江巴洛克公司的地板当作巴洛克木业公司的地板进行购买。更为严重的是,有消费者从巴洛克木业公司正品经销门店中购买到了浙江巴洛克公司的地板,购买后不仅发现正品门店混售侵权产品,而且所销售的侵权产品还存在质量问题,向媒体进行曝光后由巴洛克木业公司的经销商赔偿消费者 25,000 元。以上的种种投诉与举报,不仅对巴洛克木业公司品牌形象造成重大影响,也对巴洛克木业公司通过长久努力积累起来的商业信誉造成损害,最终也会影响巴洛克木业公司的市场份额与竞争格局。

(二)以侵权人侵权获利确定赔偿数额的典型案例之小米案①

2018 年 11 月 13 日,小米科技有限责任公司(以下简称小米科技公司)与小米通讯技术有限公司(以下简称小米通讯公司)以侵害其商标专用权及对其构成不正当竞争为由向南京市中级人民法院起诉中山奔腾电器有限公司(以下简称中山奔腾公司)、中山独领风骚生活电器有限公司(以下简称中山生活电器公司)及麦某亮等,请求法院判令被告停止侵权及不正当竞争、确认被告侵权、消除侵权影响、赔偿损失 5000 万元及合理支出约 41.42 万元的诉请。事实和理由主要为其第 8228211 号"小米"商标经过长期广泛使用已达到驰名状态,被告实施了侵犯驰名商标专用权的行为,且被告进行了虚假宣传的不正当竞争行为。

对侵权获利额计算上,南京市中级人民法院采信了原告利用假定法(假定被告店铺评论数量即为销售数量)、侵权产品销售数量乘以单位利润等方式方法计算出的被控侵权产品的销售总额为 76,153,888.8 元,并就其中的被告自营店销售额与平台调取的数据进行对比,推断上调被告店铺实际销售被控侵权产品的总额为 831,576,366 元。随后,又采用行业平均法,参考国内小家电行业的毛利率,

---

① 江苏省高级人民法院民事判决书,(2019)苏民终 1316 号。

确认两被告公司制造、销售被控侵权产品的利润率为 33.35%，侵权获利额为 27,733,071.6 元。而江苏省高级人民法院参考被告经销商进货价格，酌情按照经销商销售额的 6 折计算非被告直营店的 19 家经销商的销售额为 31,392,786 元，调整被告侵权获利额为 20,396,264.1 元，又结合“小米生活”商标被无效宣告后被告仍持续宣传和销售被控侵权商品的侵权恶意、被告通过多家电商平台和众多店铺销售多种多样的侵权商品而原告仅以某一款侵权产品计算侵权数额、“小米”商标为驰名商标而“小米生活”产品质量问题频出损害“小米”商标声誉等情况，按照三倍酌定该案损害赔偿数额，最终对原告赔偿 5000 万元的诉请予以全额支持。

整体来看，两级法院在确认侵权损害赔偿数额方面，细致地列明了对被告侵权获利的计算方法，既考虑到侵权人销售特点，又全面分析侵权人的恶意程度和侵权规模，进一步明确了影响惩罚倍数的相关因素，对于类似裁判标准的运用及赔偿数额的计算具有参考意义。

（三）以许可费用倍数确定赔偿数额的典型案例之欧普案①

欧普公司是图片“欧普”注册商标的权利人，核定使用商品为灯、日光灯管等，其中图片注册商标多次被认定为广东省著名商标，并于 2007 年被认定为中国驰名商标。华升公司在其生产的台灯、小夜灯等灯产品及相关宣传网页上使用图片等标识，并在各大实体超市及天猫等网站上销售、许诺销售。华升公司生产的灯类商品因质量不合格被行政机关处罚。

法院对该计算方式的相关要素认定如下：

“1. 关于涉案商标许可使用费。欧普公司为主张其授权给销售商的涉案商标许可使用费为 36.5 万元/年，向本院提交了其与产品销售商瑞隆公司、文达公司签订的《商标授权许可协议》、《家居照明事业部零售渠道区域运营商合同》、银行转账凭证、《欧普照明发货托运单》、‘OPPLE 欧普照明’商标授权店铺的现场照片等证据予以证实。在《商标授权许可协议》中约定涉案商标的许可费为 36.5 万元/年，在《家居照明事业部零售渠道区域运营商合同》中约定涉案商标的使用费为每天 1000 元，两者相互对应。且根据《欧普照明发货托运单》、银行转账凭证以

---

① 广东省高级人民法院民事判决书，(2019)粤民再 147 号。

及‘OPPLE 欧普照明’商标授权店铺的现场照片，可以证实欧普公司与瑞隆公司、文达公司已经实际履行了《商标授权许可协议》及《家居照明事业部零售渠道区域运营商合同》。结合涉案商标具有较高的知名度，上述证据对于证明‘欧普公司授权给销售商的涉案商标许可使用费为 36.5 万元/年’这一事实，已达到高度盖然性的证据标准，本院对此予以采信。

2. 关于本案应计赔的侵权时长。华升公司于 2010 年 6 月成立，于 2015 年 7 月、9 月分别获准注册商标‘OUPUTE’和‘欧普特’，于 2016 年 2 月因生产质量不合格的灯类产品被行政处罚。故现有证据足以证明，华升公司于 2016 年 2 月之前已经开始生产被诉灯类产品。根据欧普公司在本案一审、二审、再审中提交公证购买华升公司被诉灯类产品的证据以及在再审庭审中当庭登录淘宝网店显示销售被诉灯类产品的情况，再结合华升公司在再审中提交其经营的京东平台‘欧普特官方旗舰店’的后台销售记录，足以证明华升公司于 2016 年 2 月开始至 2020 年 1 月的四年期间持续侵权。由于本案为再审案件，根据欧普公司在原审中的诉讼请求，本案计算赔偿的侵权时间应截至二审判决作出之日即 2017 年 11 月 30 日，故本案应计赔的侵权时长为 21 个月，折合为 1.75 年。对于其余侵权时间所造成的损失，欧普公司可另循途径解决，本案不作处理。

3. 关于合理倍数的确定。根据《商标授权许可协议》及《家居照明事业部零售渠道区域运营商合同》的约定，欧普公司授权许可涉案商标给销售商使用的范围仅限于在销售商的经营场所使用和宣传涉案商标，经营销售区域仅为销售商所在的地市。而本案华升公司被诉侵权行为的性质为生产、销售和许诺销售被诉侵权产品，销售方式包括线上和线下，范围为全国甚至全球，可见华升公司使用涉案商标的程度和范围要比欧普公司授权销售商的大得多。因此，本案商标许可使用费至少应按‘欧普公司授权给销售商的涉案商标许可使用费 36.5 万元/年’的 2 倍计算，即 73 万元/年。故此，本案赔偿基数应确定为 73 万元/年 ×1.75 年共计 127.75 万元。”

（四）以法定赔偿计算赔偿数额的典型案例之梦幻西游案[①]

2021 年 2 月，广州知识产权法院审结了网易雷火商标侵权一案，在该案中，被

---

① 广州知识产权法院民事判决书，(2019) 粤 0106 民初 210 号。

告在一个下载页面和游戏图标上就使用了网易雷火公司“梦幻西游”3个商标、1个包装装潢、10个游戏元素,并且进行大量虚假宣传。

法官在二审中计算损害赔偿时认为,网易雷火公司未提交证据证明其因被诉商标侵权及不正当竞争行为所遭受的损失,故本案难以将网易雷火公司因被侵权所遭受的经济损失作为确定赔偿数额的依据。网易雷火公司亦未提交证据证明圣识公司、辰斯公司因本案商标侵权及不正当竞争行为所获的利益,故本案亦难以按照侵权人因侵权所获得的利益作为确定赔偿数额的依据。至于涉案注册商标的许可使用费,网易雷火公司亦未提交许可合同等证据,亦未提出依此作为确定赔偿数额的依据。

因此,法院依法适用法定赔偿计算赔偿数额,综合考量二被告侵权的主观因素、网易雷火公司因被侵权遭受的经济损失、侵权方式的多样性、被诉侵权时间与《梦幻西游》游戏持续热度、涉案注册商标及游戏包装装潢等对涉案游戏的贡献度,以及网易雷火公司因本案而支出的维权费用等,综合确定二被告圣识公司、辰斯公司连带赔偿网易雷火公司经济损失及维权合理支出共计50万元。

(五)适用裁量性赔偿的典型案例之新百伦案①

2013年7月,美国知名运动鞋品牌“New Balance”因在中国市场销售中使用“新百伦”字样,被广州市自然人周某伦提起商标侵权诉讼。广州市中级人民法院一审认为,原告周某伦享有鞋、服装等商品上的“新百伦”注册商标专用权,被告“New Balance”在中国的关联公司新百伦贸易(中国)有限公司构成侵权,于2015年4月21日判决该公司赔偿周某伦经济损失9800万元。

二审法院则认为,新百伦公司对其所有的“N”“NB”“NEW BALANCE”商标进行了长期、广泛的宣传使用,在我国相关公众中具有较高知名度,新百伦公司的经营获利并非全部源于侵害周某伦“百伦”“新百伦”的商标,周某伦无权对新百伦公司因其自身商标商誉而获取的利润进行索赔,一审法院忽略了被诉侵权行为与侵权人产品总体利润之间的直接因果关系,应予纠正,并在综合考虑新百伦公司存在主观侵权恶意等情节,最终将赔偿数额改判为500万元。

---

① 广州市中级人民法院民事判决书,(2013)穗中法知民初字第574号;广东省高级人民法院民事判决书,(2015)粤高法民三终字第444号。

本案因为二审改判数额与一审判决数额相差极大而受到关注。但不管是一审的9800万元，还是二审改判的500万元，都是在当年适用的《商标法》的法定赔偿数额之上进行的判赔。

（六）适用惩罚性赔偿的典型案例之约翰迪尔案①

2017年12月，北京知识产权法院二审审结了约翰迪尔商标侵权一案，在该案中，北京知识产权法院认定，“约翰迪尔北京公司、约翰迪尔丹东公司及兰西佳联迪尔公司实施的被诉侵权行为方式多样，不仅在相同或类似商品上使用涉案商标，通过域名、企业名称等方式使用涉案商标，还通过注册商标的方式复制、摹仿、翻译驰名商标，同时，涉及的侵权商标众多，且在商标侵权的同时实施了多种不正当竞争行为，属于商标、不正当竞争全方位侵权，特别是在行政处罚后依然继续实施涉案侵权行为，侵权情节严重且主观恶意明显，因此将根据2013年《商标法》第六十三条的规定，对于恶意侵犯商标专用权，情节严重的，按照上述方法确定数额的三倍确定赔偿数额。

具体计算如下：约翰迪尔北京公司的侵权获利＝1255桶（新疆分公司成立半年内被工商查扣的侵权产品）×人民币500元/桶（公证购买侵权产品的平均价格）×2（在前述半年销售金额的基础上计算全年的销售额）×2（按分公司和总公司直销的侵权产品经营额比例为1∶1计算一个被告的销售额）×2（从侵权行为发生时向前推两年内的销售额）×15%（平均行业利润）＝人民币753,000元；兰西佳联迪尔公司的侵权获利＝人民币461,896元＋人民币371,163元/9（依据其在商标无效程序中交纳的证据计算平均每月的销售额）×24个月×15%（平均行业利润）＋人民币42,987元/8（依据被佳木斯行政处罚的违法经营额计算该销售网点每月的销售额）×24个月×15%（平均行业利润）＝人民币352,567元；约翰迪尔丹东公司无直接证据证明其侵权获利，因此以平均值作为约翰迪尔丹东公司的侵权获利，即约等于人民币550,000元；同时，关于约翰迪尔北京公司、约翰迪尔丹东公司及兰西佳联迪尔公司加盟商的问题现有证据无法表明具体数量，一审庭审时，约翰迪尔北京公司、约翰迪尔丹东公司及兰西佳联迪尔公司曾称估计有十家左右后又予以否认存在加盟商，结合涉案律师函中提到有七家分公司的事实以及当事

① 北京市高级人民法院民事判决书，（2017）京民终413号。

人的一审当庭陈述，对加盟商的数量推定为十家并假设每家加盟商侵权为约翰迪尔北京公司、约翰迪尔丹东公司及兰西佳联迪尔公司的平均获利即人民币551,856元。

按照前述方式计算的约翰迪尔北京公司、约翰迪尔丹东公司及兰西佳联迪尔公司及其加盟店的侵权获利为人民币753,000元+人民币352,567元+人民币550,000元+人民币551,856元×10=人民币7,174,127元；在前述计算约翰迪尔北京公司、约翰迪尔丹东公司及兰西佳联迪尔公司侵权获利的基础上按照三倍计算赔偿数额已经远远超出了迪尔公司、约翰迪尔中国公司所主张的人民币500万元索赔数额。

因此，对于迪尔公司、约翰迪尔中国公司关于赔偿数额人民币500万元的诉讼请求予以全额支持。”

五、第六十三条第二款之证明妨碍规则

（一）证明妨碍规则的构成要件

证明妨碍又称举证妨碍，该规则于2013年《商标法》修订中正式在商标侵权损害赔偿中确立，并沿用至今，在2019年《商标法》修订中并未对该条款进行修改。《商标法》第六十三条第二款规定：“人民法院为确定赔偿数额，在权利人已经尽力举证，而与侵权行为相关的账簿、资料主要由侵权人掌握的情况下，可以责令侵权人提供与侵权行为相关的账簿、资料；侵权人不提供或者提供虚假的账簿、资料的，人民法院可以参考权利人的主张和提供的证据判定赔偿数额。”该款规定被认为是商标法领域的证明妨碍规则，也是在知识产权领域率先确立起的证明妨碍规则。在实践中，因其适用前提条件为“权利人已经尽力举证”而并非免除了原告的举证义务，因此该规则被认为是举证责任的转移而非举证责任的倒置。通常情况下，适用本条款需要原告尽到合理的举证义务，初步证明被告利润数额，然后可在在被告拒不披露其所掌握的相关账簿、资料的情况下推定原告的根据证据证明的赔偿数额主张成立，其实质只是降低对原告证据证明力的要求，并非将证明责任转嫁于被告。

根据《商标法》的规定，证明妨碍规则在商标法领域的构成要件可以表述为：（1）权利人已经尽到合理的举证义务或者权利人对待证事实进行了初步举证；（2）与侵权行为相关的账簿、资料主要由侵权人掌握；（3）法院责令侵权人提供与

侵权行为相关的账簿、资料;(4)侵权人拒不提供或者提供虚假的账簿、资料。那么,如何逐一认定以上要件,认定的标准是怎样的?下面将进行具体论述。

1. 权利人已经尽到合理的举证义务或者初步举证

本要件前半部分的表述源于商标法的直接规定,《商标法》第六十三条将“权利人已经尽力举证”作为证明妨碍使用的前提,此处的尽力举证应当理解为权利人尽了合理的举证义务。后半句的“初步举证”的表述源于最高人民法院《关于审理侵犯专利权纠纷案件应用法律若干问题的解释(二)》(以下简称《专利解释二》),在该解释中,对于本要件的表述为“权利人已经提供侵权人所获利益的初步证据”,此处的表述虽然与商标法的“尽力举证”存在明显差异,但其所表述的证明标准是一致的,因此《专利解释二》规定中的表述方式仍具有参考性,可作为本要件的一种表现形式。

在民事诉讼关于证明妨碍规则的一般性规定中,即最高人民法院《关于适用〈中华人民共和国民事诉讼法〉的解释》(以下简称《民诉解释》)第一百一十二条中,并没有对这一要件进行规定,但根据《民诉解释》第一百一十二条的规定,一方当事人在申请人民法院责令对方当事人提交证据时需要提交书面申请,且只有在法院认为申请理由成立的情况下法院才会责令对方当事人提交相关证据。有观点认为,商标法对于本要件的规定在《民诉解释》中体现为与申请理由成立相对应,即申请人应当对其申请的理由加以证明,实则也需要“权利人已经尽力举证”。① 但是,应当注意的是,根据最高人民法院《关于民事诉讼证据的若干规定》(以下简称《证据规定》)第四十五条的规定,申请人根据《民诉解释》第一百一十二条承担证明责任主要是为证明“所申请提交的书证名称或者内容、需要以该书证证明的事实及事实的重要性、对方当事人控制该书证的根据”等事实,其证明目的服务于证明妨碍规则。然而,《商标法》第六十三条所规定的“权利人已经尽力举证”其适用情形是在确定损害赔偿数额之时,因此,这里的当事人的举证义务不仅是对证明妨碍规则的适用进行证明,还包含了对损害赔偿数额确定的初步证明,其含义更广。这一区别在《专利解释二》中表现得更为显著,其直接将本要件表述为“所获利益的初步证据”,可见本要件与《民诉解释》中申请理由之间的差别。

---

① 参见刘晓:《证明妨碍规则在确定知识产权损害赔偿中的适用》,载《知识产权》2017 年第 2 期。

2. 与侵权行为相关的账簿、资料主要由侵权人掌握

商标法中对于本要件的规定与《民诉解释》中“书证在对方当事人控制之下”的规定相对应，仅是将证据的种类从笼统的书证进一步限定在了账簿、资料上，这也是考虑到服务于损害赔偿的确定而进行的限定。最高人民法院在民事诉讼司法解释的理解与适用中指出，承担举证责任的当事人若申请适用《民诉解释》规定的证明妨碍规则，则需要对该证据被对方当事人控制的事实进行证明，或说明、证明对方当事人具有法定、约当或根据习惯保管该证据的义务。[①] 而《证据规定》第四十五条同样要求申请人在申请中对“对方当事人控制该书证的根据”陈述理由。

因此，负有举证责任的当事人仍然应当对于“与侵权行为相关的账簿、资料主要由侵权人掌握”这一事实加以证明，根据上述规定，其证明的方式有二：一是直接提供证据证明当前相关的账簿、资料在对方当事人的控制之下；二是对侵权人负有的保管相关账簿、资料的法定、约定义务或依照习惯产生的义务进行证明。在第二种情形下，法院应当考虑到账簿、资料的专业性，结合侵权人的自身水平确定侵权人是否持有相关账簿、资料以及披露相关证据的能力，若客观上存在不可抗力导致账簿、资料毁损灭失的情况，也应当不再适用证明妨碍规则。[②]

3. 法院责令侵权人提供与侵权行为相关的账簿、资料

在当事人提出证据披露申请后，法院应当根据当事人的申请进行审查、组织当事人辩论、最后做出决定。在审查过程中，法院应当根据当事人提交的初步证据进行，初步证据应当包括当事人对损害赔偿数额的初步证明以及侵权人掌握或应当掌握相关账簿、资料等证据的事实。若不具有以上证据，则不具有适用证明妨碍规则的基础，法院可驳回当事人的申请。若法院审查认为确有必要适用证明妨碍规则的，应当组织双方当事人进行辩论，辩论内容涵盖对当事人提交的初步证据的辩论和对申请证据披露理由的是否成的辩论。最后，法院做出决定，若法院认为确需责令侵权人提交相关账簿、资料，则应当出具《提供证据通知书》，并载明证据的名称、范围、提交的时间、地点以及逾期不提交的法律后果。[③]

---

① 参见沈德咏主编：《最高人民法院民事诉讼法司法解释理解与适用》，人民法院出版社 2015 年版，第 372 页。

② 参见刘小鹏：《从新百伦案看我国商标侵权赔偿原则的司法适用》，载《知识产权》2015 年第 10 期。

③ 张广良：《举证妨碍规则在知识产权诉讼中的适用问题研究》，载《法律适用》2008 年第 7 期。

4. 侵权人拒不提供或者提供虚假的账簿、资料

在侵权人拒不提供或者提供虚假的账簿、资料的情况下，有两个问题是值得我们关注的，一是侵权人拒不提供的行为是否有正当理由，二是在没有正当理由的情况下，侵权人拒不提供或者提供虚假的账簿、资料的行为的法律后果是什么？以下将分别进行讨论：

（1）在进行正当理由的判断前，需要注意的是，在《民诉解释》第一百一十二条、《证据规定》第九十五条均有“无正当理由拒不提交”的表述，即表明当事人在存在正当理由的情况下可以不提交法院责令其提交的证据。但是在《商标法》第六十三条的表述中，并没有类似的表述，对此则可以产生两种解释，一种是认为商标法在损害赔偿数额确定中的证明妨碍规则是对民诉法中一般证明妨碍规则的特别规定，应当优先适用商标法的规定，即侵权人无法通过正当理由对其拒不提交账簿、资料的行为进行抗辩；另一种是商标法虽未规定有正当理由，但是也应当参照《民诉解释》中对证明妨碍的规定，据此对正当理由进行认定，若存在正当理由，侵权人也不用提交账簿、资料。那么，在第二种情况下，哪些情况可以成为法律所规定的正当理由呢？对此，法律和司法解释并未对“正当理由”的含义和外延进行解释，可理解为需要依靠法院的自由裁量。但除法院的自由裁量外，有观点认为，认定正当理由需要考虑四方面的因素：一是可能违反其他法律的规定或约定的，以及可能导致行为人受到刑事责任追究的；二是涉及商业秘密或个人隐私的；三是涉及特殊文书的；四是受证人受举证特权保护的。① 当然，以上因素只是部分考量因素的列举，是否属于正当理由还需要法院结合案件具体情况进行个案认定，包括对双方利益的影响以及提交证据的成本等因素。②

（2）在当事人违反证明妨碍的法律后果上，《商标法》规定为“人民法院可以参考权利人的主张和提供的证据判定赔偿数额”，其表述较为模糊，此规定应当如何理解并适用，还需要诉诸理论。在证明妨碍的法律后果上，存在证明责任转化说、自由心证说、证明标准降低说三大主流学说。自由心证说认为法院应当根据举证妨碍的相关事实，综合考虑其他证据的基础上做出认定，而考量当事人的举证妨碍行为时，应当综合当事人的主观心态、拒不提交证据是否为唯一证据、当事

---

① 张泽吾：《举证妨碍规则在赔偿确定阶段的适用及其限制——兼评新〈商标法〉第六十三条第二款》，载《知识产权》2013 年第 11 期。

② 参见刘晓：《证明妨碍规则在确定知识产权损害赔偿中的适用》，载《知识产权》2017 年第 2 期。

人是否提出反正以及被妨碍者的利益等因素。①

我国对于证明妨碍法律后果的立法呈现多元化适用的特点,《商标法》第六十三条的表述更接近于自由心证说,即在一方当事人在被责令提交相关账簿、资料仍不提交或者提交虚假的账簿、资料的情况下,法院应当综合考虑侵权人的证明妨碍行为以及被侵权人所提交的初步证据确定赔偿数额。(见表 26-1)

表 26-1 我国法律中主要的证明妨碍规则构成要件及法律后果

	《商标法》第六十三条	《民诉解释》第一百一十二条	《证据规定》第九十五条
适用的证据种类	账簿、资料	书证	所有证据
构成要件 1	权利人已经尽力举证	—	—
构成要件 2	与侵权行为相关的账簿、资料主要由侵权人掌握	书证在对方当事人控制之下	一方当事人控制证据
构成要件 3	法院责令侵权人提供与侵权行为相关的账簿、资料	承担举证证明责任的当事人在举证期限届满前书面向法院申请;申请理由成立的,人民法院应当责令对方当事人提交	对待证事实负有举证责任的当事人主张该证据的内容不利于控制人
构成要件 4	侵权人拒不提供或者提供虚假的账簿、资料	对方当事人无正当理由拒不提交的	无正当理由拒不提交
法律后果	人民法院可以参考权利人的主张和提供的证据判定赔偿数额	人民法院可以认定申请人所主张的书证内容为真实	人民法院可以认定该主张成立

(二)商标法中证明妨碍规则体系

商标法中证明妨碍规则根据所涉及的证据种类的不同,形成了特别规定与一般性规定相结合的多层次证明妨碍规则体系。证明妨碍的一般性法律规定主要源于《民诉解释》第一百一十二条的规定与《证据规定》第九十五条的规定。其

① 参见包冰锋:《多元化适用:证明妨碍法律效果的选择路径》,载《现代法学》2011 年第 5 期。

中,《民诉解释》第一百一十二条规定适用的对象为书证,《证据规定》第一百一十二条适用于所有证据,但若同时满足两个司法解释中关于证明妨碍的规定时,《民诉解释》作为只适用于书证的特别法应当优先于《证据规定》的适用。在此基础上,若证明妨碍规则进一步细化到商标法侵权损害赔偿领域中的补偿性赔偿与惩罚性赔偿且涉及的证据为账簿、资料的,则应当优先适用《商标法》第六十三条的规定。

在适用《商标法》第六十三条第二款关于损害赔偿证明妨碍规则时应当注意,该规则只适用于补偿性赔偿与惩罚性赔偿的计算,若法定赔偿中仍需适用证明妨碍规则要求对方提供相关账簿、资料的,应当根据《民诉解释》第一百一十二条的规定予以适用。其原因有二:

其一,《商标法》第六十三条第二款中所指的"确定赔偿数额"应当具体指代《商标法》第六十三条第一款中所规定的赔偿数额计算方式,即包括以被侵权人实际损失、侵权人所获利益、商标许可使用费倍数等方式确定的补偿性赔偿和对恶意侵权人确定的按照上述方法确定数额的一倍到五倍的惩罚行赔偿。

其二,根据《商标法》第六十三条各款之间的顺序关系,法定赔偿只有在根据现有证据三种补偿性赔偿均无法确定赔偿数额且即便适用第二款中的证明妨碍规则也无法确定赔偿数额的情况下,才适用第三款的法定赔偿规则由人民法院酌情确定法定赔偿数额。因此,此处的证明妨碍规定应当看作第一款的补充规定一起适用,而不能涵射到第三款中法定赔偿的适用。在专利法关于损害赔偿确定的证明妨碍规则中,①其适用范围仅限于以侵权人获利方法计算损害赔偿时,也时基于相关账簿、资料主要用于侵权人获利证明的考虑,实际上对其他损害赔偿计算的帮助意义不大,因此应当《商标法》第六十三条第二款证明妨碍规则的运用限制于补偿性赔偿与惩罚性赔偿的计算。(见表 26 - 2)

---

① 最高人民法院《关于审理侵犯专利权纠纷案件应用法律若干问题的解释(二)》第二十七条:权利人因被侵权所受到的实际损失难以确定的,人民法院应当依照专利法第六十五条第一款的规定,要求权利人对侵权人因侵权所获得的利益进行举证;在权利人已经提供侵权人所获利益的初步证据,而与专利侵权行为相关的账簿、资料主要由侵权人掌握的情况下,人民法院可以责令侵权人提供该账簿、资料;侵权人无正当理由拒不提供或者提供虚假的账簿、资料的,人民法院可以根据权利人的主张和提供的证据认定侵权人因侵权所获得的利益。

表 26－2 商标法中的证明妨碍规则体系

<table>
<tr><th colspan="2"></th><th>账簿、 资料</th><th>书证</th><th>其他证据</th></tr>
<tr><td colspan="2">侵权事实</td><td>—</td><td>《民诉解释》第一百一十二条</td><td>《证据规定》第九十五条</td></tr>
<tr><td rowspan="2">损害赔偿</td><td>补偿性赔偿与惩罚性赔偿</td><td>《商标法》第六十三条</td><td>《民诉解释》第一百一十二条</td><td>《证据规定》第九十五条</td></tr>
<tr><td>法定赔偿</td><td>《民诉解释》第一百一十二条</td><td>《证据规定》第九十五条</td><td>—</td></tr>
</table>

(三)适用证明妨碍规则的典型案例之恋舞案①

点点乐公司研发了《恋舞 OL》游戏并进行了计算机软件著作权登记,2013 年 8 月起点点乐公司开始运营该游戏并取得游戏营运收入,之后,《恋舞 OL》游戏获得了大量下载销售量并为点点乐带来了大量营业收入。针对该游戏,点点乐公司于 2014 年、2015 年申请注册了"恋舞 OL"系列商标并取得注册商标专用权。2017 年开始,点点乐公司发现由犀牛公司研发、畅梦公司运营的《梦幻恋舞》游戏的游戏名称与"恋舞 OL"系列注册商标相似,侵犯了其注册商标专用权且构成不正当竞争,因此诉至法院。

一审法院认为,犀牛公司、畅梦公司的行为构成商标侵权,但未有证据显示有关的用户评价系由两被告组织实施,被控行为不构成虚假宣传。一审判决犀牛公司、畅梦公司立即停止侵犯点点乐公司注册商标专用权的行为,并赔偿点点乐公司经济损失 20 万元及合理开支 5 万元。

一审判决后,点点乐公司、犀牛公司均不服,提起上诉。针对点点乐公司关于一审判赔金额过低的上诉请求,二审法院向犀牛公司和畅梦公司发送了证据出示令,要求提供有关道具的销售数量和收入,以及其他可以证明该游戏获利的证据。畅梦公司拒绝提交有关被控侵权游戏获利的证据,犀牛公司所提交的证据不能真实反映该游戏的营收。二审法院认为,点点乐公司已经尽力举证,而与侵权行为相关的证据由犀牛公司、畅梦公司掌握,法院以证据出示令的方式责令犀牛公司、畅梦公司提交有关被控游戏营收的证据,但犀牛公司、畅梦公司未能提交反映真实营收的证据,存在刻意隐瞒游戏收入的主观故意。二审法院综合考虑原告商标

① 上海知识产权法院民事判决书,(2019)沪 73 民终 130 号。

的知名度及其游戏的营收额均较高、被控游戏的下载次数量巨大、侵权的主观故意程度，以及网络游戏利润率较高等因素，改判畅梦公司、犀牛公司赔偿点点乐公司经济损失300万元。

本案是法院在商标侵权损害赔偿确定中运用证明妨碍规则的典型案例，在本案中，二审法院以出具证据出示令的方式责令二被告提交与侵权行为相关的证据，二被告均拒绝出示相关证据，法院依照原告提交的证据，通过对游戏营收和下载量的分析，合理确定了赔偿数额。权利人提交的初步证据一般不足以对损害赔偿进行证明，当侵权人的行为已经构成证据妨碍时，法院在参考权利人的主张和提供的证据判定赔偿数额时，可以进行一定的商业分析与推论，降低权利人的证明责任，结合可能的事实以及侵权人拒不提交相关证据的主观故意对损害赔偿数额进行推论。

六、第六十三条第四款之商标废弃请求权

《商标法》第六十三条第四款规定，人民法院审理商标纠纷案件，应权利人请求，对属于假冒注册商标的商品，除特殊情况外，责令销毁；对主要用于制造假冒注册商标的商品的材料、工具，责令销毁，且不予补偿；或者在特殊情况下，责令禁止前述材料、工具进入商业渠道，且不予补偿。

（一）商标废弃请求权的立法考察

1. 商标废弃请求权的法理基础

废弃请求权又称废弃妨害物品请求权，是知识产权领域特有的请求权，是指知识产权的权利人可以请求侵权人将侵权产品、侵权行为相关的物品以及制作侵权产品的原料和设备排除出商业渠道的权利。[①] 在商标领域则表现为商标废弃请求权，即商标权人有权请求对属于假冒注册商标的商品、主要用于制造假冒注册商标的商品的材料、工具予以销毁并防止其进入商业渠道的权利。

商标废弃请求权不同于一般民法意义上的物权排除妨害请求权，物权排除妨害请求权通常需要物的圆满状态受到妨害，该妨害通常是对物的直接侵害或者对物的适用条件的妨害，是实质性的。但基于商标权作为一种知识产权所体现出的

---

① 关永红：《论知识产权请求权的内容构成》，载《知识产权》2013年第1期。

无形性,对其的实质性侵害通常也是抽象的。

侵权性的排除妨碍请求权源自德国帝国法院所判决的关于海运商事的不正当竞争案件,该案中被告通过向原告施压、威胁的方式要求原告退出一个与被告存在竞争的海港使用关系,以便被告获得对海港的绝对使用权,帝国法院认为该行为属于不正当竞争,并做出了第一个侵权性排除妨害之诉的判决。[①] 该判决使物权排除妨害请求权得到扩展,为知识产权领域废弃请求权的发展提供了基础。

2. 商标废弃请求权的立法渊源

知识产权侵权品的处理问题由来已久,在2007年,美国就曾向WTO申诉中国对于知识产权侵权品的处理方式违反《TRIPs协议》。2019年《商标法》的第四次修订中,在第六十三条中新增了第四款和第五款,对涉及侵犯注册商标的商品、原材料及制造工具的处理进行了规定,并规定侵权产品不得在仅去除假冒注册商标后进入商业渠道。该规定被认为是商标废弃请求权在我国的正式确立。2020年1月,中美签订《中美经贸协议》,双方在协议中对假冒商品的处理上达成一致。协议第一章第七节第1.20条第二项规定:“关于民事司法程序,双方应规定:(一)根据权利人的请求,除特殊情况外,应销毁认定为假冒或盗版的商品;(二)根据权利人的请求,司法部门应责令立即销毁主要用于生产或制造假冒或盗版商品的材料和工具,且不予任何补偿;或在特殊情况下,将这些商品在商业渠道之外进行处置,且不予任何补偿,以最小化进一步侵权的风险;(三)仅去除非法附着的假冒商标不足以允许该商品进入商业渠道;(四)司法部门应根据权利人的请求,责令假冒者向权利人支付因侵权获得的利益,或支付足以弥补侵权损失的赔偿金。”上述协定内容均在新修订的商标法中予以了体现。

《商标法》中新增的对商标废弃请求权的规定属于对《TRIPs协议》相关规定采取的衔接。在《TRIPs协议》第四十六条关于知识产权侵权救济的其他补救中对废弃请求权进行了三个层次的规定:一是要求司法机关在不给予任何补偿的情况下,下令销毁侵权货物,但要求以不“违背现有的宪法规定的必要条件”;二是要求司法机关在不给予任何补偿的情况下,责令将已被发现侵权的货物、制造侵权货物的材料和工具清除出商业渠道,并“以避免对权利持有人造成任何损害”和“以便将产生进一步侵权的风险减少到最低”为限度;三是特定情形下侵权商品可

---

① 参见王洪亮:《妨害排除与损害赔偿》,载《法学研究》2009年第2期。

以流入商业渠道。

《TRIPs 协议》仅规定“仅除去非法加贴的商标并不足以允许该货物放行进入商业渠道”，但并不完全禁止在符合一定条件下侵权商品重新流入商业渠道。[①] 虽然在《商标法》第六十条对于行政程序中侵权品的处置进行了规定，但比起《TRIPs 协议》，在《商标法》修订之前，对于司法程序侵权品的处理仍属欠缺，此次修订弥补这方面的不足。（见表 26－3）

表 26－3　主要国家的商标废弃请求权法律规定

国家	法律条款
德国	《德国商标和其他标志保护法》第 18 条
英国	《商标法》第 15～19 条
美国	《兰哈姆法》第 36 条
日本	《商标法》第 36 条第 2 款

（二）商标废弃请求权的构成要件与适用限制

1. 商标废弃请求权的构成要件

商标废弃请求权其自身并不能独立存在，其行使也必须附随于停止侵害请求权或者排除妨碍请求的行使，[②]因此，其构成要件也需先满足停止侵害请求权或排除妨碍请求权行使之条件，可总结为以下三点：(1)侵害行为或者侵害之虞客观存在；(2)实施没有正当理由；(3)存在商标侵权物品。除以上三点外，还应当注意，废弃的对象必须为侵权商品或者主要用于制造假冒注册商标的商品的材料、工具；废弃的目的是达到权利保护、使注册商标专有权恢复到圆满状态，[③]此两点也被作为对商标废弃请求权行使的限制。

2. 特殊情况的界定

无论是在《TRIPs 协议》第四十六条中还是在《商标法》第六十三条中，均提到了在适用商标废弃请求权时的“例外情况”[④]或“特殊情况”。如何理解和确定此处的“特殊情况”的范围呢？在 2007 年中美知识产权争端案中，WTO 专家组认

---

① 参见张耕、汤贞友：《商标法上废弃请求权规范的解释与适用》，载《知识产权》2020 年第 8 期。

② 参见杜颖：《日本知识产权保护中的差止请求权》，载《外国法译评》1999 年第 4 期。

③ 马辉：《论知识产权请求权》，西南政法大学 2006 年硕士研究生论文。

④ 协议原文为“in exceptional cases”，商务部官方译文中将其翻译为“例外情况”，实则与商标法中的“特殊情况”含义相似，本文采用“特殊情况”这一说法。

为，需要同时满足性质特殊和数量少的双重条件才属于"特殊情况"，专家组的列举表明，主观恶意和再次侵权的危险性可以作为判断是否适用"特殊情况"的参考依据。①

3. 废弃的范围

商标废弃请求权的范围的确定关键在于如何界分商标废弃请求权的对象。根据《商标法》第六十三条的规定，商标废弃请求权的对象为假冒注册商标的商品和主要用于制造假冒注册商标的商品的材料、工具。上述对象的概念如何界定，在具体认定过程中所需要遵守的原则与限制条件则需要具体讨论。

（1）假冒注册商标的商品

我国《商标法》第六十三条关于商标废弃请求权规定的立法渊源是《TRIPs 协议》第四十六条的规定。但是，在进行立法衔接的过程中，对于商标废弃请求权的对象上，我国的立法与《TRIPs 协议》略有不同。我国商标废弃请求权对象其中之一为"假冒注册商标的商品"，但在《TRIPs 协议》中与之对应的表述为"infringing goods"，可直接翻译为"侵权商品"，与我国《商标法》中"假冒注册商标的商品"有较大的差异，相比之下，其内涵与我国《商标法》第五十七条第三项的"侵犯注册商标专用权的商品"更为相似。②

一般认为，根据商标法历次立法的考察，"假冒注册商标的商品"有其特定的含义，特指在同一种商品上使用与注册商标相同的商标的商品，③因此其所能涵射到的范围明显小于侵权商品。虽然作此解释会形成与 TRIPs 的规定产生一定的差异，但结合《中美经贸协议》中"应销毁认定为假冒或盗版的商品"的表述，应当认为其为立法的愿意。

（2）限制条件

商标废弃请求权作为一种近似于物权请求权的绝对权利，各国法律均对商标废弃请求权的行使规定了一定的限制条件。在侵权商品的销毁上，《德国商标和其他标志保护法》规定，当同时满足"可以以其他方式去掉该产品特征"与"对于

① 参见张耕、汤贞友：《商标法上废弃请求权规范的解释与适用》，载《知识产权》2020 年第 8 期。

② 参见范静波：《新修订〈商标法〉第六十三条中"假冒注册商标的商品"的理解与适用》，载《中华商标》2019 年第 10 期。

③ 范静波：《新修订〈商标法〉第六十三条中"假冒注册商标的商品"的理解与适用》，载《中华商标》2019 年第 10 期。

侵权人或所有权人这种销毁是不适宜的”两个条件时，则可以不必销毁，英国《商标法》则规定，“法院应当考虑在注册商标侵权的诉讼案件中其他可获得的救济措施是否足够赔偿注册商标所有人和受让人并且保护他们的权益”；在侵权材料、工具的销毁上，《德国商标和其他标志保护法》规定侵权工具为“作为侵权人财产并且用于或意图专用于或几乎专用于非法标记一项产品的器具”，英国《商标法》则限定侵权工具为“专门涉及或者经改造用于制造与该商标相同或相近似的标记的物品”且要求物品的所有者、控制者、保管者明知或应知该物品用于侵权行为。[①] 在确定具体的侵权商品时，东京地方法院曾做出判决认为，当侵权产品只是整体装置的一部分时，可以请求对整体装置的制造和销售停止侵害，但废弃请求权只能及于涉及侵权的部分零件而不能及于整体装置。[②]

（三）商标废弃请求权的典型案例之 KINGSTON 案[③]

金士顿科技有限公司是第 2024537 号“KINGSTON”、第 10060266 号和第 6832602 号“DataTraveler”商标的注册人，授权许可金士顿科技有限公司使用并可以以自己的名义提起诉讼。

2020 年 8 月 5 日，广州市中南公证处派员与金士顿科技有限公司的委托代理人一同来到位于珠海市香洲区一家招牌为“希棋文具文园店”的商铺，以手机微信支付的方式购买了 U 盘一个，付款 45 元。微信账单详情显示收款方为“希棋文具（芳芳）”。公证人员对商铺内外、手机定位地址、所获 U 盘及账单详情等进行了拍照，并对 U 盘进行封存。广州市中南公证处就上述购物过程出具（2020）粤广中南第 7100 号公证书。庭审中，当庭验视公证封存物外观完好无损后拆封。封存物为一个 U 盘，其上有“DT101G2”“16G”“Kingston”字样、标识，外包装上有“Kingston”“DataTraveler”、标识。金士顿科技有限公司当庭提交一个金士顿正品 U 盘以供比对，称涉案侵权产品（公证封存的 U 盘）的防伪标签无法变色，且金属插口处镭射的字体与正品不同。

原告主张要求希骐商行停止销售并销毁库存侵权商品。法院判决认定，“《中华人民共和国商标法》第六十三条第四款规定，人民法院审理商标纠纷案件，应权

---

① 参见王太平、姚鹤徽：《商标法》，中国人民大学出版社 2020 年版，第 246 ~ 247 页。

② 参见杜颖：《日本知识产权保护中的差止请求权》，载《外国法译评》1999 年第 4 期。

③ 广东省珠海市中级人民法院民事判决书，（2021）粤 04 民终 2949 号。

利人请求,对属于假冒注册商标的商品,除特殊情况外,责令销毁。最高人民法院《关于审理商标民事纠纷案件适用法律若干问题的解释》第二十一条第一款规定,人民法院在审理侵犯注册商标专用权纠纷案件中,可以判决侵权人承担停止侵害、赔偿损失等民事责任。据此,金士顿科技有限公司要求希骐商行停止销售并销毁库存侵权商品的诉讼请求,有事实和法律依据,一审法院予以支持"。

七、结语

知识产权侵权救济的实效性往往取决于损害赔偿金计算规则的设置。与禁令救济不同,损害赔偿更多体现了救济的"回溯性",也就是面向既已发生的"损害"进行评价。与有形财产所遭受"损害"的"可视化"不同,无形财产的损害往往以市场竞争为媒介,在数额评价上面临因果关系证明、证据获取、市场需求变化等因素影响。一方面,如果不能实现充分救济的话,考虑到针对侵权行为的监控、发现与执行成本,侵权人反而更易因侵权而获利,这将诱发侵权,最终使得侵权救济规则的设置无异于画饼充饥。另一方面,如果对这种损害进行过度评价的话,考虑到无形财产在效力范围上的不明确性,反而也会限制正当实施者进行商业活动的自由。①

现行《商标法》第六十三条对损害赔偿的计算方式明确列举了实际损失、侵权获利、许可费倍数、法定赔偿以及惩罚性赔偿五种方式,且规定了举证妨碍规则和商标废弃请求权。法律的不断完善旨在于能够为权利人损害赔偿提供更具体、更有利的维权手段和方式。尽管目前各种计算方式均有适用的难度,但在加强知识产权保护的大背景下,相信司法实践会探索出更多经典案例,并为同类案件做参考。

---

① 张鹏:《商标侵权损害赔偿数额计算的现状与展望》,载《知识产权》2021 年第 5 期。

第二十七章 《商标法》第六十四条之精解

刘玉萍[*] 汤学丽[**]

一、立法规范及条文释义

(一)法律规定

《商标法》

第六十四条 注册商标专用权人请求赔偿,被控侵权人以注册商标专用权人未使用注册商标①提出抗辩的,人民法院可以要求注册商标专用权人提供此前三年内实际使用该注册商标的证据。注册商标专用权人不能证明此前三年内实际使用过该注册商标,也不能证明因侵权行为受到其他损失的,被控侵权人不承担赔偿责任。

销售不知道是侵犯注册商标专用权的商品,能证明该商品是自己合法取得并说明提供者的,不承担赔偿责任。

(二)条文释义

本条是关于被控侵权人符合"三年不使用抗辩"或"合法来源抗辩"两种情形时不承担赔偿责任的规定。

---

* 刘玉萍律师,第 11 届北京市律师协会商标法律专业委员会副主任,北京浩天律师事务所合伙人,曾代理北汽集团、远洋地产、华夏银行、口碑、华伦天奴、普拉达、A&F、思科等商标案。

** 汤学丽律师,第 11 届北京市律师协会商标法律专业委员会副秘书长,北京市盈科律师事务所律师,具有 18 年以上知识产权领域法律服务经验,曾代理清华大学、高德、百度、联通、王麻子、泰山啤酒、地素等知识产权案件。

① 商标的使用,是指将商标用于商品、商品包装或者容器以及商品交易文书上,或者将商标用于广告展览以及其他商业活动中,用于识别商品来源的行为。

1.《商标法》第六十四条第一款释义

该规定是2013年商标法增设的“三年不使用抗辩制度”,其适用核心在于对“实际使用”的认定、“此前三年”时间区间的界定。

“实际使用”应满足“用于商业活动中”“起到识别商品来源作用”的要求。

本条款旨在鼓励商标使用,防止恶意囤积商标谋取不正当利益或者怠于使用商标造成商标资源浪费等行为。据此,“此前三年”的含义应当是“被诉侵权行为发生前三年”,但被诉侵权行为属于持续性侵犯商标权行为的,若被控侵权人起诉时侵权行为已停止,则“此前三年”的含义应当是“持续性侵权行为停止之日前三年”;若被控侵权行为起诉时侵权行为尚未停止,则“此前三年”的含义应当是“起诉之日前三年”。①

综上,“此前三年内未实际使用该注册商标”应指“侵权行为发生前三年内”,商标权人未自行、许可他人或以其他不违背商标权人意志的情况下,在核定的商品(服务)项目上规范使用注册商标的行为。②

2.《商标法》第六十四条第二款释义

根据《商标法》第六十四条第二款规定,适用本条款合法来源抗辩原则应同时满足如下要件:

第一,被控侵权人不具有主观过错,即不知道或不应当知道销售产品系侵犯他人注册商标专用权的商品。即被控侵权人应当尽到合理的审查义务与注意义务。

被控侵权人可提供涉案侵权商品使用的商标授权合同等证据,以证明对他人的商标权已进行审查,尽到合理的注意义务。当被控侵权人提交的被诉侵权商品来源证据与其合理注意义务程度相当时,可推定其不知道被诉产品构成侵权,不具有主观过错。同时,销售商是否尽到合理的注意义务可以从其经营规模专业程度市场交易习惯等进行判定。③

第二,被控侵权商品具有合法来源,即被控侵权人能否举证证明合法取得被

---

① 参见广州市越秀区人民法院民事判决书,(2015)穗越法知民初字第681号;广州知识产权法院民事判决书,(2016)粤73民终539号。

② 参见广东省揭阳市中级人民法院民事判决书,(2018)粤52民初5号;广东省高级人民法院民事判决书,(2018)粤民终1741号。

③ 参见2020年11月16日最高人民法院《关于知识产权民事诉讼证据的若干规定》第四条。

诉侵权商品的事实。

被控侵权人应当举证证明合法取得被诉侵权商品的事实,包括合法的购货渠道、合理的价格和直接的供货方等。①

"能证明该商品是自己合法取得",是指被控侵权人可以提供证据证明其具有合法的购货渠道,如提供与生产商签订的经销、销售合同、商品销售授权书、商品订货单、转账订货发票、银行转账凭证等证据,以证明其销售的被控侵权商品具有合法来源。"说明提供者",指被控侵权人能够说明进货商品的提供者的姓名或者名称、住所以及其他线索,并且能否查证属实的。②

二、历史沿革与条文演变

(一)立法沿革

本条历史沿革主要围绕被控侵权人"不承担赔偿责任"抗辩规则的发展与演变。为落实《商标法》鼓励创新、保护知识产权、规范市场秩序的立法宗旨,《商标法》进行历次修改,具体修订情况如下:

1982 年《商标法》第三十九条首次明确商标侵权损害赔偿额的计算规则,但并未对"不承担赔偿责任"的抗辩规则做出规定。

1993 年《商标法》完全承继 1982 年《商标法》商标侵权规则,未做修改。

2001 年《商标法》第五十六条第三款新增关于"销售商无过错不负赔偿责任"的规定。明确在被控侵权人在主观上不具有过错的情况下,销售侵犯注册商标专用权的商品能证明该商品是自己合法取得的并说明提供者的,不承担赔偿责任。

2013 年《商标法》第六十四条新增"三年不使用抗辩"规则,明确注册商标专用权人不能证明此前三年内实际使用过该注册商标,也不能证明因侵权行为受到其他损失的,被控侵权人不承担赔偿责任。

2014 年《商标法实施条例》第七十九条、第八十条对合法取得与说明提供者作出补充解释完善合法来源抗辩规则的司法适用问题。

2019 年《商标法》第六十四条延续 2013 年《商标法》第六十四条"三年不使用抗辩"与"合法来源抗辩"的规定,并未作出修改。

---

① 参见 2020 年 11 月 16 日最高人民法院《关于知识产权民事诉讼证据的若干规定》第四条。

② 参见孙山:《"合法来源抗辩"规则适用主体》,载《检察日报》2022 年 6 月 16 日,第 2 版。

为明确侵犯商标专用权但不需要承担赔偿责任的具体情形,被控侵权认可举证证明其满足“三年不使用抗辩”或“合法来源抗辩”的条件。《商标法》立法宗旨为加强商标管理、维护商标专有权、保护商誉价值、鼓励诚信经营、降低交易成本、维持市场秩序。《商标法》第六十四条第一款设定基础在于商标权的使用价值,商标只有在市场中进行了真实、有效、合法使用,才能发挥其指示和识别商品或服务来源的功能,品牌商誉基于商标使用而真正建立。《商标法》第六十四条第二款设立依据则来源于民法中第三人理论,旨在平衡商标权法律关系中各方当事人利益,维护交易公平和交易安全,维护稳定的市场竞争秩序。①

(二)条文演变

1.《商标法》(2001 年修订)

第五十六条 侵犯商标专用权的赔偿数额,为侵权人在侵权期间因侵权所获得的利益或者被侵权人在被侵权期间因被侵权所受到的损失包括被侵权人为直至侵权行为所支付的合理开支。

前款所称侵权人因侵权所的利益,或者侵权人因侵权所受损失难以确定的,由人民法院根据侵权行为的情节给予五十万元以下的赔偿。

销售不知道是侵犯注册商标专用权的商品,能证明该商品是自己合法取得的并说明提供者的,不承担赔偿责任。

2.《商标法》(2013 年修订)

第六十四条 注册商标专用权人请求赔偿,被控侵权人以注册商标专用权人未使用注册商标提出抗辩的,人民法院可以要求注册商标专用权人提供此前三年实际使用该注册商标的证据。注册商标专用权人不能证明此前三年内实际使用过该注册商标,也不能证明因侵权行为受到其他损失的,被控侵权人不承担赔偿责任。

销售不知道是侵犯注册商标专用权的商品,能证明该商品是自己合法取得并说明提供者的,不承担赔偿责任。

---

① 参见黄建文:《合法来源抗辩适用善意取得制度审查的合理性分析》,载《知识产权》2016 年第 10 期。

三、历史司法适用规则梳理

(一)"三年不使用抗辩"规则适用

为正确适用《商标法》第六十四条第一款"三年不使用抗辩"原则,需明确界定"此前三年"与"实际使用过该注册商标"的内涵。

司法实践中存在关于《商标法》第六十四条第一款所指"此前三年内"是"侵权行为发生前三年"或"起诉前三年"的争论。广东高院认为:无论是从商标的使用价值上看还是从立法目的和法律效果来看,对于"一次性商标侵权行为",应将"此前三年"确定为"侵权行为发生前三年",一方面可以促使商标权人及时使用商标,另一方面也可以避免商标权人长期搁置商标不用,但在得知他人使用该商标后,为获得不正当利益而非真实使用商标。同时应注意,若该侵权行为是连续侵权,则此前三年指"整个侵权持续期间的前三年"。①

根据最高人民法院《关于审理商标民事纠纷案件适用法律若干问题的解释》第十八条,若被控侵权人证明持续性侵权行为在起诉前已停止,则"此前三年"应当是"持续性侵权行为停止之日前三年",若被控侵权人的持续性侵权行为在起诉前尚未停止,则"此前三年"应当是"起诉之日前三年"而非"庭审之日判决之日"或"裁判生效之日前三年"。②

最高人民法院《关于审理商标授权确权行政案件若干问题的意见》第二十条规定:"实际使用的商标与核准注册的商标有细微差别,但未改变其显著特征的,可以视为注册商标的使用。""实际使用"指商标权人自行、许可他人或以其他不违背商标权人意志的情况下,在核定商品(服务)类别上对注册商标的规范使用。③同时,只有实际使用的商标与核准注册的商标差别严格控制在"细微变化"的范围内,不会导致该变化后的商标与注册商标丧失同一性的,才可能被视为实际使用。

应注意的是,注册商标核定使用的商品不及于类似商品。注册商标人享有的

---

① 参见广东省揭阳市中级人民法院民事判决书,(2018)粤52民初5号;广东省高级人民法院民事判决书,(2018)粤民终1741号。

② 参见广州市越秀区人民法院民事判决书,(2015)穗越法知民初字第681号;广州知识产权法院民事判决书,(2016)粤73民终539号。

③ 参见广东省揭阳市中级人民法院民事判决书,(2018)粤52民初5号;广东省高级人民法院民事判决书,(2018)粤民终1741号。

使用权范围仅限于核定使用的商品和核准使用的商标而未及于类似商品和近似商标。换言之，在类似商品上使用注册商标的行为不能认定是对注册商标的使用。[①]

另外，注册商标专用权人请求被控侵权人承担赔偿责任，但无证据证明其因侵权行为受到实际损失或其他损害时，被控侵权人除支付合理维权费用外，可以不予赔偿。[②]

(二)"合法来源抗辩"规则适用

如前所述，"合法来源抗辩"规则源于民法中"善意第三人"理论，[③]旨在保护市场交易中善意侵权人，免除其损害赔偿责任。当被控侵权人提交与其合理注意义务程度相当的证据后，则可以推定其不知道被诉侵权商品侵害知识产权。被控侵权人能否适用"合法来源抗辩"规则，应从主观要件和客观要件分别进行判断。

1. 被控侵权人需主观上不具有侵犯他人注册商标专用权的故意，即尽到合理注意义务

判断被控侵权人是否尽到合理注意义务，应当结合其进行的交易行为综合认定。一般而言，法院考量因素如下：

第一，被控侵权人是否具有合法经营资质、从事经营活动是否合法。例如是否具有合法有效的工商登记营业执照、经营许可证等，以及是否曾受到行政处罚等；在"华杰公司商标侵权纠纷案"中，法院经审查认定被控侵权人销售的被控侵权商品为"三无产品"，并以此推定其具有主观过错，系明知销售商品属于侵犯注册商标专用权的商品。[④] 此外，若被控侵权人采购国家有特殊资质要求的特殊商品如药品、化妆品、酒类产品、烟花爆竹等时，未对供货商的资质以及许可证、合格证等质量标志进行查验，也可以推定为"应当知道"。[⑤]

第二，被控侵权人是否对被诉侵权商品的价格、摆放位置、外观等进行合理的审查。如当被诉侵权商品的进货价格明显低于市场上同类商品的进价、被诉侵权

---

① 参见广东省深圳市罗湖区人民法院民事判决书，(2019)粤0303民初1077号。

② 参见广东省深圳市罗湖区人民法院民事判决书，(2019)粤0303民初1077号。

③ 参见黄建文：《合法来源抗辩适用善意取得制度审查的合理性分析》，载《知识产权》2016年第10期。

④ 参见湖南省衡阳市中级人民法院民事判决书，(2020)湘04知民初99号。

⑤ 参见王晓芬、刘胜红：《论商标侵权合法来源抗辩的构成要件》，载《时代法学》2022年第6期。

商品包装、外观明显低劣以及被控侵权人同时销售正品与侵权商品并摆放位置紧密等，均属于被控侵权人未尽合理审查义务，主观上难谓善意。如在“美廉美超市商标侵权纠纷案”中，法院认为，正品与被诉侵权商品摆放及陈列紧密相连，其应当明知其销售的商品是侵犯商标权的商品。[①]

第三，若被控侵权人与权利人授权生产商或商标持有人是否有商业联系或特殊关系，则应当负有更高的审查注意义务。如被控侵权人曾在权利人关联公司或生产商任职、交流、负责相关项目等。如在“苏飞公司商标侵权纠纷案”中，最高人民法院以被控侵权人与权利人曾有合作关系认为其应负有更高的注意义务。[②]

第四，权利人商品、商标市场知名度情况。例如，被控侵权商品的市场占有率、市场影响力，相关公众的知晓程度等。

第五，被控侵权人的营业规模与行业细分专业程度。若被控侵权人所在商业链条中提供的服务领域越趋于专业其经营规模越广，理应具有更强的判定侵权的能力。[③]

2. 客观上被控侵权人取得被诉侵权商品是否具有合法的来源并说明提供者

被控侵权人需证明自己销售的商品是通过正规合法途径、渠道和方式获得，同时能提供证据指明商品的提供者。依据《商标法实施条例》第七十九条规定，被控侵权人为证明自己“合法取得”，应提供如下证据：

（1）有合法签章的供货清单和货款收据，且供货单位认可。

（2）有供销双方签订的进货合同，且合同已实际履行。

（3）有合法进货发票，且发票记载事项与涉案商品相对应。

判断是否属于“合法取得”，应重点围绕被控侵权商品从供应者到被控侵权人的交易过程展开，结合产品特点、交易惯例以及日常经验进行分析认定。“说明提供者”指被控侵权人需提供具有明确的主体、名称、住所地以及其他信息，并能被查实。[④]

《商标法》第六十四条“合法来源抗辩”的立法目的旨在保护善意的中间交易

① 参见黑龙江省高级人民法院民事判决书，（2020）黑民终 508 号。

② 参见最高人民法院民事裁定书，（2018）最高法民申 5700 号。

③ 参见深圳市福田区人民法院民事判决书，（2013）深福法知民初字第 171 号。

④ 参见湖南省高级人民法院民事判决书，（2019）湘知民终 392 号。

主体,实现权利保护与善意第三人信赖利益保护之间的平衡。① 同时通过被控侵权人的举证,还原被控侵权商品交易过程,便于权利人找寻侵权源头。因此,合法来源抗辩成立并不意味着被控侵权人无需承担任何法律责任,其仍有可能被追究相应的行政责任。②

---

① 参见湖南省高级人民法院民事判决书,(2019)湘知民终392号。

② 参见《商标法实施条例》第八十条规定:"工商行政管理部门责令停止销售,并将案件情况通报侵权商品提供者所在地工商行政管理部门。"

第二十八章 《商标法》第六十五条、第六十六条之精解

赵克峰* 王自强**

保全制度,包括申请行为保全、财产保全及证据保全。①《民事诉讼法》对不同类型保全申请规定了不同的必要性条件,其中,《民事诉讼法》第八十一条规定了证据保全的条件,第一百条和第一百零一条规定了诉中财产保全和诉中行为保全、诉前财产保全和诉前行为保全的条件。

一、法律规定及相关法律规范

(一)法律规定

1.《民事诉讼法》

第一百零一条 利害关系人因情况紧急,不立即申请保全将会使其合法权益受到难以弥补的损害的,可以在提起诉讼或者申请仲裁前向被保全财产所在地、被申请人住所地或者对案件有管辖权的人民法院申请采取保全措施。申请人应当提供担保,不提供担保的,裁定驳回申请。

人民法院接受申请后,必须在四十八小时内作出裁定;裁定采取保全措施的,

---

* 赵克峰律师,第11届北京市律师协会商标法律专业委员会副秘书长,已任律师事务所合伙人,多件案例入选法院、行政机关、QBPC典型案例,如NBA赛事著作权案、NBA商品化权益案、费列罗立体商标案、"小罐茶"获得显著性案等。

** 王自强律师,第10届北京市律师协会商标法律专业委员会委员、第11届副秘书长,北京律协面试考核考官,北京市道可特律师事务所合伙人,曾代理中国国旅、中免、金利来、荣华、苏酒、伊泰、骏丰频谱、华润、正兴等商标民事和刑事案。

① 为了表述的方便,本章统一用"诉讼保全"的表述。

应当立即开始执行。

申请人在人民法院采取保全措施后三十日内不依法提起诉讼或者申请仲裁的，人民法院应当解除保全。

2.《商标法》

第六十五条 商标注册人或者利害关系人有证据证明他人正在实施或者即将实施侵犯其注册商标专用权的行为，如不及时制止将会使其合法权益受到难以弥补的损害的，可以依法在起诉前向人民法院申请采取责令停止有关行为和财产保全的措施。

第六十六条 为制止侵权行为，在证据可能灭失或者以后难以取得的情况下，商标注册人或者利害关系人可以依法在起诉前向人民法院申请保全证据。

（二）相关司法解释

1. 最高人民法院《关于适用〈中华人民共和国民事诉讼法〉的解释》

第一百五十二条 人民法院依照民事诉讼法第一百条、第一百零一条规定，在采取诉前保全、诉讼保全措施时，责令利害关系人或者当事人提供担保的，应当书面通知。

利害关系人申请诉前保全的，应当提供担保。申请诉前财产保全的，应当提供相当于请求保全数额的担保；情况特殊的，人民法院可以酌情处理。申请诉前行为保全的，担保的数额由人民法院根据案件的具体情况决定。

在诉讼中，人民法院依申请或者依职权采取保全措施的，应当根据案件的具体情况，决定当事人是否应当提供担保以及担保的数额。

2. 最高人民法院《关于审查知识产权纠纷行为保全案件适用法律若干问题的规定》

第六条 有下列情况之一，不立即采取行为保全措施即足以损害申请人利益的，应当认定属于民事诉讼法第一百条、第一百零一条规定的“情况紧急”：

（一）申请人的商业秘密即将被非法披露；

（二）申请人的发表权、隐私权等人身权利即将受到侵害；

（三）诉争的知识产权即将被非法处分；

（四）申请人的知识产权在展销会等时效性较强的场合正在或者即将受到侵害；

(五)时效性较强的热播节目正在或者即将受到侵害;

(六)其他需要立即采取行为保全措施的情况。

第七条 人民法院审查行为保全申请,应当综合考量下列因素:

(一)申请人的请求是否具有事实基础和法律依据,包括请求保护的知识产权效力是否稳定;

(二)不采取行为保全措施是否会使申请人的合法权益受到难以弥补的损害或者造成案件裁决难以执行等损害;

(三)不采取行为保全措施对申请人造成的损害是否超过采取行为保全措施对被申请人造成的损害;

(四)采取行为保全措施是否损害社会公共利益;

(五)其他应当考量的因素。

第十条 在知识产权与不正当竞争纠纷行为保全案件中,有下列情形之一的,应当认定属于民事诉讼法第一百零一条规定的"难以弥补的损害":

(一)被申请人的行为将会侵害申请人享有的商誉或者发表权、隐私权等人身性质的权利且造成无法挽回的损害;

(二)被申请人的行为将会导致侵权行为难以控制且显著增加申请人损害;

(三)被申请人的侵害行为将会导致申请人的相关市场份额明显减少;

(四)对申请人造成其他难以弥补的损害。

第十一条 申请人申请行为保全的,应当依法提供担保。

申请人提供的担保数额,应当相当于被申请人可能因执行行为保全措施所遭受的损失,包括责令停止侵权行为所涉产品的销售收益、保管费用等合理损失。

在执行行为保全措施过程中,被申请人可能因此遭受的损失超过申请人担保数额的,人民法院可以责令申请人追加相应的担保。申请人拒不追加的,可以裁定解除或者部分解除保全措施。

3. 最高人民法院《关于人民法院对注册商标权进行财产保全的解释》

第一条 人民法院根据民事诉讼法有关规定采取财产保全措施时,需要对注册商标权进行保全的,应当向国家知识产权局商标局(以下简称商标局)发出协助执行通知书,载明要求商标局协助保全的注册商标的名称、注册人、注册证号码、保全期限以及协助执行保全的内容,包括禁止转让、注销注册商标、变更注册事项和办理商标权质押登记等事项。

第二条 对注册商标权保全的期限一次不得超过一年,自商标局收到协助执行通知书之日起计算。如果仍然需要对该注册商标权继续采取保全措施的,人民法院应当在保全期限届满前向商标局重新发出协助执行通知书,要求继续保全。否则,视为自动解除对该注册商标权的财产保全。

第三条 人民法院对已经进行保全的注册商标权,不得重复进行保全。

二、历史沿革

(一)2000 年海事强制令制度开启诉讼保全制度先河

诉前保全条款并非商标法中独有的条款。早在 2000 年 7 月 1 日我国颁布的《海事诉讼特别程序法》便已确立海事强制令制度,由于该制度属于以行为为保全对象的独立保全制度形式,故虽然其并未命名为行为保全,也在事实层面上开创了我国行为保全制度之先河。

(二)2001 年初步建立保全制度框架体系

2001 年,我国为加入世界贸易组织,对三部知识产权领域单行法律进行修改,并在初步建立起临时禁令措施。为了与世界贸易组织最重要的法律文件之一《TRIPs 协定》的相关规定①保持一致,我国法律也开始尝试援引诉前保全禁令条款。

在 2000 年 8 月我国第二次修正的《专利法》当中,第六十一条规定了诉前禁令条款,即"专利权人或者利害关系人有证据证明他人正在实施或者即将实施侵犯其专利权的行为,如不及时制止将会使其合法权益受到难以弥补的损害的,可以在起诉前向人民法院申请采取责令停止有关行为和财产保全的措施"。注意这里采用的表述是"诉前停止有关行为",而并未直接采用《TRIPs 协定》中"临时禁令""财产保全""证据保全"等用语。

2001 年修订的《著作权法》和《商标法》中,类似的表述也散见其中。② 同时为了与新修订的知识产权单行法保持一致,相关的司法解释也陆续出台,如 2001 年

---

① 《TRIPs 协定》第五十条规定:"知识产权权利人为保护其权利而采取的临时措施包括临时禁令、财产保全和证据保全,其中临时禁令包括诉前禁令和诉中禁令。"

② 《著作权法》(2001 年)第四十九条、第五十条;《商标法》(2001 年)第五十七条、第五十八条。

6 月 5 日,最高人民法院通过《关于对诉前停止侵犯专利权行为适用法律问题的若干规定》(已失效);2002 年 1 月 9 日,最高人民法院通过《关于诉前停止侵犯商标专用权行为及保全证据适用法律问题的解释》(已失效)。彼时修订的三部知识产权单行法与其对应的司法解释,初步建立了我国诉前保全条款的框架体系。

(三)2012 年《民事诉讼法》中明确规定行为保全

2012 年修订的《民事诉讼法》第一百条和第一百零一条吸纳了民事诉讼理论的发展,新增关于诉中和诉前行为保全的规定,在所有民事领域建立了行为保全制度。

2012 年《民事诉讼法》第一百条规定,人民法院对于可能因当事人一方的行为或者其他原因,使判决难以执行或者造成当事人其他损害的案件,根据对方当事人的申请,可以责令其作出一定行为或者禁止其作出一定行为。

2012 年修订的《民事诉讼法》施行后,知识产权权利人或者其他经营者依据该法关于行为保全的新规定申请行为保全措施,许多案件也备受社会关注。据不完全统计,2013 年至 2017 年 5 年间,全国法院分别受理知识产权诉前停止侵权和诉中停止侵权案件 157 件和 75 件,裁定支持率分别为 98.5% 和 64.8% 。知识产权纠纷行为保全案件虽然数量较少,但行为保全对于有效保护知识产权、及时制止不正当竞争具有重要作用,该项制度因此也越来越受到知识产权权利人以及其他经营者的重视。①

(四)2013 年《商标法》再次明确诉讼保全制度

2013 年,我国《商标法》进行了第三次修订,新修订的《商标法》第六十五条第一款基本上保留了 2001 年《商标法》第五十七条第一款的规定,规定了商标侵权的诉前措施包括诉前禁令制度和诉前财产保全制度,该法第六十六条则规定了诉前证据保全制度。修正案六十五条在表述同 2000 年《专利法》第六十一条第一款一致:"专利权人或者利害关系人有证据证明他人正在实施或者即将实施侵犯其专利权的行为,如不及时制止将会使其合法权益受到难以弥补的损害的,可以在

---

① 宋晓明、王闯、夏君丽、郎贵梅:《〈关于审查知识产权纠纷行为保全案件适用法律若干问题的规定〉的理解与适用》,载《人民司法》2019 年第 3 期。

起诉前向人民法院申请采取责令停止有关行为和财产保全的措施”。2019 年,我国《商标法》进行第四次修订,其中关于诉前财产保全和诉前证据保全的部分同 2013 年版《商标法》保持一致。

三、行为保全的四个考量因素

理论上,《商标法》第六十五条和第六十六条规定的保全制度,包括了行为保全、财产保全和证据保全制度。鉴于后两者实践运用广泛,难度相对较小,本部分主要针对行为保全的构成要件进行详细论述。

行为保全是在争议案件判决前责令另一方当事人作出一定行为或禁止作出一定行为的强制措施,在是否进行行为保全的判断上,法院会考虑多个因素。

(一)具有事实基础和法律依据,请求保护的知识产权效力稳定

最高人民法院《关于审查知识产权纠纷行为保全案件适用法律若干问题的规定》第七条第一项将该因素规定为“申请人的请求是否具有事实基础和法律依据,包括请求保护的知识产权效力是否稳定”。

司法实践中判断申请人的请求是否具有事实基础和法律依据,主要还是判断申请人的请求是否具有胜诉可能性。考虑到行为保全裁定属于程序性裁定,而且《民事诉讼法》第一百条和第一百零一条规定本身也含有可能的因素,因此,适用《行为保全规定》审查行为保全申请时,对于胜诉可能性的程度把握达到优势可能性即可。此外,第一项因素中的“包括请求保护的知识产权效力是否稳定”适用于申请行为保全旨在保护知识产权或者其依据是知识产权的情况,如申请责令停止侵害知识产权,应当考虑请求保护的知识产权效力是否稳定。

最高人民法院《关于审查知识产权纠纷行为保全案件适用法律若干问题的规定》第八条规定,人民法院审查判断申请人请求保护的知识产权效力是否稳定,应当综合考量下列因素:(1)所涉权利的类型或者属性;(2)所涉权利是否经过实质审查;(3)所涉权利是否处于宣告无效或者撤销程序中以及被宣告无效或者撤销的可能性;(4)所涉权利是否存在权属争议;(5)其他可能导致所涉权利效力不稳定的因素。

在商标领域,权利状态的稳定性,主要表现为权属商标是否尚在有效期内,是否被撤销、无效等。一般来说,权利人出具商标注册证书就能证明商标权利的稳

定性,除非对方有相反证据。

(二)难以弥补的损害

难以弥补的损失需要结合具体个案进行认定。通常来说,被申请人所造成的这种损害是无法通过挽回的,最明显的就是申请人享有的商誉或者发表权、隐私权等人身性质的权利。还有一种情形就是从经济上说,被申请人的行为将会导致侵权行为难以控制且显著增加,或者被申请人的侵害行为将会导致申请人的相关市场份额明显减少。

最高人民法院《关于当前经济形势下知识产权审判服务大局若干问题的意见》明确要求:"在认定是否会对申请人造成难以弥补的损害时,应当重点考虑有关损害是否可以通过金钱赔偿予以弥补以及是否有可执行的合理预期。"

最高人民法院《关于审查知识产权纠纷行为保全案件适用法律若干问题的规定》第十条规定了具体的"难以弥补的损害"的情形:(1)被申请人的行为将会侵害申请人享有的商誉或者发表权、隐私权等人身性质的权利且造成无法挽回的损害;(2)被申请人的行为将会导致侵权行为难以控制且显著增加申请人损害;(3)被申请人的侵害行为将会导致申请人的相关市场份额明显减少;(4)对申请人造成其他难以弥补的损害。

在商标领域,目前从部分司法实践中的典型案例,可以初步总结法院对于"难以弥补的损害"的认定方式,包括:(1)严重程度,商业侵害应当达到数额巨大、情形严重,以至于难以用金钱方式弥补,或被申请人无能力弥补的程度;(2)因果关系,市场份额减少带来的损害虽难以计算,但必须与被申请人行为具有直接因果关系;(3)紧迫程度,若被申请人行为效果迟缓,即使诉讼终结其给权利人造成的商业利益损害仍不足以达到难以弥补的程度,则不足以作出禁令;(4)商品/服务的特性,必须考虑到特定商品是否存在销售旺季,或者是否存在新产品抢占市场等问题。

(三)申请人的损害与被申请人的损害的平衡

由于行为保全措施对于双方当事人利益具有较大影响,因此必须充分考量行为保全措施给被申请人造成的损害后果是否显然超过了不进行行为保全对申请人产生的损害结果严重程度,应当实事求是地分析两方面损害后果,综合考虑包括难以弥补的损害程度、被申请人主观过错以及是否存在其他可替代性救济措施在内的多种因素,最大限度使双方利益达到动态平衡。

早在2005年,最高人民法院就关注如何处理好诉前责令停止侵权行为与防止权利滥用之间的平衡,注重考量不采取禁令对申请人造成的损害是否会严重于采取禁令可能对被申请人产生的损害。对双方当事人利益进行衡量也是美国、英国在采取临时禁令时的考量因素之一。我国澳门地区《民事诉讼法典》第三百三十二条关于保全措施的相关规定要求,如保全措施对声请所针对之人造成之损害明显大于声请人欲通过该措施予以避免之损害,则法院仍得拒绝采取该措施。人民法院在知识产权侵权纠纷中判决停止侵权时也会衡量双方利益得失。

在总结司法实践经验和借鉴域外制度的基础上,最高人民法院《关于审查知识产权纠纷行为保全案件适用法律若干问题的规定》第七条第三项规定,不采取行为保全措施对申请人造成的损害是否超过采取行为保全措施对被申请人造成的损害。

针对“双方利益的平衡性判断”,法官在进行诉前禁令是否颁发的裁定时,不仅要考虑申请人的利益诉求,也要保证被申请人的申诉权利,在程序上提供相应的提供证据及申斥的机会。对被申请人因禁令可能导致的后果,对双方可能的损害程度,应当进行充分的评价,并追求种合理的利益平衡。在此基础上,法官才能做出正确的判断。[①] 例如,在“中国好声音”案中,若不责令被告上海灿星公司和被告世纪丽亮公司停止涉案行为,其制作的“2016中国好声音”歌唱比赛选秀节目一旦制作完成并公开播出,对原告浙江唐德公司造成的损失难以计算。此时“不做出诉前禁令”的损害要明显大于“做出诉前禁令”的损害。

(四)是否损害社会公共利益

该因素已经为最高人民法院《关于当前经济形势下知识产权审判服务大局若干问题的意见》所明确。该意见指出,人民法院应当严格审查被申请人的社会公共利益抗辩,一般只有在涉及公众健康、环保以及其他重大社会利益的情况下才予考虑。

---

① 参见伍敏欢:《知识产权侵权诉前禁令的审查标准探析——兼议〈最高人民法院关于审查知识产权与竞争纠纷行为保全案件适用法律若干问题的解释(征求意见稿)〉第七、八条》,载《电子知识产权》2017年第4期。

人民法院应主动审查采取行为保全措施是否会损害公共利益。如果仅涉及双方当事人经济利益,没有证据显示采取行为保全措施将会损害社会公共利益。法院通常从保全措施的作出是否会损害消费者利益的角度进行论述。

针对“公共利益的判断”,审理侵犯注册商标专用权纠纷案件应当考虑公共利益因素,商标的基本功能是区别商品的来源,商标权人可以阻止他人使用可能造成混淆的与之近似的商标,以防止相关消费者被误导。因此,商标侵权诉讼中的公共利益,包括公众自由使用商标和消费者是否会被误导。某些情况下,公众使用与注册商标相同或者近似的文字、图形的行为不属于商标侵权行为,如通过使用获得第二含义的商标核准注册后,他人对商品或者服务的质量、功能、用途等特点的善意的说明,以及对自己的名称或者地址的善意的使用或者说明,均不属于侵权行为。

四、典型案例

(一)“红狮”商标诉前禁令案①

2000 年及 2001 年,我国《专利法》及《商标法》分别进行了第二次修正。修正后的《专利法》和《商标法》均规定,专利权人或注册商标所有人可于起诉前向法院申请采取责令停止侵权行为。最高人民法院又于 2001 年及 2002 年分别就诉前停止侵犯专利权、商标权行为的法律使用问题做出了司法解释。本案是我国《商标法》修正后及前述最高人民法院司法解释出台后,北京市法院首次采取诉前禁令措施的案件。尽管在论理部分法院并未予以详细展开,本案仍然对于我国商标保全禁令制度的发展有着重要意义。

申请人北京红狮涂料有限公司是生产、销售油漆涂料企业,享有“红狮”文字、图形、文字及图形组合等多个注册商标。被申请人北京红狮京漆商贸有限公司亦是生产、销售油漆涂料的企业,在经营场所使用申请人的“红狮”文字及图形组合注册商标作为招牌招揽客户,同时销售了与原告“红狮”文字及图形组合注册商标相近似标识的油漆涂料产品。申请人认为被申请人的行为侵害了其注册商标专用权,在诉前向法院申请裁定责令被申请人停止侵权行为。

法院判决认定:申请人所提出的请求符合法律规定,故予以支持。

---

① 北京市第二中级人民法院民事裁定书,(2005)二中民保字第 10508 号。

(二)“中国好声音”商标侵权诉前行为保全案①

本案入选2016年北京知识产权保护十大司法案例,同时,针对“中国好声音”“the Voice of China”等系列商标作出的诉前禁令亦是北京知识产权法院作出的首个诉前禁令,具有典型意义,前述“红狮”案系作为商标诉前禁令制度发展初期的首个案例,在司法实践,相应理论尚未完善的情形下,法院论理仍具有一定的局限性。而本案则是在具有重要影响力案件的背景下,法院针对保全禁令条款的适用条件作出详细论证的范例。

在该案中,“the Voice of...”节目是荷兰Talpa公司独创开发的以歌唱比赛为内容的真人选秀节目。在Talpa公司的授权下,第1~4季“中国好声音”由灿星公司于2012年至2015年制作播出。但是据Talpa公司的授权,自2016年1月28日起至2020年1月28日,唐德公司(而不再是灿星公司)取得了独占且唯一的授权在中国(除港澳台外)使用、分销、市场推广、投放广告、宣传及以其他形式的开发“中国好声音”节目的相关知识产权。唐德公司认为,其对在歌唱比赛真人选秀娱乐节目制作及播出服务中使用的“中国好声音”“the Voice of China”节目名称享有独占许可使用权。灿星公司和世纪丽亮公司未经授权使用“中国好声音”节目名称和有关标识的行为,已构成对其享有的驰名商标权和知名服务特有名称权的侵犯。为此,唐德公司请求法院责令灿星公司和世纪丽亮公司立即停止在歌唱比赛选秀节目的宣传、推广、海选、广告招商、节目制作或播出时使用包含“中国好声音”“the Voice of China”的节目名称,以及相关商标标识。

法院判决认定:“审查是否应当责令被申请人停止相关行为,主要考虑以下因素:申请人是否是权利人或利害关系人;申请人在本案中是否有胜诉可能性;是否具有紧迫性,以及不立即采取措施是否可能使申请人的合法权益受到难以弥补的损害;损害平衡性,即不责令被申请人停止相关行为对申请人造成的损害是否大于责令被申请人停止相关行为对被申请人造成的损害;责令被申请人停止相关行为是否损害社会公共利益;申请人是否提供了相应的担保。

第一,申请人是否是权利人或利害关系人。本案中,根据Talpa公司的授权,浙江唐德公司自2016年1月28日拥有独占且唯一的授权在中国(除港澳台外)

① 北京知识产权法院民事裁定书,(2016)京73行保1号。

使用、分销、市场推广、投放广告、宣传及以其他形式的开发‘中国好声音’节目的相关知识产权[包括注册商标 G1098388、G1089326;节目名称英文‘The Voice of China’、中文‘中国好声音(ZhongGuoHaoShengYin)’;相关标识等],用于制作、推广、播放和销售‘中国好声音’节目第5季至第8季,并有权许可他人进行上述使用,授权期限为2016年1月28日至2020年1月28日,但该期限被延长、修改或者许可协议被有效地终止的情况除外。同时,Talpa公司明确授权浙江唐德公司在许可期限内,对第三人未经授权使用‘中国好声音’节目相关知识产权的行为以浙江唐德公司名义采取相应的法律行动。据此,浙江唐德公司作为涉及Talpa公司相关知识产权的独占许可使用合同的被许可人,属于《民事诉讼法》第一百零一条第一款规定的利害关系人,应有权提出包括本案申请在内的保全申请。

第二,申请人在本案中是否有胜诉可能性。本案中,申请人浙江唐德公司主张上海灿星公司和世纪丽亮公司的行为侵害了其享有独占许可使用权的注册商标专用权、未注册驰名商标权,并构成擅自使用知名服务特有名称的不正当竞争行为。本院认为,该问题应从以下几个方面进行判断:

1. 侵害注册商标专用权的可能性。《商标法》第六十五条规定:‘商标注册人或者利害关系人有证据证明他人正在实施或者即将实施侵犯其注册商标专用权的行为,如不及时制止将会使其合法权益受到难以弥补的损害的,可以依法在起诉前向人民法院申请采取责令停止有关行为和财产保全的措施。’本案中,浙江唐德公司提交的有关商标注册证显示,Talpa公司拥有注册在第9、38、41类包括音乐节目制作、表演等服务上的第G1098388号商标,以及注册在第35、38、41类包括音乐节目制作、演出以及组织音乐活动等服务上的第G1089326号商标。根据Talpa公司的授权,浙江唐德公司获得了上述注册商标的独占许可使用权。本案中,申请人浙江唐德公司提出上海灿星公司与世纪丽亮公司立即停止使用上述两商标标识的请求,从现有证据来看,上海灿星公司在音乐节目制作宣传等活动中可能使用了完整包含第G1098388号、第G1089326号注册商标图样的标识,而世纪丽亮公司不存在上述使用行为。据此,上海灿星公司存在使用第G1098388号、第G1089326号注册商标及构成侵权的可能性。

2. 侵害未注册驰名商标权益的可能性。本案中,申请人浙江唐德公司主张前述节目标识一、标识二构成未注册驰名商标,且上海灿星公司与世纪丽亮公司的行为侵害了其享有独占许可使用权的未注册驰名商标权益。对此本院认为,节目标识一由中文'中国好声音'、英文'The Voice of China'以及V形手握话筒图形组合而成,节目标识二由中文'中国好声音'和英文'The Voice of China'组合而成,本院注意到节目标识一、标识二均含有中文'中国'和英文'China',两节目标识是否符合商标法有关注册商标的规定,尚需在后续诉讼中进一步审理判断,故本院认为在本案诉前保全申请审查阶段,无法对上述两节目标识是否构成未注册驰名商标进行判断。

3. 构成不正当竞争行为的可能性。本案中,申请人浙江唐德公司主张上海灿星公司与世纪丽亮公司擅自使用'中国好声音''The Voice of China'作为歌唱比赛选秀节目名称的行为,构成不正当竞争。对此本院认为,首先,第1~4季'中国好声音'作为歌唱比赛选秀节目在中国境内具有较高知名度和影响力,该节目诸多设计元素亦具有较高知名度,'中国好声音'和'The Voice of China'名称也已具有较高的识别度,结合该模式节目已在全球数十个国家热播的情形,'中国好声音'和'The Voice of China'被认定为电视文娱节目及其制作服务类的知名服务特有名称,存在较大可能性。其次,根据Talpa公司与相关公司就制作播出第1~4季'中国好声音'的授权协议的约定,'中国好声音'和'The Voice of China'节目名称权益归属于Talpa公司,且Talpa公司在整个节目制作过程中进行了监督、审核等深度参与,故Talpa公司拥有有关'中国好声音'和'The Voice of China'节目名称权益的可能性较大。最后,上海灿星公司在第五季'中国好声音'以及'2016中国好声音'歌唱比赛选秀节目的宣传、推广、海选、广告招商、节目制作过程中,可能涉及使用'中国好声音'和'The Voice of China'作为节目名称的行为,而世纪丽亮公司在'2016中国好声音'歌唱比赛选秀节目的宣传、推广、海选、广告招商过程中,可能涉及使用'中国好声音'作为节目名称的行为。综上,上海灿星公司和世纪丽亮公司的上述行为,存在构成不正当竞争行为的可能性。

第三,是否具有紧迫性,以及不立即采取措施是否可能使申请人的合法权益受到难以弥补的损害。本院认为,提出诉前保全申请,缘由在于情况紧急,且这种紧迫性表现为不立即采取保全措施将会使申请人合法权益受到难以弥补的损害。其一,本案涉及歌唱比赛选秀节目的制作和播出,浙江唐德公司提交的材料显示涉案'2016中国好声音'节目将于2016年6月录制、7月播出,时间紧迫,而可以预计的是,该节目一旦录制完成并播出,将会产生较大范围的传播和扩散,诸多环节都有可能构成对浙江唐德公司经授权所获权利的独占许可使用权的侵犯,可能会显著增加浙江唐德公司的维权成本和维权难度，甚至难以在授权期限内正常行使权利。其二，在相关公众对名称为'中国好声音'和'The Voice of China'的歌唱比赛选秀节目的模式及特色已有极高认知度的情况下，又出现名称为'2016 中国好声音'的歌唱比赛选秀节目，很可能会造成相关公众的混淆误认，也可能会严重割裂名称为'中国好声音'和'The Voice of China'的歌唱比赛选秀节目与其节目模式及特色等元素的对应联系，从而存在导致浙江唐德公司后续依约开发制作的该类型节目失去竞争优势的可能性。综上所述，本院认为如不责令上海灿星公司和世纪丽亮公司立即停止涉案行为，将可能对浙江唐德公司的权益造成难以弥补的损害。

第四，损害平衡性，即不责令被申请人停止相关行为对申请人造成的损害是否大于责令被申请人停止相关行为对被申请人造成的损害。本案中，首先，责令上海灿星公司和世纪丽亮公司停止涉案行为，仅涉及停止对包含'中国好声音''the Voice of China'字样的节目名称及有关标识的使用，且即使停止对有关节目名称的使用，也不会影响节目更名后的制作和播出，损失数额是可以预见的。其次，如不责令上海灿星公司和世纪丽亮公司停止涉案行为，其制作的'2016 中国好声音'歌唱比赛选秀节目一旦制作完成并公开播出，对浙江唐德公司造成的损失难以计算。因此，本院认为若不责令上海灿星公司和世纪丽亮公司停止涉案行为对浙江唐德公司造成的损害大于责令上海灿星公司和世纪丽亮公司停止涉案行为对其造成的损害。

第五，责令被申请人停止相关行为是否损害社会公共利益。对于是否损害社会公共利益的考量，在商标侵权及不正当竞争纠纷案件中主要需考虑是否对消费者利益和社会经济秩序造成损害。本案中，责令上海灿星公司和世纪丽亮公司停止涉案行为可能仅涉及上海灿星公司和世纪丽亮公司的经济利益，没有证据证明将会损害社会公共利益。"

（三）"百岁山"商标侵权诉前行为保全案①

在该案中，申请人深圳市景田食品饮料有限公司（以下简称景田公司）以被申请人陆丰市五峰山峰天然水厂（以下简称五峰水厂）涉嫌侵害申请人第 633953 号

---

① 福建省中级人民法院民事裁定书，(2015)榕民保字第 596 号。

"景田"、第3407468号"百岁山"注册商标专用权为,向本院提出停止侵权行为的申请,请求法院裁定查封、扣押被申请人的厂房、生产模具、设备以及涉案侵权产品同时责令被申请人立即停止侵权行为。

法院判决认定:"申请人景田公司系涉案第633953号'景田'、第3407468号'百岁山'注册商标专用权人,上述商标均在有效期内,申请人的商标专用权应受法律保护。我国《民事诉讼法》第一百条第一款规定:'人民法院对于可能因当事人一方的行为或者其他原因,使判决难以执行或者造成当事人其他损害的案件,根据对方当事人的申请,可以裁定对其财产进行保全、责令其作出一定行为或者禁止其作出一定行为;当事人没有提出申请的,人民法院在必要时也可以裁定采取保全措施。人民法院采取保全措施,可以责令申请人提供担保,申请人不提供担保的,裁定驳回申请。'从申请人提交的初步证据来看,被申请人生产、销售的'景田百岁山'强化维生素B6饮料上的标识,与申请人享有专用权的上述两个商标高度近似,且所生产、销售的商品与申请人的注册商标保护的商品也属于高度近似商品。因此,被申请人的上述行为涉嫌侵害了申请人的注册商标专用权。如被申请人不立即停止其生产、销售行为,则极有可能使申请人的合法权益受到难以弥补的损害。在申请人已向本院提供担保的情况下,其向本院提出的责令停止侵害注册商标专用权行为的申请,符合法律规定,本院予以支持。"

五、结语

实践中,人民法院应当依法分别审查不同类型保全申请是否符合条件,并作出裁定。分别审查不同类型保全申请是否符合条件,是民事诉讼法规定的当然要求。实践中也有的法院在一份裁定中同时支持行为保全申请和证据保全申请,有助于提高工作效率。

知识产权纠纷行为保全案件虽然数量较少,但行为保全对于有效保护知识产权、及时制止不正当竞争具有重要作用,该项制度因此也越来越受到知识产权权利人以及其他经营者的重视。

第二十九章　《商标法》第六十七条之精解

肖越心[*]　王　潇[**]

一、法律规定及历史沿革

（一）法律规定及相关法律规范

1.《商标法》

第六十七条　未经商标注册人许可，在同一种商品上使用与其注册商标相同的商标，构成犯罪的，除赔偿被侵权人的损失外，依法追究刑事责任。

伪造、擅自制造他人注册商标标识或者销售伪造、擅自制造的注册商标标识，构成犯罪的，除赔偿被侵权人的损失外，依法追究刑事责任。

销售明知是假冒注册商标的商品，构成犯罪的，除赔偿被侵权人的损失外，依法追究刑事责任。

2.《关于办理侵犯知识产权刑事案件具体应用法律若干问题的解释》

第一条　未经注册商标所有人许可，在同一种商品上使用与其注册商标相同的商标，具有下列情形之一的，属于刑法第二百一十三条规定的"情节严重"，应当以假冒注册商标罪判处三年以下有期徒刑或者拘役，并处或者单处罚金：（一）非法经营数额在五万元以上或者违法所得数额在三万元以上的；（二）假冒两种以上注册商标，非法经营数额在三万元以上或者违法所得数额在二万元以上的；

---

* 肖越心律师，第11届北京市律师协会商标法律专业委员会副主任，泰和泰律师事务所高级合伙人，曾代理资生堂、宾利汽车、约翰迪尔、贝亲、迪桑特、五十铃汽车、马爹利、轩尼诗、芝华士、尊尼获加、百龄坛、丰田汽车、无印良品等知识产权案件。

** 王潇律师，泰和泰律师事务所高级合伙人，曾为众多国内外知名企业提供品牌保护，尤其是反假冒方面的服务。

(三)其他情节严重的情形。具有下列情形之一的,属于刑法第二百一十三条规定的“情节特别严重”,应当以假冒注册商标罪判处三年以上七年以下有期徒刑,并处罚金:(一)非法经营数额在二十五万元以上或者违法所得数额在十五万元以上的;(二)假冒两种以上注册商标,非法经营数额在十五万元以上或者违法所得数额在十万元以上的;(三)其他情节特别严重的情形。

第二条 销售明知是假冒注册商标的商品,销售金额在五万元以上的,属于刑法第二百一十四条规定的“数额较大”,应当以销售假冒注册商标的商品罪判处三年以下有期徒刑或者拘役,并处或者单处罚金。销售金额在二十五万元以上的,属于刑法第二百一十四条规定的“数额巨大”,应当以销售假冒注册商标的商品罪判处三年以上七年以下有期徒刑,并处罚金。

第三条 伪造、擅自制造他人注册商标标识或者销售伪造、擅自制造的注册商标标识,具有下列情形之一的,属于刑法第二百一十五条规定的“情节严重”,应当以非法制造、销售非法制造的注册商标标识罪判处三年以下有期徒刑、拘役或者管制,并处或者单处罚金:(一)伪造、擅自制造或者销售伪造、擅自制造的注册商标标识数量在二万件以上,或者非法经营数额在五万元以上,或者违法所得数额在三万元以上的;(二)伪造、擅自制造或者销售伪造、擅自制造两种以上注册商标标识数量在一万件以上,或者非法经营数额在三万元以上,或者违法所得数额在二万元以上的;(三)其他情节严重的情形。具有下列情形之一的,属于刑法第二百一十五条规定的“情节特别严重”,应当以非法制造、销售非法制造的注册商标标识罪判处三年以上七年以下有期徒刑,并处罚金:(一)伪造、擅自制造或者销售伪造、擅自制造的注册商标标识数量在十万件以上,或者非法经营数额在二十五万元以上,或者违法所得数额在十五万元以上的;(二)伪造、擅自制造或者销售伪造、擅自制造两种以上注册商标标识数量在五万件以上,或者非法经营数额在十五万元以上,或者违法所得数额在十万元以上的;(三)其他情节特别严重的情形。

3.《刑法修正案(十一)》

十七、将刑法第二百一十三条修改为:“未经注册商标所有人许可,在同一种商品、服务上使用与其注册商标相同的商标,情节严重的,处三年以下有期徒刑,并处或者单处罚金;情节特别严重的,处三年以上十年以下有期徒刑,并处罚金。”

十八、将刑法第二百一十四条修改为:“销售明知是假冒注册商标的商品,违法所得数额较大或者有其他严重情节的,处三年以下有期徒刑,并处或者单处罚金;违法所得数额巨大或者有其他特别严重情节的,处三年以上十年以下有期徒刑,并处罚金。”

十九、将刑法第二百一十五条修改为:“伪造、擅自制造他人注册商标标识或者销售伪造、擅自制造的注册商标标识,情节严重的,处三年以下有期徒刑,并处或者单处罚金;情节特别严重的,处三年以上十年以下有期徒刑,并处罚金。”

(二)历史沿革

对于商标违法行为构成犯罪的应依法追究刑事责任首先由1979年《刑法》作出规定,第一百二十七条“违反商标管理法规,工商企业假冒其他企业已经注册的商标的,对直接责任人员,处三年以下有期徒刑、拘役或者罚金”。在《刑法》对商标违法行为构成犯罪的条件和处罚进行规定后,1982年《商标法》第四十条规定,“假冒他人注册商标,包括擅自制造或者销售他人注册商标标识的,除赔偿被侵权人的损失,可以并处罚款外,对直接责任人员由司法机关依法追究刑事责任”。1986年,最高人民检察院发布《人民检察院直接受理的经济检察案件立案标准的规定(试行)》[(86)高检发(二)字第4号],第五项规定:假冒商标罪是指企业、事业单位和个体工商业者,违反商标管理法规,故意侵犯他人注册商标专用权,假冒他人已经注册的商标的行为。具有下列情形之一的,对直接责任人员应予立案:1. 未经注册商标所有人许可,在同种商品或类似商品上使用与其注册商标相同或近似的商标,或者有意销售假冒商标的商品,达到下列程度的:(1)国营、集体单位假冒商标非法经营额在一万元以上,或者非法获利三千元以上的;(2)个体工商业者假冒商标非法经营额在三千元以上,或者非法获利一千元以上的。2. 擅自制造或者销售他人注册商标标识,非法获利五百元以上的。3. 假冒他人注册商标虽不足上述数额,但已对他人注册商标信誉造成严重损害,或已给国家、集体、个人利益造成严重损害的。4. 其他假冒商标情节恶劣、后果严重、影响极坏的。

通过上述法律法规可以看出,当时并未以法律规定的形式明确定义制假、售假行为,均以“假冒他人注册商标的行为”进行统称,但在司法解释中对“假冒他人注册商标的行为”区分为:1. 未经授权使用他人注册商标的假冒行为;2. 有意销售假冒商标的商品的行为;3. 擅自制造或者销售他人注册商标标识的行为。同时,有几个与现行法律法规明显的区别:1. 认定假冒注册商标行为的标准为“在同种商品或类似商品上使用与其注册商标相同或近似的商标”,而不是现行法律规定的“在同一种商品上使用与其注册商标相同的商标”;2. 除涉案金额达到法定追诉标准以外,对于“已对他人注册商标信誉造成严重损害,或已给国家、集体、个人利益造成严重损害的”情形也可以予以追诉,这一点在现行法律中无此规定;3. 假冒商标案件由人民检察院直接受理,而不是现行法律规定的由公安机关受理。

1993 年《商标法》将第四十条分列为三款,即“假冒他人注册商标,构成犯罪的,除赔偿被侵权人的损失外,依法追究刑事责任”。“伪造、擅自制造他人注册商标标识或者销售伪造、擅自制造的注册商标标识,构成犯罪的,除赔偿被侵权人的损失外,依法追究刑事责任”。“销售明知是假冒注册商标的商品,构成犯罪的,除赔偿被侵权人的损失外,依法追究刑事责任”。此版商标法明确列出了三种应追究刑事责任的商标违法行为。

1997 年《刑法》对侵犯注册商标专用权构成犯罪的情形进行了新的规定,具体为:

第二百一十三条　未经注册商标所有人许可,在同一种商品上使用与其注册商标相同的商标,情节严重的,处三年以下有期徒刑或者拘役,并处或者单处罚金;情节特别严重的,处三年以上七年以下有期徒刑,并处罚金。

第二百一十四条　销售明知是假冒注册商标的商品,销售金额数额较大的,处三年以下有期徒刑或者拘役,并处或者单处罚金;销售金额数额巨大的,处三年以上七年以下有期徒刑,并处罚金。

第二百一十五条　伪造、擅自制造他人注册商标标识或者销售伪造、擅自制造的注册商标标识,情节严重的,处三年以下有期徒刑、拘役或者管制,并处或者单处罚金;情节特别严重的,处三年以上七年以下有期徒刑,并处罚金。

1997 年《刑法》是我国刑法的重要里程碑,该部刑法使用单独章节(分则第三章第七节)规定了侵犯知识产权犯罪。其中,第二百一十三条为假冒注册商标罪,规定“在同一种商品上使用与其注册商标相同的商标”才能够成假冒注册商标行为,限缩了 1979 年《刑法》规定的假冒注册商标行为。第二百一十四条为销售假冒注册商标的商品罪,第二百一十五条为非法制造、销售非法制造的注册商标标识罪。至此,《刑法》明确规定出三种侵犯注册商标专用权犯罪的罪名及其构成条件和罚则。值得注意的是,侵犯注册商标专用权犯罪的法定刑由原来的“三年以下有期徒刑、拘役或者罚金”,变更为两档,即,“情节严重的,处三年以下有期徒刑、拘役或者管制,并处或者单处罚金”和“情节特别严重的,处三年以上七年以下有期徒刑,并处罚金”。其中,判处有期徒刑的最高刑期由原来的“三年以下”变为“七年以下”,而且,罚金刑由原来的单处变为单处或并处。可以看出,《刑法》对打击侵犯注册商标专用权犯罪的力度得到了加强。

为了配合1997年《刑法》的实施,最高人民检察院、公安部于2001年下发《关于经济犯罪案件追诉标准的规定》。该规定的第六十一项假冒注册商标案(《刑法》第二百一十三条)为:未经注册商标所有人许可,在同一种商品上使用与其注册商标相同的商标,涉嫌下列情形之一的,应予追诉:1. 个人假冒他人注册商标,非法经营数额在十万元以上的;2. 单位假冒他人注册商标,非法经营数额在五十万元以上的;3. 假冒他人驰名商标或者人用药品商标的;4. 虽未达到上述数额标准,但因假冒他人注册商标,受过行政处罚二次以上,又假冒他人注册商标的;5. 造成恶劣影响的。第六十二项销售假冒注册商标的商品案(《刑法》第二百一十四条)为:销售明知是假冒注册商标的商品,个人销售数额在十万元以上的,单位销售数额在五十万元以上的,应予追诉。第六十三项非法制造、销售非法制造的注册商标标识案(《刑法》第二百一十五条)为:伪造、擅自制造他人注册商标标识或者销售伪造、擅自制造的注册商标标识,涉嫌下列情形之一的,应予追诉:1. 非法制造、销售非法制造的注册商标标识,数量在二万件(套)以上,或者违法所得数额在二万元以上,或者非法经营数额在二十万元以上的;2. 非法制造、销售非法制造的驰名商标标识的;3. 虽未达到上述数额标准,但因非法制造、销售非法制造的注册商标标识,受过行政处罚二次以上,又非法制造、销售非法制造的注册商标标识的;4. 利用贿赂等非法手段推销非法制造的注册商标标识的。

上述2001年《关于经济犯罪案件追诉标准的规定》将包括侵犯商标专用权犯罪在内的侵犯知识产权犯罪的受理立案机关由人民检察院变更为了公安机关。人民检察院对此类案件负责侦查监督和公诉。值得注意的是,该规定将追诉标准大幅提高到个人实施假冒注册商标或销售假冒注册商标的商品行为的非法营业额/销售数额在十万元以上,单位在五十万元以上;实施非法制造、销售非法制造的注册商标标识行为的非法营业额/销售数额在二十万元以上。但同时,该规定将假冒他人驰名商标或者人用药品商标的行为直接认定为犯罪,而不涉及金额。

为符合罪行法定的原则,2001年《商标法》将第五十九条第一款修改为:未经商标注册人许可,在同一种商品上使用与其注册商标相同的商标,构成犯罪的,除赔偿被侵权人的损失外，依法追究刑事责任。其对假冒注册商标行为的表述与1997《刑法》保持一致。商标法此后的历次修改对该条款均未再修正。

2004年，最高人民法院、最高人民检察院出台《关于办理侵犯知识产权刑事案件具体应用法律若干问题的解释》：

第一条 将假冒注册商标罪的起刑点从原规定降至非法经营数额在五万元以上或者违法所得数额在三万元以上的；或假冒两种以上注册商标，非法经营数额在三万元以上或者违法所得数额在二万元以上的。对“情节特别严重”的标准降至非法经营数额在二十五万元以上或者违法所得数额在十五万元以上的；或假冒两种以上注册商标，非法经营数额在十五万元以上或者违法所得数额在十万元以上的。

第二条 将销售假冒注册商标的商品罪的起刑点降至销售金额在五万元以上的。并调整“数额巨大”为销售金额在二十五万元以上。

第三条 将非法制造、销售非法制造的注册商标标识罪的起刑点降至伪造、擅自制造或者销售伪造、擅自制造的注册商标标识数量在二万件以上，或者非法经营数额在五万元以上，或者违法所得数额在三万元以上的；或伪造、擅自制造或者销售伪造、擅自制造两种以上注册商标标识数量在一万件以上，或者非法经营数额在三万元以上，或者违法所得数额在二万元以上的；对“情节特别严重”的标准降至伪造、擅自制造或者销售伪造、擅自制造的注册商标标识数量在十万件以上，或者非法经营数额在二十五万元以上，或者违法所得数额在十五万元以上的；或伪造、擅自制造或者销售伪造、擅自制造两种以上注册商标标识数量在五万件以上，或者非法经营数额在十五万元以上，或者违法所得数额在十万元以上的。

为了顺应中国加入世界贸易组织并加强知识产权保护，该司法解释大幅降低了侵犯注册商标专用权犯罪的入罪门槛，将个人犯罪的非法营业金额由十万元降至五万元，且对于假冒两种以上注册商标，非法经营数额进一步将为三万元；并将“情节特别严重”或“数额巨大”规定为非法经营数额二十五万元。同时，将单位犯罪的追诉金额由个人犯罪金额的五倍降至三倍。此司法解释为大力打击制售假的违法犯罪行为，保护知识产权提供了有力的法律保证，相关规定延续至今。

2021年，《刑法修正案（十一）》正式实施。该修正案将侵犯注册商标专用权犯罪的第二档最高法定刑由七年变更为十年。该修正案的实施标志着国家进一步加大打击知识产权犯罪的力度及保护知识产权的决心。

二、条文理解

(一)假冒注册商标犯罪的构成要件

假冒注册商标犯罪,是指未经注册商标所有人的许可,在同一种商品上使用与其注册商标相同的商标,情节严重的行为。

1. 本罪的构成要件

本罪的客体是复杂客体,既侵害了国家的商标管理制度,也侵害了注册商标所有人的商标专有权。

本罪的客观方面表现为行为人未经注册商标所有人的许可,在同一种商品上使用与其注册商标相同的商标,(一)非法经营数额在五万元以上或者违法所得数额在三万元以上的;(二)假冒两种以上注册商标,非法经营数额在三万元以上或者违法所得数额在二万元以上的;(三)其他情节严重的情形。

本罪主体是一般主体,包括自然人和单位。

本罪的主观方面,只能是出于故意。

2. 本罪的罪数

根据最高人民法院、最高人民检察院《关于办理侵犯知识产权刑事案件具体应用法律若干问题的解释》第十三条的规定,实施假冒注册商标犯罪,又销售该假冒注册商标的商品,构成犯罪的,应当以假冒注册商标罪定罪处罚。这种情况下,属于吸收犯,按照刑法关于吸收犯的基本原理,只成立假冒注册商标罪,不另成立销售假冒注册商标的商品罪。但是如果行为人既实施假冒注册商标犯罪,又销售明知是他人的假冒注册商标的商品,构成犯罪的,则应当实行数罪并罚。另外,行为人在生产的伪劣商品上假冒他人注册商标的,属于牵连犯,应在生产伪劣产品罪与假冒注册商标罪中择一重罪处断。

3. 本罪的刑事责任

依照《刑法》第二百一十三条、第二百二十条的规定,犯本罪的,处三年以下有期徒刑,并处或者单处罚金;情节特别严重的,处三年以上十年以下有期徒刑,并处罚金。单位犯本罪的,对单位判处罚金,并对其直接负责的主管人员和其他直接责任人员,依照自然人犯本罪的规定处罚。

(二)销售假冒注册商标的商品犯罪构成要件

销售假冒注册商标的商品犯罪,是指明知是假冒注册商标的商品,而予以销售,违法所得数额较大的行为。

1. 本罪的构成要件

本罪的客体是复杂客体,既侵害了国家的商标管理制度,也侵害了注册商标所有人的商标专有权。

本罪的客观方面表现为行为人销售假冒注册商标的商品,其销售金额或者货值金额达到以下情形:销售金额在五万元以上。这里的"销售金额",是指售出假冒注册商标的商品后,所得和应得的全部违法收入。

需要注册的是,本罪以完成销售行为为既遂,如尚未销售应构成未遂。在此情形下,根据最高人民法院、最高人民检察院、公安部印发《关于办理侵犯知识产权刑事案件适用法律若干问题的意见》的通知第八条,构成未遂的客观要件包括:(1)尚未销售,货值金额在十五万元以上;(2)销售金额不满五万元,但已销售金额与尚未销售的货值金额合计在十五万元以上。

本罪主体是一般主体,包括自然人和单位。

本罪主观方面是行为人明知是假冒注册商标的商品,而进行销售。这里的"明知",是指行为人知道或者应当知道是假冒注册商标的商品。

2. 本罪的刑事责任

依照《刑法》第二百一十四条、第二百二十条的规定,犯本罪的,处三年以下有期徒刑,并处或者单处罚金;违法所得数额巨大或者有其他特别严重情节的,处三年以上十年以下有期徒刑,并处罚金。单位犯本罪的,对单位判处罚金,并对其直接负责的主管人员和其他直接责任人员,依照自然人犯本罪的规定处罚。

(三)非法制造、销售非法制造的注册商标标识犯罪构成要件

非法制造、销售非法制造的注册商标标识犯罪,是指伪造、擅自制造他人注册商标标识,或者销售伪造、擅自制造的注册商标标识,情节严重的行为。

1. 本罪的构成要件

本罪的客体是复杂客体,既侵害了国家的商标管理制度,也侵害了注册商标所有人的商标专有权。

本罪的客观方面表现为行为人伪造、擅自制造他人注册商标标识或者销售伪造、擅自制造的注册商标标识,(一)伪造、擅自制造或者销售伪造、擅自制造的注册商标标识数量在二万件以上,或者非法经营数额在五万元以上,或者违法所得数额在三万元以上的;(二)伪造、擅自制造或者销售伪造、擅自制造两种以上注册商标标识数量在一万件以上,或者非法经营数额在三万元以上,或者违法所得数额在二万元以上的;(三)其他情节严重的情形。

本罪主体是一般主体,包括自然人和单位。

本罪的主观方面,只能是出于故意或明知。

2. 本罪的刑事责任

依照《刑法》第二百一十五条、第二百二十条的规定,犯本罪的,处三年以下有期徒刑,并处或者单处罚金;情节特别严重的,处三年以上十年以下有期徒刑,并处罚金。单位犯本罪的,对单位判处罚金,并对其直接负责的主管人员和其他直接责任人员,依照自然人犯本罪的规定处罚。

(四)几个重要概念的解析

1. 如何理解"与其注册商标相同的商标"

最高人民法院、最高人民检察院《关于办理侵犯知识产权刑事案件具体应用法律若干问题的解释》(三)

第一条　具有下列情形之一的,可以认定为刑法第二百一十三条规定的"与其注册商标相同的商标":

(一)改变注册商标的字体、字母大小写或者文字横竖排列,与注册商标之间基本无差别的;

(二)改变注册商标的文字、字母、数字等之间的间距,与注册商标之间基本无差别的;

(三)改变注册商标颜色,不影响体现注册商标显著特征的;

(四)在注册商标上仅增加商品通用名称、型号等缺乏显著特征要素,不影响体现注册商标显著特征的;

(五)与立体注册商标的三维标志及平面要素基本无差别的;

(六)其他与注册商标基本无差别、足以对公众产生误导的商标。

通过上述规定可以看出,"与其注册商标相同的商标"并不是要求涉案商标与商标注册证上显示的商标形态完全相同，而是二者在文字、字母等的大小写、排列、间距、颜色等方面基本无差别，足以对公众产生误导即可。甚至对于在注册商标上仅增加商品通用名称、型号等缺乏显著特征要素，不影响体现注册商标显著特征的情形亦认定为相同商标。

2. 如何理解“相同商品”

最高人民法院、最高人民检察院、公安部《关于办理侵犯知识产权刑事案件适用法律若干问题的意见》

第五项关于《刑法》第二百一十三条规定的“同一种商品”的认定问题：名称相同的商品以及名称不同但指同一事物的商品，可以认定为“同一种商品”。“名称”是指国家工商行政管理总局商标局在商标注册工作中对商品使用的名称，通常即《商标注册用商品和服务国际分类》中规定的商品名称。“名称不同但指同一事物的商品”是指在功能、用途、主要原料、消费对象、销售渠道等方面相同或者基本相同，相关公众一般认为是同一种事物的商品。认定“同一种商品”，应当在权利人注册商标核定使用的商品和行为人实际生产销售的商品之间进行比较。

通过上述规定可以看出，判断是否为同一种商品，首先需要明确的是在权利人注册商标核定使用的商品与行为人实际生产销售的商品之间进行比较，即将商标注册证显示的核定商品名称与涉案商品进行比较。名称相同的商品当然认定为“同一种商品”；名称不同但二者在功能、用途、主要原料、消费对象、销售渠道等方面相同或者基本相同，相关公众一般认为是同一种事物的商品，亦可认定为“同一种商品”。该判断方式与商标民事和行政案件判断商品相同类似的方式基本相同。

3. 如何理解“使用”

《商标法》

第四十八条　本法所称商标的使用，是指将商标用于商品、商品包装或者容器以及商品交易文书上，或者将商标用于广告宣传、展览以及其他商业活动中，用于识别商品来源的行为。

最高人民法院、最高人民检察院《关于办理侵犯知识产权刑事案件具体应用法律若干问题的解释》

第八条　刑法第二百一十三条规定的“使用”，是指将注册商标或者假冒的注册商标用于商品、商品包装或者容器以及产品说明书、商品交易文书，或者将注册商标或者假冒的注册商标用于广告宣传、展览以及其他商业活动等行为。

通过上述规定可以看出，刑法意义上的商标使用与商标法定义的商标使用基本相同。在司法实践中，仅仅将他人注册商标用于广告宣传或产品说明、交易文书而未使用于商品、商品包装或容器的，是否能够被认定为使用假冒注册商标的行为仍存在诸多争议。

4. 如何理解“明知”

最高人民法院、最高人民检察院《关于办理侵犯知识产权刑事案件具体应用法律若干问题的解释》

第九条　具有下列情形之一的，应当认定为属于刑法第二百一十四条规定的“明知”：（一）知道自己销售的商品上的注册商标被涂改、调换或者覆盖的；（二）因销售假冒注册商标的商品受到过行政处罚或者承担过民事责任、又销售同一种假冒注册商标的商品的；（三）伪造、涂改商标注册人授权文件或者知道该文件被伪造、涂改的；（四）其他知道或者应当知道是假冒注册商标的商品的情形。

通过上述规定可以看出，如出现“知道商品商标存在问题的”，“对同一假冒商品反复侵权的”以及“伪造涂改权利人授权文件的或知道该情况的”情形属于法定的明知；同时，司法机关也可基于经验法则和逻辑规则，通过各项证据而推定行为人的主观明知。推定的明知也被表述为“应知”。

5. 民事赔偿责任问题

根据《商标法》该条款的表述，对于构成侵犯注册商标专用权犯罪的，国家依法追究刑事责任。法律亦规定了侵权人因犯罪行为而产生的民事赔偿责任。因此，被侵权人有权针对侵权人的商标犯罪行为向其主张赔偿。在司法实践中，个别法院或法官在侵犯商标专用权刑事案件中支持了商标权利人刑事附带民事赔偿的主张。商标权利人在大多数情况下还是在刑事案件完结后，单独就商标犯罪行为提起民事诉讼主张赔偿。

三、办理侵犯注册商标专用权刑事案件难点

（一）与生产、销售伪劣产品罪的法条竞合问题

《刑法》第二百一十三条、第二百一十四条与第一百四十条存在竞合问题，即行为人假冒注册商标或销售假冒注册商标的商品的行为亦可能构成生产、销售伪劣产品罪。《刑法》第一百四十条规定，生产者、销售者在产品中掺杂、掺假，以假

充真,以次充好或者以不合格产品冒充合格产品,销售金额五万元以上不满二十万元的,处二年以下有期徒刑或者拘役,并处或者单处销售金额百分之五十以上二倍以下罚金;销售金额二十万元以上不满五十万元的,处二年以上七年以下有期徒刑,并处销售金额百分之五十以上二倍以下罚金;销售金额五十万元以上不满二百万元的,处七年以上有期徒刑,并处销售金额百分之五十以上二倍以下罚金;销售金额二百万元以上的,处十五年有期徒刑或者无期徒刑,并处销售金额百分之五十以上二倍以下罚金或者没收财产。

按照刑法原则,在涉案商品属于伪劣产品且销售金额巨大(高于一百万元),应择一重罪适用第一百四十条。但是,在司法实践中对该法律适用问题存在诸多争议和难点:

1. 从证据角度如何认定涉案的假冒注册商标的商品属于伪劣产品

伪劣产品的定义为:在产品中掺杂、掺假,以假充真,以次充好或者以不合格产品冒充合格产品。相关司法解释亦对何为"在产品中掺杂、掺假""以假充真""以次充好"以及"以不合格产品冒充合格产品"作出定义,并规定对前述行为难以确定的,应当委托法律、行政法规规定的产品质量检验机构进行鉴定。然而,在研究具体案件过程中,上述问题往往会变得难以判断。例如,假酒案件中,以泸州老窖冒充五粮液,茅台王子酒冒充飞天茅台酒。由于泸州老窖、茅台王子酒均是合格产品,产品质量检验机构依据国家标准往往会得出假冒产品亦合格的结论;而前述原料酒在业内也具备一定声誉,若认定为低等级、低档次产品亦缺乏依据。

在王某生等人生产、销售伪劣产品一案①中,王某生等人使用国产白兰地酒冒充马爹利、轩尼诗等洋酒。法院查明,根据中华人民共和国国家标准—白兰地,白兰地被分为特级(XO)、优级(VSOP)、一级(VO)和二级(VS);王某生等人所使用的国产白兰地表明为VS级,而其冒充的马爹利、轩尼诗洋酒为VSOP及以上级。因此,法院认定王某生等人使用二级白兰地冒充优级、特级白兰地属于以次充好的行为。

简言之,如拟适用第一百四十条,通常需具有充分证据证明存在以不符合商标注册人产品性质的其他产品冒充该产品的以假充真情形,如以非酒冒充酒;或在具有相当权威性的级别划分体系下存在以低级别产品冒充高级别产品的情形;

---

① 广东省清远市中级人民法院刑事判决书,(2021)粤18刑终23号。

或存在以质检不合格的产品冒充合格产品等情形。司法实践对此的审理标准是较为严格的。

2. 对涉案金额的认定条件存在差别

假冒注册商标罪认定依据是非法营业数额或违法所得数额。非法营业数额通常较容易查明,包含已销售的假冒商品金额以及未销售假冒商品的货值。只要假冒商品完成生产,其货值即为既遂金额。生产、销售伪劣产品罪认定依据是销售金额。未销售的伪劣产品货值认定为未遂金额。[①] 对于案件现场查扣大量未销售成品假冒商品,或者查实的销售金额小于存货货值的案件,检察院往往会倾向于仍以假冒注册商标罪起诉,以确保所有涉案金额均能被算入既遂金额。这也导致一些看似涉案金额较大的制售假案件最终无法以生产、销售伪劣产品罪起诉或定罪,从而失去了判处制售假者更为严厉的刑事处罚的机会。

(二)商标注册人鉴定资格及鉴定书效力问题

构成本章节所述的假冒注册商标罪、销售假冒注册商标的商品罪,及非法制造、销售非法制造的注册商标标识罪的前提是认定行为人实施了假冒他人注册商标/非法制造的注册商标标识,或涉案商品(标识)属于假冒注册商标的商品/非法制造的注册商标标识。因此此类案件涉及一项特定的证据需求,即真假鉴定。《商标法》第五十七条、第六十七条,《刑法》第二百一十三条均规定"未经商标注册人许可"的商标使用行为构成假冒注册商标的行为。基于此,该真假鉴定亦应包含是否授权的鉴定内容,即此类鉴定主要包含两项关键内容:其一,商标注册人未对犯罪嫌疑人或其上游生产者进行授权许可;其二,涉案商品非为商标注册人正品。

从常识来讲,对于有充分证据证明涉案商品系由犯罪嫌疑人生产制造的案件,理论上只要犯罪嫌疑人无法提供商标注册人及相关合法授权主体授权生产的证据,则可推定涉案商品为假冒。然而针对查扣时已生产完成的成品,以及针对销售假冒注册商标的商品罪及销售非法制造的注册商标标识罪案件,涉案商品真伪依然是案件需要解决的首要问题。因此,进行真假鉴定是此类刑事案件的必要环节。

如前所述,此类鉴定需解决的主要是是否具有合法授权及商品真假的问题,

---

① 参见最高人民法院、最高人民检察院《关于办理生产、销售伪劣商品刑事案件具体应用法律若干问题的解释》(法释〔2001〕10 号)。

而注册商标相关犯罪中所称真品实为商标注册人正品，对此第三方鉴定机构在无法掌握市场上所有商品的品质要素及鉴定点的情形下，该鉴定客观上根本无法由第三方鉴定机构完成。商标注册人天然具有对涉案商品是否假冒其注册商标进行鉴定的能力，商标注册人或其合法授权的代理人针对涉案商品真伪问题出具的鉴定书在通常情况下可予采信。对此原国家工商行政管理总局曾多次作出书面批复对商标注册人的鉴定资格问题进行了明确认定，具体如下：

1. 国家工商行政管理总局《关于鉴定使用注册商标的商品真伪问题的批复》(商标案〔1997〕458 号)

浙江省工商行政管理局：

你局 9 月 12 日《关于应以商标注册人的鉴定作为假冒他人注册商标商品认定的最终依据的请示》(浙工商标〔1997〕47 号)收悉。经研究，现批复如下：使用注册商标的商品真伪，应由该注册商标的合法使用人或者法定检验机构鉴定。在双方鉴定结论不一致的情况下，如果注册商标合法使用人能提供有效证据证明其结论是真实合法的，则应以注册商标合法使用人的鉴定结论为准。

2. 国家工商行政管理总局商标局《关于假冒注册商标商品及标识鉴定有关问题的批复》(商标案字〔2005〕第 172 号)

浙江省工商行政管理局：

你局《关于查处商标侵权违法案件中商标注册人鉴定商品效力问题的请示》(浙工商标〔2005〕36 号)收悉。经研究，现批复如下：在查处商标违法行为过程中，工商行政管理机关可以委托商标注册人对涉嫌假冒注册商标商品及商标标识进行鉴定，出具书面鉴定意见，并承担相应的法律责任。被鉴定者无相反证据推翻该鉴定结论的，工商行政管理机关将该鉴定结论作为证据予以采纳。

参照前述规定，此类鉴定应当由商标权利人出具。商标权利人当然享有此类鉴定的资格。

3. 国家工商行政管理总局商标局《关于商标权利人授权他人鉴定注册商标商品真伪问题的批复》(商标综字〔2008〕第 56 号)

天津市工商行政管理局：

你局 2007 年 4 月 4 日《关于商标权利人授权他人鉴定假冒注册商标商品效力问题的请示》(津工商标字〔2007〕9 号)收悉。经研究，现批复如下：商标注册人依法委托他人向工商行政管理部门投诉商标侵权案件，并且明确授权被授权人可对注册商标的商品真伪进行鉴定的，商标注册人和被授权人须对被授权人的书面鉴定意见承担相应的法律责任。被鉴定者对该鉴定意见没有异议或虽有异议但无正当理由不提供其商品系真品的证据或者取得该证据的线索的，工商行政管理部门可将该鉴定结论作为证据予以采信。

在林某慈等人假冒注册商品一案①中，法院认定，由于是否许可只能由商标所有人或其合法授权的主体予以确认，而且作为商标所有人其当然掌握鉴定商品真伪的技术手段，因此，商标所有人及其授权的主体由资格及能力作出涉案商品是否属假冒注册商标商品的鉴定。另外，部分被告人和同案人的供述、书证均能反映大部分被鉴定为假冒注册商标的商品是该犯罪集团或其委托的制假团伙生产的，由此可与涉案商标所有人或其授权的主体出具的相关鉴定结论相印证。因此，该些鉴定结论本院予以采信。部分辩护人的相关抗辩意见，本院不予采纳。

如上所述，无论从鉴定能力而言还是从鉴定资格而言，商标注册人做出的鉴定在通常情况下均具有较高可信度。同时为增强鉴定的可信度，商标注册人亦需有能力对鉴定要点以公开或者不公开的方式进行说明。

（三）销售假冒注册商标的商品罪中违法所得金额的概念解析及认定问题

2021 年《刑法修正案（十一）》除对侵犯知识产权犯罪法定刑上限作出调整外，亦将第二百一十四条销售假冒注册商标的商品罪条件由“销售金额数额较大的”改为“违法所得数额较大或者有其他严重情节的”，并由此引发出了“违法所得数额”如何认定的问题。

参照最高人民法院、最高人民检察院《关于适用犯罪嫌疑人、被告人逃匿、死亡案件违法所得没收程序若干问题的规定》第六条的规定，“通过实施犯罪直接或者间接产生、获得的任何财产，应当认定为刑事诉讼法第二百八十条第一款规定的‘违法所得’。违法所得已经部分或者全部转变、转化为其他财产的，转变、转化后的财产应当视为前款规定的‘违法所得’。来自违法所得转变、转化后的财产收益，或者来自已经与违法所得相混合财产中违法所得相应部分的收益，应当视为第一款规定的‘违法所得’。前述规定对于违法所得未明确扣除合理支出或生产、销售成本。”

---

① 广东省江门市新会区人民法院刑事判决书，(2019)粤 0705 刑初 330 号。

但是，在最高人民法院、最高人民检察院出台的上述涉及知识产权刑事案件的相关司法解释中却将“非法经营数额”与“违法所得数额”分别进行了规定，且违法所得数额普遍低于非法经营数额。这易于让人理解为“违法所得”是销售收入扣除成本。

而且，《工商行政管理机关行政处罚案件违法所得认定办法》（国家工商行政管理总局令第 37 号）第二条也规定，“工商行政管理机关认定违法所得的基本原则是：以当事人违法生产、销售商品或者提供服务所获得的全部收入扣除当事人直接用于经营活动的适当的合理支出，为违法所得。本办法有特殊规定的除外。”

通过上述规定可以看出，无论是司法还是行政对于“违法所得”的定义确实存在不同的解释。对于销售假冒注册商标的商品罪，我们认为最高人民法院、最高人民检察院须在后续的司法解释中对此处的“违法所得”进行明确定义。在新的司法解释未出台之前，最高人民法院、最高人民检察院《关于办理侵犯知识产权刑事案件具体应用法律若干问题的解释》（法释〔2004〕19 号）第二条仍然有效，即销售明知是假冒注册商标的商品，销售金额在五万元以上的，属于刑法第二百一十四条规定的“数额较大”；销售金额在二十五万元以上的，属于刑法第二百一十四条规定的“数额巨大”，在有关“违法所得”释义明晰之前，仍可继续按照此规定办理该案件。